HISTÓRIA DAS MULHERES NO BRASIL

HISTÓRIA DAS MULHERES NO BRASIL

Mary Del Priore
Organização

Carla Bassanezi Pinsky
Coordenação de textos

Organização
Mary Del Priore

Coordenação de textos
Carla Bassanezi Pinsky

Preparação
Rose Zuanetti

Projeto gráfico
Jaime Pinsky

Ilustração de capa
"Dia de verão", Georgina de Albuquerque, 1926

Capa
Mônica Arghinenti e Elias Akl Jr.

Diagramação
Niulze Rosa e Antonio Kehl

Revisão
LRM – Assessoria Editorial e Mirelle Mie Iano

Dados Internacionais de Catalogação na Publicação (CIP)
(Câmara Brasileira do Livro, SP, Brasil)

História das mulheres no Brasil / Mary Del Priore (org.);
Carla Bassanezi Pinsky (coord. de textos). –
10. ed., 8ª reimpressão. – São Paulo: Contexto, 2022.

Bibliografia
ISBN 978-85-7244-256-5

1. Mulheres – Brasil. 2. Mulheres – Brasil – História
I. Del Priore, Mary. II. Bassanezi Pinsky, Carla.

97-0065 CDD - 618.175
NLW-WP580

Índice para catálogo sistemático:
1. Brasil: Mulheres: História: Sociologia 305.420981

2022

EDITORA CONTEXTO
Diretor editorial: *Jaime Pinsky*

Rua Dr. José Elias, 520 – Alto da Lapa
05083-030 – São Paulo – SP
PABX: (11) 3832 5838
contexto@editoracontexto.com.br
www.editoracontexto.com.br

SUMÁRIO

APRESENTAÇÃO

Em seu óleo sobre tela, que ilustra a capa deste livro, a brasileira Georgina de Albuquerque pinta, sobre o fundo de cores suaves, uma bela mulher olhando, entre curiosa e pensativa, para trás da cortina. O olhar volta-se, não para o espectador do quadro, mas para algo que não nos é dado ver. Ela bem poderia ser uma de nós, ou uma de nossas avós, desnudando o passado, imaginando o que teria acontecido com tantas outras mulheres que nos antecederam.

Este livro se propõe a contar a história das mulheres. Pretende fazêlo atingindo a todos os tipos de leitores e leitoras: adultos e jovens, especialistas e curiosos, estudantes e professores. É um livro que procura arrastá-los numa viagem através do tempo, fazendo-os ver, ouvir e sentir como nasceram, viveram e morreram as mulheres, o mundo que as cercava, do Brasil colonial aos nossos dias.

A história das mulheres não é só delas, é também aquela da família, da criança, do trabalho, da mídia, da literatura. É a história do seu corpo, da sua sexualidade, da violência que sofreram e que praticaram, da sua loucura, dos seus amores e dos seus sentimentos.

Para apresentar ao leitor tantas informações, constituiu-se um projeto editorial. Não queríamos fazer uma simples coletânea de artigos sobre as mulheres mas, sim, criar uma obra de referência como já existe em outras partes do mundo. Uma obra pioneira, feita com seriedade e prazer, voltada a todos aqueles que querem saber mais sobre essas "irmãs do passado" e, através delas, sobre si mesmos.

Convidamos, então, pesquisadores conhecidos por seus trabalhos nas áreas aqui abordadas. Gente que lida com documentos, alguns antiquíssimos e em péssimo estado, que nos permitem voltar ao passado e que são as testemunhas mais falantes de como viviam as mulheres. Para observá-las entre os séculos XVI e XVIII, foram utilizados processos da Inquisição, processos-crime, leis, livros de medicina, crônicas de viagem, atas de batismo e casamento. No século XIX, recuperou-se uma imagem mais nítida das mulheres através de diários, fotos, cartas, testamentos, relatórios médicos e policiais, jornais e pinturas. No século XX, elas ganham visibilidade por meio de livros e manifestos de sua própria autoria, da mídia cada vez mais presente, dos sindicatos e dos movimentos sociais dos quais participam, das revistas que lhes são diretamente dirigidas, dos números com que são recenseadas. Enfim, toda sorte de documentos que o historiador utiliza para desvendar o passado foram largamente consultados para jogar o máximo de luz sobre histórias tão ricas e tão diversas.

Além de nos permitir estudar o cotidiano das mulheres e as práticas femininas nele envolvidas, os documentos nos possibilitam aceder às representações que se fizeram, noutros tempos, sobre as mulheres. Quais seriam aquelas a inspirar ideais e sonhos? As castas, as fiéis, as obedientes, as boas esposas e mães. Mas quem foram aquelas odiadas e perseguidas? As feiticeiras, as lésbicas, as rebeldes, as anarquistas, as prostitutas, as loucas.

As histórias aqui contadas refletem as mais variadas realidades: o campo e a cidade, o norte, o sudeste e o sul. Os mais diferentes espaços: a casa e a rua, a fábrica e o sindicato, o campo e a escola, a literatura e as páginas de revista. E, finalmente, os múltiplos extratos sociais: escravas, operárias, sinhazinhas, burguesas, heroínas românticas, donas de casa, professoras, boias-frias. Este livro traz ainda um belíssimo e inédito texto da escritora Lygia Fagundes Telles.

Escolhemos mulheres que escrevem sobre mulheres, mas também homens que escrevem sobre mulheres. A eles e elas foi solicitado um texto livre do jargão acadêmico, gostoso de saborear e pródigo em informações. A diversidade de autores, e de pontos de vista, o respeito por suas especialidades e a escolha dos temas refletem o estágio atual das pesquisas sobre as mulheres no Brasil. Seus artigos reforçam que a história das mulheres no Brasil, diferentemente do que se possa pensar, tem provocado pesquisas sérias e bem documentadas. A história das mulheres é relacional, inclui tudo que envolve o ser humano, suas aspirações e realizações, seus parceiros e contemporâneos, suas construções e derrotas. Nessa perspectiva, a história das mulheres é fundamental para se compreender a história geral: a do Brasil, ou mesmo aquela do Ocidente cristão.

Teria então chegado o tempo de falarmos, sem preconceitos, sobre as mulheres? Teria chegado o tempo de lermos, sobre elas, sem tantos a priori? Muito se escreveu sobre a dificuldade de se construir a história das mulheres, mascaradas que eram pela fala dos homens e ausentes que estavam do cenário histórico. Esta discussão está superada. As páginas a seguir oferecem o frescor de uma estrutura na qual se desvenda o cruzamento das trajetórias femininas nas representações, no sonho, na história política e na vida social.

Este livro quer também enfatizar a complexidade e a diversidade das experiências e das realizações vivenciadas por mulheres, durante quatro séculos. Erguendo o véu que cobre sua intimidade, os comportamentos da vida diária, as formas de violência das quais elas são vítimas ou os sutis mecanismos de resistência dos quais lançam mão, os textos resgatam, para além de flashes da história das mulheres, a excitação de fazer novas perguntas a velhos e conhecidos documentos, ou de dialogar com materiais absolutamente inéditos.

A informação disponível, rara para os primeiros séculos da colonização, torna-se caudalosa para os dias de hoje. Ainda faltam mais historiadores, homens e mulheres, que interpretem com maior frequência o estabelecimento, a gênese e a importância dos fatos históricos que envolvem as mulheres; faltam mais pesquisas regionais ou sínteses que nos permitam resgatá-los de regiões do país onde o tema ainda não despertou vocações.

Todas essas questões, contudo, só fazem encorajar a existência deste livro; um livro que quer ocupar espaço, fazer perguntas, trazer respostas, formar leitores, atrair interessados, desmistificar dogmas. Se isso não bastasse, ainda poderíamos nos perguntar: para que serve a história das mulheres? E a resposta viria, simples: para fazê-las existir, viver e ser. E mais, fazer a história das mulheres brasileiras significa apresentar fatos pertinentes, ideias, perspectivas não apenas para especialistas de várias ciências – médicos, psicólogos, antropólogos, sociólogos etc. –, como também para qualquer pessoa que reflita sobre o mundo contemporâneo, ou procure nele interferir. Esta é, afinal, uma das funções potenciais da história.

Não nos interessa, aqui, fazer uma história que apenas conte a saga de heroínas ou de mártires: isto seria de um terrível anacronismo. Trata-se, sim, de enfocar as mulheres através das tensões e das contradições que se estabeleceram em diferentes épocas, entre elas e seu tempo, entre elas e as sociedades nas quais estavam inseridas. Trata-se de desvendar as intricadas relações entre a mulher, o grupo e o fato, mostrando como o ser social, que ela é, articula-se com o fato social que ela também fabrica e do qual faz parte integrante. As transformações da cultura e as mudanças nas ideias nascem das dificuldades que são simultaneamente aquelas de uma época e as de cada indivíduo histórico, homem ou mulher.

Nosso esforço foi o de trazer algumas respostas a questões que são formuladas por nossa sociedade: qual foi, qual é, e qual poderá ser o lugar das mulheres?

O historiador Jaime Pinsky, editor da Contexto, não apenas teve a ideia inicial deste livro, como me desafiou e aos autores convidados a estabelecer um diálogo entre pesquisadores e público leitor, entre academia e sociedade.

Dar vida a um livro, trazer à luz textos com características, linguagens e interpretações tão diversas não é tarefa fácil. A editora cercou os autores de condições para que sua matéria literária tivesse vida longa, ganhando musculatura mas também fineza. A Contexto soube ainda estabelecer uma cumplicidade deliciosamente cerebral entre os autores, deixando-os construir a história das mulheres como quem refaz o mundo à altura de seus sonhos: cavando túneis, abrindo canais, plantando montanhas onde há planícies, para que o leitor tivesse ao seu alcance a paisagem histórica mais nítida possível.

Mary Del Priore

EVA TUPINAMBÁ

Ronald Raminelli

Viu, pois, a mulher que o fruto da árvore era bom para comer,
e formoso aos olhos, e de aspecto agradável;
e tirou do fruto dela, e comeu; e deu a seu marido,
que também comeu. E os olhos de ambos se abriram;
e tendo conhecido que estavam nus,
coseram folhas de figueira, e fizeram para si cinturas.

(*Gênesis: 3, 6-7*)

O cotidiano feminino entre os tupinambás pode ser vislumbrado a partir dos relatos de viajantes que observaram a cultura indígena no Brasil colonial. É verdade que a documentação dos séculos XVI e XVII é pouco precisa e muito contraditória ao tratar dos antigos tupinambás; no entanto, esses documentos são bastante valiosos quando os concebemos como representação da realidade, como imagens europeias sobre as sociedades indígenas radicadas no litoral do Brasil. É preciso antes considerar que os viajantes adotavam uma perspectiva típica da tradição cristã, pouco se preocupando com as particularidades dos habitantes do Novo Mundo; viam os tupinambás pelo viés europeu, que estranhava, julgava e por vezes reavaliava os próprios valores.

Nas terras do além-mar, os *costumes heterodoxos* eram vistos como indícios de barbarismo e da presença do Diabo; em compensação, os *bons hábitos* faziam parte das leis naturais criadas por Deus. O que os conquistadores fizeram, então, foi uma comparação das *verdades* próprias do mundo cristão com a realidade americana. A cultura indígena foi descrita a partir do paradigma teológico e do princípio de que os *brancos* eram os *eleitos de Deus,* e por isso superiores aos povos do novo continente. O desconhecimento da palavra revelada, da organização estatal e da escrita foram vistos como marcas de barbárie e de primitivismo. As diferenças eram consideradas desvios da fé, transgressões capazes de conduzir os americanos ao inferno. A alteridade significava o afastamento das leis naturais. Se houvesse hábitos coincidentes, eles só comprovariam a catequese promovida pelo profeta são Tomé, que no passado tinha percorrido o continente e difundido os ensinamentos cristãos. A marca de suas pegadas nas pedras era a prova material de sua presença entre os ameríndios.

Assim, a lógica das narrativas sobre o cotidiano ameríndio prende-se aos interesses da colonização e da conversão ao cristianismo. Representar os índios como bárbaros (seres inferiores, quase animais) ou demoníacos (súditos oprimidos do príncipe das trevas) era uma forma de legitimar a conquista da América. Por intermédio da catequese e da colonização, os americanos podiam sair do estágio primitivo e alcançar a civilização. Esses princípios formavam uma espécie de filtro cultural que distorcia a lógica própria dos ritos e mitos indígenas.

Nesse sentido, a cultura nativa da colônia não era independente do imaginário do conquistador. Os hábitos que os missionários descreviam eram ou reminiscências do cristianismo primitivo ou deturpações promovidas pelo Diabo; não havia a hipótese de serem concebidos apenas como estranhos ao universo cristão. Essa possibilidade feria um importante princípio da ortodoxia cristã: a ideia da *monogenia* dos seres humanos e de que todos os homens são descendentes de Adão e Eva, como registrado na Bíblia.

Veremos como as descrições da mulher índia sofreram influências da tradição religiosa ocidental, como os colonizadores descreveram os nativos de acordo com os paradigmas teológicos cristãos, observando o Novo Mundo segundo padrões e valores muito distantes da realidade americana. Acompanharemos o ciclo de vida cumprido pelas mulheres na sociedade tupinambá, desde o nascimento até a velhice, mas vamos focar especialmente os estereótipos ligados às *velhas canibais,* pois foram elas as que mais despertaram a curiosidade dos viajantes e missionários nos séculos XVI e XVII.

NASCIMENTO

O nascimento de um tupinambá contava com a presença de todas as mulheres da tribo. O pai tinha uma participação importante, pois, nos partos complicados, era ele – o marido – que comprimia o ventre da esposa para apressar o nascimento; além do que as crianças do sexo masculino tinham o cordão umbilical cortado pelo pai, que para isso recorria aos próprios dentes ou a pedras afiadas. Já as meninas, estas recebiam os primeiros cuidados da mãe mesmo. Os pequenos eram, ainda, banhados no rio; momento em que o pai ou o *compadre* achatava-lhes o nariz com o polegar. Depois de secos, os bebês eram untados de óleo e pintados com urucum e jenipapo. Estavam, então, prontos para o *itamongavu:* cerimônia de bom presságio cuja intenção era abrir os caminhos para o futuro guerreiro ou favorecer o desenvolvimento de uma mulher forte e sadia.

Durante os três dias que se seguiam ao parto, o pai permanecia ao lado da esposa e abstinha-se de comer qualquer tipo de carne, peixe e sal, alimentando-se apenas de farinha d'água, chamada de *ouic.* No resguardo tupinambá, os pais não executavam trabalho algum e esperavam o umbigo da criança cair; se isso não fosse feito, pais e filhos poderiam sentir *thekéaip,* nome tupinambá para *cólicas.*

O huguenote francês Jean de Léry relata uma noite em que, ao ouvir os gritos de uma mulher, pensou que ela estivesse sendo atacada por um jaguar. Correu imediatamente em socorro da vítima que, na verdade, encontrava-se em trabalho de parto. Logo o pai recebeu o pequeno nos braços e desempenhou o ofício de parteira cortando o cordão umbilical. Depois, comenta Léry, o índio achatou com seu polegar o nariz do filho – costume muito comum entre os *selvagens* do Brasil.

Na literatura de viagem, o nariz achatado indicava a inferioridade comum a povos primitivos e domesticáveis. Contudo, a descrição de Léry ressalta que o nariz achatado não era congênito. Os índios da baía da Guanabara nasciam com o mesmo tipo de nariz dos europeus, só que ele, de acordo com o costume "aberrante" dos índios, era prensado e moldado até tomar a forma achatada. Na Europa, ao invés de comprimir para achatar, as mulheres apertavam o nariz dos filhos com a intenção de torná-lo mais afilado.[1]

Depois do parto, a criança era lavada e pintada de preto e vermelho. Se fosse do sexo masculino, o pai lhe oferecia um pequeno tacape, um arco e flechas de penas de papagaio, na esperança de que o filho se tornasse um grande guerreiro. Chegava então o período de resguardo. Alguns relatos de viagem contam que o marido não se contentava apenas em manter um rigoroso jejum; ficava o tempo todo sentado na rede, para que não pegasse nenhuma corrente de ar. As mulheres da tribo consolavam-no da pena e da dor sentida na hora do parto. Se ele deixasse de cumprir os preceitos, a criança poderia morrer ou iria sentir dores violentas no ventre. Para o etnólogo Alfred Métraux, o resguardo paterno – a *covada* – simbolizava a importância do papel paterno no ato de gerar uma criança. Entre os guaranis, as mulheres grávidas também obedeciam a um preceito alimentar, que era não comer carne de animais cujas características pudessem ter influência nefasta no desenvolvimento e no aspecto físico da criança.

O tempo de restrições terminava com a queda do umbigo da criança. As mães logo se levantavam e pressionavam o ventre contra os troncos mais fortes da cabana, medida adotada a fim de evitar a flacidez decorrente do período de gestação. Um mês depois do parto, elas retomavam os trabalhos na roça. Consta que a abstinência sexual era recomendada pelos *caraíbas* – chefes religiosos –, e seu cumprimento era necessário para sempre garantir o nascimento de crianças fortes e valentes. Se os pais desobedecessem à interdição, ficariam doentes, seriam acometidos de uma moléstia incurável que os tornaria inaptos para o desempenho das principais atividades cotidianas.[2]

MÃES E FILHOS

Algumas práticas mágicas eram empregadas pelas mulheres ao longo da educação dos filhos. Nos momentos de choro contínuo, as mães punham algodão, penas ou madeira sobre a cabeça dos pequenos. O cronista Cardim conta que, para ajudar no crescimento, elas colocavam os recém-nascidos na palma da mão, massageando-os fortemente.[3] Os filhos eram amamentados durante um ano e meio e, neste período, eram transportados em pedaços de pano conhecidos como *typoia* ou *typyia*. Mesmo trabalhando nas roças, as mães não se apartavam dos filhos: carregavam as crianças nas costas ou encaixavam-nas nos quadris.

Nas palavras de Jean de Léry, os hábitos na Europa eram muito diferentes. Na França, por exemplo, algumas mães cometiam a "desumanidade" de entregar seus filhos a pessoas estranhas, a amas, reencontrando-os somente depois que atingiam uma certa idade. As americanas, ao contrário, eram incapazes de abandonar seus rebentos, deixando-os sob a tutela de estranhos. Do mesmo modo que os animais, as índias mesmas nutriam e defendiam seus filhos de todos os perigos. Se soubessem que seu rebento tinha mamado em outra mulher, não sossegavam enquanto a criança não colocasse para fora todo o leite estranho.

Na América, também inexistia a prática de enfaixar os bebês durante a primeira infância, mas nem por isso eles ficavam aleijados, como se acreditava na Europa. Aqui, a temperatura e o clima ameno favoreciam o crescimento sadio, pois era possível criar as crianças ao ar livre. Na Europa, o costume de enfaixar bebês se prolongava também durante o verão. Sobre o assunto, Léry observa: "Creio que muito prejudica a essas pequenas e tenras criaturas ficarem constantemente aquecidas e semiassadas nesses cueiros que servem no inverno como

Índia tupi, pelo artista holandês Alberto Eckhout (1641).

no verão." Ele destaca, por conseguinte, a educação natural existente entre as comunidades tupinambás em contraposição aos artificialismos da criação europeia.[4]

Ao contrário de Léry, outros colonos viam as mães índias como feras brutas, como seres destituídos de sentimentos. Os caetés, por exemplo, eram considerados cruéis por não respeitarem as relações de parentesco (pais vendiam os filhos, os irmãos, seus parentes, sem nenhum pudor). Em 1571, às margens do rio São Francisco, uma índia caeté resgatada trazia consigo uma criança. Para se livrar do seu choro insistente, a mulher resolveu atirá-la no rio. O sertanista Gabriel Soares de Sousa relata esse episódio como forma de enfatizar a debilidade do sentimento maternal entre o grupo. Ele também narra a história de uma índia que trazia seu filho nas costas e se dirigia à roça para colher mandioca. Irritada com o choro do menino, ela resolveu enterrá-lo vivo. Os portugueses souberam da crueldade e foram atrás da criança. Resgatada com vida, ela foi batizada e conseguiu sobreviver mais seis meses. Entre os tupinaés, o sentimento maternal parecia ainda mais débil: as mulheres que ficavam grávidas dos inimigos matavam e comiam os recém-nascidos.[5]

Quando os maridos ficavam doentes, então, a *atrocidade* das índias era maior. Para promover o seu restabelecimento, as esposas matavam os filhos e, com eles, alimentavam o doente enquanto durasse a convalescência. Se não tivessem filhos, elas saíam armadas de arco e flecha à caça de uma criança. Somente o frescor da infância seria remédio adequado para recuperar o marido debilitado. A dieta à base de crianças, acreditavam, faria o doente absorver uma força vital capaz de devolver sua saúde de guerreiro.[6]

De acordo com os testemunhos arrolados, o amor maternal e a preservação da família pouco representavam para as comunidades nativas; tal descaso ilustrava, sim, a selvageria que podia ser encontrada entre os *brasis*. As marcas de barbarismo não ficavam restritas ao universo familiar; as atrocidades cometidas contra os inimigos faziam dos silvícolas verdadeiros personagens saídos das páginas dos bestiários medievais.

DE MENINA A MULHER

As meninas atingiam a idade adulta depois da primeira menstruação. Momento em que deveriam seguir um rito de passagem – descrito pelo cosmógrafo francês André Thevet – que provocava grande temor entre as jovens índias. Antes da cerimônia, seus cabelos eram cortados rentes à cabeça com uma pedra afiada ou um osso de peixe. Se não houvesse instrumento cortante por perto, os cabelos eram aparados com fogo. Depois, as moças subiam em uma pedra plana onde os índios faziam-lhes incisões na pele com um dente de animal, riscando-as das espáduas às nádegas. Os cortes formavam uma cruz em sentido oblíquo e sua profundidade dependia da robustez ou da resistência das jovens. Alfred Métraux comentou: "Com isso, corre-lhes o sangue por todas as partes, e, se não fora o pejo ou temor, soltariam as moças gritos horríveis."

Com o corpo sangrando, os índios esfregavam em suas costas cinzas provenientes da queima de abóboras selvagens, substância que possuía capacidade corrosiva semelhante à pólvora e ao salitre. Desse modo, as cicatrizes das incisões ficavam à mostra pelo resto de suas vidas. Esse ritual tinha intenção de dar às futuras mães um ventre sadio e filhos bem formados. Na mesma oportunidade, os nativos amarravam seus braços e corpos com fios de algodão e envolviam-lhes o colo com dentes de um animal herbívoro, para que elas tivessem boa dentição e pudessem mascar bem o *cauim*. O martírio a que eram submetidas as moças procurava, igualmente, preservá-las de possíveis perigos que as ameaçassem em algum momento crítico de suas vidas.

As incisões e o comportamento prescrito eram uma prática também atribuída aos guerreiros que matassem algum inimigo. Recebiam incisões no corpo – tatuagens – e ficavam recolhidos, longe do convívio com os demais moradores da comunidade, por um breve espaço de tempo. O viajante alemão Hans Staden descreveu o ritual: depois de receber as arranhaduras nos braços, "davam-lhes [aos guerreiros] um pequeno arco, com uma flecha, com os quais deveriam passar o tempo, atirando num alvo de cera. Assim procediam para que seus braços não perdessem a pontaria".

Às jovens caberiam muitas outras restrições. Depois do primeiro ritual, elas permaneciam em uma rede de dormir durante três dias: lá não comiam, não bebiam nem eram vistas pelos parentes próximos. Ao término desse prazo, voltavam para cima da pedra e sofriam novos cortes. No deslocamento entre a rede e o local do martírio, não podiam tocar no chão. Acompanhando as moças, as mulheres, sobretudo suas mães e avós, traziam um tição aceso para espantar os espíritos do mal, que poderiam penetrar nos corpos das jovens índias através das partes íntimas ou de qualquer outra parte do corpo. De volta à rede, as índias alimentavam-se de farinha e raízes cozidas e bebiam apenas água, abstendo-se de ingerir sal e carne. Essas interdições eram mantidas até o momento do segundo fluxo menstrual, após o qual as jovens recebiam novas incisões e se repetia o mesmo ritual. Então elas eram pintadas com certa tinta preta extraída do jenipapo. Nas demais menstruações, guardavam as mesmas proibições alimentares e limpavam-se com um bastão branco e liso, mas agora os cortes na pele não eram repetidos. Quando se casavam, as mulheres eram proibidas de manter relações sexuais com seus esposos no período menstrual. Em tais ocasiões, elas diziam para os cônjuges que não estavam bem, e pediam-lhes para se afastarem.

Nem sempre há consenso nas narrativas europeias no que diz respeito aos rituais indígenas. Jean de Léry presenciou as cerimônias nativas de sangramento das jovens, mas não percebeu que eram ritos de passagem, que simbolizavam a transição da infância para a idade adulta. Depois de conviver com os nativos durante um ano, percebeu que nunca tinha notado sinais da menstruação das índias. Ele pensava que, ao contrário das europeias, as índias empregavam modos de sangrar pouco habituais: as meninas de 12 a 14 anos sofriam cortes, desde o sovaco até as coxas e os joelhos, e permaneciam sangrando por um certo tempo: "Creio que procedem deste modo desde o início para que não lhes vejam as impurezas." Partindo dessa constatação, Léry acreditou que as índias não menstruavam como as europeias.

O primeiro fluxo menstrual de uma jovem era motivo de festa na tribo. Ela estaria entrando no mundo adulto e, em breve, poderia se casar. No entanto, o casamento somente se realizaria depois que seus cabelos voltassem ao comprimento normal. Nessa oportunidade, as donzelas eram envoltas em um fio de algodão, adereço que indicava a manutenção de sua virgindade. Depois do primeiro ato sexual, elas eram obrigadas a romper o fio. Se tentassem esconder o defloramento, maus espíritos assaltariam seus corpos.[7]

A FAMÍLIA INDÍGENA

Para os europeus, as relações de parentesco nas comunidades indígenas eram pouco rígidas, já que o tio poderia desposar a sobrinha. Entretanto, os casamentos entre filho e mãe, filho e irmã e pai e filha eram proibidos. Os enlaces matrimoniais seguiam uma regra muito simples, segundo Léry. Desejando se unir, os varões se dirigiam a uma mulher, viúva ou donzela, e perguntavam sobre sua vontade de casar. Se o interesse fosse recíproco, pediam a permissão do pai ou do parente mais próximo. Depois de obtida a permissão dos parentes, os *noivos* consideravam-se casados. Não havia cerimônias, nem promessa recíproca de indissolubilidade ou perpetuidade da relação. O marido poderia expulsar a mulher e vice-versa. Se ficassem fartos do convívio, a união estaria desfeita. Ambos poderiam, então, procurar outros parceiros, sem maiores constrangimentos.

Entre os *selvagens* era costume, quando o esposo se enfadava da companheira, presentear outro homem com sua mulher. A maioria dos índios tinha somente uma mulher. A poligamia, porém, era amplamente difundida entre os grandes guerreiros e caciques. Os chefes podiam viver com catorze mulheres sem causar estranhamento. Cada esposa possuía um espaço exclusivo na cabana:

> E o que é mais admirável: vivem todas em boa paz, sem ciúmes nem brigas, obedientes todas ao marido, preocupadas com servi-lo dedicadamente nos trabalhos do lar, sem disputas nem dissensões de qualquer espécie.[8]

A poligamia, entre os bravos guerreiros, era símbolo de prestígio. Enumerar as esposas era uma forma de homenagear a sua virtude. Quanto maior o número de mulheres, mais valentes eram considerados os homens. Muitas vezes, os pais prometiam suas filhas, ainda meninas, aos chefes da tribo ou aos homens que com eles tivessem amizade. A união realizava-se somente depois que a menina atingisse a idade de casar. O enlace, contudo, persistia até o momento em que se repudiassem mutuamente. O casamento do chefe seguia os mesmos pressupostos de qualquer outra união entre casais da tribo.

Os índios tratavam suas companheiras muito bem, exceto quando se embebedavam com *cauim*. Contudo, passados os momentos de embriaguez e de ódio, tornavam-se amistosos. Os homens protegiam suas mulheres de diversas formas: sempre andavam juntos; longe da aldeia, em lugares perigosos, eles caminhavam na frente para protegê-las de ciladas; se o inimigo aparecesse, eles lutavam, dando oportunidade para que elas fugissem. "Porém em terras seguras ou dentro da povoação sempre a mulher vai diante, e o marido atrás, porque são ciosos e querem sempre ver a mulher."

As relações conjugais entre os nativos nem sempre eram cordiais. O frei Yves d'Evreux relatou as desavenças de um casal do Maranhão. Um "selvagem", conta o religioso, aborrecia-se muito com o mau gênio da esposa. Para conter as atitudes da mulher, o índio empunhou com a mão direita um cacete, enquanto segurava os cabelos de sua "amada" com a esquerda, "querendo experimentar se este óleo e bálsamo adoçariam o azedume de seu mal". Na tentativa de abrandar o gênio da mulher, o nativo provocou ainda mais a sua ira, tanto que ela logo alcançou também um cacete e devolveu os mesmos golpes que antes a haviam atingido. E assim se espancaram mutuamente. Após o episódio, muito se comentou sobre o espancamento e a humilhação sofrida pelo marido, que não se incomodou com os comentários e permaneceu casado com a mulher, suportando seu azedume.[9]

De acordo com as tradições dos tupinambás, uma viúva deveria casar-se com o irmão mais velho do falecido. Na ausência deste, ela se uniria ao parente mais próximo do marido. Por sua vez, o irmão da viúva era obrigado a esposar a filha desta. Se esse enlace fosse impossível, por causa da falta de irmão, a moça teria como cônjuge o parente mais chegado da parte de sua mãe. O tio poderia recusar-se a casar com a sobrinha. Nem por isso ela estaria autorizada a juntar-se com outro índio qualquer, pois o futuro esposo era escolhido pelo tio – o mesmo que não aceitara ser seu marido. A mesma lógica não era válida para o irmão do pai. A ele estava proibida a união, porque exercia a função de pai na sua falta ou falecimento. Para Gabriel Soares de Sousa, todos os parentes masculinos do pai viam a sobrinha como filha; a menina chamava-os de pai. Então, o irmão do pai tornava-se pai da sobrinha e o irmão da mãe, o marido da sobrinha.

O adultério feminino causava grande horror. O *homem enganado* podia repudiar a *mulher faltosa,* expulsá-la, ou ainda, em casos extremos, matá-la, pautando-se na *lei natural.* Quando as mulheres engravidavam em uma relação extraconjugal, a criança era enterrada viva e a *adúltera,* trucidada ou abandonada nas mãos dos rapazes. Em compensação, o marido não se vingava do homem que havia mantido relações sexuais com sua esposa, para não ganhar a inimizade de todos os parentes do outro, o que causaria um rompimento e, possivelmente, daria origem a uma guerra perpétua.

Para além da rigidez das penas contra a *mulher faltosa,* os relatos dão mostra de perplexidade diante da liberdade sexual existente antes do casamento. As moças podiam manter relações com rapazes e com aventureiros europeus sem que isso provocasse a sua desonra. "Pelo que se pode ver", assinalou Thevet, "é muito raro entre eles que uma jovem se case virgem." Jean de Léry chegou até a comentar que os pais não hesitavam em prostituir as filhas. Antes de sua chegada ao Rio de Janeiro, soube que alguns normandos tinham abusado das moças em muitas aldeias. Nem por isso elas foram difamadas. Posteriormente se casaram, sem nenhum constrangimento ou temor de represálias por parte do esposo. Mas os instintos sexuais eram coibidos com o casamento, quando os maridos as vigiavam de perto, movidos pelo ciúme.[10]

CLASSES DE IDADE

Para Yves d'Evreux,[11] nos *selvagens* ainda se encontravam vestígios da natureza divina, assim como se acham, nas encostas das montanhas, pedras preciosas. Somente um louco poderia pretender encontrar sob a terra diamantes lapidados. No afã de descobrir preciosidades, os homens passavam e tornavam a passar sobre ricas pedras cobertas de jaça sem perceber seu valor. Com essa metáfora, o frei Yves d'Evreux alertava os missionários sobre as potencialidades da conversão do gentio, sustentando que entre eles ainda havia resquícios da ordem natural, da ordem criada pela divindade. As "classes de idade", por exemplo, seriam um indício da ordenação forjada por Deus. Assim, sob os rudes costumes, os europeus poderiam encontrar vestígios da ordem divina. Nas comunidades indígenas, homens e mulheres seguiam os ensinamentos naturais, percorriam o ciclo vital estabelecido por Deus. No intuito de aproximar os índios da cristandade, Yves d'Evreux descreveu, em detalhes, a evolução das "classes de idade" entre os ameríndios. Destacaremos as referências às índias.

Para o sexo feminino, existiam seis "classes de idade":

Primeira classe de idade – comum aos dois sexos, ou seja, os pequenos pouco diferiam ao nascer. Depois de sair do ventre materno, os bebês eram chamados de *peitam*.

Segunda classe de idade – estendia-se até o sétimo ano depois do nascimento. Aí começavam as distinções entre os sexos, sobretudo em relação às atitudes, comportamentos e deveres próprios da idade. As meninas, chamadas *kugnantin-myri*, levavam mais tempo se alimentando com leite materno do que os meninos. Muitas vezes, seu período de amamentação se prolongava um ano a mais em relação às crianças do sexo masculino. Em certos casos, as meninas mamavam até os seis anos, embora comessem bem e se comportassem como os demais. Nas tarefas cotidianas, comumente ajudavam as mães, fiando algodão e confeccionando uma redezinha. Por vezes, amassavam barro e imitavam as mais hábeis no fabrico de potes e panelas. Os rapazes da mesma faixa etária carregavam consigo pequenos arcos e flechas, com os quais atiravam em uma cabaça para que pudessem, desde cedo, treinar a pontaria.

Terceira classe de idade – aqui encontramos as moças com idade entre 7 e 15 anos. Yves d'Evreux conta que nesse momento elas ganhavam o nome de *kugnantin* e perdiam a pureza em razão das fantasias surgidas com a idade. Apesar dos ensinamentos divinos e do convite à adoção de um comportamento inocente, que trariam a imortalidade, as *selvagens* preferiam seguir os conselhos do "autor de todas as desgraças".

Nessa idade, as meninas aprendiam todos os deveres da mulher: fiar algodão, tecer redes, cuidar das roças, fabricar farinha e vinhos e, sobretudo, preparar a alimentação diária. Nas reuniões, guardavam completo silêncio e aprendiam a seguir os desígnios do mundo masculino. Os rapazes também iniciavam, nessa idade, sua participação nas tarefas desempenhadas pelo grupo masculino. Eles se dedicavam à busca de comida para a família e capturavam animais, seguindo os ensinamentos da arte da caça transmitidos pelos pais. A mocidade era ainda incentivada a participar de exercícios mecânicos, que os distraíam e desviavam das más inclinações, que eram favorecidas pelo ócio característico da idade. O missionário Yves d'Evreux condenava os impulsos sexuais que começavam a aflorar nesse período do ciclo vital.

Quarta classe de idade – reúne as jovens de 15 a 25 anos, que recebiam o nome de *kugnammucu,* que queria dizer "moça ou mulher completa". Nessa fase da vida, elas cuidavam da casa, aliviando o trabalho das mães. Logo receberiam um convite de casamento, caso seus pais não as oferecessem a um francês em troca de gêneros. Antes do enlace matrimonial, iniciavam-se nas práticas sexuais. Frei Yves d'Evreux prefere calar sobre esse assunto: "Passaremos em silêncio o abuso, que se pratica nesses anos, devido aos enganos da nação, reputados como leis para eles." Para o religioso francês, as tentações e as fantasias sexuais eram ativadas pelo autor de todas as desgraças, o Diabo. Depois de casadas, as índias andavam sempre acompanhadas do marido, carregando nas costas todos os utensílios necessários ao preparo da comida ou provisões alimentícias capazes de sustentá-los em uma jornada. O frei Yves d'Evreux comparou as mulheres ameríndias a burros de carga. Assim como os europeus abastados contavam sua riqueza pelo número de tropas de burro que possuíam, os índios contavam seus dotes militares e bravura pela quantidade de cargas e pelo número de mulheres que traziam, "mormente havendo entre eles o costume de serem estimados e apreciados pelo grande número de mulheres a seu cargo".

No período da gravidez, as índias eram chamadas de *puruabore,* que significa "mulher prenhe". Ao contrário das europeias, as grávidas ameríndias não deixavam de trabalhar até a hora do parto, nem procuravam uma cama nessa hora, apenas se sentavam e comunicavam às vizinhas que não tardariam a dar à luz. Logo a notícia se espalhava pela aldeia, atraindo um grande número de mulheres para junto da parturiente. Depois do nascimento, a mulher continuava a exercer normalmente suas tarefas domésticas, enquanto o homem era cumprimentado pela aldeia. Ele ficava de cama e era tratado como se estivesse gravemente doente. O procedimento, lembrou Evreux, é muito comum aos costumes dos países civilizados. Porém, do outro lado do Atlântico, eram as mulheres que recebiam visitas e cumpriam um severo resguardo.

Gabriel Soares de Sousa também descreveu as atividades desempenhadas pelas índias. Conforme observou o sertanista, as nativas nem coziam, nem lavavam, apenas fiavam algodão. Como desconheciam a técnica de tecer, faziam teias com os fios obtidos para confeccionar redes de dormir. As mulheres de idade avançada traziam às costas a mandioca das roças para as casas e faziam farinha, o alimento diário das comunidades indígenas. Eram também encarregadas de construir utensílios de barro, como panelas, púcaros e potes, onde era fervido o vinho e cozida a farinha. Para tornar a forma mais resistente, os recipientes de barro eram assados no chão, sob uma fogueira. Porém, a mesma mulher que confeccionasse o utensílio não poderia assá-lo, sob o risco de "arrebentar no fogo". As jovens costumavam criar cachorros, que auxiliavam os maridos nas caçadas, além de pássaros e galinhas.

Quinta classe de idade – para Yves d'Evreux, nesse momento as mulheres atingiam o seu maior vigor. Possuíam idade entre 25 e 40 anos e recebiam o nome de *kugnan*, "mulher em todo o vigor". Algumas índias ainda conservavam traços da mocidade, porém, nessa fase se iniciava um processo de decadência física, notado sobretudo pela queda dos seios. Quando jovens, mantinham-se limpas; com o avançar da idade, descuidavam da higiene e tornavam-se "feias e porcas", de acordo com as descrições horrorizadas dos conquistadores.

Ao descrever essa "classe de idade", Yves d'Evreux mais uma vez critica os desregramentos sexuais e as práticas de canibalismo entre os índios. Ele termina sua descrição com o seguinte comentário:

> Não quero demorar-me muito nesta matéria, e concluo dizendo que a recompensa dada neste mundo à pureza é a incorruptibilidade e inteireza acompanhada de bom cheiro, mui bem representada nas letras santas pela flor de lírio puro, inteiro e cheiroso.

Desse modo, o frei Yves d'Evreux queria demonstrar que os preceitos religiosos promoviam a conservação do corpo. Os hábitos regrados pela ortodoxia cristã não permitiriam a decadência das formas e os odores malcheirosos. Na Europa, era consenso que os corpos dos santos, mesmo depois de mortos, permaneciam íntegros e preservados, e mais: exalavam perfumes. A santidade era capaz de impedir o processo de decomposição de seus corpos, enquanto a perpetuação dos desregramentos, ao contrário, resultava na degradação da carne. Consideradas "feias e porcas", as velhas índias trariam na pele as marcas do pecado e dos desvios de conduta. A caracterização das anciãs torna-se mais evidente na descrição da última classe etária.

Sexta classe de idade – depois dos 40 anos, as mulheres presidiam as cerimônias de fabricação do *cauim* e de todas as bebidas fermentadas. Quando ainda se encontravam em pleno vigor, eram encarregadas de assar o corpo do inimigo e guardar a gordura da vítima para, em outra oportunidade, fazer mingau. As tripas eram misturadas com farinha e couve e, em seguida, cozidas em grandes panelas de barro. Cabia às anciãs a distribuição desse repasto canibal. Para Yves d'Evreux, o comportamento das velhas deixava claro seu "descaramento", sua "falta de pudor": "nem me atrevo a dizer o que elas são, o que vi e observei", anota.

A morte das velhas não causava comoção, pois os *selvagens* preferiam as moças. Os homens da sexta classe etária não recebiam o mesmo tratamento. Para eles, essa era a idade mais honrosa de todas. Eles viviam cercados de respeito e veneração, continuavam soldados valentes e capitães prudentes. O falecimento de um velho guerreiro era acompanhado de homenagens, sobretudo quando tombava no campo de batalha. A sua morte em armas tornava-o herói e enobrecia seus filhos e parentes.

Isso não acontecia com as velhas índias que, ao invés de exibirem a experiência e a sabedoria da idade, expressavam por meio de seus corpos a degeneração moral. Elas demonstravam, de forma ostensiva, a degradação da idade e o resultado das transgressões da mocidade. Em relação a elas, Yves d'Evreux aponta:

> Não guardam asseio algum quando atingem a idade da decrepitude, e entre os velhos e as velhas nota-se a diferença de serem os velhos veneráveis e apresentarem gravidade, e as velhas encolhidas e enrugadas como pergaminho exposto ao fogo: com tudo isto são respeitadas por seus maridos e filhos, especialmente pelas moças e meninas.

As "classes de idade" concebidas pelo religioso francês apresentam uma forte misoginia. Ao longo de suas descrições, o missionário destaca a fragilidade moral das mulheres. Na puberdade, quando descobriam a sexualidade, as moças perdiam a cabeça, tentadas pelo Diabo, enquanto os rapazes auxiliavam a família, caçando e pescando, sem demonstrar tentações libidinosas. A sexualidade pertencia ao mundo feminino, e o trabalho era a tônica entre as "classes de idade" masculinas.

A narrativa do frei Yves d'Evreux muito se aproxima do *Gênesis*, sobretudo quando ele aborda a conduta de Eva e o advento do pecado original. Adão obedecia aos preceitos divinos e não tocava no fruto proibido. Logo após a sua criação, Eva não se conteve, comeu da fruta e ainda a ofereceu ao companheiro. Desde então, a raça humana sofre os castigos divinos, originados do desatino de uma mulher:

> E disse a Adão: Porque deste ouvidos à voz de uma mulher e comeste da árvore, de que eu tinha ordenado que não comesses, a terra será maldita por tua causa; tirarás dela o sustento com trabalhos penosos todos os dias de tua vida. *(Gênesis:* 3,17)

Os desregramentos, o pecado e a danação originaram-se da fragilidade moral do sexo feminino. A serpente conseguiu convencer a mulher em razão da debilidade de seus princípios morais. Para Yves d'Evreux, as velhas índias reuniam em si a decadência corporal e espiritual da humanidade. Entre as mulheres, o tempo não provocava o aprimoramento do espírito, mas a sua degradação. Por isso as anciãs estavam incumbidas da preparação da cauinagem, origem das bebedeiras e das cerimônias que antecediam a ingestão de carne humana. As transgressões perpetradas durante a vida traduziam-se em rugas, seios caídos e costumes abomináveis.

SEXUALIDADE INDÍGENA

Como os homens, as mulheres andavam nuas e arrancavam todos os pelos que cresciam sobre a pele, inclusive pestanas e sobrancelhas. Os cabelos femininos cresciam naturalmente, não eram tosquiados na frente nem aparados na nuca. Essa seria uma das diferenças entre os sexos. As mulheres mostravam grande apreço pela cabeleira; lavavam os cabelos, penteavam e faziam tranças, cuidadosamente, com cordões de algodão pintados de vermelho. As índias ainda diferiam dos homens pelo fato de não furarem os lábios nem as faces para orná-los com pedras. Faziam sim orifícios nas orelhas, onde penduravam conchas.

Para alguns europeus, a nudez feminina incitava à lascívia e à luxúria. Jean de Léry assegurava, no entanto, que os enfeites usados pelas francesas eram mais sedutores do que a nudez explícita das nativas. Os atavios, os cabelos encrespados, as golas de renda, as anquinhas e sobressaias excitavam muito mais os instintos masculinos do que a nudez habitual das ameríndias.

O francês Claude d'Abbeville repetiu a mesma argumentação de Léry e considerou as índias americanas mais modestas e discretas, mesmo estando nuas. Nelas eram imperceptíveis gestos, palavras e atos ofensivos ao olhar. Ciosas de sua honestidade, nada faziam em público capaz de provocar escândalos. Em vez de usar dos requebros, lubricidades e invenções das mulheres europeias, as índias comportavam-se com naturalidade, por isso sua nudez era discreta. Assim concluiu d'Abbeville: "Em verdade, tal costume é horrível, desonesto e brutal, porém, o perigo é mais aparente do que real, e bem menos perigoso é ver a nudez das índias que os atrativos lúbricos das mundanas de França."

A nudez das índias levou Jean de Léry a refletir sobre a relação entre os costumes dos povos civilizados e dos bárbaros. A essa questão Léry dedicou um capítulo inteiro de seu livro. Ele conta que as índias resistiam em vestir roupas alegando o incômodo de retirá-las na hora dos banhos – prática arraigada entre as mulheres, que chegavam a tomar doze banhos em um único dia. E, durante a faina diária, elas preferiam enfrentar o calor do sol, esfolar a pele na terra e nas pedras, a suportar um tecido sobre o corpo. As índias se deleitavam em andar nuas.

Nas narrativas dos missionários franceses, detectamos mais uma vez o contraponto entre simplicidade e artificialismo. O antagonismo entre natureza e cultura, presente no pensamento do filósofo francês Michel de Montaigne, também aparece nos relatos dos viajantes que percorreram o Brasil. Segundo estes, a natureza e a simplicidade da nudez não promoviam a corrupção dos costumes e das regras, ao passo que o artificialismo dos adereços e dos gestos provocava tentação e luxúria.[12]

Entre os portugueses, no entanto, a nudez e a sexualidade das índias não gozavam do benefício desse conceito. Os corpos nus provocavam a libido dos religiosos, que se autoflagelavam como forma de reprimir os impulsos bestiais; a beleza física das índias tentava contra o voto de castidade. O padre Antônio da Rocha, por exemplo, confessou suas fraquezas em relação à nudez das índias. Desde que chegara ao Espírito Santo, o religioso não passava uma hora sem sentir "estímulos gravíssimos". Em Portugal, fora acometido pelos mesmos arroubos, mas lá a volúpia surgia de forma mais branda, pois as mulheres andavam vestidas. Nos trópicos, as índias ostentavam as partes íntimas e não hesitavam em provocar a lascívia nos homens. No Brasil, portanto, os religiosos tinham mais necessidade de ajuda espiritual, já que diariamente deparavam com estímulos à luxúria.[13]

As perversões sexuais marcaram as representações do índio. Os tupinambás eram afeiçoados ao *pecado nefando,* e sua prática era considerada uma conduta normal. Os "índios-fêmeas" montavam tendas públicas para servirem como prostitutas. Algumas índias cometiam desvios contra a ordem natural e furtavam-se de contatos carnais com os homens, vivendo um estrito voto de castidade. Deixavam, por conseguinte, as funções femininas e passavam a imitar os homens, exercendo os mesmos ofícios dos guerreiros: "Trazem os cabelos cortados da mesma maneira que os machos, e vão à guerra com seus arcos e flechas." Cada fêmea guerreira possuía uma mulher para servi-la, "com que diz que é casada, e assim se comunicam e conversam como marido e mulher".

A luxúria dos "negros da terra" – expressão comumente usada para fazer referência aos indígenas – não tinha limites, argumenta Soares de Sousa. Eles não respeitavam "às irmãs e tias, e porque este pecado não é contra seus costumes, dormem com elas pelos matos, e alguns com suas próprias filhas..." Para além dos desregramentos sexuais, os nativos ainda ficavam insatisfeitos com o tamanho do falo concedido pela natureza. Para aumentar suas proporções, eles colocavam sobre o pênis o pelo de um bicho peçonhento, procedimento que causava muitas dores.

Gabriel Soares de Sousa dedicou uma parte de sua crônica aos desvios sexuais comuns entre os nativos e considerou os tupinambás excessivamente luxuriosos, porque cometiam todas as modalidades de pecado da carne. Os índios com pouca idade não se furtavam de manter relações sexuais com as mulheres. As velhas logo os introduziam no pecado, ensinando-lhes os prazeres do sexo. Por conta de suas debilidades físicas e da perda do vigor da juventude, as índias de idade avançada eram pouco procuradas pelos homens. Assim, era muito natural que investissem sobre os meninos para satisfazer seus desejos. Gabriel Soares de Sousa conta que as velhas se aproximavam dos garotos com mimos e regalos, e ensinavam a fazer o que eles não sabiam, ficando com eles a qualquer hora, seja durante o dia, seja durante a noite.[14]

As índias velhas também foram descritas como elemento pervertedor, capaz de subverter as imposições da lei natural. O apetite sexual descrito pelo sertanista era comparado ao desejo das velhas de comer carne humana e deliciar-se na vingança contra o inimigo. Para Gabriel Soares de Sousa, inferimos então, o canibalismo e os desregramentos sexuais eram ambos filhos da luxúria. A imagem da velha canibal, nesse sentido, reunia em si os piores atributos de Eva.

AS ÍNDIAS NAS CERIMÔNIAS CANIBALESCAS

Viajantes e cronistas destinaram à mulher um papel curioso nos rituais antropofágicos. Por meio da narrativa de Pigafetta, tomamos conhecimento da origem do canibalismo na América. A história começa com uma velha cujo único filho morreu nas mãos de inimigos. Tempos depois, o assassino torna-se prisioneiro e é conduzido à presença da anciã. A mulher comporta-se como fera, atira-se sobre o oponente com o desejo de devorá-lo vivo e fere seu ombro. O prisioneiro consegue desvencilhar-se das garras e retorna à sua aldeia, onde relata o acontecimento. A notícia provoca uma contrarreação e, a partir daquele momento, os guerreiros, desejando superar a valentia da velha, partem contra o inimigo a fim de transformá-lo em repasto, dando continuidade à ação iniciada pela índia.[15]

Em *Histoire universelle des indes occidentales et orientales et la conversion des indiens,* Cornille Vytfliet e Anthoine Magin fazem menção a um episódio curioso que destaca as mulheres como incentivadoras da vingança. Eles contam que durante uma manhã, entre o despertar e o desjejum, um velho percorria a cabana com passos graves e lentos, conclamando os guerreiros a fazer amor com suas mulheres para "nutrir o desejo de vingança contra os inimigos".[16] Assim, por intermédio da relação sexual, os homens reforçavam o sentimento de vingança contra as tribos rivais. O amor conjugal, sobretudo o contato sexual com as fêmeas, conduzia os homens à guerra e ao massacre de seus inimigos. No entanto, os relatos asseguram que a participação das mulheres no ritual não se fazia apenas de modo indireto.

A conduta das índias nos rituais de canibalismo deixou o jesuíta José de Anchieta atônito. O religioso narra a morte do prisioneiro em cores muito fortes, ressaltando o prazer sentido pelas mulheres. Os índios puxavam como lobos a vítima para fora da choça e logo quebravam-lhe a cabeça. Assim promoviam grande regozijo, sobretudo o das mulheres, que cantavam, bailavam e espetavam com paus afiados os membros decepados do condenado. Depois, as nativas untavam as mãos, caras e bocas com as gorduras desprendidas do assado, e "tal havia que colhia o sangue com as mãos e o lambia, espetáculo abominável, de maneira que tiveram uma boa carniça com que se fartar".[17]

Referências curiosas como esta, relacionando mulheres e canibalismo, não eram registradas apenas nas narrativas de viagens ou crônicas sobre o cotidiano ameríndio. Há também gravuras que retratam a participação do sexo feminino nos banquetes canibais. As mulheres ocupavam uma posição de destaque, exercendo funções que supostamente seriam reservadas aos homens, valentes guerreiros. Nesse sentido, causam estranheza as imagens pictóricas sobre o canibalismo produzidas nos séculos XVI e XVII, pois contrariam a predominância masculina no comando das guerras e da vingança.

Em 1509, os relatos das viagens de Américo Vespúcio ganham mais uma edição alemã, dessa vez do editor Johannes Grüninger, de Estrasburgo. Uma gravura do livro retrata um marinheiro e três amazonas, que parecem seduzi-lo com a nudez de seus corpos. Porém, as mulheres apenas desviam a atenção do europeu para que uma outra, portando uma maça (arma de ferro), acerte sua cabeça. O marinheiro pensava atrair as belas selvagens de corpos desnudos, mas o Novo Mundo reservou-lhe surpresas, e o desejo o tornou presa fácil para o repasto canibal.[18]

Nos relatos sobre o cotidiano indígena, não há menção à morte de um inimigo levada a cabo por uma mulher. Entretanto, verifica-se uma ênfase excessiva na participação da mulher no sacrifício do "contrário". A gravura citada poderia ser, igualmente, uma forma de lembrar aos marinheiros os perigos que rondavam as aventuras sexuais no Novo Mundo. O aspecto curioso dessa gravura é a relação estabelecida entre sexo, sedução, mulheres e canibalismo. Ela ainda mantém um vínculo temático com o episódio narrado por Magin e Vytfliet: em ambas, o sexo feminino é o pivô da vingança e do canibalismo e remete à luxúria das velhas, que introduziam os meninos nos jogos sexuais.

Na coleção *Grandes viagens*, de Theodor de Bry, há inúmeras referências às índias canibais. Em seu terceiro volume, *Americae Tertia Pars* (1592), as alegorias do canibalismo aparecem logo no frontispício. Um índio nu, enfeitado de penas e munido de uma maça, e uma índia completamente despida, com uma criança sobre os ombros, devoram, ele uma perna, ela um braço humanos. O casal tupinambá encontra-se em nichos laterais, e no centro inferior da figura há um moquém à moda brasílica, rodeado de índios. Enfim, a primeira página do volume já fornece pistas dos temas presentes nas gravuras de Theodor de Bry.

Esse volume consagrado aos índios do Brasil é fartamente ilustrado. Bry inspirou-se nas imagens e nos textos contidos nos livros de Hans Staden e de Jean de Léry, publicados em alemão e francês, respectivamente. Na versão de 1592, o editor publicou as narrativas sobre o Brasil em latim para alcançar um público maior e aproveitou a oportunidade para recriar as gravuras existentes nas primeiras edições. Nessa nova versão, as cenas dos rituais antropofágicos ganham uma enorme beleza plástica e retratam o cotidiano indígena com detalhes impressionantes.

Curiosamente, o gravurista nunca cruzou o oceano, tampouco chegou a conviver com os nativos do Novo Mundo. Sua visão sobre os índios é interessante por constituir um testemunho singular, quando comparado ao dos europeus que visitaram as tribos e vivenciaram o cotidiano dos tupinambás. Assim, a fidelidade aos textos e às gravuras originais nem sempre ocorreu, e isso nos permite decifrar alguns caminhos percorridos pelo produtor das imagens. Os descompassos entre as imagens de Bry e os textos de Léry e Staden permitem que se identifiquem os aspectos hiperdimensionados pelo gravurista. Ao representar as índias, ele valorizou em demasia sua participação nos rituais de canibalismo. Este será o fio que guiará nossa análise das mulheres canibais presentes nas gravuras da coleção *Grandes viagens*.

A primeira referência iconográfica que supervaloriza a participação das mulheres nas cerimônias canibalescas aparece no momento da imobilização do prisioneiro. A execução do oponente ocorria no centro da aldeia. A vítima permanecia presa a uma corda – *muçurana* – enquanto os guerreiros seguravam as pontas, imobilizando-a para que o matador desferisse um golpe fatal em sua cabeça. As mulheres seriam coadjuvantes no episódio, uma vez que reter o prisioneiro por intermédio de cordas e depois matá-lo correspondem a procedimentos próprios da esfera masculina de ação. Mas as índias de Bry gesticulam, mostram ansiedade, mordem as mãos e os braços, se contorcem, enquanto os homens permanecem na postura de cavalheiros, como se fossem autênticos guerreiros medievais. Na cena, as mulheres ocupam posição central, junto da vítima; os homens, protagonistas do evento, encontram-se à margem do espetáculo.

Uma passagem de Hans Staden ajuda a entender a gravura e o comportamento feminino nela retratado:

> As mulheres estão pintadas e têm o encargo, quando for ele [o prisioneiro] cortado, de correr em volta das cabanas com os primeiros quatro pedaços. Nisso encontram prazer demais. Fazem então uma fogueira, a dois passos mais ou menos do escravo, de sorte que este necessariamente a vê, e uma mulher se aproxima correndo com a maça, o "ibipirema", ergue ao alto as bordas de pena, dá grito de alegria e passa correndo em frente do prisioneiro, a fim de que ele o veja.[19]

Bry traduziu o prazer das mulheres diante da morte e diante do esquartejamento do inimigo por meio dos gestos e dos movimentos das índias e também da postura contida dos guerreiros. As belas nativas, de corpo escultural e vastas cabeleiras, desfilam nuas nas gravuras de Bry, exibindo braços e pernas decepados, eufóricas com a vingança. Mais uma vez, uma índia morde a mão e se contorce, como se estivesse embriagada pela desforra. Os homens, no entanto, cumprem impassíveis a tarefa de fracionar o corpo e retirar os órgãos que serão cozidos no moquém e no tacho.

Um exemplo mais contundente e expressivo é colhido na representação da mulher do morto. Logo após a chegada do prisioneiro à aldeia, o chefe da tribo designava uma mulher para casar com ele. Ela se tornava, então, uma esposa como qualquer outra, capaz de engravidar e formar uma família, até o dia do sacrifício do prisioneiro, ou melhor, de seu marido. A tribo tinha essa índia escolhida em alta consideração, e ela não podia se afeiçoar ao inimigo. Devido ao risco de envolvimento, muitas vezes ela era filha de um "príncipe" ou irmã do matador indicado para sacrificar o cunhado prisioneiro.

Depois da morte do esposo, ela se colocava junto do cadáver e fingia um choro curto, tal qual um crocodilo que mata um homem e verte uma lágrima antes de devorá-lo. A esposa do prisioneiro, comenta Léry, simulava derramar lágrimas junto ao corpo do morto, lágrimas de crocodilo como parte de uma encenação explícita, já que ela também tinha a esperança de provar um pedaço da carne do falecido. Na França do século XVI, havia alguns provérbios muito adequados à ocasião:

Índias aguardam ansiosas a execução do prisioneiro.

"mulher ri quando pode e chora quando quer", "choro de mulher, lágrima de crocodilo" etc.[20]

Em *Americae Tertia Pars*, há uma ilustração da passagem referida por Léry. A imagem é dedicada à preparação do corpo da vítima: as mulheres arrastam-no para o fogo, descamam sua pele e por fim tapam seu ânus com um pau, a fim de que nada dele se escape. Na verdade, a composição mostra duas cenas consecutivas, sendo a primeira protagonizada pela esposa do infeliz. Na gravura, a viúva está ajoelhada, sobre as pernas segura a cabeça do defunto e no rosto esboça sofrimento. O corpo do companheiro morto será em seguida limpo e preparado para o banquete.

Mulheres seguram partes do corpo da vítima esquartejada; saem pela aldeia exibindo-as e gritando de júbilo.

O gravurista retratou também um círculo composto de mulheres a se fartarem de cabeça e vísceras humanas: no centro da roda, há três utensílios redondos e rasos, em um deles há um crânio, no outro, intestinos, e um terceiro está vazio. As fêmeas comem partes sólidas e bebem um caldo contido em terrinas. Uma delas está com o dedo na boca e olha para as carnes expostas, demonstrando o desejo de se servir de mais um pedaço. A mesma índia tem a sua mão esquerda na virilha, gesto que possui uma forte conotação sexual.[21]

Em resumo, as gravuras e as narrativas sobre o ritual antropofágico destacam dois tipos de vingança: a masculina, caracterizada pela execução e pelo fracionamento do corpo; e a feminina, expressa na alegria,

Ao preparar o corpo da vítima para o moquém, as índias descamam a pele do morto até deixá-la limpa e tapam-lhe o ânus com um pau a fim de que nada escape.

no prazer e no escárnio. Também as gravuras remetem à trilogia "prazer, canibalismo e mulher" e às passagens bíblicas sobre Eva.

As ilustrações do terceiro volume da coleção *Grandes viagens* veiculam ainda informações ausentes dos textos de Hans Staden e de Jean de Léry. Na gravura dedicada ao ato de preparação do corpo da vítima, quatro mulheres raspam a pele, descamando-a, como se preparassem um porco. Uma das mulheres possui na mão um instrumento cortante, que emprega para abrir o morto no sentido da coluna vertebral. O procedimento contraria boa parte das narrativas sobre o canibalismo no Brasil e, principalmente, opõe-se aos escritos de Staden e Léry, as matrizes dos desenhos de Theodor de Bry. O fracionamento do corpo e o emprego de utensílios de corte eram tarefas masculinas, sobretudo dos velhos. Duas outras gravuras provam a divisão sexual no manejo do corpo, indicando os homens como os responsáveis por abrir o corpo do prisioneiro para a retirada de suas entranhas.[22]

A imagem pictórica veicula, portanto, dados ausentes nos textos e reforça a presença ativa das mulheres no ritual. No momento do sacrifício do prisioneiro, segundo os relatos, os guerreiros é que eram protagonistas do evento. Porém, as índias de Bry e seus gestos, contradizendo os relatos dos cronistas, dominam a iconografia dedicada à morte do inimigo. As imagens tornam-se, então, um artifício do artista para destacar as mulheres no ritual antropofágico.

O descompasso entre texto e imagem persiste na ilustração intitulada *Boucan et Barbarorum culina*. Um moquém assando braços, pernas e costelas humanas ocupa o centro da gravura; ao redor há índios comendo o repasto canibal. De um lado, duas mulheres saciam sua sede de vingança comendo os membros da vítima – um braço e uma perna. A primeira mulher, jovem, possui corpo escultural, seios firmes, alguns ornamentos e devora um braço sem perder os gestos de *coquette*; as velhas, em contrapartida, com rugas na testa, seios caídos, cabelos desalinhados e ralos, lambem os dedos e sorvem a gordura do morto. Do lado oposto, os índios comem braços, costelas, mastigam ossos, e um menino brinca com a mão do morto. A cena é única por representar homens ingerindo carne humana. Entretanto, o mais relevante nessa imagem refere-se à relação entre os sexos e as partes do corpo ingeridas.

O texto de Hans Staden é categórico quando afirma que às mulheres cabiam as vísceras e as partes do crânio. Os miolos e a língua destinavam-se às crianças. Gabriel Soares de Sousa fornece outras informações sobre a dieta canibal: "Os homens mancebos e as mulheres moças provam-na somente, e os velhos e velhas são os que se metem nesta carniça."[23]

Como já foi mencionado, o frontispício de *Americae Tertia Pars* contém uma alegoria do canibalismo que não possui respaldo nos escritos de Hans Staden e de Jean de Léry – uma índia antropófaga devorando um braço, fração do corpo humano destinada aos guerreiros.

Theodor de Bry conhecia profundamente as narrativas de viagem, do contrário não conceberia imagens tão ricas. Portanto, os descompassos entre texto e imagem podem ser considerados uma linguagem reveladora de uma dada concepção de mundo. A infidelidade aos relatos, repetimos, permite decifrar alguns caminhos percorridos pelo artista.

As mulheres cozinham as entranhas e preparam uma espécie de mingau que dividem com as crianças. Devoram também um pouco das entranhas, a carne da cabeça, o miolo e a língua; as crianças comem o que sobra.

Por intermédio das gravuras, Bry emitiu opiniões e inseriu os tupinambás no imaginário europeu. Uma análise de sua obra realizada de forma menos etnográfica e mais cultural permite detectar os debates teológicos, as disputas religiosas e os estereótipos – *caldo cultural* em que se inseriam os produtores dos textos e das imagens. Enfim, ao representar os índios, o artista não se prendeu apenas à realidade e à tradição indígena descritas pelos viajantes, mas procurou inserir nas gravuras questões palpitantes de seu tempo como forma de chamar a atenção de seus contemporâneos para a obra produzida. A luta contra a hegemonia católica sobre a América, a demonização e a caça às bruxas são temas presentes na coleção editada e ilustrada por Theodor de Bry. Em síntese, o editor-gravurista concebeu as mulheres como expressão da alteridade. O estereótipo feminino tornou-se um meio para representar a estranheza do Novo Mundo.

Nas imagens pictóricas, as mulheres ganham um espaço importante, exercendo atividades sabidamente da alçada dos homens. Elas matam o prisioneiro, manuseiam instrumentos cortantes e ingerem braços e pernas moqueadas, repasto sempre reservado aos homens. Essas representações também hiperdimensionam o gosto dos índios por tão *exótica iguaria*. A iconografia, desse modo, transformou essas mulheres em símbolos máximos do canibalismo.

Consideremos: a vingança e a guerra eram atribuições dos guerreiros. Os maiores combatentes recebiam enormes privilégios na tribo, e a eles cabia a condução dos destinos da comunidade. Era portanto o papel social do homem que estava vinculado ao canibalismo e à vingança; as mulheres eram apenas coadjuvantes e exerciam funções "a-militares".[24] Apesar da alta posição na hierarquia da tribo, os homens ganharam pouco destaque nas cerimônias concebidas pelos ilustradores quinhentistas e seiscentistas. Com esta afirmativa não pretendemos desconsiderar a importância do grupo feminino nos ritos, procuramos tão somente enfatizar que seu papel foi exaltado e hipervalorizado devido à misoginia que reinava na Europa durante os séculos XVI e XVII. As mulheres, índias ou europeias, eram filhas de Eva e reuniam em si os piores predicados.

AS SELVAGENS DE SEIOS CAÍDOS

Se as índias belas e jovens dominam a iconografia, as velhas recebem atenção especial nas narrativas dos missionários e viajantes. Quando Yves d'Evreux estabelece as "classes de idade", ressalta o aspecto físico das velhas e suas funções no preparo do *cauim* e no repasto canibal, tarefas pouco edificantes na ótica europeia. O religioso francês descreve as anciãs como sujas, porcas, descuidadas da higiene, enrugadas, de seios caídos e com um desejo incontrolável de comer a carne do inimigo.

Muitos relatos tratam do assunto e todos enfatizam o interesse das velhas pela carnificina e pela vingança. As índias idosas, na visão misógina dos europeus, pareciam ser um *locus* privilegiado para observação e descrição das atitudes de um canibal. Hans Staden, por exemplo, demonstrou pavor em face de velhas nativas que, com arranhões e pancadas, ameaçavam devorá-lo. Pero de Magalhães Gandavo, narrando um episódio de canibalismo, conta que o sangue jorrava e os miolos caíam por terra após a morte de um prisioneiro. Para não desperdiçar o *manjar*, uma índia de idade correu e meteu um cabaço

Homens, mulheres e crianças participam do repasto canibal.

grande no crânio do oponente morto, para nele recolher os miolos e o sangue. As velhas, garantem os testemunhos, não queriam perder parte alguma do corpo do oponente, nem mesmo a gordura que escorria do moquém.

Na narrativa de Jean de Léry, há uma passagem que também menciona interesse das velhas pelos restos dos mortos. As velhas "gulosas", lembra huguenote, reuniam-se para recolher a gordura que se desprendia do corpo que estava sendo assado. Depois de exortar os guerreiros para sempre prover a tribo com tais petiscos, elas lambiam os dedos e diziam *igatu* – "está muito bom!". Léry descreveu esse estranho comportamento com detalhes. Ele acreditava que as índias de mais idade se embriagavam ao comer carne humana e não participavam do ritual motivadas somente pela vingança. O frei Claude d'Abbeville revela a mesma coisa na descrição que faz de um ritual canibalesco. Depois do sacrifício e do esquartejamento, os nativos deitavam fogo debaixo da grelha, sobre a qual depositavam as carnes para assar.

> Tudo bem cozido e assado, comem os bárbaros essa carne humana com incrível apetite. Os homens parecem esfomeados como lobos e as mulheres mais ainda. Quanto às velhas, se pudessem se embriagavam de carne humana, de bom grado o fariam.

Nessa passagem, há uma nítida gradação: o prazer era mais intenso entre as mulheres; e no grupo feminino, as velhas demonstravam seus sentimentos com mais intensidade ainda – "se pudessem, se embriagavam". Os velhos guerreiros não constam da lista, foram simplesmente esquecidos, fato que reitera a boa reputação dos idosos, pensamento este semelhante ao de Abbeville e de Yves d'Evreux. Abbeville ainda escreve sobre as motivações que levavam à ingestão do "contrário". Não era o prazer – esclarece o frei – que induzia as nativas a comer tais petiscos, nem mesmo o apetite sexual. Na verdade, a má digestão e os vômitos eram recorrentes depois das cerimônias canibais. A ingestão era comandada pelo desejo de "vingar a morte de seus antepassados e saciar o ódio invencível e diabólico" alimentado contra os rivais.[25]

A ingestão de carne humana deixava marcas profundas na fisionomia das mulheres canibais. As rugas, a perda dos dentes e os odores malcheirosos tinham sua origem nesses costumes abomináveis. A imagem das velhas já despertara a atenção do frei Yves d'Evreux. Também o padre Luiz Figueira notara a relação entre sua aparência e os hábitos que tinham. Para esse religioso, a decrepitude e a decadência física das anciãs revelavam o terrível hábito de comer carne e roer ossos humanos. Seios caídos, rosto enrugado, corpo em franco processo de degeneração somavam-se a dentes mais que deteriorados. Assim escreve o padre Figueira: "Quando ele [um índio] saía de casa, permanecia no recinto uma velha prima e com ela a sogra, que já não tinha dentes de tanto roer ossos humanos."[26]

O padre João de Azpilcueta era um religioso que não administrava o batismo aos nativos que possuíssem o contumaz hábito de ingerir a carne do prisioneiro. Em seus relatos, o missionário destaca, como todos os outros viajantes, o gosto das velhas pelas iguarias mencionadas, escrevendo que somente elas se fartavam dessas carniças. E os seus contatos com os rituais de canibalismo não se restringiam apenas a ouvir dizer: o sacerdote teve a oportunidade de presenciar pessoalmente alguns desses ritos. Ele constatou com seus próprios olhos os desvios "demoníacos" das índias idosas.

Visitando uma aldeia, o padre entrou em uma cabana e deparou com uma grande panela em forma de tina, onde eram cozidos braços, pés e cabeças de homens. Em torno do tacho, havia seis ou sete velhas dançando, apesar do peso da idade e da dificuldade de locomoção. As mulheres, comentou o religioso, mais pareciam "demônios do inferno".

Os séculos passaram mas as histórias de velhas e seus vícios antropofágicos continuaram a aparecer. Em pleno século XVIII, Antônio de Santa Maria Jaboatão escreve uma passagem macabra a respeito de uma índia idosa que, estando no leito de morte, insistia em deglutir um prato exótico. Procurando satisfazer a vontade da velha potiguar, um padre resolveu oferecer a ela açúcar ou alguma outra especiaria. A moribunda, porém, declinou da oferta e lembrou-se de algo capaz de animá-la: "Se eu tivera agora uma mãozinha de tapuia, de pouca idade, e tenrinha, e lhe chupara aqueles ossinhos, então me parece tomara algum alento."[27]

São recorrentes as imagens de velhas de seios caídos nas gravuras da obra *Grandes viagens*. Elas simbolizavam o afastamento do ameríndio da humanidade, decorrente de suas falsas idolatrias, de sua nudez e sua antropofagia. Essa recorrência intensifica-se com o correr da obra e, nos últimos volumes, a selvagem de seios caídos assume feições monstruosas. Tal simbologia pode ser explicada pela relação entre os europeus e os nativos. Inicialmente, a coleção *Grandes viagens* dedicou-se a combater os espanhóis, divulgando as atrocidades praticadas no Novo Mundo. Os ameríndios seriam retratados como vítimas dos espanhóis, por isso não aparecem muitas mulheres com seios caídos nos primeiros volumes. Para além da informação sobre o cotidiano ameríndio, o empreendimento editorial incentivava os protestantes – grupo que até aquele momento estava excluído das novas áreas descobertas – a colonizarem a América. No entanto, o empreendimento foi prejudicado pela resistência nativa, pelas guerras, pela antropofagia e pelas atrocidades praticadas contra os invasores europeus. Esses entraves seriam os responsáveis pela representação recorrente de mulheres com seios caídos nas gravuras da coleção. O volume de número três, dedicado ao Brasil, é o primeiro a retratar as velhas decadentes.[28]

Ao realizar uma comparação entre as índias velhas e jovens na iconografia concebida por Bry, não percebemos vínculos entre o comportamento e a forma física, ou melhor, as condutas e as formas não possuem equivalência. As jovens índias são pintadas fazendo coisas cruéis tanto quanto as velhas; desfilam pela aldeia com pernas e braços, mordem as mãos, introduzem bastões no ânus do prisioneiro morto e comem sua carne com gestos graciosos. As velhas, por sua vez, aparecem destituídas de encantos físicos: cabelos desalinhados e ralos, rugas na testa e seios flácidos. Perderam o vigor da juventude, perderam as formas esculturais e não mais recorrem aos adereços, os colares e brincos, que enfeitam as jovens. A falta de dentes restringe a participação das anciãs no repasto, e isso explica também sua disposição em sorver gorduras, tomar sangue e sua ansiedade em recolher essas substâncias dos mortos.

Existem sutis diferenças entre jovens e velhas:[29]

Degradação fisiológica: a falta de dentes obriga as velhas a recorrerem a alimentos em estado natural, alimentos crus – sangue e gorduras –, ao passo que as jovens podem comer carne assada, isto é, alimentos transformados pelo homem, pela cultura.

Regressão cultural: a falta de ornamento e cuidado com o corpo aproxima as velhas da natureza, dos animais; as jovens, por sua vez, modelam seus corpos e utilizam adereços, indícios de civilização.

Regressão fisiológica e cultural: o corpo das velhas retrata a ação da natureza sobre o ser humano, o desgaste e a degradação física; as jovens, no entanto, mantêm seus corpos dentro de um ideal de beleza. Desse modo aproximam-se mais de um modelo civilizacional.

O tempo marcaria a diferença entre jovens e velhas, e os "costumes abomináveis" promoveriam, de modo infalível, a degradação do corpo. A mesma lógica serviria para demonstrar a dinâmica das civilizações. Seguindo esse raciocínio, poderíamos afirmar que os ameríndios originaram-se de uma sociedade perfeita; o tempo teria promovido sua degradação, sua destruição, e os teria levado à ruína social, simbolizada pelo canibalismo e pelas velhas de seios caídos.

ÍNDIOS, SERES DEGENERADOS

Os *selvagens,* portanto, nessa ordem de ideias, provinham de uma sociedade perfeita, uma sociedade criada segundo as leis naturais concebidas pelo Criador. Sua evolução, ou involução, remete a uma teoria dedicada a explicar as diferenças culturais entre os povos, entre cristãos e pagãos. A teoria da degradação natural esclareceria a diversidade cultural e asseguraria o primado bíblico da monogenia. No princípio, os homens seguiam as leis divinas, viviam no Paraíso, na mais perfeita ordem, na mais perfeita harmonia. Com o passar do tempo, porém, esqueceram os ensinamentos divinos e caíram em danação. A história da humanidade, portanto, segue a mesma trilha de Adão e Eva: os homens desobedeceram aos preceitos e receberam o castigo do Criador.[30]

Os missionários portugueses entendiam a catequese dos ameríndios como uma retomada da evolução humana. Os cristãos e os ameríndios descendiam de um mesmo núcleo populacional. Ambos possuíam, portanto, as sementes do cristianismo e carregavam consigo os alicerces da verdadeira religião. Eles seguiram juntos pelos mesmos caminhos até o momento da separação, quando os primeiros emigrantes deixaram para trás o Velho Mundo e se embrenharam por terras desconhecidas. O jesuíta Simão de Vasconcelos acreditava que os americanos fossem provenientes de Atlanta, uma alta e nobre civilização.

Na América, os índios sofreram alterações na pele, na linguagem e nos costumes. O canibalismo, a cor escura, a nudez e os erros demoníacos representavam a segunda degeneração, a segunda queda. A nova morada tinha acentuado os desvios advindos do pecado original. Os missionários procuravam, então, direcionar os nativos ao cristianismo, único caminho capaz de reverter o processo degenerativo.

Os religiosos queriam conduzir os índios para a última etapa da evolução. Para tanto, eles teriam de abandonar os *vis costumes,* converter-se e morrer como cristãos. Desse modo, a vida dos *selvagens* seria absorvida pela temporalidade cristã, dividida entre passado, presente e futuro. A concepção de tempo exposta pelos religiosos constitui uma filosofia da história, caracterizada pela Teoria do Declínio e pela Restauração Futura. Os eventos descritos seguem uma lógica fundada na queda progressiva e na ascensão final. A humanidade viveu o seu período glorioso no início dos tempos; desde então a vida dos homens foi marcada pela decadência. O futuro promoveria o acirramento desse estado de coisas até o momento em que um agente externo interferisse no processo. O cristianismo, nessa perspectiva, pretendia reverter o quadro de progressiva degradação da humanidade e implantar o reino dos céus. O futuro seria um retorno à primavera dos tempos, uma volta ao mundo antes do pecado original.

Para Simão de Vasconcelos, a decadência das sociedades indígenas tinha acontecido com muito mais intensidade do que a degradação que se abateu sobre os humanos do Velho Mundo. As perdas culturais, e sua compensação, os ensinamentos divinos, tomavam proporções inigualáveis no novo continente. O meio americano intensificou o processo, porque Atlanta, o lugar referido pelo autor, abrigava uma grande civilização, capaz de rivalizar com a alta cultura grega. Os vestígios de seu esplendor, porém, tinham desaparecido por completo entre os índios da costa do Brasil. A escrita, a centralização do Estado, a língua e os costumes enfraqueceram até a quase extinção. Simão de Vasconcelos destacou a magnitude da decadência dos americanos, comparando-a a uma hecatombe. A descoberta tardia do novo continente e a ignorância prolongada em relação aos ensinamentos cristãos teriam proporcionado a perda quase completa das leis naturais.

O estado de barbárie teria sido ainda acelerado pelo domínio demoníaco sobre a América. O tema da "coorte infernal" é recorrente nas primeiras crônicas sobre o novo território. Depois da vitória do cristianismo na Europa, os demônios teriam voado em grande quantidade para o Novo Mundo, procurando refúgio e novas almas para atormentar. Lá, depois da chegada dos missionários, existiriam duas igrejas: uma boa e católica e outra diabólica. Vários relatos partiram desse princípio para explicar a difusão de práticas abomináveis, como o canibalismo e o primitivismo das sociedades americanas. A fome, a nudez, a falta de pudor e de regras seriam obras da miséria promovida pelo Diabo.[31]

A teoria da degeneração refere-se às comunidades ameríndias como um todo. Mas como explicar o fato de que a degeneração retratada pelos observadores do cotidiano indígena recaía mais sobre o grupo feminino, e principalmente, sobre as velhas? Para retomar a discussão em torno da consideração do sexo feminino, é importante lembrar a misoginia da tradição cristã. No final do século XVI, vários teólogos reafirmavam que o sexo oposto era mais frágil em face das tentações por estar repleto de paixões vorazes e veementes. No entanto, esse sentimento em relação ao sexo oposto não era característica apenas dos teólogos quinhentistas e seiscentistas.

A Bíblia já havia representado a mulher como fraca e suscetível. Desde Eva, as tentações da carne e as perversões sexuais surgem do sexo feminino. Os eruditos do final da Idade Média partem comumente da falta de autocontrole para explicar as perversões sexuais das mulheres. Aí está incluído o desejo canibal, que aproxima o ato de beber e comer da cópula. A correlação é fartamente repetida entre os viajantes e missionários que descreveram o cotidiano ameríndio.

Se a misoginia cristã explica a ligação da imagem feminina à perversão, a teoria da degeneração permite entender as características atribuídas às velhas índias. Elas foram descritas como pervertedoras sexuais, apresentando aos meninos os prazeres da carne. A carne, aqui, possui um duplo significado. O apetite sexual e o estranho gosto de ingerir carne humana não são antagônicos, mas complementares; constituem características inseparáveis das mulheres enrugadas e de seios caídos. Sua decadência física e moral ganha sentido quando entendemos a concepção de história do mundo cristão. Na primavera dos tempos, os homens viviam no Paraíso. O envelhecimento das sociedades humanas teria promovido a degradação das leis naturais e a decadência da humanidade.

As velhas índias, portanto, encarnam esse estado avançado da decrepitude, ressaltado em seu pendor para os prazeres da carne. Os *desvios* da sexualidade e o gosto pelo repasto canibal constituem indícios inegáveis da degeneração. Os homens, por sua vez, foram poupados pelos missionários e viajantes e não eram vistos dessa mesma forma. Em relação às representações do sexo masculino, as das velhas receberam uma dupla carga estereotipada: primeiro, por serem mulheres; segundo, por suas idades avançadas. Em suma, elas simbolizavam o afastamento das comunidades ameríndias da cristandade e, sobretudo, a inviabilidade de se prosseguir com os trabalhos de catequese e colonização. Esses seres degenerados eram incapazes de participar da nova comunidade que se inaugurava no Novo Mundo. A irreversibilidade dos costumes e de sua moral tornava-as um entrave aos avanços da colonização. As velhas de seios caídos personificavam, nessa perspectiva, a resistência indígena contra os empreendimentos coloniais europeus.

NOTAS

(1) Frank Lestringant. *Le cannibale*. Paris: Perrin, 1994. p. 52-53.

(2) Alfred Métraux. *A religião dos tupinambás*. São Paulo: Nacional, Edusp, 1979. p. 84-98; Frei Vicente do Salvador. *História do Brasil*. Belo Horizonte: Itatiaia, São Paulo: Edusp, 1982. p. 81; Jean de Léry. *Viagem à terra do Brasil*. Belo Horizonte: Itatiaia, São Paulo: Edusp, 1980. p. 225.

(3) Fernão Cardim. *Tratado da terra e da gente do Brasil*. Belo Horizonte: Itatiaia, São Paulo: Edusp, 1980. p. 91.

(4) Léry. *Op. cit.*, p. 226-227.

(5) Gabriel Soares de Sousa. *Tratado descritivo do Brasil em 1587*. São Paulo: CNL, Brasília: INL, 1987. p. 55, 63, 302, 332-333 e 339; Pero de Magalhães Gandavo. *Tratado da terra do Brasil e história da província de Santa Cruz*. Belo Horizonte: Itatiaia, São Paulo: Edusp, 1980. p. 54, 58, 122, 130-133 e 140.

(6) Notícia summaria da vida do beneditino martyr Padre Francisco Pinto. *In:* G. Studart (org.). *Documentos para a história do Brasil*. Fortaleza: Typ Studart, 1904. p. 46-49.

(7) Métraux. *Op. cit.*, p. 100-102; Hans Staden. *Duas viagens ao Brasil*. Belo Horizonte: Itatiaia, São Paulo: Edusp, 1974. p. 184-185; Léry. *Op. cit.*, p. 228.

(8) Claude d'Abbeville. *História da missão dos padres capuchinhos na ilha do Maranhão*. Belo Horizonte: Itatiaia, São Paulo: Edusp, 1975. p. 223.

(9) Cardim. *Op. cit.*, p. 93; Yves d'Evreux. *Viagem ao norte do Brasil*. Maranhão, 1874. p. 146.

(10) Sousa. *Op. cit.*, p. 309; Léry. *Op. cit.*, p. 223-224; Thevet. *Op. cit.*, p. 138.

(11) Todas as referências a este subitem encontram-se em Yves d'Evreux. *Op. cit.*, p. 127-139.

(12) Léry. *Op. cit.*, p. 121; Abbeville. *Op. cit.*, p. 217.

(13) *Aspectos do Brasil em 1571*, numa carta inédita do Padre Antônio da Rocha, superior do Espírito Santo. (Org. por Serafim Leite) Lisboa: Congresso Internacional de História dos Descobrimentos, 1961. p. 5-6.

(14) Sobre as inversões sexuais, ver Sousa. *Op. cit.*, p. 308 e 334; e Gandavo. *Op. cit.*, p. 128.

(15) Antônio Pigafetta. *Primer viaje en torno del globo*. Buenos Aires: Espasa-Calpe, 1941. p. 60.

(16) Cornille Vytfliet e Anthoine Magin. *Histoire universelle des Indes occidentales et orientales et la conversion des Indiens*. Dovay: François Fabri, 1611. p. 71-72.

(17) José de Anchieta. *Cartas:* informações, fragmentos e sermões. Belo Horizonte: Itatiaia, São Paulo: Edusp, 1988. p. 266.

(18) Amerigo Vespucci. *Diss büchlin saget wie die zwé*. Strassburg: Johannes Grüninger, 1509.

(19) Vale ressaltar que a análise aqui exposta, sobre a participação feminina nos rituais antropofágicos, é uma versão levemente modificada de meu artigo Mulheres canibais. *Revista USP* (dossiê Nova História), *23*, 1994. p. 128-131. A citação encontra-se em Staden. *Op. cit.*, p. 180-181. A gravura encontra-se em Theodor de Bry (Ed.). *Americae Tertia Pars*. Frankfurt, 1592. fl. 125, pl. 64.

(20) Sobre as gravuras, ver Léry. *Op. cit.*, p. 194; Jean Delumeau. *História do medo no ocidente*. São Paulo: Companhia das Letras, 1989. p. 343. Sobre a gravura, ver *Americae Tertia Pars*. fl. 127, pl. 66 e fl. 126, pl. 65.

(21) *Americae Tertia Pars*. fl. 128, pl. 67.

(22) Para as gravuras, ver *Americae Tertia Pars*. fl. 126, pl. 65; fl. 127, pl. 66; fl. 71. Sobre o esquartejamento, ver Léry. *Op. cit.*, *loc. cit.*; e Staden. *Op. cit.*, p. 183.

(23) Staden. *Op. cit.*, p. 183-184; e Sousa. *Op. cit.*, p. 328.

(24) Florestan Fernandes. *A função da guerra na sociedade tupinambá*. São Paulo: Pioneira, Edusp, 1970. p. 147-148.

(25) Léry. *Op. cit.*, p. 199; Staden. *Op. cit.*, p. 109; Gandavo. *Op. cit.*, p. 139; Abbeville. *Op. cit.*, p. 233.

(26) Luiz Figueira (org.). *Serafim Leite*. Lisboa: Agência Geral da Colônia, 1940. p. 142.

(27) Cartas do padre João Azpilcueta. *In: Cartas dos primeiros jesuítas do Brasil*. São Paulo: Comissão do IV Centenário da Cidade de São Paulo, 1954. v. 1, p. 182-183; Antonio de Santa Maria Jaboatão. *Novo orbe seráfico brasílico ou Crônica dos padres menores da província do Brasil*. [1.ed., 1761]. Rio de Janeiro: Tip. Brasileira de Maximiniano Ribeiro, 1858. v. 1, p. 13-14.

(28) A obra *Grandes Viagens* foi editada por Theodor de Bry e publicada em treze volumes na Europa entre 1590 e 1634. Ver Bernadette Bucher. *La sauvage aux seins pendants*. Paris: Hermann, 1977.

(29) Bernadette Bucher. *Op. cit.*

(30) *Id. ibid.*, p. 55-77

(31) Ronald Raminelli. *Imagens da colonização*. Tese (Doutorado) defendida no Departamento de História da Universidade de São Paulo. São Paulo, 1994. Ver sobretudo o capítulo 2.

A ARTE DA SEDUÇÃO: SEXUALIDADE FEMININA NA COLÔNIA

Emanuel Araújo

A MEGERA DOMADA

Corre a missa. De repente, uma troca de olhares, um rápido desvio do rosto, o coração aflito, a respiração arfante, o desejo abrasa o corpo. Que fazer? Acompanhada dos pais, cercada de irmãos e criadas, nada podia fazer, exceto esperar. Esperar que o belo rapaz fosse bem-intencionado, que tomasse a iniciativa da corte e se comportasse de acordo com as regras da moral e dos bons costumes, sob o indispensável consentimento paterno e aos olhos atentos de uma tia ou de uma criada de confiança (de seu pai, naturalmente).

Esse era o estereótipo, o bom modelo, o comportamento que se esperava no despertar da sexualidade feminina. Claro que as coisas nem sempre se passavam assim, e o esforço feito para que tudo corresse conforme o previsto indica de saída, *contrario sensu,* que a explosão do desejo da mocinha virgem à senhora casada era não raro difícil, muito difícil mesmo, de controlar. Das leis do Estado e da Igreja, com frequência bastante duras, à vigilância inquieta de pais, irmãos, tios, tutores, e à coerção informal, mas forte, de velhos costumes misóginos, tudo confluía para o mesmo objetivo: abafar a sexualidade feminina que, ao rebentar as amarras, ameaçava o equilíbrio doméstico, a segurança do grupo social e a própria ordem das instituições civis e eclesiásticas.

A todo-poderosa Igreja exercia forte pressão sobre o adestramento da sexualidade feminina. O fundamento escolhido para justificar a repressão da mulher era simples: o homem era superior, e portanto cabia a ele exercer a autoridade. São Paulo, na *Epístola aos Efésios,*[1] não deixa dúvidas quanto a isso: "As mulheres estejam sujeitas aos seus maridos como ao Senhor, porque o homem é a cabeça da mulher, como Cristo é a cabeça da Igreja... Como a Igreja está sujeita a Cristo, estejam as mulheres em tudo sujeitas aos seus maridos." De modo que o macho (marido, pai, irmão etc.) representava Cristo no lar. A mulher estava condenada, por definição, a pagar eternamente pelo erro de Eva, a primeira fêmea, que levou Adão ao pecado e tirou da humanidade futura a possibilidade de gozar da inocência paradisíaca. Já que a mulher partilhava da essência de Eva, tinha de ser permanentemente controlada. O mesmo Paulo de Tarso, em outro escrito,[2] determinava, sem meias palavras:

> Quanto às mulheres, que elas tenham roupas decentes, se enfeitem com pudor e modéstia; nem tranças, nem objetos de ouro, pérolas ou vestuário suntuoso; mas que se ornem, ao contrário, com boas obras, como convém a mulheres que se professam piedosas. Durante a instrução, a mulher conserve o silêncio, com toda submissão. Eu não permito que a mulher ensine ou doutrine o homem. Que ela conserve, pois, o silêncio. Porque primeiro foi formado Adão, depois Eva. E não foi Adão que foi seduzido, mas a mulher que, seduzida, caiu em transgressão. Entretanto, ela será salva pela sua maternidade, desde que, com modéstia, permaneça na fé, no amor e na santidade.

Nunca se perdia a oportunidade de lembrar às mulheres o terrível mito do Éden, reafirmado e sempre presente na história humana. Não era de admirar, por exemplo, que o primeiro contato de Eva com as forças do mal, personificadas na serpente, inoculasse na própria natureza do feminino algo como um estigma atávico que predispunha fatalmente à transgressão, e esta, em sua medida extrema, revelava-se na prática das feiticeiras, detentoras de saberes e poderes ensinados e conferidos por Satanás. Tal pensamento misógino é expresso cruamente no *Malleus maleficarum,* célebre tratado de demonologia escrito por dois dominicanos alemães, Heinrich Krämer e Jakob Sprenger, publicado em 1486. Eis a convicção que eles externavam:

> Houve uma falha na formação da primeira mulher, por ter sido ela criada a partir de uma costela recurva, ou seja, uma costela do peito, cuja curvatura é, por assim dizer, contrária à retidão do homem. E como, em virtude dessa falha, a mulher é animal imperfeito, sempre decepciona a mente.[3]

E ainda: as mulheres, animais imperfeitos, "são por natureza mais impressionáveis e mais propensas a receberem a influência do espírito descorporificado", além do que, "possuidoras de língua traiçoeira, não se abstêm de contar às suas amigas tudo o que aprendem através das artes do mal". [4] Seria inevitável, nessa linha de raciocínio, concluir: "Toda bruxaria tem origem na cobiça carnal, insaciável nas mulheres."[5]

Note-se a associação explícita entre feitiçaria e sexualidade, radicada na crença de que os feitiços fabricados pelas bruxas eram úteis sobretudo no campo afetivo. Pelo menos os legisladores civis pareciam acreditar nisso, visto que as Ordenações do Reino vedavam a essas mulheres a preparação de beberagens para induzir qualquer indivíduo

Mistura de Eva pecadora e Vênus sedutora, a mulher corria sérios riscos de ser confundida com uma feiticeira, estando, por isso, sujeita a penas do Santo Ofício da Inquisição.

a "querer bem ou mal a outrem, ou outrem a ele".[6] A Igreja não ficava atrás, e desde 1707 o sínodo diocesano reunido em Salvador proibiu todo e qualquer tipo de feitiçaria destinado a influir no sentimento alheio, ressaltando as *cartas de tocar*, palavras e bebidas amatórias e veículos semelhantes de interferência nas vontades e desejos.[7]

Mas as feiticeiras eram teimosas. Na década de 1590, antes da chegada do Santo Ofício, elas eram muito ativas em Salvador: manipulavam anseios, reforçavam crenças, aguçavam ardores. As tais *cartas de tocar*, tirinhas de papel com fórmulas infalíveis para conquistar o amor de outrem, eram feitas por Isabel Rodrigues (apelidada Boca Torta) e vendidas por cinco tostões a uma clientela carente de afeição.[8] Antônia Fernandes Nóbrega, outra feiticeira, parecia especialista em beberagens. Uma delas destinava-se a *amigar* desafetos: a cliente teria de encher três avelãs ou pinhões com cabelo de todo o corpo, unhas dos pés e das mãos, raspadura da sola dos pés e uma unha do dedo mínimo do pé da própria bruxa; feito isso, engoliria tudo e, "depois de lançados por baixo", seriam devolvidos a Antônia, que os transformaria em pó a ser misturado em caldo de galinha destinado ao homem. Antônia também afirmava ter "aprendido dos diabos que a semente de um homem, dada a beber, fazia querer grande bem, sendo semente do próprio homem do qual se pretendia afeição, depois de terem ajuntamento carnal e cair do vaso da mulher". E ainda fazia reacender nos maridos paixões apagadas, ensinando palavras (na verdade, expressões e frases) que, pronunciadas em certas circunstâncias, "faziam endoidecer de amor e benquerer àquela a que se diziam por aquela pessoa que lhas dizia".[9]

Uma terceira bruxa dessa época, Maria Gonçalves Cajado, de alcunha Arde-lhe o Rabo, corroborava o pensamento dos teólogos acerca da explosiva ligação sexual das feiticeiras com o Diabo. Ela dizia:

> À meia-noite no meu quintal com a cabeça ao ar, com a porta aberta para o mar, eu enterro e desenterro umas botijas, e estou nua da cintura para cima e com os cabelos [soltos], e falo com os diabos, e os chamo e estou com eles em muito perigo.[10]

Assim alardeava em público suas funções, o que só fazia atiçar o imaginário ligado aos sabás, reuniões em que as feiticeiras entregavam-se ao Diabo em cópulas fantásticas que começavam sempre com a mulher beijando o "vaso traseiro" ou "vaso imundo" de seu senhor espiritual, que para tanto levantava sobranceiramente a cauda. O poeta Gregório de Matos, que viveu em Salvador no século XVII, fazia eco a essa crença ao criticar certa mulher tida como feiticeira:

Dormi com o Diabo à destra
e fazei-lhe o rebolado,
porque o mestre do pecado
também quer a puta mestra,
e se na torpe palestra
tiveres algum desar,
não tendes que reparar,
que o Diabo quando emboca
nunca dá a beijar a boca,
e no cu o heis de beijar.[11]

Mas aqui a mulher colocava-se fora e acima dos limites: além da luxúria desmedida e sacrílega, ou mesmo por causa dessa luxúria, encarnava o emblema perigoso da desordem cósmica, da impureza feminina e da perturbação social. Fugia de qualquer controle, em suma.[12] O que dizer, porém, da mulher *normal?* Ela também carregava o peso do pecado original e por isso, sobretudo sua sexualidade, devia ser vigiada muito de perto. Repetia-se como algo ideal, nos tempos coloniais, que havia apenas três ocasiões em que a mulher poderia sair do lar durante toda sua vida: para se batizar, para se casar e para ser enterrada. O exagero é evidente, mas um viajante, Froger, de passagem por Salvador em 1696, achava que ali as mulheres "são de dar pena, pois jamais veem ninguém e saem apenas aos domingos, no raiar do dia, para ir à igreja".[13] Meio século depois, em 1751, o arcebispo daquela cidade queixava-se de que os pais proibiam as moças até de assistir às devotas lições no Colégio das Mercês, das ursulinas, parecendo-lhe impossível

> conseguir que os pais e parentes consintam que suas filhas e mais obrigações[14] saiam de casa à missa nem a outra função, o que geralmente se pratica não só com as donzelas brancas, mas ainda com as pardas e pretas chamadas crioulas, e quaisquer outras que se confessam de portas adentro.[15]

O ponto de vista do marido pode ser visto em outro poema de Gregório de Matos, que fala de uma noiva depois de casada:

irá mui poucas vezes à janela,
mas as mais que puder irá à panela;
onha-se na almofada até o jantar,
e tanto há de coser como há de assar.[16]

O adestramento da sexualidade, como parece claro, pressupunha o desvio dos sentidos pelo respeito ao pai, depois ao marido, além de uma educação dirigida exclusivamente para os afazeres domésticos. Francisco

Manuel de Melo, contemporâneo de Gregório de Matos, afirma em sua *Carta de guia de casados,* de 1651, que às mulheres bastavam as primeiras letras, visto que seu "melhor livro é a almofada e o bastidor".[17] Um século mais tarde esse plano parecia perfeito a Ribeiro Sanches, que em seu manual *Educação de uma menina até a idade de tomar estado no reino de Portugal,* de 1754, não se esquece de nenhum pormenor:

> Seria necessário que uma menina ao mesmo tempo que aprendesse o risco, a fiar, a coser e a talhar, que aprendesse a escrever, mas escrever para escrever uma carta, para assentar em um livro que fez tais e tais provisões para viver seis meses na sua casa; para assentar o tempo de serviço dos criados e jornaleiros, e os salários; para escrever nele o preço de todos os comestíveis, de toda a sorte de pano de linho, de panos, de seda, de estamenhas, de móveis da casa; os lugares adonde se fabricam ou adonde se vendem mais barato [...] Seria útil e necessário que soubesse tanto de aritmética que soubesse calcular quanto trigo, azeite, vinho, carnes salgadas, doces que serão necessários a uma família; escrever no seu livro os vários modos de fazer doces e a despesa, e prever o proveito ou a perda que pode destas provisões tirar uma casa [...] Não lhe ficaria muito tempo para enfeitar-se vãmente, e muito menos para se pôr a uma janela ou a uma varanda, ler novelas e comédias e passar o tempo enleada na ternura dos amantes.[18]

Ora, ler e escrever pressupunham um mínimo de educação formal, o que podia realizar-se em casa ou em *recolhimentos,* este último caso indicando um estilo de vida conventual, em ambiente de clausura. Documentos básicos sobre a educação feminina são os estatutos elaborados pelo bispo Azeredo Coutinho para dois *recolhimentos* em Pernambuco, ambos publicados em 1798.[19] Por intermédio desses textos sabemos que as mestras do *recolhimento* ensinavam às meninas os princípios da religião, a fim de protegê-las dos "defeitos ordinários do seu sexo", pois, segundo o bispo,

> elas nascem com uma propensão violenta de agradar, ao que logo se segue o desejo de serem vistas; os homens procuram pelas armas ou letras conduzir-se ao auge da autoridade e da glória, as mulheres procuram o mesmo pelos agrados do espírito e do corpo.

O programa de estudos destinado às meninas era bem diferente do dirigido aos meninos, e mesmo nas matérias comuns, ministradas separadamente, o aprendizado delas limitava-se ao mínimo, de forma ligeira, leve. Só as que mais tarde seriam destinadas ao convento aprendiam latim e música; as demais restringiam-se ao que interessava ao funcionamento do futuro lar: ler, escrever, contar, coser e bordar; além disso, no máximo, que "a mestra lhes refira alguns passos da história instrutivos e de edificação, e as faça entoar algumas cantigas inocentes, para as ter sempre alegres e divertidas". No conjunto, o projeto educacional destacava a realização das mulheres pelo casamento, tornando-as afinal hábeis na "arte de prender a seus maridos e filhos como por encanto, sem que eles percebam a mão que os dirige nem a cadeia que os prende". Em outras palavras, devia-se aguçar seu *instinto feminino* na velha prática da sedução, do encanto.

Como a maioria das meninas jamais frequentou aulas de qualquer recolhimento, o aprendizado daquela "arte de prender [...] como por encanto" dava-se mesmo em casa, entre brincadeiras e confidências com criadas, escravas, primas, amigas. As mães, naturalmente, preocupavam-se com o despertar da sexualidade das meninas, e isso foi anotado por certo viajante, Coreal, que via como prática corrente "as mães indagarem suas filhas sobre o que são capazes de sentir na idade de 12 ou 13 anos e incitarem-nas a fazer aquilo que pode enfraquecer os aguilhões da carne".[20] As mães tinham lá seus motivos, porquanto meninas com idade de 12 anos completos podiam contrair matrimônio, e até mais cedo se "constar que têm discrição e disposição bastante que supra a falta daquela [idade]".[21] Compreensível, portanto, a inquietação dos pais quando a menina de 14 ou 15 anos ainda não se casara, ou melhor, quando não haviam conseguido marido para ela, pois o matrimônio era decidido pelo pai.[22] Assim, desde muito cedo a mulher devia ter seus sentimentos devidamente domesticados e abafados. A própria Igreja, que permitia casamentos tão precoces, cuidava disso no confessionário, vigiando de perto gestos, atos, sentimentos e até sonhos, como instruem os manuais de confessores da época,[23] com perguntas muito objetivas, para saber:

> Se pecou com tocamentos desonestos consigo ou com outrem.
> Se tem retratos, prendas ou memórias de quem ama lascivamente.
> Se solicitou para pecar com cartas, retratos ou dádivas.
> Se foi medianeira para isso gente maligna que devia
> ser sepultada viva.
> Se falou palavras torpes com ânimo lascivo.
> Se se ornou com ânimo de provocar a outrem a luxúria em comum
> ou em particular.
> Se fez jogos de abraços ou outros semelhantes desonestos.
> Se teve gosto e complacência dos pecados passados
> ou de sonhos torpes.[24]

Com o desejo e as sensações pretensamente domados, vinha afinal o casamento, que podia ser com um homem bem mais velho, de trinta, sessenta e até setenta anos. Agora seu senhor passava a ser o marido. O casal, porém, continuava a sofrer interferência da Igreja mesmo no leito conjugal. Nada de excesso, nada de erotismo, como prescrevia são Jerônimo desde o ano de 392: "Escandaloso é também o marido demasiado ardente para com sua própria mulher", porque "nada é mais imundo do que amar a sua mulher como a uma amante [...] Que se apresentem à sua esposa não como amantes, mas como maridos".[25] Moderação, freio dos sentidos, controle da carne, era o que se esperava de ambos, pois o ato sexual não se destinava ao prazer, mas à procriação de filhos. Não que devesse ser evitado. Ao contrário, marido e mulher deviam empenhar-se no pagamento do "débito conjugal", mas também aqui sob certas regras; no caso da mulher, seu desejo devia ser apenas insinuado, e, segundo os manuais de confessores, o marido tinha de estar atento e apto a perceber e atender os sinais dissimulados emitidos pela esposa recatada e envergonhada. Afinal, recusar-se a pagar o débito era pecado, mas as regras não acabavam aqui: uma vez na cama, os teólogos e moralistas condenavam o coito com o homem em pé, sentado ou por baixo da mulher, casos em que o esperma procriador poderia desperdiçar-se ao não entrar no lugar certo. Daí a condenação da lascívia que despertava a louca paixão erótica e levava à cópula irresponsável, de puro prazer.

Finalmente, com prazer ou sem prazer, com paixão ou sem paixão, a menina tornava-se mãe, e mãe honrada, criada na casa dos pais, casada na igreja. Na visão da sociedade misógina, a maternidade teria de ser o ápice da vida da mulher. Doravante, ela se afastava de Eva e aproximava-se de Maria, a mulher que pariu virgem o salvador do mundo. A Igreja não se fazia de rogada e estimulava tal associação, encorajando a fabricação de imagens da Virgem grávida e o culto de Nossa Senhora do Bom Parto, Nossa Senhora da Concepção (ou Conceição), Nossa Senhora da Encarnação, Nossa Senhora do Ó, Nossa Senhora da Expectação. Porém, a mulher não podia exercer sua maternidade em paz. Os médicos homens logo entravam em cena para diminuir o brilho do milagre e do mistério da fecundidade e para dizer à mulher que ela continuaria dependente do saber, e do poder, masculino. Eles procuravam entender, explicar e catalogar o que a mulher sabia e fazia com naturalidade, apoiada em uma experiência ancestral. Mapeavam o corpo feminino e, um tanto desnorteados e desastrados, inventavam interpretações para o funcionamento e para os males da vulva, da menstruação, do aleitamento, do útero, com as respectivas prescrições. Era mais uma dominação a ser suportada,[26] como muito bem sintetizou uma historiadora:

> Juíza da sexualidade masculina, a mulher era ainda estigmatizada com a pecha da insaciabilidade. Seu sexo assemelhava-se a uma voragem, um

rodamoinho a sugar desejos e fraquezas masculinos. Unindo, portanto, o horrendo e o fascinante, a atitude ameaçadora da mulher obrigava o homem a adestrá-la. Seria impossível conviver impunemente com tanto perigo, com tal demônio em forma de gente.[27]

O ideal do adestramento completo, definitivo, perfeito, jamais foi alcançado por inteiro. A Igreja bem que tentava domar os pensamentos e os sentimentos, muitas vezes até com algum sucesso, mas nem todo mundo aceitava passivamente tamanha interferência quando o fogo do desejo ardia pelo corpo ou quando as proibições passavam dos limites aceitáveis em determinadas circunstâncias. Contudo, parece que o normal era a introjeção, por parte das próprias mulheres, dos valores misóginos predominantes no meio social; introjeção imposta não só pela Igreja e pelo ambiente doméstico, mas também por diversos mecanismos informais de coerção, a exemplo da tagarelice de vizinhos, da aceitação em certos círculos, da imagem a ser mantida neste ou naquele ambiente etc.[28] Os desvios da norma, porém, não eram tão incomuns numa sociedade colonial que se formava e muitas vezes improvisava seus próprios caminhos muito longe do rei. Isso explica a impressão do vice-rei marquês do Lavradio ao desembarcar no Brasil, a quem parecia, em 1768, que "este país é ardentíssimo, as mulheres têm infinita liberdade, todas saem à noite sós".[29] Vejamos um pouco dessa "ardentíssima" sexualidade tropical.

LUXO E DESLEIXO

Em meio a tanta repressão, como agiam as mulheres para manifestar e exercitar sua sexualidade? Muitas, já o dissemos, pareciam aceitar passivamente a subordinação aos valores misóginos e sobretudo às determinações da Igreja. Um exemplo basta. Em finais do século XVI, um rico e arrogante senhor de engenho do Recôncavo baiano, Fernão Cabral de Ataíde, assediou sua comadre Luísa de Almeida quando ambos se encontravam a sós na capela do engenho. Ela o repeliu, decerto alegando o *parentesco* mútuo de compadres estabelecido pela Igreja, o que redundaria em incesto. Mas Fernão chegou a apelar para a intimidação grosseira, afirmando, nas palavras de Luísa,

> com grandes juramentos e ameaças e torcendo os bigodes, que se ela não fazia aquela desonestidade ali dentro da igreja, que na força pelasse ele as barbas se ele não tomasse ao dito seu marido e o amarrasse a uma árvore, e perante ele dormisse com ela por força, quando por vontade não quisesse.[30]

Como só temos a versão de Luísa, restam-nos apenas conjeturas. O que levou aquele senhor de engenho a tamanho desatino? Claro, ele devia ser um homem rude e petulante, para dizer o mínimo, mas sabia que, mesmo poderoso, estava se arriscando a passar por aborrecimentos caso a comadre contasse o ocorrido ao marido, ao pai, aos irmãos; o que ela, intimidada, não fez, exceto a um cunhado que também guardaria silêncio.[31] Com certeza esse homem sentia enorme atração por ela, mas o que o atraía? A inteligência? A desenvoltura ou a eloquência no falar? Habilidades domésticas? A julgar por seu caráter, é provável que seu estímulo fosse a beleza de Luísa, revelada num conjunto de demonstrações simultâneas: faceirice, elegância, graça, gentileza, encanto. Tudo isso ou mesmo outras qualidades transtornaram Fernão. Ela teria suspeitado, em algum momento, que isso estaria ocorrendo? Pode ser que não, mas devia ter consciência de seus atributos, pelo menos a partir das observações e elogios de outras pessoas, principalmente de outras mulheres. A troca de informações, a difusão de saberes restritos ao cotidiano feminino davam às mulheres ocasião, "em certa medida, de criar um mundo feminino, expressado em laços de solidariedade e amizade entre vizinhas, amigas e parentes, nos expedientes alternativos de esperança e num poder informal e difuso".[32]

Ora, dentre as várias formas de ser notada, de chamar a atenção, de ser admirada, o vestuário, ou a falta dele, era a preferida pelo público feminino. Decerto havia diferenças de qualidade no tecido, na confecção, no estilo, nos adereços: uma coisa era a sinhá de família rica; outra, muito diferente, as mulheres muitas, aliás que respondiam sozinhas pela subsistência de seu lar, para não falar das escravas. Neste último caso, abre-se exceção às escravas pertencentes à gente rica que, por ostentação, fazia questão de vesti-las bem. O tecido e a forma do vestido indicavam o mundo em que vivia a mulher: as abastadas exibiam sedas, veludos, serafinas, cassa, filós, debruados de ouro e prata, musselina; as pobres contentavam-se com raxa de algodão, baeta negra, picote, xales baratos e pouca coisa mais; as escravas estavam limitadas a uma saia de chita, riscado ou zuarte, uma camisa de cassa grossa ou vestido de linho, ganga ou baeta. Além de chapéus variados, as mulheres ricas caprichavam no penteado. Nuno Marques Pereira afirma que em sua juventude, quando era ainda "bem rapaz" (ele nasceu em 1652), a moda "pata" impunha o cabelo armado com arames; segundo ele, essas armações foram crescendo tanto, "que para poder entrar uma mulher com este enfeite nas igrejas era necessário que estivessem as portas desimpedidas de gente".[33] Não seria o caso das mulheres pobres que, na observação do marquês do Lavradio, em 1768, andavam pelas ruas de Salvador "quase nuas a pouco mais de meia cintura para cima, e porque as camisas são feitas em tal desgarre que um ombro e peito daquela parte é necessário que ande aparecendo todo".[34]

Se vestiam esses trajes ligeiros na rua, como seria dentro de casa?

Desleixo, descaso, desmazelo. Em suma, abandono (cuidadosamente estudado?) de maiores cuidados com a aparência, na languidez sensual e preguiçosa das que viviam cercadas de escravas ou das que apenas descansavam depois do trabalho duro. E assim elas foram vistas por estranhos que não deixavam de notar, como Luís dos Santos Vilhena, no final do século XVIII, ser hábito generalizado das mulheres "andarem dentro em suas casas em mangas de camisa, com golas tão largas que

Penteados, veludos, sedas e leques faziam parte do guarda-roupa da sinhá de família rica.

muitas vezes caem e se lhes veem os peitos", além de "muitas vezes descalças e de ordinário sem meias, com camisas de cassa finíssima e cambraia transparente".[35] Pela mesma época um inglês confirma isso ao escrever que "o vestuário comum das senhoras é uma saia, que usam sobre a camisa. Esta é feita de musselina mais fina, sendo geralmente muito trabalhada e enfeitada". E seu olhar não deixava de deslizar gulosamente por corpos à mostra e tão à vontade: a tal camisa "é tão larga no busto que resvala pelos ombros ao menor movimento, deixando o busto inteiramente à mostra. Além disso, é tão transparente que se vê toda a pele", completa deliciado o inglês.[36] Contemporâneo desses dois, um viajante no Rio de Janeiro dizia que elas se vestiam dessa forma em casa, "quando entre amigos íntimos".[37] E, pelo visto, elas se compraziam com semelhantes transparências e seios à mostra, tamanha a insistência do fato nos escritos. Mas temos também o olhar feminino de Mary Graham, que não apreciava o que via, e via o mesmo que os homens: "As mulheres em casa usam uma espécie de camisola que deixa demasiado expostos os seios.",[38] fulminando com azedume que, ao chegar nas casas, quando as mulheres apareciam,

> dificilmente poder-se-ia acreditar que a metade delas eram senhoras da sociedade. Como não usam nem coletes, nem espartilhos, o corpo torna-se quase indecentemente desalinhado logo após a primeira juventude; e isto é tanto mais repugnante quanto elas se vestem de modo muito ligeiro, não usam lenços ao pescoço e raramente os vestidos têm qualquer manga. Depois, neste clima quente, é desagradável ver escuros algodões e outros tecidos, sem roupa branca, diretamente sobre a pele, o cabelo preto mal penteado e desgrenhado, amarrado inconvenientemente, ou, ainda pior, em papelotes, e a pessoa toda com a aparência de não ter tomado banho.[39]

Cruel, a senhora Graham, ao exigir das brasileiras uma sensibilidade, uma sensualidade e uma sexualidade idênticas às de suas amigas puritanas da Inglaterra. Mas a volúpia de exibir a carne era uma espécie de contraponto à volúpia de escondê-la, o que explica, de certo modo, a confecção de trajes feitos para chamar a atenção. Tal é o caso das roupas usadas pelas escravas que se prostituíam para sustentar seus senhores e que, portanto, tinham de fazer de tudo para atrair homens.[40] Em 1641, por exemplo, os vereadores de Salvador alarmavam-se com o fato de a cidade estar muito

> dissoluta no trajo das escravas, que chegavam a tanto com as muitas galas que lhes davam os seus amigos, chegavam a tanto extremo que por elas muitos casados deixavam suas mulheres e a fazenda perecia [...] o que se podia atalhar com lhes limitar o trajo.[41]

Tempos depois, em 1709, o fato chegou a preocupar o próprio rei, que, sabendo da "soltura com que as escravas costumam viver e trajar nas conquistas ultramarinas, andando de noite e incitando com os seus trajes lascivos aos homens", proibiu de todo que elas usassem "sedas, nem de telas, nem de ouro, para que assim se lhes tire a ocasião de poderem incitar para os pecados com os adornos custosos de que se vestem".[42] As prostitutas brancas igualmente lançavam mão do recurso de se vestir bem e bonito, mas às vezes se excediam no comportamento, o que suscitou a ira do governador da capitania de Minas Gerais, conde de Galveias, que pretendeu expulsar do Serro do Frio o "grande número de mulheres desonestas" que ali moravam, as quais, "não se contentando de andarem com cadeiras e serpentinas acompanhadas de escravos, se atrevem, irreverentes, a entrar na casa de Deus com vestidos ricos e pomposos e totalmente alheios e impróprios de sua condição".[43]

Mas luzir e incitar pelo traje não era exclusivo de quem o fazia por profissão. Já no século XVI, Gabriel Soares de Sousa notava que em Salvador todos "tratam suas pessoas mui honradamente", mas "especialmente as mulheres, porque não vestem senão sedas, por a terra não ser fria",[44] no que era secundado pelo padre José de Anchieta, que dizia que as mulheres da colônia "vestem muitas sedas e joias".[45] No século seguinte, o frei Manuel Calado tinha certeza de que a perda de Pernambuco para os holandeses se devera a castigo divino pela dissolução dos costumes, e um dos sinais mais evidentes desse fato, ao que dizia, era que "as mulheres andavam tão louçãs e tão custosas que não se contentavam com os tafetás, chamalotes, veludos e outras sedas, senão que arrojavam as finas telas e ricos brocados".[46] No final do século XVIII, Deus parecia estar cansado para punir a vaidade feminina, visto que o luxo não só aumentou como se estendeu às escravas que acompanhavam suas senhoras portas afora. De acordo com o testemunho de Luís dos Santos Vilhena, as mulheres exibiam-se

> com as suas mulatas e pretas vestidas com ricas saias de cetim, becas de lemiste finíssimo e camisas de cambraia ou cassa, bordadas de forma tal que vale o lavor três ou quatro vezes mais que a peça; e tanto é o ouro que cada uma leva em fivelas, pulseiras, colares ou braceletes e bentinhos que, sem hipérbole, basta para comprar duas ou três negras ou mulatas como a que o leva; e tal conheço eu que nenhuma dúvida se lhe oferece em sair com 15 ou 20 assim ornadas. Para verem as procissões é que de ordinário saem acompanhadas de uma tal comitiva.[47]

Faceirice asseada, alinhada, a exibida pelas senhoras e suas escravas. Só que essas mesmas senhoras e suas filhas podiam exercer sua sexualidade justamente ao inverso, no descompor programado, no desarranjar excitado, no desalinhar abandonado. Isso acontecia em público por ocasião do festejo do Entrudo, comemorado dois dias antes da quarta-feira de Cinzas, origem do Carnaval brasileiro. Era uma festa barulhenta e violenta em que as famílias, dos balcões de suas casas, travavam verdadeiras batalhas com os vizinhos do lado e da frente (as ruas eram muito estreitas), arremessando uns nos outros ovos, jatos d'água de bacias ou de seringas e cápsulas de cera com água perfumada que se quebravam facilmente ao atingir o alvo. Semelhante bulha, no entanto, tinha lá suas regras: as mulheres podiam molhar-se umas às outras, assim como os homens podiam encharcar as mulheres e estas tinham o direito do revide, mas seria inconveniente um homem fazer o mesmo a outro. Como se vê, as mulheres eram o alvo privilegiado, e pode-se imaginar como elas se compraziam, coquetes e dengosas, em serem molhadas e se mostrarem molhadas.

Trajes sumários, trajes excessivos, trajes descompostos, todos eram artifícios culturalmente aceitos e admirados para incitar o desejo masculino, confirmar posição social e sublinhar a sedução do feminino.

RELAÇÕES PERIGOSAS

Bem que os homens do reino lusitano desconfiavam que suas mulheres não se conformavam, como eles tanto queriam, em aprisionar a sexualidade a ponto de só manifestá-la, com o recato possível, no leito conjugal. Os homens tinham vida mais solta, o que era até admitido pela Igreja e pelo Estado, mas o paradoxo é evidente, como ressalta um relatório holandês de 1638 que diz que no Brasil "os homens são muito ciosos de suas mulheres e as trazem sempre fechadas, reconhecendo assim que os de sua nação são inclinados a corromper as mulheres alheias".[48] Ora, se "corrompiam" as mulheres dos outros, como não desconfiar da própria mulher? Era um eterno sobressalto.

Já não se fabricavam cintos de castidade para sossego do marido ausente, mas os *recolhimentos* bem cumpriam a função de zelar pelo comportamento da mulher longe do marido: ele podia viajar na certeza de que sua própria honra, ao retornar, continuava bem reputada. Não se pode dizer que esses homens confiavam cegamente em suas esposas. Mas podia dar-se o caso, ainda mais brutal, de o marido livrar-se da presença da esposa com esse expediente. Em Salvador, por exemplo, graças a um inquérito, descobriu-se certa mulher confinada no convento de Nossa Senhora da Lapa havia quase vinte anos; nessa mesma cidade, no *recolhimento* dos Perdões, outra mulher encaminhava, em 1809, um requerimento para sair dali, onde se encontrava desde 1789 "sem ela ter cometido delito algum, nem dado a mínima sombra de infidelidade para com seu marido". Este simplesmente viajara para Lisboa e "esquecera" a mulher no *recolhimento*.[49]

O adultério, com efeito, assombrava os homens como um fantasma que podia aparecer nos lugares e nos momentos mais inesperados, aterrando suas mentes sempre apavoradas com o estigma de marido que não satisfaz sexualmente a mulher. O assunto era tabu, e por isso houve grande desconforto quando um vigário da vila de São Lourenço, em Pernambuco, trovejou do púlpito: "Vós outros, homens, não quereis senão fazer adultério a vossas mulheres? Pois desenganai-vos, que elas na mesma moeda vo-lo pagam!"[50] No século XVII, Gregório de Matos não deixou de fustigar os baianos com versos ferinos sobre o adultério feminino,[51] mas na década de 1720 o governador de São Paulo tratava com a maior seriedade as petições que recebia para castigar um indivíduo que chegara à cidade chamando "aos homens principais bêbados e cornudos, não havendo mulher alguma honrada na sua boca".[52] Também causaria profundo desassossego a determinada comunidade de Pernambuco a declaração de um padre, em 1759, que após ser transferido para outro lugar comentou: "Graças a Deus que já me livrei das mulheres deste curato, porque todas ou a maior parte adulteram os maridos, e assim me vejo já livre de as confessar."[53] O padre foi denunciado por quebra de sigilo da confissão, porém os homens casados devem ter ficado desconfiadíssimos.

Na época colonial a mulher arriscava-se muito ao cometer adultério. Arriscava, aliás, a vida, porque a própria lei permitia que "achando o homem casado sua mulher em adultério, licitamente poderá matar assim a ela como o adúltero".[54] Mas a carne era fraca e a paixão com certeza forte, e não faltam exemplos de casos que acabaram em tragédia. Em 1565, o padre Leonardo Vale conta que em São Vicente certa mulher casada manteve uma relação extraconjugal durante anos, "andando ambos pelos matos [...] até que um dia, dando com ela o marido, lhe deu algumas vinte ou mais feridas, algumas delas tais que uma só bastava para nunca mais falar".[55] O religioso Nuno Marques Pereira dedica todo um capítulo de seu livro, publicado em 1728, a narrar e condenar casos de adultério que acabaram mal,[56] mas em outro lugar, onde desaprova o teatro, conta que um homem fazia representar peças na própria casa e sua filha casada "veio a namorar-se de um comediante, com o qual cometeu adultério a seu marido, o qual, vindo-lhe a notícia, a matou e ao adúltero".[57] E mesmo a Justiça, na prática, era extremamente tolerante com o marido traído, como revela o julgamento de um homem preso em 1809, que pedia sua liberdade ao Desembargo do Paço, apesar de ter matado a mulher:

> Na ocasião em que este entrou em casa, os achou ambos deitados em uma rede, o que era bastante para suspeitar a perfídia e adultério e acender a cólera do suplicante que, levado de honra e brio, cometeu aquela morte em desafronta sua, julgando-se ofendido.

O parecer dos desembargadores foi que o assassinato era "desculpável pela paixão e arrebatamento com que foi cometido".[58]

É verdade, por outro lado, que nem sempre as aventuras extraconjugais femininas acabavam assim tão mal. Com frequência o marido ofendido encerrava a mulher num *recolhimento* ou apenas se separava ou pedia divórcio. Muitas vezes uma boa surra bastava, como vemos numa sátira de Gregório de Matos a certa mulher surpreendida pelo marido no meio de um bananal com um franciscano.[59] E houve até um caso curioso em que o marido traído parecia temer a esposa. Um morador da cidade de São Paulo contava, em 1780, que soube pelos vizinhos que sua mulher vinha mantendo "ilícito trato" em suas ausências; uma vez alertado, passou a vigiá-la até que "em uma noite a topou no mato com o sobredito cúmplice, em ato pecaminoso, de que resultou fugir a ré, deixando as chinelas". Claro que ele a repreendeu, mas surpreendentemente "ela se conspirou contra ele ameaçando-o de que lhe havia de tirar a vida, ainda que fosse por arte diabólica, ou feitiçaria". O marido, então, começou a sofrer de estranhas doenças e resolveu procurar um negro curandeiro. A mulher, porém, antecipou-se e pediu ao curandeiro que não lhe desse remédio, mas veneno, prometendo ainda uma gratificação pelo serviço. No processo eclesiástico consta ainda que ela

> usou de vários embustes e superstições e chegou a confessar que dera a beber ao autor o seu próprio mênstruo para o enlouquecer, e da mesma sorte vidro moído a fim de o matar, de que se lhe originaram as gravíssimas moléstias que tem padecido.[60]

Os refúgios do pecado eram os de sempre, o mato, a rede, a cama, mas as ocasiões variavam. Os padres, por exemplo, aproveitavam-se do confessionário para tentar seduzir algumas paroquianas. Em 1792, um vigário foi surpreendido em Goiás "atracado na moça com tão cega fúria, que lhe rasgou a saia"; ela gritou, pessoas acudiram, mas o padre justificava-se dizendo saber que aquela mulher casada "vivia com bastante lassidão nos costumes contra a castidade" e ele, descontrolado, viu-se de repente "tocando nas suas parte pudendas tendo-a confessado". Já outro sacerdote, após ouvir uma confissão de adultério, não hesitou e propôs: "Pois assim como vós cometeis adultério com homem casado, também o podeis fazer comigo."[61]

Muitas mulheres preferiam pecar com os viajantes estrangeiros. Froger dizia, em 1696, que, apesar da reclusão e do perigo de morte caso flagradas em adultério, as mulheres em Salvador sempre encontravam "um jeito de conceder seus favores a nossos franceses, dos quais apreciam os modos sedutores e livres".[62] Já o viajante francês Amédée François Frézier, em 1714, achava que ali as mulheres "são quase todas libertinas e sempre encontram um jeito de burlar a vigilância de pais e maridos".[63] Outro viajante francês, Le Gentil de La Barbinais, indignado, disparou que "os costumes neste país são corrompidos e o homem exibe um rosto que jamais cora. As mulheres não são menos dissolutas: elas vivem numa desordem pública".[64] Pyrard de Laval, que passou por Salvador em 1610, foi o único a narrar em pormenores suas aventuras:

> Não posso deixar de contar o que me aconteceu lá. Um dia em que passeava sozinho pela cidade [...] encontrei uma jovem escrava negra de Angola que me disse, sem maior conhecimento e sem cerimônia, que a seguisse com toda confiança, pois queria levar-me a um homem honrado que desejava falar comigo. Parei para pensar um pouco se devia fazê-lo ou não, e fiar-me no que ela me dizia. Afinal resolvi segui-la para ver o que aconteceria. Fez-me dar mil voltas e desvios pelas ruelas, o que me deixava bastante temeroso a cada passo e quase resolvido a não prosseguir, mas ela me encorajava e acabou por introduzir-me numa residência assaz bela e grande, bem mobiliada e atapetada, onde só vi uma jovem senhora portuguesa que me deu muito boa acolhida e preparou-me excelente merenda; e vendo que meu chapéu era ordinário, tirou-mo da cabeça com suas próprias mãos e deu-me um novo, de lã espanhola, com um belo cordel, fazendo-me prometer que voltaria a vê-la, e que ela me trataria bem e me daria prazer no que pudesse. O que não deixei de fazer: fui vê-la frequentemente enquanto lá permaneci, e ela fez-me uma infinidade de cortesias e favores [...] Fiz também um outro conhecimento e amizade com uma jovem mulher portuguesa natural do Porto, em Portugal, chamada Maria Mena, que era estalajadeira e tinha uma taberna, e tanto que não deixava de beber e comer ali, pois ela me dava quando eu queria, sem dizer nada ao marido; dava-me dinheiro para pagá-la [depois] diante dele, e chamava-me de seu companheiro. Em suma, as mulheres lá são muito mais acessíveis e mais amigas de estrangeiros que os homens.[65]

Os festejos e todo tipo de reunião ou ajuntamento de pessoas também davam ocasião para o começo de uma peripécia fora do leito conjugal. A coisa vinha de longe, e já no século XVII o poeta baiano Gregório de Matos dizia que as mulheres só iam à missa cheias de "brincos, manga a volá, broche, troço ou saia de labirintos", aproveitando-se da sagrada função para "cair em erros indignos".[66] O moralista Nuno Marques Pereira exortava por isso as mulheres: "Devem ser muito honestas no vestir, porque as galas desonestas estão indicando corpo lascivo."[67] Os bispos desconfiavam do entusiasmo "que há nesta freguesia de se cantar todas as noites o santo terço da igreja matriz", como revelava em pastoral de 1768 dom Antônio José de Abreu, que decididamente não aprovava "a assistência de homens e mulheres em semelhante tempo pela irreverência e ofensas a Deus que dali podem resultar".[68] Na década de 1820, um oficial do corpo de mercenários de dom Pedro I afirmava:

> A igreja é o teatro habitual de todas as aventuras amorosas na fase inicial, a mais ardente da sua eclosão. Só aí é possível ver as damas sem embaraço aproximarem-se diretamente e até cochicharem algumas palavras [...] Enquanto se faz o sinal da cruz, pronuncia-se no tom da mais fervorosa prece a declaração de amor.[69]

Uns 15 anos depois, o inglês Thomas Ewbank também anotava: "Quarta-feira de Trevas, ocasião em que as luzes são apagadas nas igrejas e jovens maliciosos podem aproveitar-se por isso das devotas."[70] Em 1718, não escapou a Le Gentil de La Barbinais, em Salvador, que a noite de quinta-feira santa virava uma espécie de Carnaval:

> Todas as mulheres guardadas e retiradas em casa no correr do ano, e que sequer saíam para ir à missa, nessa noite saem ataviadas do que têm de mais magnífico e vão a pé de igreja em igreja aguentar os dichotes dos cavalheiros portugueses. É nessa noite que as filhas guardadas por um pai muito severo perdem o que, durante o ano, projetaram perder. É nessa noite que o Senhor dos Cornudos vê com prazer aumentar seu império. É nessa noite, enfim, que os portugueses celebram suas bacanais.[71]

Uma forma de lazer, a dança decerto propiciava não só a exibição lúbrica do corpo feminino como a ocasião de seduzir e ser seduzida. O batuque, bastante apreciado pelas camadas pobres e entre os escravos, era condenado pela Igreja, mas jamais deixou de ser praticado em todo o Brasil. Um viajante francês observou que os habitantes de Minas Gerais

> não conhecem outra espécie de divertimento além da dança que a decência não permite mencionar, e que, no entanto, se tornou quase

Algumas não correspondiam às exigências da Igreja de que a mulher se vestisse com decência, que evitasse mostrar o pescoço e o colo e, sobretudo, que não exibisse os pés, considerados altamente eróticos.

nacional. Sua felicidade [da população] é não fazer nada; seus prazeres são os sensuais.[72]

Na festa de são Gonçalo, popular na época colonial, o santo casamenteiro era louvado com animadíssima dança.[73] Segundo Miguel do Sacramento, num mensário publicado em Recife na década de 1830, dentro da igreja, ao som de zabumbas, maracás e cantigas, as mulheres "saracoteiam as ancas, remexem-se, saltam, pulam" e cantam as prendas do bom marido a repetir: "Seja bonitinho e queira-me bem/ Aquilo que é nosso não dê a ninguém", enquanto os homens "estão como peixes na água e com os olhos pendurados no remexer das dançarinas".[74]

Também dançado em toda a Colônia desde o século XVII, o lundu já era associado por Gregório de Matos à extrema luxúria e "putarias".[75] Limitado durante muito tempo à população pobre, o lundu terminou por invadir os solares ricos e, na década de 1780, era dançado até no palácio do governador de Minas Gerais, em Vila Rica.[76] O inglês Thomas Lindley, escandalizado, diz que, após a refeição de uma festa em Salvador, quando se tinha consumido bastante vinho,

> começa a cantoria, que logo cede lugar à tentadora dança de negros. Uso essa expressão como a que se ajusta ao divertimento em questão, misto de danças da África e fandangos da Espanha e Portugal. Duas pessoas de cada sexo bailam, ao dedilhar insípido do instrumento [a viola], sempre no mesmo ritmo, quase sem moverem as pernas, mas com todos os gestos lascivos do corpo, tocando-se durante a dança de uma forma singularmente impudica. Os espectadores, ajudando a música com um coro improvisado e o bater de palmas, apreciam a cena com indescritível deleite. As orgias das dançarinas da Índia jamais igualaram o despudor dessa diversão. Não desconhecem o minueto e a quadrilha, exercitados nos altos círculos, mas essa é a dança nacional e todas as classes se sentem felizes quando, deixando de lado o formalismo e a reserva e, permito-me acrescentar, a decência, podem entregar-se ao interesse e aos transportes que ela excita.[77]

Sem demora o lundu conquistou o teatro, em particular nos entremezes, quadros cômicos ou ligeiros representados nos intervalos da peça principal, com vistas a distrair a plateia. Inventava-se um pequeno enredo bem simples que justificasse a dança e, neste caso, a explosão máxima da sexualidade feminina. Em 1817, o francês L. F. Tollenare, de passagem por Salvador, descreve vividamente um desses entremezes:

> O mais interessante a que assisti foi o de um velho taverneiro avarento e apaixonado por uma jovem vendilhona. O velho está sempre a vacilar

entre o seu amor e o seu cofre. A rapariga emprega todos os recursos da faceirice para conservá-lo preso nos seus laços. O mais eficaz consiste em dançar diante dele o lundu. Esta dança, a mais cínica que se possa imaginar, não é nada mais nem menos do que a representação a mais crua do ato de amor carnal. A dançarina excita o seu cavalheiro com movimentos os menos equívocos; este responde-lhe da mesma maneira. A bela se entrega à paixão lúbrica: o demônio da volúpia dela se apodera, os tremores precipitados das suas cadeiras indicam o ardor do fogo que a abrasa, o seu delírio torna-se convulsivo, a crise do amor parece operar-se e ela cai desfalecida nos braços do seu par, fingindo ocultar com o lenço o rubor da vergonha e do prazer [...] O seu desfalecimento é o sinal para os aplausos de todas as partes. Os olhos dos espectadores brilham de desejos por ela excitados; os seus gritos reclamam que recomece a luta, e o que apenas se permitiria em um alcouce é repetido até três vezes perante o público de uma grande cidade civilizada. Há senhoras nos camarotes e elas não coram; não se pode acusá-las de excessivo recato.[78]

FEMININO & FEMININO

Como vimos, pretendia-se controlar a sexualidade feminina de várias formas e em diversos níveis. As mulheres, então, ou se submetiam aos padrões misóginos impostos, ou reagiam com o exercício da sedução (também de várias formas e em diversos níveis) e da transgressão. Uma das maneiras de violar, agredir e se defender estava justamente em refugiar-se no amor de outra mulher. O homossexualismo (ou sodomia, como se dizia na época) era condenado com muita severidade na legislação civil: quem o "pecado de sodomia por qualquer maneira cometer, seja queimado e feito fogo em pó, para que nunca de seu corpo e sepultura possa haver memória, e todos os seus bens sejam confiscados para a Coroa".[79] O sexo feminino é mencionado em particular: "E esta lei queremos que também se estenda e haja lugar nas mulheres que umas com as outras cometem pecado *contra natura,* e da maneira que temos dito nos homens."[80]

Muitas mulheres, no entanto, pareciam não se amedrontar diante de tamanho rigor. Historiadores contam com o fundo documental da primeira visita do Santo Ofício da Inquisição no Brasil, na primeira metade da década de 1590, em que são assinaladas 29 mulheres que ou praticavam atos homossexuais esporádicos, ou assumiam a transgressão de modo permanente e sem escondê-la.[81] Na verdade, muitas vezes não se tratava de homossexualismo, mas, quando a reclusão feminina era de fato praticada com severidade, aumentavam naturalmente os contatos entre mulheres; o que se efetivava de diversas maneiras: com visitas frequentes, trocas de confidências e experiências, maior afetividade e compreensão no sofrimento comum e assim por diante, numa mistura de cumplicidade, refúgio e solidariedade. Não passou despercebido a um observador holandês, em 1638, que no Brasil "elas se enfeitam para ser vistas somente pelas suas amigas e comadres".[82] As grandes amizades exclusivamente femininas seriam inevitáveis, a ponto de parecer a Luís dos Santos Vilhena, no século XVIII, que as mulheres "são extremamente amigas das suas amigas, e tão zelosas umas das outras que bem podem competir com os amantes mais impertinentes".[83]

Como casavam cedo, a sexualidade também era despertada cedo, e, enquanto o casamento não se realizava, as meninas e adolescentes praticavam como podiam. Assim, cerca da metade das mulheres acusadas de homossexualismo à Inquisição no Brasil, na década de 1590, confessaram ter cometido tal pecado muito jovens, entre os 7 e os 15 anos de idade. Uma delas, Maria Rangel, disse que aos 14 anos o fizera com uma vizinha, "com a qual costumava folgar muitas vezes, filha de um carpinteiro", mas igualmente com "outras moças também pequenas e algumas de doze anos".[84] Só uma, Guiomar Pinheiro, fora violada aos oito anos por uma adulta, Quitéria Seco, casada com um alcaide.[85]

Muitas, no entanto, continuaram a ter relações sexuais com parceiras variadas, embora dois terços delas fossem casadas no momento em que o inquisidor começou seu trabalho em Salvador, no ano de 1591 (duas eram viúvas, duas solteiras e de quatro não se conhece o estado civil). Elas não chegavam de fato a formar um grupo à parte, pois, como assinala uma historiadora, antes do século XIX "o confinamento das mulheres à esfera privada bloqueava tal percepção, porque prevenia a formação de subculturas homossexuais do tipo das que foram criadas, por exemplo, entre os homens".[86] Apesar disso, as mulheres eram ativas e algumas se conheciam e se reconheciam como desviantes: tal foi o caso de Paula de Siqueira, Felipa de Sousa e Maria Lourenço, respectivamente casadas com um contador da Fazenda, um pedreiro e um caldeireiro.[87]

Ao que parece, essas mulheres não tinham interesse em tornar públicas suas ligações amorosas. Tudo se passava em círculos restritos de amigas e vizinhas, e muitas vezes nem era preciso sair de casa, aproveitava-se a hierarquia e a intimidade em que conviviam cotidianamente senhoras e escravas. Guiomar Piçaro, por exemplo, confessou que tivera experiência sexual aos 12 ou 13 anos com uma escrava de 18 anos.[88] A sensação de isolamento podia levar a certa afoiteza, como aconteceu a Maria de Lucena, que aos 25 anos morava com uma parenta casada com um fazendeiro pernambucano. Ela gostava das escravas da casa-grande, em particular das índias Vitória e Margaída, e sua desenvoltura chegou a tal ponto, que mais de uma vez foi flagrada em pleno ato sodomítico.

Mas longe dos desvãos, quintais e matos das casas-grandes, em plena cidade atulhada de vizinhos, uma relação amorosa podia subitamente vir a público graças ao ciúme, como foi o caso de Francisca Luiz e Isabel Antônia, ambas já degredadas de Portugal acusadas de relações homossexuais.

As mulheres que tinham comportamento desviante deviam saber que corriam o perigo de severa punição. É fato que no Brasil colonial nenhuma foi queimada e feita "fogo em pó", conforme queria a legislação civil. Aqui elas foram ameaçadas, repreendidas, sujeitas a penitências espirituais. Felipa de Sousa foi açoitada publicamente e degredada da capitania da Bahia.[89] Ela pagou caro por seus amores proibidos. A pena deveu-se à iniciativa do inquisidor, porque os dois primeiros regimentos do Santo Ofício, de 1552 e 1570, não se referem ao homossexualismo feminino e, assim, não podiam guiar sua decisão. Nos séculos posteriores à Inquisição, tampouco seria dada muita atenção a tal pecado, exceto quando cometido por homens, praticamente relegado à categoria de *molície,* atos lascivos menos graves que terminaram por confundir-se com a masturbação. Os homens, decididamente, não entendiam o que se passava sexualmente entre duas mulheres. Na cultura misógina, homem era homem e mulher era mulher: o ato sexual só podia ser compreendido com a presença todo-poderosa do pênis, e portanto as mulheres só encenavam um simulacro do verdadeiro coito. Os inquisidores, por isso, consideravam agravante o uso de qualquer instrumento penetrante, como o que usava aquela mulher apelidada de "a do veludo". Já que alguém tinha de ser o homem nesse tipo de relação, uma das mulheres era rotulada de "macho", como vemos no *Cancioneiro geral do Resende,* coleção de poemas publicada em 1516 por Garcia de Resende, onde elas são mencionadas desta forma: "sois macho", "ser macho para Guiomar", "podereis vos emprenhar/ outra mulher como macho", "se sois fêmea ou macho" etc.[90] A mesma caracterização iria aparecer no século XVII, nos poemas de Gregório de Matos.[91] Os teólogos gastavam rios de tinta para enquadrar tal pecado e os médicos atrapalhavam-se ao tentar compreender essa coisa tão estranha.

E as mulheres em questão, pelo menos no Brasil, não ajudavam muito. Na sentença contra Felipa de Sousa, o inquisidor refere-se a atos de sedução, constando-lhe "a ré ser costumada a namorar mulheres, requestando-as com cartas de amores e com recados e presentes"; mas quanto ao ato sexual só soube dizer que a ré agia ora como "agente íncuba" (deitada por cima), ora como "paciente súcuba" (deitada por baixo), assim "ajuntando ela com as outras mulheres cúmplices seus vasos dianteiros, e tendo suas deleitações abomináveis ela com as outras mulheres", considerando atenuante apenas ter feito isso "sem haver outro algum instrumento penetrante".[92] Em seus depoimentos, por outro lado, elas mostravam-se recatadas, falando no máximo de "camisas levantadas", "fraldas arriadas", "beijos", "abraços", ou da união de "seus vasos dianteiros" para chegarem ao orgasmo.

É bem provável que no Brasil aquelas mulheres se sentissem intimidadas na presença do inquisidor, mas é óbvio que não contaram tudo, que buscaram abrandar seus relatos simplesmente omitindo coisas que não deviam ser ouvidas por homens hostis. Esperteza? Mais do que isso, a prudência levava-as a resguardarem do inquisidor sua forma de sexualidade, além do pudor, do medo e de uma certa solidariedade para que se mantivessem em segredo no refúgio do seu desejo proibido.

NO CONVENTO

O último lugar onde se poderia esperar a manifestação da sexualidade feminina seria nas celas dos conventos, pois ali as mulheres deviam recolher-se por espontânea vontade e, como "esposas de Cristo", renunciar por completo aos prazeres sensuais.[93] Nem sempre acontecia assim. Muitas "vocações" religiosas eram decididas pelo pai, ou porque ter filha em convento significava ostentar certa posição social, ou porque no convento a filha não herdaria o que se destinava ao filho varão, ou porque, finalmente, a filha recolhida como religiosa seria a proclamação pública da religiosidade da família. Enclausuradas, ainda meninas de dez anos, pensava-se que a vida conventual, com sua disciplina, seu ambiente, sua rotina, levaria as mulheres à piedade e ao recato próprios de sua condição. O problema era que, freiras à força, muitas jovens continuavam a se comportar como se estivessem em casa: caso de sinhazinhas arrogantes rodeadas de escravas (na clausura também havia escravas) e às quais nada era negado. É claro que isso não acontecia com *todas* as freiras,[94] porém, como no caso do homossexualismo feminino, temos preservado o arquivo do convento de Santa Clara do Desterro, em Salvador, em atividade desde 1677,[95] assim como testemunhos literários e o acervo documental civil e eclesiástico que bem demonstram o comportamento de freiras *transbordando* sexualidade, tanto em Portugal quanto – e por que não? – no Brasil.

Pouco antes de ingressar no convento, a escrava, que iria acompanhar a moça, passeava "em cadeira pelas ruas da cidade alguns dias, bem vestida e composta, para que os moradores dela saibam que aquela escrava vai servir à madre fulana".[96] Isso significava, na verdade, uma mundaníssima afirmação de prestígio social, pois em seguida alcatifava-se a portaria do convento e todas as religiosas, com muita gravidade, recebiam a escrava, "sob pena que, assim a senhora como a serva que o sobredito cerimonial não observam, serão reputadas por gente de inferior esfera".[97] Como se não bastasse, no dia em que a mocinha tomava o hábito, seu pai, de acordo com as posses, promovia festejos os mais vistosos possíveis. Em 1803, Thomas Lindley presenciou em Salvador uma dessas situações, quando um rico comerciante fez dar salvas de tiros de seu navio e de seus amigos na baía de Todos os Santos, além de patrocinar uma feira ao lado do convento, com bandas de música tocando o dia inteiro, e à noite realizou, no dizer do inglês, "uma deslumbrante queima de fogos de artifício" que levou duas horas ininterruptas.[98] E pronto. O pai cumprira sua obrigação e a filha, retirada e contrita em sua cela, passaria a aspirar à santidade.

Não era bem assim. Longe do olhar paterno e da vigilância de vizinhos, a jovem e vaidosa freira passava a integrar uma corporação das mais fechadas, com suas próprias regras e transgressões, cuidadosamente reguladas. Assim, a sexualidade reprimida em casa podia agora se extravasar de mil maneiras, algumas sutis, engenhosas, ardilosas mesmo, outras sem maior rebusco, sem cuidado, sem pudor algum. A própria cela, que devia ser despojada de confortos, reproduzia ou até amplificava o luxo e o bem-estar da vida doméstica anterior, encontrando-se ali, como enumerou e lamentou um moralista do século XVII, cortinas, rodapés torneados, pias de cristal, espelhos, porcelanas, esculturas, perfumes, bancos com franjas de seda ou de ouro, móveis caros, teto com relevos e pinturas.[99] Tratavam-se bem essas servas do Senhor.

Em seu cotidiano, como vemos, tudo levava à excitação dos sentidos, o que era acentuado quando elas apareciam, para gente de fora do convento, galantes, faceiras no andar, descobrindo adornos íntimos meticulosamente mostrados ou descuidadamente sugeridos ao olhar masculino. O arcebispo dom Frei Manuel de Santa Inês queixava-se disso em 1764, reprovando dessa mulheres o "toucado nimiamente decomposto [...] por lhes deixar descobertos grande parte da cabeça e todo o pescoço", assim como as anciãs que "tingem de negro os seus cabelos já brancos"; mais ainda, diz que elas usavam "mangas de extraordinária largura", enfeitavam-se com joias, calçavam meias de seda presas por fivelas de ouro cravadas de diamantes e, "quando fazem alguma função pública, nela usam de sapatos todos picados para que as pessoas, assim de dentro como de fora, lhes vejam a nova meia de seda cor de pérola".[100] O mesmo arcebispo referia-se também ao luxo condenável dos festejos religiosos no convento e ao comportamento das freiras nessas ocasiões, vale dizer, seu exibicionismo impudico.

Pouco mais de quarenta anos antes, Le Gentil de La Barbinais, no mesmo convento de Santa Clara, em Salvador, surpreendera-se com a desenvoltura das religiosas numa missa de Natal, a que fora como convidado do vice-rei:

> Às dez horas fomos para a igreja de Santa Clara, onde eu não esperava ver uma comédia, ou melhor, uma farsa. Em todas as casas religiosas de Portugal as jovens madres ensaiam durante o ano certo número de tolices e canções jocosas para recitá-las na noite de Natal. Essas senhoras estavam em um estrado aberto e elevado, cada uma com seus instrumentos, violas, harpas, tamborins, banzas [viguelles] etc. Seu diretor deu o sinal entoando o salmo Venite exultemus. Aí todas as religiosas se viram a cantar as canções que haviam ensaiado com tanto desvelo; cada uma cantava a sua, e tal diversidade de canções e de vozes formava uma algazarra que, junto aos instrumentos tão discordes como as vozes, davam justa vontade de rir. Elas pulavam e dançavam com tão grande bulha que, à semelhança do lundu, cheguei a pensar estivessem possuídas de algum espírito extravagante ou de um duende de humor alegre e jovial [...] Mas ainda viria uma surpresa muito maior. O silêncio sucedeu à algazarra e em vez das lições que se costumam ler nos noturnos de matinas, uma religiosa ergueu-se e, indo sentar-se gravemente numa poltrona, proferiu um longo discurso em português estropiado, tal como o falam os escravos. Esse discurso era um relato satírico das intrigas galantes dos funcionários da corte do vice-rei; ela nomeou a amante de cada um e referiu-se em detalhe às suas boas e más qualidades.[101]

Desenvoltas e muito bem informadas sobre o que se passava fora do convento, as freiras mantinham contato permanente e íntimo com o mundo externo. Demasiado íntimo, aliás, pois uma legião de homens, apropriadamente chamados de "freiráticos", cultivava naquela época a vaidade de seduzir freiras. O costume vinha de Portugal, e a acreditar no português frei Lucas de Santa Catarina, que escreveu engraçadíssima sátira sobre o assunto,[102] elas é que, a bem dizer, seduziam os homens. Era um jogo com regras bem definidas e rebuscada etiqueta, além de caro. Frei Lucas advertia que era algo como "pedra-ímã das algibeiras e sanguessuga dos bolsinhos", de modo que "se o freirático tem faltas de respiração na bolsa ou se é esfaimado da algibeira, não é fácil admitir-se nem tem feição".[103] Isso porque, além de cumular a amada com presentes, havia que contribuir para a montagem de peças representadas no convento e para a realização das sucessivas festas religiosas no correr do ano.

Enquanto isso, desenvolvia-se o complicado jogo de avanços e recuos, dissimulação e sinceridade, dar e receber, confiar e duvidar. Até ser admitido à cela, o freirático tinha de passar pelo "ralo", lâmina cheia de furinhos por onde os dois se falavam mas não se viam, e pela "grade", barras que ainda os separavam mas não impediam apalpos e carinhos. Junto da grade ficava a "roda", caixa giratória movida para dentro ou para fora que servia para a troca de mimos: ele aí depositava bilhetes, anéis, leques, relógios, livros e o que mais pudesse imaginar que agradasse a seu objeto de conquista, e ela retribuía com fina merenda de doces, sem dúvida destacando que haviam sido feitos especialmente para ele.[104] O freirático, então, julgava-se único no coração da madre,

Ao som de zabumbas, maracás e cantigas, tinha início o lundu. Neste ritmo considerado muito lascivo, as mulheres, mesmo as freiras, saracoteavam as ancas e remexiam-se toda.

mas em conversa reservada no claustro ela se divertia: "Com três estive eu ontem à tarde, sem um saber do outro, e a todos falei como se fora a um só."[105] Gregório de Matos não perdeu a oportunidade de sublinhar:

Manas, depois que sou freira
apologuei mil caralhos,
e acho ter os barbicalhos
qualquer de sua maneira:
do casado é lazeira
com que me canso e me encalmo,
o do frade é como um salmo,
o maior do breviário,
mas o caralho ordinário
é do tamanho de um palmo.[106]

Esse poeta, de resto ele próprio freirático contumaz, escreveu diversos poemas que nos revelam algo do que acontecia dentro do convento, e basta a leitura de alguns enunciados (feitos, depois de sua morte, por Manuel Pereira Rabelo, que os reuniu) para termos uma ideia da liberdade desfrutada no claustro:[107]

Celebra o poeta o caso que sucedeu a uma freira do mesmo convento, a quem outras freiras travessas lhe molharam o toucado com que pretendia falar a seu amante.

No dia em que o poeta empreendeu galantear uma freira do mesmo convento se lhe pegou fogo na cama, e indo apagá-lo queimou a mão.

Queixa-se o poeta das fundadoras [do convento], que vieram de Évora, por não poder conseguir algum galanteio naquela casa e serem somente admitidos frades franciscanos.

Repete a queixa increpando as confianças de frei Tomás da Apresentação, que se intrometzia sofregamente naquela casa, onde o poeta já tinha entrada com dona Mariana, freira que, blasonando suas esquivanças, lhe havia dito que se chamava Urtiga.

À mesma freira, já de todo moderada de seus arrufos e correspondendo amante ao poeta.

A outra freira que estranhou ao poeta satirizar o padre Dâmaso da Silva, dizendo-lhe que era um clérigo tão benemérito que já ela tinha emprenhado e parido dele.

Os padres, residentes ou visitantes, também se aproveitavam da condição privilegiada que lhes dava trânsito livre no interior da clausura. Tudo em segredo. Certa vez, porém, um deles ultrapassou os limites e, afoito, terminou por provocar enorme escândalo que culminaria com a intervenção do próprio rei. A história começou em 1737, quando um jovem padre, Inácio Moreira Franco, substituiu o falecido capelão do convento de Santa Clara do Desterro. Claro que aconteceu o inevitável, mas o sacerdote, autoconfiante ou apaixonado em demasia, persistiu em manter-se no convento mesmo após descoberto seu envolvimento amoroso com uma religiosa. A abadessa terminou por enviar longa queixa ao rei, onde dizia que "é certo, público e notório os grandes divertimentos que tem com a madre Josefa Clara, religiosa moça". E a coisa chegara a tal ponto que um dia "intentou pelos forros da capela-mor passar aos dormitórios, mas não teve efeito o seu depravado intento por ser da comunidade sentido". A teimosia do padre, a invocar sua autoridade para recusar-se a abandonar o convento quando já se nomeara outro capelão, provocou uma briga interna no claustro, logo vazada para a cidade. O rei mandou instaurar inquérito e descobriu-se que mais dois padres coadjutores mantinham relações amorosas com outras tantas freiras. Sobrepondo-se às autoridades eclesiásticas, o vice-rei interveio e proibiu de vez a entrada no mosteiro de todos os sacerdotes envolvidos no escândalo.[108]

Assim devia ser e assim era: a sexualidade negada em benefício do espírito irrompia na clausura feminina, incontida, imoderada, impudica, mas exercida com a discrição possível. Todos sabiam e todos fingiam não saber. Deus também sabia, mas decerto perdoava.

SEDUÇÃO REINVENTADA

Como vimos, a sexualidade feminina na época colonial manifestava-se sob vários aspectos, sempre esgueirando-se pelos desvãos de uma sociedade misógina e suportando a culpa do pecado a ela atribuído pela Igreja. A mulher podia ser mãe, irmã, filha, religiosa, mas de modo algum amante. O desejo muitas vezes rebentava o grilhão das convenções e das imposições, e aí mesmo, no momento da transgressão, é que o historiador pode aproximar-se do sentimento que, em peças incriminatórias, sobreviveu aos séculos. Aquelas mulheres hoje são pó, são nada, ao contrário de sua dor, seu momento de prazer, seu sentir, que nos chegam aos pedaços, mas com a mesma força da paixão que comoveu, agitou e incitou os corações a reinventarem a cada situação a velha arte de seduzir.

NOTAS

(1) 5: 22-24.

(2) Timóteo, 2: 9-15.

(3) *O martelo das feiticeiras*. Rio de Janeiro: Rosa dos Tempos, 1991. p. 116.

(4) *Id. ibid.*, p. 115.

(5) *Id. ibid.*, p. 121.

(6) Cândido Mendes de Almeida (ed.). *Código filipino ou Ordenações e leis do reino de Portugal recopiladas por mandado del-rei dom Filipe I*. 14.ed. Rio de Janeiro: Instituto Filomático, 1870. livro 5, título 3, parágrafo 1.

(7) Cf. *Constituições primeiras do arcebispado da Bahia*. Coimbra: Real Colégio das Artes da Companhia de Jesus, 1720. livro 5, títulos 3, 4 e 5, parágrafos 894-903.

(8) Cf. *Primeira visitação do Santo Ofício às partes do Brasil pelo licenciado Heitor Furtado de Mendonça... Confissões da Bahia*, 1591-1592. São Paulo: Paulo Prado, 1922. p. 62-63; e *Primeira visitação do Santo Ofício às partes do Brasil pelo licenciado Heitor Furtado de Mendonça... Denunciações da Bahia*, 1591-1593. São Paulo: Paulo Prado, 1925. p. 433.

(9) Vale a pena ler a descrição das atividades dessa feiticeira em *Primeira visitação... Confissões da Bahia*, 1591-1592. *Op. cit.*, p. 77-79.

(10) *Primeira visitação... Denunciações da Bahia*, 1591-1593. *Op. cit.*, p. 298-299.

(11) James Amado (ed.), *Obra poética*. 2.ed. Rio de Janeiro: Record, 1989. v. 2, p. 866.

(12) Sobre o universo colonial demonizado, são de leitura obrigatória dois trabalhos de Laura de Mello e Souza: *O Diabo e a Terra de Santa Cruz:* feitiçaria e religiosidade popular no Brasil colonial. São Paulo: Companhia das Letras, 1986; e *Inferno atlântico:* demonologia e colonização, séculos XVI-XVIII. São Paulo: Companhia das Letras, 1993.

(13) *Relation d'un voyage fait en 1695, 1696 et 1697 aux côtes d'Afrique, détroit de Magellan, Brésil, Cayenne et isles Antilles par une escadre des vaisseaux du roi, commandée par M. de Gennes*. Paris: Michel Brunet, 1698. p. 137.

(14) Isto é, "pessoas de obrigação", gente da família ou agregada à casa de alguém.

(15) "Representação do arcebispo da Bahia, dom José Botelho de Matos, dirigida ao rei, expondo-lhe as dúvidas que tinha em deferir o pedido das recolhidas do Coração de Jesus da Bahia, que pretendiam professar e transformar o seu recolhimento num Instituto Ursulino", em *Anais da Biblioteca Nacional*, 31, 1909. p. 11.

(16) *Op. cit.*, v. 2, p. 1262.

(17) *Apud* Charles R. Boxer. *A mulher na expansão ultramarina ibérica*, 1415-1815. 2.ed. rev. Lisboa: Livros Horizonte, 1977. p. 126.

(18) *Apud* Maria Beatriz Nizza da Silva. *Sistema de casamento no Brasil colonial*. São Paulo: T. A. Queiroz/Edusp, 1984. p. 185.

(19) Foram analisados em dois trabalhos de Maria Beatriz Nizza da Silva: *Cultura no Brasil Colônia*. Petrópolis: Vozes, 1981. p. 68-77; e *Vida privada e quotidiano no Brasil na época de d. Maria e d. João VI*. Lisboa: Estampa, 1993. p. 21-26. As citações que se seguem foram extraídas dessas obras.

(20) *Voyages de François Coreal aux Indes Occidentales, contenant ce qu'il y a vu de plus remarquable pendant son séjour depuis 1666 jusqu'en 1667*. Amsterdam: J. Frederic Bernard, 1722. v. 1, p. 153.

(21) *Constituições primeiras do arcebispado da Bahia*. *Op. cit.*, livro 1, título 64, parágrafo 267.

(22) Ronaldo Vainfas, no importante livro *Trópico dos pecados*: moral, sexualidade e Inquisição no Brasil. Rio de Janeiro: Campus, 1989. p. 122 e segs., desenvolve o assunto abrangendo a situação das escravas.

(23) Esses manuais foram estudados por Lana Lage da Gama Lima. Ver Aprisionando o desejo: confissão e sexualidade, em Ronaldo Vainfas (org.). *História e sexualidade no Brasil*. Rio de Janeiro: Graal, 1986. p. 67-88; e Ângela Mendes de Almeida. *O gosto do pecado*: casamento e sexualidade nos manuais de confessores dos séculos XVI e XVII. Rio de Janeiro: Rocco, 1992.

(24) Manuel de Arceniaga. *Método práctico de hacer fructuosamente confesión general*. Madri: Ramon Ruiz, 1724. p. 447.

(25) *Contra Joviano*, I, 49.

(26) Todo esse complexo de relações foi magistralmente examinado, com abundância de fontes, por Mary Del Priore em *Ao sul do corpo*: condição feminina, maternidades e mentalidades no Brasil Colônia. Rio de Janeiro: J. Olympio, Brasília: Edunb, 1993.

(27) *Id. ibid.*, p. 35.
(28) Sobre "a honra da mulher casada", ver Maria Beatriz Nizza da Silva. *Op. cit.*, p. 191-198.
(29) *Cartas da Bahia,* 1768-1769. Rio de Janeiro: Arquivo Nacional, 1972. p. 29.
(30) *Primeira visitação... Denunciações da Bahia,* 1591-1593. *Op. cit.*, p. 365-366.
(31) *Id. ibid.*, p. 277.
(32) Ilana W. Novinsky. Heresia, mulher e sexualidade: algumas notas sobre o Nordeste nos séculos XVI e XVII, em Maria Cristina A. Bruschini e Fúlvia Rosemberg (orgs.). *Vivência*: história, sexualidade e imagens femininas. São Paulo: Brasiliense/Fundação Carlos Chagas, 1980. p. 236.
(33) *Compêndio narrativo do peregrino da América.* 7.ed. Rio de Janeiro: Academia Brasileira de Letras, 1988. v. 1, p. 407-408.
(34) *Op. cit.*, p. 29.
(35) Édison Carneiro (ed.). *A Bahia no século XVIII.* 2.ed. Salvador: Itapuã, 1969. v. 1, p. 54.
(36) Thomas Lindley. *Narrativa de uma viagem ao Brasil.* São Paulo: Nacional, 1969. p. 177.
(37) John Luccock. *Notas sobre* o *Rio de Janeiro e partes meridionais do Brasil.* Belo Horizonte: Itatiaia, São Paulo: Edusp, 1975. p. 75.
(38) *Diário de uma viagem ao Brasil.* Belo Horizonte: Itatiaia, São Paulo: Edusp, 1990, p. 137.
(39) *Id. ibid.*, p. 168.
(40) Sobre o assunto, ver o capítulo "Prostituição e desordem" do magnífico livro de Luciano Figueiredo. *O avesso da memória*: cotidiano e trabalho da mulher em Minas Gerais no século XVIII. Rio de Janeiro: J. Olympio, Brasília: Edunb, 1993.
(41) Prefeitura Municipal de Salvador. *Atas da Câmara.* Salvador, 1942-1950. v. 2, p. 32.
(42) Arquivo Público do Estado da Bahia. Carta régia de 23 set.1709, Cartas régias, v. 6, f. 260.
(43) Bando de 2 dez.1733, publicado na íntegra por Joaquim Felício dos Santos. *Memórias do Distrito Diamantino.* 5.ed. Petrópolis: Vozes, 1978. p. 78-79.
(44) *Notícia do Brasil.* São Paulo: Departamento de Assuntos Culturais do Ministério da Educação e Cultura, 1974. Segunda parte, cap. 13.
(45) *Cartas, informações, fragmentos históricos e sermões do padre José de Anchieta, S. J.* (1554- 1594). Belo Horizonte: Itatiaia, São Paulo: Edusp, 1988. p. 434.
(46) *O valeroso Lucideno e triunfo da liberdade.* São Paulo: Cultura, 1945. livro 1, cap. 1.
(47) *Op. cit.*, v. 1, p. 54-55.
(48) "Breve discurso sobre o estado das quatro capitanias conquistadas", em José Antônio Gonçalves de Melo (ed.). *Fontes para a história do Brasil holandês.* 1. A economia açucareira. Recife: Parque Histórico Nacional dos Guararapes, 1961. p. 77-129. [citação p. 110].
(49) Os dois casos estão em Maria Beatriz Nizza da Silva. *Vida privada e quotidiano no Brasil. Op. cit.*, p. 114.
(50) *Primeira visitação do Santo Ofício às partes do Brasil pelo licenciado Heitor Furtado de Mendonça... Denunciações de Pernambuco,* 1593-1595. São Paulo: Paulo Prado, 1929. p. 159.
(51) Cf. *op. cit.*, v. 1, p. 391.
(52) "Correspondência interna do governador Rodrigo César de Meneses, 1721-1728", em *Documentos interessantes para a história e costumes de São Paulo,* 20, 1896.
(53) *Apud* Lana Lage da Gama Lima. O padre e a moça: o crime de solicitação no Brasil no século XVIII, em *Anais do Museu Paulista,* 35, 1986-1987. p. 15-29. [citação p. 24].
(54) *Código filipino... Op. cit.* [nota 6], livro 5, introdução do título 38. Havia gradações sobretudo em relação aos homens. As legislações civil e eclesiástica sobre o adultério foram examinadas por Ronaldo Vainfas. "A condenação do adultério", em Lana Lage da Gama Lima (org.). *Mulheres, adúlteros e padres*: história e moral na sociedade brasileira. Rio de Janeiro: Dois Pontos, 1987. p. 33-52. [em particular p. 38-45].
(55) *Cartas avulsas,* 1550-1568. Belo Horizonte: Itatiaia, São Paulo: Edusp, 1988. p. 475.
(56) *Op. cit.*, v. 1, cap. 19.
(57) *Id. ibid.*, v. 2, p. 139.
(58) *Apud* Maria Beatriz Nizza da Silva. *Vida privada e quotidiano no Brasil. Op. cit.*, p. 115.
(59) *Op. cit.*, v. 1., p. 263.
(60) *Apud* Maria Beatriz Nizza da Silva. *Op. cit.*, p. 218.
(61) Os dois casos estão em Lana Lage da Gama Lima. *Op. cit.* [nota 53], p. 24. Outros casos em Maria Beatriz Nizza da Silva. *Vida privada e quotidiano no Brasil colonial. Op. cit.*, p. 164-167 e 180.
(62) *Op. cit.*, p. 137.
(63) *Relation du voyage de la Mer du Sud aux côtes du Chili, du Pérou e du Brésil fait pendant les années 1712, 1713 et 1714.* 2.ed. Amsterdam: Pierre Humbert, 1717. v. 2, p. 531.

(64) *Nouveau voyage autour du monde. Enrichi de plusieurs plans, vues et perspectives des principales villes et ports du Pérou, Chili, Brésil et de la Chine*. 2.ed. Paris: Briasson, 1728. v. 3., p. 146.

(65) *Voyage de François Pyrard de Laval contenant sa navigation aux Indes Occidentales, Maldives, Moluques et au Brésil, et les divers accidents qui lui sont arrivés en ce voyage pendant son séjour de dix ans dans ces pays*. 4.ed.rev. Paris: Louis Billaine, 1679. segunda parte, p. 211-212.

(66) *Op. cit.*, v. 1, p. 45.

(67) *Op. cit.* [nota 33], v. 1, p. 317.

(68) *Apud* Mary Del Priore, Deus dá licença ao Diabo: a contravenção nas festas religiosas e igrejas paulistas no século XVIII, em Ronaldo Vainfas (org.). *História e sexualidade no Brasil*. Rio de Janeiro: Graal, 1986. p. 89-106. [citação p. 97].

(69) Carl Friedrich Gustav Seidler. *Dez anos no Brasil*. São Paulo: Martins, 1941. p. 67.

(70) *A vida no Brasil*. Belo Horizonte: Itatiaia, São Paulo: Edusp, 1976. p. 171.

(71) *Op. cit.*, v. 3, p. 175-176.

(72) Auguste de Sainte-Hilaire. *Viagem pelas províncias do Rio de Janeiro e Minas Gerais*. Belo Horizonte: Itatiaia, 1975. p. 137.

(73) Cf. Nuno Marques Pereira. *Op. cit.*, v. 2, p. 149; e La Barbinais. *Op. cit.*, v. 3, p. 156.

(74) *Apud* F. A. Pereira da Costa. "Folclore pernambucano". Recife: Arquivo Público Estadual, 1974, p. 195-196.

(75) Cf. *op. cit.*, v. 2, p. 854-855 e 866.

(76) Cf. "Cartas chilenas", em Tomás Antônio Gonzaga. *Obras completas* [edição de M. Rodrigues Lapa]. Rio de Janeiro: Biblioteca Nacional, 1957. v. 1, carta XI, versos 101-118.

(77) *Op. cit.*, p. 179-180. A tradução é minha, a partir de *Narrative of a voyage to Brazil*. Londres: J. Johnson, 1805. p. 276-277.

(78) *Notas dominicais*. Recife: Secretaria de Educação e Cultura de Pernambuco, 1978, p. 217.

(79) *Código filipino... Op. cit.*, livro 5, introdução do título 13.

(80) *Id. ibid.*, loc. cit., parágrafo 1.

(81) O autor que mais sistematicamente estuda as manifestações homossexuais no Brasil colonial é Luís Mott, cuja extensa produção encontra-se listada em dois outros que também examinaram o tema: Lígia Bellini. *A coisa obscura*: mulher, sodomia e Inquisição no Brasil colonial. São Paulo: Brasiliense, 1989; e Ronaldo Vainfas. *Op. cit.*

(82) *Op. cit.*, p. 109.

(83) *Op. cit.*, v. 1, p. 54.

(84) Cf. *Primeira visitação... Confissões da Bahia*, 1591-1592. *Op. cit.*, p. 124-125, 162, 206, 208 e 210.

(85) *Id. ibid.*, p. 95-96

(86) Judith C. Brown. *Atos impuros*: a vida de uma freira lésbica na Itália da Renascença. São Paulo: Brasiliense, 1987. p. 38.

(87) Cf. *Primeira visitação... Confissões da Bahia*, 1591-1592. *Op. cit.*, p. 60-61 e 93-95. Este e outros casos de lesbianismo são tratados com detalhes no artigo de Ronaldo Vainfas, neste mesmo livro.

(88) *Primeira visitação... Confissões da Bahia*, 1591-1592. *Op. cit.*, p. 157.

(89) A íntegra da sentença acha-se em Ronaldo Vainfas. *Op. cit.*, p. 362-363.

(90) *Apud* Arlindo Camilo Monteiro. *O amor sáfico e socrático*. Lisboa: Instituto de Medicina Legal, 1922. p. 131-132. [citado por Lígia Bellini. *Op. cit.*, p. 69].

(91) *Op. cit.*, v. 2, p. 1005-1006.

(92) *Apud* Ronaldo Vainfas. *Op. cit.*, p. 362.

(93) As fontes utilizadas a seguir foram extraídas de meu livro, *O teatro dos vícios*: transgressão e transigência na sociedade urbana colonial. Rio de Janeiro: J. Olympio, 1993. p. 257-270.

(94) Ver o belo livro de Leila Mezan Algranti. *Honradas e devotas*: mulheres da Colônia. Condição feminina nos conventos e recolhimentos do Sudeste do Brasil, 1750-1822. Rio de Janeiro: J. Olympio, Brasília: Edunb, 1993.

(95) Estudado por Susan A. Soeiro, "The social and economic role of the convent: women and nuns in colonial Bahia, 1677-1800", em *Hispanic American historical review*, 54, 1974, p. 209-232.

(96) "Carta pastoral do arcebispo eleito dom frei Manuel de Santa Inês, dirigida às religiosas do convento de Santa Clara do Desterro da cidade da Bahia, na qual se refere aos abusos e relaxações que ali encontrara na sua visita e lhes dá instruções rigorosas para os coibir." – 1764, em *Anais da Biblioteca Nacional*, 32, 1910. p. 68-69. [citação p. 68].

(97) *Id. ibid.*, *loc. cit.*

(98) *Op. cit.*, p. 110-111.

(99) Cf. Manuel Bernardes. *Nova floresta*. Lisboa: José Antônio da Silva, 1706-1728. v. 5, p. 31-32.

(100) *Op. cit.*, p. 68-69.

(101) *Op. cit.*, v. 3, p. 149-151.

(102) "Carta em que persuade aos freiráticos que o não sejam. Quartel de desenganos e advertências freiráticas para todo o padecente de grade, mártir de roda e paciente do ralo", em Graça Almeida Rodrigues (ed.). *Literatura e sociedade na obra de frei Lucas de Santa Catarina* (1660-1740). Lisboa: Imprensa Nacional/Casa da Moeda, 1983. p. 183-203.

(103) *Id. ibid.* p. 185 e 200.

(104) Gilberto Freire, em *Casa-grande & senzala*. 25.ed. Rio de Janeiro: J. Olympio, 1987. p. 250, lembra que "mesmo nos nomes de doces e bolos de convento, fabricados por mãos seráficas de freiras, sente-se às vezes a intenção afrodisíaca, o toque fescenino a confundir-se com o místico: suspiros de freira, toucinho do céu, barriga de freira, manjar do céu, papos de anjo. Eram os bolos e doces por que suspiravam os freiráticos à portaria dos conventos. Não podendo entregar-se em carne a todos os seus admiradores, muitas freiras davam-se a eles nos bolos e caramelos".

(105) Frei Lucas de Santa Catarina. *Op. cit.*, p. 189. (106) *Op. cit.*, v. 2, p. 922.

(107) *Id. ibid.*, v. 1, p. 647, 649, 651, 654, 658, 662.

(108) As principais peças do inquérito foram reproduzidas na íntegra por Brás do Amaral em nota a Inácio Acióli de Cerqueira e Silva, *Memórias históricas e políticas da província da Bahia*. Salvador: Imprensa Oficial do Estado, 1919-1940. v. 5, p. 489-494.

MAGIA E MEDICINA NA COLÔNIA: O CORPO FEMININO

Mary Del Priore

A CIÊNCIA MÉDICA ENTRE OS SÉCULOS XVI E XVIII

O corpo da mulher não é mais do que metáfora das gerações que a precederam.

(Antoinette Gordwosky, 1990)

Nos primeiros tempos da colonização, homens e mulheres acreditavam que a doença era uma advertência divina. Considerado um *pai* irado e terrível, Deus afligiria os corpos com mazelas, na expectativa de que seus *filhos* se redimissem dos pecados cometidos, salvando, assim, suas almas. A enfermidade era vista por muitos pregadores e padres, e também por médicos da época, como um remédio salutar para os desregramentos do espírito. Nessa perspectiva, a doença nada mais era do que o justo castigo por infrações e infidelidades perpetradas pelos seres humanos.

Num cenário em que doença e culpa se misturavam, o corpo feminino era visto, tanto por pregadores da Igreja católica quanto por médicos, como um palco nebuloso e obscuro no qual Deus e Diabo se digladiavam. Qualquer doença, qualquer mazela que atacasse uma mulher, era interpretada como um indício da ira celestial contra pecados cometidos, ou então era diagnosticada como sinal demoníaco ou feitiço diabólico. Esse imaginário, que tornava o corpo um extrato do céu ou do inferno, constituía um saber que orientava a medicina e supria provisoriamente as lacunas de seus conhecimentos.

Em Portugal, fisiologistas e médicos estudavam anatomia e patologia tentando, sobretudo, entender a natureza feminina. Eles se perguntavam sobre os fins para os quais Deus teria criado a mulher. A que princípios, indagavam, a natureza feminina obedeceria? A medicina então praticada tinha por objetivo definir uma *normalidade* que exprimisse o destino biológico da mulher.

Nos tempos da colonização, o médico era um criador de conceitos, e cada conceito elaborado tinha uma função no interior de um sistema que ultrapassava o domínio da medicina propriamente dito. Ao estatuto biológico da mulher, estava sempre associado outro, moral e metafísico. Como explicava o médico mineiro Francisco de Melo Franco em 1794, se as mulheres tinham ossos "mais pequenos e mais redondos", era porque a mulher era "mais fraca do que o homem". Suas carnes, "mais moles [...] contendo mais líquidos, seu tecido celular mais esponjoso e cheio de gordura", em contraste com o aspecto musculoso que se exigia do corpo masculino, expressava igualmente a sua natureza amolengada e frágil, os seus sentimentos "mais suaves e ternos".[1] Para a maior parte dos médicos, a mulher não se diferenciava do homem apenas por um conjunto de órgãos específicos, mas também por sua natureza e por suas características morais.

Os esforços da medicina lusitana para conhecer o corpo feminino pouco mudaram com as descobertas realizadas no final do século XVII por Antoine van Leeuwenhoeck, naturalista holandês que inventou o microscópio. A descoberta de "ovos nos testículos femininos" por outro médico holandês, Reinier de Graaf, que estudou também os folículos que levam o seu nome, e a observação daquilo que os cientistas pensavam ser "vermes, insetos espermáticos, girinos ou peixinhos", os espermatozoides, realizada por Leeuwenhoeck através do microscópio, em quase nada alteraram a noção marcadamente religiosa dos doutores portugueses, fiéis à crença de que o corpo feminino e a procriação eram assunto divino, por isso mesmo, irretocável. Além do mais, a natureza feminina, contrariamente à masculina, para os mesmos portugueses, era mais vulnerável às injunções do demônio.

Enquanto na França, Inglaterra ou Holanda se experimentava o progresso intelectual, e no plano científico uma verdadeira revolução tinha ocorrido entre 1620 e 1650, vários fatores contribuíam para o atraso da medicina portuguesa. A Inquisição, caçadora de opiniões discordantes de seu fervor ortodoxo, foi um deles. Em 1547, dom João fundara o Colégio de Artes e Humanidades, que logo se destacou como uma ameaça à política religiosa e cultural seguida pelo rei. Um grupo de excelentes professores estrangeiros, como o inglês Guilherme Buchan, famoso em sua época, foi sumariamente detido.

Depois de ter passado por um processo de *limpeza,* a escola foi entregue aos jesuítas.

O mesmo tipo de ameaça estendeu-se à Universidade de Coimbra, que teve, então, seu renomado curso de medicina transformado em baluarte do escolasticismo e do pensamento medieval, o que impediu definitivamente a entrada de novas ideias. Em 1576, a universidade foi colocada sob a jurisdição do Tribunal Régio, a Mesa de Consciência e Ordens, e, salvo algumas pequenas mudanças estatutárias, seu quadro permaneceu o mesmo até o século XVIII.

Nos séculos XVI e XVII, os jesuítas, o Tribunal do Santo Ofício e a Coroa uniram-se contra qualquer nova iniciativa científica ou cultural, considerando-as todas pura heresia. Tal reação levou as universidades e os colégios a uma dura fase de estagnação na qual os alunos eram instruídos exclusivamente com livros dos *velhos mestres,* como Aristóteles ou Galeno. O ensino oficial de medicina mostrava-se impermeável a todo o progresso que se verificava fora de Portugal, continuando a oferecer, para a desgraça de seus doentes, um exemplo extremo de dogmatismo.

Carente de profissionais, desprovido de cirurgiões, pobre de boticas e boticários, Portugal naufragava em obscurantismo, e levava a colônia junto. O discurso de seus médicos inscrevia-se naturalmente no discurso da Igreja, dentro do qual doença e cura estavam relacionadas ao maior ou menor número de pecados cometidos pelo doente. Em 1726, o doutor Braz Luís de Abreu, por exemplo, queixando-se das enfermidades que atingiam seus pacientes, explicava:

> A principal causa por que os ministros diabólicos se enfurecem contra os corpos humanos vem a ser porque o demônio é nosso capital inimigo e, para que a Deus façam as maiores injúrias, faz que contra aqueles [os homens] se maquinem as maiores insolências.[2]

Enquanto em outros países europeus a experimentação científica orientava as pesquisas sobre o corpo e as doenças, em Portugal a crença na ação diabólica era a base dos remédios que serviam para combater as *desgraças* biológicas, que mais pareciam saídas de tratados de feitiçaria:

> Tomem um cão preto, pendure-se com os pés para cima e bem seguro no ramo de uma árvore, ou cousa semelhante, e estando assim pendurado o açoutem e façam enraivecer muito, e então lhe cortem a cabeça de repente. Esta cabeça se meta em uma panela nova [...] até que a dita [...] fique bem torrada e se faça reduzir a pó fino e com estes se pulverizem as chagas as vezes que forem necessárias.[3]

Nesse ambiente de atraso científico e de crença em poderes mágicos capazes de atacar a saúde é que argumentos e noções sobre o funcionamento do corpo da mulher foram fabricados. Apoiada na alquimia medieval, na astrologia e no empirismo, a literatura médica refletia uma enorme ingenuidade, deixando transparecer o despreparo ocasionado por uma formação escolar insuficiente. Além disso, a influência da escolástica, que impregnava todos os conhecimentos, ajudava a sublinhar a inferioridade com que o corpo feminino era considerado. Vejamos, por exemplo, como era descrito o útero:

> A madre é uma parte ordenada da natureza em mulheres, principalmente para receber o sêmen, e dele se engendra a criatura para conservação do gênero humano, e para ser caminho por onde se expurgue cada mês o sangue supérfluo que se cria demasiadamente na mulher, não só por fraqueza do calor natural que nelas há, como por defeito do exercício [...] os testículos [ovários] são mais pequenos do que os dos homens.[4]

Além de investir em conceitos que subestimavam o corpo feminino, a ciência médica passou a perseguir as mulheres que possuíam conhecimentos sobre como tratar do próprio corpo. Esse saber informal, transmitido de mãe para filha, era necessário para a sobrevivência dos costumes e das tradições femininas. Conjurando os espíritos, curandeiras e benzedeiras, com suas palavras e ervas mágicas, suas orações e adivinhações para afastar entidades malévolas, substituíam a falta de médicos e cirurgiões. Era também a crença na origem sobrenatural da doença que levava tais mulheres a recorrer a expedientes sobrenaturais; mas essa atitude acabou deixando-as na mira da Igreja, que as via como feiticeiras capazes de detectar e debelar as manifestações de Satã nos corpos adoentados. Isso mesmo quando elas estavam apenas substituindo os médicos, que não alcançavam os longínquos rincões da colônia.

Um processo-crime por feitiçaria, movido no século XVIII contra a escrava Maria, moradora de Itu, no estado de São Paulo, esclarece bem essa situação vivenciada por tantas mulheres na época. No processo, o escrivão anota que na vila existia apenas um cirurgião, o qual, "por padecer numa enfermidade de um flato epicôndrio, não usava curar enfermos". Por causa da impossibilidade de o cirurgião prestar assistência aos doentes, era costume de várias mulheres

> aplicar alguns remédios aos enfermos curando com ervas e raízes que suas experiências lhes administram, as quais são toleradas pelas justiças pela penúria e falta de médicos e professores de medicina, aplicando ervas e raízes por ignorarem os remédios.[5]

A sentença benevolente do juiz somente enfatizaria o que os historiadores da medicina brasileira, mais tarde, iriam demonstrar.[6] Aqui, médicos eram reduzidos em número e no saber, residindo, preferencialmente, nas principais cidades e vilas, nas sedes das capitanias. Nas palavras de um cronista do século XIX: "Médicos que possuam a ciência e o caráter são geralmente os últimos a se estabelecer num país relativamente novo."

Somem-se outros fatos, como a extensão territorial da colônia, a falta de lucratividade da profissão, a péssima fiscalização do exercício profissional e do comércio de drogas medicinais, as lamentáveis condições sanitárias e hospitalares, e compreende-se por que as mulheres detentoras de um saber-fazer autêntico sobre doenças e curas tomaram a frente nos tratamentos capazes de retirá-las e suas famílias das mãos de uma medicina que não se mostrava competente para curar mazelas e doenças de qualquer tipo. Assim também era possível escapar da pecha de que tanto mais adoeciam quanto mais pecavam. Em contrapartida, tanto o corpo da mulher quanto os conhecimentos femininos da arte de tratá-lo, curá-lo e cauterizá-lo passaram a ser alvo da perseguição das autoridades científicas e eclesiásticas de então.

O MÉDICO E O MONSTRO: DESCONHECIMENTO DO CORPO FEMININO

Mulieres non esse homines.

(Acidalius, 1595)

No período colonial, todo o conhecimento médico existente sobre o corpo feminino dizia respeito à reprodução. Os documentos científicos da época (tratados, manuais, receituários) revelam o enorme interesse pela *madre* (nome dado ao útero, como vimos) e a consequente obsessão em compreender seu funcionamento. O próprio mapeamento da anatomia do útero submetia-se ao olhar funcionalista dos médicos, que só se referiam ao que importava para a procriação.

Um conhecimento tão limitado, contudo, transformava a *madre* num território peculiar e secreto. O esforço da medicina em estudar o útero era proporcional ao mistério que a mulher representava como receptáculo de um depósito sagrado, que precisava frutificar. Tal mistério era refutado por uma crença geral: a fêmea não devia ser mais do que terra fértil a ser fecundada pelo macho. Segundo Aristóteles (384-322 a.C.), era o homem quem insuflava alma, vida e movimento à matéria inerte produzida no útero pela mulher. No entender de muitos médicos da época, a mulher não passava de um mecanismo criado por Deus exclusivamente para servir à reprodução. Assim como a pluma do poeta ou a espada do guerreiro, ela era só um instrumento passivo do qual seu dono se servia.

A medicina traduzia então as suas poucas descobertas sobre a natureza feminina em juízos fortemente misóginos e desconfiados em relação às funções do corpo da mulher. Na tentativa de isolar os fins aos quais a natureza feminina deveria obedecer, os médicos reforçavam tão somente a ideia de que o estatuto biológico da mulher (parir e procriar) estaria ligado a um outro, moral e metafísico: ser mãe, frágil e submissa, ter bons sentimentos etc. Convém notar que a valorização da *madre* como órgão reprodutor levava a uma valorização da sexualidade feminina, mas não no sentido da sua realização e sim no de sua disciplina. Pensava-se que, ao contrariar sua função reprodutiva, a *madre* lançava a mulher numa cadeia de enfermidades, que iam da melancolia e da loucura até a ninfomania.

Acreditava-se, ainda, que essas doenças tinham conexão íntima com a presença do Demônio. A mulher melancólica, por exemplo, era, aos olhos dos médicos, alguém que sofria de um "infernal incêndio" acompanhado de medo e tristeza. Apoiados nas teorias de Galeno, os doutores associavam tais sentimentos à "cor negra" do humor melancólico obscurecido pelos vapores exalados do sangue menstrual, causador de alucinações espantosas. Acreditava-se que os humores do organismo (substâncias fluidas como o sangue, a bile e a linfa), responsáveis pelas funções vitais do corpo, quando combinados em proporções inconvenientes, provocavam doenças. Entre essas, a melancolia era a preferida de Lúcifer, que tinha aí, no entender do médico lusitano Bernardo Pereira, "sua casa", "seu banho" e "seu assento".

A medicalização da mulher era também a sua demonização:

> Por isto chama a melancolia banho do Demônio, e por muitas razões. Pela rebeldia, renitência e erradicação de tal humor que por frio e seco é inobediente aos remédios e constitui doenças crônicas e diuturnas [...] se encobre aqui astúcia e maldade do Demônio e seus sequazes, e se ocultam as qualidades maléficas com os sinais e sintomas que se equivocam com os originados de causa natural, e nestes termos o doente, o médico e os assistentes ficam duvidosos.[7]

Essa natureza propriamente feminina, ordenada pela genitália, transformava a mulher num monstro ou numa eterna enferma e, vítima da melancolia, seu corpo se abria para males maiores, como a histeria, o furor da *madre* e a ninfomania.

> Porque, como procedem do útero, e este, como animal errabundo, segundo lhe chama Galeno, tem simpatia e comunicação com todas as partes do corpo, não há alguma que não seja livre de seus insultos, especialmente se o sangue mensal não depura bem todos os meses ou se infecciona com humores cachochérricos ou putredinosos, de que abunda o útero; ou se suprime a evacuação ou se retarda, donde nascem contínuos e feros acidentes.[8]

Como se pode ver, na afirmação do médico Bernardo Pereira, a regularidade menstrual era considerada responsável pelo equilíbrio físico da mulher, impedindo os tais "contínuos acidentes" que levariam à histeria ou à ninfomania.

O desconhecimento anatômico, a ignorância fisiológica e as fantasias sobre o corpo feminino acabavam abrindo espaço para que a ciência médica construísse um saber masculino e um discurso de desconfiança em relação à mulher. A misoginia do período a empurrava para um território onde o controle era exercido pelo médico, pai ou marido. Para estes, a concepção e a gravidez eram remédio para todos os achaques femininos. E, uma vez que o macho era a "causa eficiente" da vida na compreensão de Aristóteles, o homem ocupava lugar essencial na saúde da mulher, dele dependendo, exclusivamente, a procriação.

Era no papel de procriadora que a mulher escapava, por exemplo, da *sufocação da madre,* doença na qual vapores subiam do útero, ou mesmo o próprio útero deslocava-se até a garganta, sufocando:

> Chamamos de sufocação da madre quando dela se levantam fumos para as partes superiores, os quais com sua frieza e má qualidade ofendem o cérebro, coração, fígado e septo transverso, trazendo-os assim, sem se mover do seu lugar pela grande comunicação que têm com todas as partes do corpo; além do que, há outros humores viciosos que detidos no útero apodrecem, adquirindo má qualidade.[9]

A mulher "bem constituída", no entender dos doutores, era exclusivamente a que se prestava à perpetuação da espécie, ungida por uma vocação biológica que fazia da *madre* uma forma na qual era organizada a hereditariedade. Herdeiros do pensamento aristotélico, os médicos do período estimavam que o líquor expelido pela mulher durante o coito fosse despojado de toda a semente de vida. O princípio prolífico existiria apenas na semente masculina, sob a forma de um "fluido etéreo e sutil". O papel da mulher restringia-se ao fornecimento do sangue menstrual, matéria bruta e inerte necessária à formação e à alimentação do feto. O princípio de Aristóteles, que

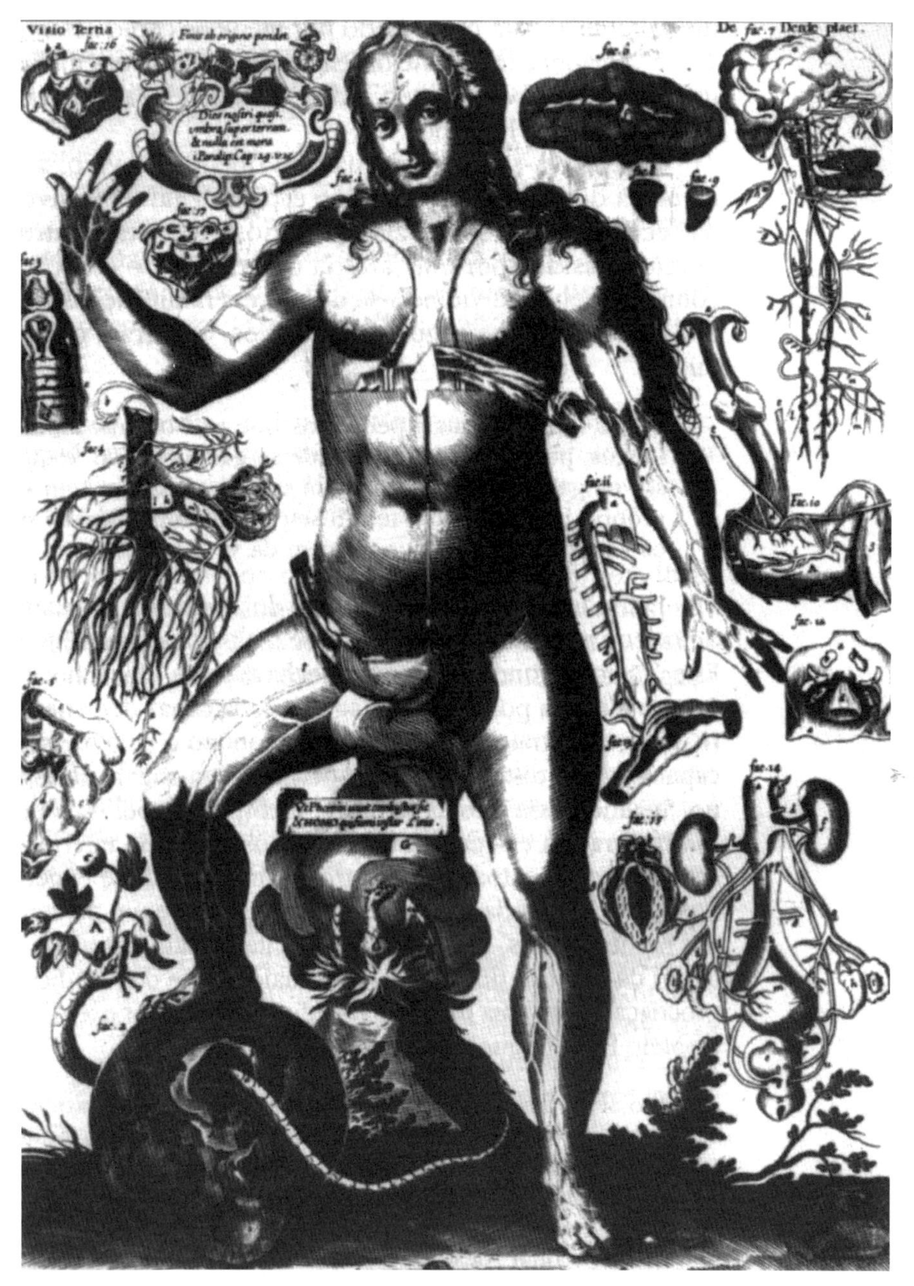

O corpo da mulher era visto por médicos e teólogos como um palco nebuloso no qual digladiavam Deus e o Diabo.

repousa na superioridade do macho no processo de reprodução, era confirmado por médicos como Antônio Ferreira, em 1757: "A madre é uma parte ordenada da natureza nas mulheres, principalmente para receber o sêmen, e dele se engendra a criatura para a conservação do gênero humano."[10]

Acreditava-se que, tal qual um organismo vivo, a *madre* se alimentava de sangue e *pneuma* o espírito vital e invisível encarregado da fecundação, e este fazia um curioso circuito dentro do corpo da mulher: passava por uma artéria que descia do coração, ao longo da coluna vertebral, dividindo-se depois em ramificações no nível dos rins e distribuindo-se, a seguir, aos ovários, que eram chamados de *testículos*.

> ...dois testículos mais pequenos que os homens, ainda que são mais longos, porém mais duros, onde se gera o sêmen, e que é mais aquoso, delgado e frio; e cada um destes testículos tem o seu panículo próprio [...] e cada um tem o seu músculo pequeno e nele se inserem os vasos seminários que descem da veia cava.[11]

Entendia-se que a *madre* tinha dois orifícios, um exterior, chamado de *collum matricis* no qual o coito se realizava, e outro interior, o *matricis*. Este último, segundo Hipócrates, fechava-se na sétima hora seguida à concepção e nem a ponta de uma agulha seria capaz de penetrá-lo. O primeiro, além de extrair grande prazer do contato com o membro viril, teria a capacidade de distender-se para permitir a passagem do esperma masculino. Segundo essa mesma tradição, incorporada pelos médicos ibéricos, a *madre* era fria e seca, provida de pilosidades no interior e dividida em sete compartimentos distintos: três à direita, onde se engendravam meninos, três à esquerda, onde cresciam meninas, e um no centro, reservado aos hermafroditas. A *madre* não suscitava maior interesse além da explicação da geração dos seres. Daí a maior parte dos médicos considerar a procriação como sua única qualidade. É o caso, por exemplo, de Francisco de Melo Franco, que dizia, em 1823:

> É o sexo feminino dotado de uma entranha por extremo ativa, a qual com singular energia reage sobre todo o corpo, e principalmente sobre o peito e as entranhas abdominais. A observação mostra quão extraordinária perturbação ela pode excitar em toda a máquina e quanto altera a sua forma exterior e modifica as afecções morais. Falamos do útero, o qual, desde a época da puberdade até que a menstruação cessa, se pode ter pelo árbitro de tudo quanto em geral se passa na sua organização. Pela sua influência vem a ternura e o carinho materno.[12]

Insistindo sempre na dignidade da procriação, na excelência dos sentimentos maternos e na necessidade de equilíbrio para evitar as "afecções morais", o discurso médico só enxergava a vocação biológica das mulheres.

Convém lembrar que, a partir do início do século XVIII, alguns médicos lusitanos inspiraram-se nos trabalhos de De Graaf para passar das concepções seministas à revolução ovarista. Isso significava abandonar a crença na capacidade de os machos insuflarem vida à matéria bruta fornecida pela mãe e passar a crer no prefácio do *Novo tratado dos órgãos genitais da mulher*, publicado pelo sábio holandês em 1672:

> Creio que todos os animais e os homens têm sua origem num ovo, não um ovo formado na madre pela semente, como intuíra Aristóteles, ou pela virtude seminal, como queria Harvey, mas de um ovo que existia antes do coito nos testículos das fêmeas.

Depois de ter observado os ovários de várias vacas, ovelhas, cadelas e coelhas, o cientista concluíra que os "testículos das mulheres" eram análogos aos ovários dos ovíparos. Os médicos lusitanos, por sua vez, não hesitaram em comparar as mulheres às galinhas:

> Os princípios da geração no sexo feminino estavam nos ovos com que cada uma das mulheres concorre com sua parte para a procriação [...] neles encontrando-se os primeiros delineamentos do feto, como no ovo da galinha se observam os pintos.[13]

Esses "ovos" deveriam transitar pelas trompas de Falópio, antes de serem fecundados pela *aurea seminalis* emitida pelo homem.

Dependente do homem, instrumento a serviço da hereditariedade da espécie, este é o corpo da mulher visto pelos médicos. Mas em que e como as mulheres fazem do seu corpo uma leitura diferente da que era feita pela medicina? De que forma os saberes transmitidos de mãe para filha, no trato de doenças e mazelas, eram compatíveis ou não com os dos doutores? Quais eram os espaços, as técnicas, os objetos dessa cultura popular e feminina que permitiam às mulheres um acesso aos males do corpo diferente do obtido pelos médicos?

MAGIA E MEDICINA, UMA UNIÃO OBSCURA

O corpo se compraz na doença
e a alma finge que o corpo está doente.

(Platão, *A República*)

Na colônia, "é melhor tratar-se a gente com um tapuia do sertão, que observa com mais desembaraçado instinto, do que com médico de Lisboa", desabafava, em fins do século XVIII, o bispo do Pará, dom Frei Caetano Brandão. A razão dessa preferência é que a maioria dos profissionais de então revelava uma insuficiente formação escolar e estava alheia aos avanços alcançados pela medicina. Raros eram os dotados de cultura humanística; daqueles que vinham de Portugal para cá, a maioria sentia-se no exílio, ansiosa pelo retorno à metrópole.[14] O curandeirismo foi, assim, um mal provocado pela necessidade, um tipo de medicina praticada na base de conhecimentos vulgarizados, popularizados, adquiridos através do empirismo. Seja na zona rural, seja nos povoados ou nos grandes centros, esses médicos dos pobres mereciam a estima e o respeito do povo. Perseguidos pelas autoridades civis e religiosas, exerciam seu ofício com desembaraço, usando da terapêutica clássica, popular, mágica ou sugestiva. Os regulamentos sanitários vetavam aos leigos o exercício da medicina, mas, no caso do Brasil colonial, eles foram inoperantes. Diante das situações concretas, os físicos e cirurgiões-mores nada podiam fazer contra o curandeirismo. A certidão passada de próprio punho pelo delegado da Junta do Protomedicato em Minas Gerais, em 1798, é um bom exemplo disso:

> Antônio Rodrigues da Rocha, Serurgião [cirurgião] aprovado por sua Majestade Fidelíssima Delegado da Real Junta do Protomedicato etc., certifico que Maria Fernandes Maciel me enviou a dizer por sua petição que ela se tinha aplicado curiosamente a curar Tumores Surrosos [cirrosos] e como não o podia fazer sem licença me pedia que a admitisse a exame para curar as ditas enfermidades, e saindo aprovada mandar-lhe passar sua certidão, o que assim o fiz em minha presença pelos examinadores Serafim Pinto de Araújo, o qual me certificou que a suplicante tinha feito várias curas e que fora nelas feliz, e o ser útil no curativo que a dita faz nas enfermidades, e Francisco Xavier Pires de Araújo Leite, professor de cirurgia, assim conveio pela certeza do dito curativo.[15]

Desprovidas dos recursos da medicina para combater as doenças cotidianas, as mulheres recorriam a curas informais, perpetrando assim uma subversão: em vez dos médicos, eram elas que, por meio de fórmulas gestuais e orais ancestrais, resgatavam a saúde. A concepção da doença como fruto de uma ação sobrenatural e a visão mágica do corpo as introduzia numa imensa constelação de saberes sobre a utilização de plantas, minerais e animais, com os quais fabricavam remédios que serviam aos cuidados terapêuticos que administravam. Além desses conhecimentos, havia os saberes vindos da África, baseados no emprego de talismãs, amuletos e fetiches, e as cerimônias de cura indígenas, apoiadas na intimidade com a flora medicinal brasileira.

Vejamos um exemplo da sequência dos gestos utilizados numa cura informal, ou "operação mágica", coligida num texto português do século XVIII.[16] Para problemas do "baixo-ventre", a curandeira deveria tomar banha de porco, esfregá-la em duas folhas de couve, batendo-as em seguida na mão; depois de tocar com as mãos as paredes do abdômen da doente, a curandeira colocava uma das folhas no estômago e outra nos rins da paciente, e amarrava-as. Isso feito, repetia por três vezes as palavras:

> Assim como as águas do mar
> Saem do mar
> E tornam para o mar
> Assim o ventre d'esta criatura
> Torne ao seu lugar.

Uma outra "operação mágica" servia para remediar o temido mal de quebranto, que atingia indistintamente homens, mulheres e crianças. Considerado doença capaz de introduzir-se no corpo pelos poros, era descrito em 1731, pelo médico Francisco da Fonseca Henriques, como

> mal perigoso, por ser feito de uma qualidade venenosa, que subitamente ofende os fascinados, a cujos danos ordinariamente se não acode com os remédios de que necessita, pela pouca lembrança que se tem do quebranto e por que ele excita febres, dores de cabeça, e outros sintomas que representarão uma doença de aspecto grave.[17]

A benzedeira Ana Martins reconhecia esse mal por dores que a acometiam no coração. Para curar o quebranto procedia da seguinte forma: invocava três vezes o nome de Jesus, benzia a pessoa ou uma peça de suas roupas, e dizia: "Jesus encarnou, Jesus nasceu, Jesus padeceu, Jesus ressurgiu; assim como isto é verdadeiro se tirem os males deste doente pelo poder de Deus, de são Pedro, de são Paulo e do apóstolo sant'Iago."[18]

Outras mulheres, fazendo cruzes sobre a pessoa doente, recitavam uma oferenda:

Anecril [alecrim] que foste nado
Sem ser semeado
Pela virtude que Deus te deu
Tira esse olhado
O seja cobranto [quebranto]
Tira mal a este cristão.[19]

O combate ao quebranto era velho conhecido das benzedeiras e curandeiras, que não hesitavam em utilizar-se das virtudes terapêuticas de espécimes vegetais típicos do Brasil. Frei José de Santa Rita Durão, em seu poema *Caramuru*, de 1781, também se refere à "almácega, que se usa no quebranto" e à "copaíba em curas aplaudida", o que revela a difusão dos conhecimentos sobre a utilização da flora medicinal da colônia.

Tanto na medicina informal como na medicina erudita, as referências a plantas são uma forma de agressão ao mal, à doença, que se submete, assim, à vontade da oficiante. Atacando a enfermidade com a invocação do nome de certas plantas consideradas mágicas, as curandeiras davam ao ritual de cura uma dimensão real que era diretamente percebida pela vítima, para quem a moléstia, ou mesmo o *quebranto*, havia se tornado insuportável. Sabedoras de segredos e usando apenas fórmulas oracionais, essas médicas sem diploma tentavam transformar seus *fascinados* pacientes em criaturas invulneráveis aos olhares e ares venenosos.

As comunidades coloniais, que viam na doença um sinal de castigo, provação ou aviso de Deus, tampouco titubeavam em recorrer às peregrinações a locais considerados milagrosos como forma de combater seus achaques. Em 1555, dizia-se que a ermida de Nossa Senhora da Ajuda, em Porto Seguro, restituía a saúde dos penitentes visitantes; no século XVIII, banhos na "prodigiosa lagoa", conhecida também como "lagoa santa", atraíam multidões em busca de alívio para os seus males.

Impregnado pela mentalidade mágico-milagrosa do período, outro fator levava as mulheres a banhar-se nas águas mundificantes: o elemento líquido, que tinha um papel fundamental nos ritos de fecundidade que elas conheciam. A água viva das correntes era considerada eficaz na luta contra a esterilidade, e a água parada (como que morta) dos lagos era procurada quando havia notícia de suas qualidades miraculosas. Situada a seis léguas de Sabará, as águas da "lagoa santa" atraíam sobretudo as mulheres pobres e escravas livres ou forras, para as quais os socorros médicos eram praticamente inacessíveis. A maioria dessas mulheres sofria de dores e mazelas no ventre ou no baixo-ventre e tinha nos "males da madre" a sua maior queixa:

> Luzia, escrava de Lourenço Ribeiro, de Santa Luzia, com um cancro nas partes pudendas [...] com a continuação dos banhos se vê diminuta a queixa e está quase sã.[20]

> Luíza Cabral, preta forra, casada com José Feliz da Vila de Sabará, há mais de dois anos que padecia insofríveis dores na conjunção, com poucos banhos arrojou a natureza sem dor alguma.[21]

A água ferruginosa da lagoa, curativa por ablução ou ingestão, evocava a obscuridade e umidade vaginais e era utilizada, certamente, por causa de sua coloração similar à do sangue diluído. Maldição vivida de modos diferentes pelas mulheres, a presença ou a ausência da menstruação como fator de enfermidade uterina sublinhava a importância da saúde localizada no útero. Seu funcionamento natural marcava, para todas as mulheres, os ritmos silenciosos e discretos da vida. As regras apontavam o momento de fecundidade, de maternidade; sua ausência, a menopausa e a esterilidade. Reflexo das fases da lua, o calendário menstrual inscrevia a mulher no calendário da natureza.

Origem de consolo para as classes desfavorecidas, as fontes milagrosas ou "operações mágicas" revelavam uma outra racionalidade, repousada na crença de que certas pessoas, ou coisas, detinham poderes sobrenaturais em relação aos usos do corpo. Semelhante mentalidade era incorporada pela medicina e Igreja, que perseguiam as práticas populares de cura mágica, tentando substituí-las por um discurso espiritual e intensificador do fervor religioso. Nesse quadro, era sugerido que as curandeiras fossem substituídas por Nossa Senhora.

> Uma mulher tinha um bicho no seu ventre, que muito a atormentava com saltos e cruéis mordeduras sem haver remédio que a aliviasse. Sonhou uma noite que lhe dizia a Virgem Senhora das Brotas, de quem era muito devota, que se logo em amanhecendo tomasse em jejum uma porção de sumo de limão misturado com sal e pimenta sairia. Amanheceu e acordou a mulher e tratou de fazer esta medicina com tanta fé na Senhora que lhes aproveitou muito; porque assim que a bebeu, lhe deu o bicho tais voltas escandalizado da potagem que a deixou trespassada e sem sentidos por um bom espaço de tempo e tornando em si não teve mais opressão alguma, nem moléstia no ventre. Passados porém oito dias, lhe deram dores de parir e lançou a caveira de um lagarto com todos os seus ossos que foi parindo pouco a pouco e um a um, os quais se levaram à Igreja de Nossa Senhora das Brotas, quando a mulher lhe foi dar as graças, tudo se pôs à vista de todos para memória de tão esperada maravilha.[22]

Tentando impedir o acesso de leigos ao mundo sobrenatural, a Igreja intervinha rapidamente, atribuindo os remédios e as curas das enfermidades ao poder miraculoso de santos, santas, de Nossa Senhora e de Deus. Curandeiras e benzedeiras que curavam com "orações, benzimentos, rezas e palavras santas", pertencentes ao monopólio eclesiástico, passaram a ser sistematicamente perseguidas, pois as palavras que empregavam eram consideradas, sobretudo pelos inquisidores do Santo Ofício, de inspiração diabólica. O exemplo da mameluca Domingas Gomes da Ressurreição, moradora do Grão-Pará em 1763, é uma boa ilustração do problema. Angariando fama por curar erisipela e quebranto, Domingas seguia um ritual que incluía pronunciar as seguintes palavras: "Dois olhos mais te deram, com três te hei de curar, que são três pessoas da Santíssima Trindade, Pai, Filho e Espírito Santo", e, enquanto fazia cruzes sobre os enfermos, "rezava um Padre Nosso e Ave Maria à paixão e morte do Nosso Senhor Jesus Cristo".

O zeloso inquisidor, em visita a Belém, admoestou-a severamente, lembrando-lhe que Deus não obrava milagres impunemente, tampouco ensinava palavras supersticiosas. Ao impingir-lhe penitências espirituais, explicou que não se pode esperar "de Deus os efeitos de suas curas, pois se não pode mostrar a virtude divina adonde as palavras são vãs e inúteis", e concluiu: "É preciso que se considerem feitas por concurso diabólico."[23]

Médicos e religiosos, apoiados no pressuposto de que a comunicação com o sobrenatural constituía privilégio de poucos, lançavam mão de recursos que eram condenados quando utilizados por curandeiras e benzedeiras. Enquanto o médico Braz Luís de Abreu amaldiçoava as rezadeiras que em suas operações curativas invocavam o nome de Deus e dos santos, o padre Ângelo de Sequeira divulgava a importância desses mesmos mediadores na busca de saúde e na prevenção de enfermidades. Para as dores de dentes, recomendava Sequeira, santa Apolônia devia ser invocada com a seguinte oração:

Deus eterno, por cujo amor santa Apolônia sofreu que lhe tirassem os dentes com tanto rigor e fosse queimada com chamas, concedei-me a graça do celeste refrigério contra o incêndio dos vícios, e dai-me socorro saudável contra a dor dos dentes, por intercessão, Amém, Jesus.[24]

Para cicatrizar feridas, devia-se invocar santo Amaro; dores de cabeça seriam resolvidas com orações a santa Brígida; e partos difíceis, com preces a santa Margarida ou a santo Adrido.

Apesar das tentativas da Igreja para se tornar o médico das almas e dos corpos dos pecadores-doentes, curandeiras e benzedeiras eram considera das da maior importância no contexto comunitário, inspirando epigramas cheios de temor e respeito, como o encontrado num processo da Inquisição:

Então tomara raiva a Anna Ribeira
Que é da lua e do "olhado" benzedeira,
Não toma: com aquela urze outro tanto
Visto que ela curava "quebranto".[25]

As mulheres procuravam nas boticas remédios e poções para doenças reais ou imaginárias, como o famoso quebranto.

Poderosas graças à ineficiência de outros práticos e à ausência de médicos, Anna Ribeira e outras curandeiras utilizavam-se, normalmente, de uma série de elementos, os quais, assemelhados analogicamente à natureza, ajudavam nas curas que elas realizavam. Plantas cujas formas eram semelhantes a partes do corpo humano, e mesmo ao órgão feminino, eram empregadas em mezinhas, chás caseiros e outros símplices que compunham a farmácia doméstica por elas manipulada. Uma planta chamada "malícia de mulher [...] sarmentosa, espinhosa e de folha miudíssima", que fechava a corola quando tocada, foi muito usada para problemas uterinos. O goembeguaçu era uma erva que "muito servia aos fluxos de mulheres". O suco de sua casca aplicado, ou o defumadouro de suas folhas, "em a parte logo estanca", explicava o autor de uma "história medicinal", o espanhol Nicolau Monardes, em 1574.[26] Um manual de símplices,[27] manuscrito no século XVIII, recomendava "raiz de queijo" para virem as regras às mulheres e verônica para as que lançassem sangue pela urina. Outro documento setecentista também evidencia a dimensão dessa botica achada facilmente na horta, no quintal, típica do saber-fazer de curandeiras e benzedeiras: "língua de vaca ou alface silvestre metida dentro da natureza atrai a criatura do ventre [...] suas folhas bebidas com vinho restringem o ventre". O lírio amarelo, "sua raiz pisada, bebida ou aplicada à natura com mel e um pouco de lã, purga a aquosidade da madre". A mangerona "metida na natura provoca o mênstruo e enxuga corrimentos". A murta mostrava-se eficiente para conter fortes hemorragias e o nardo mencionado na "operação mágica" contra quebranto servia também para combater inflamações. Chifre de veado era recomendado para a "madre saída fora do lugar" e, para o mesmo problema, sugeria-se avenca cozida em emplastro ou a urina do próprio doente tomada por via oral. Um processo da Inquisição contra Natália Josefa, benzedeira portuguesa, revela como era feita a manipulação desta flora, com a finalidade de "se apertar hua mulher".

> Alecrim, murta, folhas de oliveira, maçãs de cipreste, cascas de romã, pergaminho feito em bocadinhos muito pequenos, água da paia de ferreiros em que se metem ferros quentes; tudo isto fervido em vinho branco depois de tirado do fogo, o coarem e guardarem e quando quiserem fazer este remédio.[28]

As mulheres e suas doenças moviam-se num território de saberes transmitidos oralmente, e o mundo vegetal estava cheio de signos das práticas que as ligavam ao quintal, à horta, às plantas. O cheiro do alecrim era considerado antídoto contra os raios; seus ramos tinham poder contra feitiços. As ervas apanhadas em dia de quinta-feira de Ascensão tinham virtudes contra sezões, febres e bruxedos. Quem queimasse folhas de figueira em casa onde se criava criança, secava o leite da mãe. O funcho, o rosmaninho, o sabugueiro e o alecrim colhidos na manhã de são João livravam a casa de enfermidades. Da arruda colhida em dia de Natal à meia-noite devia fazer-se chá, para ser tomado no caso de haver alguma moléstia.

No quintal, além de colherem ervas para curas e práticas mágicas, as mulheres jogavam as águas com que limpavam as roupas sujas dos mênstruos e as águas com que banhavam os recém-nascidos ou os mortos, lavados pela primeira ou pela última vez em casa. Além de constituir-se em espaço da economia familiar, lugar do plantio de subsistência, da *criação doméstica* e da cozinha, o quintal era o território prestigiado da cultura feminina, feita de empirismo, oralidade e memória gestual. Tamanha intimidade com as ervas e as águas permitia às mulheres que exprimissem o seu conhecimento da vida, experimentassem os mistérios da geração vegetal e os relacionamentos com os ciclos lunares. Junto dessa concepção morfológica da natureza, a presença de pedras e minerais, quando suas formas e estruturas permitiam metáforas com o corpo humano, também foi importante.

O manual do "médico popular", redigido na Colônia, recomendava enfaticamente a ação da "pedra quadrada" com "bosta de boi fresca com mel de pau" em emplastro para a barriga de mulheres que sofressem de retenção de urina.[29] O médico Monardes[30] explicara que esta pedra, denominada quadrada ou candor, que se apresentava "escura, muito lisa [...] prolongada ou redonda", tinha ação protetora sobre os "achaques e afogamentos da madre", bem como sobre a temida melancolia de origem demoníaca. Ele recomendava, ainda, a "pedra ímã ou galbano", cuja função era manter a *madre* em seu respectivo lugar, quando esta ameaçasse, "por sufocação", subir à garganta da enferma. As pedras podiam ter efeito fecundante, quando com elas se simulava o ato sexual, mas serviam, também, para pacificar a *madre* furiosa que lançava fumos e provocava histeria ou melancolia nas mulheres.

Esse repertório de práticas tradicionais[31] incluía a crença de que as "pedras sanguíneas" faziam estancar o sangue e as pedras d'ara, na forma de poções, serviam para "ligar e desligar" amantes. Várias crenças relativas às pedras, em Portugal, apresentavam acentuado caráter fálico. Na serra de São Domingos, junto do Lamego, num certo penedo comprido iam deitar-se as mulheres estéreis, para se tornarem fecundas; no Minho, "há um santo Eliseu em um nicho, onde as moças vão às quartas-feiras e, virando para o santo, atiram-lhe uma pedra dizendo: 'Oh, meu santo Eliseu, casar quero eu!'".

O papel da curandeira ou benzedeira consistia em retirar o *doente* do mundo profano, graças ao emprego de palavras, prescrições e objetos simbólicos. Os sentimentos que ela despertava, medo, confiança etc., reforçavam a situação de poder da qual gozava e, mesmo se seus cuidados fracassassem, a inquietude e a angústia de seus clientes diante do desconhecido garantiam-lhe prestígio permanente.

A RUBRA DIFERENÇA, TERRA DE MULHERES

> *É chegado um tempo em que o corpo da mulher irá nascer das palavras das mulheres.*
>
> (Elizabeth Ravoux-Rallo, 1984)

Como já vimos, o trabalho da *madre* seria, no entender da medicina, sinônimo de gestação. Não ocorrendo a função reprodutora, o útero lançaria a mulher numa assustadora cadeia de enfermidades, toda ela indício da ira divina ou um sinal do Demônio. O bom funcionamento da *madre,* ou deste *útero-árbitro,* passava por critérios que nos auxiliam a compreender melhor a representação que as mulheres da época faziam de seu próprio corpo. Por exemplo, a menstruação e as primeiras regras possuíam importante conteúdo enquanto rito de passagem para as populações femininas; todavia, dessa importante etapa de transformação na vida de uma mulher, o olhar do médico só captava o que servisse à compreensão dos mecanismos de fecundidade.

A documentação sobre os segredos da *madre* tem assim o estigma do olhar masculino, um olhar seletivo que refletia o interesse científico em compreender, adestrar e prevenir-se contra os intempestivos assomos do útero. Tanto o tempo do "sangue secreto", ou catamenial, quanto os assuntos relacionados à sangria da mulher eram analisados de forma míope pelos médicos.

Grande parte do material médico dos séculos XVII e XVIII aponta a sangria como instrumento de higiene interna, ou mesmo antídoto para vários dos males que atingiam o corpo feminino. A *madre* era o critério regulador do bom funcionamento deste corpo e também a causa de sangramentos que eram feitos sob os pretextos mais diversos. Em 1741, Antônio Gomes Lourenço escrevia:

> Dos remédios para socorro das enfermidades neste nosso reino de Portugal, o mais usual é a sangria de forte frequentado que quase se pode chamar remédio universal.[32]

Remédio para todos os doentes, a sangria que ocupara centenas de páginas na *Coleção hipocrática* era uma prática sanitária cuja origem perdia-se na noite dos tempos. Até meados do século XIX, a medicina entendia que as enfermidades decorriam da patologia humoral, constituindo o que os autores mais tardios chamavam de *discrasia*, ou *desequilíbrio dos humores*. Isso significava que, pela ação mórbida de um fator interno (disposição patológica congênita), ou pela influência de um fator estranho (atmosfera, meio, gênero de vida, alimentação), e algumas vezes pela ação de ambos, as veias se enchiam e os corpos se entupiam. Com essa obstrução, cada humor entrava em efervescência, a harmonia era atingida e perturbada, o apetite desaparecia, a febre subia e o estado geral do sujeito se deteriorava.[33] Além das quatro vias naturais de evacuação para expelir o que incomodava o sistema – nariz, boca, ânus e uretra – apenas a sangria seria capaz de dar conta do mal-estar do enfermo. As sangrias podiam ser feitas localmente, pela aplicação de ventosas ou sanguessugas diretamente sobre a pele, ou por via arterial ou venal, casos em que as incisões eram feitas na veia ou na artéria com lancetas afiadas pertencentes, em geral, aos barbeiros. Como explicava o autor da *Arte flebotômica*, em 1751:

> A terceira intenção porque mandavam fazer sangria era para atrair o sangue com os mais humores desta para aquela parte, assim como, estando algum enfermo com algum grande defluxo em algum dos testículos ou em todas as partes obscenas, mandavam neste caso fazer a sangria no braço, para atrair o sangue para cima, e não mandavam fazer no pé, pelo receio de que fizesse atração para as partes inferiores e aumentasse o defluxo nas ditas partes; e esta sangria chamam revulsória.[34]

Santo remédio para o corpo da mulher, a sangria, sobretudo a "revulsória", aparecia nos textos de medicina como socorro para "partos e meses", mas era também sistematicamente utilizada como paliativo para outras enfermidades. Um incidente ocorrido na São Paulo colonial nos dá a medida do emprego indiscriminado da sangria. Em 1747, a prostituta Escolástica Pires pedia ao Juízo Eclesiástico

> para se curar em casa de seu tio Aleixo Garcez da Cunha da enfermidade de sarampo que deu na grade da mesma cadeia de cuja doença esteve em perigo de vida e tomou muitas sangrias e vários remédios para sobreviver.[35]

De acordo com uma visão analógica dos males femininos, a medicina recomendava que se sangrassem as mulheres "nas suas enfermidades que são produzidas por falta de evacuação" sempre nos pés, pois neles "concentrava-se o sangue mais infecto, que é o que está nos vasos inferiores". Mais uma vez, tributava-se ao bom funcionamento do útero a saúde da mulher:

> Fecunda-se a causa desta enfermidade no útero, do qual se comunica a massa sanguinária como está dito e desta a que primeiro recebe é a que está pelas partes inferiores e se movem para as ditas enfermidades feitas por falta de evacuação mensal.[36]

Na ausência, pois, do "sangue secreto", faziam-se sangrias, sobretudo nos pés, fonte de um "sangue tão purpúreo que por inculpável deixam de tirá-lo", esclarecia ainda Lourenço.

O preconceito masculino contra o sangue proveniente do útero explica-se na descrição de Lourenço: trata-se do sangue mais "infecto", rubro e nauseabundo que havia no corpo. Extraíam-no de "paridas e menstruadas".

As parturientes corriam grandes riscos, e muitas delas eram vítimas das sangrias que se realizavam habitualmente durante o trabalho de parto. Como se não bastasse se submeter às três sangrias tradicionalmente recomendadas durante a gestação, as parturientes eram sangradas no intuito de se prevenir a febre e a perda de sangue que poderia ocorrer por causa de seus esforços ao dar à luz. Não era portanto vã a recomendação do médico Curvo Semedo, em 1720:

> A ignorância das parteiras, dos barbeiros e dos médicos faltos de experiência [que cometiam] induzido erro de sangrar logo as paridas no dia em que parem sem mais causa porque purgam pouco [...] devem contentar-se que a natureza vai deitando, ainda que seja pouco [...] e deixar que a natureza vá purgando ainda que o faça lentamente.[37]

Sangramentos somados a hemorragias uterinas provocadas pelo parto eram o risco mais imprevisível e brutal por que passavam as mulheres, e isso as levava, muitas vezes, à morte por esgotamento. Marcada por síncopes, entrecortada por espasmos, convulsões e gritos de sofrimento, essa forma horrível de morrer esvaindo-se em sangue lembrava uma espécie de rito sacrificial em que a mãe dava a vida pelo rebento. O estado comatoso atingido pelas mulheres devido ao excesso de sangramentos é frequente na descrição dos médicos que, chamados de urgência, encontravam-nas já inconscientes, desvanecidas nos braços de comadres, parteiras e familiares.

Essa situação se apresenta no relato do doutor Francisco Nunes, médico pela Universidade de Alcalá, que regressara a Pernambuco em fins do século XVIII para aí exercer o seu ofício. No mesmo manuscrito em que redigira um curiosíssimo *Tratado do parto humano,* Nunes menciona a

> observação de uma preta que estando no mês de parir lhe deu um pleuris, e ao segundo dia lhe pariu triço e ao terceiro lhe inchou tanto a barriga

> que quase lhe rebentava a pele [...] depois de muitos remédios, morreu ao terceiro dia.[38]

A conclusão do relatório que se inicia com esse diagnóstico é típica das histórias de mortes de mulheres no parto. O médico descreve com frio distanciamento a agonia desta escrava "robusta, de idade de vinte e oito anos aproximadamente", cujo trabalho de parto sobrepôs-se ao que parece ser um surto virótico: "defluxo com alguma tosse" e pontadas do lado direito do corpo. Tendo-lhe sido aplicado o milagroso remédio da sangria "na mesma parte da dor", a jovem mulher "entrou nas de parir". O parto desenrolou-se com sucesso, mas, passadas algumas horas, voltou-lhe a dor no corpo, e o médico sugeriu nova sangria local e outra no pé, de acordo com as fórmulas habituais. O dia seguinte da parturiente transcorreu entre pontadas de dor, "cansaço", várias "sangrias no pé", "esfregações repetidas e ventosas até nas nádegas". No terceiro e último dia, a jovem escrava teve a seu lado um outro médico além do doutor Nunes, que lhe prescreveu, por sua vez, "sangrias alternadas entre o braço e o pé, uma hora cada". Também as ventosas deviam permanecer aplicadas às nádegas, "assim por dentro como por fora [...] E que no mesmo dia tomasse ajuda de caldo de galinha temperada de sal e fervido com macela e alfazema".

O tratamento nada mais fez senão esvaziar e esgotar todas as forças da parturiente, encerrando-se com uma patética anotação, à altura da incompetência dos médicos e de suas sangrias: "Morreu ao terceiro dia com o ventre notavelmente retesado, sem poder estar senão recostada." Em geral, as sangrias repetidas eram o antídoto para hemorragias incontroláveis o que não aparece neste relato específico, mas devia ser comum entre parturientes, uma vez que o objetivo era canalizar o sangramento da região hemorrágica para a região flebotomizada. Assim, pensava-se, seria mais fácil secá-lo na fonte e evacuar o humor alterado.

Contudo, é interessante observar que na maior parte das vezes a desconfiança que os médicos nutriam em relação ao corpo da mulher os fazia diagnosticar as hemorragias como resultado de pecados cometidos ou de uma má inserção da anatomia feminina na ordem natural das coisas. Apenas nas observações médicas que surgiram na segunda metade do século XVIII europeu, e que chegariam ao Brasil com atraso, teríamos considerações menos ingênuas sobre acidentes como a ruptura do cordão umbilical, a má alocação ou retenção da placenta etc. Até então, pequenas hemorragias podiam ser minimizadas em intervenções manuais, com a finalidade de descolar restos de placenta, mas para as grandes hemorragias não havia solução: as mulheres morriam em minutos, em meio a convulsões terríveis e diante de médicos abestalhados face ao fenômeno desconhecido da eclampsia. Eles pensavam que este era mais um sintoma próprio da incontrolável natureza feminina, uma forma de histeria, fruto do excesso de dor ou do tempo excessivo investido no trabalho de parto.

Foi isso certamente o que observou o doutor Gregório Lopes, "médico espertíssimo", ao assistir "uma mulher mal repurgada de seu parto". Conta ele que a dita parturiente "caiu de repente em um grave delírio que passou a frenesi legítimo". Ele a mandava sangrar, mas pela desordenada inquietação e movimentos da enferma comutou a medicação em sangrias e em

> ventosas forjadas nas omoplatas, e acompanhou este remédio com algumas esbarrações feitas à cabeça, de cozimento de ervas atemperantes e capitais, e logo mandou aplicar à mesma algumas galinhas escaldadas e pulverizadas com pós de sândalos vermelhos.[39]

O quadro hediondo melhorou, graças a "quatorze horas de sono" e "julepes atemperantes", para combater a febre. Não precisamos sublinhar que o tratamento com "galinhas em pó" e sangrias não deu em nada. Ele apenas confirma a sangria como um dos mais conhecidos instrumentos no combate a humores que alterassem a saúde das mulheres. Purgar o corpo feminino de um sangue que, no entender dos médicos, era quase venenoso significava dar vacuidade ao úbere que deveria encher-se com a semente da vida. Havia, na intenção da medicina, o desejo de curar, mas de curar para que as mulheres estivessem prontas para procriar, para que suas *madres* estivessem ativas e os homens pudessem continuar, assim, traçando uma representação idealizada e pacificadora do corpo feminino.

Não apenas sangramentos e sangrias decorrentes de problemas com a *madre* foram alvo do interesse da ciência médica; também o "sangue secreto" da menstruação inspirou cuidados, teses e superstições. O empenho em normatizar o funcionamento da *madre* significava, além de adestrá-la na via da maternidade, esvaziá-la de qualquer significado mágico, diabólico e enfeitiçador. Nessa época, acreditava-se que o útero, oco de semente, tornava-se encantado e sedutor, capaz de criar com seus poderosos excretos todo tipo de feitiço. Dos excretos da *madre*, o considerado mais perigoso era, sem dúvida alguma, o sangue catamenial. Num processo de divórcio julgado em São Paulo, em 1780, uma certa Rita Antônia de Oliveira ameaçara tirar a vida ao seu marido por artes diabólicas, chegando a confessar que lhe dera de beber "o seu próprio sangue mênstruo para o enlouquecer, e da mesma sorte vidro moído a fim de o matar, de que se lhe originaram as gravíssimas moléstias que tem padecido".[40]

Na ausência de médicos, as mulheres tratavam-se entre si.
Na imagem, a velha, provavelmente uma parteira, aplica
um clister na doente.

Incorporada às crenças populares, que lhe tinham o maior temor, a eficácia do sangue catamenial como veneno poderoso confirmava-se nos textos médicos. E seguia-se, sempre, à sua definição, uma longa lista de antídotos:

> O sangue mensal é o que mais das vezes costumam usar as mulheres depravadas para o benefício amatório e conciliar amor e afeição; sucede que tão longe está de assim ser, antes gera gravíssimos acidentes, como de veneno e faz as pessoas doidas e furiosas, como tem demonstrado a experiência.[41]

Em 1734, o médico Bernardo Pereira apenas deixava refletir no saber científico o que já era de senso comum: o sangue menstrual era poderoso sinônimo de poder feminino e dominação sexual. Para combater sua ação fulminante, recomendava "o uso de vomitórios e laxativos que encaminhem para fora este veneno", seguido de "emulsões de barba de bode" e um xarope feito com "bem-me-queres e açúcar", remédios cujo poder analógico é evidente.

A opinião do médico português incorporava-se à mentalidade tradicional, dominada pela misoginia e totalmente impregnada de desconfiança em relação ao corpo feminino. O útero gerava, mais do que desconfiança, medo e apreensão pela possibilidade de vinganças mágicas. Esse temor fez Alberto Magno afirmar que a mulher menstruada carregava consigo um veneno capaz de matar uma criança no berço. Apesar de ter emitido tal opinião no século XIII, ela ainda repercutia no século XVIII. João Curvo Semedo, que estivera em visita à Colônia, era um exemplo da longevidade dessa visão do corpo feminino, e advertia às "mulheres depravadas" que, ao contrário de "granjear amor e afeição dos homens", a ingestão do sangue menstrual os fazia ficar loucos, ou os matava:

> Porque é tal a maldade do dito sangue que até nos casos insensíveis faz efeitos e danos lamentáveis. Se chega a qualquer árvore, planta, erva ou flor, a murcha e seca; se chega ao leite o corrompe, se chega ao vinho, o perde, se chega no ferro, o embota e enche de ferrugem; até a vista dos olhos das mulheres que estão no atual fluxo mensal é tão venenosa que embota a gala e resplendor dos espelhos das mulheres que neste tempo se enfeitam a eles; é tão notório este dano, que era proibido no Levítico que os homens tivessem ajuntamento com suas mulheres em dias de menstruação.[42]

As afirmações dos médicos lusitanos, como Semedo, vêm ao encontro de estudos contemporâneos[43] relacionados aos mesmos fenômenos observados nas mulheres europeias da época.[44] Nesses estudos, comprova-se que as próprias mulheres aceitavam a ideia de que suas regras eram de fato venenosas. A purificação de judias ortodoxas e as proposições de santa Hildegarda sobre a menstruação, como um castigo decorrente do pecado original, concordavam com o discurso masculino sobre os riscos e a imundície do sangue catamenial.

Na mentalidade luso-brasileira podemos, todavia, confirmar os efeitos, considerados mágicos, provocados por este "sangue secreto". A medicina endossava o poder *enlouquecedor* do sangue menstrual ao reconhecer, nas vítimas "enfeitiçadas" ou "endemoniadas" por sua ingestão, sintomas como "visagens de fantasmas [...] fúrias, taciturnidades, medos e lágrimas".

Não só o diagnóstico, mas também os processos de recuperação das vítimas sugeriam a aura de fantasia que envolvia o sangue menstrual. Semedo[45] aconselhava trazer aos pulsos e ao pescoço "alhambres brancos". Bernardo Pereira,[46] por sua vez, preferia poções à base de "pós de secundina", a placenta que envolvia recém-nascidos, misturados à água de "nastúrcios aquáticos" (simples agriões). Pereira sugeria, ainda, um "remédio" feito de "sementes e flores de sabugueiro ou de figueira-do-inferno bem cozidas e transformadas em óleo", a fim de combater os perigos desse tipo de sangue. Lembrava, no entanto, que para a eficácia da receita era preciso realizá-la fora das vistas de qualquer mulher menstruada, caso contrário, não se faria "óleo".

O tempo do "sangue secreto" era, pois, um tempo perigoso, um tempo de morte simbólica no qual a mulher deveria afastar-se de tudo o que era produzido ou se reproduzia. Os eflúvios maléficos desse sangue tinham o poder degenerativo de arruinar, deteriorar e também de contaminar a sua portadora. Como bem demonstra Semedo, o olhar, o contato e o hálito feminino passam, nessa lógica, a ter poder mortal. Os cheiros e as secreções rubras funcionavam como uma espécie de cortina invisível entre a mulher e a vida cotidiana, alertando para a possibilidade de que o leite, o vinho, a colheita ou os metais fossem estragados. O corpo feminino parecia, assim, o lugar de uma dupla propriedade: ele parecia ameaçador, quase demoníaco, mas ameaçava-se a si próprio ao se tornar vulnerável a elementos do universo exterior.

Depreende-se, também, dessas alarmadas anotações médicas, o mal-estar dos homens diante daquela que se revelava uma feiticeira, capaz tanto de enlouquecê-los quanto de curá-los. De acordo com Bernardo Pereira, que escrevia em 1726, o sangue menstrual, quando "seco", era recomendado aos "males da pedra e à epilepsia". Misturado à manteiga de vaca, abrandava as dores da gota ou as pústulas do rosto. O sangue do puerpério, untado ao corpo, curava a sarna e, "embebido", tratava apostemas, carbúnculos e erisipela.[47]

A rede de prescrições e costumes tecida sobre o "sangue secreto" ia longe, no tempo e no espaço. Nas sociedades tradicionais, a mulher menstruada era comparada à terra morta. Morta porque estéril durante esse período, porque habitada por seres invisíveis durante essa morte passageira. A origem das *regras* deu margem a concepções muito variadas. A explicação mais comum fazia da mulher um ser eternamente ferido, pagando um incômodo tributo para expiar um pecado ou uma falta original. Nessa forma de relato, a serpente intervinha quase sempre como uma testemunha da Eva ancestral no paraíso mítico. A serpente era sempre associada à lua e a deusas selênicas. Eis por que em tantas línguas as palavras usadas para designar *menstruação* e *lua* são as mesmas ou possuem as mesmas raízes etimológicas. Desse modo, *menstruação* significa *mudança de lua,* a raiz *mens* dando origem a *mênstruos* e a *meses.* No passado, as fases da lua permitiam aos homens a contagem do tempo, e as menstruações facilitavam as previsões femininas. Para o tempo do "sangue secreto", os camponeses europeus utilizavam a expressão *ter suas luas, estar de lua.* Na África, entre os mandingas, o termo *carro* designa a *lua* e a *menstruação*; a palavra congolesa *njonde* possui também essa dupla significação. O mesmo ocorre no estreito de Torres, na Índia. Os índios da América do Norte pensavam que a lua era uma mulher de verdade, a primeira a ter existido; na fase decrescente, diziam que ela estava *indisposta,* o mesmo termo usado na França durante a Idade Moderna.

Nesse sentido, a mulher menstruada passava para o lado das mulheres diabólicas que frequentavam a morte, capazes de destruir o que estava visivelmente organizado. O calor interior que então a habitava tornava-a maléfica. Acreditava-se, no passado, que os *idiotas* eram concebidos durante as regras de suas mães. E mais, plantas e animais submetiam-se às suas influências. Base das magias de transformação femininas, o tempo do "sangue secreto" permitia a preservação de valores especificamente femininos: transformando a esterilidade em fecundidade, as mulheres faziam das previsões e das mudanças a sua arte pessoal.[48]

Concebido a partir de relações constituídas no mundo do imaginário, o sangue catamenial resistiu, com todo o seu material supersticioso, às análises da medicina. Mas, na segunda metade do século XVIII, algumas mudanças ocorreram, e os médicos passaram a substituir o temor pelo cuidado, uma forma, aliás, muito melhor de controle desse corpo peculiar e surpreendente. É importante lembrar que, à época, a ciência médica começava a adquirir a imagem de um saber devotado e infalível, que impunha progressivamente as normas da vida saudável, assumindo, por fim, uma função de vigilância social e moral. Contra esse pano de fundo, uma espécie de ternura patética tomou conta da pluma dos médicos, que procuraram descrever a mulher como um ser frágil, carente de vontade, amolengada por suas qualidades *naturais* que seriam a fraqueza, a minoridade intelectual, a falta de musculatura, a presença da menstruação. Melhor submeter-se *docilmente* à servidão que a natureza impunha ao gênero feminino.

Antônio Ferreira, por exemplo, prescrevia um cauteloso "regimento para os tempos de conjunção". Nele, o ar que a mulher respirava devia "inclinar-se ao quente, para abrir as partes obstruídas e atenuar o sangue". Ela devia ainda "tomar bafos de drogas cheirosas para provocar os meses". Os mantimentos ingeridos neste período tinham de ser "pingues e doces", sendo especialmente recomendada a "manteiga sem sal, misturada a açúcar e mel". "Caldos de galinha", "gemas de ovos frescos" e carnes assadas eram considerados mais nutritivos. As mulheres deviam evitar "coisas azedas como o vinagre e frutas verdes" que, no seu entender, comprimiam o útero e impediam a purgação. Vinho só como medicamento, nunca como alimento.[49]

A busca do equilíbrio feminino parecia ser igualmente uma preocupação, uma vez que o médico pedia que se evitassem os "afectos da alma", como o temor e a tristeza, e também a demasiada alegria, que podia "divertir a natureza da purgação mensal".

Isolada, para viver adequadamente o *tempo da conjunção,* a mulher submetia-se a um *regimento* que no mais das vezes a excluía da sua comunidade. Assim solitária, e sob o olhar atento dos médicos, ela via decrescer o prestígio desta "rubra diferença" que a distinguia dos homens e que era a "última cidadela das mulheres testemunhando o grande poder sobre a vida".[50] Não foi sem razão que o termo *regras* surgira exatamente neste período e, embora de origem erudita, tenha sido rapidamente assimilado pelo uso corrente, pois ele implicava uma ideia de regularidade e equilíbrio aplicada ao corpo da mulher.

Nas sociedades tradicionais, como era a do Brasil colonial, acreditava-se na existência de um círculo vicioso que submetia as mulheres à influência cósmica, ligando-as aos mistérios da natureza. Era preciso ser filha, mulher e mãe para completar o ciclo natural. A perturbação que afetava mensalmente a economia geral da mulher era, também, a sua condição de poder. O cessar das regras indicava a morte dessas forças, motivo de tantas mulheres acorrerem à "prodigiosa lagoa" mineira. Todas queriam recuperar o seu "costume", a rubra diferença, e, com ela, o seu poder. Eis a razão de benzedeiras como Ana Martins preocuparem-se, no final do século XVII, em regular as regras de suas pacientes com o seguinte dizer:

Assim pesa à Virgem Maria
Como à mulher que ao sábado fia
E à véspera do seu dia:
Pelo poder de Deus
de são Pedro e de são Paulo
E da Virgem Maria
que logo estancado seria
e mais aqui não correria.[51]

Último recurso, a reza, o benzimento e o feitiço colocavam em movimento um processo no qual os fracassos sucessivos de interpretação, diagnóstico e ação encontrados na sociedade colonial tornavam-se intoleráveis. Mediadoras nessa situação, as mulheres que praticavam curas mágicas emprestavam suas formas de luta contra a doença a um saber no qual se privilegiava uma atenciosa familiaridade com o corpo e com a natureza, nas suas sutis correspondências.

OS FEITIÇOS DO CORPO: EXPLORANDO AS TREVAS

Imaginemos um corpo cheio de membros pensantes!
(Pascal, *Pensées*)

À revelia das análises morfológicas que lhe eram dedicadas por tratadistas e médicos, o corpo feminino ganhava sentidos específicos e vida própria no cotidiano das populações coloniais, que liam nos seus encantamentos, outros desígnios: "Não negamos que da corruptela dos humores dentro do corpo se possam gerar coisas monstruosas", avisava, cauteloso, o doutor Bernardo Pereira, confirmando a ambiguidade de uma anatomia que não se deixava apreender. Tudo indica que a possibilidade de se enfeitiçar o corpo feminino era encarada com naturalidade, e os livros de medicina são as mais fiéis testemunhas do embate que houve entre médicos e curandeiras no intuito de purificar esse corpo enfeitiçado. Como escrevia em 1734 o mesmo Bernardo Pereira:

> Nesta consideração é de ser verdade infalível e católica, recebida de todos os profetas literários, que há qualidades maléficas que vulgarmente chamam feitiços e estas podem produzir e excitar todo o gênero de achaques a que vive sujeito o corpo humano.

O médico, adversário dos sentidos que eram dados ao corpo pelas populações coloniais, seguia perguntando:

> Seria lícito, uma vez que malefícios existiam, consultar mezinheiras e curandeiras, que ordinariamente carecem de todo o gênero de livros [...] são rudes e ignorantes. O pior, no entanto, era que semelhantes pessoas nada podiam fazer para minorar sofrimentos, senão recorrendo à arte diabólica com pacto implícito ou explícito, maiormente sendo as medicinas que aplicam [...] mais para ofender do que para sarar do mesmo achaque.[52]

O consenso de que seria possível ter o corpo enfeitiçado era incorporado pela medicina, que via o corpo como um lugar de embates entre Deus e Diabo. Braz Luís de Abreu avisava que as feiticeiras eram assim consideradas as mulheres capazes de efetuar curas informais e seriam capazes de "vencer achaques e obrar coisas prodigiosas e transnaturais" utilizando certas palavras, versos e cânticos ensinados pelo Demônio, com o qual fariam "pacto, concerto de amizade ou escravidão":

> Entra uma beata ou uma feiticeira e assim que vão subindo a escada já vão fazendo o sinal da cruz; melhor fora que o doente se benzera destes médicos. Deus seja nesta casa, as almas santas nos guiem, a Virgem Maria nos ajude, o anjo são Rafael nos encaminhe; que tem meu senhor? [diz a beata]. Pegue-se muito com minha senhora Sant'Ana que logo terá saúde [...] não se fie nos médicos humanos; confie somente nas orações das devotas, que só estas chegam ao céu. Aqui lhe trago uns pés de flores de minha senhora Sant'Ana [...] Hão de matar a Vossa Mercê com purgas e xaropes; mande deitar esta botica na rua; não apareça aqui, se não água benta e ervas de são João. As benditas almas do Purgatório, a bem-aventurada santa Quitéria, santa Catarina, são Damião e são Cosme assista nesta casa [...] mal fim tenha quem tanto mal lhe fez [...] está enfeitiçado até os olhos [...] Tome umas ajudas de macela e da flor de hipericão; dependure ao pescoço uma raiz de aipo cortado na noite de são João, faça uns lavatórios de erva-bicha, de arruda e de funcho; tudo cozido na água benta da pia de três freguesias [...] Mande dizer uma missa às almas [...] Não tome medicina alguma que lhe receite o médico, porque ele vai matá-lo e eu, sará-lo [...] que guardem suas medicinas para as maleitas porque, o mal que Vossa Mercê tem, eu conheço![53]

A imagem que se tinha das mulheres que curavam ou *rezavam* doentes não devia ser muito diferente da descrição que delas fez Braz Luís de Abreu. O emprego de orações aos santos protetores nas enfermidades, a utilização de ervas extraídas da flora doméstica, como macela, arruda e funcho, os gestos impregnados de magia (pendurar ao pescoço raiz de aipo), somados às abluções com água benta, compunham o retrato da benzedeira ou curandeira, substituta do médico.

A perseguição a essas mulheres não era fortuita. Desde tempos imemoriais, elas curavam mazelas, e antes do aparecimento de doutores e anatomistas praticavam enfermagem, abortos, davam conselhos sobre enfermidades, eram farmacêuticas, cultivavam ervas medicinais, trocavam fórmulas e faziam partos. Foram, por séculos, doutores sem título.

A naturalidade e a intimidade com que tratavam a doença, a cura, o nascimento e a morte tornavam-nas perigosas e malditas. Com a acusação de curandeirismo, eram duplamente atacadas: por serem mulheres e por possuírem um saber que escapava ao controle da medicina e da Igreja. O Tribunal do Santo Ofício foi o influente porta-voz do saber institucional na luta contra os saberes informais e populares. Seus processos geraram um imenso painel onde o corpo e as práticas femininas de tratamento informal de doenças tornaram-se protagonistas importantes. Um dos mais impressionantes retratos dessas mulheres capazes de adivinhar o futuro e fazer curas mágicas é encontrado num processo movido pela Inquisição contra a portuguesa Maria Antônia, em 1683. Lê-se na sua sentença:

Sem saber ler nem escrever, curava todo o gênero de enfermidade de quaisquer pessoas ou animais que se lhe ofereciam, lançando dos corpos de outros endemoniados espíritos malignos; fazia unir as vontades discordes entre casados; levantava os queixos da boca aos que lhos caíam e fazia parir com bom sucesso as mulheres pejadas; observando sempre os efeitos das ditas coisas especialmente às quartas e sextas-feiras da semana, por as ter mais proporcionadas para os fins que procurava; usando para eles somente de palavras, orações, bênçãos, água benta, terra de adro, de nove ervas, de coisa dos mesmos, estando ausentes, mandando encher em rios ou fontes uma quarta de água, a fim de, vasadas as oito, a nona servisse para remédio dos ditos males. Para a cura dos quais primeiro estremecia e se espreguiçava e fazia visagens com a boca, cobrindo-a. Dizia que ela tomava os males e o ar dos ditos enfermos, aos quais mandava que passassem por partes escuras para trás. Dava cartas a que chamava de tocar, para fins torpes e desonestos, mandando as meter primeiro debaixo da pedra d'ara sobre a qual se dissesse missa. Fazia supersticiosamente devoções, armando uma mesa de três pés para cima, pondo em cada um sua vela ou candeia acesa, e no meio uma imagem de santo Erasmo, dando passos ao redor e fazendo rezas, e finalmente chamava pintãos, os quais logo visivelmente lhe apareciam negros, e os consultava para saber deles como havia de fazer as ditas curas, e dada a resposta desapareciam.[54]

No processo contra outra mulher, Ana Martins, de 1649, o poder de curar com palavras é novamente invocado. Orgulhosa de seu conhecimento, Ana Martins tratava seus enfermos benzendo-os com contas em círculo à volta de suas cabeças e dizendo:

Pelo poder de Deus
de são Pedro e de são Paulo
e de todos os santos
que te livrem daqueles males
eu te degrado
para a ilha do enxofre
e para o mar coalhado
por tantos anos
quantos são os granos
que há em um alqueire
de milho painço
porque eu sou a benzedeira
a senhora e a curandeira.[55]

Também na Colônia o saber-curar foi motivo de perseguição para muitas mulheres. Em Pernambuco, por exemplo, no ano de 1762, em Vila Formosa de Serinhaém, dona Mariana Cavalcanti e Bezerra, depois de ter utilizado seus serviços, denunciava ao comissário do Santo Ofício, dom Antônio Teixeira de Lima, que Maria Cardosa "benzia madres" e que sua escrava Bárbara "curava madres".

Em outra localidade da mesma freguesia, uma certa Joana Luzia abençoava *madres* com as seguintes palavras: "Eu te esconjuro madre, pela bênção de Deus Padre e da espada de Santiago, pelas três missas do Natal que te tires donde está e vá para o teu lugar, que deixes fulana sangrar."[56]

Encontramos na oração de Joana Luzia duas preocupações que, tudo indica, já haviam sido incorporadas pelo imaginário popular: a noção da *madre* ou útero como órgão independente, capaz de movimentar-se dentro do corpo da mulher e até de subir à sua garganta, sufocando-a e tornando-a histérica; e a preocupação das *regras* como um mecanismo de controle da saúde. Em ambos os casos, cabia a uma mulher com poderes mágicos a cura que não era providenciada pelos médicos.

O mesmo corpo que adoecia e se vergava às marcas do tempo e da doença tinha, contudo, outros poderes. As mulheres eram capazes de gerar toda a sorte de monstruosidades, e tal façanha fazia com que fossem vistas como verdadeiras aliadas do Diabo.

O já mencionado pernambucano doutor Nunes[57] afirmava em seu tratado que tivera notícia do "nascimento de um monstro que nasceu com cornos e dentes à cola", bem como de outro que viera ao mundo na forma de um "lagarto que repentinamente fugiu", além de uma mulher que dera à luz um elefante e de uma escrava que parira uma serpente.

Capazes secretar coisas tão bizarras, as mulheres parecem emprestar seus corpos para que, neles, o Demônio realize as "suas astúcias". Assim, não parecia impossível a Bernardo Pereira[58] contar o caso de uma viúva capaz de lançar pela urina "semente de funcho [...] e um glóbulo de cabelos, que sendo queimados lançavam o mesmo odor que costumavam exalar os verdadeiros". Como ele mesmo concluíra, tratava-se de mais uma das artes de Satã.

As astúcias do Diabo faziam-se presentes também no útero das mulheres da Colônia. Isso se revela em denúncias, como a que foi feita em 1763 contra o preto José, escravo de Manoel de Souza, no Grão-Pará. Aí se relata o caso de cura que ele realizara numa escrava de nome Maria, que estava "gravemente enferma, lançando pela via da madre vários bichos e sevandijas de cor de latão". Depois que José misturou-lhe potagens e beberagens feitas com "ervas que levava escondidas" e de um ritual mágico que incluía o enterramento de uma espiga de milho no quintal da citada enferma, ela

> arrojou uma como bolsa ou saquinho por forma da pele de uma bexiga no qual depois de rota se viam vivos três bichos; um do feitio de uma azorra, o outro do feitio de um jacarezinho e o outro do feitio de um lagarto com cabelos, e cada um dos ditos três bichos era de diversa cor.[59]

Na Colônia e em Portugal, eram expelidos cabelos, sementes e sevandijas, numa coincidência de elementos já confirmada em clássico estudo sobre a feitiçaria colonial.[60] Todos esses ingredientes também estavam presentes nos rituais estereotipados da bruxaria europeia.

Ao desfazer o encantamento que se havia instalado na *madre* da escrava Maria, José demonstra a mentalidade dos que acreditavam que os úteros femininos eram um espaço capaz de abrigar seres e coisas fantásticas. Ainda revela que, apesar da abordagem diversa da empregada pelo médico português, ambos confirmavam uma crença igualmente arraigada no imaginário da época, a crença de que a *madre* enfeitiçada desregulava o precioso funcionamento do corpo feminino, exigindo medidas profiláticas imediatas. Assim desregulada, ela se inundava de sujeira e enfermidade, tornando-se território de abjeção, quando devia sê-lo de regularidade.

De enfeitiçado o corpo feminino passava a enfeitiçador, quando emprestava seus líquidos, pelos e sucos para finalidades mágicas. No fim do século XVI, Guiomar de Oliveira confessa ao visitador do Santo Ofício, em Salvador, que teria aprendido "dos diabos", juntamente com a amiga Antônia Fernandes, que "semente do homem dada a beber fazia querer grande bem sendo semente do próprio homem do qual se pretendia afeição, depois de terem ajuntamento carnal e cair do vaso da mulher".[61]

O contato com o útero é que conferia poderes mágicos à poção: ora servia para fazer o bem, como no caso acima, ora para fazer o mal

Por ser considerada um agente de Satã, o corpo e a sexualidade da mulher podiam prestar-se a todos os tipos de feitiçarias; com o tempo, a medicina transformou o corpo feminino em mera fisiologia.

e sujeitar vontades, como se dera com a negra Josefa, nas Minas Gerais do século XVIII, que lavava as partes pudendas com a água que misturava à comida de seus senhores e de seu marido, com a intenção de dobrar-lhes o ânimo.[62]

Como a mulher era considerada por natureza um agente de Satã, toda a sua sexualidade podia prestar-se à feitiçaria, como se seu corpo, ungido pelo mal, correspondesse às intenções malignas de seu senhor. Cada pequena parte seria representativa desse conjunto diabólico, noturno e obscuro. Além dos sucos femininos, os pelos também faziam parte dessa ambígua farmacopeia capaz de curar os reflexos da astúcia do Demônio. Em 1736, na Bahia, a negra Tomásia foi tratada com defumadouros feitos com "cabelos das partes venéreas" de duas outras escravas e matéria seminal resultante da cópula de ambas, sob a orientação de um padre exorcista. Ele recomendou que elas:

> Limpassem a matéria seminal das ditas cópulas com um paninho e a passassem na barriga da enferma e que todas lavassem em todas aquelas vezes as partes venéreas com água e a guardassem em uma panela para irem banhando a dita enferma.[63]

Um tratamento tão pouco ortodoxo acabou por levar a pobre Tomásia à morte.

Se a magia relacionada com a *madre* e suas secreções inspirava temor e respeito pela sexualidade feminina, coube à medicina, pouco a pouco, esvaziar essa significação mágica, transformando-a em mera fisiologia. Os feitiços realizados para curar *madres* e corpos achacados ou, inversamente, para adoecê-los inscreviam-se no cenário de ajuste das populações coloniais aos meios que as circundavam e à constituição de uma identidade cultural mista e complexa. Além disso, essa terapêutica mágica correspondia à busca de um equilíbrio perdido entre o doente e as novas relações sociais que lhe eram impostas pelo Novo Mundo: o escravismo, a distância da metrópole, o sincretismo religioso, a natureza selvagem, enfim, novas e concretas realidades.

Essa ponte com o sobrenatural significou mais do que simples processos de cura na ausência de médicos e doutores; foi também oportunidade para as mulheres se solidarizarem, trocando entre si saberes relativos aos seus próprios corpos trazidos de áreas geográficas tão diferentes quanto a África ou a península Ibérica. Foi uma oportunidade de entrelaçamentos múltiplos, pois negras, mulatas, índias e brancas tratavam-se mutuamente, com gestos, palavras e práticas características de cada cultura. Permitiu que as mulheres preservassem sua intimidade e a cultura feminina do saber-fazer diante dos avanços da medicina, que prescrevia para os seus males remédios muito diferentes daqueles com os quais estavam acostumadas a lidar (orações aos santos protetores, ervas e flores do quintal, água benta).

Marcado pela pecha de pecador, o corpo feminino parecia perder as referências simbólicas que incentivavam à saúde e à vida; as mulheres que praticavam curas mágicas souberam romper com este círculo asfixiante, restituindo a saúde e a vida, mesmo que de forma empírica, a quem quer que necessitasse.

Se a medicina evoluía contra o que considerava arcaísmos, ela não conseguiu, entretanto, desfazê-los. Presa à crença de que o corpo feminino era um espaço de disputas entre Deus e o Diabo, a ciência médica ratificava o pensamento mágico sobre os poderes do corpo da mulher. Assim, mesmo sem o querer, a medicina proporcionou, paralelamente ao seu desenvolvimento, um território de resistência para o saber-fazer feminino em relação à própria anatomia da mulher.

NOTAS

(1) *Elementos de higiene ou ditames teoréticos e práticos para conservar a saúde e prolongar a vida*. 3.ed. Lisboa: Academia Real de Ciências. p. 12.

(2) *Portugal médico ou Monarquia médico-lusitana:* prática, simbólica, ética e política. Lisboa: João Antunes, 1726. p. 34.

(3) Affonso da Costa. *Árvore da Vida*. Tronco I, parte 1, ramo 3.

(4) Antônio Ferreira. *Luz verdadeira e recopilado exame de toda a cirurgia*. Lisboa: Academia Real de Ciências, 1735. p. 25.

(5) Arquivo da Cúria Metropolitana de São Paulo. Processo não catalogado, crime de feitiçaria, Itu, 1755.

(6) Ver Lycurgo dos Santos Filho e seu excelente *História geral da medicina brasileira*. São Paulo: Hucitec/Edusp, 1977. 2 v., v. 1, p. 61 *et passim*.

(7) Bernardo Pereira. *Anacefaleose médico, teológica, mágica, jurídica, moral e política*. Lisboa: Miguel Manescal da Costa, 1752. p. 9.

(8) *Id. ibid.*

(9) Antônio Ferreira. *Op. cit.*, p. 298.

(10) *Id. ibid.*, p. 25.

(11) *Id. ibid.*, p. 26.

(12) Francisco de Mello Franco. *Op. cit.*, p. 12.

(13) Manuel José Afonso e José Francisco Melo. *Novo método de partejar, recopilado dos mais famigerados sábios e doutores*. Lisboa: Miguel Rodrigues, 1752. p. 41.

(14) Lycurgo dos Santos Filho. *Op. cit.*, p. 313.

(15) *Id. ibid.*, p. 346 *et passim*.

(16) José Leite de Vasconcellos. Tradições populares portuguesas do século XVIII. *Revista Lusitana*, v. VI, p. 273-299, 1900-1901. p. 289.

(17) Francisco da Fonseca Henriques. *Medicina lusitana, socorro délfico aos clamores da na tureza para total profligação dos seus males*. Amsterdã, 1731.

(18) Adolfo Coelho. *Op. cit.*, p. 438.

(19) José Leite de Vasconcellos. *Op. cit.*, p. 289.

(20) *Prodigiosa lagoa descoberta nas Congonhas das Minas de Sabará, que tem curado a várias pessoas dos achaques que nesta relação se expõem*. Manuscrito, s. d. p. 9.

(21) *Id. ibid.*

(22) Agostinho de Santa Maria. *Santuário Mariano e história das imagens milagrosas de Nossa Senhora e das milagrosamente aparecidas em graça dos pecadores e dos devotos da mesma Senhora*. Lisboa: Oficina de Antônio Pedroso Galvão, 10 v., 1707. p. 123.

(23) *Apud* Márcia Moisés Ribeiro. *Ciência e maravilhoso no cotidiano*: discursos e práticas médicas no Brasil setecentista. 1995. p. 82. [Tese de mestrado apresentada à FFLCH-USP]. Este trabalho é, doravante, obrigatório quando se for tratar de práticas mágicas no Brasil colonial.

(24) *Botica preciosa e precioso tesouro da Lapa*. Lisboa: Miguel Rodrigues, 1754. p. 47 *et passim*.

(25) José Leite de Vasconcellos. *Op. cit.*, p. 293.

(26) *Primera, segunda y tercera partes de la historia medicinal de las cosas que se traem de nuestras Indias Occidentales que sirven en medicina*. Sevilha: Alonso Escrivano, 1574. p. 119.

(27) *Manual de símplices*. BNRJ. Manuscritos I-47-19-20, p. 13.

(28) José Leite de Vasconcellos. *Op. cit.*

(29) Biblioteca Nacional de Lisboa. Reservados nº 4919/8 (séc. XVIII).

(30) Nicolau Monardes. *Id. ibid.*

(31) Ver Teófilo Braga. *O povo português nos seus costumes, crenças e tradições*. Lisboa: Dom Quixote, 1986. p. 87.

(32) *Arte flebotômica, anatômica, médica, cirúrgica para sangradores e demais professores*. Lisboa: Pedro Ferreira, 1751. Prólogo.

(33) Ver Jean Héritier. *La sève de l'homme:* de l'âge d'or de la saignée aux débuts de l'hematologie. Paris: Denöel, 1977.

(34) Antônio Lourenço. *Op. cit.*, p. 8.

(35) Arquivo da Cúria Metropolitana de São Paulo. Processo não catalogado de Escolástica Pires de Souza.

(36) Antônio Lourenço. *Op. cit.*, p. 67.

(37) *Atalaia da vida contra as hostilidades da morte*. Lisboa: Oficina Ferreiriana, 1720. p. 449.

(38) Este documento está transcrito integralmente no meu "A maternidade da mulher negra no Brasil Colonial". *Estudos do CEDHAL/USP*, n. 3, 1989.

(39) *Apud* Braz Luís de Abreu. *Op. cit.*, p. 393.

(40) Arquivo da Cúria Metropolitana de São Paulo. Processo de divórcio n. 15-3-38.

(41) Bernardo Pereira. *Op. cit.*, p. 27.

(42) Antônio Pedroso Galvão. *Observações médico-doutrinais de cem gravíssimos casos*, 1707. p. 568.

(43) *Les Corps des Femmes*. Paris: Seuil. 1977.

(44) Ver seus dois livros: *L'Arbre et le fruit:* la naissance dans l'Occident moderne. Paris: Fayard, 1984; e *La sage-femme ou le médecin:* une nouvelle conception de la vie. Paris: Fayard, 1981.

(45) João Curvo Semedo. *Op. cit.*, p. 259-263.

(46) Bernardo Pereira. *Op. cit.*, p. 39.

(47) Braz Luís de Abreu. *Op. cit.*, p. 49.

(48) Empresto aqui algumas ideias de Jocelyne Bonnet, *La terre des femmes et ses magies*. Paris: Robert Laffont, 1989, especialmente o primeiro capítulo, p. 23-49.

(49) Antônio Ferreira. *Op. cit.*, p.49.

(50) Como diz Edmonde Morin. *Apud* Jocelyne Bonnet. *Op. cit.*, p. 24.

(51) Adolfo Coelho. *Obra etnográfica:* festas, costumes e outros materiais para uma etnologia de Portugal. Lisboa: Dom Quixote, 1993. p. 434.

(52) Bernardo Pereira. *Op. cit.*, p. 683.

(53) Braz Luís de Abreu. *Op. cit.*, p. 622.

(54) Adolfo Coelho. *Op. cit.*, p. 428.

(55) *Id. ibid.*

(56) Esses e outros exemplos estão em meu *Ao sul do corpo:* condição feminina, maternidades e mentalidades no Brasil colonial. 2.ed., Rio de Janeiro: J. Olympio, Brasília: UnB, 1995. [1.ed., 1993]. Ver sobretudo o capítulo A madre e seus segredos.

(57) Nunes. *Op. cit.*, p. 14.

(58) Bernardo Pereira. *Op. cit.*, p. 220.

(59) *Apud* José Roberto Teixeira Leite. *Livro da visitação do Santo Ofício da Inquisição ao Estado do Grão-Pará* (1763-1769). p. 137-138.

(60) *Apud* Laura de Mello e Souza. *O Diabo e a Terra de Santa Cruz*. São Paulo: Companhia das Letras, 1988. p. 176.

(61) *Id. ibid.*

(62) *Apud* Luciano Figueiredo. "Segredos de Mariana: pesquisando a Inquisição mineira". *Acervo*. 2(2): 48-63, 1987. p. 51.

(63) Laura de Mello e Souza. *Op. cit.*, p. 179 *et passim*.

HOMOEROTISMO FEMININO E O SANTO OFÍCIO

Ronaldo Vainfas

DAS MULHERES EM TERRA BRASÍLICA

O perfil das mulheres que habitavam o Brasil colonial manteve-se prisioneiro, por várias décadas, de um sem-número de imagens, parte delas verossímil, outra parte estereotipada. Dentre os vários autores que delas falaram, talvez o melhor tenha sido Gilberto Freyre, mestre incomparável na arte das generalizações nem sempre exatas. Várias mulheres povoam, com efeito, as belas páginas de *Casa-grande e senzala,* da mulher submissa e aterrorizada com o castigo masculino até a mulher fogosa, sempre pronta a dar prazer aos machos, a requebrar-se dengosa pelas ruas desalinhadas das vilas coloniais, a seduzir com doçura nos caminhos, à beira do rio, à sombra de uma árvore, no meio do mato. Faça-se, no entanto, alguma justiça a Gilberto Freyre: ele viu como ninguém diferenças entre as mulheres, atento à diversidade de culturas ou, como querem alguns, de cor e de raça.

As mulheres brancas, em pequeno número no acanhado litoral do século XVI, teriam vivido em completa sujeição, primeiro aos pais, os todo-poderosos senhores de engenho, depois aos maridos. Teriam vivido, como escreveu Gilberto Freyre, num "isolamento árabe", idealizando uma estrutura de serralho à moda tropical, quer no tocante à submissão, quer às eventuais "solturas" de sinhás e sinhazinhas, todas invariavelmente punidas, em caso de falta grave, com o rigor da lei patriarcal.

As mulheres índias, essas sim, foram amantes dos portugueses desde o início e Freyre sugere que o foram até por razões priápicas. Mal desembarcavam no Brasil e os lusitanos já "tropeçavam em carne", ele escreveu. As índias eram as "negras da terra", nuas e lânguidas, futuras mães de Ramalhos e Caramurus, todas a desafiar, com seus parceiros lascivos, a paciência e o rigorismo dos jesuítas.

A mesma fama tinham as negras da Guiné, as crioulas, especialmente as da casa-grande, amantes de sinhôs e sinhozinhos. Essas eram também as vítimas prediletas de sinhás tirânicas que não hesitavam em supliciá-las por ciúme ou simples inveja "de seus belos dentes e rijos peitos". E a predominar sobre todas em matéria de paixão e ardor, lá estava a mulata, exemplo recorrente de beleza e sedução no imaginário masculino relacionado à terra brasílica. Muitos homens cantaram em prosa e verso as virtudes da mulata e a ela se vergaram, a começar pelo célebre Gregório de Matos, o Boca do Inferno da Bahia seiscentista.

Mas essas são, em boa parte, imagens idealizadas. Inúmeros historiadores demonstraram, em pesquisas recentes, outras facetas das mulheres que em nada corroboram os estereótipos consagrados pelo senso comum ou pela opinião letrada tradicional. Descobrem-se, então, as mulheres de carne e osso, ganhando a vida como vendedoras de quitutes nas ruas de Minas, agindo como chefes de família, sós, sem os maridos ou companheiros que saíam à cata de ouro e aventuras e não voltavam jamais. Mulheres que, apesar de oprimidas e abandonadas, souberam construir sua identidade e *amansar* os homens, ora recorrendo a encantamentos, ora solicitando o divórcio à justiça eclesiástica. Mulheres recolhidas ou enclausuradas em conventos, como as "clarissas do Desterro", freiras que se saíram melhor no "falso claustro" do que o fariam na casa paterna. Mulheres que gerenciavam, com conhecimento de causa, tudo o que dizia respeito à maternidade, desde os mistérios do parto até as práticas de contracepção.

É do mundo de *mulheres reais* que se ocupa este texto. Ele trata das mulheres que, movidas por múltiplos desejos, e não poucas razões, experimentaram relações homoeróticas (algumas uma só vez, na infância, outras sempre, fossem ou não casadas com homens), universo pouco conhecido, que alguns historiadores ousaram pesquisar.[1] Não muito haveria a dizer sobre essas mulheres e suas experiências no Brasil colonial, se não existissem os papéis do famigerado Tribunal do Santo Ofício, que desde meados do século XVI passou a incluir no seu foro o que chamava de "abominável e nefando pecado da sodomia". Falar dos amores femininos é, pois, falar também e muito da própria Inquisição. É através dela que se pode rastrear a *Lesbos brasílica*.

A SODOMIA NO DOMÍNIO DA INQUISIÇÃO

Estabelecida a partir de 1536 com o firme propósito de perseguir os cristãos novos, a Inquisição portuguesa logo ampliaria os limites de seu foro – embora nem por isso tenha amenizado a tradicional intolerância contra os supostos *judaizantes.* Ainda no século XVI, passou a julgar determinados delitos morais, certos desvios de conduta familiar ou sexual que, por vários meios e modos, foram considerados heresias. Tocada pelo ânimo reformista do Concílio de Trento (1545-1563), concílio especialmente dedicado a defender os dogmas e sacramentos católicos, face à tempestade protestante, a Inquisição ibérica passou a julgar pecados ou crimes até então sujeitos à justiça secular ou à justiça eclesiástica dos ordinários, quando não simplesmente à confissão sacramental.

Passaram a frequentar os cárceres do Santo Ofício indivíduos que consideravam lícito manter relações extraconjugais, que duvidavam da excelência e primazia do estado clerical de castidade, que se casavam mais de uma vez na igreja com o primeiro cônjuge ainda vivo; toda uma plêiade de transgressores que, por razões entendidas somente pelos inquisidores, eram acusados, não apenas de pecados mortais, mas de erros de fé, desafios conscientes e obstinados à doutrina e à moral do catolicismo. E, entre todos esses desvios de conduta transformados em erros de crença, talvez o mais importante – ou pelo menos o mais violentamente perseguido – tenha sido a sodomia, também chamada de "abominável pecado nefando".

Herdada do *Levítico,* que considerava abominável "um homem se deitar com outro homem como se fosse mulher"[2] – a mesma restrição valendo para as mulheres –, a estigmatização da sodomia sempre fez parte da moral cristã. Foi no âmbito do cristianismo que a palavra *sodomia* passou a exprimir, entre outros atos, as relações homossexuais interditadas pelo judaísmo, interpretando-se como violência sexual a intenção hostil dos moradores de Sodoma contra os anjos abrigados por Lot – razão da destruição da cidade por Deus, segundo o relato do *Gênesis.* Durante vários séculos, os teólogos medievais deram conotação ampla ao termo *sodomia,* entendendo-o metaforicamente não só como indicador das relações entre pessoas do mesmo sexo, mas também como alusivo a variados excessos sexuais, desde a masturbação até a bestialidade. No tocante aos atos sexuais propriamente ditos, a sodomia foi sobretudo associada aos "desvios de genitalidade", incluindo-se aí o coito anal, o sexo oral e outros contatos *contra natura* discriminados em vários penitenciais da Alta Idade Média.[3]

Somente a partir dos séculos XII e XIII os atos sodomíticos foram interpretados com alguma precisão no interior da terminologia cristã relativa ao pecado capital da luxúria, sendo cada vez mais identificados com o *coito anal* praticado entre homens ou entre homens e mulheres. Rivalizando com essa noção, havia a ideia de sodomia como sinônimo de *homoerotismo*, ou seja, "relações sexuais entre pessoas do mesmo gênero". Assim, santo Tomás de Aquino definia a sodomia, reconhecendo, pelo menos em princípio, que também as mulheres podiam praticar esse pecado.

Foi também por essa época que a prática da sodomia passou a ser considerada crime passível de penas seculares extremamente rigorosas, como a castração ou a morte na fogueira, conforme o disposto em vários códigos europeus da Baixa Idade Média. A versão ibérica dessas penas é encontrada no Código de Afonso, o Sábio, que já no século XIII condenava à morte o "homem que mantivesse intercurso sexual com outro, contra a natureza e o costume natural".[4] Vemos, desse modo, que a hostilidade da Inquisição portuguesa contra os praticantes da sodomia tinha raízes profundas e antigas.

No início do século XVI, quando as conquistas portuguesas no além-mar chegavam ao apogeu, e antes mesmo do estabelecimento da Inquisição em Portugal, as Ordenações Manuelinas fixaram a pena de morte na fogueira para qualquer homem que cometesse o pecado da sodomia – "para que de seu corpo não haja memória" – e decretaram o confisco de bens em favor da Coroa e a inabilitação dos filhos e netos do condenado, pena que seria confirmada nas Ordenações Filipinas do século XVII.

Apoiando-se na legislação repressiva do passado, o código manuelino assimilou a sodomia ao crime de lesa-majestade, punindo-a com a morte pública e a infamação da descendência dos condenados. E para vigiar a sexualidade dos súditos e coibir os sodomitas, o Estado estimulava a delação dos culpados desse crime, ora acenando para os delatores com a recompensa de metade dos bens confiscados ao acusado, ora ameaçando os que não delatassem com o confisco de seus próprios bens.[5]

O julgamento dos acusados de praticarem o "pecado nefando" permaneceu na alçada da justiça secular portuguesa até meados do século XVI, quando duas Provisões estabeleceram a competência da Inquisição nesta matéria: a primeira em 1553, no reinado de dom João III, e a segunda em 1555, de autoria do cardeal dom Henrique. Pouco depois, em 1562, a jurisdição do Santo Ofício em matéria de sodomia seria chancelada pelo papa Pio IV, decisão confirmada pelo Breve de Gregório XIII, em 1574. A regulamentação do último Breve viria no mesmo ano, através da "Provisão do Rei e Inquisidor Geral Cardeal Dom Henrique", delegando à Inquisição o poder de inquirir, receber denúncias, punir e castigar todos os culpados do "nefando e horrendo crime de sodomia", procedendo "do mesmo modo e forma que se costuma proceder nas causas de heresia".[6]

Sodomia e heresia: eis a associação que a Inquisição portuguesa estabeleceu. A melhor interpretação para esse amálgama conceitual sutil que fez da sodomia um possível crime de consciência, um erro de fé, insistindo nas diversas associações que vários códigos europeus dos séculos XV e XVI estabeleceram entre sodomia e "cólera de Deus", conclui que, se a sodomia violava a lei natural quanto ao uso do corpo e por isso provocava desgraças no mundo desde a destruição de Sodoma e Gomorra, ela certamente violava a ordem divina e "as coisas da fé". A sodomia passava a ser então mais do que um pecado, passava a ser um "erro". "Por um mecanismo de assimilação que se poderia resumir num jogo de palavras, passava-se do equívoco sensual ao erro de juízo, logo erro na fé; do erro dos sentidos ao sentido do erro."[7]

Assim, apoiado numa antiga tradição repressiva das monarquias ibéricas contra os sodomitas e incitado pelo furor moralizante da Contrarreforma, o Santo Ofício português, a exemplo do aragonês, trouxe a sodomia para o território de sua atuação, o território da heresia. E, com efeito, até o século XVIII foram muitos os processados por esse crime, tanto em Portugal como nas colônias, embora poucos, a rigor, tenham sofrido a pena capital.

No plano do direito, portanto, os inquisidores não tiveram mais dúvidas, desde a metade do século XVI, sobre a sua efetiva competência para o tratamento de matéria relacionada ao "pecado nefando". No plano conceitual, entretanto, as dúvidas persistiriam por muito tempo. Dúvidas sobre como definir e conceber o pecado: a sodomia pertencia ao domínio dos atos sexuais – era a tal cópula anal com derramamento de sêmen – ou exprimia, antes, um certo caráter individual, uma certa preferência sexual por relações homoeróticas? Enfim, a sodomia era um pecado tipicamente masculino ou podia também ser cometido pelas mulheres?

AS MULHERES PODIAM COMETER SODOMIA?

As dúvidas e os dilemas inquisitoriais no julgamento do crime de sodomia eram, antes de tudo, de ordem conceitual, questões de princípio que marcavam decisivamente a ação do Tribunal nos processos. Descobrir e interrogar os acusados de sodomia significava, de um lado, proceder contra suspeitos de praticar um ato sexual específico – a penetração anal com ejaculação consumada, fosse entre homens ("sodomia perfeita"), fosse entre homens e mulheres ("sodomia imperfeita") – e, de outro lado, implicava, conforme diziam os escolásticos, a descoberta de pecados entre indivíduos do mesmo sexo. Isso fazia a noção de sodomia tangenciar o domínio do homoerotismo.

O Regimento de 1640, que tratou exaustivamente do assunto, sugere com absoluta nitidez que o Santo Ofício visava sobretudo os homens que praticavam sodomia. E, acrescente-se, tinha como alvo não qualquer praticante eventual desses atos e relações, senão os contumazes e escandalosos, isto é, aqueles que em sua conduta pública ostentavam a preferência sexual proibida, desafiando os valores da comunidade e as ameaças do Santo Ofício. É o que se pode depreender da tolerância regimental diante dos sodomitas menores de 25 anos, diante dos que confessavam espontaneamente, dos que só haviam praticado o pecado eventualmente, dos que tinham sido por alguma razão forçados a cometê-lo. Vários tipos de casos são previstos no Regimento de 1640 com o objetivo de orientar a investigação da vida sexual dos acusados de práticas sodomíticas. Alguns fatores levados em consideração eram: a publicidade das atitudes, os possíveis dramas de consciência, a disposição de colaborar com os inquisidores, a convicção no erro. O Santo Ofício queria chegar, em suma, aos sodomitas assumidos, mesmo que não ostentassem o vício no cotidiano, ou então aos que, na gíria da época, eram chamados de *fanchonos* – homens que, por seus hábitos femininos (cor nos beiços, meneios, trajes de mulher), desacatavam os mores sociais e, supostamente, as coisas da fé.

No entanto, o Regimento de 1640 não explicita uma vez sequer como diferenciar a sodomia entre homens e a sodomia heterossexual, para esclarecer os procedimentos a serem adotados pelo Tribunal no julgamento dos acusados de um ou outro crime. Tampouco explicita diferenças de procedimento no que diz respeito à sodomia praticada entre os homens e entre as mulheres. As omissões regimentais contribuiriam para aprofundar os dilemas dos inquisidores em sua prática judiciária até bem entrado o século XVIII.

Seja como for, oscilando entre descobrir os praticantes da cópula anal e os adeptos de relações homoeróticas, o Santo Ofício recorreria por vezes à noção de *molície* no dia a dia de seus julgamentos secretos. Molície era o nome dado pela teologia moral católica ao vasto e impreciso elenco de pecados *contra natura* que não implicavam cópulas (anais ou vaginais), como a masturbação solitária ou a dois, o *felatio* e a cunilíngua. A *molície* também podia ser entendida como sinônimo de sensualidade, "indício de um perigo próximo às piores torpezas", no dizer dos teólogos, em particular da polução voluntária.[8] Aludia, portanto, a uma ampla gama de atos sexuais que provocavam ejaculações *sine coitu* e *extra vas*, fosse entre homens, entre mulheres ou heterossexuais. Em verdade, o Santo Ofício jamais quis assumir a competência sobre os culpados de *molície*, preferindo deixá-los a cargo de outros juízes ou mesmo dos confessores sacramentais, chegando mesmo a excluir o crime de seu foro no Regimento de 1613.

Contudo, comprovando as hesitações do Santo Ofício em matéria de desvios sexuais, a *molície* não seria totalmente excluída do foro inquisitorial. O mesmo Regimento de 1613 recomendava que os inquisidores continuassem a inquirir nesses casos se, examinando acusados de sodomia, viessem à baila atos e poluções enquadráveis no pecado de *molície*. O que o Regimento de 1613 não esclarecia era de quais *molícies* exatamente se tratava. *Molícies* preparatórias do coito anal homo ou heterossexual? *Molícies* que adiavam ou substituíam a perfeita sodomia? *Molícies* praticadas exclusivamente por mulheres? A incerteza teórica dos inquisidores prevaleceria também neste domínio, dos amores sem cópula.

Pois bem, se já demonstravam dúvidas quando tinham que processar os sodomitas masculinos, se hesitavam entre punir o acusado de praticar cópulas anais ou os "fanchonos", os inquisidores ficariam completamente atordoados diante da *sodomia foeminarum*. Até a metade do século XVII, a Inquisição portuguesa ainda não havia julgado

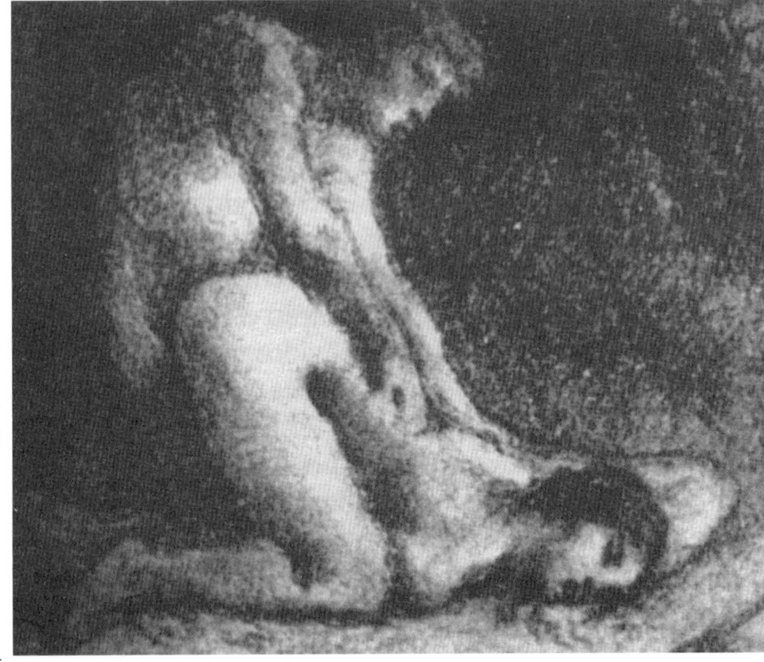

A estigmatização da sodomia esteve, desde o Levítico, presente na moral cristã. Foi no âmbito do cristianismo que a palavra sodomia passou a exprimir, entre outros atos, as relações homossexuais, os excessos sexuais e os coitos anal e oral.

casos desse tipo, com a notável exceção de alguns processos movidos por Heitor Furtado de Mendonça na célebre Visitação enviada ao Brasil pelo Santo Ofício lisboeta em fins do século XVI.[9] Chegamos enfim ao assunto que nos interessa mais de perto.

Em face da grande inexperiência em termos de prática judiciária e da omissão do Regimento de 1640 a respeito do assunto, o distante Tribunal de Goa resolveu perguntar ao Conselho Geral do Santo Ofício como agir em casos semelhantes, e o próprio Conselho teve de consultar os Tribunais da Inquisição de Portugal. O título do documento-consulta não deixa dúvida sobre o dilema dos inquisidores: "Se pode a Inquisição proceder contra mulheres que umas com as outras tiverem cópula e atos sodomíticos sendo íncubas ou súcubas, agentes *ut viri* com instrumento ou sem ele, por vias anteriores ou posteriores."[10]

As atas da discussão levada a cabo no Tribunal de Évora na década de 1640 – as únicas preciosas atas que conseguimos localizar – revelam o mar de incertezas em que navegavam os inquisidores em matéria de sexualidade, especialmente no tocante à sexualidade e ao corpo femininos. Não conseguiam pensar no assunto senão a partir da cópula heterossexual e do "modelo ejaculatório".[11]

Não é de estranhar, portanto, que a maioria dos inquisidores que discutiram o assunto em Évora fosse da opinião de que somente se uma mulher introduzisse o "sêmen" no "vaso posterior" de outra é que ficaria plenamente configurado o ato de sodomia entre fêmeas. Os pressupostos deste juízo assentavam, em primeiro lugar, na firme convicção de que a vagina era imprópria para a efetuação do "dito crime", que para ser perfeito pressupunha a penetração anal; em segundo lugar, davam margem à especulação a respeito da eventual incapacidade do instrumento utilizado – se esse fosse o caso – para "comunicar *semen agentis* no *vaso preposterum*". Em outras palavras, a maioria dos inquisidores insistia na ideia do coito anal como o autêntico ato sodomítico, mas conjecturavam ainda o uso de instrumentos caracterizando uma ocorrência perfeita do "pecado nefando". Nisso seguiam a tradição escolástica, que penalizava as mulheres pelo uso de instrumentos de "vidro, madeira, couro ou qualquer outra matéria" na execução de semelhantes cópulas umas com as outras.[12]

Contra esta opinião levantou-se, porém, o inquisidor Mateus Homem de Leitão, alegando que o Santo Ofício somente poderia julgar atos "propriíssimos" de sodomia, isto é, penetrações anais através do *membrum virile*. Ele ponderou seriamente que, se a Inquisição viesse a julgar penetrações com falsos membros – como no caso dos instrumentos, dedos ou similares –, acabaria tendo de julgar penetrações em vasos falsos, o que não tinha cabimento.

Uma opinião desse tipo, que hoje no mínimo causa estranheza, era perfeitamente cabível nos quadros mentais da época. É o que se pode ver nas ideias de Luigi-Maria Sinistrari, teólogo italiano que dedicou um livro inteiro ao assunto no início do século XVII. Somente numa circunstância a mulher poderia "penetrar, deflorar ou corromper outra fêmea", dizia Sinistrari: se possuísse dentro da vulva um "grande *nymphium*", uma "excrescência carnal", mais avantajada que o comum dos clitóris – fenômeno que, segundo o teólogo, podia ser encontrado em certas mulheres etíopes.[13] Luigi-Maria Sinistrari foi sem dúvida insuperável ao tratar da sodomia entre mulheres; ele precisou "masculinizá-las", dotá-las de um "pênis clitórico" para reconhecê-las capazes de praticar "desvios nefandos".

Voltando às discussões de Évora, houve ainda um deputado do Santo Ofício que se afastou de todas as opiniões até aqui mencionadas. Foi dom Veríssimo de Lencastro, futuro inquisidor-geral, para quem todos os atos sexuais praticados entre mulheres, fossem no ânus ou na vagina, havendo ou não instrumentos, eram "atos nefandos" sujeitos ao foro da Inquisição. Dom Veríssimo foi sem dúvida o juiz mais rigoroso nos debates de Évora, pois tencionava penalizar toda e qualquer relação homoerótica entre mulheres; e talvez tenha sido o mais lúcido, ou pelo menos o único a conceber a possibilidade que tinham as mulheres de manter relações sexuais entre si, ainda que não possuíssem falos como os homens, nem usassem instrumentos à guisa deles. A opinião de dom Veríssimo, porém, foi derrotada, e os demais inquisidores continuaram na dúvida que os levara à tal discussão.

Tudo indica que os demais tribunais consultados não foram muito além do que se discutiu na Inquisição de Évora, pois o Conselho Geral do Santo Ofício acabaria por retirar de sua alçada o julgamento da famigerada *sodomia foeminarum*. A partir de meados do século XVII, os inquisidores portugueses passaram a se ocupar apenas da sodomia entre homens; vez por outra, mas muito raramente, investigavam alguns casos de sodomia heterossexual.

DA *LESBOS EUROPEIA* À *LESBOS BRASÍLICA*

A relativa impunidade das relações homoeróticas entre mulheres foi característica geral das sociedades europeias na Época Moderna, ao contrário do furor da perseguição que alguns países moveram contra os sodomitas, sobretudo nos séculos XVI e XVII. Deve-se considerar a esse respeito, antes de tudo, que as relações entre mulheres eram menos visíveis do que as relações entre homens, ou ao menos não eram tão rumorosas. Com toda certeza, tais relações não se exprimiram em espaços de sociabilidade próprios, a exemplo do que ocorria entre os homens dados ao "nefando" em várias cidades europeias.

Na França, por exemplo, os mores efeminados chegaram mesmo a ser glorificados na corte, chamados de *beau vice* (belo vício) e tratados como signo de distinção e charme. Nas ruas de Paris, no entanto, os sodomitas eram violentamente perseguidos, presos e queimados exemplarmente em praça pública. Criou-se ali uma espécie de subcultura de *bougres*, como então se chamavam os "nefandos" franceses: tavernas, hospedarias, casas de alcouce, todo um *bas-fond* (submundo) semiclandestino e acuado pela Intendência de Luís XIV.[14] Em Valência, era possível vislumbrar um autêntico gueto homossexual, *criptossociedade* organizada em função de hábitos e desejos homoeróticos, incluindo alcoviteiros, prostitutos e amantes. Eles possuíam um linguajar todo próprio (*loca, puta, mi marido*), códigos de sedução e gestual específico, assunto que só nos é dado a conhecer em virtude da perseguição que lhes moveu o Santo Ofício aragonês.[15] O mesmo quadro foi descrito para a "gaia Lisboa", além de Évora e Coimbra, no século XVII: os sodomitas eram encontrados em hospedarias, tavernas e estalagens específicas (ou quase); possuíam codinomes e gestos codificados; procuravam, em suma, resguardar-se numa frágil rede de solidariedade em face da perseguição inquisitoria1.[16]

Nada disso ocorria entre as mulheres, embora a pouca visibilidade de suas relações homoeróticas resultasse, em boa medida, do menor rigor na perseguição dos Estados e Igrejas em relação a essa matéria. Mas existem os registros provenientes de rumores das cortes, dos quais o mais célebre é o de Catarina de Médicis e suas meninas, charmosamente chamadas de *l'escadron volant de la Reine* (o esquadrão sedutor da Rainha).[17]

Fora do mundo palaciano, o ambiente dos conventos também deixou alguns registros de amores femininos, apesar de as fontes serem, no conjunto, bem modestas. Um caso que chamaríamos de exemplar foi o de Benedetta Carlini, abadessa por muitos anos de um convento teatino em Pescia, na Itália. Amante ardorosa de sua acompanhante Benedetta Crivelli, a abadessa a seduzia dizendo ser o Anjo Splenditello, tocando em seus seios, beijando-lhe o pescoço e prometendo-lhe, com voz celestial, felicidade eterna. Sua conduta homoerótica foi, sem dúvida, o principal agravante das culpas arroladas contra ela pelos delegados do papa, incumbidos de interrogá-la a respeito de "falsas visões".[18]

Entre as mulheres comuns, que viviam longe do luxo das cortes ou da clausura dos conventos, poucos amores homoeróticos foram relatados. Montaigne, em seu *Diário da viagem à Itália*, descreve sete ou oito mulheres que tinham escolhido vestir-se e viver como homens, uma das quais terminaria enforcada, em 1580, por chegar a casar-se com outra mulher. O caso mais documentado foi, porém, até onde sabemos, o da alemã Catharina Linck, executada no século XVIII. Catharina também assumiu a persona masculina, serviu como soldado em vários exércitos e, forjando falsos nomes e identidades, casou-se duas vezes com a mesma mulher, a primeira vez na Igreja luterana e a outra, na Igreja católica.[19]

Histórias como a de Catharina Linck e a existência de uma legislação europeia antissodomítica que, em vários países, previa a punição de mulheres por este crime, levaram ao questionamento do "mito da impunidade das lésbicas" no Antigo Regime.[20] No entanto, comparado ao número de homens executados ou processados, o das mulheres foi ínfimo.[21] Isso vale para toda a Europa, incluindo o caso português, que excluiu as mulheres do foro inquisitorial por práticas sodomíticas ainda na metade do século XVII.

Antes, porém, que o Conselho Geral da Inquisição reconhecesse a incompetência do Santo Ofício para julgar mulheres sodomitas, algumas caíram nas malhas do Tribunal, e justamente no Brasil. Durante a Primeira Visitação do Santo Ofício ao nordeste, entre 1591 e 1595, vinte e nove mulheres foram arroladas pelo visitador Heitor Furtado de Mendonça como praticantes do "pecado nefando", sete das quais responderam a processo. Não apareceu nenhum caso espetacular de *travestismo*, como o da alemã Catharina Linck, nenhum caso de paixão *conventual*, como o da abadessa de Pescia, mas, em contrapartida, temos 29 mulheres citadas, diversos enredos e uma série documental; o que permite, no mínimo, reconstruir importantes aspectos do cotidiano feminino no princípio da colonização.

Devemos dizer, antes de tudo, que, comparado ao mundo dos *fanchonos* em sua dimensão social e cultural, o universo homoerótico feminino era seguramente inespecífico. Entre os homens há registro de "conventículos nefandos", como o chefiado pelo sapateiro André de Freitas Lessa, em Pernambuco, onde um grupo de homens fazia amor entre si, em alguns casos, ou se lançavam à sedução de molecotes, em vários outros. Há registro de personagens singulares, como um certo Francisco Manicongo, escravo de um sapateiro na Bahia, que insistia em trajar-se à moda dos quimbandas congoleses, mantinha relações apenas com negros e reproduzia, no Brasil, malgrado a escravidão, os usos e costumes que trazia da África. Há casos extraordinários de hibridismo cultural, como o de Baltazar da Lomba, homem já velho que ostentava hábitos femininos à moda portuguesa, mas que praticava a sodomia ao estilo indígena, agindo como *tibira* e mantendo relações basicamente com índios.

Já no caso feminino, as relações homoeróticas mal se podem distinguir no cotidiano que irmanava senhoras, escravas e mulheres livres na troca de segredos, nos mexericos, nas alcovitagens e na preparação de mezinhas de variada sorte. Foi nesse ambiente que brotaram algumas relações amorosas entre mulheres. Por outro lado, do mesmo modo que ocorria com os meninos da casa-grande e os moleques, muitos amoricos não passavam de experiências de moçoilas recém-saídas da puberdade.

A maioria das relações confessadas a Heitor Furtado de Mendonça envolvia meninas de nove ou dez anos e moças donzelas de 18 a 20 anos. Várias mulheres, já casadas ou viúvas no tempo da Visitação, confessaram namoros e toques com amigas de infância. Foi o caso de Madalena Pimentel, mulher de 46 anos, viúva de fazendeiro, que admitiu ter vivido, quando moça, "amizade tola e de pouco saber com outras moças de sua mesma idade", incluindo "contatos carnais". Foi o caso de Guiomar Piscara, mulher de 38 anos, esposa de lavrador que, quando tinha cerca de 13 anos, deleitava-se com Méscia, "negra ladina da Guiné", escrava doméstica da família.[22]

Pelo que sugere a documentação, muitas mulheres em vias de se casar costumavam extravasar sua sexualidade com relações homoeróticas, fazendo-o, às vezes, com meninas de tenra idade. Assim foi a juventude de Catarina Baroa antes de se casar com o alfaiate Diogo Rodrigues: contando cerca de 15 anos de idade, estava sempre a "brincar" com meninas de dez anos ou menos, folganças juvenis que uma "ex-parceira" achou por bem delatar ao visitador. Assim ocorreu com dona Catarina Quaresma, filha de um rico fazendeiro da Bahia, casada com poderoso senhor de engenho na época da Visitação: no tempo de solteira, aos 19 anos, mantinha relações frequentes com moças de sua idade ou mais jovens.[23]

Seria de todo descabido considerar as folganças de Madalena Pimentel ou Catarina Baroa como expressão do ambiente sáfico que pôde prosperar na Colônia. Tudo parecia não passar de experiências pueris, ardor de moças casadouras, donzelas que liberavam seus desejos sem comprometer a "honra da castidade". O que essas mulheres faziam, quando jovens, não parece ter sido incomum à época, a confiarmos no escritor italiano Agnolo Firunzuela que, nos seus *Ragionamenti Amorosi,* do século XVI, colocou seus "personagens femininos debatendo por que não seria melhor para uma mulher amar outra mulher", e com isso "evitar os riscos à sua castidade".[24]

No caso do nordeste colonial, especialmente em se tratando de mulheres brancas ou de famílias importantes, a tirania dos pais, de que nos fala Gilberto Freyre, talvez fosse mesmo capaz de afastar meninas e moças do convívio com rapazes, a virgindade sendo um atributo mais que relevante para arranjar o casamento das filhas. Deleitando-se entre si quando moças, a verdade é que o grande objetivo das mulheres era mesmo casar. Depois de casadas, deixariam os amores proibidos da juventude. E assim ocorreu com a maioria das mulheres que confessaram ter tido experiências homoeróticas antes do casamento.

Isto não quer dizer que o casamento tão desejado pelas mulheres atendesse às suas expectativas. Temos numerosos indícios, provenientes de múltiplas fontes, comprovando que, uma vez casadas, as mulheres tinham de lidar com a decepção, não raro com os maus-tratos, e com a descoberta de que os maridos mal ligavam para os seus desejos mais íntimos. Dão prova disso os divórcios, as separações, os adultérios – atitudes bem documentadas para o período colonial –, sem falar nas orações amatórias, nos filtros, nas mezinhas encantadas para amansar maridos ou fazê-los *querer bem* às sofridas esposas.

Entre os sortilégios e mezinhas a que recorriam as mulheres, era largamente difundido o costume de dizer na boca do esposo ou amante, em pleno ato sexual, as palavras da consagração da hóstia – *hoc est enim corpus* –, palavras por meio das quais o padre dizia estar o corpo de Cristo na hóstia consagrada. Acreditava-se que, proferidas no meio da relação sexual, tais palavras mágicas tinham o poder de *prender* o homem à mulher que as dissesse ou, pelo menos, o poder de *amansar* os parceiros sexuais. Como se vê, o sagrado invadia o profano e as próprias palavras eucarísticas podiam adocicar, em latim, os deleites sexuais, intercalando-se com os gemidos de prazer.

Assim, algumas mulheres apelavam ao corpo de Deus para aquietar os maridos; outras preferiam aconselhar-se com bruxas, solicitando-lhes fórmulas de "bem-querer" vinculadas, sem rodeios, ao "baixo corporal". Numa delas, ensinada pela bruxa Antônia, a Nóbrega, na Bahia quinhentista, a esposa deveria furtar três avelãs, furá-las e preencher os buracos com cabelos de todo o seu corpo, unhas, raspaduras da sola dos pés e uma unha do dedo mínimo da própria bruxa. Feito isso, deveria engolir tudo – cremos que depois de mover as avelãs – e, "ao lançá-los por baixo", presumimos que de maneira escatológica, misturar no vinho do marido. Outra receita ensinada pela Nóbrega partia do pressuposto de que o sêmen do homem, dado a beber, "fazia querer grande bem, sendo do próprio a quem se quer". Bastava, portanto, "unir-se carnalmente" com o dito homem, consumar o ato e retirar mais tarde, da própria vagina, o sêmen vertido, que depois seria misturado no vinho do amado.[25]

Essas e muitas outras mezinhas ou poções, muitas delas herdadas da magia erótica portuguesa, eram fartamente utilizadas pelas mulheres da Colônia. E havia quem considerasse essa prática quase uma exclusividade das mulheres casadas, caso de João de Barros, autor de um folheto intitulado *Espelho dos casados*: "... fazem feitiços e dão amavios a seus maridos para que lhes queiram maior bem; e, às vezes, erram a têmpera e os matam ou fazem cair em grande doença".[26]

Mas também existiam mulheres casadas que, sem deixar de recorrer aos tais filtros para manter seus maridos, experimentaram ao mesmo tempo o caminho de enlaçar-se com alguém do mesmo sexo, se é que já não o haviam experimentado quando meninas. Entre as mulheres casadas que preferiram o amor de outras mulheres encontramos casos variados: chamegos entre sinhás e escravas, romances episódicos entre mulheres livres ou libertas e até amancebamentos mais ou menos públicos.

Caso singular, mas ilustrativo, foi o da mameluca Maria de Lucena que, aos 25 anos, vivia na casa de uma parenta casada com um fazendeiro pernambucano. Apesar de ainda ser solteira nessa época, Maria conhecera o amor de homens, tendo inclusive parido antes de se casar, segundo contou uma de suas acusadoras. Contudo, o que mais lhe parecia aguçar o desejo era o amor de mulheres, especialmente o das escravas Margayda e Vitória, índias a quem volta e meia cortejava e assediava. A grande singularidade deste caso reside no fato de que Maria de Lucena foi vista em um de seus acessos, coisa rara de ocorrer nas relações entre mulheres. Maria adquiriu má fama por "dormir carnalmente com as negras [índias] da casa", e mais de uma vez foi pega em flagrante deleite com suas amásias. Certa ocasião foi surpreendida com a tal Margayda por outra índia escrava, de nome Mônica, que tão logo as viu lançou-lhes uma cusparada e gritou "que não faziam aquilo por falta de homens".[27]

Outro caso notável foi o de Paula de Siqueira, mulher de 38 anos, esposa do contador da fazenda del Rei na Bahia. Paula era uma mulher especial, sobretudo porque sabia ler, rara virtude entre as mulheres e homens daquele tempo. No entanto, sua leitura preferida era *Diana*, romance pastoril do espanhol Jorge de Montemayor, editado em 1599 e logo incluído no rol de livros proibidos pela Inquisição. Considerado "livro desonesto" pelos censores do Santo Ofício, *Diana* narrava os amores de duas moças, sugerindo uma "sensibilidade homossexual ao mesmo tempo intensa e cândida" – possível razão não apenas da censura inquisitorial como do vivo interesse de Paula pelo livro. Tanto falava sobre *Diana*, recitando-o para as amigas, que acabaria processada por tê-lo consigo. Mulher corajosa, Paula chegaria a desafiar abertamente o visitador, dizendo que não via razão para proibirem o livro, que tinha muito gosto de lê-lo, e por sua vontade o leria sempre, não fosse por sabê-lo "quase todo de cor".

Paula era como as demais mulheres do seu tempo, muito dada a sortilégios, orações e outros expedientes encantados para amansar marido ou fazê-lo querer-lhe bem. Andou dizendo as palavras da consagração da hóstia na boca do esposo para amansá-lo e ainda pediu a uma bruxa da Bahia, conhecida como a Boca Torta, "cartas de tocar" (fórmulas mágicas para garantir conquistas amorosas) e orações que nomeavam estrelas e diabos – tudo com o mesmo fim, aquietar o contador del Rei, seu esposo.

Letrada, passional, corajosa, Paula de Siqueira não tardaria a verificar, na prática, como eram os amores sugeridos em seu livro predileto. Cederia encantada à sedução de uma certa Felipa de Souza, mulher que, sabendo escrever, mandava-lhe "cartas de requebros e amores" e, vez por outra, dava-lhe beijos e abraços com claras intenções lascivas.

O Regimento do Santo Ofício, de 1640, não explicava a diferença entre sodomia praticada por homens e a praticada por mulheres. Recorria, então, ao conceito de *molície* que implicava num vasto e impreciso leque de pecados contra a natureza.

Durante dois anos, entre aproximadamente 1588 e 1589, Paula e Felipa ficaram restritas aos afagos, aos beijos e às "cartas de requebros", até que num domingo ou dia santo (Dia de Deus), Paula, estando só, recebeu a visita da amiga. Sabendo dos desejos que Felipa já lhe externara até por escrito, Paula convidou-a para seu quarto, e ali mantiveram numerosos atos sexuais confessadamente deleitosos durante o dia inteiro. E foi só. Nunca mais esteve com Felipa ou com outra mulher, segundo contou ao visitador Heitor Furtado.[28]

Mas o caso de Paula e Felipa não é o mais rumoroso de que temos notícia com base nos papéis da Inquisição, e sim a conturbada história de Francisca Luiz e Isabel Antônia. Solteira, Isabel já chegara à Bahia, em 1579, pela via do degredo, desterrada, ao que diziam, por pecar com outras mulheres. Infamada no Porto, de onde era natural, também na Bahia de Todos os Santos não tinha boa fama, a julgar por sua extraordinária alcunha: Isabel, "a do veludo". E não se vá pensar que Isabel era assim chamada por trajar-se de veludo ou por vender roupas deste tecido; acontecia simplesmente que todos sabiam que ela usava um instrumento aveludado em suas relações sexuais. Isabel comprova que as discussões que costumavam ter os inquisidores e doutores da Igreja acerca do uso sacrílego de instrumentos não eram mero devaneio de teólogos.

Francisca Luiz, sua parceira, era negra forra que também viera do Porto, abandonada pelo marido, e abrigaria Isabel por algum tempo. Eram amigas no Porto, quando não já amantes, e continuariam a sê-lo na Bahia. O romance parece ter sido muito difícil. Tornou-se motivo de escândalo público, sobretudo depois que Isabel, "a do veludo", resolveu sair com um homem. Quando ela voltava de um de seus encontros, Francisca Luiz a interpelou na porta da casa onde moravam e começou a gritar: "Velhaca! Quantos beijos dás a seu coxo e abraços não me dás um!? Não sabes que quero mais um cono [vagina] do que quantos caralhos aqui há?!" Descontrolada, Francisca passou dos insultos às vias de fato, pegando Isabel pelos cabelos e arrastando-a porta adentro com pancadas e bofetões, tudo à vista dos vizinhos.

A briga foi parar no juízo eclesiástico, que diante de tamanha evidência "nefanda" desterrou as duas, em 1580. A sentença, porém, não chegou a ser cumprida. Não demorou muito para que Francisca enviasse recado para Isabel a modo de reconciliação, dizendo que tudo faria para tê-la de volta, indiferente aos castigos do céu e da terra. Mas o caso amoroso não prosseguiu, e Isabel morreu antes da chegada do visitador do Santo Ofício, em 1591.[29]

A grande "fanchona" da Bahia (com perdão do anacronismo, pois esta palavra só era utilizada no masculino) foi a tal Felipa de Souza, a mesma que enviava "cartas de requebros e amores" para a esposa do contador del Rei. Natural de Tavira, no Algarve, contando cerca de 35 anos no tempo da Visitação, Felipa era mulher simples, e "ganhava sua vida pela agulha". Fora viúva de um pedreiro e vivia casada com um lavrador modesto. Apesar de ter casado duas vezes, Felipa gostava mesmo é de mulheres, tendo a singular coragem de admiti-lo diante de Heitor Furtado, o nosso visitador do Santo Ofício, dizendo que as procurava "pelo grande amor e afeição carnal que sentia" ao vê-las.

E, com efeito, não perdia nenhuma oportunidade de cortejar, seduzir e agarrar todas que lhe atravessavam o caminho, usando variada sorte de ardis, quer para provocar as parceiras cobiçadas, quer para enganar os maridos – o seu e os delas. Foi assim com Maria Peralta, donzelinha de 18 anos, com quem se abrigou certa vez na casa de um tal Gaspar da Vila Costa; foi assim com Paula de Siqueira, a quem cortejou durante dois anos com cartas amorosas antes de com ela deitar-se num quente domingo de Salvador; o mesmo aconteceu com Ana Fernandes, casada com um ferreiro, a quem Felipa agarrou e beijou nos muros do mosteiro de são Bento, insistindo para que dormissem juntas.

Encontro interessante, sob múltiplos aspectos, foi o de Felipa com Maria Lourenço, casada com um caldeireiro, a quem abrigara por alguns dias no tempo em que os ingleses saquearam Salvador. Segundo o depoimento de Maria, que denunciaria a amante à Inquisição, logo na primeira noite, estando a sós, Felipa dela se aproximou e começou a falar "amores e palavras lascivas", palavras que o visitador infelizmente não registrou nos autos. Felipa sussurrou as tais palavras "melhor do que se fosse um rufião à sua barregã" e logo passou aos "beijos e abraços". Ato contínuo, levou Maria para a cama, no que esta consentiu. Na noite seguinte o encontro complicou: o marido de Felipa estava em casa, e fez-se necessário um pequeno embuste. Deitada com seu marido, Felipa fingiu estar "doente da madre" – sentindo cólicas, portanto –, e com isso conseguiu que Maria fosse com ela deitar-se para "curá-la"; do que resultaram novos atos sexuais, discretos dessa vez em razão das circunstâncias.

Assim era e agia Felipa de Souza, que confessou ter tido seis parceiras nos oito anos que antecederam o início da Visitação. Foram algumas dessas parceiras que a delataram a Heitor Furtado. Pelo que confessaram – e ela jamais o negou – Felipa "se gabava" muito de ter mulheres, dizendo sempre às mulheres cortejadas que "namorava e tinha damas". O visitador Heitor Furtado não teve dúvida em qualificá-la como mulher "useira em cometer e namorar mulheres", condenando-a, por isso, a receber açoites pelas ruas da cidade e a degredo perpétuo para fora da capitania.[30]

Evitamos até aqui, ao narrar os encontros amorosos e os perfis das mulheres acusadas de praticar o "pecado nefando", entrar em maiores detalhes sobre os aspectos propriamente sexuais de que falam as fontes. Mas seria de grande interesse analisar o modo como as mulheres lidavam com o corpo feminino, como o viam e sentiam. E não resta dúvida de que os documentos inquisitoriais são ricos em informações passíveis de uma leitura antropológica desse tipo. Contudo, o mesmo não ocorre com os documentos do Santo Ofício sobre a *sodomia foeminarum*, o que traz um problema para a investigação, problema que tem menos a ver com a sexualidade feminina do que com a postura inquisitorial diante da mulher, seu corpo, seus desejos.

O INQUISIDOR MISÓGINO

Dos raríssimos processos de sodomia feminina julgados pela Inquisição portuguesa, a maioria é proveniente da Visitação de Heitor Furtado ao Brasil. Nas décadas seguintes, nenhuma mulher seria processada por sodomia, no Reino ou nas colônias. E, lá pela metade do século XVII, como se viu, a Inquisição praticamente abriria mão de sua jurisdição sobre este crime, considerando que as mulheres eram incapazes de praticá-lo por razões anatômicas. Mas mesmo nos processos quinhentistas julgados por Heitor Furtado de Mendonça já se percebe o relativo desdém em relação à sexualidade feminina, o que, para felicidade das mulheres dadas a "atos nefandos", implicava uma autêntica descriminalização de suas relações homoeróticas, ao menos no campo inquisitorial.

O desinteresse inquisitorial pela questão pode ser percebido, mas não completamente, na defasagem existente entre as mulheres incriminadas (29) e as mulheres processadas (7), e isso porque ocorria a mesma coisa com outras denúncias de desvios examinadas pelo Tribunal. Mesmo assim, das sete mulheres que terminaram processadas pelo visitador, apenas três foram realmente castigadas pelo delito. As quatro restantes foram, na realidade, punidas por outros erros de que eram acusadas, como por exemplo *luteranismo*, leitura de livros proibidos, certas irreverências, comer carne em dias proibidos pela Igreja etc. E ainda, das três processadas por sodomia, somente Felipa de Souza sofreu castigos rigorosos, conforme vimos.

O desprezo do visitador pelo "crime nefando" dessas mulheres – atitude que revela uma certa desfaçatez diante da própria sexualidade feminina –, é percebido menos nos números do que no teor dos processos. Se comparados aos documentos inquisitoriais sobre a sodomia praticada entre homens, os processos relativos ao "nefando feminino" apresentam diferenças sensíveis. Um cotejo superficial das duas séries documentais parece indicar, no caso dos homens, um frenesi puramente sexual, alta circulação de parceiros, encontros breves e nenhuma demonstração de afetividade; no caso feminino, por outro lado, ao menos nos casos envolvendo mulheres adultas, é possível perceber enredos amorosos, paixões, cartas enamoradas, e absoluta monotonia no que diz respeito aos atos sexuais.

Parece-nos, no entanto, que nem os sodomitas eram homens somente preocupados com sexo nem as mulheres que experimentaram aqueles prazeres eram sempre mulheres apaixonadas. O modo pelo qual foram vazadas as confissões e denúncias e, sobretudo, o ânimo do inquisidor ao ouvir e mandar transcrever os relatos certamente pesaram nas diferentes versões que a documentação apresenta sobre a sodomia masculina e a feminina.

No tocante aos casos femininos, é possível, apesar de tudo, contornar os filtros inquisitoriais e inferir alguns tipos de conduta efetivamente vigentes ou pelo menos verossímeis. Em primeiro lugar, nota-se a discrição das mulheres, especialmente quanto à prática de atos sexuais. Se, no caso masculino, vários homens eram vistos em pleno "ato nefando", ou davam mostras de praticá-lo por meio de atitudes e gestos escandalosos (inclusive com o *travestismo*), o mesmo não se pode dizer das mulheres. Raramente pegas em flagrante, elas construíam verdadeiros romances secretos que envolviam mulheres das mais variadas posições sociais. Felipa de Souza mandava bilhetes de "requebros e amores" para Paula de Siqueira; Paula tinha se encantado com a história narrada em *Diana*, antes de ceder à sedução de Felipa; Isabel Antônia recobria de veludo, caro e macio tecido, o instrumento que utilizava em seus namoros; Francisca Luiz também mandava os seus bilhetes apaixonados a Isabel – e tudo isso na rústica Colônia do século XVI.

Nada similar, vale repetir, ocorria nos casos masculinos de sodomia; pelo menos, não é o que se vê nos mais de cem casos de homens indiciados por Heitor Furtado no século XVI. Os presentes, as *dádivas* que uns e outros prometiam a parceiros desejados, a acolhida com pão e vinho que alguns davam eventualmente a seus amantes, parece que tudo se insere, nesse caso, na lógica da hierarquia social, mal se distinguindo da exploração da miséria ou mesmo da exploração escravista.

Um segundo eixo de comparação diz respeito aos atos sexuais propriamente ditos. Embora a qualificação das mulheres praticantes do homoerotismo fosse marcada pelo mesmo linguajar estigmatizante da *sodomia masculorum* –abominável, torpe, nefanda etc. –, causa estranheza a espantosa uniformidade dos atos sexuais por elas narrados ao visitador. Coincidentemente, o modo como as mulheres se relacionavam sexualmente era o mesmo em todos os casos, fossem meninas, moças ou mulheres já feitas, o que é discutível. Deitadas na cama, às vezes em redes ou no chão, elas só faziam ficar uma sobre a outra, com as "fraldas arriadas" e as "camisas levantadas" e "uniam seus vasos dianteiros", movimentando-se até chegarem ao "deleite" – o que quase todas, por sinal, admitiram conseguir.

Esse é o retrato que nos mostram os processos da Visitação quinhentista que descrevem as relações sexuais entre mulheres, sem exceção. Nenhuma alusão ao uso de "instrumentos"; nenhuma referência a carícias, ao uso erótico das mãos ou à cunilíngua (reprovada como abominável *molície* pelos teólogos); havia tão só "beijos e abraços" e, vez por outra, uma alusão às "palavras de amores", sem que as fontes registrem quais palavras exatamente. As confissões dessas mulheres eram preenchidas, assim, mais pelas circunstâncias do encontro amoroso e da sedução do que pela narrativa de atos sexuais.

Em notável contraste com tal quadro, os documentos da Inquisição relacionados à sodomia masculina, não somente os da Visitação mas a imensa maioria dos casos registrados pelo Santo Ofício entre os séculos XVI e XVIII – e me refiro aqui a várias centenas de casos –, contêm narrativas fortemente sexualizadas. Mesmo os encontros neles narrados, as circunstâncias, as seduções, tudo aponta para o corpo, o pênis (*membrum virile* ou "desonesto") e a penetração anal (em *vaso preposterum*), sendo raras as alusões a qualquer laço afetivo entre os parceiros. O historiador dos sodomitas valencianos, que estudou processos similares, chegou mesmo a afirmar que a leitura desses autos sugere homens unicamente preocupados com o sexo e o uso do corpo. Há uma riqueza de detalhes verdadeiramente espantosa: inúmeras posições de cópula; erotização das mãos, língua, boca, coxas; referência específica ao palavrório ligado ao pênis e à masturbação na linguagem popular ("caralho", "verga", "vara", "jogar a punheta" etc.).

O único traço comum entre as narrativas de atos sodomíticos femininos e masculinos nos papéis do Santo Ofício é o fato de que praticamente ninguém se despia (fala-se sempre em abaixar calções ou fraldas e levantar camisas), o que parece confirmar que o padrão geral de relação sexual naquele tempo não pressupunha a nudez dos amantes. De resto, a diferença é extraordinária: entre os homens, pouco afeto e uso desenfreado e criativo do corpo em busca do prazer sexual; entre as mulheres, muito recato, algum sentimento amoroso e nenhuma criatividade sexual. Se tomássemos, ao pé da letra, os documentos da Inquisição como fonte de investigação da sexualidade feminina no século XVI, chegaríamos à conclusão de que as mulheres só não eram totalmente frígidas porque a maioria delas admitia ter "tido deleite" em suas relações.

A verdade, porém, é que a sexualidade feminina registrada nos documentos da Inquisição afigura-se imperceptível, quase opaca. As descrições dos atos sexuais neles contidos trazem uma forte marca de jargões e fórmulas inquisitoriais do tipo "beijos e abraços" ou "ficava uma sobre a outra, como se fosse macho sobre fêmea" – e nesta última fórmula percebe-se com nitidez a projeção do modelo de cópula heterossexual julgado *natural* pelos teólogos.

A leitura de outras fontes, mesmo de outros documentos inquisitoriais, sobre as atitudes sexuais femininas permite percebê-las bem mais criativas do que os processos de *sodomia foeminarum*. Era delas, por exemplo, a iniciativa do *coitus interruptus,* atitude contraceptiva motivada pelo medo da gravidez, amiúde fatal naquela época.[31] As lúbricas cortesãs de Aretino, as *dames-galantes* de Brantôme (ambos escritores do Renascimento): não faltam exemplos de quão ardorosas podiam ser as mulheres no uso do corpo e no conhecimento de suas partes genitais, contrariando a *falolatria* dos antigos, dos renascentistas e dos próprios teólogos.

Esses são documentos muitas vezes inusitados, periféricos, mas por isso mesmo valiosos, e nos permitem rastrear a sexualidade feminina de séculos atrás. É o caso de um manuscrito redigido no século XVIII pelo irreverente dominicano português, Frei Lucas de Santa Catarina, intitulado *Resposta da Freyra para o suplicante acerca de que couza seja Parrameiro*. Nele se pode observar que as mulheres usavam várias palavras para aludir a suas partes íntimas, ciosas de seu prazer e do seu corpo: as freiras de santa Ana as chamavam "passarinho"; as de santa Marta, "carriso"; as do Salvador, "clitário"; as da Rosa, "covinha"; as de santa Clara, "montezinho"; as putas, "ave de rapina" (?!); as castelhanas, "correio"; as melindrosas, "cousinha"; e assim por diante.[32] Conhecimento feminino da própria anatomia, valorização, com graça, de tal ou qual sensação de prazer, eis o que sugere semelhante vocabulário, a um só tempo barroco e popular.

Vocabulário íntimo à parte, os raros casos de lesbianismo arguidos com algum detalhe em outros lugares da Europa dão a exata medida do que podiam fazer as mulheres no clímax de seus "atos nefandos", o que confirma a opacidade das narrativas inquisitoriais registradas pelo nosso Heitor Furtado de Mendonça. No caso da abadessa Benedetta Carlini, pelo menos três vezes por semana ela se trancava na cela com sua amante e ali costumava beijar-lhe os seios, após o que praticavam a masturbação "até atingirem o orgasmo"; segundo confessou a amante, Benedetta "agarrava sua mão à força e, colocando-a embaixo dela, fazia-a colocar o dedo em seus genitais até se corromper a si mesma". Em dezenas de ocasiões, ambas chegaram a despir-se – fato raro – e a se beijarem e lamberem nas partes genitais.[33] Exceto pela privacidade de que gozavam as freiras, sobretudo sendo uma delas abadessa, não há razões para duvidar de que semelhantes atos fossem também praticados por outras mulheres.

Mais ousados ainda eram os arroubos da alemã Catharina Linck com sua *esposa* Margareth: além de atos similares aos da abadessa italiana com sua amante, ela obrigava Margareth a beijar e sugar um pênis de couro que costumava atar à cintura, julgando-se homem.[34] E já que falamos em instrumentos fálicos, lembramos que seu uso era mais comum do que se poderia imaginar à primeira vista. Catharina usava-o à farta, chegando a molestar sua amante de tanto usá-lo; várias mulheres foram punidas na Espanha seiscentista, pela justiça secular castelhana, por usarem instrumentos *in forma de natura de hombre*;[35] e a própria comédia grega mencionava "instrumentos de couro" usados, então, pelas autênticas sáficas da era clássica.[36] Não esqueçamos, enfim, do nosso único exemplo tropical, o de Isabel Antônia, não à toa chamada "a do veludo".

Seja como for, o certo é que relações homoeróticas entre as mulheres quase não são perceptíveis nos papéis da Visitação quinhentista. E não é improvável que elas mesmas tenham contribuído para este *obscurecimento* da própria sexualidade.[37] Consternadas, instadas a falar diante de homens estranhos e poderosos sobre intimidades secretíssimas e delituosas, foram possivelmente reticentes e evasivas em seus relatos.

É verdade que nem todas deram sinal de medo na mesa inquisitorial, caso, por exemplo, de Paula de Siqueira, que ousou polemizar com o visitador sobre a inclusão de seu livro predileto no Índex. Dona Catarina Quaresma, por sua vez, casada com rico senhor de engenho baiano, admitiu ter cometido somente um "ato nefando", negando com arrogância, e uma ponta de ironia, as demais acusações. E a própria Felipa de Souza ousou dizer ao visitador que nutria mesmo "grande amor e afeição" por suas "amadas mulheres". Mas nem Felipa nem qualquer outra deram maiores detalhes de seus atos sexuais ao visitador Heitor Furtado.

Nenhuma delas falou, por exemplo, no uso de instrumentos fálicos. Poderiam saber, perfeitamente, pelo vaivém de notícias existente entre a metrópole e a Colônia, que o uso de instrumentos podia ser considerado agravante da culpa nesse tipo de relação sexual. Assim pensava o jurista espanhol António Gomez, para quem o uso de falsos falos era a única razão justa para condenar mulheres à fogueira. Assim decidiu o Tribunal do Santo Ofício de Zaragoza, na Espanha, em 1560, proclamando que os inquisidores só julgassem as mulheres "nefandas" que utilizassem instrumentos nas suas "molícies umas com as outras". A própria Felipa de Souza, vale dizer, teve a pena minorada pela ausência do uso de instrumento em suas cópulas, conforme se pode ler em sua sentença condenatória. É possível, assim, que as mulheres omitissem o uso dos tais instrumentos em suas confissões, como fez aliás Francisca Luiz, parceira de Isabel, a do veludo.

Mas as mulheres "nefandas" dos trópicos defendiam-se de um visitador que, na verdade, pouco lhes dava atenção, preocupado com outros múltiplos afazeres. Talvez não estivesse convencido da alçada inquisitorial no domínio da *sodomia foeminarum*, além de desconhecer completamente, pelo que se lê nos processos, o corpo e os prazeres

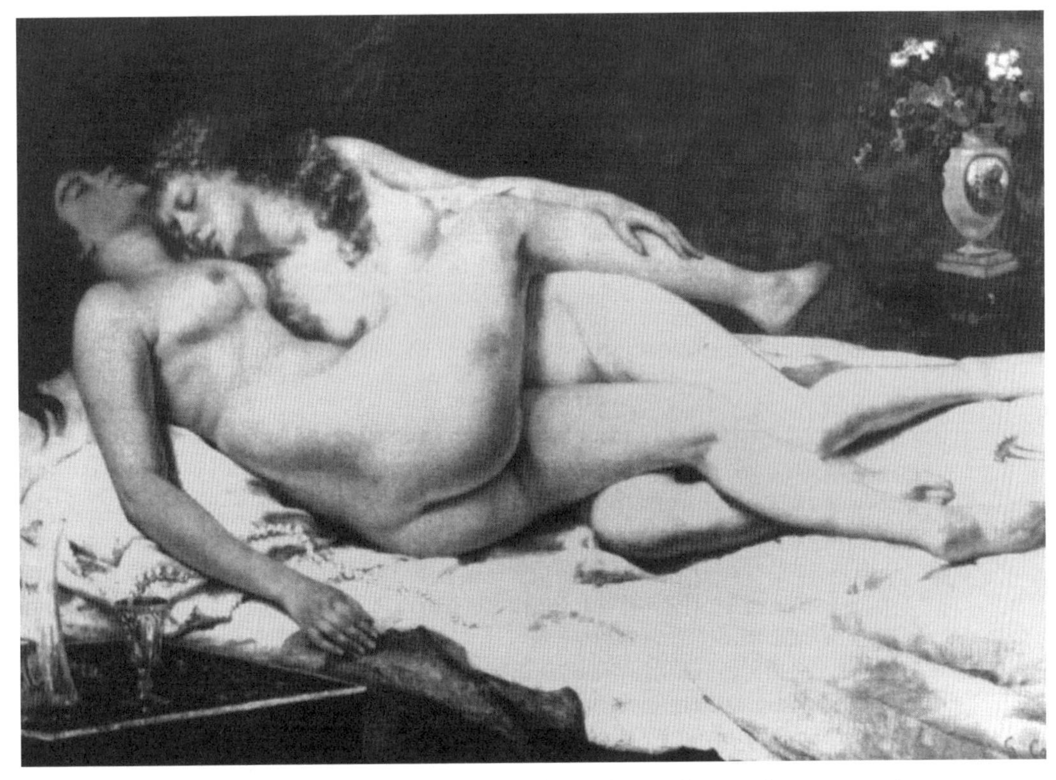

Deitadas na cama, às vezes em redes ou ao chão, elas só faziam ficar uma sobre a outra e "uniam seus vasos dianteiros", movimentando-se até chegarem ao "deleite".

femininos. Nos raros casos em que arguiu as mulheres com mais cuidado – cuidado frequente em suas arguições dos sodomíticos –, Heitor Furtado jamais tentou esmiuçar os detalhes das relações sexuais e não pareceu desconfiar das inquiridas. Se acaso desconfiou, aqui e ali, não demonstrou empenho em desvelar a verdade ou "descobrir o erro", tarefa em que era mestre.

Interrogando Felipa de Souza, limitou-se a perguntar por que não confessara suas torpezas quando viera denunciar outras pessoas. No caso de Catarina Quaresma, ele esboçou algum rigor inquisitório, perguntando quantas vezes pecara no "nefando", o nome das moças, se "havia candeia acesa" quando cometera o único ato confessado, mas não levou a arguição muito adiante. E no caso de Francisca Luiz, mulher que vivia "de portas adentro" com Isabel do veludo, o visitador limitou-se a perguntar se tinha ou não mandado o recado para a amante a fim de com ela se reconciliar. Não fez nenhuma pergunta sobre a peça aveludada da parceira de Francisca, embora o fato constasse no dossiê eclesiástico de 1580 anexo ao processo inquisitorial.

De tamanho desinteresse inquisitório, combinado com a reticência esperta e prudente das mulheres interrogadas, resultaram narrativas inócuas em termos de sexualidade feminina homoerótica. Narrativas idênticas, onde todas as mulheres aparecem umas sobre as outras, "como se fossem homens com mulheres", papel que variava, segundo os inquisidores, conforme a posição ocupada pelas mulheres na "cópula" – se "em cima" ou "embaixo".

O desdém de Heitor Furtado não foi, todavia, um ato isolado, exprimindo, antes, uma faceta da misoginia então reinante na cultura letrada ocidental. A mesma cultura que inspirava leis proibitivas mais rigorosas contra a exibição do corpo feminino em relação à do masculino; a mesma que, reproduzindo o "corpo hipocrático", estigmatizava a vagina e o útero como órgãos imperfeitos e doentios, quando comparados ao falo.[38]

Jurista dos mais famosos na Suíça do século XVI, Germain Colladon considerava desnecessário descrever minuciosamente os atos entre mulheres nas sentenças condenatórias, recomendando sintetizá-los como detestável crime *contra natura*, abominável e torpe.[39] Não tão ilustre como Colladon, Heitor Furtado era um juiz do seu tempo, um letrado da Igreja que se recusava a ver ou a retratar o corpo feminino, incapaz de conceber as mulheres fazendo sexo sem o falo. Seu desinteresse pela sodomia feminina era portanto um fenômeno cultural, um traço dos saberes misóginos então triunfantes.

Se para os moralistas da época as mulheres eram naturalmente torpes e pérfidas, eram-no sobretudo ao pecar com homens, desviá-los da razão, seduzi-los como Evas para a queda da humanidade. Pecando entre si, no entanto, sem homens nem falos, podiam quando muito perpetrar *molícies*. Jamais a verdadeira sodomia, pecado herético, erro de consciência que somente os homens – para infelicidade deles – eram capazes de cometer.

O visitador do Brasil quinhentista não fez mais que antecipar em meio século a decisão que tomaria a Inquisição portuguesa em 1646, retirando de sua alçada a *sodomia foeminarum*. Heitor Furtado, com sua atitude, livrou as "nefandas do trópico" de penas mais rigorosas, interrogando-as sem grande empenho, deixando a maioria seguir em paz. Fez isso não por misericórdia ou *caritas*, vale dizer, mas por desconhecimento e desprezo.

NOTAS

(1) Examinamos o assunto em *Trópico dos pecados*: moral, sexualidade e Inquisição no Brasil colonial. Rio de Janeiro: Campus, 1989. Vale citar também Lígia Bellini, *A coisa obscura:* mulher, sodomia e Inquisição no Brasil colonial. São Paulo: Brasiliense, 1989; e Luiz Mott, "Da fogueira ao fogo do inferno: a descriminalização do lesbianismo em Portugal, 1646", comunicação apresentada à *International Conference on Lesbian and Gay History*. Toronto, Canadá, 1985.

(2) *Levítico*. 20: 13

(3) Resumimos o assunto em *Casamento, amor e desejo no Ocidente cristão*. São Paulo: Ática, 1986.

(4) John Boswell. *Christianity, social tolerance and homosexuality: gay people in western culture from the beginning of the Christian Era to the 14th century*. Chicago: The University of Chicago Press, 1981. p. 289.

(5) Nas Ordenações Manuelinas (1512), ver Livro V, título 12, parágrafo. 1; e nas Filipinas (1603), ver Livro V, parágrafo 4 e 5. Cf. C. Mendes de Almeida. *Código filipino ou ordenações e leis do reino de Portugal*. 14.ed., Rio de janeiro, 1870.

(6) *Coletório de bulas e breves apostólicos, cartas, alvarás e provisões reais que contêm a instituição e progresso do Santo Ofício em Portugal*. Lisboa: Lourenço Craesbeeck, Impressor del Rey, 1634. [Biblioteca Nacional de Lisboa. 105A, Seção de Reservados, fls. 75 a 78.]

(7) Rafael Carrasco. *Inquisición y represión sexual en Valencia*. Barcelona: Laertes Ediciones, 1986. p. 42-43.

(8) Theodore Tarzcylo. *Sexe et liberté au Siècle des Lumières*. Paris: Presses de la Renaissance, 1983. p. 103. Tarzcylo analisa, neste livro, a *invenção* da masturbação no Século das Luzes.

(9) Além das indiciadas na Visitação, só temos notícia de duas mulheres punidas (com degredo) pelo tribunal lisboeta entre os séculos XVI e XVIII, ambas por relações anais heterossexuais. Ver Arquivo Nacional da Torre do Tombo. Inquisição de Lisboa, processos 11860 e 1942. Doravante citado ANTT/IL.

(10) Biblioteca Nacional de Lisboa. Seção de Reservados, códice 869, fls. 361-364.

(11) Modelo que Michel Foucault atribuiu aos discursos sobre o sexo produzidos no Ocidente desde a Antiguidade.

(12) Luiz Mott. *Op. cit*., p. 4.

(13) Luigi-Maria Sinistrari. *De sodomia in quo exponitur doctrina nova de sodomia foeminarum a tribadismo distincta*, 1700.

(14) Maurice Lever. *Les buchers de Sodome:* histoires des infames. Paris: Fayard, 1985.

(15) Rafael Carrasco. *Op. cit*.

(16) Luiz Mott. Pagode português: a subcultura gay nos tempos inquisitoriais. *Ciência e Cultura*. Rio de Janeiro, 40(2): 120-39, 1988.

(17) O que levou Brantôme a chamar todas de lésbicas em sua *Histoire de dames galantes*, sendo pioneiro no uso da expressão.

(18) Judith Brown. *Atos impuros*: a vida de uma freira lésbica na Itália da Renascença. São Paulo: Brasiliense, 1987.

(19) Brigite Eriksson. A lesbian execution in Germany, 1721: the trial records. *In*: Salvatore Licata e Robert Petersen (orgs.). *Historical Perspectives on Homosexuality*. New York: Haworth Press Inc./Stein and Day Publishers, 1981. p. 27-39.

(20) Louis Crompton.

(21) Ver *Trópico dos Pecados*. *Op. cit.*

(22) *Primeira Visitação do Santo Ofício às partes do Brasil. Confissões da Bahia,* 1591-1593. São Paulo: Ed. F. Briguiet, 1935. p. 206-209.

(23) ANTT/IL, processo 1289.

(24) *Apud* Brown. *Op. cit.*, p. 19-20.

(25) Ver os dois exemplos de orações e filtros em *Trópico dos Pecados*. *Op. cit.*, p. 136.

(26) João de Barros. *Espelho dos casados*, Porto, 1540. fl. vi.

(27) *Primeira Visitação... Denunciações da Bahia,* 1591-1593. São Paulo: Ed. Paulo Prado, 1925. p. 47-50.

(28) ANTT/IL, processo 3077.

(29) ANTT/IL, processo 13787.

(30) ANTT/IL, processo 1267.

(31) Jean-Louis Flandrin. *Familles*. 2.ed. Paris: Seuil, 1984. p. 213 *et seqs*.

(32) Biblioteca Nacional de Lisboa. Seção de Reservados, Coleção Pombalina, Manuscrito 128, p. 96.

(33) Brown. *Op. cit.*, p. 169, 172-173.

(34) Eriksson. *Op. cit.*, p. 37.

(35) Louis Cardaillac e Robert Jammes. Amours et sexualité à travers les mémoires d'un inquisiteur du XVIIe siècle. *In: Amours légitimes, amours illégitimes en Espagne*. Paris: Publications de la Sorbonne, 1985. p. 188.

(36) Em Herondas, VI, vinculava-se o uso desses instrumentos à "falta de satisfações conjugais". Ver Aline Rousselle. *Porneia:* sexualidade e amor no Mundo Antigo. São Paulo: Brasiliense, 1984. p. 82.

(37) Conforme sugere Lígia Bellini. *Op. cit.*, 1989.

(38) Jean-Claude Bologne. *Histoire de la pudeur*. Paris: Olivier Orban, 1986. p. 34-35. [há tradução brasileira pela Paz e Terra]; Pierre Darmon. *Le mythe de la procréation à l'âge baroque*. Paris: Seuil, 1981. p. 10-17 e 211-221.

(39) E. W. Monter. Sodomy and heresy early modern Switzerland. *In*: Licata e Petersen. *Op. cit.*, p. 47.

MULHERES NAS MINAS GERAIS

Luciano Figueiredo

O século XVIII ganhou contornos de *Século de Ouro* na história do Brasil. Época de glórias, fausto e conquistas, as realizações da Colônia portuguesa na América alcançaram o ponto máximo nesse século, perdendo o Brasil sua face amesquinhada diante do desfile de riquezas e prosperidade, homens, mulheres e cidades, ouro, diamantes e iniquidades.

Em grande parte, o significado do século XVIII derivou do ouro e diamantes arrancados do interior da Colônia, das capitanias de Minas Gerais, Bahia, Goiás e Mato Grosso, com poder de não apenas fazer *Portugalmetrópole* se cobrir de fausto, mas também dinamizar outras regiões coloniais que amargavam uma situação de estagnação desde a crise açucareira em meados do século anterior. À força das relações comerciais de abastecimento, do tráfico de escravos, da arrecadação nos portos secos, do escoamento da mineração, a América portuguesa viveu uma inigualável dinamização.

Desde fins do século XVII, com a chegada das primeiras notícias da descoberta de ouro no então *sertão* da capitania de São Paulo, um enorme contingente de pessoas deixou tudo de lado para se lançar na aventura da mineração. Nos portos brasileiros as frotas do ouro que partiam carregavam enormes riquezas que iriam alimentar o luzimento da corte e auxiliar na sobrevida política de suas alianças diplomáticas. As longínquas minas cunharam a principal moeda que assegurou a soberania da Coroa portuguesa naquela época de acirradas disputas entre os Estados nacionais europeus.

Sob esse cenário de ouro, diamantes e imaginação, como viveram, amaram e trabalharam as mulheres? Visitaremos o cotidiano das mulheres mineiras no século XVIII, sobretudo aquelas que trabalhavam enfrentando situações adversas em que se misturavam miséria, preconceitos e dificuldades de toda ordem. Essa pequena e silenciada multidão representa personagens anônimos de uma história sobre a qual ainda há muito o que contar e aprender. Iremos assim percorrer um pequeno trecho da presença histórica da mulher no Brasil, recontando sua trajetória, a fim de revelar aspectos que permaneceram ocultos ao longo de muito tempo, e ratificando uma sólida e consistente visão masculina da história, como se às mulheres não coubesse mais que papéis secundários, invisibilidade ou, aparentemente no outro extremo, figurações literárias que acabaram por reforçar os valores femininos da subordinação social, afetividade e fragilidade.

Como nenhuma história se faz desacompanhada de contradições, a vivência das mulheres mineiras só pode ser apresentada através do permanente conflito e negociação entre os grupos empobrecidos dos quais as mineiras faziam parte e as instituições que, de um modo ou de outro, procuraram enquadrá-las. Os caminhos da história da mulher não se contam de modo claro e definido. São percursos sinuosos, intrincados, ao longo dos quais o historiador precisa dispensar cargas de muito preconceito presente nas fontes, desconfiar de suas lacunas, duvidar de suas verdades.[1]

AUSÊNCIAS

Em que lugar encontraríamos a mulher mineira? Comecemos pela negação, que parece ter sido a característica central na vida dessas mulheres. Estiveram nas Minas excluídas de qualquer exercício de função política nas câmaras municipais, na administração eclesiástica, proibidas de ocupar cargos da administração colonial que lhes garantissem reconhecimento social. Os papéis sexuais na colônia reproduziam o que se conhecia na metrópole.

Tudo parecia confirmar isso. O exame da atuação feminina nos ofícios mecânicos é desalentador. Entre os ofícios que se multiplicam pelas Gerais, por multidões de ferreiros, latoeiros, sapateiros, pedreiros, carpinteiros, ourives, pouco se vislumbra da presença feminina. Apareciam, sim, ocupadas na panificação, tecelagem e alfaiataria, dividindo com os homens essas funções, cabendo-lhes alguma exclusividade quando eram costureiras, doceiras, fiandeiras e rendeiras. Ainda como cozinheiras, lavadeiras ou criadas reproduziam no Brasil os papéis que tradicionalmente lhes eram reservados. Algumas, através de uma prova prática, assistida por médicos e sangradores, promovida pelas câmaras municipais, receberam "cartas de exame", uma espécie de diploma que as tornava aptas ao exercício legal da função de parteira.

Nos pesados trabalhos de extração mineral parecia confirmada a imagem legada pela pena do viajante Rugendas, *Lavagem de ouro, perto de Itacolomi*, em que mulheres em segundo plano aparecem carregando gamelas com pedras que seriam lavadas. Não havia impedimentos formais a seu trabalho na mineração mas, diante de exigências de resistência e força física, restringiam-se à função de carregadoras de gamelas.

O viajante inglês John Mawe, que na condição de comerciante com interesses voltados para pedras preciosas visita várias cidades brasileiras entre 1807 e 1811, deixou elucidativa descrição desta divisão do trabalho: "Os trabalhos mais penosos na extração do ouro são executados pelos negros e os mais fáceis pelas negras. Os primeiros tiram o cascalho do fundo do poço, as mulheres o carregam em gamelas, para ser lavado."[2] Tampouco seria aí o lugar em que as mulheres se destacavam: proprietários de minas de ouro no século XVIII possuíam muito mais escravos homens.

Na questão da propriedade de terras (sesmarias), as mulheres perdiam com grande diferença para os homens. Em alguns períodos de concessão de sesmarias em Minas, como entre 1728 e 1745, a proporção era de uma mulher para 35 homens. Mesmo assim, para que recebessem terras, além das exigências habituais que se fazia aos homens, como possuir número considerável de escravos, das mulheres era exigido o consentimento do pai ou do marido.

Com certa surpresa encontramos a participação respeitável de mulheres que, como roceiras em pequenas propriedades arrendadas, aparecem nas listagens de algumas freguesias que pagavam o dízimo à Coroa, cujos índices giravam em torno de 10% e, em certos casos, alcançavam 23% (!). Teríamos aí contornos imprecisos de mulheres criando gado, aves, plantando gêneros alimentícios para abastecimento local, produzindo queijos, aguardente e pão. Essa participação feminina seria ainda mais acentuada a partir da crise da mineração em fins do século XVIII e início do XIX, quando alguns indicadores revelam um surpreendente predomínio de mulheres. Se examinarmos Vila Rica nos primeiros anos do século XIX, do total de roceiros, lavradores e hortelões anotados pelo censo, encontraremos 51 mulheres para 27 homens.

Malgrado essas dificuldades antepostas pelos termos da colonização, fruto de modelos transpostos da sociedade ibérica, a originalidade da presença feminina em Minas deve ser captada no olhar que passeia em outras direções. Ante a exclusão que atravessou o além-mar e as escarpas montanhosas do sertão colonial, tais segmentos contrapunham a força de sua resistência e a persistente capacidade de definir novos papéis para as mulheres, em atitudes de resistência cotidiana, na luta pela ampliação dos espaços de sobrevivência, na promoção da sociabilidade dos grupos. Basta olhar nas entrelinhas um pouco misteriosas e um tanto fugidias da memória dissimulada na documentação oficial, para que se encontrem as outras dimensões da atuação das mulheres.

UM MERCADO NO FEMININO

A presença feminina foi sempre destacada no exercício do pequeno comércio em vilas e cidades do Brasil colonial. Desde os primeiros tempos, em lugares como Salvador, Rio de Janeiro, São Paulo, estabeleceu-se uma divisão de trabalho assentada em critérios sexuais, em que o comércio ambulante representava ocupação preponderantemente feminina. A quase exclusiva presença de mulheres num mercado onde se consumia gêneros a varejo, produzidos muitas vezes na própria região colonial, resultou da convergência de duas referências culturais determinantes no Brasil. A primeira delas está relacionada à influência africana, uma vez que nessas sociedades tradicionais as mulheres desempenhavam tarefas de alimentação e distribuição de gêneros de primeira necessidade.[3] O segundo tipo de influência deriva da transposição para o mundo colonial da divisão de papéis sexuais vigentes em Portugal, onde a legislação amparava de maneira incisiva a participação feminina. Às mulheres era reservado o comércio de "doces, bolos, alféloa, frutos, melaço, hortaliças, queijos, leite, marisco, alho, pomada, polvilhos, hóstias, obreias, mexas, agulhas, alfinetes, fatos velhos e usados".[4] Dessa forma, conjugam-se dois padrões que irão atuar na definição do lugar das mulheres no Brasil.

Pintores como o bávaro Johann Moritz Rugendas e o francês Jean-Baptiste Debret captaram em vários de seus desenhos e aquarelas nas viagens pelo Brasil da primeira metade do século XIX a presença das negras em torno de vendas, em atividades ambulantes ou sob tendas onde vendiam gêneros de consumo. Seus pequenos utensílios, a presença das crianças, formas de convívio, modalidades de produtos estariam evidenciados nessa iconografia da vida urbana de algumas cidades brasileiras no século XIX.

A atuação das mulheres motivou dores de cabeça constantes às autoridades locais, embora todos reconhecessem sua função vital para o precário abastecimento daquela população espalhada por vilas e catas de ouro, pelos rios e montanhas da região.

As vendas se multiplicariam indiscriminadamente pelo território. Estabelecimentos comerciais dotados de grande mobilidade faziam chegar às populações trabalhadoras das vilas e das áreas de mineração aquilo que importava ao seu consumo imediato: toda a sorte de secos (tecidos, artigos de armarinho, instrumentos de trabalho) e molhados (bebidas, fumo e comestíveis em geral). As vendas eram quase sempre o lar de mulheres forras (alforriadas) ou escravas que nelas trabalhavam no trato com o público.

O destaque da presença feminina no comércio concentrava-se nas mulheres que eram chamadas de "negras de tabuleiro". Elas infernizaram autoridades de aquém e de além-mar. Todos os rios de tinta despejados na legislação persecutória e punitiva não foram capazes de diminuir seu ânimo em Minas e pelo Brasil afora.[5]

Lavagem do ouro nos traços de Rugendas: mulheres carregam gamelas com pedras.

Logo as mulheres foram identificadas como um perigo na região de Minas. O jesuíta italiano Antonil, que chega ao Brasil em fins do século XVII para cuidar dos negócios da Companhia de Jesus, percebe os prejuízos que a presença feminina nas áreas de mineração causaria ao facilitar que escravos mineradores adquirissem bebidas e gêneros comestíveis ou desviassem o ouro minerado. Antonil adotou a metáfora da "chuva miúda aos campos" que "continuando a regá-los sem estrondo os faz muito férteis". Gostava ainda de se referir a esse pequeno comércio como outra "mina à flor da pele" ou "rendosíssima lavra", desde cedo em mãos femininas: "negras cozinheiras, mulatas doceiras e crioulos taberneiros [...] mandando vir dos portos do mar tudo o que a gula costuma apetecer".[6] Formavam assim uma verdadeira multidão de negras, mulatas, forras ou escravas que circulavam pelo interior das povoações e arraiais com seus quitutes, pastéis, bolos, doces, mel, leite, pão, frutas, fumo e pinga, aproximando seus apetitosos tabuleiros dos locais de onde se extraíam ouro e diamantes.

As mulheres congregavam em torno de si segmentos variados da população pobre mineira, muitas vezes prestando solidariedade a práticas de desvio de ouro, contrabando, prostituição e articulação com os quilombos.

QUITANDEIRAS

O ambiente em torno das vendas lembra o de uma autêntica taverna. Diferentes grupos da comunidade local reuniam-se nas vendas para beber, consumir gêneros pouco comuns, divertir-se e, por que não, brigar. Por ali passavam oficiais mecânicos carpinteiros, pedreiros, alfaiates, ferreiros, escravos, mineradores, homens forros. Além das funções primordiais desse tipo de comércio, seu interior escondia toda a sorte de atividades escusas, como o contrabando de pedras de ouro e diamantes furtados por escravos. Sob seu teto se tramavam fugas de escravos e aquisição de gêneros para o abastecimento dos quilombos. Espaço de alegria e lazer, batuques em que se dançava e cantava eram ali frequentemente organizados e encontros sexuais acertados.

Uma das melhores formas de perceber a atuação e a persistência do trabalho feminino no controle das vendas é justamente acompanhar a evolução das inúmeras medidas para seu controle. Essa repressão enfrentava um dilema básico: se por um lado as autoridades temiam os encontros sociais que ali ocorriam, pautando-se tanto em justificativas morais quanto econômicas (o temor da perda ou do ferimento de escravos), por outro, esse mercado representava uma garantia de abastecimento estável para as populações mineiras, além de gerar recursos para as despesas administrativas na região com a cobrança de tributos. A repressão deveria voltar-se, portanto, mais para o controle e a vigilância, o que fez surgir uma série de proibições tentando impedir que funcionassem próximo às áreas de mineração e buscando controlar o público frequentador.

Na primeira década do século XVIII, foram tomadas medidas a fim de proibir a livre circulação de escravos à noite. A escravidão mineira apresentava forma tipicamente urbana. O cativo conhecia relativa autonomia para descortinar oportunidades de trabalho e conseguir ganhos mínimos ("jornais") a serem repassados ao seu proprietário. Nesse quadro, a existência de lugares onde encontros, reuniões e tramas pudessem ocorrer tornou-se motivo para enorme apreensão. Desde 1714 passa a ser proibido aos escravos pernoitarem fora da casa de seus senhores, "porque assim o fazerem resulta não darem conta dos jornais gastando-os muitas vezes com demasiada destemperança",[7] numa evidente referência às vendas onde, fora do controle do seu senhor, os escravos consumiam e se divertiam.

A consolidação do poder real enfrenta sérias resistências ainda nas primeiras duas décadas do século XVIII, na região mineradora comandada sobretudo pelos potentados, figuras que, no vácuo de poder propiciado pela desordem dos primeiros tempos, acabaram por concentrar enorme força política e econômica. Contra as iniciativas controladoras da Coroa que se intensificaram a partir de 1715, esses potentados inauguram um ciclo de revoltas que, em seu primeiro impulso, teria lugar na vila de Pitangui (1717-1719), explodindo na sedição de 1720 em Vila Rica. O conde de Assumar durante seu governo na capitania cerrou fileiras contra todos os possíveis focos de tensão social, reprimindo formas de congraçamento e de solidariedade entre escravos e grupos empobrecidos, além de tentar liquidar os espaços de sociabilidade das comunidades. Nesse contexto, ordenava, em 1719, que em Vila Rica "nenhum negro ou negra poderá ter trato de venda de coisas comestíveis nem bebidas, nem poderá recolher em sua casa negros cativos..."[8] A câmara da vila de São João del Rei, anos mais tarde, legislaria de modo semelhante proibindo que pessoas recolhessem "negros alheios em sua casa para nela lhes vender e cozinhar mantimentos algum de bebida ou comida" e que os mesmos negros fizessem "bailes ou folguedos nas suas casas e senzalas..."[9] Todas as precauções pareciam necessárias diante do peso e da ameaça social que representava o excessivo contingente de negros e mulatos forros, realidade presente em todas as regiões onde a escravidão era a relação dominante.

O perigo social representado por essas vendas alcança seu paroxismo com a revolta de Vila Rica em 1720. Tanto assim, que entre as medidas extremamente repressivas no sentido de controlar novas possibilidades de protestos constava: "Toda pessoa que tiver casas ou vendas no morro [próximo a Vila Rica] as desfaça dentro de 15 dias, e se venha situar nesta vila, ou em outra qualquer que lhe parecer, como não seja no morro", caso contrário, "lhe serão arrasadas e queimadas para que não haja mais memória delas (...)".[10] Poucos meses depois, outra ordem condenava a quatro anos de degredo em Benguela qualquer um que ousasse instalar vendas nos morros que cercavam Vila Rica, onde se minerava: "não poderá em tempo algum ter venda, nem pública, nem ocultamente, assim de molhado, como de fazenda seca, de qualquer gênero que seja...".[11]

As medidas para controle das vendas assumiram diferentes formas ao longo do século XVIII. Câmaras de diversas vilas mineiras procuraram fixar um horário máximo para funcionamento das vendas. Se tomarmos a vila de Nossa Senhora do Ribeirão do Carmo como exemplo, assistiremos ali no ano de 1734 a determinação de que as vendas deveriam fechar as portas ao toque do sino da câmara, proibindo-se a partir daí que permanecessem em seu interior escravos ou escravas. Logo adiante se proibiria a circulação de qualquer pessoa de cor (escravo ou forro) pela cidade após as ave-marias (ao anoitecer).[12]

Os balcões das vendas foram gradativamente colocados na parte exterior do estabelecimento, perdendo seu aspecto de taverna.[13] Doravante os escravos poderiam permanecer apenas por pouco tempo dentro das vendas, ceifando-se a possibilidade de esse grupo fazer dali um de seus locais de congraçamento e trocas culturais.[14] Sua presença deveria se resumir às trocas comerciais indispensáveis.

No entanto, poucas determinações a respeito das vendas foram tão constantes quanto a proibição de que se instalassem próximo às áreas de mineração, lavras, morros ou aluviões. Temia-se pelo espectro de tensão que rondava esses estabelecimentos mercantis, quando situados em áreas isoladas onde o controle efetivo das autoridades tornava-se dificílimo. Ameaças de rebeliões ou fugas e danos à propriedade, com possíveis mortes e ferimentos de escravos no interior de vendas, justificavam o combate que proprietários empreenderam para impedir que esses estabelecimentos frequentassem as lavras.

A preocupação de grandes proprietários, da Igreja e dos representantes do Estado metropolitano parecia se confirmar através de denúncias colhidas pelos padres visitadores do bispado que percorriam o território mineiro. Encontram notícias de que, na localidade de Passagem, uma certa Ana Vieira, preta forra, vivia em sua venda onde "se juntam negros de noite [...] a fazer negócios, e pela dita ser concubinada com Antônio Mina [...] esse tem ciúmes e faz esperar motins".[15]

Ali perto, em Sabará, o problema das vendas próximas aos morros de mineração não era diferente. Desta vez, contudo, a presença feminina apareceria destacada, tanto assim que, atendendo à pressão de proprietários de minas e de escravos e aos interesses da fazenda real, obriga-se aos moradores dessas localidades "não consintam, nem possam vender coisas comestíveis ou bebidas negras ou mulatas escravas ou forras nem em ranchos, nem com tabuleiros [...] à distância referida de duzentos passos a roda dele...".[16]

O fenômeno da disseminação das vendas em locais proibidos confundia-se com a presença feminina. Repetindo argumentos presentes em outros documentos, o conde de Galveias, dentre as várias medidas reformistas pelas quais procurava enquadrar a capitania de Minas, determinava em Vila Rica que se proibisse em seus morros circunvizinhos "em que atualmente se ande tirando ouro, não haja venda alguma de qualquer pessoa seja, principalmente de negras cativas ou forras".[17]

PERIGOSAS VENDEIRAS

À medida que avança o século XVIII nas Minas Gerais, não é apenas a preocupação com a expansão das pequenas vendas que parece aumentar. Progride, na mesma proporção, o número de vendas sob controle feminino. Sua administração representou uma das ocupações mais importantes das mulheres pobres na sociedade mineira. Um pouco dos números talvez nos auxilie a deslindar essa afirmativa.

Vila Rica e suas freguesias conheciam em 1716 um grupo de 190 vendas, número que cresce para 370 em 1746 e para 697 em 1773. Tal expansão comercial nada apresentava de novo. Há muito sabe-se que a economia mineradora proporcionou intenso desenvolvimento mercantil; o que surpreende é que, à medida que esses números crescem, a proporção de mulheres em relação aos homens ganha dimensões insuspeitas. Se tomarmos os números apresentados anteriormente, teremos para as três datas uma participação das mulheres em relação aos homens que evolui de 6% no ano de 1716 (apenas 10 mulheres trabalhavam no setor para 180 homens ocupados) para 39% em 1746 (ou seja, 138 estavam em mãos femininas para 232 restantes) e para 70% em 1773 (quando, em Vila Rica, os homens cuidavam apenas de 209 vendas).

Acompanhando os números daqueles que tiraram licenças para comercializar junto ao Senado da Câmara da vila do Carmo (mais tarde

Mariana), confirma-se tendência idêntica: se em 1725 apenas 26 (7%) das 376 vendas eram cuidadas por mulheres, pouco antes de se encerrar o século, em 1796, elas se ocupariam de 61% desses estabelecimentos (de um total de 417 vendas).[18]

Assim, começa-se lentamente a vislumbrar mais uma das tantas faces da mulher mineira. Nesse perfil estavam principalmente mulheres forras em condição, sendo que a proporção das escravas em relação a elas girava em torno de 15% ao longo do século. Deduz-se que era uma atividade fundamental para mulheres que um dia conseguiram escapar da escravidão e puderam manter a sobrevivência de suas famílias. Por outro lado, tendo em vista o declínio da mineração, embora a agricultura e as atividades manufatureiras não parassem de crescer, a mulher figuraria como elemento estável da população urbana.

Toda a complexidade da presença de mulheres nessas ocupações onde se entrelaçam a importância econômica do abastecimento, o perigo social que proporcionavam e a suposta imoralidade com que atuavam ganha destaque através do mais importante documento a respeito: uma longa representação preparada especialmente pelo secretário do governo de Minas, Manuel Afonseca de Azevedo, e encaminhada em 1732 ao Rei, tratando detidamente deste assunto.[19] O período em que ela é escrita e o lugar que o tema ocupa na agenda de reformas sociais e econômicas propostas para a capitania revelam o grau de importância que as mulheres vendeiras tiveram na administração da *Idade do Ouro* em Minas. Ali se afirma: "Os moradores, em grande número, têm casas de vendas de comer e beber, onde põem negras suas para convidarem os negros a comprar..."

Aquilo que mais preocuparia o secretário de governo, passado o período crítico das tensões dos anos 20, seria a conduta moral em torno das vendas, quando sua imagem se aproximaria à de uma alcova. A pobreza de muitas mulheres fazia a prostituição lhes servir de atividade complementar. Exemplificava o zeloso secretário: "Muitas vezes sucedem retirarem-se os senhores das casas das vendas, dando os passeios, [...] para darem lugar a que as negras fiquem mais desembaraçadas para o uso de seus apetites."[20]

Em razão dos constantes julgamentos realizados por um pequeno tribunal itinerante organizado pelo bispado em várias cidades mineiras, os visitadores eclesiásticos tropeçariam em mulheres vendeiras que travestiam atividade comercial em prostituição em seus estabelecimentos. Na antiga freguesia de Antônio Dias, Vila Rica, havia conhecimento público de que Luzia Pinta, sendo dona de uma venda, consentia que ali sua escrava Antônia fosse

> mal procedida, pois utilizava o estabelecimento para fins torpes e desonestos, contanto que lhe pague avultados jornais de oitava e meia, e por essa razão não proíbe o ajuntamento de negros e negras que são continuados e públicos...[21]

Próximo dali, em Ouro Branco, Josefa Maria de Sousa, além de cozinhar alguns dos gêneros alimentícios que vendia, "concorre para que sua filha Jacinta Maria de São José se desoneste com os hóspedes que ela recolhe e não tem outra coisa de que viva, e também vive de dar pousada para o mesmo fim, a mulheres meretrizes...",[22] fazendo crer que com a prostituição em seu interior ampliavam-se os negócios mercantis.

O que aparentava ser uma preocupação com vício e devassidão, digno de repreensão e moralmente condenável, não escondia aquilo que verdadeiramente incomodava as autoridades em um século cravejado de tensões e conflitos cotidianos sob uma ordem política extremamente instável. É ainda o secretário de governo Manuel Afonseca quem nos revela:

> Nas mesmas casas [vendas] têm os negros fugidos o seu asilo, porque, escondendo-se nelas, se ocultam a seus senhores e, daí, dispõem as suas fugidas, recolhendo-se também, nas mesmas casas, os furtos que fazem, nos quais as mesmas negras são às vezes conselheiras e participantes. Também nas mesmas casas vêm prover-se do necessário os negros salteadores dos quilombos, [...] achando ajuda e agasalho nestas negras que assistem nas vendas...

Diante dessas mulheres empregadas em pequenos estabelecimentos nas Minas, construiu-se, à margem do trato mercantil, um espaço de sociabilidades do qual tanto se carecia em uma região marcada pela perseguição sem tréguas.

APETITOSOS TABULEIROS

"Negras de tabuleiro" foi designação que acompanhou pelo Brasil colonial aquelas mulheres dedicadas ao comércio ambulante. Se aqui e ali há registro de que incomodavam as autoridades, seja porque fugiam com facilidade às medidas fiscalizadoras, seja porque sua conduta moral desagradava, foi nas Minas do século XVIII que sua atuação alcançou dimensões mais graves.

Registros contemporâneos não fariam a elas referências elogiosas, tratando-as como "sutis ladrões" em cujas mãos o ouro furtado por escravos ia parar, transmudando seus tabuleiros em "bateias as mais ricas que há nas minas".[23] Este expressivo espaço da participação feminina representou enormes inconvenientes diante dos poderes ordenadores da capitania. Sua mobilidade e a rapidez com que se multiplicavam como opção de vida (uma vez que se exigia para o negócio pouco capital e alguma coragem) ameaçavam comprometer consideravelmente os rendimentos da faina da mineração esperados pela fazenda real e pelos proprietários de minas.

Em 1710, um dos primeiros governadores da região já cuidava do problema. Antônio de Albuquerque Coelho de Carvalho, através do Bando (pregão público de um decreto) de 1º de dezembro, proíbe

> de irem mulheres com tabuleiros às lavras do ouro com pastéis, bolos, doces, mel, aguardente, e mais bebidas, que algumas pessoas mandam às ditas lavras e sítios em que se tira ouro dando ocasião a este se desencaminhar de seus senhores e ir dar a mãos que não pagam quintos a Sua Majestade...[24]

Ao proporcionarem consumo aos escravos que mineravam por lavras e córregos espalhados pela capitania, contribuíam para o desvio do ouro extraído, que reduzia a arrecadação do quinto. Novamente a imagem da "chuva miúda" utilizada por Antonil presta-se para ilustrar o temor que essas negras representavam para as autoridades da capitania. Permitir que atuassem e se disseminassem significava comprometer grossos volumes da arrecadação do quinto, sentido primordial da existência da exploração mineral.

A prostituição parece ter sido adotada como prática complementar ao comércio ambulante. No entanto, constituía atributo das escravas, empurradas muitas vezes a esse caminho pelos seus proprietários. Um dos casos que conhecemos aparece na denúncia feita ao visitador episcopal contra Catarina de Sousa, preta forra, acusada de obrigar "com castigo a suas escravas [...] que lhe deem jornal todos os dias de serviço e domingos e dias santos dobrado jornal ainda que sejam em ofensas a Deus porquanto lhe não dá vendagem que valha o jornal que lhe pedem...".[25] Se a prática do uso do sistema de jornais (o escravo dispunha de relativa autonomia para angariar rendimentos a serem pagos ao seu senhor) regulando as relações entre senhores e escravas pode sugerir uma situação mais amena, em se tratando das mulheres escravas elas suportariam uma dupla exploração: sexual e econômica. A escravidão revelaria então uma de suas faces mais perversas.

Preocupado menos com esse aspecto e muito mais com as "ofensas escandalosas" cuja continuidade comprometia a disciplina e a obediência "às leis de Vossa Majestade", o secretário Manuel Afonseca em sua Representação também acusava que andam vendendo as negras coisas comestíveis em tabuleiros, as quais fazem [...] luxuriosas desordens, assim com brancos como negros, avizinhando-se por mais que impiedade das lavras de ouro para tirarem assim, com as suas vendagens como com seus corpos, os jornais aos negros...[26]

O tabuleiro poderia outras vezes servir de disfarce para a prostituição plena, com o que as escravas cumpriam suas obrigações com seus patrões. Uma certa Maria Franca foi acusada de consentir "que suas escravas façam mal de si", pois elas ficavam "fora de casa muitas noites [...] sem a sua senhora fazer caso nem lhe tomar conta de outra alguma coisa senão do jornal" concluindo-se que "as ditas negras não andam como costumam andar com tabuleiros".[27]

Como ocorria nas pequenas vendas estabelecidas em Minas, a reunião de escravos ao redor do tabuleiro foi considerada foco de muitos conflitos e danos, eventualmente algum cativo era mutilado em razão

Nas vendas, muitas delas dirigidas por mulheres, diferentes grupos sociais se reuniam para beber e se divertir; em seu interior escondiam-se atividades escusas como contrabando de ouro e pedras, abastecimento de quilombos e prostituição.

de brigas, facadas, tiros e violências. A preocupação com o dano físico causado a um trabalhador de preço elevado transparecia no texto do Bando de 1710, ao justificar: "E porque outrossim [...] sucedem ferimentos, mortes e roubos, ofensas a Deus Nosso Senhor de irem mulheres com tabuleiros às lavras de ouro..."[28]

Se a convicção a respeito dos danos causados pelas "negras de tabuleiros" era consensual entre câmaras municipais, governadores e Conselho Ultramarino, havia que se encontrar uma alternativa para o abastecimento que essas mulheres propiciavam às comunidades mineradoras dispersas. Várias tentativas envolvendo a mobilização de roceiros e agricultores para a tarefa não tiveram sucesso.

O jeito foi proibir que as mulheres saíssem dos limites das vilas e arraiais e, ao mesmo tempo, adotar medidas fiscais para regular seu funcionamento. Para controlá-las, estimulava-se a delação (o denunciante receberia metade do valor da multa aplicada), prática comum da administração colonial quando reconhecia sua incapacidade de reprimir transgressões. Esse mesmo incentivo a denúncias foi dirigido aos que fossem conhecedores de contrabando e sonegação do quinto (o denunciante recebia metade do valor do que fosse apreendido). Os capitães do mato, agentes empregados na caça de escravos fugidos e no extermínio de quilombos, empregaram-se com especial dedicação à tarefa de reprimir as mulheres. Sua presença é forte indicativo de que o perigo das "negras de tabuleiro" equivalia às rebeliões de escravos.

Em meados de março de 1762 dava entrada na cadeia de Vila do Príncipe uma negra escrava chamada Ana, presa por capitães do mato quando estava em uma lavra

> vendendo aguardente da terra sem medidas aos negros [...] vendendo a dita cachaça por uma tigela de estanho que se achou, uma destas com meio frasco de aguardente e outro vazio e um pouco de fumo e o dito meirinho entregou grades adentro...[29]

Nas aquarelas de Carlos Julião em que retrata "negras vendedoras", encontramos essas mesmas escravas com os utensílios e gêneros que ofereciam no tabuleiro. A elegância e o intenso colorido de sua pele e roupas ficam esmaecidas diante da brutalidade e das perseguições que sofriam no cotidiano. As aquarelas de Julião ainda no século XVIII formam representações fundamentais para a identificação dessa fatia preciosa da presença feminina em Minas.

As punições que aguardavam as transgressoras eram invariavelmente severas, quase sempre dirigidas às negras, mulatas ou carijós, fossem forras ou escravas. Em primeiro lugar se confiscavam os gêneros que estivessem vendendo, destinados aos presos da cadeia local. Logo depois, sucedia-se o martírio da prisão, onde poderiam ficar de oito a noventa dias, castigo com açoites (entre cinquenta e duzentos) desferidos em praça pública e o pagamento de uma fiança que variava de quatro a sessenta oitavas de ouro.

Concorriam para essa política de controle as câmaras municipais mineiras que, ávidas de receitas, vislumbraram nesse comércio uma segura possibilidade de obter recursos através de impostos das aferições de pesos e medidas. Em Mariana, argumentava o Senado da Câmara:

> Porquanto queremos evitar os escandalosos inconvenientes e ofensas de Deus e do bem público que resultam das pretas forras ou cativas andarem pelas ruas desta cidade vendendo pão, leite, doce, banana e outros gêneros comestíveis, acordamos em que todas as ditas pretas vendam estes gêneros em lugar certo assim como na praça defronte da Sé ou na intendência ou na dos quartéis...[30]

Por todas as minas impunham-se medidas para que as vendedoras se concentrassem em certos locais das vilas e arraiais, sem o que se tornava impossível controlá-las. Nas vilas se procurava uma "paragem mais cômoda" onde essas comerciantes pudessem descansar seus tabuleiros e estabelecer "quitandas".

MERETRIZES MINEIRAS

Vimos que muitas escravas dedicadas ao pequeno comércio entregavam-se ocasionalmente à prostituição, pressionadas pela obrigação que possuíam de pagar uma determinada quantia acertada com seu proprietário. A prostituição, entretanto, não se restringiu a esse grupo específico, sendo largamente disseminada e aceita pela cultura popular em Minas Gerais.

Muitos autores, como Caio Prado Jr., generalizaram o fenômeno para todo o Brasil colonial. Amparados quase sempre por relatos de viajantes, afirmavam não haver "recanto da colônia em que não houvesse penetrado".[31] Chegaram a admitir que a prostituição era uma espécie de expressão tipicamente feminina da pobreza e miséria social, sendo que a vadiagem e a criminalidade representavam seu contraponto masculino. Gilberto Freyre foi outro importante autor na conformação das imagens em torno da prostituição colonial, sobretudo das negras, assinalando o aspecto de crueldade intrínseco à exploração das escravas. Os autores enfatizaram, de um lado, os elementos de crueldade do escravismo ao obrigarem à prostituição mulheres já suficientemente exploradas pelos rigores do trabalho. De outro, tentaram enxergar em sua generalização um efeito desagregador sobre a estrutura social, econômica e familiar, uma vez que acabaram motivando conflitos pessoais entre aqueles que circulavam em torno da prostituta e multiplicando o número da população mestiça, encarada como um perigo político naqueles tempos.

As prostitutas mineiras nos primeiros tempos chegam ao território acompanhando o rápido povoamento no sertão por homens (e mulheres) ávidos da riqueza imediata que o ouro parecia proporcionar. Um dos códigos legais voltados para regular a mineração, o regimento das minas de Guaianases, chegava a prescrever em um de seus capítulos: "Não deixará por nenhum acontecimento passar às ditas minas mulher [de] má suspeita, nem mulata, por ser proibido e sempre prejudiciais nas ditas minas, deixando passar as negras escravas que forem com seu senhor."[32]

Dessa forma, anos mais tarde no centro político da região mineira de produção de diamantes, o governador conde de Galveias expulsaria do arraial do Tijuco as mulheres "de vida dissoluta e escandalosa", visto que costumavam transitar pelas ruas e igrejas transportadas por escravos em cadeiras e serpentinas, trajando "vestidos ricos e pomposos, e totalmente alheios e impróprios de suas condições", o que era suficiente aos olhos do governador para se "reputar como contágio dos povos e estragos dos bons costumes".[33]

OS PENOSOS CAMINHOS DA PROSTITUIÇÃO

Nas Minas Gerais a prostituição parece ter atingido uma proporção bem mais elevada que em outros pontos da Colônia, além de apresentar traços bastante peculiares. Como em outras regiões coloniais, ali os casamentos legais encontravam uma série de exigências burocráticas por parte da Igreja e do Estado, que tornavam o matrimônio oficial uma realidade quase inacessível à grande maioria. Porém, um dos traços mais característicos da sociedade mineira, e que irá explicar a generalização da prostituição, decorreu da extrema mobilidade de contingentes dedicados à mineração. Para grupos de mineradores solitários e em permanente movimento na busca de veios mais férteis, a constituição de laços familiares tornava-se pouco adequada.

Minas Gerais pareceu se constituir o território da prostituição colonial. Acompanhando a distribuição geográfica da prostituição ao longo da capitania, pode-se perceber que, embora espalhadas por todos os pequenos arraiais, as mulheres se concentravam nos núcleos urbanos de importância, como Vila Rica, sede da capitania e centro político administrativo. Assiste-se a um processo em que o número de meretrizes se expande nas cidades e vilas próximas aos centros de mineração.

Entre as cidades com alguma fama por abrigar mais abertamente prostitutas estava Barbacena, chegando o viajante Saint-Hilaire a tratá-la como

> célebre entre os tropeiros, pela grande quantidade de mulatas prostituídas que a habitam, e entre cujas mãos estes homens deixam o fruto do trabalho. Sem a menor cerimônia vêm oferecer-se essas mulheres pelos albergues; muitas vezes os viajantes as convidam para jantar e com elas dançam batuques, essas danças lúbricas.[34]

No interior das vilas e cidades mineiras os prostíbulos, mais conhecidos à época pelo termo "casas de alcouce", instalavam-se indistintamente, aproximando-se de residências familiares ou de autoridades locais. Eram geralmente domicílios de pessoas pobres, servindo como ponto de encontros amorosos conforme a oportunidade. Essas "casas de alcouce" situavam-se ainda na periferia das vilas, sendo sua administração entregue a escravos ou escravas cujos proprietários encontravam uma forma de diversificar seus investimentos. Expressivo foi um comentário feito por um proprietário de escravos nas Minas, "que gostaria imensamente que os negros se lhes convertessem em negras, porque lhe rendiam mais os jornais...".[35]

As prostitutas eram identificadas por apelidos nas comunidades em que habitavam. Surgiam assim "Sopinha", "Cachoeira", "Rabada", "Pisca", "Comprimento", "Foguete", "A mãe do Mundo" e muitos outros. O estigma da prostituição agora aparecia acompanhado desses depreciativos que reforçavam a desclassificação social de mulheres negras, mulatas, carijós empurradas para aquela prática.

A prostituição foi duramente combatida ao longo do século. O que parecia assustar as autoridades locais diante de sua disseminação era a multiplicação dos enjeitados – crianças abandonadas normalmente à porta das casas de autoridades ou de potentados locais cuja criação constituía responsabilidade dos cofres municipais.

> Um dos mais onerosos encargos, comentaria Saint-Hilaire a respeito das câmaras municipais, é o cuidado com a infância abandonada [...]. Tem-se o costume de expor os filhos naturais à porta de pessoas que se julgam bastante caridosas para adotá-los; quando porém alguém não se quer encarregar de uma criança assim exposta, vai entregá-la à câmara. Esta procura uma pessoa que consinta em educar a criança mediante um salário de 24 oitavas que se pagam anualmente durante sete anos.[36]

Algumas medidas no âmbito municipal seriam tomadas a fim de tentar limitar a expansão dos enjeitados, intervindo no cotidiano e na privacidade de inúmeras mulheres. Em Mariana se obrigava que

> notifique a toda mulher desta cidade que não for casada em face da Igreja que se achar pejada, para que depois do parto a vinte dias venha dar parte a este Senado do feto que teve com a cominação de que não fazendo assim a dita pejada, e não dando conta do dito termo da sua barriga [*sic*], pagar cinquenta oitavas de ouro para a criação do mesmo enjeitado.[37]

Todavia, outro condicionante cruel da expansão do meretrício na capitania derivou dos impostos cobrados. Minas Gerais conheceu uma das mais pesadas cargas tributárias de todo o Brasil colonial, fator que contribuiu para o empobrecimento das camadas sociais despossuídas. Uma das faces mais inusitadas dessa fiscalidade foi ter empurrado muitas mulheres à prática da prostituição para conseguir acertar as contas com os tributos que a Fazenda real exigia. As mulheres pobres e forras seriam fortemente marcadas com a introdução do novo método de cobrança do quinto a partir de 1735. Esse direito que possuía a Coroa portuguesa de receber 20% sobre todo o ouro retirado de seus domínios passou por sucessivas formas de cobrança ao longo do século XVIII. Com o sistema de capitação e censo de indústria, ampliou-se a base tributária dos contribuintes do quinto (normalmente só o pagavam os mineradores), envolvendo, além de um pagamento *per capita* sobre todos os escravos de Minas, contribuições dos estabelecimentos comerciais, com taxas proporcionais ao seu tamanho. O que iria alcançar de modo decisivo as mulheres, no entanto, seria a obrigatoriedade de contribuir todo aquele que pertencesse à condição de "forro". Assim, negros e negras, mulatos e mulatas que não possuíssem escravos passaram a pagar anualmente 4 oitavas e 3/4 de ouro por sua própria pessoa.

Diante da situação de extrema pobreza em que muitas mulheres viviam, a prostituição se constituiu em um caminho obrigatório para que conseguissem pagar o imposto direto e escapar de confiscos, multas ou prisões.

Expressando o descontentamento geral que o sistema de capitação causara, muitas das câmaras municipais lançariam mão desse argumento para pedir a substituição do método de capitação e censo de indústrias. No "Clamor da câmara de São João del Rei" argumentava-se contra a iniquidade desse tributo: "Até o escravo do cego mendicante paga, e também as meretrizes querem fazer da capitação necessidade para as ofensas de Deus." A câmara de Sabará bateria na mesma tecla, reforçando as imagens dos danos morais causados: "Inumeráveis mulheres pretas e pardas pagam a capitação por sua pessoa por não terem algum escravo; é certo [que] vivendo de ofensas a Deus, necessariamente a sua contribuição há de sair do pecado." Poucas câmaras dirigiriam argumentos tão transparentes como a de Vila Nova da Rainha, opondo a capitação à vontade das leis divinas:

> Do mesmo compreende a negra forra, e a mulata, [...] que se não emprega em tirar ouro, e vive talvez de ofender a Deus para poder sustentar-se vendo-se precisada a fazer maiores ofensas contra o mesmo Deus, para poder além do sustento pagar a capitação, e não é de menos ponderação por este motivo a compreensão do arbítrio, porque vai contra lei de Deus a mesma lei.[38]

COTIDIANO E POBREZA

Diante disso tudo, como se passaria o cotidiano dessas mulheres? Um dos componentes essenciais que permitiu que os encontros sexuais tivessem sucesso naquele tempo foi a prática da alcoviteirice: homens ou mulheres se dedicavam a facilitar as condições para o intercurso. Podiam oferecer sua própria casa para isso ou somente passar bilhetes e cartas em que detalhes do encontro seriam acertados, tirando daí algum ganho.

Por vezes esses corretores concorriam para promover aproximações que não necessariamente envolviam prostitutas. Como o caso surpreendente que transcorreu em Sabará, onde dona Isabel da Encarnação, uma solteira de 30 anos, reclama junto ao visitador episcopal da insistência com que o ouvidor geral da comarca (responsável pela administração da justiça) a assediava. Na reclamação acusava uma certa Antônia, negra forra, de servir como alcoviteira do ouvidor, que "muitas vezes tem solicitado a ela testemunha para pecar, persuadindo-a que vá a sua casa ou lhe dê licença para ele vir à dela e a mandou convidar três vezes para que fosse assistir a uma comédia que na sua casa fazia de noite...".[39]

Alguns pareciam viver da função de leva e traz da comunidade, facilitando o serviço das prostitutas, como ocorreu com Leandro, da freguesia de Morro Grande, "acostumado a levar recados a mulheres para homens, induzindo-as para com eles procederem mal".[40]

A pobreza extrema transparecia nesses ambientes. Em Conceição do Mato Dentro, outra cidade com elevado índice de prostituição graças a seu papel de entreposto de todo o comércio com o norte da capitania, a mulata forra Adriana, "além de alcovitar mulheres para homens [...], consente que na sua casa se desonestem dando a sua própria cama para sua torpeza".[41] Não faltariam mulheres que formavam prostíbulos de fato, sobrevivendo graças a sua administração.

Em certas ocasiões as alcoviteiras poderiam ser dispensadas, o que obrigava as meretrizes a se exporem bem mais, indo procurar possíveis fregueses em locais de reunião da comunidade. Nem sempre eram pontos bem escolhidos. Em Vila Rica, Inácia da Silva e outras mulheres escolhiam os dias de missa para ir à Igreja "ficando chamando os homens da porta e estes escapavam pela porta da sacristia para irem ter com elas."[42]

O ambiente em que circulavam as prostitutas e seus clientes era marcado por todo o tipo de trocas. Casas, vendas, senzalas, tavernas, prostíbulos eram locais em que também se bebia, dançava, batucava e festejava. Várias dessas formas de lazer coletivo preocupariam autoridades civis e eclesiásticas que perscrutavam seu cotidiano. Entre os diversos casos com que esses agentes normalizadores depararam está o de Custódio Dias que, separado de sua legítima mulher, vivia em São João del Rei "amancebado com uma parda chamada Rita [...] em cuja casa consentem alcouces para várias pessoas se desonestarem e também [...] que na mesma casa se dancem todas as noites batuques, o que também é público e notório".[43]

Inversamente, momentos de violência ocorreram nesses ambientes frequentados pelas prostitutas e seus clientes, locais de brigas e mortes. Fregueses ciumentos, inquietos, geravam as bulhas de que se tem notícia. A "Pisca", como era conhecida Bernarda, moradora na rua Nova em Mariana, "se dá aos homens que a procuram, motivando discórdia entre os homens".[44] Seguindo o mesmo percurso estava Antônia, moradora em Curral del Rei, "dada a todo o gênero de vícios por razão da qual têm sucedido grandes distúrbios neste arraial".[45]

Por tudo isso, nessas ocasiões de encontros e trocas, conflitos e desavenças, bebidas e devaneios, o lazer e o ócio dos grupos populares passavam a ser ingredientes perigosos em uma sociedade escravista movida a trabalho. A repressão cuidaria de estragar a festa. Governadores, ouvidores, juízes e bispos despejaram ordens proibindo batuques, batuqueiros e seus consórcios, tanto homens quanto mulheres,

> pelas muitas e repetidas queixas que aos meus ouvidos têm chegado, além da notória publicidade das desordens que atualmente acontecem motivados da dança a que chamam batuque, que se não pode exercitar sem o concurso de bebidas, e mulheres prostituídas, de que resulta pelas bebidas obrarem com total falta de juízo, e pelas mulheres os ciúmes, que causam aos seus amásios, que nenhuma deixa de os ter, de que vêm a resultar brigas, desordens, ferimentos e ainda talvez mortes, procedimentos estes contrários à paz e sossego dos povos.[46]

Quem era o público frequentador das prostitutas e dos prostíbulos? Sem dúvida um público diversificado, embora muitas vezes misturado em classificações genéricas como "negras e negros". Sabe-se que toda a população masculina de diferente condição social, civil e racial recorria a esses encontros.

No arraial do Tijuco, Rosa Pereira da Costa oferecia casa de alcouce,

> nela se ajuntam todas as noites quase todas as mulheres-damas que há neste arraial e quantidade de homens de toda a qualidade, e na dita casa estão todas as noites até fora de horas conversando e tratando uns com outros descompostamente, fazendo saraus e galhofas.[47]

Outra personagem que não mereceria tratamento mais lisonjeiro seria a negra forra Eugênia, do arraial de Paraúna, em cuja casa se reuniam

As "negras de tabuleiro" marcam a presença feminina no pequeno comércio das vilas e cidades do Brasil colonial. A distribuição de gêneros e alimentos a varejo, feita por mulheres, tornou-se vital para o abastecimento da zona mineradora.

"negras de tabuleiro" com "negros da faisqueira e a uns outros os consente em sua casa de noite para todas as velhacarias e manganagens."[48]

Embaraçosas seriam as acusações contra os membros do dissoluto clero mineiro que recorriam às prostitutas, como frei Graciano que servia na freguesia de Ouro Preto onde, todos sabiam, frequentava a casa de uma "mulher-dama", a parda forra Vitória de Lima, não exatamente para atendê-la nos sacramentos.[49]

O caso do ouvidor da comarca de Sabará que recorria aos serviços de alcoviteiras para agenciar encontros amorosos em sua casa, eleva para camadas sociais insuspeitáveis o recurso à prostituição. Entre as várias testemunhas que depõem contra o ouvidor, surge a denúncia de que protegia (e talvez um pouco mais que isso) uma famosa meretriz que havia sido expulsa da vila pela Igreja local. Num dia festivo da vila, em que se "correram touros" (diversão de forte tradição ibérica, comum em algumas cidades coloniais da América portuguesa), acolhera em sua casa a "pública meretriz" Joana Vitória, sendo, segundo várias testemunhas, "certo e público" que usava um tal de Gregório Freire como alcoviteiro para se encontrar com ela. Na ocasião este promovera em sua casa, para o "doutor geral", um jantar "de galinhas e pão [...] de tudo pediu maior segredo por ser a dita mulher caso do mesmo ministro".[50]

Por vezes as prostitutas recorreriam a outros poderes a fim de sustentarem sua atividade.[51] Utilizavam a feitiçaria para atrair clientes, como a moradora da freguesia de Ouro Preto, Florência do Bonsucesso, que provocava "alguns homens a usarem mal dela e que para este efeito tem uma criança mirrada em casa da qual tira carne seca e reduz a pó para com ele fazer suas feitiçarias", chegando a adotar método mais eficiente ao levar "às encruzilhadas carvões e invocava o demônio lançando os carvões pelo caminho e que deste fato resultava vir o homem que ela queria logo de manhã bater-lhe à porta e [...] desonestar-se com ela".[52] Usando fórmulas mágicas ou as chamadas "cartas de tocar" escritos com orações que julgavam servir para aproximar-se da pessoa desejada conseguiam garantir com sucesso a atração de clientes. Como Aqueda Maria que "tinha um papel com algumas palavras e cruzes que ela dizia servir para tocar em homens para terem com ela tratos ilícitos".[53]

A FAMÍLIA DA PROSTITUTA

A pobreza em que muitas dessas mulheres viviam fez a prática do meretrício invadir o tecido familiar. Essa talvez constitua a dimensão mais dramática do fenômeno nas Minas. Muitas prostitutas atuavam no domicílio que partilhavam com parentes. Havia irmãs, como Domingas e Inácia, "mulheres meretrizes expostas a quem a procura", e primas, como Narcisa e Rosa, que "admitem frequentemente homens em casa para fins torpes e desonestos". Ou ainda esposas, filhas, enteadas, cunhadas, revelando que a prostituição constituía caminho de sobrevivência para mulheres pobres, no âmbito das unidades familiares.

Pais consentiam na prostituição de sua prole, como Luís Pereira, cujas filhas ele permitia que "usem mal de si, tanto duas que moram junto a ele em casa separada como também uma que tem consigo".[54] Muitas viúvas parecem ter trilhado o caminho do meretrício e, assinalando uma embrutecedora realidade criada diante da morte do marido, arrastavam suas filhas consigo. Como nos informa uma denúncia que se reporta a Lagoinha, onde

> Antônia ou vulgarmente 'Antonica'[...] tem umas filhas das quais uma se chama Joana e outra Teodósia, a qual juntamente com as tais filhas e outras [...] são mal procedidas e públicas meretrizes, admitindo homens em sua casa para fins torpes e desonestos.[55]

A relação de muitas mães e suas filhas também seria contaminada. Em plena sede do bispado mineiro, na cidade de Mariana, morava Inácia, "a Enforcada", que de 1745 a 1753 promoveu a prostituição de sua filha

> que é meretriz [...] sempre a mãe morou com ela na mesma casa, vendo entrar homens para tratarem torpemente com a dita sua filha sem que lhe proibisse, antes permitindo-lhe estes desaforos para que se sustentasse e vestisse pelo pecado da dita sua filha.[56]

As punições que alcançavam algumas dessas mulheres revelam de modo ainda mais contundente as condições de extrema miséria em que viviam. Um dos casos elucidativos a esse respeito envolve a preta forra Cristina, escrava trazida de Angola que foi presa na cadeia de Ouro Preto, cidade onde morava, depois que o visitador descobrira que ela negociava sua filha, a mulata forra Leandra. A mesma prisão, que deveria remir a transgressão, acentuava o estado de miséria, conforme apelo que Cristina dirige ao visitador:

> requeria ao dito senhor doutor visitador que atendendo a que era preta, pobre e velha, a sentenciasse sumariamente, atendendo aos muitos dias que na cadeia estava presa, sustentando-se de esmolas, de tal sorte que não tinha com que pagar aos oficiais a diligência de sua prisão nem ao carcereiro a carceragem.[57]

Se o binômio miséria e exclusão do mercado de trabalho transforma o cotidiano da sobrevivência das mulheres num verdadeiro inferno, oferece também a medida exata de sua enorme capacidade de luta e resistência naquela sociedade. Muitas mulheres precisaram adotar a prostituição como estratégia de sobrevivência e manutenção de suas unidades domésticas. Também homens, incapazes de prover seus lares como pais ou padrastos, negociavam suas filhas e dependentes.

Nessas situações, não poucos abusaram de qualquer laço de parentesco para garantir seu sustento. As prerrogativas da moral oficial pareciam ceder espaço às exigências do cotidiano. Muitos se mantiveram graças à caftinagem de parentes. Esses tipos pareciam se espalhar por toda Minas Gerais. Joana "de tal", mulher branca, caíra nas garras da pequena inquisição que o bispado realizava em Ouro Preto por "tratar ilicitamente com vários homens". O mais surpreendente era a postura do marido, que consentia em "razão dele não trabalhar, e quando carece de alguma coisa pede à mulher e não proíbe as saídas."[58]

Noutra parte, um certo rufião morador em Conceição dos Raposos, vivia de ajustar "casamentos" para sua enteada, levando para sua casa "os sujeitos com quem os ajusta [...] consentindo que os mesmos se desonestem com a dita sua enteada chamada Páscoa, só a fim de que estes lhe façam o seu serviço na roça".[59]

Além dos casos mencionados, em que os proprietários dissimulavam o comércio do corpo de suas cativas através do comércio ambulante, vale a pena dar voz às denúncias contra uma acusada exemplar. Trata-se de Maria Franca, que parece ter levado ao paroxismo a exploração de suas escravas quando habitava a freguesia de Nossa Senhora do Pilar, em Ouro Preto. Essa senhora de três negras, proporcionando carga desprezível para venderem em seus tabuleiros, permitia que elas ficassem "fora de casa muitas noites", sem "fazer disto caso, nem lhe tomar conta de outra coisa senão do jornal". Pressionada pelos grupos conservadores da comunidade, certa vez desabafara com desabrida sinceridade: "Não trouxera da Vila de São José as escravas que trouxe para fartar os moradores do Rio Abaixo". Zelosa de seu negócio, chegava a perguntar a suas escravas "com quem dormiam e quais eram os que melhor lhes pagavam".[60]

Parece que algumas casas chegaram a ser totalmente sustentadas por essa modalidade de exploração de escravas, tentando fazer do ventre cativo uma oportunidade de negócio. É expressivo o conselho de Manuel Lobo Pereira à escrava que explorava e que em consequência dessa atividade já tivera três filhos de pais desconhecidos: que deveria dormir "com negros para parir crioulos; e não [...] com brancos."[61]

A repressão da prostituição envolveu as forças do Estado e da Igreja no território das Minas. As visitações utilizaram com frequência o poder de prender e multar para obrigar as mulheres a retomarem o caminho reto. O Estado tentou restringir seu campo de ação e colocou os poderes policiais das câmaras para reprimir condutas erráticas. Por trás de tanto esforço estava com certeza a repressão à imoralidade e ao pecado. Outra leitura, no entanto, aponta para uma dimensão mais objetiva. As inumeráveis mulheres forras que se entregavam à prostituição funcionavam como máquinas de produção de mestiços livres, despejando "mulatos sem cessar".[62] E a mestiçagem não produzia apenas despesas públicas com as eventuais crianças enjeitadas nas ruas e calçadas; produzia um desequilíbrio "nas gentes" que parecia ameaçar a precária ordem social, uma vez que poderia estimular o crescimento da insatisfação dos grupos empobrecidos. Sem os laços verticais da relação senhor-escravo, os libertos, prontos a afirmarem sua condição, eventualmente mergulhavam no caminho da rebelião e do protesto. Ou, até mesmo, no não menos perigoso ócio, inviabilizador da função mercantil que enredava toda as Minas Gerais.

VIDA FAMILIAR E CULTURA POPULAR

Se no trabalho e nas ocupações que desempenhavam as mulheres tinham uma presença marcante, é na vida familiar, nesse pequeno e multiplicado mundo, que conseguiremos completar uma aproximação de suas reais dimensões no século XVIII.

A família em Minas foi marcada por um conflito permanente entre os poderes da Igreja, unidos ao do Estado, *versus* a cultura popular. Repetindo a estrutura familiar típica de tantas outras regiões coloniais, disseminam-se nas Minas as relações familiares de tipo consensual, apoiadas no compromisso informal entre as partes. O principal instrumento de combate a essa prática foram as visitações promovidas pelo bispado a fim de averiguar o comportamento dos fiéis e assisti-los em suas necessidades espirituais. A cada povoado que chegavam, os visitadores recebiam avalanches de denúncias sobre as mais variadas formas de relacionamento entre casais. Todas possuíam como elemento comum o fato de se tratarem de uniões livres, sem oficialização da Igreja.

O problema era velho conhecido da política ultramarina portuguesa e ocupava de modo permanente as orientações adotadas para o Brasil desde os primeiros tempos da colonização. Buscou-se então a disseminação da família legítima como forma de solucionar a vocação dos colonos para o amancebamento e resistência ao casamento oficial.

Com algum esforço, é possível notar nos primeiros séculos da colonização no Brasil leves ensaios do Estado metropolitano no sentido de estimular a formação de famílias legais. Para isso não contribuía muito a forma como havia se desenrolado o processo de povoamento, porque a emigração

> não se faz senão excepcionalmente por grupos familiares constituídos, mas quase sempre por indivíduos isolados que vêm tentar uma aventura, e que mesmo tendo família, deixam-na atrás à espera de uma situação mais definida e segura do chefe que emigrou. Espera que se prolonga e não raro se eterniza.[63]

Durante este tempo eternizado de espera, ao que parece foi muito frequente os portugueses entregarem-se às uniões com as índias, esquecendo-se, talvez ajudados pela distância, das obrigações do matrimônio. Faltando mulheres de origem portuguesa para se casarem com os pioneiros, nada mais natural do que buscá-las entre as populações nativas. Uma sugestão do padre Nóbrega aparece como a primeira proposta para resolver o problema, que aliás persistiria ainda por vários séculos:

se el-rei determina povoar mais esta terra, é necessário que venham muitas órfãs e de toda a qualidade até meretrizes, porque há aqui várias qualidades de homens; e os bons e os ricos casarão com as órfãs; e deste modo se evitarão pecados e aumentará a população no serviço de Deus.[64]

> Sua sugestão não seria a última. A falta de mulheres nas frentes de colonização justificaria a transferência de "mulheres fadistas" (designação curiosa para as meretrizes), que atormentavam as autoridades paulistas no século XVIII: "Porque será útil à terra e serviço de Deus mandá-las para Iguatemi, onde podem casar e viver como Deus manda. Contanto que não sejam velhas e doentes e incapazes de poder casar."[65]

Evidentemente, nada disso foi o bastante para assegurar o estável suprimento de mulheres portuguesas que fizessem par com os colonos e tampouco para que disseminassem a prática do casamento oficializado. Com o passar dos anos e a gradual consolidação do sistema colonial, as uniões livres não apenas se generalizariam como também seriam mescladas pela incorporação da população de origem africana. A miscigenação cedo definiria a presença marcante do mestiço na composição da sociedade, e a família legítima, de preferência envolvendo casais brancos, permaneceria como um projeto cada vez mais inalcançável.

DIANTE DA POLÍTICA FAMILIAR EM MINAS

A política de defesa do casamento para a constituição de famílias legais e o combate às uniões consensuais ganharia força redobrada nas comunidades que se formaram rápida e atropeladamente nas Minas Gerais. Com o desenvolvimento da mineração, a Coroa tomaria medidas mais consistentes em sua política familiar. Até então, tudo fazia crer que nas regiões tradicionais da colonização portuguesa o patriarcalismo dos grandes proprietários rurais substituiria a necessidade de ação mais efetiva do Estado na garantia de uma disciplina social.

Contudo, a sociedade que nasceu nas Minas Gerais detinha traços de grande originalidade. Seu caráter urbano, concentrando enormes contingentes populacionais, a extrema diversificação de atividades e a presença maciça de desclassificados sociais, homens livres, mestiços e escravos por jornal afastaram a possibilidade da constituição de relações apoiadas na tradicional dicotomia senhor-escravo e, ainda, não permitiram o exercício do poder absoluto por senhores e patriarcas. Em Minas, a direção da atividade de exploração aurífera exigia a organização e atuação do Estado sob novas bases. A metrópole precisaria desta vez assumir um papel mais contundente para o controle social das populações mineiras. E, efetivamente, após a montagem do aparelho administrativo e a definição da urbanização no território recém-povoado são tomadas as primeiras medidas objetivando normalizar os grupos sociais da região. Essa era a condição essencial não apenas para controlar os trabalhos de mineração, como, em última instância, para garantir através do fisco e do comércio a transferência de rendas à economia metropolitana.

E por que tantos esforços por parte dos poderes institucionais? A disciplina, a definição de papéis, a austeridade e a tolerância subjacentes ao modelo cristão de organização familiar tornavam-se elementos que justificavam os esforços da ordem temporal e espiritual. Cabia disciplinar não apenas os papéis sociais, mas também os afetos e o uso do corpo. No entanto, a vida cotidiana das comunidades mineiras pareceu resistir a tanta coerência. Mesmo perseguidas por múltiplos instrumentos punitivos que, com ferocidade singular, condenavam suas relações extraconjugais, as populações insistiam no seu próprio modo de vida familiar.

Ao lado da constante ameaça dos quilombos, da proliferação dos mestiços e dos conflitos cotidianos, "a falta de laços familiares da população foi outro fantasma que perseguiu as autoridades".[66] A expansão das famílias legítimas, peça vital da paz social que deveria sustentar o funcionamento do sistema colonial, passaria desde então a constituir um dos objetos centrais da ação do Estado.

Os anos vinte do século XVIII assistem ao grande despertar das autoridades para uma política sistemática de estabilização e disciplina da população mineira, quando as revoltas de Vila Rica e Pitangui ameaçam a continuidade da dominação colonial. Percebera-se então que "os povos das minas por não estarem suficientemente civilizados, estabelecidos em formas de repúblicas regulares, facilmente rompem em alterações e desobediências", conforme carta do rei ao governador conde de Assumar, sendo-lhe pela mesma recomendado:

> Procurai com toda a diligência possível, para que as pessoas principais, e ainda quaisquer outras tomem o estado de casados, e se estabeleçam com suas famílias reguladas na parte que elegeram para sua vocação, por que por este modo ficarão tendo mais amor à terra, e maior conveniência do sossego dela, e consequentemente ficarão mais obedientes às minhas reais ordens, e os filhos que tiverem do matrimônio os farão ainda mais obedientes.[67]

O matrimônio e seus desdobramentos naturais – mulher e filhos – procurariam responder ainda à instabilidade dos típicos habitantes de Minas, "moços e solteiros", aplacando assim sua concupiscência civil. Em carta ao rei em abril de 1722, o governador dom Lourenço de Almeida, que viera encarregado de "reduzir à melhor forma" os mineiros, ataca sua condição de solteiros, pois

> não tem que perder, por ser o seu cabedal pouco volumoso por consistir todo em ouro nem mulher e filhos que deixar, não só se atrevem a faltar a obediência e as justas [ordens] de Sua Majestade, senão também a cometerem continuamente os mais atrozes delitos.[68]

A vontade do rei, como ficaria claro na resposta do governador no mesmo ano, enfrentaria um dos habituais obstáculos decorrentes da natureza na colonização: a exiguidade de mulheres brancas de origem portuguesa. Alegava o governador ser impossível

> dar-se a execução essa real e santa ordem de Vossa Majestade, porque em todas estas Minas não há mulheres que hajam de casar, e quando há alguma que viesse em companhia de seus pais (que são raras), são tantos os casamentos que lhe saem, que se vê o pai da noiva em grande embaraço sobre a escolha que há de fazer do genro.[69]

Para então sanar tal dificuldade, o governador propõe:

> Um dos meios mais fáceis que há para que venham mulheres casar a estas Minas, é proibir Vossa Majestade que nenhuma mulher do Brasil possa ir a

Portugal nem Ilhas a serem freiras; porque é grande o número que todos os anos vão [...] e, se Vossa Majestade lhe não puser toda proibição, suponho que toda a mulher do Brasil será freira [...] e me parece que não é justo que despovoe o Brasil por falta de mulheres.[70]

A preocupação com o "crescimento de gente" que as autoridades manifestavam não se referia à população em geral. Ao contrário, o endereço certo das medidas para limitar o retorno das valiosas mulheres brancas era a elite social ("gente"), pois o desequilíbrio entre o número de mulheres brancas e os homens de mesma condição tendia a empurrá-los para relações (legítimas ou não) com mulheres negras ou mulatas. Sob a ótica metropolitana, ao (a)tingir a elite colonial, a miscigenação poderia acabar comprometendo a continuidade da

Os alcoviteiros facilitavam os encontros sexuais. Ligados à prostituição, também funcionaram bem para mancebias e concubinatos.

comunhão de interesses na relação colônia-metrópole. Chega a ser desnecessário lembrar que para a ideologia colonialista os mestiços, em geral libertos, representavam uma população indisciplinada e inquieta socialmente, desclassificados e desligados do sistema escravista-exportador. Toda ação estava orientada por um caráter nitidamente racial: tratava-se da preservação da pureza de classe dos "homens bons", o que, em última instância, reforçava a elite em âmbito local. Decorreram daí todos os esforços para que, através de certos casamentos, a ordem colonial pudesse ter sua continuidade garantida; esse fato fazia tão necessárias as "mulheres que hajam de casar", ou seja, as mulheres brancas. Sobre o assunto, um autor contemporâneo escreveria linhas clássicas:

> Os casamentos, e mais ainda as mancebias dos proprietários com mulheres pretas e mulatas, têm feito mais de três partes do povo de gente liberta, sem criação, sem meios de alimentar-se, sem costumes, e com a louca opinião de que gente forra não deve trabalhar; tal é a mania que induz a vista da escravatura.[71]

No mesmo sentido legislava-se com vistas à preservação da pureza racial como critério para o acesso a cargos de importância política e social na comunidade. O caminho era claro: a expressão do poder metropolitano no governo local deveria estar representada por homens brancos. O casamento com mulheres brancas no seio de comunidades com fortes valores de preconceito racial funcionava como um estímulo para a continuidade da pureza desses grupos. O padrão da identidade com o poder metropolitano seria então preservado por gerações. O Conselho Ultramarino, em 1725, sugerindo ao rei que fosse proibido aos "homens de cor" o exercício de cargos nas câmaras municipais, argumentaria:

> Desta forma ficarão aqueles ofícios dignamente ocupados e poderá conseguir-se que os homens daquele país procurem deixar descendentes não defeituosos, impuros, vendo que de outro modo não podem alcançar, nem para si, nem para os seus, os empregos de maior distinção e honra das terras em que vivem.[72]

A insistência em estimular a realização de matrimônios entre a população de pura descendência portuguesa é apenas uma face da política familiar adotada em Minas. A outra reflete um movimento em direção àquele grupo social desassossegado e desobediente – "o povo" –, nunca "suficientemente civilizado". Ao contrário da "gente", não se poderia exigir dos grupos populares pureza racial e, assim, as autoridades trabalhavam no sentido de, ao lado de um complexo e severo aparelho repressivo, difundir a prática do matrimônio, assegurado em bases legais pela Igreja. O casamento traria para estes grupos estabilidade, amor à terra e disciplina moral.

Em uma sociedade urbana como a de Minas, o Estado precisou estender seu controle sobre o sistema de alianças e parentescos que regulava o universo mais rasteiro da organização social. Somente assim poderia disciplinar desde a raiz a vida social dos grupos mineiros. Contudo, se este projeto pertencia ao domínio do Estado colonizador, não foi sua administração que cuidou de executá-lo. Quando muito, ela era capaz de centralizar o controle fiscal sobre o quinto do ouro e diamantes e exercer o poder de polícia na região. À Igreja, unida ao Estado pelos vínculos que haviam definido em Portugal o Padroado, coube o papel de executar a política familiar. Deste arranjo acabava por depender muitas vezes a estabilidade da ordem colonial.

O ESPANTALHO E A CARNE

Na base da ação eclesiástica de combate às uniões consensuais está a concepção cristã do casamento, sacramento que deve sustentar a "propagação humana, ordenada para o culto e honra de Deus".[73] Nesse sentido, para a Igreja mineira o casamento (re)aparece como o lugar da concupiscência, onde o desejo e a carne poderiam viver devidamente domesticados pela finalidade suprema e sagrada da propagação da espécie. O vínculo conjugal, sua indissolubilidade e estabilidade afastariam a luxúria dos casais, vivendo estes relações de obrigação recíproca de uma sexualidade disciplinada sob a vigilância dos padres e da ordem cristã. Sua disseminação, no entanto, dependeria do fim das práticas extraconjugais adotadas pela população. Embora intimamente associadas, a ação da Igreja se dividia em duas frentes muito nítidas: atacar as formas ilegítimas de relacionamentos e administrar a produção de matrimônios. Como não poderia deixar de ser, o concubinato seria o alvo preferencial dessa primeira frente. Nos compêndios da Igreja, o concubinato possuía uma definição vaga o suficiente para abarcar praticamente todos os delitos da carne entre um homem e uma mulher: "Uma ilícita conversação do homem com mulher continuada por tempo considerável."

Efetivamente, de que instrumentos dispunha a Igreja para isso? Como se sabe, a política religiosa em Minas era caracterizada pela proibição da fixação de ordens religiosas no território e por variadas limitações que, sob o Padroado, o Estado impôs ao clero secular. Dentre elas, nenhuma talvez tenha afetado tanto a Igreja quanto as constantes ordens de expulsão dos padres e frades da capitania. Embora haja uma forte tendência a considerar sua atuação definitivamente prejudicada em função disso, "não se deve carregar nas tintas desse quadro", pois procurou-se mais limitar seu número do que expulsar indistintamente a todos.[74] Tentava-se preservar aqueles que estivessem realmente no exercício de suas funções sacerdotais, perseguindo-se principalmente os prevaricadores. Houve assim espaço suficiente para a atuação de um clero local permanente que cuidava tanto da assistência espiritual quanto do controle sobre as condutas morais das populações sob sua jurisdição.

No que se refere ao controle sobre a vida familiar, nas paróquias as menores unidades administrativas em que se subdividiam os bispados assistiu-se a constantes intervenções dos párocos em uniões ilícitas. Havia uma luta cotidiana entre os clérigos e uma parcela da comunidade que resistia à aceitação de algumas condições da religiosidade oficial. Ainda que muitos acatassem sua autoridade, não deixariam de insistir no delito. A tolerância de alguns membros da comunidade às vezes se esgotava diante dos rigores da religião. Foi o que ocorreu na Vila do Príncipe, onde André de Tal coabitava com a parda forra Maria de Jesus. Antes de ali chegarem, o pároco de Rio Manso já os teria excomungado. A crise eclodiu em Vila do Príncipe "por andarem mal encaminhados, e o reverendo da capela os não quis admitir ao preceito, e por isso esta dita Maria de Jesus o descompusera publicamente na Igreja".[75]

Excomunhões e repreensões várias era o máximo a que poderia ir seu poder. Por esse motivo, muitas vezes os párocos trabalhavam conjugados com os vigários de vara, responsáveis pela administração das Comarcas eclesiásticas, subdivisão imediata do bispado e, estes sim, detentores de um poder de justiça eclesiástica. Suas atribuições eram vastas: cuidavam desde as punições contra delitos espirituais até a realização de casamentos e missas.[76] Seu poder judicial local seria requisitado sempre que as repreensões e avisos do pároco fossem insuficientes.

Contudo, as uniões consensuais envolviam um número muito grande de pessoas que o poder deste clero estava longe de controlar. O número de funcionários era muito pequeno para se ocupar, além da assistência espiritual corriqueira, da condenação de uma prática tão generalizada entre as populações. Por outro lado, a impossibilidade de instalação do clero regular na capitania gerou uma sobrecarga no trabalho de assistência exercido pelos seculares aí estabelecidos. Concorrendo para dificultar ainda mais a correção da conduta dos fiéis encontraríamos nas Minas um clero rebelde na aceitação da reforma eclesiástica implantada a partir do Sínodo de 1707. Párocos locais, avessos à subordinação em relação ao poder do bispo, fugiam de seu controle e administravam livremente os sacramentos, muitas vezes desconsiderando suas normas de regulamentação.

Ao mesmo tempo, a presença de clérigos extremamente indisciplinados não ajudava na consolidação de uma conduta religiosa. A desmoralização do clero espalhado pelas vilas mineiras certamente contribuiu para afastar a população da religiosidade oficial ou, pelo menos, proporcionou um desgaste entre alguns fiéis menos convictos. Em Vila do Príncipe, o padre Manoel Delgado Duarte "*tem em sua casa uma moça branca com o título de sua prima e murmura-se que ele trata com ela ilicitamente*".[77] Tempos mais tarde, nesta mesma vila, o reverendo Simão Peixoto seria denunciado em uma conflituosa e pública relação com uma preta forra chamada "a Rabu", com quem costumava brigar no meio da rua e cuja filha teria sido, inclusive deflorada pelo padre.[78] Outros, apóstatas, se envolveram em atividades de contrabando, bebedeiras e banditismo, conseguindo escapar das ordens de expulsão e prisão que sobre eles recaíram. Como então conseguir disciplinar a vida conjugal da população, já fracamente atendida na sua espiritualidade, com exemplos tão destoantes nascidos no interior do próprio corpo de funcionários da Igreja?

Uma segunda frente de ação específica deveria, em caráter complementar, cuidar justamente da administração dos matrimônios, para que o projeto de generalização dessas famílias tivesse sucesso. Entretanto, em Minas Gerais, como em outras regiões coloniais, à inocuidade da ação eclesial em território tão vasto somavam-se insuperáveis dificuldades institucionais que limitavam de maneira drástica a generalização desses enlaces. A grande maioria da população não podia arcar com as elevadas despesas cobradas pela Igreja para a realização dos casamentos. Para o trâmite dos processos eram exigidas numerosas certidões, a fim de afastar os impedimentos ao matrimônio estipulados pelo direito canônico e a possibilidade de bigamias. Com uma população extremamente móvel como era a mineira, os custos com tal burocracia aumentavam muito, pois os documentos deveriam, a princípio, acompanhar a vida dos noivos por todas as paróquias por onde haviam passado. Acrescidos a esses custos, exigia-se o pagamento do pároco para a celebração da cerimônia. Assim, a burocracia necessária ao casamento acabava por torná-lo extremamente caro. Um estudo feito a partir de uma perspectiva diversa, sugere, no entanto, que, para a população pobre e desclassificada, não seriam os obstáculos financeiros e burocráticos que impediriam o casamento. As contingências da desclassificação, como a mobilidade e a ausência de bens e ofícios, afastavam esses contingentes da vida conjugal.[79]

Ao lado de tais obstáculos havia ainda a impossibilidade de estender as relações conjugais à população escrava, para quem o casamento, por exigir certa autonomia, esbarrava no poder do proprietário.

O rigor institucional da Igreja para administração deste sacramento curiosamente acabava por jogá-la num insolúvel paradoxo. Se lançava mão de vários instrumentos coercitivos para intervir na vida familiar da população, não criava mecanismos apropriados para que a população sem recursos vivesse sob a conjugalidade cristã. Ao deixar de atender com a generalização do casamento às demandas de grande parte da população, a Igreja evidentemente acabou por condenar o projeto de disseminar famílias legítimas.

Sintetizando a questão da realidade da ação eclesial no Brasil colônia:

> Se o Estado incentivava a multiplicação dos casamentos em todas as camadas sociais, pois defendia o princípio de que uma nação rica é uma nação abundantemente povoada, a Igreja colocava obstáculos que só eram revirados à custa de dinheiro para os cofres eclesiásticos.[80]

Diante das limitações institucionais, multiplicaram-se as relações livres e consensuais à margem do controle da Igreja. No conjunto, do qual a restrita elite mineira não faz parte, o concubinato se constituiu na relação familiar típica dos setores intermediários e grupos populares.

A população mineira que, em sua grande maioria, não dispunha de condições materiais para ter acesso ao casamento, viveu espremida pelas contradições da Igreja na condução de sua política religiosa. Se o clero secular e as visitações diocesanas intervinham tentando lutar contra as práticas extraconjugais, a incapacidade institucional da Igreja de facilitar o acesso ao matrimônio impossibilitava a constituição de famílias legítimas.

Naturalmente tal contradição na política religiosa não irá gerar apenas famílias fora dos padrões cristãos. De uma maneira geral esta resistência em aceitar as limitações impostas pela Igreja iria ocorrer em um universo em que a religiosidade popular costumava se afastar muito da oficial. Diante desse espantalho, as comunidades persistiram em seu modo de vida distinto das determinações exigidas pelo cristianismo. O cotidiano acabava por vencer as instituições que deveriam agir na moralização e normalização social.

A face do fracasso de todo o esforço institucional aparece na generalização das relações extraconjugais em Minas. A ordem social continuaria no século XVIII vislumbrando à distância a família legítima, decerto uma necessidade para a dominação colonial, mas uma utopia diante dos instrumentos de poder temporais e espirituais. A dominação colonial teve de passar sem ela.

O SENTIMENTO AMOROSO

O convívio familiar nas uniões ilegítimas apresentava traços oscilantes entre dois extremos que se confundiam: a excessiva violência ou o amor excessivo. Na convivência entre homens e mulheres das comunidades mineiras seriam evidenciadas condutas firmadas em um cotidiano no qual os padrões da Igreja pouco participariam. Nesse sentido revelariam uma ordem familiar com conflitos às vezes bem violentos, mulheres pouco passivas em seus papéis, atitudes de estabilidade contrárias à ordem escravista e comprovações extremadas de afeto. É possível iniciarmos a complicada tarefa de estudar os sentimentos e as atitudes condenadas exatamente nos documentos que relatam atos de luxúria aos olhos da Igreja.[81]

Se ouvirmos com atenção o discurso da Igreja, não será notada diferenciação entre afeto e violência. É possível perceber que os visitadores episcopais que julgavam os comportamentos da população não distinguiam qualitativamente o parceiro que espancava sua mulher daquele que lhe dedicava um afeto extremado. Vejamos algumas ilustrações entre muitas que poderíamos expor. Na acusação dirigida ao tenente Manoel de Marins, em Itaverava, foi afirmado seu amancebamento com a preta forra Josefa, solteira, porque, entre outros agravantes, "ele lhe demandava zelos e por cujo respeito algumas vezes lhe dá algumas pancadas".[82] Outro homem, Corrêa, foi acusado do mesmo crime com uma negra forra chamada Rosa: capitão do mato que "continuamente anda com ela com zelos dando-lhe muitas pancadas tratando-a como a sua manceba".[83]

A relação entre zelo e violência, que nos parece bastante paradoxal, em verdade é a chave desse discurso. Como conhecemos hoje em dia *zelo* tem a acepção de cuidado, desvelo, pontualidade e diligência em qualquer serviço e, menos frequentemente, pode significar afeição íntima e até ciúmes.[84] Neste sentido, a acusação de *zelo* parece sintetizar a solução para a condenação da paixão e do afeto fora do casamento numa região em que a Igreja havia sido incapaz de difundir esse sacramento. Na concepção da Igreja, o matrimônio sacramentado que triunfa a partir do século XIII europeu correspondia ao único lugar do desejo.[85] Embora extremamente regulado em todas as suas dimensões, somente aí era lícito cumprir a "dívida conjugal" entre o homem e a mulher. Passava a ser um direito do marido exigir o pagamento da dívida através da violência e coerção física.[86] Tudo deveria concorrer para um só fim: a procriação. Como se sabe, a Igreja defendia um casamento eminentemente austero em que o prazer e a volúpia deveriam permanecer proscritos. O ato sexual era um dever a ser cumprido com serenidade e pureza na alma para que os prazeres da carne não contaminassem o espírito, afastando o homem de Deus. A presença do ardor no ato significava incorrer no mortal pecado da luxúria, onde a paixão rompia a domesticação.

O caráter indisfarçável, público, de um convívio afetuoso, se no discurso da Igreja podia transparecer uma afronta, evidenciava a incorporação e legitimidade de determinadas práticas na cultura popular. Assim é que, na freguesia do Inficionado, Ignácio Franco que vivia com a mulata forra Maria "dá gravíssimo escândalo ao mundo por trazê-la a cavalo à missa e tratá-la com fausto".[87] Efetivamente, a recorrência desse tipo de caso nas vilas mineiras parece comprovar a existência de uma cultura em que o hábito de ir à missa e aos cultos não conflitava com o desvelo público dedicado àquela com quem se vivia sem ser casado. Um morador em Sabará fazia sua parceira seguir sempre montada a cavalo acompanhada de um pajem e tratada "com muito garbo".[88] Pedro Bartolomeu, na mesma freguesia, coabitava com a crioula Luiza, e "a não manda trabalhar e [...] lhe dá demasiada confiança (...)".[89]

Na vida cotidiana das comunidades não faltariam atitudes e práticas para reforçar a legitimidade social que alcançaram as uniões ilegítimas. Os laços de Bartolomeu com a negra forra Maria da Costa ficaram declarados mais ainda quando, "haverá três semanas pouco mais ou menos que foi o dito Bartolomeu comprar um capado a uns negros [...], dizendo era para a dita Maria da Costa".[90] Em Itaverava, um sargento-mor cedia suas escravas para sua amásia Francisca parda e, como se não bastasse, levava a negra até sua casa para servir à mesa nas ocasiões de banquetes, quando, junto a outros convidados, bebiam todos à saúde dela.[91]

Além de as uniões ilegítimas confrontarem-se com a moral da Igreja, algumas enfrentavam ainda a ordem escravista. Para espanto dos visitadores, algumas denúncias referiam-se ao tratamento que proprietários-parceiros dedicavam a suas escravas-parceiras: o alfaiate Tomé Moreira vivia amigado com sua negra, que era vista "calçada e bem vestida".[92] Sabia-se até de um homem já falecido cuja parceira "andava muito asseada" e que foi libertada no testamento do proprietário.[93] Em verdade, esses pequenos indicativos de bom tratamento registrados com uma inegável carga de preconceitos repetiam-se, sendo alguns mais elucidativos para a compreensão de sua dimensão. Eles, contudo, não devem nos fazer crer em uma rósea imagem da escravidão.

CRIANÇAS

A vida familiar era ainda acompanhada pela presença marcante de crianças. Raros eram os casais com uma relação estável, repartindo ou não o mesmo domicílio, que não tinham crianças. Apesar de as difíceis condições da vida material na região sugerirem uma elevada taxa de mortalidade infantil, as crianças integravam decisivamente o contexto familiar. Indiscutivelmente ocorreram com frequência abandono de filhos à porta de pessoas abastadas, abortos naturais ou voluntários e a morte de *anjinhos* entre a população mais empobrecida, mas a vida familiar não transcorria sem crianças. A celebração de sua presença através do batismo chegaria a ser um dos principais momentos de confronto entre a ordem legal e a vida cotidiana da população. Para essas famílias não havia qualquer obstáculo em conviver com filhos de relacionamentos consensuais. A intermediação da religião era apenas uma alternativa a mais para demarcar a presença de filhos na vida familiar. O batizado, ao que parece, estava entre os sacramentos que alcançaram maior difusão; significava um motivo para celebração. De fato, o caráter legal ou não legal dos relacionamentos parecia não importar para o sentimento de afeto e o reconhecimento da paternidade das crianças.

Pouco discreto, Pedro de Affoncequa estava amigado em Ouro Preto com uma mulata "de quem tem filhos e tem feito festas para eles".[94] Na mesma cidade, Francisco, após o parto de sua companheira, teria convidado muita gente para a festa de batismo e ainda "fez banquete".[95] Parecido foi o caso de Caetano da Costa Gonçalves para cujos filhos, que teve com uma parda com quem coabitava há anos, "fez batizado com fausto e gala".[96]

Através do compadrio e do reconhecimento da filiação parecia definir-se a resistência cultural dessa população que não apenas enfrentava a Igreja, mas ameaçava a própria ordem colonial. Ao ampliar as relações de solidariedade para além do casal original, passando a constituir relações de parentesco generalizadas entre pares da mesma condição, dilatavam as redes de solidariedade e reduziam a fluidez presente entre setores empobrecidos. Desse modo, afirmava-se uma moral e um sistema de alianças que passavam ao largo da institucionalização que o Estado e a Igreja tentavam promover. Sua importância maior reside no fato de se estabelecerem em uma população com origens tão diversas e de composição tão variada. Ao lado dos quilombos, dos batuques e das pequenas vendas, o compadrio parece sustentar uma solidariedade forjada pelo cotidiano dessas populações.

DOMICÍLIOS E ATUAÇÃO FEMININA

A estabilidade nas uniões consensuais instituídas entre as camadas populares possibilitou uma divisão de papéis no domicílio caracterizada por uma maior atuação feminina do que a prevista no casamento cristão. O verdadeiro estímulo para a definição de papéis não foi o discurso teológico que fixava a submissão feminina no casamento, mas as exigências de um cotidiano em que era vital a repartição de tarefas ou a transferência de papéis para a sobrevivência do grupo doméstico. Mesmo com a presença do parceiro nestas uniões, à mulher cabiam funções determinantes para sua manutenção: umas ocupadas no pequeno comércio, outras na administração da casa e dos negócios do companheiro, permanentemente ou em sua ausência.

Algumas vezes a atividade econômica desempenhada por mulheres ocorria por exigência masculina, como fez Antônio da Silva Pinto, "amigado com uma crioula [...] de quem tem filhos que morreram e agora a pôs a lavar roupa". De outra parte, longe dos papéis que a religião determinava, o trabalho feminino representou importância vital para a manutenção de domicílios em que os parceiros encontravam-se doentes, como a vendeira Isabel de Camargo, que "tem em casa um homem que dizem estar doente [...] e se diz andar com ele amigada", ou uma paulista cujo nome o denunciante desconhecia, que vivia com seu companheiro tendo "estado por duas vezes muito mal e sabia que é esfalfado".

A atuação feminina foi também marcante na chefia de domicílios.[97]

Um certo padre Antônio Delgado, que morava no Rio das Pedras do Milho, vivia com uma mulata em sua casa que o denunciante "não sabe se é forra ou cativa (...) que era ela que lhe governava a casa e os negros".[98] No Distrito de Itambé, Jerônimo Vieira Magno e a preta Luzia Vieira receberam uma acusação parecida. Segundo testemunhas, ela

> estava com negócios de venda patrocinada pelo dito [em um distrito próximo, mas], passado alguns tempos a tornou a trazer para sua casa, onde de presente assiste com atualmente domicílio, pondo e dispondo das coisas do dito [...], não obstante que há coisa de quinze dias pouco mais ou menos se ausentou o dito para o Tejuco do Serro, deixando a dita em sua casa.[99]

José da Costa Meira, também morador próximo a Itambé, permitia à preta forra Maria Vieira "lhe governar a casa", pelo que levantou a suspeita de ter com ela tratos ilícitos e desonestos.[100]

Se para a Igreja a atuação feminina em determinadas funções domésticas parecia ultrapassar os limites desejáveis da moral cristã, é necessário situar a importância da associação entre o trabalho feminino e a economia doméstica. Como nas sociedades tradicionais da Europa ocidental, nos núcleos urbanos mineiros a vida doméstica encontrava-se intimamente associada ao trabalho produtivo.[101] A produção de gêneros para o pequeno comércio assumiu nessas comunidades uma importância vital para o abastecimento das populações.

Tal associação ficava ainda mais evidenciada quando, além de administrar a casa, as mulheres atuavam no pequeno comércio. A mancebia aqui aparece nitidamente como uma estratégia para manter o domicílio administrado e os negócios sob proteção em uma região onde as atividades econômicas masculinas exigiam certo absenteísmo.

Ao que tudo indica, entre as camadas empobrecidas a divisão dos papéis obedeceu muito mais às necessidades econômicas que qualquer preconceito sexual na distribuição de tarefas. A transferência da chefia

Nas casas de alcouce, ou prostíbulo, homens e mulheres se reuniam para fazer "saraus e galhofas", "velhacarias e manganagens".

dos domicílios para a mulher nos núcleos familiares simples tornou a atuação feminina tão mais importante quanto mais íntima era a associação entre vida doméstica e trabalho produtivo.

ATITUDES DE RESISTÊNCIA

Como resultado da luta entre os instrumentos da cultura dominante e a resistência dos grupos sociais desclassificados, resgata-se um rico universo de comportamentos. Assim, se a política religiosa em seu conjunto não foi capaz de ser vitoriosa na cristianização da vida familiar nas Minas, nem em parte autorizou a sobrevivência das organizações familiares espontaneamente formadas entre a população, a vida familiar não escapava da vigilância da Igreja. Do embate entre a ação religiosa e os comportamentos familiares cotidianos iria nascer uma resistência dos grupos através de toda a sorte de relacionamentos em que tivesse lugar a solidariedade, o afeto e a necessidade.

A Igreja, por meio das visitações e de seu clero permanente, não combatia apenas as uniões consensuais que obedecessem à definição canônica de concubinato. A linguagem utilizada na documentação pelos escrivães das Devassas era reflexo disto. O sentido vago de concubinato era facilmente substituído por "tratos ilícitos", "amigados", "comete pecado", "mal encaminhados", "comércio ilícito", "mancebia", "amigamento", ou "amancebado".

O pleno vigor da vida familiar aparece traduzido nos ritos envolvendo diferentes esferas em seu cotidiano, quer houvesse ou não coabitação. Assim, não apenas a coabitação e a presença de filhos eram elementos para caracterizá-la, mas também partilhar refeições, ir juntos a missa, utilizar em comum os bens (inclusive escravos), conversar continuamente, fazer com certa frequência visitas diurnas ou noturnas, demonstrar carinho, atenção ou cuidado. Tudo podia servir de evidências suficientes para marcar a existência de união entre um casal.

Em certa denúncia aparece a vida plenamente familiar de Estêvão da Mota e Joana, sua escrava, moradores em Carijós que há dois anos viviam unidos. Iam à missa juntos, quando ele então a carregava grávida na garupa de seu cavalo. O feitor de Estêvão até já "o vira estar no ato pecaminoso com a dita sua escrava na cozinha de sua casa".[102] Em Borda do Campo, Amaro Ferreira e Josefa Preta forra moravam juntos e, numa relação de intimidade familiar, ficavam "ambos à sua porta a conversar um com o outro".[103] Outro casal que formava uma família e certamente fora atingido pelos rigores da Igreja foi aquele formado por João Luís Branco e uma mulata com quem coabitava. Ela sempre se fazia acompanhar por um pajem e cavalgava no cavalo de seu parceiro João.[104]

Até mesmo famílias sólidas se formavam longe do casamento, como a de José da Costa e a parda Maria Ferreira, que habitavam em Conceição dos Raposos "com tanta liberdade que tratavam como se fossem casados em face da Igreja com escravos um do outro trabalhando sem diferença e tomando ele dito José da Costa despiques e satisfações por conta da concubina [...] e que ambos são solteiros".[105] Isto ocorria também entre a preta forra Vitória Francisca e seu companheiro Ambrósio que "governava a casa castigando os escravos" da companheira.[106] A administração do domicílio representou de fato um ritual importante na demarcação da solidez da relação.

Não foi apenas nos relacionamentos em que ocorreu coabitação que se assistiu a rituais tradicionais de laços familiares. As pressões contrárias às uniões consensuais geraram inúmeras famílias com seus membros em moradias distintas. Nesse quadro, os rituais familiares ganhavam outra dimensão. Em São Sebastião, Leandro de Castro convivia desde longa data com uma mulher viúva. Visitava com frequência a casa da parceira e "os filhos dela o tratam por pai, não sendo com ela casado".[107] Igual independência permeava o relacionamento do casal formado em Vila do Príncipe por José Francisco e d. Francisca Antunes, viúvos, "entrando e saindo em casa dela, e com ela fazendo jornadas de uma parte para outra".[108] O mesmo faria o carpinteiro Bento de tal que vivia nesta vila com uma crioula "trazendo-a publicamente em sua companhia e quando foi trabalhar pelo seu ofício de carapina".[109]

Vivendo separados, muitos casais partilhavam as refeições como uma maneira de se encontrarem.[110] Em Conceição do Mato Dentro, Tomé Pereira da Costa "entra e sai várias vezes em casa de uma negra forra por nome Joana a qual ele diz lhe faz de comer por não ter quem lho faça".[111] Realizando ainda vários outros atos de um relacionamento conjugal, além de comer juntos, estaria o casal formado pelo Tenente Manuel de Marins e Josefa preta forra. Ele frequentava tanto de dia quanto de noite a casa da parceira e ao tenente ela assiste "com roupa caiada e manda de sua casa para dela o comer quando ele não vai comer em casa dela".[112] Mesmo separados, o exercício de afeto e de solidariedade estavam presentes entre os casais.

Num primeiro momento, as uniões estáveis com coabitação representavam um desafio frontal ao poder da Igreja. A coabitação entre um homem e uma mulher que não fossem oficialmente casados era a evidência maior da existência de relacionamento entre eles. Senhores com escravas, casais solteiros, parentes são os componentes do vasto público culpado em "primeiro lapso de concubinato" nas devassas mineiras. Os olhos atentos da Igreja não deixavam escapar a menor evidência.

Isso não impedia que alguns casais insistissem em tornar público seu relacionamento, sem aparente preocupação com a força da Igreja. Um sargento-mor em Ribeirão de Santa Bárbara dedicava grande carinho e estimação a uma de suas escravas, "de sorte que quando vem à missa traz ela as mais escravas atrás de si como se fosse senhora".[113]

Os desviantes estabeleceram com a justiça eclesiástica um jogo de confrontação e resistência, pois raramente escapavam das acusações de "primeiro lapso de concubinato", mas tentavam evitar outras condenações pelo mesmo crime. Não que desistissem de relacionamentos extraconjugais, mas adotavam estratégias que os colocassem longe da parcela vigilante da comunidade e da Igreja repressiva. Como vimos, a separação domiciliar e visitas noturnas eram algumas das formas encontradas para fugir de suspeitas. Com este mesmo objetivo alguns homens alegavam parentesco com a mulher com quem compartilhavam o teto ou justificavam o convívio através de promessas de casamento.

Nem todos pareciam dispostos a alterar a união após a primeira punição, insistindo no desafio à justiça. Embora a grande maioria dos acusados assinasse o termo de culpa e prometesse não mais ser acusado do mesmo delito, pagando inclusive uma multa, uma parcela considerável voltava a incorrer no mesmo crime anos mais tarde. O "segundo lapso" acarretava multa mais pesada e aproximava os transgressores da prisão. A pequena frequência com que ocorriam condenações por reincidência neste grau sugere que muitos casais não esperavam chegar até lá para separar as moradias ou adotar qualquer outra estratégia.

A FAMÍLIA FRACIONADA

Em meio a este rico universo de comportamentos pautados na resistência cultural, nasceria por todo o território das Minas Gerais uma estratégia familiar invariavelmente adotada pelos que, tentando escapar de denúncias durante as visitações e de outras formas de repressão, separavam o relacionamento em moradias distintas.

No calendário cristão ao menos uma vez por ano exigia-se a confissão e a comunhão por parte dos fiéis. Assim, era por ocasião do preceito pascal que párocos locais ou missionários itinerantes propiciavam a desobriga (confissão e comunhão) aos fiéis das Minas Gerais. Só estariam aptos a recebê-la aqueles que estivessem vivendo conforme as exigências cristãs.

Estabelecia-se então uma confrontação entre os comportamentos cotidianos por parte de uma significativa parcela da população que vivia concubinada e o poder dos padres. Para receber os sacramentos da Igreja exigia-se uma conduta compatível.[114] Mas parecia ser grande a flexibilidade existente na moral da população, pois estabelecer relações familiares completamente fora das normas da Igreja não lhes impedia de recorrer à comunhão e confissão anuais por ocasião da Páscoa. A fé parecia habitar em consciências muito tranquilas.

No momento do confronto, a fé aparentemente ganhava maior importância que os comportamentos estabelecidos no cotidiano. E, diante da impossibilidade de obter os mínimos sacramentos anuais, muitos se separavam para ficarem em dia com as obrigações cristãs. Mas eram atitudes passageiras. Procediam como Lourenço Ferreira, "amancebado com uma preta sua escrava chamada Madalena, que tem de portas adentro [...] e que pela quaresma obrigado do reverendo Pároco a lançou fora de casa e depois a tornou a recolher".[115] Da mesma forma agiria o grupo familiar de Antônio Corrêa "amancebado com Anna preta forra de quem tem um filho" e "o reverendo vigário não quis desobrigar e lhe a pôs fora o que fez porém a tornou a recolher".[116] Falsos pretextos, escaramuças, falsas separações e parentescos serviam para lograr a ação de um clero um tanto incapacitado na administração das condutas locais. Obtinham sucesso também com os padres missionários que no início do povoamento do território "percorriam as capelas do interior para a 'desobriga', isto é, para que todos pudessem cumprir o preceito da Igreja".[117] Aqui, novamente, a ameaça de perder o direito à confissão forçava separações. Manoel de Almeida Magalhães que estava amigado há dois anos no Sumidouro com uma preta forra, "com a chegada dos missionários a lançou fora de casa".[118] A coabitação era um estigma.

Assim, diante desses instrumentos repressivos cada vez mais eficazes no combate à dissolução das uniões, estratégias vão sendo montadas pelos casais com projetos mais estáveis para evitar a repressão. É neste contexto que tem lugar o aparecimento da família fracionada. O traço indispensável para sua formação, independente da forma como transcorrerá sua evolução, é a estabilidade do relacionamento. Assim, levando isso em conta, havia nitidamente na formação da família fracionada um projeto familiar único entre os que desejavam manter a estabilidade dos relacionamentos. Envolvia o desenvolvimento de um sentimento que se manifestaria em um gênero de vida comum, na solidariedade afetiva e material e na realização de rituais privados.

Uma das modalidades dessas famílias fracionadas instaura um processo complexo. Sua evolução atravessa alguns percalços até se definir completamente pela separação da unidade doméstica como solução final. Conhece como ponto de partida a resistência através da coabitação, normalmente causadora de uma primeira punição, para, somente depois, alcançar o momento da repartição completa das moradias. Embora as relações familiares permaneçam, a mulher conhece nessa segunda modalidade uma dependência maior, estando geralmente privada de autonomia. Em inúmeras situações, o esforço em preservar o espaço da afetividade exigia dos parceiros a construção de moradias para abrigar a mulher e os filhos.

O caso de Apolinário da Silva seria um retrato expressivo da evolução pela qual passaram os relacionamentos até alcançar a família fracionada. Narra uma zelosa testemunha:

Homem solteiro, morador nesta freguesia (dos Carijós) teve de suas portas adentro uma mulher branca, por nome Joana Antunes e que com ela dormia na mesma cama, como ele testemunha viu, e que sem embargo de que havera mais de um ano que ele lhe mandou fazer neste arraial uma casa para onde ela se mudou, e atualmente vive, que contudo sabe ele testemunha pelo ver, que o dito Apolinário da Silva ainda frequenta a dita casa, e que nela entra publicamente com escândalo, indo a ela vestir-se e despir-se quando vem a este arraial, e outrossim disse que sabia pelo ver que ele em tudo a trata como sua manceba, mantendo-a e sustentando-a de todo necessário, pois lhe manda de sua roça.[119]

A família fracionada aparece como a mais perfeita síntese desse amplo processo cultural: casais abriam mão da coabitação para manter a união sem perigo da exclusão religiosa. O sentimento amoroso na cultura popular resistiu ancorado nesse modelo de família para preservar o afeto e protegê-lo da repressão dispersiva das instituições da cultura dominante.

A HISTÓRIA DAS MULHERES EM MINAS GERAIS

A história das mulheres em Minas Gerais mistura em doses equilibradas elementos de extrema originalidade. De um lado, ao investigar essa história, descortina-se um universo de significativa participação das mulheres nas práticas sociais e na economia, ao contrário do que sempre pareceu constituir submissão e passividade, outrora marcas da presença feminina na história do Brasil. Por outro lado, ao revelar imagens opostas à tradição, as mulheres mineiras não diferem em termos significativos das mulheres na sociedade paulista ou no Rio de Janeiro, nas capitanias do Nordeste ou mesmo em Portugal. O avesso já faz parte das percepções da moderna historiografia sobre as mulheres. Em muitas dessas regiões, as mulheres enfrentaram normas dominantes, preconceitos, perseguições, seja da Igreja, seja do Estado ou da administração colonial, para forjar um caminho de participação social e econômica possível.

O que deve ser levado em conta para a compreensão da história das mulheres nesse recorte específico das Minas do século XVIII é que sua sobrevivência transcorreu sob um quadro incomum de tensões políticas e pressões da cultura dominante. Em nenhuma região colonial do Império português o nível de tensões teria alcançado as proporções que teve nessa região, onde colonos e colonizadores disputavam cada grão de ouro com uma voracidade inigualável.

Motins contra impostos, revoltas envolvendo levantes armados, batalhas, destruição de propriedades, formação de quilombos e revoltas escravas, ataques de índios bravos, inconfidências, como a de Curvelo (1761) e a Mineira (1789), formaram uma pesada corrente de tensões. Protestos e violência cotidianos vicejaram na região, refletindo um desassossego em condições-limite. Parece mesmo não ter havido instantes de paz possível para administradores, funcionários reais, autoridades e qualquer um que integrasse o projeto colonizador na região. Nunca foi tão duro o *aprendizado da colonização* como nas Minas Gerais do século XVIII.

Para conter essa carga de protestos, prosperou um inventário de medidas repressivas que acabaram por valorizar de certo modo o destemor das mulheres mineiras desenhando seus verdadeiros contornos, seja como alvo direto da repressão ("negras de tabuleiro", prostitutas, concubinas), seja como agentes sociais em quem se projeta o programa normalizador institucional: esposa, mãe, devota.

Lidar com tais ambiguidades parece ter sido o desafio. Sob esse quadro de tensões extremas, o cotidiano feminino saiu fortalecido. Se pesadas e rigorosas foram as medidas para controlá-lo, hábeis e engenhosas foram as alternativas de sobrevivência encontradas para transgredi-las.

NOTAS

(1) Este artigo condensa temas desenvolvidos em livro de nossa autoria: *O avesso da memória:* cotidiano e trabalho da mulher em Minas Gerais no século XVIII, Rio de Janeiro: J. Olympio, Brasília: Edunb, 1993. [pref. de Laura de Mello e Souza]; e na dissertação de mestrado defendida junto ao Departamento de História da Universidade de São Paulo intitulada *Barrocas famílias:* vida familiar em Minas Gerais no século XVIII. São Paulo, 1989. [publicada em 1997 pela editora Hucitec].

(2) John Mawe, *Viagens ao interior do Brasil*. Belo Horizonte: Itatiaia, 1978.

(3) Maria Odila Leite S. Dias. *Quotidiano e poder em São Paulo no século XIX*. [pref. Ecléa Bosi]. São Paulo: Brasiliense, 1984. p. 116.

(4) Edital de 8 de novembro de 1785, *Repertório geral ou índice alfabético das leis extravagantes no reino de Portugal ordenado pelo desembargador Manoel F. Thomaz,* 1843.

(5) Luis R. B. Mott. Subsídios à história do pequeno comércio no Brasil. *Revista de História*. 1976, v. 53, nº 105, p. 81-106; Liana Maria Reis. Mulheres de ouro: as negras de tabuleiro nas Minas Gerais do século XVIII. *Revista do Departamento de História*. CNPq/Departamento de História-FAFICH-UFMG, nº 8, p. 72-85; Maria Odila da Silva Dias. Nas fímbrias da escravidão urbana: negras de tabuleiro e de ganho. *Estudos Econômicos*. São Paulo, nº 15, p. 89-109, 1985.

(6) A. J. Antonil. *Cultura e opulência no Brasil*. 3.ed. Belo Horizonte: Itatiaia, 1982.

(7) Bando de 28 de fevereiro de 1714. Arquivo Público Mineiro (doravante APM). Seção colonial (doravante SC), v. 11, cód. 6, fl. 10.

(8) Bando de 21 de novembro de 1719. APM. Câmara Municipal de Ouro Preto, cód. 6, fls.16-18.

(9) Edital da Câmara Municipal de São João del Rei de 13 de janeiro de 1720. *In*: Samuel Soares de Almeida. *Memória histórica do município de São João del Rei*, 1674-1752 [comp. ms.]. São João del Rei, 1918. p. 201.

(10) Bando de 17 de julho de 1720. APM. SC, cód. 11, f. 286. Para um quadro completo das medidas contra as vendas em Vila Rica no contexto da revolta, ver Feu de Carvalho. *Ementário da História de Minas:* Felipe dos Santos na sedição de Vila Rica, 1720. Belo Horizonte: s.Ed., s.d., part. cap. XV e XVIII.

(11) Bando de 12 de agosto de 1720. APM. SC, cód. 11, ff. 292-92v.

(12) Novas Posturas de outubro de 1734. Câmara Municipal de Vila do Carmo. *Apud Anuário do Museu da Inconfidência*, 1955-1957. p. 81; e Edital de 2 de agosto de 1740. Arquivo Histórico da Câmara Municipal de Mariana (doravante AHCMM). liv. 152, fl. 9-9v., respec.

(13) Edital de 15 de maio de 1756. AHCMM. liv. 143, fl. 134-135.

(14) Edital de 2 de abril de 1778. AHCMM. liv. 143, fl.190v-191.

(15) Arquivo Eclesiástico da Arquidiocese de Mariana (AEAM). Devassa, julho de 1762 a dezembro de 1769, f. 70.

(16) Bando de 11 de setembro de 1729. *Apud* Augusto de Lima Jr. Um município de ouro (memória histórica). *Revista do Arquivo Público Mineiro*. v. 6, 1901.

(17) Bando de 3 de novembro de 1732. APM. CMOP, cód. 6, fl. 148.

(18) Esses valores estão apresentados de maneira mais detalhada em nosso livro *O avesso da memória*. *Op. cit*. p. 54-57.

(19) Representação do secretário de governo de Minas, Manuel A. de Azevedo ao Rei, em 1732. *In:* Waldemar de Almeida Barbosa. *Negros e quilombos em Minas Gerais*. Belo Horizonte: s.Ed., 1972. p 120-123.

(20) *Id. ibid.*

(21) AEAM. Devassas, maio de 1753 a dezembro de 1753, f. 133v.

(22) AEAM. Devassas, julho de 1762 a dezembro de 1769, f. 67.

(23) Clamor da Câmara da Vila de São José, 30 de setembro de 1744.

(24) APM. SC, cód. 7, f. 12v-13.

(25) AEAM, Devassas, dezembro de 1747-fevereiro de 1748, f. 27.

(26) Repr. em Waldemar de Almeida Barbosa. *Op. cit.*, p. 122.

(27) AEAM. Devassas, julho de 1733, f. 95v.

(28) Bando de 1º de dezembro de 1710. APM. SC, cód. 7, f. 12v-13.

(29) Arquivo Histórico da Câmara Municipal do Serro. Registro de presos, 17621803, f.16.

(30) Edital de 15 de março de 1749. AHCMM. liv. 143, f. 5-5v.

(31) Caio Prado Jr. *Formação do Brasil contemporâneo:* colônia. p. 354.

(32) Documentos Interessantes. v. XXII, p. 104. Citado por Guido Fonseca. *Op. cit.*, p. 43.

(33) Bando de 2 de dezembro de 1733. Citado por Aires da Mata Machado Filho. *Arraial do Tijuco, cidade diamantina*. 3.ed. Belo Horizonte: Itatiaia, São Paulo: Edusp, 1980.

(34) Auguste Saint-Hilaire. *Viagem às províncias do Rio de Janeiro e Minas Gerais*. Belo Horizonte: Itatiaia, 1975. p. 64.

(35) *Apud* Laura de Mello e Souza. *Desclassificados do ouro*; a pobreza mineira no século XVIII. Rio de Janeiro: Graal, 1982. p. 181. Ver part. subcapítulo "Prostituição".

(36) Auguste de Saint-Hilaire. *Op. cit.*

(37) Edital de 26 de setembro de 1748. AHCMM. Registro de Editais, liv. 152.

(38) "Impostos na capitania...". *RAPM*, 2, 1897. p. 287-311.

(39) AEAM. Devassas, maio a dezembro de 1738, fl. 42-51.

(40) AEAM. Devassas, janeiro de 1767 a maio de 1768, fl. 27.

(41) AEAM. Devassas, 1756-1757, fl. 9.

(42) AEAM. Devassas, outubro-dezembro de 1733, fl. 62v. *Cit.* por Laura de Mello e Souza. *Op. cit.*, p. 183.

(43) AEAM. Devassas, julho de 1763-janeiro de 1764, fl. 10v.

(44) AEAM. Devassas, maio-dezembro de 1753, fl. 96.

(45) AEAM. *Idem*, fl. 139v.

(46) Edital do Juiz ordinário de Paracatu. *Cit.* por José Ferreira Carrato. A crise dos costumes nas Minas Gerais do século XVIII. *Revista de Letras*. São Paulo: FFLA, 1962. v.3, p. 242.

(47) AEAM. Livro de Devassas, Comarca do Serro Frio, 1734, fl. 73v, 74v e 75. *Cit.* por Laura de Mello e Souza. *Op. cit.*, p. 184.

(48) AEAM. Devassas, fevereiro-maio de 1731, fl. 102v.

(49) AEAM. Devassas, 1733, fl. 77.

(50) AEAM. Devassas, maio-dezembro de 1738, fl. 43-45v.

(51) Sobre a feitiçaria voltada para fins amorosos, ver Laura de Mello e Souza. *O diabo e a terra de Santa Cruz:* feitiçaria e religiosidade popular no Brasil colonial. São Paulo: Companhia das Letras, 1986.

(52) Freguesia de Nossa Senhora do Pilar do Ouro Preto, 1731. *Cit.* por Francisco V. Luna. "A Vida cotidiana em julgamento: devassas em Minas Gerais", em F. V. Luna e Iraci del Nero da Costa. *Minas Colonial:* economia e sociedade. São Paulo: Fipe/Pioneira, 1982. p. 83.

(53) AEAM. Devassas, fevereiro-maio de 1731, fl. 4.

(54) AEAM. Devassas, 1733, fl. 104v.

(55) AEAM. Devassas, maio-dezembro de 1753, fl. 67.

(56) AEAM. Devassas, maio-dezembro de 1753, fl. 139.

(57) Freguesia de Nossa Senhora do Pilar de Ouro Preto, 1731. *Cit.* por Francisco Vidal Luna. *Op. cit.*

(58) AEAM. Devassas, maio-dezembro de 1753, fl. 114.

(59) AEAM. Devassas, 1756-1757, fl. 142.

(60) AEAM. Devassas, julho de 1733, fl. 95.

(61) AEAM. Devassas, 1756-1757, fl. 41v. *Cit.* por Laura de Mello e Souza. *Desclassificados...*, p. 154.

(62) Augusto de Lima Jr. *A capitania de Minas Gerais*. Belo Horizonte: Itatiaia, 1978. p. 76.

(63) Caio Prado Jr. *A formação do Brasil contemporâneo:* colônia. São Paulo: Brasiliense, 1979. p. 350-351.

(64) Serafim Leite (ed.). *Cartas do Brasil e mais escritos do padre Manuel da Nóbrega*. Coimbra: Universidade de Coimbra, 1955. p. 79-80 e 102.

(65) *Cit.* por Sérgio Milliet. A prostituição na colônia. *Revista do Departamento de Investigações,* ano II, nº 13, São Paulo, 1950. p. 7-15.

(66) Laura de Mello e Souza. *Desclassificados do ouro...*, p. 113.

(67) 22 de março de 1722. "Casamento nas Minas", publicado por Francisco Antônio Lopes. *Os palácios de Vila Rica* – Ouro Preto no ciclo do ouro. Belo Horizonte: Imprensa Oficial, 1955. p. 152-155.

(68) *Id. ibid.*, p. 153.

(69) Carta do governador dom Lourenço de Almeida ao Rei, abril de 1722. *Id. ibid.*

(70) *Id. ibid.*

(71) Basílio Teixeira de Sá Vedra. Informação da capitania de Minas Gerais. 1805. *RAPM*. Belo Horizonte, 1897. v. II, p. 674.

(72) Parecer de 25 de setembro de 1725. *Cit.* por C. R. Boxer. *A idade de ouro do Brasil:* dores de crescimento de uma sociedade colonial, 1695-1750. São Paulo: Editora Nacional, 1963. p 187.

(73) Constituições Primeiras do Arcebispado da Bahia. Livro I, Título LXII, p. 107.

(74) Caio César Boschi. *Os leigos e o poder (irmandades leigas e política colonizadora em Minas Gerais)*. São Paulo: Ática, 1986. p. 23.

(75) AEAM. Devassas, 1750-53, fl. 87.

(76) Arquivo Nacional. *Fiscais e meirinhos:* a administração no Brasil colonial. Rio de Janeiro: Nova Fronteira, Brasília: INL, 1984. p. 326-327.

(77) AEAM. Devassas, 1734, fl. 32-33.

(78) AEAM. Devassas, 1750-53, fl. 92.

(79) Ronaldo Vainfas. *Trópico dos pecados:* moral, sexualidade e inquisição no Brasil colonial. Rio de Janeiro: Campus, 1987. p. 87.

(80) Maria Beatriz N. da Silva. *Cultura no Brasil colônia*. Petrópolis: Vozes, 1981. p. 30.

(81) Uma abordagem inovadora em que se procura estudar os sentimentos entre comunidades em Mato Grosso colonial foi realizada por Fernando Londoño. O crime do amor. *In*: Maria Ângela D'Incao (org.). *Amor e família no Brasil*. São Paulo: Contexto, 1989.

(82) AEAM. Devassas, 1733, fl. 11v.

(83) AEAM. Livro Z – 4 (junho 1748-abril 1749), fl. 42.

(84) *Cf.*, Cândido de Figueiredo. *Novo dicionário da língua portuguesa*. 4.ed. Lisboa: Soc. Ed. Arthur Brandão & Cia., [s/d]. v. 2, p. 956. Ver também o *Dicionário ilustrado da língua portuguesa:* histórico, geographico, scientífico, mythológico, biográphico, bibliográphico... Lisboa: Ed. Francisco Pastor, 1898. v. 2, p. 2226.

(85) J. L. Flandrin. *La moral sexual en occidente: evolución de las actitudes y comportamientos*. Barcelona: Eds. Juan Granica, 1984. p. 150.

(86) "Pero mientras que en la época de los amores la muchacha era duena de si misma, o al menos tenia la libertad de aceptar o rechazar bejos y caricias, uma vez casada pasaba a ser escrava de su marido, que disponía del derecho de exigirle placer – entre muchas otras cosas – por la fuerza y los golpes más que *por amor*". J. L. Flandrin. *Op. cit.*, p. 103.

(87) AEAM. Devassas, 1722-1723, fl. 21.

(88) AEAM. Devassas, 1727-1748, fl. 48v.

(89) AEAM. Devassas, 1727-1748, fl. 123v.

(90) AEAM. Devassas, 1750-1753, fl. 15v.

(91) AEAM. Devassas, 1733, fl. 12v.

(92) AEAM. Devassas, 1726, fl. 53.

(93) AEAM. Devassas, 1726, fl. 65. Ver em Luis Mott. Cautelas de alforria de duas escravas na província do Pará (1829-1846). *Revista de História*, São Paulo, n. 95, 1973. Casos semelhantes de alforria concedida por amor.

(94)AEAM. Devassas, 1726, fl. 53.

(95) AEAM. Devassas, 1726, fl. 55.

(96) AEAM. Devassas, 1727-1748, fl. 45.

(97) Donald Ramos. A estrutura demográfica de Vila Rica às vésperas da Inconfidência. *In: V Anuário do Museu da Inconfidência*. Ouro Preto, Minas Gerais: Museu da Inconfidência, 1978. Donald Ramos, ainda que dedicado às primeiras décadas do século XIX em Vila Rica, afirmaria ter sido grande o número de famílias chefiadas por mulheres.

(98) AEAM. Devassas, 1734, fl. 53v.

(99) AEAM. Devassas, 1750-1753, fl. 56-56v.

(100) AEAM. Devassas, 1750-1753, fl. 87.

(101) Philippe Ariès.

(102) AEAM. Devassas, 1733, fl. 44.

(103) AEAM. Devassas, 1733, fl. 56.

(104) AEAM. Devassas, 1727-1748, fl. 48v.

(105) AEAM. Devassas, 1767-1777, fl. 93.

(106) AEAM. Devassas, 1750-1753, fl. 62v.

(107) AEAM. Devassas, 1722-1723, fl. 77v.

(108) AEAM. Devassas, 1750-1753, fl. 90.

(109) AEAM. Devassas, 1750-1753, fl. 83.

(110) Um ritual familiar, segundo Klaas Woortman. A comida, a família e a construção do gênero feminino. *Dados – Revista de Ciências Sociais*, nº 1, v. 29, Rio de Janeiro, 1986. p. 103-130.

(111) AEAM. Devassas, 1750-1753, fl. 12.

(112) AEAM. Devassas, 1733, fl. 11v.

(113) AEAM. Devassas, 1730-31, fl. 84.

(114) Devemos lembrar também que o tempo da quaresma representava um dos tantos períodos de abstinência nas relações sexuais durante o ano de um casal cristão. Ver Ronaldo Vainfas. *Casamento, amor e desejo no ocidente cristão*. São Paulo: Ática, 1986. p. 44.

(115) AEAM. Devassas, 1730-1731, fl. ?

(116) AEAM. Devassas, 1730-1731, fl. 76.

(117) BARBOSA, W. A. *Op. cit.*, p. 80. [verbete *desobriga*].

(118) AEAM. Devassas, 1725, fl. 14v.

(119) AEAM. Devassas, 1733, fl. 35v.

MATERNIDADE NEGADA

Renato Pinto Venâncio

Durante o período colonial, muitas mulheres viram-se diante da necessidade de abandonar os próprios filhos. Não é exagero afirmar que a história do abandono de crianças é a história secreta da dor feminina, principalmente da dor compartilhada por mulheres que enfrentavam obstáculos intransponíveis ao tentar assumir e sustentar os filhos legítimos ou nascidos fora das fronteiras matrimoniais.

Desde o século XVI esse problema preocupava eclesiásticos e administradores. O contato entre colonizadores e indígenas resultou em consequências nefastas para os índios, em especial no que se refere às doenças que acompanhavam a chegada das caravelas; doenças para as quais os índios não possuíam defesa orgânica alguma. Tal fato acabou gerando uma multidão de órfãos desamparados; o que acabou levando os jesuítas a criarem os colégios de meninos, instituições destinadas a abrigar legiões de indiozinhos sem pai,[1] de tribos dizimadas pela peste, fome e conflitos com os brancos.

No século XVII, o abandono de crianças passou a ser percebido entre a população de origem portuguesa. Ainda no final desse século, as principais vilas e cidades coloniais cresciam e diversificavam suas atividades: se, por um lado, o incremento do tráfico internacional de escravos dava origem a uma significativa rede de grandes comerciantes citadinos, por outro, a fixação de colonos no interior, em áreas afastadas, estimulava a organização do comércio atacadista de abastecimento, unindo pela primeira vez o litoral ao sertão e dinamizando a economia urbana.[2]

Ao longo do século XVIII, a população dos principais centros portuários aumentou significativamente, multiplicando por dois ou até mesmo por quatro as modestas cifras do início do século.

Os diferentes ritmos de crescimento do mundo colonial repercutiram fortemente na condição de vida das crianças. No campo, espaço das transformações lentas, o abandono raramente ocorria e vários enjeitados acabavam sendo adotados como "filhos de criação" ou agregados por famílias estruturadas;[3] na cidade, o ritmo acelerado das transformações provocava desequilíbrios. Não havia casas para acolher todos os forasteiros, não havia mercado de trabalho livre suficientemente desenvolvido para absorver quem precisava sobreviver à custa do próprio suor. A cidade agregava os pobres e não sabia o que fazer com eles.

Durante o segundo e terceiro século de colonização, surge uma modalidade *selvagem* de abandono. Meninas e meninos com dias ou meses de vida não encontravam abrigo; eram deixados em calçadas, praias e terrenos baldios, conhecendo por berço os monturos, as lixeiras, e tendo por companhia cães, porcos e ratos que perambulavam pelas ruas.

Para uma sociedade que herdara da religião europeia a crença na danação das almas, principalmente dos que faleciam sem receber o sacramento do batismo, o abandono causava indignação e perplexidade. Tais sentimentos, aliás, não eram novos, muito menos inéditos. Desde o início do cristianismo, vozes se levantaram em prol dos inocentes enjeitados que faleciam sem sacramentos. Acreditava-se que as pequenas almas não deveriam pagar por erros e faltas cometidos pelos pais. Uma atitude comum na Itália, França, Espanha e Portugal,[4] foi a edificação, a partir do século XIII, de casas de caridade e outras instituições com o deliberado propósito de desviar bebês da estrada do limbo, para garantir a todos o sacramento do batismo.

A inquietação diante do futuro espiritual dos enjeitados partia, por assim dizer, da elite esclarecida: governadores pressionavam Senados das câmaras, e comerciantes ricos e devotos doavam legados pios à Santa Casa da Misericórdia como forma de auxílio. Embora motivada por sentimentos religiosos, a preocupação em relação às crianças abandonadas acabava tendo importante repercussão na sociedade. Basta mencionar que as Santas Casas do Rio de Janeiro e de Salvador acolheram 50 mil enjeitados durante os séculos XVIII e XIX.

A primeira forma de auxílio, patrocinada pelas câmaras, funcionava da seguinte maneira: todo aquele que encontrasse um recém-nascido na rua ou que o recebesse diretamente dos respectivos pais deveria recolher a criança e batizá-la. O pároco redigiria então um certificado explicando que o enjeitado estava residindo no domicílio da pessoa que o acolhera e que por ela era bem tratado. Uma vez com o documento, era possível solicitar ajuda financeira ao presidente da câmara, que julgava o pedido muitas vezes baseado em critérios de amizade ou de clientelismo inscrevendo, caso o mesmo fosse concedido, o nome da criança no *Livro de matrícula dos expostos.*

O valor pago às "famílias criadeiras" variava de tempos em tempos, mas dificilmente alcançava cifras que permitissem muito mais que a compra de alguns quilos de farinha de mandioca e carne-seca por mês. Os beneficiados podiam escolher entre duas formas de recebimento: trimestral ou ao fim da criação, por morte ou pelo fato de o menor ter atingido sete anos de idade. Quando os expostos chegavam aos sete anos, a ajuda pública terminava. Esperava-se que o longo período de convívio da criança junto dos criadores lhe garantisse a permanência no domicílio adotivo.

Coube às Santas Casas implementar outro sistema de auxílio comum às principais cidades coloniais. Junto à parede lateral ou frontal do imóvel, pertencente ao hospital, instalava-se a Roda dos Expostos. Dispositivo bastante difundido em Portugal, a Roda consistia num cilindro que unia a rua ao interior da Casa de Misericórdia. No Brasil, apenas Salvador, Recife e Rio de Janeiro estabeleceram tais Rodas no período colonial. Após a Independência, a instituição conheceu enorme sucesso, alcançando o número de doze em meados do século XIX.

As câmaras e as casas de misericórdia atuavam lado a lado, mas apresentavam diferenças marcantes. Nos locais onde funcionavam Rodas hospitalares não havia como excluir crianças do auxílio. A Roda funcionava dia e noite, e qualquer um, furtivamente ou não, podia deixar um pequerrucho no cilindro sem ser notado ou muito menos incomodado. Diferentemente, o auxílio das câmaras, apesar de ter sido bem mais difundido, com certeza existiu em Salvador, Rio de Janeiro, São Paulo e Curitiba; e na capitania de Minas Gerais registram-se cinco câmaras assistencialistas num universo de treze cidades e vilas, na maioria das vezes escondia a sua própria debilidade e ineficiência.

Quem procurasse o socorro da câmara, enfrentaria um quadro bem diverso: os portadores de expostos eram interrogados e obrigados a jurar com a mão direita sobre a Bíblia, quando então respondiam se conheciam os respectivos pais do enjeitado; párocos eram consultados sobre a possível origem dos bebês; moradores das vizinhanças também passavam pelo crivo dos escrivães. Assim, o resultado das investigações muitas vezes acabava por excluir o bebê da assistência. Onde o socorro era prestado somente pela municipalidade, o abandono selvagem continuou a ser praticado e a ajuda privada, sem nenhum apoio institucional, foi a principal forma de proteção aos enjeitados.

FREQUÊNCIA E FORMAS DE ABANDONO

Como mencionamos, o abandono de crianças raramente ocorria no meio rural; a condição feminina também variava de uma região para outra. Na pacata Ubatuba de fins do século XVIII, habitada por pescadores pobres e camponeses sem escravos, o índice de enjeitados não ultrapassava 1% dos nascimentos. Em áreas de agricultura de exportação ao redor do Rio de Janeiro, o mesmo percentual oscilava entre 3% e 4%. Na mesma época, no meio urbano das cidades mineiras, o abandono atingia 10% das crianças batizadas; alcançando índices que variavam entre 20% e 25% nas áreas portuárias baianas e cariocas.

A ausência de um sistema escravista estruturado protegia mulheres e crianças do abandono. Para camponeses sem escravos e pescadores pobres, a força de trabalho familiar ocupava um papel fundamental na sobrevivência da unidade doméstica. Junto às mães, desde tenra idade, meninos e meninas desempenhavam alguma função produtiva ou de apoio: preparando alimentos, tecendo panos, levando água para quem trabalhava na lavoura, cuidando de animais domésticos, auxiliando na capina e na limpeza das roças. Talvez por isso, evitava-se o abandono selvagem a todo custo. Mesmo enviar o filho para a casa do vizinho, o que poderíamos denominar de *abandono civilizado*, implicava na perda de um braço precioso para a economia doméstica dos pequenos proprietários rurais.

Nas cidades, o trabalho infantil tinha pouco valor. As atividades artesanais exigiam especialização profissional e, no caso das atividades portuárias, força física para embarcar e desembarcar mercadorias. Havia ainda outra importante diferença entre a cidade e o campo: nas áreas dominadas por pequenos agricultores que viviam nos interstícios da grande lavoura açucareira ou na periferia do sistema colonial, existiam muitos pobres mas poucos miseráveis. Na cidade, ao contrário, o percentual de miseráveis era bastante elevado. No Rio de Janeiro, Salvador, Vila Rica e São Paulo do século XVIII, contamos aos milhares o número de agregados, ou seja, de moradores que viviam de favor e que podiam ser despejados a qualquer momento.[5]

Os filhos desta legião de miseráveis e desclassificados sociais constantemente conheciam o cruel caminho do abandono. Contudo, não só a miséria alimentava as Rodas e domicílios com pequenos enjeitados. Em algumas circunstâncias, mulheres brancas, até mesmo de boa estirpe, também enjeitavam os filhos. Nesses casos, o gesto resultava da condenação moral e familiar frente aos amores proibidos, mas é necessário todo cuidado ao interpretarmos as formas assumidas por esses abandonos. Não foram poucos os casos de expostos deixados em residência de parentes e vizinhos. Havia até mesmo ocasiões em que a própria mãe levava o filho à pia batismal, registrando-o como enjeitado. Isso ocorria principalmente entre as mulheres brancas que não podiam assumir publicamente o rebento bastardo; costume bastante difundido e que acabou comprometendo até mesmo o destino de importantes dignitários do Império, como foi o caso de Diogo Feijó, principal dirigente do período regencial.[6]

Na verdade, a origem dos enjeitados variava de caso a caso, como também a forma de se abandonar crianças guardava especificidades próprias. Na maioria das vezes, evitava-se deixar o bebê em calçadas e ruas. Mães, familiares ou simples intermediários portadores de expostos procuravam protegê-los dos perigos das ruas, da chuva e do frio da noite; evitavam, por assim dizer, o abandono selvagem. Muitos depositavam a criança na soleira da porta, fazendo barulho para chamar atenção dos moradores e fugindo em seguida para os arrabaldes, onde se escondiam até terem certeza de que a criança fora bem acolhida. Outro método consistia em fazer das parteiras cúmplices, encarregando-as de levar o bebê a uma família interessada em recebê-la.

Nas cidades havia ainda novas formas de se enjeitar crianças. A residência dos administradores dos hospitais e câmaras, uma vez instituído o auxílio público, tornava-se ponto de referência a todos que não tinham condição de assumir o próprio rebento. Nas matrículas da casa dos expostos carioca, lemos: "em 21 de outubro do ano de 1750, se expôs na porta do Sr. Tesoureiro José Correa da Fonseca uma menina [...] que se deu a criar em casa de Antônio Lopes Antunes, morador no Campo Grande".[7] A circulação de enjeitados de domicílio a domicílio também parece ter ocorrido no meio urbano: "aos 19 dias do mês de outubro de 1760, oito para as nove horas remeteu Antônia Duarte, mulher de João Correa, ao Irmão Tesoureiro um menino que se havia exposto na sua casa".[8] Mães internadas em enfermarias do Hospital da Misericórdia podiam, por sua vez, recorrer à ajuda concedida aos expostos. Em julho de 1759, a pardinha Ana foi matriculada na Casa da Roda de Salvador; à margem do texto da ata foi feita a seguinte anotação: "a qual nasceu neste Hospital e sua mãe se acha doente."[9]

Para essas mulheres, o envio do filho à casa dos expostos consistia em expediente provisório até elas recuperarem plenamente a saúde. Os administradores da instituição de caridade não colocavam barreira alguma a tal prática, o que nos leva a relativizar a própria noção de abandono. Em situações extremas, quando a mãe falecia no hospital, os administradores assimilavam o órfão à condição de enjeitado: "fica sendo este Enjeitado desta Santa Casa, por ter falecido a mãe no Hospital da Caridade."[10]

Ocorrências como estas raramente chegavam a ser registradas. O abandono consistia em gesto furtivo, tinha a noite e o silêncio como cúmplices. Ninguém declarava suspeitas sobre a origem do bebê, os portadores se calavam diante dos escrivães, os párocos anotavam mecanicamente os dados sobre a criança batizada, sem inquirir os padrinhos. A Roda tinha por finalidade precípua não constranger pessoa alguma, nem quem levava a criança tampouco quem a recolhia. A sociedade acobertava o abandono, principalmente quando ele não adquiria feições selvagens, colocando em risco a vida do bebê. A ausência de processos, inquéritos, devassas e investigações detalhadas implica muitas vezes na multiplicação de enigmáticos silêncios. Por mais que estudemos o fenômeno, restará sempre uma aura de mistério envolvendo os protagonistas e as vítimas do abandono.

MULHERES CRIADEIRAS

Em que medida a negação da maternidade entre as mulheres resultava na multiplicação de mães de criação?

As mães de aluguel, contratadas pela câmara ou Santa Casa, podiam ser livres ou escravas, devendo o senhor assinar o termo de compromisso junto à instituição de assistência. Em 27 de agosto de 1797, João, bebê mulatinho, foi enviado à Santa Casa de Salvador; na ata, o escrivão observou: "dado a criar [...] ao Senhor Capitão Joaquim José de Souza Portugal, para criar uma sua escrava".[11] Experiência semelhante foi vivida por Carlota, pardinha baiana, enviada a "2 de agosto de 1805 a Victoriano Francisco do Patrocínio Pereira, à Ladeira de Santa Thereza, casa n. 337, para criar uma sua escrava".

Na verdade, raríssimos senhores interessavam-se de fato pelo "negócio" da criação de enjeitados. O auxílio aos expostos premiava os criadores com valores inferiores aos do mercado de amas escravas. A casa dos expostos e câmaras quase sempre dependiam da generosidade alheia. Alguns proprietários ou mulheres livres aceitavam manter enjeitados recebendo muito pouco ou nada por isso; alegavam estar pagando promessas. Os pregadores coloniais não se cansavam de repetir que acolher enjeitados representava uma extraordinária demonstração de fé. O comentário furtivo dos escrivães indica homens e mulheres declarando querer manter expostos "pelo amor de Deus, sem estipêndio algum", pois mantê-los consistia na melhor maneira de conseguir a graça divina: "se deu a criar a Josefa Maria de Araújo da Silva, que a queria criar pelo amor de Deus, se deu a criar a Maria Rodrigues de Almeida [...] para criar gratuitamente em satisfação de uma promessa que fez".

O momento do abandono de um enjeitado ou exposto. Várias razões levavam as mães a esse gesto: a pobreza, a condenação moral às mães solteiras, o esfacelamento da família.

Quando a razão da acolhida correspondia a um interesse meramente financeiro, a estadia na residência das amas quase sempre punha em risco a vida dos bebês. Obrigados a recrutarem criadeiras por preço inferior ao comumente pago, os administradores e vereadores expunham os recém-nascidos à amamentação artificial. Para casos de extrema necessidade, a legislação portuguesa previa a utilização de métodos específicos: aconselhava o uso de "bom mel, ao qual se ajuntará um tanto de água".[12] Os caldos quentes, leite de vaca ou mesmo a água morna com açúcar também podiam ser administrados aos pequerruchos. Para tanto, havia um rol de instrumentos recomendados, quase todos com péssimos resultados para a saúde do abandonado. Normalmente se recorria a "panos de linho poído [...] que de hora a hora devam meter na boca, ou então a colheres de pau, de marfim, ou de prata; outros preferiam bonecas feitas de algodão, ou de esponjas, forradas de pano de linho macio, as quais se devem molhar no leite repetidas vezes, e chegar à boca das crianças".[13]

Os responsáveis pela assistência também aconselhavam a adoção de práticas modernas: "muitos instrumentos servem para essa amamentação, há as mamadeiras de vidro que todos conhecemos, temos pequenos bules a cujo bico se adapta uma pequena chupeta de borracha".[14] Contudo, a falta de higiene aliada à ausência de assepsia do leito, acabava comprometendo a saúde da criança. Vários médicos não se conformavam com essa situação, atribuindo as doenças comuns à infância aos contatos dos instrumentos indicados acima com os miasmas atmosféricos: "... para isto basta lembrarmos que na criação por meio das colheres, perde o leite, mormente no inverno, aquela temperatura que lhe é própria, que o ar pode alterar e decompor".[15] As bonecas de pano apresentavam também inconvenientes: "... esse método, se bem que tenha a vantagem da secreção da saliva, cai nos outros defeitos da lactação por meio das colheres; acrescentando, que se pode embaraçar a livre entrada do ar para os pulmões, e causar a sufocação".[16]

A má escolha de alimentos no período de desmame criava um outro grave problema. A percepção médica do século XVIII atribuía aos alimentos quentes, demasiadamente nutritivos, efeitos nefastos sobre o organismo infantil. Em 1790, o Dr. Francisco Mello Franco aconselhava que fossem evitadas as "sopas feitas de carne, do seu arroz, e em geral de toda comida animal, porque subministram humores tendentes ou à inflamação ou à podridão, são demasiadamente nutrientes".[17] Nos hospitais, sempre que possível, colocava-se em prática o leque de medidas antimiasmáticas recomendadas por doutores europeus.

Embora bem-intencionados, os administradores hospitalares muitas vezes eram responsáveis por verdadeiras hecatombes. Eles evitavam entregar expostos a mulheres sem leite ou a homens sem escravas amas, mas tanto no Brasil quanto em Portugal havia mulheres que fraudavam o auxílio público; algumas delas apresentavam-se como recém-paridas, outras pediam "emprestado um filho alheio que seja gordo [...] e com boa saúde",[18] levando-o ao hospital ou câmara para provarem que cuidariam bem do enjeitado, como se fosse o próprio filho.

Na residência dos criadores, o exposto, além de ser muitas vezes submetido à amamentação artificial, nem sempre recebia os mimos e atenções necessárias. Muitas amas impacientavam-se com a criança, misturando aguardente ao leite para acalmá-la mais rapidamente prática de tal maneira difundida que levou à elaboração de uma lei prevendo trinta dias de prisão para quem assim procedesse. Outras acolhiam o recém-nascido no próprio leito, "volvendo mecanicamente o grande corpo, podendo apertar e pisar o tenro e delicado menino, quebrar-lhe algum membro, sufocá-lo, e matá-lo".[19]

Paralelamente aos sofrimentos causados por maus-tratos, os expostos padeciam com as roupinhas, em geral nada apropriadas. As Santas Casas providenciavam a compra dos trajes infantis; as câmaras eram omissas nessa questão e, às vezes, os próprios pais auxiliavam o socorro público deixando enxovais junto ao filho. Percebe-se, através das roupinhas doadas, uma sutil diferenciação social entre os enjeitados. Em 21 de outubro de 1750, uma menina deixada na Roda do Rio de Janeiro veio acompanhada de duas camisas, uma coifa de cambraia, um cueiro de baeta branca, uma toalha de pano, uma fita de seda e vários lencinhos; no ano de 1759, um exposto baiano foi encaminho à Roda junto a seis camisas de pano, três braças de cetim (aproximadamente 6,6 metros), duas varas de fita rosa (cerca de 2,2 metros), um cueiro, cinto, calça amarela e côvado de baeta branca. Por outro lado, muitos recém-nascidos traziam apenas a roupa do corpo ou um velho e surrado cueiro colorido.

Apesar do clima tropical, as calorentas baetas (tecido felpudo de lã) eram usadas para cobrir o corpo dos bebês. Ainda no início do século XIX, o viajante francês Jean-Baptiste Debret observou a vigência do antigo costume europeu de enfaixar o corpo dos recém-nascidos (*emmailloter*), propiciando um meio favorável à multiplicação de doenças cutâneas.[20]

Quanto às cores das roupas das crianças, tanto meninas quanto meninos vestiam cueiros e camisolas vermelhas, laranjas, amarelas, rosas, verdes, azuis e brancas, como as de nossos dias. A universalização da cor branca para as fraldinhas ocorreu em fins do século

XIX, após inúmeras campanhas médicas. Antes, a indumentária infantil seguia padrões semelhantes aos das mortalhas. O *status* dos inocentes era ambíguo: metade gente, metade espírito, eles vestiam cotidianamente roupas com as quais seriam recebidos no céu. Por encarnarem a pureza, o ser sem pecado, ou pelo menos sem a consciência do pecado, seus trajes deveriam combinar o vermelho, simbolizando o sangue, o azul e branco, cores marianas que exprimiam o desapego aos valores do mundo, cores da alma em contato com Deus.[21] Tais costumes, acompanhados de enterros festivos, expressavam uma reação bastante peculiar da população colonial frente à morte em massa das crianças, cuja existência, segundo os médicos portugueses, reduzia-se quase sempre a um brevíssimo intervalo entre o útero e o túmulo.

OS MOTIVOS DAS MÃES

Quais motivos levariam mães a abandonarem seus filhos? Em que medida é possível conhecer um pouco da sensibilidade feminina nos séculos passados através da história do abandono de crianças?

Uma interpretação bastante conhecida consiste em atribuir o abandono à dupla moral comum às famílias brasileiras. Entre a população branca, o comportamento feminino austero era regra imposta e fiscalizada. A mulher branca que assumisse o filho ilegítimo ficava sujeita a condenação moral, enquanto as negras e mestiças "não estavam sujeitas aos preconceitos sociais como as brancas de posição [...] modesta. Um filho ilegítimo [de mulheres negras e mestiças] não desonrava a mãe no mesmo grau de uma mulher branca". A instalação da Roda procurava evitar os crimes morais. A instituição protegia as brancas solteiras dos escândalos, ao mesmo tempo que oferecia alternativa ao cruel infanticídio. Em apoio a essa interpretação, menciona-se o predomínio de expostos brancos na Casa da Roda de Salvador.[22]

A mesma hipótese foi compartilhada por outros estudiosos: "... deste modo é de supor que os enjeitados no Brasil colonial fossem resultado das relações ilícitas de mulheres de condição social elevada, para as quais se colocava a questão de salvaguardar a honra",[23] ou então, "... o costume de expor ou dar filhos para serem criados por outros era um derivativo do índice muito elevado de filhos ilegítimos, principalmente de filhos de adolescentes, entre 12 e 16 anos".[24]

Com efeito, alguns bilhetes deixados junto às crianças também sugerem que o abandono era uma maneira de encobrir nascimentos ilegítimos:

Irmão Bento Pinto da Fonseca, acompanha a esta a um menino para Vossa Mercê [...] a quem por mercê e honra de Deus pertence tomar conta dessas crianças quando nascem de pessoas recolhidas e que são família que tem Pai e por causa deste impedimento se não podem criar.[25]

Reconhecer publicamente, por escrito, a paternidade de um filho bastardo consistia em ato constrangedor. Quase sempre se prometia remediar a falta o mais breve possível: "... trouxe uma carta pedindo que por seus pais serem impedidos, e estarem para casar, se crie a dita menina com todo zelo, que breve a mandarão buscar". Os impedimentos morais, a condenação das mães solteiras, principalmente das brancas, certamente contribuíam para a multiplicação de enjeitados. Mas não se deve explicar o abandono de milhares de crianças contentando-se com uma única causa.

O mundo colonial conviveu com índices de 30% a 60% de bastardia entre os livres e de 50% a 100% entre os escravos. A mãe solteira ou concubina acabou sendo um personagem aceito nas cidades e vilas do século XVIII. Na capital baiana, os censos do século XIX indicam que de cada três mães brancas uma havia tido filho fora das fronteiras matrimoniais. O levantamento da população carioca de 1799 arrolou cerca de oitocentas mulheres brancas chefiando domicílios.[26] O modelo patriarcal que contrapõe o recato da mulher branca à promiscuidade das escravas é uma grosseira simplificação da realidade.

Não é difícil encontrar nos textos de bilhetes dos séculos XVIII e XIX exemplos de "expostos brancos" que foram abandonados em razão da pobreza dos pais:

...vai esta menina já batizada e chama-se Ana e pelo Amor de Deus se pede a Vossa Mercê e queira mandar criar atendendo a pobreza de seus pais.

... trouxe bilhete o qual seu teor é o seguinte [...] vai este menino para essa Santa Casa pela indigência e necessidade de seus pais.

...as duas meninas portadoras desta carta foram deixadas por necessidade de sua mãe em casa de uma pobre, que vive de esmola dos fiéis, e por isso que elas vêm agora procurar asilo desta Casa da Santa da Misericórdia.

...morreu sua mãe e por pobreza e falta de leite se enjeita esta batizada chamada Joaquina, e por dita esmola ficamos pedindo a Deus pela saúde e vida decente.

As mulheres que trabalhavam em ocupações esporádicas ou eram quituteiras, lavadeiras e vendeiras viviam muitas vezes no limiar da pobreza. Nas épocas de aumento do preço dos alimentos, elas podiam recorrer ao socorro público na esperança de mais tarde recuperar o filho. Nesses casos, o abandono resultava da miséria e indigência e não da condenação moral aos amores ilícitos: "O acréscimo de uma criança a essas famílias colocava pressões impossíveis sobre os parcos recursos financeiros. Depois de lutar contra a fome, uma mãe poderia chegar a ser induzida a colocar o filho na Roda da Misericórdia."[27]

Não são poucos os testemunhos que confirmam essa interpretação. Embora correta, ela deve ser relativizada: no Rio de Janeiro e em Salvador, a comparação entre a curva de preço dos bens de subsistência e a do número de matrículas dos expostos nem sempre apresenta uma correlação positiva. Muitas vezes aumentavam os preços da farinha de mandioca e da carne-seca, alimentos básicos da população pobre, sem que houvesse um correspondente aumento no registro de novos enjeitados.

Fatores, por vezes fortuitos, também resultavam em abandono. O nascimento de gêmeos, por exemplo, lançava sobre os ombros femininos uma carga muitas vezes insuportável. Em tais ocasiões, a simples menção ao duplo nascimento justificava o abandono: "...trouxe bilhete [...] declara ser gêmeo e pede-se chame Manoel". A repentina doença da criança deixava muitas mães sem opção, encaminhá-la ao hospital era a única solução que encontravam. Tragicamente, durante o período colonial não existia serviço hospitalar pediátrico, a não ser o concedido pela casa dos expostos:

> ...remeto este menino branco chamado Antônio José Coelho, para tratá-lo com amor, cuidado que puder por que acha doente, já está batizado, e tem idade de dois anos, e o dito a seu tempo se há de procurar por ele.

Menos casuais eram os abandonos motivados pela morte dos pais. No meio urbano, insalubridade, maior densidade populacional, presença de muitos pobres mal alimentados e de estrangeiros portadores de doenças acarretavam altas taxas de mortalidades, que atingiam índices elevadíssimos por ocasião de surtos epidêmicos. A correlação entre óbito de pobres e matrículas de enjeitados tem sido confirmada para Minas Gerais, Rio de Janeiro e Salvador. Ao que parece, o auxílio aos expostos cumpriu o papel de abrigo de órfãos, em uma sociedade que não possuía orfanatos para recém-nascidos:

> ...remeto esta menina para a Santa Casa da Misericórdia para se criar, é forra e não tem pai nem mãe, nem pessoa que se dô-a [*sic*] dela, ainda não está batizada, está pagã.

> ...trouxe bilhete dizendo [...] a menina já é batizada e chama-se Bibiana e por sua mãe morrer é que chegou a este destino.

> ... este menino já foi batizado pelo Reverendo Cura da Sé e chama-se Izidio, e por falecer sua mãe, roga-se aos Senhores que por caridade o queiram criar.

UM OUTRO AMOR MATERNO

Até agora apontamos o abandono como uma forma paradoxal de se proteger a criança. Cabe perguntar se alguns enjeitados eram fruto do sentimento inverso, da falta de amor ou da irresponsabilidade das mães. A resposta a essa pergunta é mais complexa do que parece, pois primeiramente devemos definir o que entendemos por amor materno.

Os antigos manuais de criação de filhos, como o publicado em 1685 por Alexandre de Gusmão fundador de seminários na Bahia, esboçavam as normas comuns às boas famílias.[28] Segundo o jesuíta, cabia à mãe "a formação" e ao pai a "direção" dos filhos. Alexandre de Gusmão entendia por "formação" tudo que dizia respeito aos cuidados de ordem material, como a preocupação com a escolha das roupinhas e de alimentos apropriados; por outro lado, a "direção" tocava questões relativas aos valores morais e religiosos. O pai mantinha economicamente o lar, mas não precisava ocupar-se diretamente do filho até que ele atingisse a *idade da razão* ao completar sete anos, quando então a criança deveria possuir discernimento suficiente para apreender o significado dos preceitos cristãos. Durante os primeiros anos de vida dos bebês, todo trabalho pesava sobre a mãe. Assim, a que não assumisse os filhos quebraria as regras da vida social por comprometer a formação do futuro adulto.

Tais preceitos encontraram dificuldades para criar raízes no solo colonial brasileiro. O Novo Mundo reunia grupos étnicos, sociais e linguísticos, os mais diversos, muitos deles submetidos ao sistema escravista e que nem de longe percebiam o conteúdo da mensagem cristã. O universo da senzala, ao destruir as tradicionais linhagens africanas, obrigou os cativos a reinventar formas de vida familiar.

A escravidão e a miséria deixaram como herança séculos de instabilidade doméstica. Herdeiros de uma complexa e ao mesmo tempo frágil vida familiar, as camadas populares improvisavam até mesmo as formas de amor e de criação dos filhos. Estratégia comum às mães pobres consistia em socializar os filhos através de uma extensa rede de vizinhança e parentela.[29] Meninos e meninas circulavam de lar em lar, de casebre em casebre, de senzala em senzala, estabelecendo relações de "parentesco espiritual", via compadrio, ou informais, como no caso dos "filhos de criação".

A assistência, ao invés de subverter esse costume, acabou por reforçá-lo premiando com um módico pecúlio financeiro quem acolhesse enjeitados na própria casa. Ao longo dos anos, o envio de uma criança a outra família foi se tornando um gesto cada vez mais aceito e praticado. Não eram necessárias muitas alterações na vida doméstica para a decisão ser tomada, muito menos via-se nesse comportamento uma manifestação de falta de amor ou um risco de se expor a estigmas sociais:

> ...trouxe carta do teor seguinte [...] Ilmo Sr. Provedor da Santa Casa, como o Pai desta criança se acha fora, recorre por Vossa Senhoria mande criar fazendo o seu assento para todo tempo se pagar a despesa quando se procurar desde o dia, hora, mês que acharem na Roda.

> ...é este filho de pais nobres e Vossa Mercê fará a honra de lhe criar em casa que não seja muito pobre e que tem escravas que costumam criar essas crianças.

Do ponto de vista oficial, mães "que davam os filhos a criar" pareciam desalmadas e egoístas. No dia a dia, porém, a realidade era outra e o abandono podia representar um verdadeiro gesto de ternura. Talvez a evidência mais surpreendente disso seja os casos em que escravas enjeitavam o próprio filho, na esperança de que ele fosse considerado livre:

> ...se entregou esta criança ao Senhor Mestre de Campo Antônio Estanislau, por se averiguar ser verdadeiramente seu Senhor e ficar esta Santa Casa livre de pagar sua criação, por fugir a Mãe da Casa do dito Senhor e parir fora, pela confissão que a dita fez.

> ...mandou-se entregar a Júlia Telles da Silva, um seu escravo menor de nome Thomé que fora lançado à Roda dos Expostos.

Alguns senhores estimulavam abertamente o envio do filho da escrava à assistência pública, principalmente após concederem alforria à pequena cria:

> ...trouxe bilhete do teor seguinte [...] Theodora Maria da Glória, filha natural já batizada com quatro meses, forra, Deus a tenha para seu Santo Serviço.

> ...o mande batizar que é forro que Deus lhe dará o pago.

> ...trouxe bilhete do teor seguinte [...] Esta crioula de nome Bernarda já está batizada na freguesia da Penha, é forra.

Já as mulheres pobres não titubeavam em recorrer ao socorro das câmaras e hospitais, na esperança de conseguirem aumentar os magros rendimentos familiares através de fraudes de incertos resultados. Com o passar dos anos, a assistência acabou por integrar o rol de estratégias de sobrevivência comum às camadas populares coloniais. É o que ficou registrado em várias atas administrativas das Santas Casas:

O abandono de Moisés consistia em tema de decoração de casas e edifícios públicos do passado, lembrando que a tradição cristã tolerava esta prática.

...esta criança se acha na mão de sua mãe, que injustamente usurpa a esta Casa as suas mesadas, e por ordem da Mesa se lhe mandou pedir a guia, ficando para sempre nulo o assento acima, e em tempo algum se lhe deve satisfazer cousa alguma.

...consta por informação do Irmão da Santa Casa que a própria mãe cria a própria enjeitada, por isso nada mais se deve pagar.

...há denúncia que é sua própria filha [...] constatou-se com certeza que é filha da própria Clara Pereira, razão por que se não deve pagar o resto da criação.

Em tais circunstâncias, o abandono podia revelar uma das várias faces do amor maternal, face bem mais complexa do que a delineada nos manuais religiosos.

UMA FORMA DE CONTROLE DA NATALIDADE?

Qual é o significado do abandono? O que estaria por trás dessa atitude? Mencionamos que o gesto poderia ser interpretado como uma paradoxal manifestação de amor. Vários historiadores sugeriram outras interpretações; uma delas consiste em ver na atitude uma forma primitiva de controle da natalidade, uma maneira de determinar a dimensão ideal da família.

Com certeza, tanto no passado quanto no presente, o abandono é um expediente bem menos cruel que o infanticídio. Além disso, sobre a última prática existia um conjunto de leis punitivas. Enjeitar o filho não constituía crime, tampouco – e isso é bastante importante – implicava a perda do pátrio poder: as mães, caso quisessem, podiam recuperar o rebento deixado na Roda ou entregue a outra família.

Como se não bastassem as sanções de ordem moral, é importante lembrar que a colônia portuguesa nos trópicos herdou uma tradição assistencialista há muito enraizada no cotidiano europeu. Quando o Brasil começou a ser povoado, o mundo católico contava com mil anos de auxílio aos expostos,[30] período em que comunidades europeias conviveram com mulheres que não assumiam os próprios filhos.

A existência de numerosas instituições destinadas a enjeitados revela, em certo sentido, uma atitude complacente das autoridades metropolitanas em relação ao abandono. O mesmo não podemos afirmar quando o assunto é infanticídio e aborto. Considerados criminosos, eram tomados também como práticas heréticas e demoníacas. Durante vários séculos os judeus foram acusados de matarem crianças cristãs. Os envolvidos em práticas abortivas vez por outra caíam nas malhas do Tribunal do Santo Ofício português, como aliás ficaram registrados nas atas das visitações ao Grão-Pará em 1769.[31]

Afora o risco de ser presa ou processada pela Inquisição, a mulher decidida a abortar devia enfrentar outros temores. Os expedientes de curandeiras e parteiras tinham eficácia duvidosa. Quantas mulheres teriam coragem de se submeter a tratamentos que empregavam sanguessugas na vulva, saltos de muros e mesas, cavalgadas, múltiplas sangrias aplicadas no mesmo dia, vomitórios provocados por purgativos que continham excrementos entre seus ingredientes ou preparados de vinho com arruda, sabina e outras ervas de incertos resultados?[32]

Primeiramente precisamos avaliar a real difusão das práticas abortivas no mundo colonial. As pesquisas até agora realizadas baseiam-se em tratados médicos portugueses, muitos dos quais nem ao menos sabemos se pertenceram a antigas bibliotecas paulistas, mineiras ou baianas. O estudo da difusão de práticas contraceptivas ainda é um capítulo inédito da história colonial. Será que os homens e mulheres da colônia enfrentaram o tabu do corpo difundido pelo cristianismo? Teriam eles reunido conhecimentos suficientes para controlar a própria fecundidade?[33]

Uma vez mais dados demográficos sugerem algumas pistas. Embora seja possível imaginar que, em um ou outro caso, o aborto e a contracepção tenham sido praticados, é pouco provável que tais comportamentos conhecessem uma significativa difusão no conjunto da população colonial. As terras do Novo Mundo eram uma gigantesca fronteira a ser ocupada. Para os portugueses aqui residentes, a propriedade territorial não representava, como na Europa, um fator de inibição à expansão da família. Os valores patriarcais, do pai responsável por numerosa prole, do fazedor de filhos, de muitos filhos, também devem ter exercido uma poderosa influência sobre a população masculina, gerando circunstâncias propícias ao aumento dos índices de natalidade. Talvez por isso, durante o século XVIII, as taxas de crescimento populacional brasileiras tenham atingido cifras de 100% a 500% mais elevadas do que as congêneres europeias.[34]

O abandono como forma de manter o número ideal de filhos pode ter sido eventualmente praticado, principalmente nas vilas e cidades onde o índice de enjeitados era elevado. No entanto, essa prática não chegaria a alterar os rumos da evolução demográfica do conjunto da sociedade colonial, esmagadoramente fincada no universo rural.

RODA: UM CEMITÉRIO DE CRIANÇAS

Como mencionamos, o abandono de filhos revela importantes aspectos da condição feminina no passado colonial. Boa parte dos enjeitados conhecia a trilha do abandono em razão da morte das mães; eles pagavam alto preço por terem nascido em uma sociedade que desconhecia orfanatos ou leis favoráveis à adoção. Os abandonados também podiam ser filhos de escravas fujonas ou de mulheres brancas que por motivos morais ou miséria encaminhavam a prole a outros domicílios. Havia ainda a chance de o enjeitamento funcionar como uma forma de controle da natalidade.

Como se não bastassem os motivos arrolados, existia ainda outro importante fator de abandono: crianças mortas. Os escrivães das Santas Casas anotavam tais ocorrências à margem dos textos das matrículas. Mencionavam se a criança fora deixada "morta" ou se falecera após o abandono. Anualmente se elaborava uma contabilidade geral do movimento das Rodas. Eis um exemplo, dentre muitos: "...entraram na Casa da Roda [...] 498 Expostos, compreendidos 37 que passaram do ano anterior; sendo de lastimar que lançassem na Roda muitas crianças maltratadas, algumas a expirar, e até 12 mortos".[35]

O abandono de crianças mortas merece uma explicação. A que atribuir esse gesto? A primeira pista é fornecida pela variação de ano para ano do número de expostos mortos. Durante o período 1758-1762, a Casa da Roda de Salvador recebeu 11 enjeitados mortos, o que representava 2,7% do total de crianças enviadas à instituição. Trinta anos mais tarde, entre 1790 e 1796, foram enviados 51 expostos mortos, ou seja, para 8% dos abandonados daqueles anos a Roda serviu de cemitério gratuito.

No Rio de Janeiro, também foram numerosos os casos de anjinhos mortos. Entre os anos 1835-1844, nada menos que 118 bebês falecidos deram entrada na Roda; nos anos 1855-1864, tal cifra saltou para 723, o que representava 11,4% do total de abandonados. Curiosamente, havia anos em que nenhum exposto morto dava entrada na Santa Casa, como ocorreu em Salvador na década de 1780. Ao passo que em outros períodos, pode-se observar bruscas variações. No Rio de Janeiro, entre 1835 a 1855, o número de expostos mortos aumentou de uma ocorrência por mês para seis. Em compensação, no ano de 1880, a média típica da década de 1830 voltou a ser regra.

A Roda era um cemitério para poucas crianças. Entre 1868 e 1872 foram registrados 3.283 óbitos de bebês no Rio de Janeiro.[36] Durante o mesmo período, 210 recém-nascidos mortos foram deixados no hospital carioca. Se considerarmos as crianças falecidas até os 11 meses de vida, a primeira cifra mencionada sobe para 6.489 óbitos. Uma estimativa razoável seria a de considerar que, nas épocas de maior procura, a Roda servia de "cemitério" para no máximo 6% das crianças falecidas na capital do Império. A maioria esmagadora dos pais cariocas e baianos, mesmo quando se tratavam de escravos, não descuidava do enterro cristão dos filhos.

A constatação não chega a ser surpreendente. Como é sabido, toda e qualquer sociedade dispensa atenção às cerimônias fúnebres de seus membros. As sociedades do Novo Mundo não foram diferentes. Mais conservadores do que os contemporâneos europeus, os brasileiros das regiões agrestes mantiveram até muito recentemente tradições fúnebres herdadas de Portugal medieval. No passado, o enterro cristão e os sufrágios pela alma dos mortos despenderam bem mais recursos das ordens terceiras e irmandades do que a assistência aos necessitados de carne e osso.

A cerimônia dos pequenos mortos, da mesma maneira que a dos adultos, revestia-se de grande importância no mundo colonial. Em seus sermões e conselhos, pregadores dos séculos XVII e XVIII repetiam normas conciliares a respeito dos inocentes falecidos "logo depois do Batismo sem terem uso da razão vão logo direto ao Céu sem passarem pelo Purgatório [...] Os anjinhos inocentes logo em morrendo vão ver a face de Deus".[37] Ao contrário de muitas determinações da Igreja, a relativa à inocência das crianças mortas criou raízes no universo mental da população colonial. No correr dos anos, a própria palavra *anjinho* tornou-se sinônima de recém-nascido falecido, sendo utilizada frequentemente nas atas de óbito:

> Aos oito dias do mês de julho de mil setecentos e setenta e oito anos, faleceu um anjinho filho de José Machado de idade de nove meses. Foi seu corpo amortalhado em pano branco, recomendado com assistência da Cruz da Fábrica e sepultado nesta Igreja Matriz.

Em uma sociedade em que a morte de bebês era um fato corriqueiro pelo menos 20% ou 30% dos recém-nascidos faleciam nos primeiros doze meses após o parto, a crença na transformação de crianças em anjos contribuía para que as famílias suportassem a dor da perda do filhinho querido. Os pais deveriam encarar essa perda como uma verdadeira bênção do Céu. Aos olhos de hoje, tal afirmação pode parecer inverossímil. O mesmo não ocorria no Brasil dos séculos XVII, XVIII ou do XIX. Quanto a isso, a pregação de Alexandre de Gusmão é bastante sugestiva. Na sua *Arte de criar bem os filhos na idade da puerícia,* o jesuíta mencionou um piedoso casal lisboeta, muito pobre, que por devoção e fé cristã resistiu a abandonar os filhos. Como recompensa, o casal recebeu a bênção de Deus: "Cousa maravilhosa! Foram-lhe morrendo pouco a pouco todos os filhos, que Deus levou para si quase todos na idade da inocência [...] e eles ficaram muito agradecidos a Deus por tão assinalada Mercê."[38]

Formadas nessa tradição, as mães anunciavam a morte do filho em verdadeiras festas. Em 1820, no Rio Grande do Sul, o cadáver de criança branca era vestido de anjo e velado numa cama coberta de flores e coroas. O cortejo fúnebre era acompanhado por bandas de música que, ao invés de repertório solene, tocavam peças alegres e festivas; o que escandalizava viajantes estrangeiros. No interior da província do Ceará, "a morte do recém-nascido era recebida com tiros e foguetes, comida, bebida e música – uma festa em que se dançava para o anjinho". Daniel Kidder, naturalista alemão que visitou o Rio de Janeiro no século XIX, ficou chocadíssimo com os funerais de anjinhos negros, marcados por antigas tradições africanas.

> No final da década de 1830 Kidder teve oportunidade de ver o que chamou de 'costumes pagãos' funerários de escravos cariocas [...] 'se via um negro carregando na cabeça uma bandeja de madeira, sobre a qual estava um cadáver de uma criança, coberta de um pano decorado de flores, um buquê delas amarrado às mãos'. Atrás seguiam, em passos ritmados e cantando em língua africana, duas dezenas de negras e numerosas crianças 'adornadas a maioria com tremulantes fitas vermelhas, brancas e amarelas'. O homem que levava o anjinho negro parava de vez em quando 'girando sobre os pés como dançarino', gesto ainda hoje comum nos funerais dos iniciados no candomblé. Chegando à igreja, o cadáver foi entregue ao padre e o cortejo retornou, cantando e dançando mais intensamente do que antes.[39]

As autoridades religiosas escandalizavam-se diante do que consideravam uma grosseira deturpação dos ensinamentos cristãos. Em 1742, D. Francisco João da Cruz, então bispo da diocese do Rio de Janeiro, veiculou carta pastoral condenando esses funerais, que nem ao menos eram acompanhados por clérigos, pois "nos consta os mandam em palanquins para a Igreja sem irem acompanhados dos seus párocos, e que os mandam passar pelas ruas, e mostrar a casas particulares, e pessoas conhecidas".[40]

Referências como essas dão uma pálida ideia da importância dos funerais de anjinhos entre a população livre e escrava. Resta agora tentar explicar por que crianças mortas eram abandonadas. Para médicos e administradores dos hospitais, a explicação mais simples era a seguinte: os senhores de escravos economizavam recursos com o funeral das crias cativas, lançando-as à Roda da Misericórdia. No entanto, cabe indagar a razão de os senhores agirem dessa maneira; por que desrespeitariam as leis da Igreja e as tradições populares? O argumento da economia com o funeral deve ser destacado.

Em fins do século XVII e início do XVIII, o enterro de escravos constituía séria preocupação para as autoridades coloniais. Por meio dos textos de petições apresentadas por vereadores e governadores, percebe-se a gravidade do problema. No Rio de Janeiro, a ação do governador junto à Coroa metropolitana permitiu que a Santa Casa passasse a receber as "miunças", um imposto cobrado sobre a venda de alimentos e pequenos animais. Tal permissão possibilitou que a instituição, a partir de 1694, assumisse o compromisso de fornecer "um esquife com seu pano, e mandasse buscar o cadáver do escravo pagando o senhor de cada um dos escravos 960 réis dos quais seriam 320 réis para duas missas d'alma e 640 para a esmola do clérigo". O valor então estipulado foi considerado muito elevado pelos senhores e o rei português, "em 28 de janeiro de 1695, ordenou ao governador Sebastião de Castro Caldas tratasse segunda vez com a Misericórdia, a fim de ser reduzida a quantia a 400 réis sem as duas missas";[41] o monarca também intercedeu junto à administração da Santa Casa.

Graças ao apoio régio, os escravos cariocas, adultos e crianças, passaram a ser inumados no "campo santo" existente atrás do hospital da Misericórdia, ou então no interior de capelas e igrejas. As irmandades incumbidas dessa missão gozavam licença de possuir esquife próprio, pagando a cada enterro a quantia de 400 réis à Misericórdia.

Em Salvador e Recife ocorreu um processo semelhante ao carioca. Tanto no Rio de Janeiro quanto em outras cidades, o valor de 400 réis foi mantido fixo até fins do século XVIII, sendo lentamente corroído em virtude da inflação comum ao mundo colonial. Em 1796, a esmola dada por um batizado de escravo correspondia ao preço de um enterro na Santa Casa. Um texto de visita pastoral à freguesia de Nossa Senhora da Trindade, localizada na capitania do Rio de Janeiro, revelou que o pároco local, ao invés do pagamento em espécie do batismo ou do enterro, aceitava uma "galinha" como seu equivalente.[42]

O aluguel de esquifes para crianças escravas não custava caro. Não seria razão para os senhores deixarem de enterrar, como se dizia na época, "decentemente" as crias cativas. Com efeito, dados mostram que os bebês negros, provavelmente filhos de escravas, eram francamente minoritários entre os enjeitados mortos. Na capital baiana, 70% deles foram considerados brancos entre 1758 e 1762; nos anos de 1790 a 1796, dos 51 expostos mortos, apenas cinco receberam o atributo da cor negra.

Se aceitarmos as definições de época, podemos afirmar que a população branca era a que mais frequentemente fazia uso da Roda como cemitério de anjinhos. Diante disso, uma hipótese tentadora seria a de considerar tais casos como indícios de infanticídios. Para fugir à caracterização do crime, mulheres brancas poderiam recorrer ao furtivo abandono do bebezinho morto na Roda da Misericórdia. Embora sedutora, essa explicação evidencia outro problema. Como explicar, por exemplo, o aumento em mais de 300% na média de expostos mortos em Salvador entre as décadas de 1760 e 1790? Ou então, como entender a multiplicação por seis da cifra de expostos mortos no Rio entre 1830 e 1850? Caso o infanticídio fosse prática costumeira, não seria de se esperar certa regularidade no percentual de expostos mortos? Uma alternativa seria a de atribuir as variações desse percentual ao aumento populacional, argumento aceitável na Roda carioca, mas de pouca utilidade no caso baiano. Uma explicação bem mais verossímil seria a de considerar os anjinhos da Roda como filhos de casais pobres ou miseráveis.

Alguns elementos apoiam a ligação entre miséria e o aumento do número de crianças mortas na Roda. Em Salvador, o período de aumento dessas ocorrências (1790-1812) coincide com espetacular subida de preços dos bens de subsistência. A farinha de mandioca aumentou no período citado de 10 para 23 réis o litro. Em virtude das guerras europeias e do consequente declínio das exportações coloniais, o início do século XIX foi extraordinariamente penoso para a economia baiana.

A multiplicação do número de anjinhos na Roda carioca também ocorreu em época de vertiginosa inflação dos preços dos bens de subsistência, acompanhada de violentíssimos surtos epidêmicos de febre amarela (1850) e cólera morbus (1855), epidemias que atingiram particularmente a população infantil.[43] Sem dúvida, a variação das conjunturas epidêmicas e econômicas ajuda a explicar as estatísticas, mas esses argumentos não parecem suficientes. Durante a maior parte do tempo, o abandono de crianças mortas consistiu em fenômeno raro. Em Salvador e no Rio de Janeiro, houve décadas em que nenhum caso chegou a ser registrado. Entre 1822 e 1827, por exemplo, apenas uma criança morta foi deixada na Roda baiana. Certamente os pobres e miseráveis da antiga capital colonial eram bem mais numerosos do que a cifra sugere.

A dificuldade econômica vivida por famílias pobres, por si só, não explica a variação do número de crianças mortas abandonadas. Bem mais importante parece ter sido a mudança de ordem institucional. Não por acaso, os anos em que mais se abandonaram anjinhos em Salvador coincidem com o período em que a Santa Casa deixou de alugar o "esquife dos anjos". Para se ter ideia do impacto da medida, basta mencionar que o aluguel do referido esquife podia ser pago com esmolas no valor de 64 réis, ao passo que os enterros de bebês realizados em conventos, ou oficializados por ordens religiosas, atingiam a cifra de 4.000 réis.[44]

No Rio de Janeiro, as mudanças institucionais também parecem ter pesado no aumento do número de anjinhos abandonados. A partir de 1851, o governo imperial, preocupado em combater os miasmas epidêmicos, proibiu que fossem realizados enterros em capelas e igrejas localizadas no perímetro urbano. Todos os enterros cariocas deveriam ser feitos nos cemitérios públicos de São Francisco Xavier e São João Batista da Lagoa, localizados na periferia da cidade. A laicização e transferência dos cemitérios, talvez por subverter os costumes da religiosidade popular, eram motivo de grande descontentamento, havendo até mesmo revoltas contra a medida, como a Cemiterada, levante popular ocorrido na cidade de Salvador em 1836.

Ao deixarem recém-nascidos mortos na Roda, as mães cariocas podiam estar manifestando não propriamente um espírito de revolta, mas sim uma profunda desorientação frente à nova situação inaugurada após a laicização dos cemitérios. O abandono de anjinhos traduziria, assim, o desejo secreto de que a criança fosse sepultada no antigo cemitério da Misericórdia, localizado no centro da cidade. Se essa interpretação for aceita, não é absurdo afirmar que a Roda serviu para perpetuar a antiquíssima tradição de manter os vivos e os mortos o mais próximo possível, possibilitando que as mulheres pobres garantissem o enterro cristão

As crianças pobres e escravas tinham a rua como espaço da sua vida social. Desde o nascimento elas circulavam no colo, ou agarradas às saias de suas mães. Tão logo quanto possível, eram engajadas em algum ofício.

dos filhos; o que uma vez mais sugere interpretarmos a linguagem do abandono como um código cifrado do amor materno.

O MASSACRE DE ANJINHOS

Até aqui procuramos analisar o comportamento feminino em relação ao abandono. O gesto nutria-se de uma gama variadíssima de motivações que podiam ir da vergonha em se assumir um filho ilegítimo até mesmo à falta de dinheiro para realizar o enterro do filhinho querido. Analisaremos agora o destino dos enjeitados. Em que consistia, nos séculos XVIII e XIX, ser uma criança abandonada? O primeiro aspecto a ser salientado diz respeito à brevíssima existência da maior parte dos meninos e meninas sem família.

Se excluirmos os enjeitados desaparecidos do registro hospitalar, os que muito provavelmente acabaram sendo vendidos no mercado de escravos, podemos calcular o índice de mortalidade comum às crianças enviadas à Casa da Roda. Em Salvador, durante o período de 1758 a 1762, o percentual de expostos mortos com idade entre zero e sete anos foi de 646 em mil. Entre 1781 e 1790, a mortalidade atingiu 687, e nos anos posteriores à Independência chegou a cifras ainda maiores.

No Rio de Janeiro e demais cidades que conheceram o abandono de crianças, constata-se quadro semelhante ao de Salvador. A morte precoce consistia no destino da maioria esmagadora dos bebês auxiliados pelas câmaras e hospitais. Mesmo as crianças escravas gozavam de perspectivas mais alentadoras do que as abandonadas. O percentual de mortalidade infanto-juvenil dos expostos oscilava entre 600 e 700 em mil; já o índice dos escravos atingia valores da ordem de 500 em mil, enquanto entre os livres a respectiva fração girava em torno de 350 em mil meninos e meninas na faixa de zero a sete anos de idade.

Como explicar a hecatombe comum aos enjeitados? Deixando de lado os costumes e as noções relativas à amamentação artificial, a sobrevivência dos sem-família, na verdade, estava ligada também a circunstâncias aleatórias: dependia de senhores de escravos ou de amas livres que, movidos pelo espírito de caridade, aceitassem os baixos valores pagos pelo auxílio público. Uma experiência realizada na década de 1830 revelou aos médicos a importância da amamentação natural. No referido período, administradores da Misericórdia baiana resolveram suspender a criação externa; os enjeitados deveriam permanecer no recinto de recolhimento de órfãos, anexo ao hospital, onde seriam assistidos por três ou quatro enfermeiras. Ao cabo de dois anos, a avaliação da experiência não foi nada positiva:

> uma das Mesas [...] tentou fazer a criação dos Expostos dentro do Recolhimento, confundindo o regime de um Estabelecimento com o outro bem diferente [...] a experiência foi bem dolorosa, porque coitado foi o desgraçado que escapou da morte, pois dos assentos consta que nos anos de 1836 e 1837, recebendo-se da Roda setenta e cinco Expostos faleceram sessenta e oito.[45]

Quem não tinha chance de ser alimentado pela mãe de leite acabava quase sempre falecendo. Para se ter ideia do impacto produzido pela experiência de amamentação artificial, basta mencionar que a taxa de mortalidade do referido período atingiu o impressionante percentual de 906 em mil, ou seja, 90% das crianças assistidas faleceram. No Rio de Janeiro, o aleitamento artificial também conquistou adeptos entre os administradores da Casa da Roda. Em 1831, das 325 crianças que deram entrada na instituição e aí permaneceram por doze meses, apenas 22 sobreviveram.

É sabido que não havia fiscalização regular sobre criadores e criadeiras e que a maioria dos expostos não conhecia nenhum apoio institucional. Em Sorocaba, nem a câmara nem a Santa Casa auxiliavam os expostos. Na vila paulista, ponto importante do tropeirismo e do comércio de gado, a sobrevivência dos sem-família dependia inteiramente da caridade particular. A partir de uma criteriosa reconstituição de famílias sorocabanas, foram revelados vários casais livres e idosos, não possuidores de escravas, que acolhiam enjeitados. Homens e mulheres com setenta anos, ou mais, mantinham expostos certamente na esperança de que o gesto misericordioso fosse levado em conta na hora da morte, garantindo-lhes a rota celestial do paraíso. Embora motivados por nobres sentimentos cristãos, os casais de velhinhos, ao repetirem as nefastas experiências de amamentação artificial,[46] com grande frequência acabavam enviando para o céu os anjinhos que deveriam proteger.

De modo geral, criadores e criadeiras não tiveram escrúpulos em recorrer à amamentação artificial. Por isso mesmo, em condições normais, de cada dez enjeitados, apenas três ou quatro sobreviviam ao abandono. Em determinados períodos, enjeitados negros e mestiços, pertencentes às camadas mais pobres e marginalizadas da sociedade brasileira, curiosamente faleciam em uma proporção inferior aos brancos. Em Salvador, de 1758 a 1762, os percentuais de mortalidade foram de 626 em mil entre os brancos e *apenas* 555 em mil entre os negros.

A que atribuir os índices acima? Mais uma vez os dados sugerem perguntas, mas escondem respostas. Ao certo só se pode afirmar que as informações do auxílio público contrariam os estereótipos habituais. As meninas, diferentemente da crença arraigada da inferioridade do sexo feminino, eram mais resistentes às provações do abandono. Na capital baiana, durante o período 1781-1790, o índice de mortalidade de meninos era de 623 em mil, enquanto o das meninas oscilava em torno de 547 em mil.

A constatação de que a morte de expostos atingiu altos índices em determinados períodos redimensiona algumas afirmações feitas nos tópicos anteriores. Em cada grupo de três crianças livres, duas atingiam a juventude. Nos mundo dos enjeitados, apenas uma criança em cada grupo de três sobrevivia ao sétimo aniversário. Onde os índices de abandono eram baixos, a morte dos expostos pouco influenciava a evolução demográfica. Esse não foi o caso das cidades. No espaço urbano, o percentual de enjeitados atingiu cifras elevadas, entre 10% e 20%. Nesse meio, a mortalidade diferencial dos abandonados teve repercussões negativas em termos de crescimento populacional. O abandono funcionou na prática como um trágico regulador da demografia urbana da sociedade brasileira nos séculos XVIII e XIX, diminuindo o número de filhos de miseráveis que perambulavam pelas vilas e cidades coloniais.

Cabe ressaltar as formas de socialização das crianças. Para alguns autores, o envio de meninos e meninas de um domicílio para outro era uma forma de socialização alternativa à baseada na família nuclear. Essa interpretação antropológica do abandono tem sua importância, principalmente por livrar os pobres da pecha de promíscuos, irresponsáveis ou, para utilizarmos o jargão sociológico, *anômicos*. Porém, quando lembramos os custos humanos da "circulação de crianças", compreendemos a razão dos anátemas lançados por médicos e higienistas do século passado sobre um comportamento que eles consideravam, como também hoje poderíamos considerar, uma manifestação bárbara da cultura da pobreza.

DE QUE MORRIAM OS EXPOSTOS

A negação da maternidade implicava na multiplicação de mães mercenárias e mães escravas de aluguel que empregavam desastrosas técnicas de amamentação artificial, levando milhares de bebês à morte. Infelizmente, médicos e administradores do século XVIII dedicaram pouquíssima atenção ao tema, talvez pelo fato de essas mortes terem sido encaradas de maneira positiva durante o período colonial. O mesmo não aconteceu no século XIX, quando, em razão da implantação das faculdades e academias de medicina, surgiram vários projetos destinados a combater as altas taxas de mortalidade dos expostos.

Segundo os médicos baianos, as moléstias que mais afetavam os abandonados decorriam de complicações do aparelho digestivo, da fraqueza congênita, tétanos, sarnas, aftas, convulsões, inflamações oriundas dos problemas de dentição ou da infecção do aparelho respiratório. A etiologia de tais doenças era a mais vaga possível. Qual mal estaria por trás das convulsões registradas nos óbitos dos pequeninos? Nos escritos médicos do século XIX, um sintoma aparentemente objetivo quase sempre encobria diferentes tipos de doenças. O óbito causado por "aftas" é um bom exemplo. A ulceração nas partes internas da boca podia ser de natureza sifilítica ou decorrer de inflamação generalizada no aparelho gastrintestinal, havendo ainda a possibilidade de as aftas resultarem de estomatite aftosa ou de fungos tropicais.[47]

No Rio de Janeiro, as descrições das doenças também seguiam critérios vagos. Segundo os doutores Manoel Paranhos da Silva Velloso e Francisco de Paula Gonçalves, os expostos faleciam em decorrência de sarnas, oftalmias purulentas, varíola, disenteria, sarampão e dos tubérculos mesentéricos.[48] Já o médico da Casa da Roda, Dr. Cipriano José de Carvalho, apresentava diagnóstico um pouco diferente:

> A progressão da mortalidade entre os Expostos [...] durante o inverno do ano predito é provavelmente devido ao maior rigor dele, mais avultou a mortalidade entre as crianças sendo que os tubérculos mesentéricos, a caquexia, o tétano de recém-nascidos e a diarreia fizeram então maiores estragos do que nos anos anteriores.[49]

O termo *tubérculo mesentérico* era empregado genericamente para designar inflamações e parasitas do aparelho digestivo; *caquexia*, alteração profunda das funções do organismo após moléstia grave. Diagnósticos que mais uma vez deixam obscuras as causas das mortes.

Apesar da subjetividade dos testemunhos, algumas conclusões podem ser esboçadas. A primeira delas diz respeito ao fato de os médicos dos expostos raramente aludirem aos estragos causados pelo tétano em recém-nascidos. O barão José Pereira Rego calculou que o mal dos sete dias era a doença por excelência dos recém-nascidos livres e escravos, sendo responsável por 15% ou 20% dos óbitos de bebês cariocas nascidos durante a segunda metade do século XIX.

Quando comparada aos dados da Casa da Roda, a constatação do barão do Lavradio surpreende. Nos registros hospitalares, atribuía-se apenas 3% a 5% dos óbitos de enjeitados ao tétano. A moléstia nem mesmo chegou a ser arrolada nos levantamentos realizados por Manoel Paranhos e Francisco de Paula Gonçalves. A insignificante difusão do mal dos sete dias entre os enjeitados tem importantes consequências. Como mencionamos, vários historiadores vincularam o abandono à vergonha das brancas solteiras pelo nascimento do filho ilegítimo. Ora, o fato de a maioria dos bebês enjeitados escapar ao tétano pós-parto fragiliza essa argumentação. Quem enjeitava o filho por miséria podia protelar o gesto por alguns dias; o mesmo não ocorria em relação às mães impedidas de assumir o fruto de um amor proibido; nesses casos, tão logo a criança nascia deveria ser escondida da sociedade. Nas cidades europeias em que predominava o abandono por razões morais,[50] os hospitais acolhiam quase sempre recém-nascidos; o mesmo não parece ter ocorrido no Brasil.

Outra observação importante diz respeito às mortes em decorrência de "sarnas". No citado levantamento do barão do Lavradio, nenhuma criança do Rio de Janeiro faleceu em razão da doença. Ao passo que na Bahia, durante os anos 1865-1870, cerca de 17% dos óbitos de enjeitados mencionaram o mal cutâneo. Não é exagero afirmar que os abandonados eram os mais pobres entre os pobres. Eles ocupavam o último nível da hierarquia social e a forma como faleciam expressa cabalmente essa realidade. Nas residências brasileiras de outrora, animais domésticos e crianças abandonadas costumavam ser vítimas dos *acarus scabici*, popularmente conhecido pelo nome de sarna.

EM BUSCA DE CULPADOS

Os índices de mortalidade dos expostos eram assustadores e os médicos e administradores não se cansavam de apontar as mulheres como principais responsáveis. Em 1787, Manoel Abreu Rozado mencionou no seu parecer a Casa da Roda de Lisboa, onde meninos e meninas faleciam um após o outro por serem "filhos de péssimas mães, gerados de humores podres, corruptos e de mau índole".[51] O médico português professava ideias semelhantes às de Lamarck; para ele, as características adquiridas ao longo da vida se transmitiam de uma geração a outra: "O fruto que se há de seguir destas imundas árvores, mal dispostas, viciadas e corruptas será um fruto indigesto, imundo e pouco perdurável." Em outras palavras, para Rozado cabia aos próprios pais e mães a culpa pelos altíssimos índices de mortalidade entre os enjeitados. Se os progenitores fossem sifilíticos, alcoólatras ou degenerados sexuais, a criança nasceria com fraqueza congênita, falecendo por isso mesmo em idade precoce.

Para outros médicos, as condições de acolhida na Casa da Roda e o descaso das amas consistiam nos verdadeiros motivos da morte em massa dos expostinhos:

> Confiado ordinariamente a escravas, ou a outras mulheres, cujos hábitos e posições nem sempre as colocam ao abrigo dos vícios, e que além

disso têm às vezes amamentado e criado seus filhos, fornecendo por isso um leite sem princípios nutritivos suficientes, ou o que é ainda pior, que sofreram ou sofrem de escrafulas, sífilis, boubas e outros incômodos, não só não cuidam das crianças com atenção precisa, como ainda infiltram o germe das enfermidades de que padecem, dando em resultado uma série não interrompida de sofrimentos e perigos, logo que se manifesta a evolução dentária causando-lhes frequentes vezes a morte no meio de horríveis sofrimentos.[52]

DESTINOS POSSÍVEIS

Compreender o universo feminino dos séculos passados requer antes de mais nada o estudo do abandono de crianças. Para as mulheres pobres das cidades e vilas brasileiras, enjeitar o filho consistia, na maioria das vezes, numa forma de protegê-lo. Havia até mesmo ocasiões em que a família fragmentada era reunida graças ao esforço de mães dedicadas a reencontrar o filho.

A esplêndida documentação da Santa Casa baiana revela que, em fins do século XVIII, para cada grupo de seis abandonados sobreviventes apenas um voltava ao convívio materno. O enjeitamento consistia em ruptura definitiva dos laços entre mãe e filho. A constatação não deixa de ser surpreendente. Nem a legislação portuguesa nem a brasileira faziam uma só menção à cobrança da criação dos enjeitados. No dia a dia, administradores e vereadores tinham atitudes flexíveis em relação à questão: quem quisesse recuperar o filho, sendo pobre, ficaria isento de pagamento; quem possuísse bens seria solicitado a contribuir, pagando todos os custos da criação ou concedendo uma esmola às obras pias da Misericórdia.

Os escrivães baianos registraram inúmeros relatos a propósito de mães que conseguiram reaver o filhinho deixado na Roda. São histórias comoventes que mostram os dramas vividos por mulheres pobres. No ano de 1788, compareceu à Misericórdia de Salvador Maria Ambrozia do Rosário, preta forra, que vinha recuperar o filho em cuja matrícula havia sido feito o seguinte comentário: "veio nu e todo inchado". No registro de devolução, o escrivão anotou: "disse ser sua mãe e se lhe entregou sem dispêndio algum". Uma vez comprovada a pobreza, a devolução era imediata e sem trâmites burocráticos, como no caso de "Caetana Maria de Souza, casada com Pedro Fernandes que vive de pedir esmolas". Theodora, menina branca, deixada na Roda baiana à 27 de outubro de 1796, foi recuperada cinco anos mais tarde, "em 27 de agosto de 1801 foi entregue a seu pai que a mandou buscar e pagou a criação de 66$396 réis". A menina permaneceu 54 meses em poder da Santa Casa; para se ter ideia da insignificância do pagamento feito, basta dizer que ele correspondia a aproximadamente 50% dos gastos realizados com a enjeitada.

Apesar das facilidades, mais de 80% das mães jamais voltavam a recuperar o filho enjeitado. No entanto, deve-se considerar que o índice mencionado não leva em conta as fraudes bem-sucedidas, muito menos os casos em que as mães queriam recuperar a criança, mas não conseguiram realizar o intento.

Em Salvador dos anos 1780-1829, num conjunto de 24 mães que expressaram por escrito o desejo de recuperar o filho, apenas cinco conseguiram reavê-los. Inúmeros projetos fracassaram. Em 1758, uma menina branca deixada na Roda veio acompanhada de bilhete dizendo: "Tenha a bondade de criar essa menina com toda correção que de seu tempo se há de procurar e pagar toda criação." Isso infelizmente jamais ocorreu, porque a menina faleceu depois de dois meses do abandono. O enjeitado João de Deus não teve destino mais afortunado. Junto a ele foi deixado um escrito mencionando: "Peço Vossa Mercê que o menino queira tomar e acolher pois são cousas que sucedem aos homens de bem que no certo tempo se procurará e se pagará o seu gasto que houver feito, pois é branco tem parentes frades, clérigos e freiras." O infeliz João de Deus, provável filho de padre ou de freira, nascido de coito danado, como diziam as leis da época, faleceu oito meses após o abandono.

A morte dos bebês ou de seus familiares inviabilizava inúmeras recuperações. Para os que permaneciam na residência das criadeiras, a vida não era nada fácil. Os limites entre a condição de escravo e de abandonado eram fluidos. As crianças negras ou pardas sem família acabavam sendo alvo de negociatas, eram vendidas, trocadas ou dadas de presente. Tal qual as crias cativas, essas crianças moravam em residência alheia em troca de um prato de comida e um teto para dormir. Os administradores da assistência lutaram contra a escravização de enjeitados; em certas ocasiões conseguiram mesmo recuperar o bebê, tirando-o das mãos de criadeiras gananciosas.

A 9 de maio de 1758, a criadeira Úrsula das Virgens recolheu em sua casa um menino pardo que fora deixado na Roda baiana. Um mês mais tarde descobriram que ela "levou o enjeitado e o vendeu por 160$000 réis a uma viúva na Rua da Castanheira". Ao curso de outra investigação, constatou-se que a mesma mulher costumava "tomar enjeitados e vendê-los ou tornar a botar na Roda, ficando com seu pagamento e que seu verdadeiro nome era Clara Ignez".

COMPILAÇÃO DAS PROVIDENCIAS,

QUE

A BEM DA CRIAÇÃO, E EDUCAÇÃO

DOS

EXPOSTOS OU ENGEITADOS

SE TEM PUBLICADO,

E ACHÃO ESPALHADAS EM DIFFERENTES ARTIGOS

DE LEGISLAÇÃO PATRIA,

À que accrescem outras, que respeitando ao bom regimen, e economia da sua Administração, e sendo com tudo filhas das mesmas Leis, tem a experiencia provado a sua utilidade.

ORDENADA EM RESUMO

PELO BACHAREL

ANTONIO JOAQUIM DE GOUVEA PINTO;

Para beneficio dos mesmos Expostos, utilidade do Estado, e auxilio dos Administradores, e Magistrados, a que está entregue semelhante Administração.

LISBOA:

NA IMPRESSÃO REGIA.

1820.

Com Licença.

A legislação preocupava-se em garantir um destino aos enjeitados. No século XVIII e XIX, tratados de criação e educação de expostos foram publicados em Portugal e no Brasil para auxiliar o trabalho de administradores e governadores.

Florinda Maria, enjeitada, nascida em Minas Gerais no século XVIII, foi obrigada a trabalhar desde a tenra infância no serviço doméstico e na roça "com foice e enxada na mão como se fosse escrava, sendo de seu nascimento livre".[53]

Não foram poucas as mães que se preocuparam com o risco de o filho ser escravizado. Lembravam os administradores e vereadores dos compromissos da assistência, dizendo que o enjeitado era "branco e boa gente e que guardassem e não mandassem botar em outra parte, que era filho de pais nobres e [...] fará a honra de lhe criar em casa que não seja muito pobre"; ou ainda referiam sua pureza genealógica: "trazia uma cédula por letra desconhecida que a dizia ter sido batizada com dúvida com o dito nome de Maria, ser branca legítima sem infecta nação alguma por ser filho de pais de toda conta e distinção". Mas os clamores muitas vezes eram em vão. As criadeiras chegavam a anunciar a venda de enjeitados nos jornais.

Nem todas as mães de leite alimentavam planos tão malévolos. Em certas circunstâncias, as crianças se integravam à família adotiva. Isso ocorria principalmente por ocasião da morte do filho legítimo. A mãe desconsolada e com leite abundante acolhia o enjeitado. O costume da "substituição", de certa maneira, era acompanhado pela incidência do compadrio. O apadrinhamento servia como um substituto à complicadíssima e burocrática adoção legal. Através do compadrio, o enjeitado ingressava na família da criadeira, estabelecendo relações de parentesco espiritual. Para se ter ideia da abrangência do vínculo, basta dizer que todos os parentes do padrinho e da madrinha, colaterais, ascendentes e descendentes, até o quarto grau, passavam a ter oficialmente algum tipo de ligação familiar com a criança.

No Rio de Janeiro, entre 1768 e 1796, cerca de 20% dos enjeitados da paróquia de São José foram integrados à família da criadeira. Em algumas áreas rurais, esse índice chegou a atingir 45% dos meninos e meninas dados a criar. Através do compadrio era reinventada a família dos sem-família. Os que tinham sorte permaneciam na residência da criadeira mesmo depois de completados os sete anos de vida. Para os demais, a comemoração do sétimo aniversário tornava-se motivo de angústia, pois deveriam reingressar no círculo do abandono, indo morar em arsenais, seminários, recolhimentos, ou eram encaminhados ao trabalho pesado na construção de estradas de ferro.

Quase sempre os meninos e meninas saídos do turbilhão do abandono eram seres frágeis, revoltados com a quebra do único referencial familiar que possuíam: a residência da criadeira. Nos relatórios do século passado, aparecem recorrentes queixas em relação a esses indóceis serviçais, que fugiam dos locais de trabalho para morar nas ruas, dando sequência a um novo ciclo de casais miseráveis e de mulheres solitárias que abandonavam os filhos.

NOTAS

(1) Mary Del Priore. O papel branco, a infância e os jesuítas na colônia. *História da criança no Brasil*. São Paulo: Contexto, 1991. p. 10-27.

(2) K. Q. Mattoso. *Ser escravo no Brasil*. São Paulo: Brasiliense, 1982. p. 20-30.

(3) C. A. P. Bacellar. *Família e sociedade em uma economia de abastecimento interno* (Sorocaba, séculos XVIII e XIX). São Paulo: FFLCH/USP. p. 324. [tese de doutorado].

(4) Os estudos mais importantes a respeito do tema são: J. P. Bardet (org.). *Enfance abandonné et société en Europe XIVème – XXème siècles*. Roma: Escola Francesa de Roma, 1991; J. Boswell. *The kindness of strangers. The abandonment of children in Western Europe from late Antiquity to the Renaissance*. New York: Pantheon Books, 1988; V. Hunecke. *I Trovatelli di Milano. Bambini esposti e famigle espositrici dal XVIII al XIX secolo*. Bolonha: Il Mulino, 1989. Em relação a Portugal e ao Brasil, consultar: I. Guimarães e Sá. *The circulation of children in eighteenth century southern Europe:* the case of the Foudling Hospital of Porto. Florença: Instituto Universitário Europeu, 1992. [tese de doutorado]; R. P. Venâncio. *Casa da Roda:* institution d'assistance infantile au Brésil (XVIIIème-XIXème siècles). Paris: Universidade Paris IV-Sorbonne, 1993. [tese de doutorado].

(5) M. L. Marcílio. *A cidade de São Paulo:* povoamento e população, 1750-1850. São Paulo: Pioneira, Edusp, 1973; I. N. Costa. *Vila Rica:* população (1718-1826). São Paulo: IPE/USP, 1981; Nascimento. *Dez freguesias da cidade de Salvador*. Salvador: Fundação Cultural do Estado da Bahia, 1986.

(6) O padre Diogo Feijó, filho ilegítimo de mulher solteira, foi batizado como enjeitado e criado pela própria mãe. O. T. Souza. *História dos fundadores do Império*. São Paulo: CEN, 1957. v. III, p. 161.

(7) Matrícula da Casa dos Expostos. Seção de Manuscritos da Biblioteca Nacional do Rio de Janeiro. cód. IS33, rol.15.

(8) Ms. cit.

(9) Matrícula da Casa dos Expostos. Arquivo da Santa Casa da Misericórdia de Salvador. cód. L7-g.1193.

(10) *Idem*, cód. L8-g.1198.

(11)As demais citações foram colhidas nos códices citados anteriormente, assim como nos seguintes: L3-g.1211; L9-g.1199; L10-g.1200; L12-g.1202; L10-g.1200. Também utilizei referências extraídas do Banco de Dados sobre a história da criança no Brasil – CEDHAL/USP-FINEP, organizado por Maria Luiza Marcílio. Colhi dados nos seguintes trabalhos: M. L. Marcílio e R. P. Venâncio. *Crianças abandonadas e primitivas formas de sua proteção*. Anais do VII Encontro Nacional de Estudos Populacionais. Belo Horizonte: ABEP/CNPq, 1990. v. 1, p. 321-338; L. M. Souza. O Senado da câmara e as crianças expostas. *In:* Mary Del Priore. *Op. cit.*, p. 28-43.

(12) *Compromisso da mesa dos enjeitados do Hospital Real de Todos os Santos*. Lisboa, 1716.

(13) J. P. F. Soares. *Memória sobre a preferência do leite de vaca ao leite de cabra para o sustento de crianças, principalmente nas grandes Casas dos Expostos*. Lisboa: Academia Real de Ciências, 1812. p. 5.

(14) F. P. Gonçalves. *Que regime será mais conveniente para a criação dos expostos da Santa Casa da Misericórdia*. Rio de Janeiro: Typ. Universal, 1859. p. 20.

(15) F. M. Franco. *Tratado de educação physica dos meninos para uso da nação portuguesa*. Lisboa: Real Academia de Ciências, 1790. p. 6.

(16) F. P. Gonçalves. *Op. cit.*, p. 27.

(17) F. M. Franco. *Op. cit.*, p. 15.

(18) M. J. H. Paiva. *Das fraudes das amas de leite*. Lisboa: Typ. Numesiana, 1790. p. 245.

(19) *Id. ibid.*, p. 249.

(20) M. L. M. Leite. O óbvio e o contraditório da Roda. *In*: Mary Del Priore. *Op. cit.*, p. 101.

(21) Uma interessante análise do enterro na sociedade escravista foi feita por A. A. Campos. Notas sobre os rituais de morte na sociedade escravista. *Revista do Departamento de História da FAFICH/UFMG*. n. 6, 1988. p. 109-122. Para uma análise do significado das cores mortuárias, ver J. Chevalier e A. Gheerbrant. *Dicionário de símbolos*. 3.ed. Rio de Janeiro: J. Olympio, 1990.

(22) A. J. R. Russel-Wood. *Fidalgos e filantropos A Santa Casa da Misericórdia da Bahia,* 1550 -1775. Brasília: Edunb, 1981. p. 242.

(23) M. B. N. Silva. O problema dos expostos na capitania de São Paulo. *Anais do Museu Paulista*. 1980/1981. t. xxx, p. 148.

(24) M. O. S. Dias. *Quotidiano e poder em São Paulo no século XIX*. São Paulo: Brasiliense, 1984. p. 142.

(25) Os bilhetes referentes ao Rio de Janeiro encontram-se no códice citado na nota sete.

(26) A. A. V. Nascimento. *Op. cit.*, p. 101; F. N. Santos. *Corografia do Distrito Federal*. Rio de Janeiro: Typ. Villas Boas, 1902. p. 122.

(27)A. J. R. Russel-Wood. *Op. cit.*, p. 243.

(28) A. Gusmão. *Arte de criar bem* os *filhos na idade da puerícia*. Lisboa: Typ. do Colégio, 1685. p. 325.

(29) C. Fonseca. Pais e filhos na família popular. *In:* M. A. D'Incao (org.). *Amor e Família no Brasil*. São Paulo: Contexto, 1989. p. 95-128.

(30) J. Bossell. *Op cit.*, p. 342.

(31) J. R. A. Lapa. *Livro da visitação do Santo Ofício da Inquisição ao Estado do Grão-Pará,* 1763-1769. Petrópolis: Vozes, 1978. p. 161.

(32) Mary Del Priore. *Ao sul do corpo:* maternidades e mentalidades no Brasil colonial. Rio de Janeiro: J. Olympio, Edunb, 1993. p. 300.

(33) A melhor introdução para o estudo do tema ainda é o livro de J. T. Noonan, *Contraception et mariage:* évolution ou contradiction dans la pensée chrétienne? Paris: Ed. du Cerf, 1969.

(34) S. O. Nadalin. *A demografia numa perspectiva histórica*. Belo Horizonte: ABEP, 1994. p. 90.

(35) Ofícios da Santa Casa da Misericórdia do Rio de Janeiro. Arquivo Nacional do Rio de Janeiro. cód. 1533-R-15.

(36) F. J. Rego. *Apontamentos sobre a mortalidade na cidade do Rio de Janeiro, particularmente das crianças*. Rio de Janeiro: Typ. Nacional, 1878. p. 28.

(37) A. Gusmão. *Op. cit.*, p. 128.

(38) *Id. ibid.*, p. 119.

(39) J. J. Reis. *A morte é uma festa*. São Paulo: Companhia das Letras, p. 123-139.

(40) *Carta pastoral do bispo do Rio de Janeiro* D. *Francisco João da Cruz* (1742). Livro de Tombo da Paróquia de Nossa Senhora de Macacu. Biblioteca Nacional do Rio de Janeiro. Seção de Manuscritos. cód. 17, 18, 32.

(41) J. Vieira Fazenda. *Antiqualhas do Rio de Janeiro*. s.d. v. 1, p. 410-412.

(42) *Visitação do monsenhor Pizarro de Araújo à paróquia da freguezia da Santíssima Trindade em outubro de 1796*. Arquivo da Cúria Metropolitana do Rio de Janeiro. s/cód.

(43) J. P. Rego. *Esboço Histórico das Epidemias que têm grassado na cidade do Rio de Janeiro desde 1830 à 1870*. Rio de Janeiro: Typ. Nacional, 1872. p. 28.

(44) J. J. Reis. *Op. cit.*, p. 223-230.

(45) *Livro de Atas da Mesa dos Expostos* (1834-1846). Arquivo da Santa Casa da Misericórdia de Salvador. cód. 17.

(46) A. P. Bacellar. *Op. cit.*, p. 326.

(47) *Grande Enciclopédia Portuguesa e Brasileira*. Lisboa. Rio de Janeiro: Ed. Enciclopédia, 1970. v. 1, p. 542.

(48) M. P. S. Velloso. *Que regime será mais conveniente à criação dos expostos*. Rio de Janeiro: Typ. Imperial, 1855. p. 27; F. P. Gonçalves. *Op. cit.*, p. 9.

(49) *Relato sobre a mortalidade dos expostos, escrito pelo médico da Casa dos Expostos* (1858). Arquivo da Santa Casa da Misericórdia do Rio de Janeiro. cód. L. 35.

(50) J. P. Bardet. *Op. cit.*, p. 10.

(51) Parecer de Manoel de Abreu Rozado a respeito da Casa dos Expostos de Lisboa, 15 de janeiro de 1787, Biblioteca Nacional de Lisboa, Seção de Reservados, cód. 8517.

(52) Discurso do Barão do Lavradio na Academia Imperial de Medicina do Rio de Janeiro em 1873, *apud* A. Moncorno Filho. *Histórico da proteção à infância no Brasil,* 1500-1922. Rio de janeiro: Empresa Gráfica, 1926. p. 68.

(53) L. M. Souza. *Desclassificados do ouro:* a pobreza mineira no século XVIII. Rio de Janeiro: Graal, 1986. p. 151.

MULHER E FAMÍLIA BURGUESA

Maria Ângela D'Incao

Durante o século XIX, a sociedade brasileira sofreu uma série de transformações: a consolidação do capitalismo; o incremento de uma vida urbana que oferecia novas alternativas de convivência social; a ascensão da burguesia e o surgimento de uma nova mentalidade – *burguesa* – reorganizadora das vivências familiares e domésticas, do tempo e das atividades femininas; e, por que não, a sensibilidade e a forma de pensar o amor.

Presenciamos ainda nesse período o nascimento de uma nova mulher nas relações da chamada família burguesa, agora marcada pela valorização da intimidade e da maternidade. Um sólido ambiente familiar, o lar acolhedor, filhos educados e esposa dedicada ao marido, às crianças e desobrigada de qualquer trabalho produtivo representavam o ideal de retidão e probidade, um tesouro social imprescindível. Verdadeiros emblemas desse mundo relativamente fechado, a boa reputação financeira e a articulação com a parentela como forma de proteção ao mundo externo também marcaram o processo de urbanização do país.

MUDANÇAS URBANAS E ESTILO DE VIDA

A vida urbana no início do século XIX praticamente inexistia no Brasil, então um enorme país rural. O estilo de vida da elite dominante na sociedade brasileira era marcado por influências do imaginário da aristocracia portuguesa, do cotidiano de fazendeiros plebeus e das diferenças e interações sociais definidas pelo sistema escravista. A chamada família patriarcal brasileira, comandada pelo pai detentor de enorme poder sobre seus dependentes, agregados e escravos, habitava a casa-grande e dominava a senzala.[1]

O estilo aristocrático de vida não era encontrado em outros setores da economia colonial, especialmente entre os pequenos proprietários e em áreas onde a grande plantação não existia. O requinte também estava longe de marcar o cotidiano da população urbana, em grande parte considerada vagabunda e perturbadora pelos viajantes da época e pelas elites que viviam nas cidades – entre elas, os integrantes da administração portuguesa imperial.

Quando vamos nos aproximando do século XIX, a cidade brasileira vai se tornando um apêndice do corpo rural: reflete a estratificação rural, mínima população fixa, uns poucos artesãos, mas um grande número de pessoas sem muito o que fazer, sem ocupação determinada, num período minguado em se tratando de atividade econômica de natureza industrial e comercial interna.[2] Com fraca diferenciação e estratificação social, a cidade é habitada por uma população homogênea: pessoas ricas parecem não se distinguir, pela maneira de viver, de outras mais pobres, com as quais se relacionam. O cronista Luiz Edmundo[3] descreve um Rio de Janeiro do século XVIII totalmente desorganizado, sem muitas regras sobre a ocupação dos espaços: ruas sem planos e usadas pela população e moradores das casas sem limites definidos, como se não pertencessem a ninguém, como se os quintais fossem extensão das casas. As ruas eram drenos de toda a água residual, e o cheiro era tão sufocante que um dos ministros do governo português registrou por escrito sua insatisfação diante da situação. O cronista descreve a limpeza por que teve de passar a cidade, que incluiu a demolição de muitos prédios, antes da chegada da Corte portuguesa. Comentários dos viajantes do período atestam que, mesmo após essa *limpeza*, o Rio de Janeiro ainda estava longe de ser o que seria uma verdadeira cidade para os europeus.

Desde essa época, as ruas do Rio de Janeiro e de Olinda começam a ser mais controladas; até o início do século XIX não havia no Brasil leis públicas que regulamentassem a limpeza e o uso das cidades. Os espaços para o abate de animais domésticos e para a lavagem de roupas, as fontes centrais, bem como os terrenos para criação de animais e locais para cortar lenha foram reduzidos ou transferidos do centro das cidades para a periferia. A arquitetura dos sobrados se desenvolveu fazendo da rua "uma serva da casa"; portas e janelas abriam-se diretamente para ela. Autoridades públicas limitaram o "mau uso" da casa e tenderam a estabelecer uma nova atitude em relação às ruas, agora consideradas "lugares públicos" e que por isso deveriam manter-se limpas. Com isso, o lugar público ganha, então, um significado oposto ao do uso particular.[4]

Claro que para a rua atingir seu novo *status* muitas restrições são impostas à população. O espaço urbano, antigamente usado por todos em encontros coletivos, festas, mercados, convívio social etc., começa a ser governado por um novo interesse, qual seja, "o interesse público", controlado pelas elites governantes. Esse fato propiciou a *modernização* da cidade do Rio de Janeiro.

Outra espécie de política pública que vale a pena mencionar é o conjunto de medidas higiênicas tomadas pelo Estado durante o Império. A Faculdade de Medicina tinha sido aberta, e muitas ideias novas sobre higiene e saúde espalhavam-se pouco a pouco entre as famílias das classes altas. A cidade estava literalmente podre. Pessoas morriam

A vida burguesa reorganiza as vivências domésticas.
Um sólido ambiente familiar, lar acolhedor, filhos educados e a esposa dedicada ao marido e sua companheira na vida social são considerados um verdadeiro tesouro.

de pragas e de doenças desconhecidas. A adoção dos almotacéis (taxas) de limpeza não teve sucesso completo; entretanto, medidas higiênicas contribuíram para a nova face da vida social urbana brasileira e o discurso médico colaborou para a construção de novos conceitos de vida familiar e higiene em geral.[5]

Esse conjunto de medidas indica a presença de novos valores em uma sociedade ainda baseada na escravidão e na exploração agrária. E, certamente, não deve ter sido fácil para o governo português implementar ideias europeias nas condições específicas apresentadas pela Colônia.

Mais tarde, já no fim do século XIX e começo do XX, podemos presenciar o processo de *modernização* do Rio de Janeiro, intensificado pela emergência da República, quando ideias de ser "civilizado" e de europeizar a capital, em oposição à velha cidade da sociedade patrimonial, estão entre as primeiras intenções do novo regime político. O prefeito Francisco Pereira Passos planejou a reformulação da cidade do Rio de Janeiro, o mesmo que Hausmann havia feito em Paris. Juntamente com essa transformação física da cidade, surgem novas atitudes em relação às pessoas e situações. A proposta era ser "civilizado", como o eram os franceses e os europeus em geral. Desse modo, toda sorte de expressões de relações sociais locais que não fossem consideradas civilizadas eram combatidas pela imprensa e proibidas por lei. As reuniões tradicionais, ou festas de grupos ou comunidades, e até mesmo a serenata ou boêmia sofreram restrições. Na mesma direção, cultos populares e religiosos foram proibidos. A pobreza tornou-se um problema para a capital e não era mais tolerada no centro da cidade; campanhas da imprensa procuraram eliminar pessoas ou grupos marginais do centro da área urbana.[6]

Esse período marcou a passagem das relações sociais senhoriais às relações sociais do tipo burguês. A cidade burguesa teria sistematicamente de lutar contra comportamentos, atitudes e expressões tradicionais que eram considerados inadequados para a nova situação. O que se presenciava era a dissolução das formas tradicionais de solidariedade representada pela vizinhança, família e grupos clânicos, compadrio e tutelagem. Para nossa compreensão, o que interessa na história da *modernização* da cidade é saber como esse processo, resultado tanto da constituição do Estado moderno quanto das mudanças na economia, afetou a vida familiar.

Com a aquisição de seu novo *status* de lugar público, a rua passou a ser vista em oposição ao espaço privado – a casa. Visto que a cidade tinha se transformado num lugar de interesse público, em que todas as antigas formas de uso foram ou banidas ou ajustadas à nova ordem, muitas pessoas tiveram de mudar não só o local de residência, mas também as formas de diversão de raízes populares e grupais. Muitas delas e certos cultos religiosos retomaram às casas ou a lugares longe do centro da cidade. Inevitavelmente, essa nova condição deu um caráter ilegal a muitas das expressões sociais tradicionais, e também impôs uma espécie de restrição tanto à espontaneidade tradicional e cultural de certos grupos, quanto à sua sociabilidade correspondente.

De qualquer modo, o crescimento da população e mais as mudanças de atitude quanto ao uso dos espaços de fora da casa devem ter-se combinado para desencadear a desconfiança em relação aos "outros", aos desconhecidos.

A CASA BURGUESA

As delimitações dos lotes urbanos e a construção das casas não apresentaram diferenças significativas em relação ao século XVIII no

As alcovas, espaço da individualidade e do segredo, forneciam toda a privacidade necessária para a explosão dos sentimentos: lágrimas de dor ou ciúmes, saudades, declarações amorosas.

tocante ao esquema urbano, em que a mesma relação entre habitação e lote prevalecia – as casas é que – lado a lado, sem espaço entre uma e outra – delineavam as ruas em fileiras.[7] Só mais tarde as casas ganhariam afastamento, tanto da rua, por meio de calçadas, quanto dos vizinhos laterais, dando lugar a jardins e corredores verdes. Por influência da Corte, verificou-se um desprestígio dos hábitos tradicionais e uma valorização desses novos costumes. A construção de casas isoladas proliferou depois da libertação dos escravos e da proclamação da República.

Antes ligada à rua e aos descampados nos fundos dos terrenos (conhecidos como roças), com um corredor interno pelo qual passava toda a organização doméstica,[8] só mais tarde a casa vai ganhar um corredor externo. Por essa época, o corredor interno já existia em cerca de 50% das casas médias (nas que ainda não havia o tal corredor interno, a circulação era feita por dentro dos dormitórios encarreirados,[9] fato que ilustra bem a falta de privacidade das pessoas, ainda que da mesma família ou casa).

O desenvolvimento das cidades e da vida burguesa no século XIX influiu na disposição do espaço no interior da residência, tornando-a mais aconchegante; deixou ainda mais claros os limites do convívio e as distâncias sociais entre a nova classe e o povo, permitindo um processo de privatização da família marcado pela valorização da intimidade.

Essa interiorização da vida doméstica, no entanto, deu-se ao mesmo tempo em que as casas mais ricas se abriam para uma espécie de apreciação pública por parte de um círculo restrito de familiares, parentes e amigos. As salas de visita e os salões – espaços intermediários entre o lar e a rua – eram abertos de tempos em tempos para a realização de saraus noturnos, jantares e festas.[10]

Nesses lugares, a ideia de intimidade se ampliava e a família, em especial a mulher, submetia-se à avaliação e opinião dos "outros". A mulher de elite passou a marcar presença em cafés, bailes, teatros e certos acontecimentos da vida social. Se agora era mais livre – "a convivência social dá maior liberalidade às emoções"[11] –, não só o marido ou o pai vigiavam seus passos, sua conduta era também submetida aos olhares atentos da sociedade. Essas mulheres tiveram de aprender a comportar-se em público, a conviver de maneira educada.

Nas casas, domínios privados e públicos estavam presentes. Nos públicos, como as salas de jantar e os salões, lugar das máscaras sociais,[12] impunham-se regras para bem receber e bem representar diante das visitas. As salas abriam-se frequentemente para reuniões mais fechadas ou saraus, em que se liam trechos de poesias e romances em voz alta, ou uma voz acompanhava os sons do piano ou harpa.

As leituras animadas pelos encontros sociais, ou feitas à sombra das árvores ou na mornidão das alcovas, geraram um público leitor eminentemente feminino.[13] A possibilidade do ócio entre as mulheres de elite incentivou a absorção das novelas românticas e sentimentais consumidas entre um bordado e outro, receitas de doces e confidências entre amigas. As histórias de heroínas românticas, langorosas e sofredoras acabaram por incentivar a idealização das relações amorosas e das perspectivas de casamento.

As alcovas, espaço do segredo e da individualidade, forneciam toda a privacidade necessária para a explosão dos sentimentos: lágrimas de dor ou ciúmes, saudades, declarações amorosas, cartinhas afetuosas e leitura de romances pouco recomendáveis. "A máscara social será um índice das contradições profundas da sociedade burguesa e capitalista [...] em função da repressão dos sentimentos, o amor vai restringir-se à idealização da alma e à supressão do corpo."[14]

O casamento entre famílias ricas e burguesas era usado como um degrau de ascensão social ou uma forma de manutenção do *status* (ainda que os romances alentassem, muitas vezes, uniões "por amor"). Mulheres casadas ganhavam uma nova função: contribuir para o projeto familiar de mobilidade social através de sua postura nos salões como anfitriãs e na vida cotidiana, em geral, como esposas modelares e boas mães. Cada vez mais é reforçada a ideia de que ser mulher é ser quase integralmente mãe dedica da e atenciosa, um ideal que só pode ser plenamente atingido dentro da esfera da família "burguesa e higienizada".[15] Os cuidados e a supervisão da mãe passam a ser muito valorizados nessa época, ganha força a ideia de que é muito importante que as próprias mães cuidem da primeira educação dos filhos e não os deixem simplesmente soltos sob influência de amas, negras ou "estranhos", "moleques" da rua.

Da esposa do rico comerciante ou do profissional liberal, do grande proprietário investidor ou do alto funcionário do governo, das mulheres passa a depender também o sucesso da família, quer em manter seu elevado nível e prestígio social já existentes, quer em empurrar o *status* do grupo familiar mais e mais para cima.

Num certo sentido, os homens eram bastante dependentes da imagem que suas mulheres pudessem traduzir para o restante das pessoas de seu grupo de convívio. Em outras palavras, significavam um capital simbólico importante, embora a autoridade familiar se mantivesse em mãos masculinas, do pai ou do marido. Esposas, tias, filhas, irmãs, sobrinhas (e serviçais) cuidavam da imagem do homem público;[16] esse homem aparentemente autônomo, envolto em questões de política e economia, estava na verdade rodeado por um conjunto de mulheres das quais esperava que o ajudassem a manter sua posição social.

OS SENTIMENTOS

A qualidade dos sentimentos também passou por transformações importantes no século XIX. Pode-se associar ao afastamento entre as casas um afastamento que o indivíduo e toda sua família passa a desenvolver, isolando-se paulatinamente da comunidade. Nos sentimentos, ocorreu uma mudança na sensibilidade em relação ao que se chamava ora de amor, ora de sexualidade. Como consequência, teria havido um afastamento dos corpos que passaram a ser mediados por um conjunto de regras prescritas pelo *amor romântico*. Essa mudança parece ter sido parte de um movimento mais geral da sociedade que levou ao isolamento do homem moderno em relação à comunidade e aos grupos de convivência; processo que ocorreu simultaneamente nas transformações pelas quais as cidades do Rio de Janeiro e Recife passaram ao longo do processo de *modernização* no século XIX, só mais tarde observado na cidade de São Paulo.

Convém não esquecer que a emergência da família burguesa, ao reforçar no imaginário a importância do amor familiar e do cuidado com o marido e com os filhos, redefine o papel feminino e ao mesmo tempo reserva para a mulher novas e absorventes atividades no interior do espaço doméstico. Percebe-se o endosso desse papel por parte dos meios médicos, educativos e da imprensa na formulação de uma série de propostas que visavam "educar" a mulher para o seu papel de guardiã do lar e da família – a medicina, por exemplo, combatia severamente o ócio e sugeria que as mulheres se ocupassem ao máximo dos afazeres domésticos. Considerada base moral da sociedade, a mulher de elite, a esposa e mãe da família burguesa deveria adotar regras castas no encontro sexual com o marido, vigiar a castidade das filhas, constituir uma descendência saudável e cuidar do comportamento da prole.

A SENSIBILIDADE TRADICIONAL

A descrição das formas de namoro no século XVIII na cidade do Rio de Janeiro é extraordinariamente ilustrativa da sensibilidade oposta à atitude romântica presente na ficção urbana do século XIX, que tanto sucesso fazia entre as mulheres desta época:

Por ocasião das missas ditas de madrugada, por dias de calor ou sol, chuva ou lama, de relâmpago ou trovão, quem descobrisse em sítios alcandorados como o morro de São Bento, Glória, Santo Antônio, e Castelo, um perfil de capela, uma escadaria de igreja ou a porta iluminada de um templo havia de ver logo, em torno e perto, sombras irrequietas que se cruzavam, que saltavam, que esvoaçavam. Eram os namorados, em revoada, eram os 'gaviões' do amor, em bandos numerosos, irrequietos, chasqueando das prevenções dos pais, zombando das ordens severas do Vice-Rei, desobedecendo até as pastorais do bispado, que particularmente fulminavam e proibiam esses namoros de adro e água benta.[17]

As famílias iam para as cerimônias "guiadas pela lanterna ou pelos archotes dos negros escravos" com o chefe à frente seguido pelos "rebentos – sinhazinhas e sinhozinhos, sinhás-moças e sinhás-donas – e a matrona; mais atrás iam as amas, as mucamas, os escudeiros e outros escravos de estimação". Nesse tempo, descreve Luiz Edmundo,

O romance sentimental conquistou um público feminino para a literatura: as mulheres de elite, com tempo livre para se dedicarem à leitura entre as aulas de piano e de dança, os bordados e as costuras.

'a pomba' escolhia o 'gavião' lançando seu olho langue e açucarado sobre o olho açucarado e langue do 'gavião' de seu agrado. Dois segundos e via-se logo uma centelha. Zás! Era como um curto circuito [...] Nesse dia, tanto um como o outro só viviam daquele instante breve e magnífico.

Saber que a escolha do cônjuge caberia ao pai e não aos enamorados não os impedia, entretanto, de encontrar oportunidades práticas para outras e mais intensas aproximações. Já no segundo encontro, o namorado abandonava "o terreno das especulações líricas e passava à ação":

> Assim, no suspirado dia da segunda missa, o 'gavião', logo que percebia, próximo à escadaria do templo, o rancho familiar, numa manobra instintiva, afastava-se lateralmente, que o necessário era fugir sempre às vistas dos pais, e tratava de tocar a vanguarda do grupo, de tal sorte tentando um movimento envolvente.

Tratava-se de provocar um encontro com a moça aproveitando-se da confusão e do aperto na porta da igreja.

> Que podia ele fazer, entanto, nesses dez ou quinze segundos de proximidade com a criatura de seus sonhos? [...] Emparelhado com a 'pomba', o 'gavião' [que era um homem de seu tempo, agia com positividade, para não dizer sem-vergonhice...] abria logo os dois dedos em forma de pinça, dois dedos desaforados, dois dedos terríveis e – zás – atuava na polpa do braço, do colo ou da anca da rapariga, de tal sorte provando-lhe o temperamento e amor. Ficava-lhe uma nódoa preta na carne de sinhá-moça, porém outra lha ficava, cor-de-rosa, na alma [...] Esses beliscões eram chamados 'mimos de Portugal'.[18]

A proximidade entre os namorados assim constituídos, só não era maior porque as circunstâncias não permitiam: havia o controle familiar direto sobre as moças casadoiras. A descrição de outras formas de namoro, denominadas de "espeque" ou "lampião de esquina" ou "estaca", também sugere que ao lado da proibição havia um contato direto dos corpos sem intermediações discursivas ou sentimentais prévias: "No século, não se fazia nada sem um apertão de carnes":

> Por vezes, a janelinha da rótula afastava-se e uma mão nívea e formosa surgia trêmula, como um fruto ou uma flor, sinal que queria dizer pouco mais ou menos – vale um belisco [...] Se havia trevas e era noite, abusando da ausência de iluminação na cidade, o mais prudente parava e o mais afoito [...] enfiava pela rótula.

Narrando uma história que se passa no início do século XIX, o romance de Manuel Antônio de Almeida, *Memórias de um sargento de milícias*, sugere que a aproximação era mais fácil, mais livre, nas classes populares. Valiam o beliscão e pisadas no pé como forma inicial de namoro e os amancebamentos são narrados com naturalidade. Leonardo, um dos personagens do livro, é capaz de namorar e beijar sem que seu comportamento seja descrito como imoral ou cômico.

Talvez, o controle das aproximações entre os populares fosse um pouco mais relaxado por motivos que envolviam, entre outras coisas, escassez de recursos a serem trocados pelas uniões conjugais.[19]

A SENSIBILIDADE ROMÂNTICA

O romance *A Moreninha*, de Joaquim Manoel de Macedo, escrito em 1844-1845, introduz em nossa literatura o *amor moderno* de maneira bastante clara e didática.[20] A ficção romântica descreve uma atitude de amor mais próxima a um estado da alma do que à atração física. Há uma passagem elucidativa na carta do personagem Fabrício a Augusto:

> O meu sistema era este:
> 1. Não namorar moça de sobrado. Daqui tirava eu dois proveitos, a saber: não pagava moleque para me levar recados e dava sossegadamente e à mercê das trevas, meus beijos por entre os postigos das janelas [...] Ora tu te lembrarás que bradavas contra o meu proceder, como indigno de minha categoria de estudante; e apesar de me ajudares a comer saborosas empadas, quitutes apimentados e finos doces, com que as belas pagavam por vezes a minha assiduidade amantética, tu exclamavas:
> – Fabrício! Não convém tais amores ao jovem de letra e de espírito. O estudante deve considerar o amor como um excitante que desperte e ateie as faculdades de sua alma; pode mesmo amar uma moça feia e estúpida, contanto que a sua imaginação lhe represente bela e espirituosa. Em amor a imaginação é tudo: é ardendo em chamas, é elevando as asas de seus delírios que o mancebo se faz poeta por amor. Eu então te respondia:
> – Mas quando as chamas se apagam, e as asas dos delírios se desfazem, o poeta não tem, como eu, nem quitutes nem empadas.
> E tu me tornavas:
> – É porque não experimentaste o que nos prepara o que se chama amor platônico, paixão romântica!

Mais adiante esse amor platônico é chamado *amor à moderna*. "Ainda não sentistes como é belo derramar-se a alma toda inteira de um jovem na carta abrasadora que escreve à sua adorada e ao receber de troco uma alma de moça, derramada toda inteira em suas letras, que tantas mil vezes se beija."

O "sistema" de Fabrício, *amor à antiga*, opunha-se ao sistema moderno de uma maneira radical: enquanto para Fabrício o namoro, além das empanadas que as meninas ofereciam aos rapazes, significava beijos por detrás dos postigos; para Augusto o amor era "deitar-se no solitário leito e ver-se acompanhado pela imagem da bela que lhe vela no pensamento ou despertar no momento de ver-se em sonhos sorvendo-lhe nos lábios voluptuosos beijos!". Fabrício preferia "os beijos voluptuosos por entre os postigos de uma janela, do que sorvê-los em sonhos e acordar com água na boca. Beijos por beijos, antes os reais que os sonhados".[21] Estamos diante de duas maneiras diferentes de encarar o amor.

O período romântico da literatura brasileira, especialmente a literatura urbana, apresenta o amor como um estado da alma; toda a produção de Joaquim Manoel de Macedo e parte da de José de Alencar comprovam isso. No romantismo são propostos sentimentos novos, em que a escolha do cônjuge passa a ser vista como condição de felicidade. A escolha, porém, é feita dentro do quadro de proibições da época, à distância e sem os beliscões. Ama-se, porque todo o período romântico ama. Ama-se o amor e não propriamente as pessoas. Apaixona-se, por exemplo, por uma moça que seria a dona de um pezinho que, por sua vez, é o dono de um sapato encontrado.[22] O amor parece ser uma epidemia. Uma vez contaminadas, as pessoas passam a suspirar e a sofrer ao desempenhar o papel de apaixonados. Tudo em silêncio, sem ação, senão as permitidas pela nobreza desse sentimento novo: suspirar, pensar, escrever e sofrer. Ama-se, então, um conjunto de ideias sobre o amor.

As pessoas que amam aparecem nas novelas como possuidoras de uma força capaz de recuperar o caráter moral perdido, como no caso de Seixas no romance *Senhora*, de José de Alencar. O amor é sempre vitorioso: Aurélia, em *Senhora*, vence porque tinha um bom motivo: o amor. O amor dos romances vence sobretudo o interesse econômico no casamento. No mundo dos livros, os heróis sempre amam.

O que a literatura do período informa é que a mulher das classes baixas, ou sem tantos recursos, teve maiores possibilidades de poder amar pessoas de sua condição social, uma vez que o amor, ou expressão da sexualidade, caso levasse a uma união, não comprometeria as pressões de interesses políticos e econômicos. As mulheres de mais posses sofreram com a vigilância e passaram por constrangimentos em suas uniões, de forma autoritária ou adoçada, na sua vida pessoal. Para elas o amor talvez tenha sido um alimento do espírito e muito menos uma prática existencial.

VIGILÂNCIA E AUTOVIGILÂNCIA[23]

É certo que os relatos dos cronistas, viajantes e historiadores do período nos exibem um quadro em que a menina ou a mulher candidata ao casamento é extremamente bem cuidada, é trancafiada nas casas etc. Não há como negar ou interpretar de outra maneira fatos tão conhecidos. Todavia, essa rigidez pode ser vista como o único mecanismo existente para a manutenção do sistema de casamento, que envolvia a um só tempo aliança política e econômica. Em outras palavras, nos casamentos das classes altas, a respeito dos quais temos documentos e informações, a virgindade feminina era um requisito fundamental. Independentemente de ter sido ou não praticada como um valor ético propriamente dito, a virgindade funcionava como um dispositivo para manter o *status* da noiva como objeto de valor econômico e político, sobre o qual se assentaria o sistema de herança de propriedade que garantia linhagem da parentela.

As histórias de heroínas românticas e sentimentos platônicos acabaram alimentando a idealização do relacionamento amoroso.

Talvez a severidade, descrita por historiadores e cronistas, tenha levado à aceitação de que a mudança de um sistema fechado – de controle rígido de movimentos e de comportamento – para um sistema aberto é um processo linear. Mas olhemos mais de perto essa severidade com que eram tratadas as mulheres e moças. Havia inúmeras formas de se impedir a aproximação dos corpos antes do casamento. O autoritarismo ou a crueldade dos pais evidentemente não são suficientes para explicar o fato. Por que, afinal, em um determinado período as mulheres e jovens eram trancafiadas? Haveria também alguma questão moral ou religiosa envolvida?

Certamente todos os códigos religiosos e morais da época suportaram essa prática, mas talvez a severidade possa ser mais completamente entendida à luz do fato da ausência de uma *intermediação* que separasse os corpos. Não havendo *intermediação*, os corpos, quando não vigiados, encontravam-se. E quando se encontravam causavam transtornos para o sistema de casamento, que se via ameaçado com o impedimento de uma aliança política e econômica desejável e esperada pelas famílias.

À nossa sensibilidade, digamos assim, moderna, civilizada, repugna e constrange pensar que muitas das mulheres do passado foram conhecer seus maridos no dia do casamento. Como pensar no sexo desses dois desconhecidos? As formas de namoro descritas por Luiz Edmundo e pelos nossos romancistas nos ajudam a compreender um pouco da sensibilidade vigente no período, a repensar o casamento na perspectiva dos contemporâneos e seus valores.

A vigilância, como se sabe, sempre foi a garantia do sistema de casamento por aliança política e econômica. A atenuação dela, quando interpretado simplesmente como libertação da mulher, pode nos levar a conclusões confusas ou pouco esclarecedoras a respeito da própria vigilância e da família que a praticava e consequentemente da família que deixou de praticá-la. O costume da vigilância e do controle exercido sobre as mulheres e o seu posterior afrouxamento no decorrer do século XIX, com a ascensão dos valores burgueses, estavam condicionados ao sistema de casamento por interesse. O afrouxamento da vigilância e do controle sobre os movimentos femininos foi possível porque as próprias pessoas, especialmente as mulheres, passaram a se autovigiar. Aprenderam a se comportar.[24]

Até que ponto a mulher burguesa conseguiu realizar os sonhos prometidos pelo amor romântico tendo de conviver com a realidade de casamentos de interesse ou com a perspectiva de ascensão social? Depois de tantas leituras sobre heroínas edulcoradas, depois de tantos suspiros à janela, talvez lhe restasse a rotina da casa, dos filhos, da insensibilidade e do tédio conjugal...

A MATERNIDADE

O cultivo da maternidade aparece pela primeira vez em *Os dois amores*, de Joaquim Manoel de Macedo, escrito em 1848. Cândido, um bastardo, apresentado como o herói do romance, ama a mãe, a qual nunca viu e sequer sabe se existe. Ele sofre a falta do amor materno. O romance nos diz que ele é infeliz porque não teve mãe e que amava a ideia da mãe sobre todas as coisas. Nós o vemos à noite escrevendo poemas, diálogos e pensamentos elevados para a mãe em seu diário. À sua madrasta, de quem recebeu tudo até então, ele dedicava somente gratidão. Não se observa nenhuma relação mais profunda entre eles. Na verdade, ele diz a uma pessoa que ama sua madrasta; todavia, seus melhores pensamentos e energias são devotados à mãe biológica. As coisas se passam como se o amor de filho fosse um instinto, um sentimento *natural* e os laços familiares de sangue fossem mais fortes que quaisquer outros construídos no decorrer de uma vida.

No final do romance, mãe e filho se encontram, porém o segredo da filiação bastarda é guardado para sempre, porque a mãe de Cândido precisa realizar seu sonho dourado; o de casar-se com o homem que ela mais amou. Mãe e filho guardam o segredo para sempre. A maternidade, apesar de homenageada no romance, ainda não aparece como o sonho principal da mulher nesse período – situação que mudaria em breve com as novas imagens femininas lentamente construídas a partir de então.

A FAMÍLIA BURGUESA

Só um pouco mais tarde, na ficção brasileira, é que a família burguesa vai aparecer com mais corpo. Machado de Assis vai descrever a doçura da família calma e equilibrada do Segundo Reinado no romance *Iaiá Garcia*. Toda a obra da "primeira fase" do romancista (1872-1878) é devotada a temas familiares. Na segunda fase da obra de Machado de Assis (1880-1908), não só a família é o ponto central das histórias, como também surgem os temas psicológicos. A distribuição de papéis em *Esaú e Jacó* revela a crescente santificação da mulher como mãe, através do sofrimento, enquanto todos os deveres do pai apontam na direção de ganhar dinheiro para o sustento da família. Pode-se sentir, por parte da mulher, o cultivo da domesticidade e dos deveres de ser esposa. Toda fragilidade e, ao mesmo tempo, fortaleza de mãe é sublinhada.

Machado de Assis desenvolve outros temas importantes relacionados ao amor e à família, tais como casamento por amor *versus* casamento por aliança política e econômica; o amor filial, maternal, paternal; e também o adultério.[25]

O mundo familiar que ele apresenta nos romances da primeira fase traz relações entre padrinhos e afilhados, ou de agregados, como filhos adotivos ou irmãos de criação gerando ligações amorosas proibidas e romances reprovados. Nessa produção, não há exemplos de família conjugal e as relações de sangue mais estreitas são entre irmãos, mãe e filho ou pai e filha. É também nítida a divisão, na casa, entre os espaços de representação (salas, espaços de convivência) e o das emoções mais íntimas (a alcova), divisão que, nos romances, marca a separação entre o desejo e a possibilidade de sua manifestação e, especialmente nas obras da segunda fase, delineia as personalidades fragmentadas, divididas entre as aparências e os sentimentos mais profundos.[26]

Nesses romances, aparecem as mulheres sós, tias solteironas ou viúvas que procuram favorecer a felicidade de seus protegidos. As moças pobres que amam homens que lhes são proibidos ou terminam morrendo ou se casam com outros de condição socioeconômica mais humilde. Nestes casos há uma barreira entre o amor e o casamento: "As diferentes classes podem estabelecer relações numa sala de visitas, por normas de cortesia, mas não devem misturar o sangue [...] numa sociedade cujo valor e a liberdade do ser humano eram medidos pela riqueza."[27]

Nos romances machadianos escritos a partir de 1882, as famílias são predominantemente urbanas e restritas ao marido, esposa e filhos. O triângulo amoroso tensiona as tramas. O sentimento amoroso restringe-se a marido e mulher, aos enamorados ou aos amantes e torna-se mais complexo, conflituoso, ambíguo. As próprias personagens, e não mais o destino, tornam-se irônicas, cínicas ou cruéis. "A convivência educada vai ganhando dimensões de hipocrisia e de sobrevivência individual." O amor, não mais abafado sob travesseiros, é retratado como distração ou tédio (em *Memórias póstumas de Braz Cubas*), como motivo de ciúme ou loucura (*Dom Casmurro* e *Quincas Barba*). O casamento ainda ocorre por conveniência, agora, um objetivo possível de ser atingido por meio de manipulações e estratégias. Os círculos sociais se ampliam, as mulheres da elite saem às ruas e salões exibidas e *coquettes*, rapazes ambiciosos abraçam profissões liberais e adentram os salões das melhores famílias – ampliam-se o mercado conjugal e as possibilidades de escolha entre os grupos mais abastados. As normas de comportamento tornam-se mais tolerantes, desde que se mantenham as aparências e o prestígio das boas famílias não fique abalado. O amor, explorado por Machado de Assis, oscila entre um sentimento trágico transcendente – rebelde às demandas da sociedade burguesa e racional – e um amor raro, feito de pequenos gestos cotidianos e respeito mútuo, ascético, sem paixão.[28]

A SENSIBILIDADE BURGUESA

O romance de Mário de Andrade *Amar, verbo intransitivo*, publicado em 1927, reflete o amadurecimento da família burguesa, que aparece com todas as suas características. O mundo familiar burguês é um mundo em si mesmo, não tem grandes laços com a sociedade inclusiva; é autossuficiente, socialmente falando, e isolado. Os membros da família não conversam senão sobre coisas banais e sobre a educação dos filhos. O chefe da casa, o novo patriarca, o patriarca burguês, investido de doçura e compreensão, determina todas as coisas que devem acontecer.

O ideal da maternidade dedicada, cultivado pela família burguesa, marca presença em publicações para mulheres, romances e obras de arte do final do século XIX e das primeiras décadas do XX.

A mãe, Laura, uma "santa", não sabe de nada sério no que acontece na casa, a não ser as coisas apropriadas para mulher saber, coisas da administração doméstica. Ela ignora, por exemplo, que a governanta alemã foi contratada para ensinar sexo ao filho primogênito do casal. Para ensinar não só sexo, mas também para fazer o adolescente aprender os sentimentos corretos a respeito de sexo e de amor, aqui vistos claramente como distintos. As emoções acabam sendo finalmente controladas. A sensibilidade burguesa se instaura.

NOTAS

(1) Oliveira Vianna. *Populações meridionais do Brasil*. 5.ed. Rio de Janeiro: J. Olympio, 1944.

(2) Caio Prado Jr. *Formação do Brasil contemporâneo*. São Paulo: Brasiliense, 1942.

(3) L. Edmundo. Namoro e Casamento. *In*: *O Rio de Janeiro no tempo dos vice-reis*. Rio de Janeiro: Aurora, 1951. v. 1.

(4) Gilberto Freyre. *Sobrados e mocambos*. 7.ed. Rio de Janeiro: J. Olympio, 1985. 2v.

(5) J. Freire Costa. *Ordem médica e norma familiar*. 2.ed. Rio de Janeiro: Graal, 1983.

(6) Nicolau Sevcenko. *Literatura como missão*: tensões sociais e criação cultural na Primeira República. São Paulo: Brasiliense, 1983.

(7) N. G. Reis Filho. *Quadro da arquitetura no Brasil*. 6.ed. São Paulo: Perspectiva, 1987.

(8) C. A. C. Lemos. *A alvenaria burguesa*. São Paulo: Nobel, 1985.

(9) C. A. C. Lemos. *Op. cit.*, p. 98.

(10) M. Bicalho, Fernanda B. O "Bello sexo": imprensa e identidade feminina no Rio de Janeiro em fins do século XIX e início do XX. *In*: Costa e Bruschini (orgs.). *Rebeldia e submissão*; estudos sobre a condição feminina. São Paulo: Vértice, Fundação Carlos Chagas, 1989.

(11) M. M. Leite, M. Massani. Representações do amor e da família. *In*: Maria Ângela D'Incao (org.). *Amor e família no Brasil*. São Paulo: Contexto, 1989.

(12) *Id. ibid.*

(13) *In*: Costa e Bruschini (orgs.). *Rebeldia e submissão*. *Op. cit.*

(14) M. M. Leite, M. Massani. *Op. cit.*

(15) Giacomini. A Mãi de família (Rio de Janeiro, 1879-1888). *Revista BEP*. Campinas, 1985. 22, v. 2(2).

(16) L. Davidoff, C. Hall. *Fortunas familiares*. Catedra: Univ. de Valência.

(17) Luiz Edmundo. *Op. cit.*

(18) Luiz Edmundo. *Op. cit.*, p. 321 e 324.

(19) Cf: M. A. D'Incao (org.). Introdução. *In: Amor e família no Brasil*. São Paulo: Contexto, 1989.

(20) D'Incao, M. A. O amor romântico e a família burguesa. *Op. cit.*

(21) J. M. de Macedo. *A Moreninha*. São Paulo: Saraiva, n. 26, p. 19. Coleção Jabuti.

(22) Cf: *A pata da gazela* de José de Alencar.

(23) M. A. D'Incao. O amor romântico e a família burguesa. *Op. cit.*

(24) O movimento de civilização criou o homem moderno, que se caracteriza especialmente por ser autocontrolado e autorregulado. Ver Norbert Elias. *State formation & civilization, the civilizing process*. Oxford: Basil Blackwell, 1982. v. 2.

(25) M. A. D'Incao. O amor romântico e a família burguesa. *Op. cit.*

(26) M. M. Leite, M. Massani. Representações do amor e da família. *Op. cit.*

(27) *Id. ibid.*

(28) *Id. ibid.*

MULHERES DO SERTÃO NORDESTINO

Miridan Knox Falci

A pobre sem um vintém
Não compra nada na feira,
A mulher do rico é dama
A do pobre é costureira
Não pode comprar a máquina
Termina sendo rendeira
Pobre sentada na mó
Por lhe faltar a cadeira
A pobre rede é de palha
A porta, simples esteira,
Usa panela de barro
Pra cozinhar macaxeira.[1]

Mulheres ricas, mulheres pobres; cultas ou analfabetas; mulheres livres ou escravas do sertão. Não importa a categoria social: o feminino ultrapassa a barreira das classes. Ao nascerem, são chamadas "mininu fêmea". A elas certos comportamentos, posturas, atitudes e até pensamentos foram impostos, mas também viveram o seu tempo e o carregaram dentro delas.

As mulheres no tempo (século XIX), no espaço (o sertão, as províncias de Piauí e Ceará) aparecem cantadas na literatura de cordel, em testamentos, inventários ou livros de memórias. As muito ricas, ou da elite intelectual, estão nas páginas dos inventários, nos livros, com suas joias e posses de terras; as escravas, também estão ali, embora pertencendo às ricas. As pobres livres, as lavadeiras, as doceiras, as costureiras e rendeiras – tão conhecidas nas cantigas do nordeste –, as apanhadeiras de água nos riachos, as quebradeiras de coco e parteiras, todas essas temos mais dificuldade em conhecer: nenhum bem deixaram após a morte, e seus filhos não abriram inventário, nada escreveram ou falaram de seus anseios, medos, angústias, pois eram analfabetas e tiveram, no seu dia a dia de trabalho, de lutar pela sobrevivência. Se sonharam, para poder sobreviver, não podemos saber.

O sertão nordestino sobre o qual nos debruçamos aqui não existe mais. Hoje, só é conhecido por ocasião das secas e pela população de crianças famintas e esquálidas. Mas a história tem outra memória sobre o sertão do nordeste: uma terra de modo de vida excêntrico para as populações do Sul, onde perduraram tradições e costumes antigos e específicos, onde extensas fazendas de gado e de plantio de algodão utilizaram mão de obra livre e escrava trabalhando lado a lado, espaço em que uma população, descendente de portugueses se mesclou com os "negros da terra" os indígenas – e com os negros da Guiné – os escravos trazidos pelos próprios colonizadores ou mandados comprar, depois, nas praças comerciais de São Luís, Recife, Salvador ou no pequeno porto de Parnaíba, ao norte do Piauí.

Ali se gestou uma sociedade fundamentada no patriarcalismo. Altamente estratificada entre homens e mulheres, entre ricos e pobres, entre escravos e senhores, entre "brancos" e "caboclos". Dizer então que o sertão nordestino foi mais democrático em suas relações sociais e que não tirou proveito da escravidão é basear-se em uma historiografia ultrapassada, não mais confirmada pela pesquisa histórica. É basear-se em observações espantadas de governantes portugueses enviados da metrópole, ou viajantes ingleses que, vendo o número dos casamentos inter-raciais, notando as inúmeras uniões consensuais de homens amancebados com pardas e caboclas e constatando a grande quantidade de filhos bastardos de cor mulata, pensaram que, talvez, aquela sociedade se pautasse pela existência de maior solidariedade e menor tensão entre as diversas camadas sociais. Isso não corresponde à verdade.

Hierarquias rígidas, gradações reconhecidas: em primeiro lugar e acima de tudo, o homem, o fazendeiro, o político local ou provincial, o "culto" pelo grau de doutor, anel e passagem pelo curso jurídico de Olinda ou Universidade de Coimbra, ou mesmo o vaqueiro. O pior de tudo era ser escravo e negro. Entre as mulheres, a senhora, dama, dona fulana, ou apenas dona, eram categorias primeiras; em seguida ser "pipira" ou "cunhã"[2] ou roceira e, finalmente, apenas escrava e negra. O princípio da riqueza marcava o reconhecimento social. O princípio da cor poderia confirmá-lo ou era abafado, o princípio da cultura o preservava. Ser filha de fazendeiro, bem alva, ser herdeira de escravos, gado e terras era o ideal de mulher naquele sertão.

Afinal, apenas 25% de toda a população do Piauí, pelo Censo de 1826, eram de cor branca, perto de 50% eram pardos e o restante eram negros.[3] E as avós, preocupadas com o branqueamento da família – sinal de distinção social –, perguntavam às netas, quando sabedoras de um namoro firme, *minha filha, ele é branco?* Primeira condição de importância naquela sociedade altamente miscigenada.

OS NÚMEROS

A historiografia costuma apontar, nos lugares do sertão, o êxodo rural dos homens: demandando a fronteira de povoamento, sempre mais para o "sertão", ou voltando ao litoral para estudarem nos grandes centros após a reviravolta que a vinda da Corte portuguesa fez no ensino, ao propiciar curso superior no Brasil. Seria, então, a população feminina numericamente superior à masculina por essas razões?

É certo que no início da conquista e desbravamento dos sertões, final do século XVII, a população da região era marcada significativamente pela presença masculina. Cem anos depois, quando foi criada a capitania de São José do Piauí, em 1758, e com a chegada de muitos casais do norte de Portugal e açorianos, a participação feminina no conjunto da população foi aumentando significativamente. As escravas foram, num primeiro momento, mulheres indígenas, capturadas em guerras de sertanistas contra os índios ou por bandeirantes quando por lá passaram antes de dominar o Palmares de Zumbi. Depois da destruição do quilombo de Palmares, no sertão de Alagoas, muitos bandeirantes ganharam escravas negras capturadas e terras no sertão do Piauí e Ceará para criarem gado e formarem fazendas.

No decorrer do século XIX, a população feminina aumentou ainda mais. Enquanto em 1826 para cada cem habitantes havia 47 mulheres, em 1872, para a mesma porção de indivíduos havia 49 mulheres. Eram 28.245 mulheres livres e 11.699 mulheres escravas em 1826.[4] A partir da terceira década desse século não houve mais importação de escravos ou escravas africanas para o sertão. Como o algodão e o gado já não estavam mais dando muito dinheiro, o preço do escravo passara a ser, relativamente, elevado para os senhores da região, e assim poucos puderam continuar comprando escravos na Bahia ou no Recife. Os traficantes que traziam escravos da África passaram a vender sua mercadoria preferencialmente para os ricos senhores de café da região do Rio de Janeiro e de São Paulo. Então, os escravos do sertão já não eram mais africanos e sim nascidos ali mesmo. Nasceram das mulheres escravas, que tiveram um número grande de filhos, tanto quanto as mulheres livres, como mostram os livros de batizados.

No entanto, se essa população do sertão tinha a capacidade de se reproduzir muito (há exemplos de 25 filhos), a mortalidade também foi muito alta, principalmente de crianças em sua primeira semana de vida, pelo chamado "mal de sete dias", causado por infecção no corte do cordão umbilical. Além disso, muitas mulheres morreram no momento do parto com seus filhos ainda no ventre. A média de filhos criados por mulher era de 2,58[5] (média que corresponde à de nossos dias no Brasil).

A taxa de natalidade (número de crianças que nasce em proporção a mil pessoas) da mulher livre, encontrada em algumas localidades do Piauí, mostra-nos 36.9, 32.6 e 43.2 por mil, fazendo com que em quarenta e seis anos, de 1826 a 1872, a população total aumentasse cerca de 150%.[6] Entretanto, foi a população livre que cresceu, pois a figura da mulher escrava foi desaparecendo como tal, seja pelas alforrias ou pelos casamentos inter-raciais. Mas não foi só a natalidade o fator do crescimento populacional no século XIX, os migrantes de outras províncias procuraram o sertão para se alojarem e criarem gado e trabalharem no algodão.

E se, como nos ensinam os historiadores e os demógrafos, os dados refletem situações, comportamentos, hábitos, costumes, seria preciso indagar: em que condições essas mulheres tiveram muitos filhos? casando ou se *amancebando*? com quem e quantas vezes? casando como?

Sabemos que, como a população era muito miscigenada – situação indicada nos recenseamentos – com pardos, negros e caboclos, eram altos os níveis de uniões interétnicas. Basta dizer que, no recenseamento de 1826, de cada 100 pessoas, somente 25 eram brancas, número que foi diminuindo ainda mais no decorrer do século. Em 1872, em cada 100 mulheres livres, cerca de 60 eram pardas, 23 brancas e o restante distribuído entre caboclas e negras. As escravas, em 1872, eram principalmente negras e pardas. E o que era feito com uma criança branca nascida de um ventre escravo – fruto de um relacionamento do senhor branco com sua escrava – por exemplo? Teria sido alforriada ou simplesmente registrada como parda?

RETRATOS DA MULHER LIVRE

Qual seria a aparência da mulher livre? Lembrando que havia vários tipos de mulheres não escravas, podemos imaginar que, entre as fazendeiras ricas e as pobres roceiras, as diferenças alimentares e de estilo de vida deixaram marcas diferenciadas em suas fisionomias.

Os traços das mulheres de elite são mais conhecidos. Ao vasculharmos amontoados de retratos de famílias do interior do nordeste, elas estão ali: ora sentadas, ora em pé ao lado do marido, rodeadas pelos filhos. Esguias ou gordas, de formas arredondadas. Mas, ao aceitarmos as palavras de Gardner, viajante inglês que por lá passou em 1836, vemos que a gordura "era considerada o encanto principal da beldade do Brasil e o maior elogio que se pode dizer a uma mulher é dizer que está ficando cada dia mais gorda e mais bonita, coisa em que a maioria delas cedo acontece pela vida sedentária que levam".[7] Em algumas, os cabelos crespos e lábios grossos, a "tez levemente amorenada" (como é retratada Luísa Amélia) lembram os tipos físicos miscigenados; em outras, "o nariz regular, a fronte elevada", pescoço fino e cabelos "corridos, mas lustrosos", lembram as origens mais europeias.

Uma coisa as nordestinas do sertão pareciam ter em comum: o apreço pelos longos cabelos. Basta dizer que, na seca de 1877, mulheres famintas, esquálidas, chegaram na casa do major Selemérico, em Oeiras, antiga residência do presidente da província, e, em agonia de morte, ofereciam cortar o cabelo em troca de *água, água*.

Na França,[8] no alvorecer do mundo moderno, um certo tipo de beleza feminina conheceu prestígio. Ela era útil não só para incitar o homem, mas era a arma específica, e legítima, do sexo frágil, que pôde graças a ela compensar sua fraqueza. Adornava-se o corpo com vestidos amplos (que na França chegavam a usar 30 metros de tecidos), escondiam-se as formas desfiguradas por uma gravidez com um colete, ostentava-se longos cabelos (que as pobres, por vezes, vendiam para obter algum dinheiro). E no sertão brasileiro? Mesmo as mulheres ricas costumavam se vestir com uma certa simplicidade se comparadas com as da elite litorânea. Também não costumavam usar joias em seu dia a dia. Traziam, debaixo da saia principal, duas saias de algodão, enfeitadas com barrado de renda (a chamada "renda de ponta") e bem engomadas, além da "camisa de dentro" (espécie de combinação também debruada de renda-renascença). A blusa exterior, em geral, de manga comprida, era ornada com plissados, apliques, bordados de crivo ou crochê. A intenção ao vestir-se era não revelar as formas do corpo nem mesmo insinuar seios ou pernas. No pescoço, os cordões de veludo, "as gargantilhas" e nos cabelos as "travessas" de prata ou de tartaruga, ou presilhas de ouro ou marfim (as mais pobres usavam de chifre de boi). Mas não havia cosméticos nem verniz nas unhas. Passavam no rosto e nos cabelos azeite de babaçu e pó de arroz, que vinha nas caixas forradas de cetim vermelho produzidas pelas perfumarias *Carneiro*, no Rio de Janeiro. Nos pés, usavam botinas de cano curto, de couro, amarradas nos tornozelos, feitas por escravos sapateiros que muito cedo aprenderam e desenvolveram a arte de fazer sapatos – imitando dos europeus – pois usar sandálias não era de bom tom.

Algumas mulheres ricas possuíam muitas joias, mas, de modo geral, os documentos, os relatos de viajantes, os livros de memórias nos falam que a mulher de elite no Nordeste sertanejo (não o Nordeste dos engenhos de açúcar litorâneo de Gilberto Freyre) era geralmente uma mulher mais simples na sua maneira de vestir e aparecer. Entretanto, certas mulheres de duas ou três famílias mais importantes de cidades do interior pautaram suas vidas com a ostentação que caracterizava o mundo urbano de Recife ou da Bahia. Adornaram-se de joias, mandaram trazer roupas do Rio de Janeiro ou de Recife e São Luís. Era o caso de D. Maria Joaquina da Conceição, em Oeiras, que tinha mais de meio quilo em joias de ouro.[9] Nascida em 1815, em Icó, a primeira capital do Ceará, mudou-se bem pequena com sua mãe para a capital do Piauí, Oeiras. Morreu em 1878, depois de ter sido a terceira mulher do rico fazendeiro Raymundo de Souza Britto, da Bocaina. Seus três filhos, o capitão Benedito de Souza Britto (futuro tenente-coronel da Guarda Nacional), Raymundo e Pedro, ao acordarem sobre a partilha dos seus bens, dispuseram de um enorme número de trancelins, cordões, anéis, pulseiras e broches em ouro.

O daguerreótipo de D. Maria Joaquina, conservado por seus familiares,[10] mostra o semblante forte e sério de uma das mulheres de elite daquele sertão. O retrato: postura estudada, sentada como num trono a reinar, mãos ritualmente dispostas com dedos juntos e anel no indicador, braços aquietados nos da cadeira demonstrando a segurança de quem sabe o que é e o que pode ser, o que faz e o que pode fazer. Tudo de acordo com o esperado dessa certa categoria de mulher: fisionomia austera, de comando, sem nenhum sorriso ou alegria nos lábios e rosto, cabelos presos singelamente num coque sobre a nuca, vestido preto de mangas compridas (já que o recato era um dos valores mais cultivados) e muitas joias: trancelim em ouro com medalha, quase até a cintura, brincos, anéis estrategicamente exibidos, broches e braceletes.

A mulher enfeitada de joias é rara no século XIX, mesmo em locais mais ricos. Passados dois séculos com sua moda de múltiplas saias e cores, a moda do século XIX vai exigir roupas mais simples. A barafunda de enfeites, em plissados, em rendas e apliques só iria retomar no final desse século e início do século XX.

No sertão, muito quente, vivia-se em fazendas. Ia-se à cidade só por ocasião das festas religiosas locais – uma ou duas vezes por ano. Famílias ricas tinham uma casa na cidade só para passar a Semana Santa e os festejos de fim de ano. Numa fazenda, no interior do sertão, o luxo em joias, roupas, mobiliários ou quadros, não era considerado valor. Inventários de mulheres ricas tinham sim muitos escravos, mas destacavam-se mais pelos bens de raiz: as muitas fazendas, as centenas de cabeças de gado cavalar, muar e vacum, as variadas casas de telha na cidade com muitas portas e janelas, as benfeitorias expressas em currais, cercados, roças nas suas terras de fazenda. Poucas mulheres deixaram para seus herdeiros joias em ouro, prata e platina. Como demonstração de riqueza, eram preferidos os muitos selins de couro lavrado, as selas de banda (as chamadas selas femininas), os estribos

D. Maria Joaquina em daguerreótipo de 1870. Rica esposa de fazendeiro. Mãe de três filhos.

de prata trabalhada, os arreios em fino couro lavrado muito valiosos e verdadeiras obras de arte do trabalho artesanal. Essas peças eram encomendadas a seleiros especializados e por isso mesmo não costumavam ficar expostas no aparador de selas, no corredor de entrada, onde estavam as selas de uso cotidiano. Ofertadas pelo marido, eram mostradas com orgulho às vizinhas e amigas mais próximas e reservadas para os seus poucos passeios a cavalo.

Sinais de riqueza e prestígio eram também as vultosas redes confeccionadas em tapeçaria adamascada, nas quais as mulheres de posses eram conduzidas por escravos em seus passeios. Os caros tecidos, que lhes sombreavam o rosto do sol escaldante ou da claridade, também eram adamascados.[11] Denotavam também o poder das famílias ricas as colchas, as toalhas de mesa e de aparador, as dezenas de redes, todas elas peças de enxoval em algodão muito alvo, tecido nos teares domésticos pelas escravas ou feitas em linho (comprado no Rio de Janeiro ou Bahia). A dimensão da fortuna dessas famílias também poderia, de certa forma, ser medida pela sofisticação dos bordados a crivo, em branco, em matiz de rendas-renascença, dos trabalhos em filé e em crochê que enfeitavam as varandas das redes ou compunham inúmeros bicos das antigas combinações ou que enfeitavam as camisolas de dormir e peças de vestuário, das cortinas e colchas de crochê (em especial a do dia do casamento). Eram peças lavadas por lavadeira especial, no porto das lavadeiras, no rio (e não pela "ensaboadeira"), "batidas" nas pedras, engomadas pela escrava "engomadeira de liso" ou "de linho".

RETRATOS DA MULHER ESCRAVA

Como era, fisicamente, a escrava do sertão? Seria a cabocla, amorenada descendente das relações étnicas branca e indígena? Seria a mulata cor de canela dos livros de Jorge Amado, a de cor cabra, ou de cor crioula como são descritas nas listas de classificação de 1871? Ou seria ainda uma negra do tipo etíope, alta e longilínea, de um quadro de Rugendas ou Debret (viajantes do século XIX)?

Em um anúncio de fuga, em jornal de Oeiras, *O Echo Liberal*, de 1850, temos a seguinte descrição física da escrava: "34 anos, mulata muito alva, boa estatura, gorda, maçã do rosto alta, pescoço comprido, olhos pequenos e fundos, testa pequena, cangote pelado, braços grossos e cabeludos, unhas dos dedos das mãos compridas, pés grandes e chatos."

Já que no Piauí não passaram as penas de um Rugendas ou de um Debret e que a única representação do escravo do século passado, feita por Spix & Martius, mostra-nos apenas o sexo masculino, recorremos aos anúncios de fuga ou venda de escravos para reconstituir o tipo físico da mulher escrava. Encontramos uma grande variedade de aparências: escravas de cor mulata, negra, cabra, crioula (*sic*) e fula; altas, baixas, tendo braços, mãos e pés compridos ou finos, dentes bons ou não, cabelos raspados ou encarapinhados. Como "Porcina, 28 anos, de cor fula, cabelos ralos, pernas tortas e finas, olhos vivos, parece que ri quando fala, dentes bons e claros, pescoço pequeno, peitos grandes" (jornal *O Escholastico*, 1849).

E essa variedade de fisionomias se explica. As escravas que chegaram ao sertão eram, originalmente, no início do século XIX, provenientes de variadas etnias e regiões. Predominavam as escravas de Angola em Campo Maior e Oeiras, mas em Parnaíba o número maior advinha do Congo. A variedade de origem do escravo africano era muito grande: de Benguela, Cassange, Cabundá, Mina, Belundo, Moçambique, Rebolo, Cabinda, Quissamã, Canguinina, Nagô, Muladona, Gabão. As escravas eram compradas nos mercados de São Luís, Recife ou Salvador ou importadas pelo pequeno porto de Parnaíba, ao norte do Piauí.

A escrava podia ter marcas feitas no rosto ou peito (círculos, traços verticais ou ambos), resquícios de costumes africanos que podem ter sido objeto de identificação de etnias ou mesmo uma forma de embelezamento. Suas roupas: uma a duas saias de algodão e uma camisa (a blusa larga parecendo bata que era usada sobre a saia). Diferentemente das escravas baianas, as do sertão nunca usavam adornos em ouro.

AS ATIVIDADES FEMININAS

As mulheres de classe mais abastada não tinham muitas atividades fora do lar. Eram treinadas para desempenhar o papel de mãe e as chamadas "prendas domésticas" – orientar os filhos, fazer ou mandar fazer a cozinha, costurar e bordar. Outras, menos afortunadas, viúvas ou de uma elite empobrecida, faziam doces por encomenda, arranjos de flores, bordados a crivo, davam aulas de piano e solfejo, e assim puderam ajudar no sustento e na educação da numerosa prole. Entretanto, essas atividades, além de não serem muito valorizadas, não eram muito bem-vistas socialmente. Tornavam-se facilmente alvo de maledicência por parte de homens e mulheres que acusavam a incapacidade do homem da casa, ou observavam sua decadência econômica. Por isso, muitas vendiam o produto de suas atividades através de outras pessoas por não querer aparecer. Na época, era voz comum que a mulher não precisava, e não deveria, ganhar dinheiro.

As mulheres pobres não tinham outra escolha a não ser procurar garantir seu sustento. Eram, pois, costureiras e rendeiras, lavadeiras, fiadeiras ou roceiras – estas últimas, na enxada, ao lado de irmãos, pais ou companheiros, faziam todo o trabalho considerado masculino: torar paus, carregar feixes de lenha, cavoucar, semear, limpar a roça do mato e colher.

As escravas trabalharam principalmente na roça, mas também foram usadas por seus senhores como tecelãs, fiadeiras, rendeiras, carpinteiras, azeiteiras, amas de leite, pajens, cozinheiras, costureiras, engomadeiras e mão de obra para todo e qualquer serviço doméstico.

Os escravos trabalhavam desde a infância. Aos seis anos, tanto os meninos quanto as meninas, trabalhavam na roça, tomando conta de animais ou fazendo covas para o plantio do milho. Mais tarde, poderiam aprender outras atividades. Em Oeiras, por exemplo, grande parte das meninas eram levadas a especializar-se no trabalho das rendas. A metade das mulheres que exerciam essa atividade, iniciaram-na antes dos 14 anos de idade; já aos 5 ou 6 anos tinham seus dedinhos ágeis aproveitados nesse ofício: as pequeninas rendeiras, sentadas sobre uma esteira, com as pernas cruzadas, tinham à sua frente a almofada de bilros onde eram presos os papelões pinicados e com motivos desenhados em forma de "cobra doida", "rabo de pato" e "espinha de peixe". Os bilros, torneados numa madeira leve, como a sambaíba, sustentados por espinhos de cardos, passavam rapidamente entre os pequeninos dedos, e as rendas de "bico", "entremeio" e "ponta" iam surgindo no fio de algodão, alvíssimo, fiado ali mesmo na região.

Algumas escravas especializaram-se em um ofício, como a carpintaria ou a fiação, mas a maioria teve de aprender a fazer um pouco de tudo, devido à escassez de escravos na região e ao fato de os senhores possuírem em média poucos escravos (cinco, aproximadamente). Isso não quer dizer que não houvesse senhores com dezenas deles. Em cada cidade havia um ou dois grandes senhores escravocratas ao lado de um grupo muito grande de pessoas que tinham uma, meia ou uma quarta parte de um escravo. No caso de morte de um sogro ou pai, por exemplo, a posse da escrava era dividida entre os herdeiros – competia a ela servir, sazonalmente, seus senhores ajudando o parto de uma senhora, em seguida, em outra casa, cuidando de um senhor doente e velho, onde ficava por algum tempo até que outro herdeiro solicitasse seus serviços. Por ocasião da alforria, poderia ocorrer o mesmo que com "a escrava Maria, parda, 45 anos" libertada por uma de suas senhoras "nas 3/4 partes" que esta possuía "por herança dos sogros".

A MULHER INSTRUÍDA

A primeira mulher brasileira a concorrer a uma cadeira da Academia Brasileira de Letras era do sertão nordestino. Nascida em Jerumenha, no Piauí, em 1861, Amélia de Freitas era filha do ilustre desembargador José Manoel de Freitas, governador das províncias do Maranhão e do Ceará. Vinha de uma família abastada de grande importância política e cultural. Amélia foi a redatora de uma revista literária exclusivamente feminina, em Recife, no anos 1902-1904. Na revista *O Lyrio* escreviam somente mulheres, como Cândida Duarte Barros, Maria Augusta Meira de Vasconcelos Freire e Lúcia Ramalho. São de Amélia de Freitas os romances *Alcyone*, *Açucena* e *Jeannette*, além de contos e artigos. Algumas vezes foi interlocutora de Clóvis Beviláqua, o autor do Código Civil Brasileiro (1916), com quem foi casada por 63 anos e colaborou na revista *Ciências e Letras*.[12] Deixou-nos ainda um interessante trabalho sobre a infância:

Instrução e educação da infância, publicado em Recife, nos finais do século passado, em que incorpora concepções sobre educação e infância em vigor na época.[13]

Se hoje conhecemos Amélia de Freitas, é pelo fato de ter se casado com um homem de projeção e de ter residido na capital federal, Rio de Janeiro, onde morreu em 1946. Quantas outras Amélias, cultas ou ricas, não ficaram esquecidas pela história por jamais terem saído do interior?

No sertão nordestino do século XIX, a mulher de elite, mesmo com um certo grau de instrução, estava restrita à esfera do espaço privado, pois a ela não se destinava a esfera pública do mundo econômico, político, social e cultural. A mulher não era considerada cidadã política.

Muitas filhas de famílias poderosas nasceram, cresceram, casaram e, em geral, morreram nas fazendas de gado. Não estudaram as primeiras letras nas escolas particulares dirigidas por padres e não foram enviadas a São Luís para o curso médio, nem a Recife ou Bahia, como ocorria com os rapazes de sua categoria social. Raramente aprenderam a ler e, quando o fizeram, foi com professores particulares, contratados pelos pais para ministrar aulas em casa. Muitas apenas conheceram as primeiras letras e aprenderam a assinar o nome. Enquanto seus irmãos e primos do sexo masculino liam Cícero, em latim, ou Virgílio,[14] recebiam noções de grego e do pensamento de Platão e Aristóteles, aprendiam ciências naturais, filosofia, geografia e francês, elas aprendiam a arte de bordar em branco, o crochê, o matiz, a costura e a música.[15]

Apenas 27.776 pessoas na província, de um total de 202.222 habitantes. eram alfabetizadas, e dessas 27, pouco mais de 10 mil eram mulheres. Mesmo muitas mulheres nobres e ricas, como a filha do visconde da Parnaíba, Maria Josefa Clementino de Sousa, eram analfabetas e deixaram expresso o fato em seus testamentos,[16] procurações, cartas de alforrias de escravos, pedindo ao tabelião que assinasse, a seu rogo, "por não saber ler nem escrever". D. Maria Josefa teve de passar procuração para o capitão Benedito de Souza Britto resolver seus problemas com limites de terras.[17] Em outra procuração, para José Reis, ela outorgava direitos para que se fizesse a venda de posses de terra herdadas em Picos, Valença, Jaicós. E, da mesma Josefa, encontramos ainda uma procuração para que recebessem dinheiro por ela.

Podemos imaginar as apreensões por que passaram essas mulheres quando não puderam exprimir-se por escrito e tiveram de depender de outros para fazer solicitações, negociar ou lutar por seus bens e de seus filhos por ocasião de processos de inventário.

Assim, as poucas que o souberam e se fizeram notar, urge que as conheçamos: Dionísia Gonçalves Pinto e Firmina dos Reis. Naturais do Nordeste,[18] a primeira, de alcunha Nísia Floresta Brasileira, nascida no interior do Rio Grande do Norte, em Papari, em 1810, é apontada como precursora, no Brasil, das ideias de igualdade e independência da mulher. Foi educadora e escritora muito viajada[19] e passou muitos anos de sua vida na França, onde morreu (1885) e onde publicou três livros, sendo o mais famoso o *Conselho a minha filha*. A segunda, Maria Firmina dos Reis, foi uma escritora mulata maranhense, professora pública e autora de contos e romances.[20] Houve ainda outras, pouco conhecidas, porque suas obras se perderam ou nunca foram publicadas.

Como referimos anteriormente, um bom exemplo de mulher letrada que alcançou relativo sucesso foi a piauiense Amélia de Freitas Beviláqua, que, apesar de sua luta, não conseguiu entrar para a Academia Brasileira de Letras devido aos preconceitos da época (coube a outra nordestina, Rachel de Queiroz, a primazia dessa participação). Amélia aprendeu a ler e a escrever à base de palmatória e com a figura carrancuda de um professor contratado por seu pai. Acabaram-se os folguedos, a vida despreocupada e impuseram-lhe o estudo. Em suas palavras: "A formação do meu espírito foi muito diferente da formação dos mestres. Não foram os livros nem os professores, que os tive em número muito escasso, quem abriu o caminho de minha intelectualidade, me deu o entendimento de tudo o que era necessário saber; foi a dor. Com ela aprendi muito."[21] Pensadora arguta e inteligente, Amélia de Freitas escreveu sobre a opressão, a dor, o amor, a alma,

> Que será a alma, esta deusa formosa, que tem sido adorada até o êxtase e não somente admirada pelos sentimentos religiosos? Devemos negar sua existência? Creio que é uma ousadia absurda; ela está em tudo e atrás de tudo, brilhando no sol matinal, na frescura das flores, na representação da alegria, na consciência; é a liberdade, o começo de toda a humanidade, a grandeza infinita, o sentimento, o coração aberto a todas as emoções [...] A alma do universo, ensina Platão, é o princípio de toda a ordem, de todo o movimento, de toda a vida, de todos os conhecimentos da existência.[22]

a escrita,

> Os que escrevem devem, ao mesmo tempo, guardar o seu modo de vida especial, principalmente possuir paciência e reserva, saber suportar, ter profunda abnegação; do contrário se paralisam em estradas dolorosas, na dor, na formidável descrença, ficando, em certos momentos, desolados, suspensos nas dúvidas como Descartes, a quem o próprio movimento do corpo chegou a parecer uma ilusão.[23]

a liberdade,

> A liberdade não existe. Quem poderá gabar-se de ter plena independência? Era preciso que cada um vivesse de si próprio e da sua própria seiva, também se alimentasse, numa solidão física e moral [...] A liberdade sonhada pela humanidade não é mais do que linda miragem fugitiva. O curso inevitável de toda a existência é sempre este: temer, respeitar, humilhar-se, ser eternamente escravo.[24]

e a natureza

> Os que olham indiferentes para a natureza não sabem amar [...] O que haverá de estranho na beleza das flores, na tristeza das grandes árvores ao cair da noite? E as flores fechadas, os rios, os murmúrios das ondulações marinhas, o hálito virgem dos espaços, o cheiro silvestre, a floração eterna da natureza?[25]

Outras mulheres, contrariando as expectativas sociais, tornaram-se poetisas. A primeira mulher a ocupar a cadeira da Academia Piauiense de Letras foi Luísa Amélia de Queiroz Brandão, nascida em 1838 ao norte da província. Deixou-nos: *Flores incultas* e *Georgina*, de encantador lirismo. São dela esses versos de profundo sentimento religioso:

> A Deus
> Ser dos seres, oh, Tu que podes tanto,
> Que fizeste a Terra e o Firmamento

Com diversas belezas. Num momento
Aniquilá-las podes. Santo, Santo.

Tu que aos lábios dás riso, aos olhos pranto,
Que lês no coração, no pensamento,
Que as fúrias conténs, ao mar, ao vento,
E às flores dás vida, e ao sol encanto.

Não consintas, meu Deus, que fero instinto
À virtude polua o véu tão casto,
E que seja o teu dom assim extinto.

Ah, Senhor. Tu és Pai, nunca Padrasto
Bem sabes que sucumbo, e que não minto.
Ah! Conforte tua luz meu ser já gasto.[26]

Assim, se algumas mulheres estiveram preocupadas com a alma universal, com a liberdade, com o amor, outras estiveram preocupadas com Deus, e outras ainda, com a submissão da mulher e a necessidade de sua independência.

A MULHER E SUA FAMÍLIA

A genealogia nos aponta que, muitas vezes, a família da mulher de elite estava há mais de 100 anos radicada na região. O sertão – com sua economia baseada fundamentalmente na exploração extensiva da pecuária, agricultura de subsistência, e com um sistema de exploração de terras de grandes latifúndios – gerou uma população relativamente estável no século XIX. Explorada já a terra nos finais do século XVII, principalmente por homens, recebe os grupos de famílias que chegam, algumas açorianas ou mesmo vindas da Bahia e Pernambuco, trazendo seus escravos. Fincaram seus currais e se fixaram. Formaram grandes latifúndios e imprimiram à terra a exploração monótona da criação extensiva do gado. Ao final do século XIX e início do XX, esse poder passa a concentrar-se nas mãos de cerca de 300 famílias de elite egressas das milícias estatais e nacionais, conhecidas na história da região do Nordeste como oligarquias: na Paraíba, por exemplo, doze ou treze famílias extensas, com as suas tentaculares parentelas, exerciam o monopólio da terra, do mercado, do trabalho e de todos os recursos no interior de uma economia marcada pela escassez e pelo plantio do algodão.[27] Tal como no Piauí, uma numerosa população composta por familiares não consanguíneos participava ativamente da "família" de elite. Tios e tias por afinidade, membros absorvidos pelos casamentos, parentela fictícia legitimada por rituais de compadrio ou adoção, como era o caso dos "filhos de criação", eram rotineiramente incorporados. E entre as famílias mais antigas estavam: os Coelho Rodrigues (Valério), que se ligaram à família paulista Vieira de Carvalho (uma irmã e um irmão) e iniciaram o povoamento onde hoje é Paulista, nome dado em homenagem ao local de origem dos antecessores do tronco feminino.[28] Dos casais José Vieira de Carvalho/Maria Ferreira de Silva e Valério Coelho Rodrigues/Domiciana Vieira de Carvalho provêm várias das famílias mais tradicionais do Piauí e algumas de Pernambuco, como: Coelho Rodrigues, Sousa Martins, Ferreira de Carvalho, Sousa Mendes e Araújo Costa. Outra família muito antiga e radicada no Piauí são os Castelo Branco, que se instalaram na região de Campo Maior, ao norte, e formaram extensa rede familiar, com os Brandão, Barbosa e Araújo Costa. Também datando do século XVIII estão os Borges Leal de Souza Brita, que se localizaram na Bocaina e Picos, antiga região pertencente a Oeiras: desdobraram-se em Borges, Leal, e Souza Brita. Ainda as famílias Pereira da Silva, Silva Moura, Pereira Ferraz, Coelho Maia e Freitas se localizaram no centro-sul do Piauí cobrindo cerca de 30 municípios atuais. Ao sul, já nos limites com Goiás e Bahia, localizaram-se os Nogueira, Paranaguá, os Lustosa, os Correntino. Outras famílias chegaram no século XIX, vindas das províncias vizinhas, como os Almendra, Gayoso, Burlamaqui, Ribeiro Gonçalves, Napoleão e Tapety. Entre os conhecidos nomes de família, vale lembrar que alguns eram diretamente tirados das famílias maternas, sobretudo quando se tratavam de sobrenomes ilustres.

A mulher pobre não sabe dizer quem eram os seus ancestrais, embora o nome de família a mantenha, na história, ligada a algum tronco familiar. Mas e a escrava, aquela que foi comprada no Maranhão ou em Salvador, ou veio importada da África nos cargueiros que pararam no porto da pequena vila de Parnaíba, como conhecer a sua família?

As primeiras escravas vieram com os colonizadores sem nome familiar, sem sobrenome. Pelas leis antigas a escrava era considerada uma coisa, podendo ser vendida, dada, alugada, como se fazia com as bestas. Aliás, a legislação dizia: os escravos e as bestas poderão ser vendidos etc., etc. À escrava as pessoas se referiam: "Efigênia, número 2435 [o registro que tinha na municipalidade local], de cor crioula, de mais ou menos 30 anos, do senhor Carlos César Burlamaqui." Só depois de alforriada, ou quando era liberta ao nascer (Lei do Ventre Livre), é que a escrava poderia ter um sobrenome, o do antigo senhor, se esse o permitisse, ou ligado a algum santo ou referência religiosa: Clara *das Dores*, Ana Maria *de Jesus*, Josefa *da Conceição*, Luísa *do Espírito Santo*. Seus nomes de batismo eram bem variados e inspiravam-se no calendário cristão: Porsina, Bertolina, Bertolisa, Ambrósia. Para se evitar confusão entre duas Luísas ou Etelvinas, acrescentava-se alguma especificação: a Etelvina preta, a Etelvina do Zé Ferreira, a Luísa Gancho (porque seus pés tinham esse aspecto). A genealogia da mulher escrava é difícil de ser seguida. No máximo, podemos conhecer três gerações, a partir de alguns inventários (das mulheres e homens ricos): "a escrava Conceição, filha da escrava Ana, e que tem os filhinhos Estêvão e Raimundo"; além disso, o pai da escrava e o dos seus filhos não são designados. Sua pequena *família*, composta da mãe, em geral solteira, e seus filhos e a avó, também mãe-solteira, aparece nos comentários dos livros de memórias das senhoras ricas ou nos seus testamentos.

DA NECESSIDADE DE CASAR

No sertão, a preocupação com o casamento das filhas moças foi uma constante. É verdade que muitas mulheres não se casaram, entre outras razões por dificuldades de encontrar parceiros à altura, problemas de herança e dote, mas tão logo passadas as "primeiras regras" (menstruação) e a mocinha fizesse corpo de mulher, os pais começavam a se preocupar com o futuro encaminhamento da jovem para o matrimônio.

Como nos diz o escritor piauiense Expedito do Rego:[29] "Querino criou a filha rodeada de carinho, esperando casá-la com moço de boa família e algum recurso. Receava morrer sem descendência."

E assim a confecção de enxovais iniciada aos 12 anos de idade das meninas, com peças de linho mandadas bordar e guardadas em papel de seda em baús; os conselhos amigáveis da mãe experiente para que a moça tivesse um comportamento moderado e repleto de solicitude, "para poder casar", inculcavam na vida feminina a noção da valorização da vida matrimonial e, ao mesmo tempo, imprimiam-lhe uma profunda angústia, caso ela não viesse a contrair casamento antes dos 25 anos de idade.

O CASAMENTO "ACERTADO" DA MULHER DE ELITE

O casamento da elite do sertão nordestino sempre foi antes de tudo um compromisso familiar, um acordo, mais do que um aceite entre esposos.

Assim, pai e mãe, conhecedores das famílias da sociedade local e com a responsabilidade de "orientar as filhas", ao propiciarem alegres festas e saraus na casa da fazenda – transcritos em livros de memórias e diários do século passado –, estavam cuidando da manutenção e solidificação dos laços de amizade, do patrimônio territorial, e da interrelação de famílias poderosas oligárquicas locais.

Inúmeros casamentos entre as famílias de elite no Piauí colonial e imperial se originaram desse modo. D. Lourdes de Freitas Rodrigues da Silva, da elite piauiense, nascida em Floriano, morta aos 97 anos em 1995, e prima de Amélia de Freitas Beviláqua, lembrava dos piqueniques que sua mãe organizava aos domingos à sombra de enormes

Os cabelos lisos e lustrados com óleo e babaçu, a pele levemente amorenada, a fronte alta e o nariz regular: era a nordestina vista pelos viajantes europeus que passaram pelo sertão. Gostavam de usar saias enfeitadas com rendas, joias e gargantilhas e calçavam botinas de cano curto. O chapéu de palha ajudava a combater o calor do sertão.

mangueiras a 200 metros da casa da fazenda, quando convidava os rapazes das fazendas vizinhas. Para essas ocasiões, vestiam-se as lindas saias rodadas, compridas, de cassa, organza ou seda estampada de flores e mandadas comprar no Rio de Janeiro; à cabeça, os grandes chapéus de palha, às vezes até importados de Florença, enquanto os longos cabelos até a cintura eram atados pelos laços de veludo e gorgorão também importados. Jornais da época, como *O Telefone,* de 1878, mostram essa importação de indumentárias e adereços que iriam vestir a camada da elite.[30]

Festas e piqueniques eram mais comuns em julho ou nas férias de fins de ano, quando os irmãos traziam os amigos e colegas, estudantes do curso jurídico de Recife ou do de medicina da Bahia. E então, o encontro diário por dias seguidos, os bailes nos finais de semana, os passeios a cavalo em belas montarias, os banhos nos rios e açudes – que faziam parte daquela vida de menina rica do sertão – propiciavam o início do namoro entre os jovens.

A piauiense Amélia de Freitas, costumava relatar o início do namoro com o futuro jurisconsulto Clóvis Beviláqua, num desses "banhos" de rio. Clóvis, amigo dos seus irmãos – João Alfredo, futuro bacharel em direito, e de Otávio, o futuro médico das "doenças dos africanos" –, todos estudantes em Recife, a teria salvo de um quase afogamento.[31] Amélia acabou se casando com Clóvis em 5 de maio de 1883. Mas o namoro havia sido cercado de regras e imposições sociais.

A filha mais velha deveria casar-se primeiro, como nos contou a própria Amélia de Freitas: como exigência de seu pai, o pretendente Clóvis pedira inicialmente a mão de sua irmã mais nova, Ana Julieta, em casamento. Além disso, a pouca exposição do casal a sós para evitar os contatos sexuais antes das núpcias, numa época em que a virgindade da moça era vista como condição primeira, a noção de que a conquista e o galanteio partem do rapaz, a certeza de que o marido nem sempre seria o rapaz mais desejado, e sim o possível, num mercado matrimonial relativamente restrito, e aceito pelos pais e familiares, impunham à mulher a condição de aceitar, com resignação, o par que lhe era mais do que sugerido – praticamente imposto – pela família.

Livros de genealogia e de história do Piauí, mostram o entrelaçamento de sete famílias que, chegadas no século XVIII com um enorme número de filhos, viram-se emaranhadas num entrecruzamento de casamentos consanguíneos. Muitos casamentos, impostos por pais a filhas, com a determinação de comando e rispidez, originaram problemas mentais, como o caso de D. Ana Carolina Teles, em Oeiras, casada com seu primo por ordem do pai. Moças que se casaram sem o consentimento do pai foram excluídas da solidariedade familiar, pois esse comportamento significava uma grande ofensa à família. Costuma-se dizer que Oeiras é a cidade dos doidos devido aos casamentos entrecruzados por imposição das famílias.

Moça de elite casava debaixo de cuidados, observações e recomendações de toda a sociedade, entre os 15 e 18 anos, pois se passasse dos 25 anos sem se casar seria considerada "moça-velha", "moça que tinha dado o tiro na macaca", ou ainda moça que chegara ao "caritó".[32]

Por ocasião do casamento, o pai costumava adiantar parte da herança da filha ao genro – em muitos inventários do século passado, observa-se o desconto do monte desse adiantamento feito pelo sogro. Tios e avós esperavam para ofertar, como doação, uma "cria" escrava, conforme se vê no lançamento de uma escritura de doação, lançada em Oeiras, 1872,[33] em que D. Lisbela da Silva Moura, no casamento de sua sobrinha, Rosa Umbelina da Silva Moura, faz doação "pela muita estima e amizade que a ela consagra" de uma escravinha de meses, Marcelina, filha dos escravos Agabo e Sabina (escravos que recebera de herança no inventário dos pais). E o valor da doação ficava expresso: 30 mil réis. Os dotes em bezerros, ou uma vaca parida com cria, ou um casal de carneiros, também foram comuns na sociedade piauiense.

Vale lembrar que os maridos tinham "poder marital" sobre tais heranças, que, em muitas circunstâncias foram totalmente destruídas ou dilapidadas em detrimento do desejo das suas esposas. Cabia ao marido administrar os bens da esposa e a esta proibia-se alienar até mesmo suas propriedades imóveis através de hipotecas ou vendas. Só em 1916 foi permitido às mulheres casadas ter o mais elementar direito de controlar seus bens, longe do olhar de águia do cônjuge.[34]

FESTAS DA ELITE

Casamento considerado de "bom gosto" era acompanhado de uma longa festança que durava vários dias. Mandava-se vender algumas vacas para a obtenção do dinheiro para a festa, a casa era caiada e se faziam alguns reparos para abrigar parentes que viriam de longe. Os músicos eram contratados para o baile, e houve senhores muito ricos, como Simplício Dias da Silva, que contava com uma banda de músicos escravos.

Era montada uma estrutura para a realização da boda. Comadres ajudavam no aviamento de roupas, chapéus, na compra dos tecidos. A festa era motivo de conversas, de troca de ideias nas tardes em que as senhoras sentavam-se para bordar, em conjunto, as roupas da noiva. Era como se cada ponto, cada enfiada da agulha fosse acompanhada de um sentimento de ancestralidade repetitiva, de realização de algum ritual antigo que se escondia na memória de cada uma. Daí o cantador dizer: "a mulher quando se ajunta, / a falar da vida alheia, / começa na lua-nova, / termina na lua-cheia".[35]

Para animar a festa, moças educadas tocavam ao piano, acompanhado de alaúde e violino, as valsas vienenses ou de compositores locais e as polcas e mazurcas. Usava-se também apresentar pequenos trechos de árias para encantar os ouvidos: fossem da *Lúcia di Lammermoor*, de Donizetti, ou do *Barbeiro de Sevilha*, de Rossini. Coros de escravinhos, mandados estudar na Europa, havia também no Piauí para abrilhantar as festas. Mas no sereno mais fresco, fora da casa, a encantar os mais jovens, ficavam os violeiros contratados tocando os seus repentes.

Nas festas de casamento se esbanjava comida. Se o sertão era uma região pobre em relação a outras do Brasil, se se pautava por uma economia de subsistência e não recebia os lucros de exportações, essa pobreza, vigorosa para certos grupos sociais, não estava presente para os ricos que esbanjavam comida numa festa onde a ostentação deveria emudecer os rivais. Comia-se muito e durante muitos dias. Consumiam-se inúmeras qualidades de carne assada, ensopada ou ainda com o sangue (o chamado molho à cabidela do sertão). Assado de leitoas, de pequenos bacuris, de miunças, de gado (um ou dois bois), de carneiros, de bode, de galinha d'angola, de patos, perus, capão (galo capado) e marrecas. O prestígio de uma casa era, e é ainda, mostrado pela variedade de carnes "de criação" que se apresentava numa mesa. Não se usava apresentar carne de caça ou peixe de rio, ambas comumente consumidas no dia a dia, no sertão, mas acompanhadas por certo preconceito de serem "mais pobres" e, portanto, não ideais para os convivas.

Para a festa havia toda uma organização, pois não se dispunha de armazenamento. Os porcos tinham já sido postos a cevar nos chiqueiros e estavam no ponto (de uns 8 a 10 kg cada um), assim como os outros animais. Até parentes ajudavam no abastecimento da festa: engordavam leitoas ou perus para a festa da sobrinha ou afilhada e, no dia, faziam-se assados em muitas casas amigas ou de parentes dos noivos. Assados eram colocados nas travessas de louça inglesa ou pratos de prata sobre toalhas de linho bordadas, que cobriam mesas (de cedro ou pau-d'arco) e aparadores. E o banquete constava das carnes, de muito doce (de leite, buriti, bacuri, de frutas em calda ou cristalizadas), muitos pudins, queijo, coalhadas adoçadas com rapadura, melado de cana dispostos em grandes potes para serem acompanhados com farinha d'água. Para beber, o vinho (mandado trazer pela casa comissionada, do Recife ou do Rio de Janeiro), o chocolate, a cachaça e refresco de groselha, umbu, cajá, caju ou mesmo cajuína. Tudo em grande quantidade. Em um diário de 1878, lemos que a festa de casamento realizada em 21 de maio, em Oeiras, contou com cerca de 300 pessoas.

A festa deveria durar vários dias, porque não se guardava comida no Nordeste (de clima quente e seco) de um dia para o outro, antes da civilização industrial ter conseguido fazê-lo. Ou os alimentos eram secos ao sol: as carnes cortadas em pequenos pedaços ou em tiras, em faixas (traçados) ou, no dia seguinte, cozinhava-se o necessário para o dia; porcos, galinhas e outro quarto de vaca eram utilizados em guisados, assados e sarapatéis – 1/4 é o chamado traseiro, que pode pesar, num boi nordestino que tem pequeno porte, cerca de 80 quilos.

A maioria dos casamentos pesquisados nos livros paroquiais do século passado em Teresina, Oeiras, Jerumenha e Picos[36] deu-se nos meses de maio, junho e julho, meses mais frescos, de fins d'água. Época de frutas em grande quantidade para a confecção das compotas (de mamão, manga, cajá, banana, goiaba, caju), com muitos ovos para os bolos e pudins (havia pudim que comportava 60 ovos), os manuês etc.

O sacerdote da família, pois toda família de elite nordestina tinha um membro na classe sacerdotal, aguardava, feliz, o dia de abençoar as sobrinhas que o mandaram chamar para a celebração da cerimônia. Primos e primas envolviam-se em alegrias ou invejas. Era como se o casamento fosse ao mesmo tempo um pouco de cada um e de todos, e não dos nubentes.

Na festa, os cantadores e improvisadores convidados, ali na hora, em cima da perna, à boca da viola, ao tamborilar dos dedos, ao chupar da fumaça do cigarro, cantavam os signos de toda aquela ostentação:

> Terra de boa coalhada,
> do gostoso requeijão,
> da mulher bonita e amada
> que ri pelo coração.

E a noiva, encaminhando-se ao altar da capela da fazenda, era acompanhada por estes versos:

> Quando ela entra na igreja
> fremosa qui nem uma frô
> as muié morre de inveja
> e os home morre de amô...

(Berta Celeste Homem de Melo)

Da necessidade de manter os laços matrimoniais e a reprodução social vinham outros versos, acompanhados do mote: "Trate seu marido bem quando tivé e casá." São eles de Antônio Francisco dos Santos, de alcunha Cão Dentro, nascido em 1887 no Piauí. Vejamos a glosa:

> Trate ele amorozinho
> quando das parte chegá
> se for na hora do armoço
> dê a ele de armoçá.
> se for na hora da janta
> chame ele pra jantá
> e se fartá o café
> traga uma xicra de chá
> e um trabessero cheiroso
> quando ele for se deitá
> (Seja firme a seu marido
> naquilo que precisá)
> dê um beijo no pescoço
> dê um beliscão na pá
> dê um abraço arrochado
> que faça as junta istralá
> quando o dia amanhecê
> tem tudo o que precisá
> tudo o que pedi a ele
> ele não diz que não dá

O CASAMENTO DA MULHER POBRE

Bem diversa foi a sexualidade e o modo do casamento da pobre e da escrava. Em geral o casamento não era nem "acertado" entre famílias nem envolvia dote. Mesmo não tendo as mesmas conotações que um casamento de elite, a união de um homem e uma mulher entre os grupos mais pobres também era um valor.

> O casá é bom,
> Coisa mió num há
> Uma casa, dois fiinho,
> Boa terra pra prantá.[37]

O homem sertanejo cedo procura uma companheira:

> comumente os nossos patrícios dos campos adotam a conveniência social a que os letrados chamam a constituição de famílias – o casamento. E se explica o motivo: habitando em moradas desprovidas de certos recursos e

de diversões, vivem eles absolutamente absorvidos pelo labor e, às vezes insulados, pois as moradas quase sempre são isoladas umas das outras.[38]

Os pagodes, festanças do gado, as festividades religiosas eram os espaços anuais, quase únicos, dos encontros e rápidos casamentos. Segundo ainda ideias populares, o "matuto" só casava quando tinha uma roupa domingueira, um cavalo para começo de vida e uma modesta casa de palha. Pedir a mão da moça antes de ter essas coisas seria receber um não na certa, mesmo porque o "matuto" não gostava de morar com outra família (cunhado ou sogra).

A mulher muito bonita despertava desconfiança: poderia despertar traição ou desejo de outros homens. A quadrinha sertaneja aconselha:

Bezerro de vaca preta
Onça pintada não come...
Quem casa com mulher feia
Não tem medo de outro home.

Ou ainda:

Meu fio, muié bonita
De duas faia uma tem:
Ou qué bem a toda gente
Ou não gosta de ninguém.[39]

Entre o grupo social mais pobre as visões do sentido do casamento têm que ser perscrutadas não em livros de memórias, em diários ou cartas. É através da oralidade transmitida nas canções, nos adágios, na literatura de cordel e pelos cantadores que se percebem alguns dos sentidos e representações do que era o casamento.

Um desses sentidos é o de ter se desprendido de um fardo ao casar as filhas, expresso pelos matutos no folclore piauiense:

> Quando casou a primeira filha fez uma grande festa, quando casou a segunda deu uma festa ainda maior, casando a terceira, festejou o acontecido vários dias. Mas quando casou o primeiro filho, não fez nenhuma festa. Observando essa disparidade de proceder, o vizinho interpelou-o:
> – Cuma é, cumpade, não tem festa, não?
> – Cumpade, o causo agora num é de festa, não. Quando eu casei as três mininas festejei pruque eu que dei a carga pros burro. Mas, agora não. Agora fui eu que dei o burro pra carga.[40]

O CASAMENTO DA MULHER ESCRAVA

Raramente a mulher escrava do sertão casava-se legitimamente pelos "laços sagrados do matrimônio". A documentação nos aponta pouquíssimas oportunidades de a mulher conseguir fazê-lo. Basta dizer que somente 1% dos escravos eram casados.[41] Mas falar de "pouco casamento" ou baixa nupcialidade não significa dizer que não houvessem constituído laços sociais familiares, que não tivessem tido oportunidade de ter um companheiro estável, uma relação afetiva duradoura ou mesmo um companheiro temporário.

A escrava Esperança Garcia, da Fazenda Nacional, denunciou ao governador da capitania os maus-tratos que sofria por parte do administrador e por ter sido separada do marido. Ainda que não casada legitimamente, a situação costumeira de mancebia da escrava era um fator a ser invocado ao tentar garantir seu direito de ter o companheiro junto de si.[42]

O REGIME DOS BENS

Os casamentos eram feitos pelas leis do Império que rezavam a comunhão de bens. Eram chamados por "carta d'a metade".

Houve, no entanto, casamentos diferentes, que se realizaram na Igreja, segundo as normas do Concílio Tridentino, mas em que os contraentes resolveram fazer um contrato à parte, para separar os bens.

Em 1870, a primeiro de abril, na cidade de Oeiras, foi registrada, em cartório, a escritura de esponsais e dotes que entre si fizeram D. Bernardina Francisca de Nascimento e o Major Ludgero de Morais Rego.[43] Esse contrato de esponsais, que equivalia a uma promessa recíproca de casamento, constituía uma fórmula jurídica que determinava a separação de bens.[44] Diante desse interessante documento, vislumbra-se a vida de Bernardina que, viúva, sem filhos do marido, tinha filhos com Ludgero, homem solteiro e de posses. Bernardina tinha já uma filha natural de outrem. Na presença de testemunhas e perante o tabelião, o casal declarava que "para se receberem por marido e mulher na forma do sagrado concílio tridentino", tinham feito esse "contrato de livre e espontânea vontade e o confirmavam pela presente escritura, obrigando-se por suas pessoas e bens fazê-lo firme e valiosa, a todo tempo." Declarava o contraente, major Ludgero, que era solteiro e tinha com D. Bernardina dois filhos legitimados por escritura pública: D. Firma Augusta de Morais Rego, casada com o capitão Benedito de Souza Britto, e Lindalvo Augusto de Morais Rego, estudante de direito em Recife. Dizia D. Bernardina ser viúva de José Pereira Barbosa de quem não teve filhos, mas que tinha uma filha natural (não do contraente Ludgero) de nome Raimunda de Nascimento casada com o alferes do exército Antônio Firmo de Souza. Declaravam que "haviam contratado o casamento não por carta d'a metade conforme costume do país, mas por contrato de dote e segundo o direito civil de não comunhão de bens". E como faziam um contrato pré-nupcial transcreviam os pactos celebrados, discriminados a seguir.

Em primeiro lugar, "não haveria comunhão de bens entre eles consortes"; em segundo, a cláusula "se estendia a bens móveis, semoventes e de raiz que atualmente cada um possuía e a todos e quaisquer que para o futuro pudessem adquirir sem exceção de comércio e indústria"; em terceiro, também "não se comunicariam as dívidas passivas de cada um, anteriores ou posteriores ao casamento". O quarto pacto demonstra os problemas de herança que surgiam quando havia filhos de outra união.

Uma imensa população composta por familiares consanguíneos, tios, sobrinhos e agregados compunha a 'família' de elite. No interior desta, a mulher ficava restrita à esfera do espaço privado e muitas delas nasceram, cresceram e morreram sem jamais ter saído de uma fazenda de gado.

Era preciso determinar muito claramente como se faria aquela herança. Dizia o quarto pacto:

> Os dois filhos dos contratantes – D. Firma [...], casada com o cap. Benedito de Souza Britto e Lindalvo [...] que assim ficam legitimados pelo subsequente casamento, serão os únicos e universais herdeiros. Do mesmo modo, os seus descendentes do consorte Ludgero de Morais Rego aos quais sucessivamente passará toda a fazenda e novidades que por este for deixada sem que a referida D. Maria Raimunda de Nascimento e seus descendentes possam herdar daqueles seus dois irmãos maternos, em caso algum, podendo porém concorrer com eles na herança que lhes deixar sua mãe D. Bernardina, respeitado sempre o princípio da não comunhão de bens entre os consortes como se acha expresso no primeiro artigo do presente contrato.

Pelo quinto pacto se declarava: "se algum dos dois filhos deles consorte falecer sem descendência, será devolvida ou passada sua herança ao irmão germano sobrevivente". Pelo sexto pacto a consorte D. Bernardina bancava seu próprio dote. Vejamos:

> A consorte D. Bernardina disse que tanto eram da sua vontade as condições estabelecidas que ela se dotava a si mesma com os bens que possuía presentemente, os quais constam de uma escrava de nome Tereza, a morada de casas em que atualmente reside, algum dinheiro, trastes de ouro e prata e alguns móveis de sua serventia.

Preocupados com a nulidade que pudesse ocorrer por qualquer "falta de solenidade" acrescentavam: "jamais essa nulidade poderá afetar o princípio da não comunhão de bens. Oeiras, 1º de abril de 1870".

Em outra documentação, conhece-se a vida do major Ludgero. Membro de uma família de elite, com muitos escravos, casas de comércio, fazendas de gado,[45] encontrara na viúva Bernardina, mais velha do que ele, mas tida e havida como de grande beleza, com algum recurso, mãe de uma filha natural, a expressão de amor e sexualidade.

Tornaram-se amantes. D. Bernardina era visitada pelo major. Teve dois filhos do mesmo e criou-os só, pois Ludgero morava em outra casa, embora todos na cidade soubessem quem era o pai. Bernardina casou suas duas filhas e enviou seu filho para estudar na importante faculdade de direito de Recife. Foi seu filho, Lindalvo, conhecedor do direito, quem instou para que o casamento se desse, pois filhos de dois leitos trariam dificuldades na divisão dos bens. Além disso, não constava o nome do pai em seu registro de batismo, já que era ilegítimo, como também no de sua irmã D. Firma, já casada com um capitão, homem importante, advogado provisionado e farmacêutico.[46] O casamento legalmente realizado poderia resolver a situação dos filhos e dos bens fazendo-se o pacto pré-nupcial de separação de bens e dotes.

D. Bernardina cedeu ao pacto: ela entrou no casamento com a casa, escrava e trastes de ouro e prata desde que casasse pela Igreja e que seus filhos fossem legitimados, e consequentemente sua neta, Augusta de Morais Rego de Souza Britto, já com 14 anos. Daí em diante passaria a assinar-se Bernardina de Morais Rego.[47] Ganhou um nome, o reconhecimento perante a sociedade e seus filhos puderam herdar muitos bens.

O RAPTO CONSENTIDO

Muitas vezes o namoro não desejado pelos pais encorajou o rapto da moça pelo pretendente. Mas um rapto consentido pela mulher, com a promessa de casamento pelo raptor.[48]

Foi muito comum, em Oeiras, em Teresina, e em Icó, no Ceará, os dois fugirem à noite, a cavalo, ela montada na garupa, de banda, o rosto virado para o lado, a cabeça amarrada com um lenço, com a certeza do futuro casamento.[49] O noivo poderia não ter relações sexuais com ela. Depositava a moça na casa de uma pessoa importante ou na do juiz da localidade vizinha ou mesmo da mesma cidade, onde já combinara o asilo.

A moça mandava avisar a família. Só sairia de lá casada. Os pais não tinham outra alternativa. Faziam o casamento, mesmo sem ser "de gosto" no dia seguinte; sem festas, sem proclamas. A honra da moça e da família estariam prejudicadas, caso não fosse realizado o casamento.

O rapto ou a "sedução", como os parentes julgavam na época, trazia contrariedades para a família e cabia ao poder masculino, patriarcal, caso não houvesse o casamento, resolver o problema: interpelar o sedutor e obrigá-lo a casar. Moça raptada que não casou, virava "mulher perdida". E o rapaz que raptasse alguém e não se casasse estaria sujeito às sanções da sociedade: seria considerado indigno, "roubador de honra", deveria sair da região ou estaria sujeito às punições que a sociedade lhe impunha, tais como morrer ou ser "capado". A vingança era mandada fazer pelo pai ou irmão para limpar a honra da família, numa sociedade em que a vindita era muito usual e os matadores profissionais nunca faltavam.

Este é o caso de Symphrosia Maria do Carmo, do Icó, então capital do Ceará. Viúva por morte do noivo no dia do casamento e ainda virgem, morava com a irmã quando apareceu o sargento-mor do exército português, Ignácio Pires Pereira Brandão que, sob promessa de casamento, a raptou. Symphrosia engravidou e Ignácio não casou. Perseguido ferozmente pelo cunhado de Symphrosia, fugiu do Ceará. Symphrosia, desonrada, partiu com a filha, Maria Joaquina, logo depois de seu nascimento, em 1815, para Oeiras, a capital do Piauí, capitania vizinha.[50] Ignácio, muitos anos mais tarde, voltou para casar dizendo-se arrependido. Foi ao cartório e legitimou Maria Joaquina da Conceição apondo-lhe o sobrenome Brandão. Determinou que fosse entregue à sua filha a quantia de 400 mil réis como reconhecimento da paternidade. Tinha a intenção de casar para reparar o erro, mas não se encontrou com a filha e mãe; morreu antes de alcançá-las em Oeiras.[51]

O número de fugas de jovens enamorados foi tão grande no Piauí, que se começa a pensar num outro sentido para o fato. Ao final do século XIX, uma longa série de "causos" e anedotas procurava dar conta de raptos que ocorriam como uma reação aos casamentos impostos pelos pais. Nestes casos, nem é preciso dizer que o escolhido pela noiva era sempre alguém de "fora" da família ou da oligarquia, e o futuro genro imposto pelos pais, um tio velho ou um primo sem maiores encantos. A possibilidade teórica de escolha mais livre do cônjuge apareceu em 1813, quando se reduziu a maioridade de 25 para 21 anos. O progressivo aumento na idade mínima para casar – de 12 anos para mulheres e 14 anos para homens a 14 e 16 anos, respectivamente, em 1890, e 16 e 18 anos em 1916 – passou a oferecer melhores condições para os jovens contestarem os casamentos forçados.[52]

A fuga, ou rapto podia significar ideias de liberdade, vontade própria, mas podia significar também não precisar fazer festa, pois muitos pais, de categoria pouco abastada, "gastavam o que tinham" e "o que não tinham" (como diz um provérbio local) para casar as filhas moças.

CUNHÃ

Ao passar pelo interior do Ceará, em 1838, o viajante inglês Gardner relata que

> raramente os homens da melhor classe social vivem com as esposas: poucos anos depois do casamento, separam-se delas, despedem-se de casa e as substituem por mulheres moças que estão dispostas a suprir-lhes o lugar sem se prenderem pelos vínculos do matrimônio. Assim sustentam duas casas. Entre os que vivem nesta situação posso mencionar o juiz de direito, o juiz de órfãos e maior parte dos comerciantes.[53]

Havia um intenso nível de violência nas relações conjugais no sertão.[54] Não violência física exclusivamente (surras, açoites), mas violência do abandono, do desprezo, do malquerer. Os fatores econômicos e políticos que estavam envolvidos na escolha matrimonial deixavam pouco espaço para que a afinidade sexual ou o afeto tivessem grande peso nessa decisão. Além disso, mulher casada passava a se vestir de preto, não se perfumava mais, não mais amarrava seus cabelos com laços ou fitas, não comprava vestidos novos. Sua função era ser "mulher casada" para ser vista somente por seu marido.

Como mulher-esposa, seu valor perante a sociedade estava diretamente ligado à "honestidade" expressa pelo seu recato, pelo exercício de suas funções dentro do lar e pelos inúmeros filhos que daria ao marido.[55] Muitas mulheres de 30 anos, presas no ambiente doméstico, sem mais poderem passear – porque "lugar de mulher honesta é no lar" –, perderam rapidamente os traços de beleza e deixaram-se ficar obesas e descuidadas, como vários viajantes assinalaram.

Mulheres abandonadas por maridos que buscaram companheiras mais jovens sempre houve em todo o mundo, mas fatores específicos do Nordeste, como o desequilíbrio demográfico das regiões interioranas do Brasil do século XIX, ocasionaram um mercado matrimonial desvantajoso para um número muito grande de mulheres cujos pretensos maridos haviam saído do sertão para ir morar nas cidades litorâneas. Homens de prestígio e de boa situação social sempre tiveram possibilidade de constituir duas ou três famílias, principalmente porque "era a vertente culta que intimidava os humildes".[56]

As mulheres jovens, sem *status* ou sem bens e que não haviam conseguido casamento numa terra de mercado matrimonial estreito, encontravam num homem mais velho, mesmo sendo casado, o amparo financeiro e social de que precisavam. Mesmo sendo a segunda ou terceira "esposa do senhor juiz", o poder e o prestígio que advinham do seu cargo era partilhado pela mulher. Ser amásia ou cunhã de um homem importante implicava formas de sobressair-se junto à população e galgar algum *status* econômico, que ela não possuiria de outra forma. É certo que a sociedade exigia dela comportamentos adequados, comedidos, deveria ser "conhecedora de seu lugar", bem distinto da posição social ocupada pela esposa legítima; porém, a mesma sociedade lhe dava, de volta, um certo respeito, principalmente se daquela união existissem filhos.[57]

Gardner acreditava que a causa principal estivesse na "moralidade dos habitantes do Crato que é em geral baixa" e que "não é de admirar tal nível moral, quando se leva em conta a conduta do clero. O vigário, então, um velho de setenta a oitenta anos, era pai de seis filhos naturais, um dos quais educado para sacerdote".

Devemos lembrar, no entanto, que os ideais morais suscitados por Gardner diziam respeito a conteúdos de uma civilização cristã europeia, que foi perdendo sua expressão nas terras do Nordeste, no seu sertão isolado e formado por grupos patriarcais. Acresce que a escravidão e as relações sociais que surgiram em função dessa nova realidade, na Colônia, ajudaram a cristalizar costumes e práticas que não podiam ser aceitos em outras regiões.[58] Formou-se assim uma certa ética que legitimava amor e sexualidade, e a sociedade olhou com complacência as famílias ilegítimas que se formaram com essas uniões.

A RIQUEZA DAS MULHERES

A comparação de inventários de mulheres do Nordeste com as da cidade do Rio de Janeiro, na mesma época, mostram profundas diferenças naquilo que possuíam e no que havia no interior de suas casas.[59]

Os inventários das mulheres de elite do sertão raramente ultrapassavam um monte de 10 contos de réis. E predominavam os valores baixos que só chegavam a poucos contos de réis. Seus arrolamentos eram também muito diversos. Algumas mulheres deixaram apenas moradas de casas em Oeiras e algumas peças em ouro; outras foram proprietárias de escravos, casas de fazenda e terras.

Selecionamos alguns inventários para descobrirmos a vida material em que se envolveu essa mulher de elite do sertão do Nordeste.

D. Carolina Maria da Fonseca, cujo inventário data de 1864, em Oeiras,[60] viúva do alferes Manoel Roberto Mendes de Loyola, deixou o monte total de 671 mil e 400 réis, onde estão assinalados: duas posses de terra na fazenda Graciosa, uma no valor de 100 mil réis e outra no valor de 21 mil e 400 réis e apenas dois escravos – Francisco, crioulo, de 36 anos, carpinteiro, que valia 350 mil réis e Victoria, crioula de 48 anos, cozinheira, que valia 200 mil réis.

Não era mulher rica, mas certamente o patrimônio do casal já fora dividido por ocasião da morte do marido, e as partes correspondentes dadas aos herdeiros. Com os dois escravos que possuía tinha garantido o trabalho diário da casa: o feminino da cozinha, o lavar e engomar, e o trabalho masculino de cortar a lenha, fazer trabalhos pesados e ainda, nas horas vagas, fabricar alguns móveis e tamboretes, que, quem sabe, podia até vender.

Já D. Ana Rita de Carvalho,[61] solteira, da importante família Ferreira de Carvalho, morta em 1852, deixou um monte bem superior. De seus dois contos e quinhentos mil réis, disputados em longo processo por seus sobrinhos e sobrinhas, constavam também escravos e bens de raiz. Seus escravos: Maria de 28 anos, que valia 350 mil réis, João, crioulo de 13 anos no valor de 300 mil réis e três escravinhos menores, Eunélia de 11 anos, doente de "calor do fígado", valendo 250 mil réis, Francisca, de 8 anos, de cor cabra, no valor de 220 mil réis e Leocádio, crioulo de 4 anos no valor de 120 mil réis, eram os escravos que ela possuía. E eram praticamente metade do valor de seus bens, ou seja, o montante de um conto, duzentos e quarenta mil réis. D. Ana Rita possuía ainda uma morada de casas velhas e uma posse de terra, ambas perfazendo o valor de um conto, duzentos e sessenta réis. Ainda que seus escravos fossem muito jovens, ela já podia exigir deles algum trabalho, como apanhar água no riacho Mocha, capinar, plantar alguma raiz de mandioca ou feijão, coisas que não necessitavam de especialistas, e ainda cuidar das pequenas criações, como cabras, porcos e galinhas. Nas listas de classificação de escravos, em Oeiras, os pequenos escravos desde os 7 anos eram vaqueiros, roceiros e carpinteiros, daí o valor relativamente alto das crianças a partir dessa idade.[62]

Outra inventariada que residia em Oeiras, D. Maria Joaquina da Conceição,[63] já citada, deixou cinco casas em Oeiras, perfazendo 621 mil réis, uma posse de terra na fazenda Bocaina, termo de Picos, avaliada em 200 mil réis e 132 oitavas ou 528 gramas de ouro avaliados em 422 mil réis, assim descritos: um trancelim em ouro com medalha, pesando 56 gramas, a 800 réis o grama, dando um total de 44 mil e oitocentos réis; um cordão e cruz em ouro, pesando 48 gramas a 800 réis cada grama, dando um total de 38 mil e quatrocentos réis; um cordão e crucifixo em ouro pesando 40 gramas a 800 réis o grama dando um total de 32 mil réis; um dito ouro pesando 58 gramas a 800 réis o grama dando um total de quarenta e seis mil e quatrocentos réis; um pente de ouro pesando 24 gramas a 800 réis o grama, dando um total de dezenove mil e duzentos réis. Havia ainda muitos brincos, argolas, pulseiras, alfinetes, rosários e anéis, que constituíam os "trastes em ouro", cujo monte total chegava a dois contos, quatrocentos e trinta e dois réis. D. Maria Joaquina curiosamente não deixou escravos no seu inventário. Quem cozinhava, engomava e lavava para aquela mulher? É interessante lembrar que mulher de elite, no Nordeste, até os dias de hoje tem preconceito contra o trabalho doméstico de cozinhar e engomar. Além disso, a presença da mão de obra mais abundante e muito mais barata do que no sudeste facilita para ela esse tipo de serviço. E, naquele tempo, em plena escravidão, era ainda mais verdadeiro o fato: mulher de elite tinha um pajem ou um escravo até para lhe carregar um embrulho.

Assim, ou D. Joaquina já teria feito a doação dos mesmos aos filhos, antes de morrer, ou os filhos de D. Joaquina acordaram em não inventariar os escravos – situação esta mais difícil de ser verdadeira porque a Justiça estava sempre ávida pela cobrança do imposto devido – ou, finalmente, quem fazia os serviços de casa eram aquelas pessoas pobres que, sem eira nem beira, alojavam-se, em troca de comida e teto em casa de uma pessoa com posses. Podia ser uma prima, uma cunhada, muitas vezes chamados de "agregados", aquela que em troca de amizade prestava algum serviço, embora pudesse partir quando bem entendesse.

Finalmente nos debruçamos no inventário de D. Raimunda Ludovina Portella,[64] morta em 1888, viúva de Francisco Portella, comerciante e fazendeiro. Ludovina deixou algumas peças de ouro, prata, platina e cobre. Em sua casa, ainda mais algumas louças pintadas; na fazenda, um engenho de madeira para fabricação do açúcar mascavo e rapadura e um alambique de cobre para a produção da cachaça. Do seu monte, avaliado em 9 contos, setecentos mil e quinhentos e cinquenta réis destacam-se: 600 cabeças de gado vacum a 10 mil réis cada uma, 40 cabeças de cavalo a 14 mil réis cada, um cavalo pastor por 25 mil réis, 20 burros a 50 mil réis cada um.

D. Ludovina tinha uma casa na cidade, na rua das Pataratas, avaliada em 100 mil réis. Na fazenda de baixo, ainda no termo de Oeiras, ela tinha uma posse de terra avaliada em 500 mil réis, mais dois currais, mais um cercado, mais uma casa de telha, uma de palha e uma roça de brejo, tudo avaliado separadamente a demonstrar valores intrínsecos em cada um deles. Não se costumava avaliar uma fazenda de porteiras fechadas. Fazenda era uma unidade produtiva, que valia pelas terras que possuía, pelas reses, pelos apetrechos, pelas roças, pelos currais, pelos cercados; era o conjunto de benfeitorias em uma fazenda que a valorizava ou a distinguia. Ludovina era certamente uma mulher rica, fazendeira, criadora de gado, produtora e certamente vendedora de açúcar e cachaça, agricultora de legumes (chamado de roça), mas não foram arroladas peças de vestuário. Seus móveis, para a região, demonstram conforto e ostentação. Feitos em jacarandá, estavam os dois grandes baús, as três mesas e os quatro bancos. As cadeiras, ainda que de boa madeira, estavam velhas e não eram em número muito grande (10) – fato que se explica quando os viajantes falam do hábito de as mulheres não usarem cadeiras e conversarem sentadas em redes, balançando-se com um pé no chão, por muitas horas. Um oratório de madeira de lei com imagens demonstra, também, requinte e ostentação.

Em vários outros inventários em Jerumenha, Valença, Picos e Campo Maior repete-se o fato. A riqueza se manifestava em escravos, posses de terra, canaviais, plantações de algodão, fardos de algodão em rama e em caroço, roças de mandioca, engenho de farinha, rolos de couro de veado, couro de gado, solas, enxadas, e outros apetrechos de agricultura, e, alguns baús de madeira, alguns santos de madeiras, mas, relativamente, pouca louça, poucas joias, poucos adereços de casa.

MULHERES VENDIDAS E ALFORRIADAS

No sistema cruel da escravidão, em que as relações humanas facilmente eram desfeitas, o que mais deve ter causado tristeza, desconforto e tensão na mulher escrava do sertão foi a venda de escravas mães ou a venda dos filhos escravos. O afastamento de seus entes queridos, do

As escravas que chegavam para trabalhar nos engenhos vinham basicamente de Angola e do Congo. Compradas nos mercados em São Luiz, Recife ou Salvador, ou importadas pelo pequeno porto de Parnaíba ao norte do Piauí, adaptavam-se, a duras penas, à faina cotidiana.

homem e dos filhos que amava e as relações sexuais forçadas eram formas comuns de violência na vida da escrava.

A escrava Iria teve um filho de nome Silvério, mas dele se separou por ter sido vendida para bem longe, lugar ignorado pelo filho. No testamento do liberto Silvério Cezar Burlamaqui, de 15 de julho de 1875, em Oeiras, já doente de cama, ele declara ser natural do termo da vila do Brejo do Anapurus da província do Maranhão. Diz que sua mãe foi mandada vender na Bahia ou Rio de Janeiro por seu ex-senhor, o falecido Tibério Cezar Burlamaqui, há mais de dezoito anos, não tendo desde então a mais leve e menor notícia dela pelo que julga não mais existir.[65]

É certo que não houve grande número de vendas de escravas até 1875. A venda de escravas e filhos de escravas para fora da província se deu principalmente após o fim do tráfico negreiro e constituiu um dos maiores percalços da mulher escrava no sertão nordestino. Encontramos burlas na Lei do Ventre Livre – que proibia a separação de mães e filhos escravos – e ainda reescravização de crianças após essa lei. A correspondência sigilosa dos delegados ao presidente da Província alertava que havia cumplicidade de juízes de órfãos nos casos encontrados e pedia urgente investigação. Até mesmo ofícios do Ministro da Justiça, enviados do Rio de Janeiro ao Piauí, alertavam para as denúncias que corriam em tal sentido.[66]

Outra questão irregular no sertão foi a das alforrias. Elas encontram-se transcritas nos livros cartoriais; e percebe-se um outro mundo nessas relações. O sertão do Piauí e do Ceará extinguiu sua escravidão antes de outras regiões, principalmente pelas alforrias,[67] seja porque o sistema econômico em decadência dispensava a mão de obra escrava, seja porque vendê-los para o Sul era um grande negócio, ou ainda porque alforriá-los e ficar com eles numa situação de patriarcalismo, dando-lhes casa em troca de serviços, era uma situação mais conveniente.

Nessa época muitas alforrias foram dadas a escravas. Os motivos alinhavados nas cartas foram: "que viviam há anos na família, pelo fato de sua mãe já ter pertencido a sogra ou pais, ou ela fora herdada em inventário, ou já dera muitas crias". Mas era preciso passar-lhe a carta de alforria, porque muitos herdeiros questionavam a vontade expressa verbalmente pelo pai alegando que ele "não estava no seu juízo perfeito". Era preciso cavalgar quilômetros e passar, em cartório, a liberdade das escravas, pois os exemplos de disputas de filhos que queriam reescravizar uma liberta eram muitos.[68]

TER FILHO EM UMA ESCRAVA

No sertão, a mulher escrava manteve especificidades em suas relações com o senhor: muitos concubinatos, muitos filhos naturais.

É conhecido e demonstrado, pelo elevado número de filhos naturais e ilegítimos que o século XIX conheceu no Brasil, que o concubinato entre senhor e escrava, duradouro ou passageiro, teve largas extensões. No Piauí, por exemplo, são encontrados registros dessas ligações, casuais ou duradouras, com sinais explícitos de que a escrava era tratada como coisa, como objeto sexual.

No testamento deixado por João Francisco Pereira, passado em Oeiras a 5 de novembro de 1873, lê-se:

> Declara que tinha sido casado mas sua mulher havia morrido e com ela não havia tido filhos mas no estado de viúvo tivera em Eugênia Maria de Sant'Ana que foi escrava, a qual existe já liberta, três filhos, Afonsina, de 11 anos, Marcelino com 8 anos e Joaquina com 5 anos, todos os três ainda em estado de cativeiro. Mas deseja, em sua última vontade que seus filhos fossem libertos do cativeiro.[69]

Ora, a análise semântica do texto desse documento nos remete à noção da coisificação da escrava. Com a mulher ele não tivera filhos, mas tivera-os em uma escrava. Os filhos eram dele *em uma* e não *com uma* escrava.

A mulher escrava era praticamente vista como aquela que guarda a semente, mas não cocausadora do nascimento do filho. A mulher é a coisa, a matéria onde podem unir-se os elementos que produzirão um outro ser. Mas, por si só, no seu estado *natural*, sem possuir o laço sagrado e legal do casamento, seu fruto será também natural.

O isolamento do sertão, as condições locais de povoamento, as condições ambientais de clima e a formação de uma sociedade patriarcal altamente estratificada influíram nas especificidades das mulheres do sertão.

Lugares diferentes, historicidades específicas podem conduzir a outros signos, outras representações do mundo feminino.

NOTAS

(1) José Mendes. *O pobre e o rico*. Biblioteca de Cordel. Teresina: Fundação Cultural Monsenhor Chaves, 1995.

(2) Pirira: nome dado à operária que trabalhava na Fábrica de Fiação, em Teresina, no século passado. Cunhã: nome dado à amásia, mulher sem qualificação social.

(3) Miridan Knox Falci. *O Piauí na primeira metade do século XIX*. 1.ed. Teresina: Comepi, 1986. [2a. tiragem, Rio de Janeiro, 1992].

(4) *Id. ibid.*

(5) Tanya Brandão. *A Elite Colonial Piauiense.* Teresina: Fundação Cultural Monsenhor Chaves, 1995.

(6) Miridan K. Falci. *Escravos do sertão.* Teresina: Fundação Cultural Monsenhor Chaves, 1995.

(7) Gardner. *Viagem ao interior do Brasil.* Belo Horizonte: Itatiaia, 1975. p. 88.

(8) Yvonne Knibiehler. Corps et coeurs. *In: Histoire des femmes.* Paris: Flammarion. 1992. p. 352.

(9) Inventário de D. Maria Joaquina da Conceição. Cartório do 1º Ofício de Notas de Oeiras. Piauí.

(10) Coleção particular de Bugyja Britto e Miridan Knox Falci.

(11) Spix & Martius. *Viagem pelo Brasil.* Rio de Janeiro: Imprensa Nacional, São Paulo: Melhoramentos, 1976. p. 209.

(12) *Mulheres do Brasil.* Fortaleza: Secretaria de Cultura e Desportos, 1986. 3 *v.*

(13) Silvio Meira. *Clóvis Beviláqua:* sua vida, sua obra. Fortaleza: Universidade Federal do Ceará, 1990.

(14) Bugyja Britto. *Narrativas Autobiográficas.* Rio de Janeiro: Folha Carioca, 1977. p. 32.

(15) Teresinha de Jesus Mesquita Queiroz. *Notas sobre a Educação no Piauí.* Universidade de São Paulo (monografia de doutoramento), 1989; Miridan Knox Falci. Do tempo de começar a aprender a ler. *In: A criança na província do Piauí.* Teresina: Cedhal, 1991. p. 35.

(16) Testamento de Maria Josefa Clementino de Sousa. Cartório do 1º Ofício de Notas, Oeiras, Piauí [Mss.]

(17) *In:* Livro de Notas, n.74. Cartório do 1º Ofício de Oeiras, Piauí.

(18) Maria Lúcia Mott. *Submissão e Resistência.* A mulher na luta contra a escravidão. São Paulo: Contexto, 1988. p. 53-63.

(19) Maria Lúcia Mott. *Op. cit.* Constância Lima Duarte. *Nísia Floresta:* vida e obra. Natal: Editora Universitária da UFRN, 1991.

(20) Maria Lúcia Mott. *Escritoras negras resgatando a nossa história.* Rio de Janeiro: CIEC, UFRJ, Papéis Avulsos, 1989.

(21) Amélia de Freitas Beviláqua. *Alma Universal,* recordando Lucídio Freitas. Rio de Janeiro: Mundo Médico Borsoi & Cia., 1935. p. 203.

(22) *Id. ibid.*, p. 14-16.

(23) *Id. ibid.* Páginas de Literatura. p. 302.

(24) *Id. ibid.* p. 236.

(25) *Id. ibid.*

(26) Maria Luísa Brandão. Cadernos de Teresina. Ano VIII. *In: Só Poesia.* Teresina: Fundação Cultural Monsenhor Chaves, 1994. p. 74.

(27) Ver o artigo de Linda Lewin, Some historical implications of kinship organization for family-based politics in the Brazilian Northeast. *In: Comparative Studies in Society and History,* v. 21, n. 2, april 1972, p. 263-292.

(28) Cláudio de Albuquerque Bastos. *Dicionário Histórico e Geográfico do Piauí.* Teresina: Fundação Cultural Monsenhor Chaves, 1994. p. 466-468. Ver também Abimael Clementinno de Carvalho. *A família Coelho Rodrigues.* Fortaleza: Imprensa Oficial do Ceará. 1987.

(29) Expedito do Rego. *Estórias do tempo antigo.* Teresina: Edit. Cara-de-pau, 1994.

(30) Jornal *O Telefone,* Teresina (PI), 15 jul.1878.

(31) Depoimento da filha de D. Amélia, Dóris Beviláqua, 1975, Rio de Janeiro.

(32) Expedito do Rego. *Estórias do tempo antigo. Op. cit.*

(33) Livro de Notas, n.75. Cartório do 1º Ofício de Notas, Oeiras, Piauí.

(34) Linda Lewin. *Op. cit.*, p. 272.

(35) Literatura de Cordel. Teresina: Fundação Cultural Monsenhor Chaves, 1995.

(36) Livros paroquiais. Arquivo da Cúria de Teresina.

(37) Pedro Silva. *O Piauí no folclore.* Prefácio de Bugyja Britto. Teresina: Fundação Cultural Monsenhor Chaves, 1988. p. 32.

(38) *Id. ibid.*, p. 30

(39) *Id. ibid.*, p. 31.

(40) *Id. ibid.*, p. 32.

(41) Miridan Knox Falci. Demografia escrava no Piauí. *In: Historia e população.* São Paulo: Abep, 1990.

(42) Luis Mott. Carta da escrava Esperança Garcia. *In: Mensário do Arquivo Nacional*. Rio de Janeiro, 1977.

(43) Contrato de Dote e Esponsais de D. Bernardina e major Ludgero. Livro de Notas, n. 74. Cartório do 1º Ofício de Notas, Oeiras, Piauí.

(44) Ver Clóvis Beviláqua. *Direito da Família*, Rio de Janeiro, 1933; Maria Beatriz Nizza da Silva. *Sistemas de casamento no Brasil colonial*. São Paulo: Edusp, 1984. Cap. VI. Ver ainda Eni de Mesquita Samara. *As mulheres, o poder e a família*. São Paulo, século XIX. São Paulo: Marco Zero, 1989. p. 135-146.

(45) Testamento do major Ludgero de Morais Rego. Cartório do 1º Ofício de Notas. Oeiras, Piauí.

(46) Abimael Clementino Carvalho. *Família Coelho Rodrigues*. Fortaleza, 1987. p. 34 e 544.

(47) *Id. ibid.*

(48) Maria Beatriz Nizza da Silva. Rapto por sedução. *In: Sistemas de casamento no Brasil colonial. Op. cit.*, p. 75.

(49) Expedito do Rego. *Estórias do tempo antigo. Op. cit.*, p. 40.

(50) Bugyja Britto. *Narrativas autobiográficas. Op. cit.*

(51) Testamento e inventário de Maria Joaquina. Cartório do 1º Ofício de Notas, Oeiras, Piauí, 1878.

(52) Linda Lewin. *Op. cit.* p. 284.

(53) *Viagem ao interior do Brasil. Op. cit.*, p. 94.

(54) Mary Del Priore. A fabricação da Santa Mãezinha. *In: Ao sul do corpo:* condição feminina, maternidades e mentalidades no Brasil colonial 2.ed., Rio de Janeiro: J. Olympio, Brasília: UnB, 1995. p. 105-123.

(55) *Id. ibid.* Práticas da maternidade. p. 43-66.

(56) Laura de Mello e Souza. O padre e a feiticeira: notas sobre a sexualidade no Brasil colonial. *In:* Ronaldo Vainfas (org.). *Historia e sexualidade no Brasil*. Rio de Janeiro: Graal, 1986, p. 9-19.

(57) Mary Del Priore. Semeadura e procriação. *In: Ao Sul do Corpo. Op. cit.*, p. 155-177.

(58) Mary Del Priore. *A mulher na Historia do Brasil*. São Paulo: Contexto, 1988. p. 3-37.

(59) Miridan Knox Falci. *Inventário de Mulheres no Rio de Janeiro*. Encontro Regional da ANPUH, Rio de Janeiro, 1994. [mimeo].

(60) Inventário de Carolina Maria da Fonseca. Cartório do 1º Ofício de Notas de Oeiras, Piauí.

(61) Inventário de Ana Rita de Carvalho. Cartório do 1º Ofício de Notas de Oeiras, Piauí.

(62) Miridan Knox Falci. Demografia escrava no Piauí. *In: Historia e população. Op. cit.*

(63) Inventário de Maria Joaquina da Conceição. Cartório do 1º Ofício de Notas de Oeiras, Piauí.

(64) Inventário de Raimunda Ludovina Portella, Cartório do 1º Ofício de Notas de Oeiras, Piauí.

(65) Testamento do liberto Silvério Cezar Burlamaqui. Cartório do 1º Ofício de Notas de Oeiras, Piauí.

(66) Miridan Knox Falci. As vendas. *In: Escravos do Sertão. Op. cit.*

(67) Robert Slenes. *Demography and economics of Brazilian slavery:* 1850-1888. 1975. Tese de doutorado. Universidade de Standford. [mimeo].

(68) Miridan Knox Falci. *Escravos do sertão. Op. cit.*

(69) Miridan Knox Falci. Demografia escrava no Piauí. *In: História e população. Op. cit.*

MULHERES DO SUL

Joana Maria Pedro

PRIMEIRAS IMAGENS

Escrever sobre as mulheres do Sul não significa traçar um perfil único que as identifique e as diferencie das outras mulheres do restante do país. No Sul encontramos diferentes perfis femininos nos diversos períodos históricos: mulheres oriundas de etnias e classes sociais várias.

Entre os primeiros textos que tematizaram as mulheres do Sul, destacam-se aqueles escritos por Auguste de Saint-Hilaire. Botânico, nascido na França, esteve no Brasil entre 1816 e 1822; coletou plantas e animais e fez anotações. Além da fauna e da flora brasileira, deixou relatos sobre o povo. Percorrendo o país, passou por Curitiba, além das províncias de Santa Catarina e Rio Grande do Sul, em 1820. Discorreu sobre as mulheres que encontrou nesses locais fazendo comparações com as de mulheres mineiras, que havia conhecido anteriormente.

Sobre as mulheres de Curitiba diz que elas "têm as feições mais delicadas do que as de todas as regiões do país" que ele visitou. Além disso, que "elas são menos arredias e sua conversa é agradável". Acrescenta que em nenhuma outra parte do país encontrou pessoas tão "genuinamente brancas".[1]

Das mulheres do Rio Grande do Sul, observa: "Todas as mulheres que tenho visto de Rio Grande a esta parte são bonitas, têm olhos e cabelos negros, cútis branca e têm sobre as francesas a vantagem de serem mais coradas." Descreve ainda a existência de inúmeras mulheres comandando estâncias, trabalhando, provendo sozinhas a sobrevivência, em vista da constante ausência dos maridos. O viajante conta que, enquanto nas regiões do interior não encontrou mulheres nas ruas, na cidade de Porto Alegre elas eram bastante frequentes.[2]

Sobre Santa Catarina, Saint-Hilaire menciona a presença das mulheres nas ruas da cidade de Desterro e discorre, especialmente, sobre a sociabilidade destas em comparação às de outras regiões do país, como neste trecho:

> As mulheres são muito claras; de um modo geral têm olhos bonitos, os cabelos negros e, muitas vezes, uma pele rosada. Elas não se escondem à aproximação dos homens e retribuem os cumprimentos que lhes são dirigidos. Já descrevi os modos canhestros das mulheres do interior, que, ao saírem à rua, caminham com passos lentos uma atrás das outras, sem virarem a cabeça nem para um lado nem para o outro, e sem fazerem o menor movimento. Não acontece com as de Santa Catarina. Elas não demonstram o menor embaraço, e às vezes chegam mesmo a ter um certo encanto; frequentam as lojas tão raramente quanto as mulheres de Minas (1820), mas quando andam pelas ruas em grupos, colocam-se geralmente ao lado uma das outras; não receiam dar o braço aos homens e, muitas vezes, chegam a fazer passeio pelo campo. Para sair, elas não se envolvem num manto negro ou numa capa grossa, e se vestem com mais decência e bom-gosto do que as mulheres do interior.[3]

Quanto à forma de vestir-se, informa que "as mulheres do campo, que não trabalham fora de casa e em nada se parecem com as nossas camponesas, não se apresentam, como as de Minas, com os ombros e o colo nus; todas elas, sem exceção, usam vestidos de chita ou de musselina e um xale de seda ou de algodão". Sobre a autoridade dentro de casa, Saint-Hilaire afirma que as mulheres da Ilha de Santa Catarina exercem, dentro de suas casas, uma autoridade de que não desfrutam as do interior do país.[4]

A imagem das mulheres do Sul como mais sociáveis que as mulheres de outros lugares do país é recorrente nos relatos dos viajantes. Imagem provavelmente vinculada à composição racial do Sul do Brasil, aos preconceitos raciais dos ditos viajantes, à cultura específica da população que aí se instalou, bem como a uma formação social que proporcionava um modo de vida diferente dos existentes na economia escravista de exportação.

Muitas vezes, ao falarem das mulheres brasileiras, os viajantes referiam exclusivamente as brancas de família abastada. Alguns ignoravam a existência de filhas de imigrantes pobres, de mulatas e negras livres, enquanto outros sequer as classificavam como mulheres, pois nem sempre eram capazes de levar em conta as contradições da vida paralela das diferentes camadas sociais.[5]

A formação social do Sul do Brasil – caracterizada por um grupo racial branco mais numeroso que o negro e um modo de vida vinculado à pequena propriedade – deve ter feito com que os viajantes reconhecessem como mulheres as brancas pobres que percorriam as ruas de Desterro, Curitiba e Porto Alegre. Mulheres nas ruas era um fenômeno comum também em outras cidades do Brasil, mas o perfil racial se apresentava diverso.

Essa configuração da sociedade, refletida nos textos de Saint-Hilaire, é resultado de um povoamento vinculado a questões estratégico-militares de defesa e expansão para além do meridiano de Tordesilhas. Grande parte do litoral de Santa Catarina e do Rio Grande do Sul foi povoado de forma planejada a partir de meados do século XVIII, com casais oriundos das ilhas dos Açores e da Madeira. Essa forma de povoamento iria se repetir em meados do século XIX, como parte de um projeto de "branqueamento" e de preenchimento de "vazios" territoriais, dando o tom da população e da economia local. Diferentemente dos grandes centros exportadores, a região apresentou uma produção voltada para o mercado interno, escravidão de pequena monta[6] e economia diversificada, resultando numa acumulação de pequeno vulto. A urbanização foi tardia em relação ao Rio de Janeiro, Salvador e São Paulo.

O povoamento do Rio Grande do Sul, cuja economia baseava-se na pecuária extensiva, atraiu uma população masculina eminentemente nômade; a vida familiar e a subsistência eram então garantidas pelas mulheres[7] – situação muito parecida com a de São Paulo na década de 30 do século XIX, época em que várias casas eram comandadas por mulheres sós.[8] É recorrente a representação de mulheres sozinhas comandando estâncias, fazendas, negócios, em vista da constante ausência dos homens.[9]

A existência de inúmeros conflitos e batalhas realizados neste território[10] deu aos homens destaque nas atividades políticas e nas guerras. Entretanto, a ausência masculina no lar exigiu que as mulheres assumissem a direção dos empreendimentos e mantivessem a sobrevivência familiar, transpondo assim os limites das tarefas definidas usualmente para seu sexo.[1] Foi o que Saint-Hilaire percebeu nas várias regiões que visitou; às vezes era recebido pela proprietária viúva ou pela mulher cujo marido estava ausente.

Embora repletas de viés, é possível verificar que as imagens femininas retratadas pelos viajantes diferiam, em muito, daquelas que passaram a frequentar os jornais de Desterro, Curitiba e Porto Alegre no final do século XIX e, mais ainda, a partir da Proclamação da República. Seriam, então, outras as vozes e outra a sociedade que se configurava, em vista da paulatina urbanização e do aparecimento de uma elite urbana.

OS DIVULGADORES DA NOVA IMAGEM FEMININA

> Mulher amante, filha, irmã, esposa, mãe, avó. Nestas seis palavras existe o que o coração humano encerra de mais doce, de mais puro, de mais estático, de mais sagrado, de mais inefável.
>
> (*Jornal do Comércio*, Desterro, 27 jul.1891)

Essa idealização das mulheres em seus papéis familiares é muito semelhante àquelas divulgadas no final do século XVIII e início do século XX nos grandes centros europeus. Nas cidades do Sul, imagens idealizadas foram frequentes a partir da segunda metade do século XIX, durante a formação das elites nos centros urbanos.[12]

O crescimento das áreas urbanas, em meados do século XIX, foi impulsionado com a inclusão da região no comércio agrário-exportador brasileiro como subsidiária, ou seja, como fornecedora de alimentos para o mercado interno. Os altos preços do café no mercado externo e a destinação da mão de obra escrava para a produção cafeeira provocaram o aumento da procura por alimentos e a consequente elevação de preços. Esse fato propiciou o surgimento de um novo grupo de pessoas mais abastadas nos centros urbanos da região Sul.

Em cada capital do Sul, esses grupos assumiram configurações diferentes. Assim, em Curitiba e Porto Alegre, comerciantes e pequenos industriais ligados às populações de imigração recente ditaram as características das novas elites urbanas. Em Florianópolis, a elite passou a ser constituída por comerciantes, armadores, agenciadores e construtores de navios.

Num futuro próximo, esses grupos iriam promover os jornais responsáveis pela divulgação de modelos de comportamento, especialmente para as mulheres. Os jornais pareciam veicular um projeto civilizador com pretensão de construir novos homens e mulheres, divulgando imagens idealizadas para ambos os sexos. É interessante acompanhar, nas diferentes épocas, as mudanças dos papéis sexuais que a imprensa divulgava nas diversas cidades. Tais mudanças, obviamente, vinham acompanhadas de uma campanha com normas de conduta que, muitas vezes, refletia aquilo que a elite urbana considerava "civilizado" e que, em grande parte, era repetição daquilo que os jornais dos grandes centros divulgavam.

Os jornais sulistas do final do século XIX e início do século XX não criaram os modelos ideais de mulher como boas mães, virtuosas esposas e dedicadas filhas. Esses modelos já faziam parte do imaginário ocidental, podiam ser encontrados na literatura, no sermão das missas, nos textos escolares, nas tradições locais.

Embora os jornais sulistas reproduzissem estereótipos existentes há séculos, faziam-no em um contexto específico respondendo a uma conjuntura determinada, na qual a demonstração de distinção e a exposição de um certo verniz social implicavam em moldar as mulheres de uma determinada classe. Nas imagens dos jornais das cidades do Sul, e provavelmente em outras cidades do restante do país, as mães seriam responsáveis pelo progresso e a civilização, pois eram consideradas criadoras e educadoras das novas gerações.

Na redação destes jornais, destacavam-se os homens que compunham o judiciário, chefiavam a polícia, o exército, a administração, os que decidiam sobre a educação, faziam sermões religiosos, votavam e eram eleitos, enfim, aqueles que participavam dos órgãos político-administrativos. Eles eram, ao mesmo tempo, os redatores e os leitores dos principais jornais da cidade; prescreviam as formas de ser "distinto" e "civilizado", que incluíam modelos segundo os quais as mulheres deveriam restringir-se aos papéis familiares.

Convém ressaltar que não se trata de qualquer conspiração planejada e nitidamente delineada. São as novas formas de comportamento que a elite recém-formada definia para serem seguidas, acompanhando um movimento que vinha dos grandes centros da Europa e que encontrava eco nas maiores cidades do Brasil. Ademais, a presença desse tipo de assunto nos jornais era, muitas vezes, uma forma de preencher a página em locais carentes de notícias.

Os *vazios* poderiam ser completados com outro tipo de *notícias*, outros textos, no entanto, a maneira como eram preenchidos refletia as preocupações da sociedade: um dos maiores motivos de inquietação eram as mulheres.

> A mulher
>
> A mulher que foi a perdição para o pai Adão, para Sansão a morte, e para Salomão uma vingança, é, para o médico, um corpo; para o juiz uma ré; para o pintor, um modelo; para o poeta, uma flor; para o militar, uma camarada; para o padre, uma tentação; para o enfermo, uma enfermeira; para o são, uma enfermidade; para o republicano, uma cidadã; para o romântico, uma diva; para o versátil, um joguete; para o gastrônomo, uma cozinheira; para o menino, um consolo; para o noivo, um desejo; para o marido, uma carga; para o viúvo, um descanso; para o pobre, uma calamidade; para o rico, uma ameaça; para o jovem, um pesadelo; para o velho, um inimigo; para o homem, um estorvo; para o diabo, um agente; para o mundo, uma força; e, para o tipógrafo... uma página.
>
> (*Jornal do Comércio*, Desterro, 1881)

A escolha de numerosas imagens de mulher denota uma preocupação muito viva com a definição dos papéis femininos. É difícil saber como eram lidos tais textos; como eram vividas, experimentadas no cotidiano, essas imagens de mulheres que os jornais reproduziam.

Embora já tenham sido identificados como empobrecedores da cultura pela massificação, por sua "elegância barata",[13] em cidades pequenas como eram as do Sul do Brasil no final do século XIX, os jornais eram um veículo cultural de suma importância para a reduzida população alfabetizada. Além disso, é possível verificar que muitos dos assuntos discutidos nos jornais das pequenas cidades encontravam-se publicados nos jornais do Rio de Janeiro. Portanto, guardadas as diversidades locais, os articulistas dos jornais estavam engajados, de uma forma ou de outra, nas discussões que aconteciam nos grandes centros. Nas escolhas dos textos, as cores locais tinham um peso grande: a história e a cultura de cada região pesavam nas decisões dos articulistas.

Enquanto, nas grandes cidades do país, inúmeras funções urbanas eram exercidas por negros livres ou escravos, nos estados do Sul, em vista do reduzido enriquecimento e do diminuto número de escravos de origem africana, essas funções eram exercidas, em sua maioria, por brancos, e muitas vezes por mulheres. Assim, a redução das mulheres das elites nos papéis familiares bem como seu desaparecimento das ruas tornaram-se referências importantes na definição de distinções, uma vez que a cor da pele não poderia exercer tal função. Não bastava, portanto, ser branco e livre: era preciso ter propriedade e ser "distinto".

MULHERES DE DESTERRO EM MEADOS DO SÉCULO XIX

Podemos conhecer um pouco sobre as mulheres de Desterro – antigo nome da capital de Santa Catarina – através dos jornais que circulavam nessa cidade. Embora seu primeiro jornal seja de 1831, foi a partir da década de 50 do século XIX que ali proliferaram vários outros periódicos, muitos de vida efêmera. A mulher e a maternidade aparecem em tom romântico:

> É o coração de uma mãe a fonte mais pura da ternura. É o depósito mais sagrado dessa chama, que diviniza a mulher e a faz credora da mais sublime veneração na escala social. Eis enfim definido [...] mas que digo? As palavras são poucas para que possam d'alma narrar os sentimentos. Quem justamente poderá descrever o estado do coração materno nos transes da saudade quando, ao separar-se de um filho, a quem consagra tantos títulos de amor, vai representar a cena da despedida?[14]

Esse texto, de 1855, exprime uma idealização do papel social da mulher como mãe, o qual vinha sendo divulgado na Europa há tempos. Desde o século XVII ampliara-se na Europa a preocupação dos adultos com a infância e a partir do século seguinte as mulheres passaram a ser valorizadas em seu papel de mães e responsabilizadas pela vida e educação das crianças. Tratava-se da inauguração da sociedade burguesa. A semelhança entre as divulgações europeias e as dos jornais de Desterro demonstra a influência dos modelos do Velho Mundo.

Essas imagens envolvendo mulher, amor e maternidade estiveram presentes nos jornais ao longo de todo o final do século XIX e início do XX; porém, foram delineadas com cores mais vivas no momento da formação da elite ligada às atividades comerciais e ao transporte de mercadorias.

O porto de Desterro foi, no século XIX, o mais importante da província. Como entreposto principal, promoveu a acumulação de riquezas, criando uma próspera classe de comerciantes, armadores e agenciadores de navios. Em relação ao movimento geral de comércio do país, o porto de Desterro, assim como a província, tinham uma contribuição econômica pouco significativa, nunca além de 1,1% do comércio geral.[15] Mas foi graças a esse porto que Desterro se urbanizou: em função da atividade portuária surgiram várias casas comerciais na cidade, especialmente as de comércio de alimentos em que se destacou a farinha de mandioca.

O Rio de Janeiro, além da principal praça destinatária da importação e exportação de produtos do Sul, era o modelo que se pretendia seguir; afinal, lá se encontrava a Corte. Do Rio de Janeiro chegavam os jornais com notícias, modas, questões que eram, em grande parte, transcritas nos jornais locais. As casas de modas anunciavam "moda do Rio", os modelos de "civilidade" e "gosto".

No último quartel do século XIX, a riqueza acumulada transparecia com o aumento dos sobrados, o ornamento das fachadas, nas quais apareciam azulejos importados de Portugal e portas almofadadas. Nas janelas e nas portas das sacadas havia "vidros estrangeiros, metidos em caixilhos rendilhados, apresentando desenhos de engenhosa combinação". As sacadas de ferro batido retorcido apresentavam, por vezes, em complicados desenhos, as iniciais do proprietário.[16]

O interior das casas, atestando a riqueza do dono, era revestido com papel importado da Inglaterra. Mobílias de jacarandá também eram importadas. Na parede, acima do sofá da sala, muitas vezes havia um quadro pintado a óleo retratando o dono da casa, o qual, se fosse um ex-vendeiro enriquecido, poderia aparecer ao lado de um livro-caixa ou livro-razão.[17]

Entre os móveis e cortinas, no andar superior do sobrado, deveria caminhar uma mulher especial, cujas imagens os jornais delineavam. As ascendentes dessas mulheres tinham participado diretamente da acumulação da riqueza da família que, agora, na ostentação, exigia sua reclusão no andar superior. Essas mulheres passaram a ser as responsáveis pelo cuidado dos filhos, afinando-se com as tendências "civilizadas" de maior cuidado com a infância.

Em Desterro, o crescimento do comércio determinou uma nova distribuição de funções e delimitação de espaços e papéis sexuais. Nas antigas vendas, nas pequenas casas comerciais, as mulheres eram uma presença constante, atendendo à freguesia, auxiliadas ou não pelos maridos. Já nas grandes casas comerciais e nas atividades do transporte marítimo de grande monta, a presença feminina tornou-se rara; embora na agricultura, nos engenhos de farinha de mandioca, na limpeza e secagem do peixe, as mulheres permanecessem ativas. O isolamento feminino nas atividades de esposa, mãe e dona de casa tornou-se forma de distinção para uma classe urbana abastada e, também, para funcionários públicos, pequenos comerciantes e proprietários urbanos, estes últimos desejando ascensão social. As famílias demonstravam sua "distinção social", entre outras coisas, pela dedicação de suas mulheres exclusivamente aos papéis familiares. Os jornais escreviam para essas pessoas, definindo novas formas de comportamento.

Em inúmeros textos dos periódicos, virtudes e defeitos femininos eram apresentados, assumindo formas de poemas, provérbios, comentários, notícias, piadas. De maneira geral, referiam-se a uma "natureza feminina", ora valorizada, ora criticada. Nessa sociedade recém-saída do campo, novos modelos de mulher precisavam ser divulgados, talvez com tanta ou maior veemência do que em cidades maiores. Em 1888, o *Jornal do Comércio*, por exemplo, apontava os "Dez mandamentos da mulher":

> 1º – Amai a vosso marido sobre todas as coisas.
> 2º – Não lhe jureis falso.
> 3º – Preparai-lhe dias de festa.
> 4º – Amai-o mais do que a vosso pai e a vossa mãe.
> 5º – Não o atormenteis com exigências, caprichos e amuos.
> 6º – Não o enganeis.
> 7º – Não lhe subtraiais dinheiro, nem gasteis este com futilidades.
> 8º – Não resmungueis, nem finjais ataques nervosos.
> 9º – Não desejeis mais do que um próximo e que este seja o teu marido.
> 10º – Não exijais luxo e não vos detenhais diante das vitrines.
> Estes dez mandamentos devem ser lidos pelas mulheres doze vezes por dia, e depois ser bem guardados na caixinha da *toillete*.

Várias notas como essas eram divulgadas nos jornais desde a segunda metade do século XIX; entretanto, a partir da década de 80 tornaram-se mais frequentes. Os jornais da época colaboravam para esse processo divulgando imagens, como na nota de 1886, do *Jornal do Comércio*, em que a "mulher boa" é identificada com a felicidade familiar:

> A mulher boa, meiga mas ignorante, pode – ainda assim – tornar o lar doméstico um asilo casto, uma enseada tranquila. A mulher doce, carinhosa, mas instruída, de talento, com a dupla chama imaterial do amor e da inteligência a flamejar-lhe no coração e no cérebro, essa tornará o recinto da família prestigioso como um templo invencível como as mais roqueiras cidadelas.

Na cultura açoriana, pesqueira e marítima da Ilha de Santa Catarina, onde os homens se ausentam por longos períodos, existe, ainda hoje, a tradição de manter a filha e o genro morando na casa dos pais da mulher, ou nas proximidades. Trabalhos domésticos, envolvendo a secagem do peixe e a segurança e solidariedade necessárias nas longas ausências dos maridos, podem explicar essa tradição de residência *matrilocal*.[18] A urbanização e o aburguesamento dessa sociedade, que tem como modelo a família nuclear, devem ter encontrado resistência nessa mesma tradição. No embate entre a nova ordem que se pretendia implantar e os costumes locais, morar com a sogra passava a não ser mais "civilizado". Era fazer parte de uma tradição que estava sendo desqualificada.

A nova família "civilizada" que se pretendia compor deveria ser diferente daquela do restante da população: qualquer parente, além de pai-mãe-filhos, atrapalharia. Assim, a imagem da sogra passou a vir associada a características negativas na década de 80 do século XIX.

> Aos namorados.
> Quem se casar nesta terra
> não more com sua sogra,
> porque sossego não logra,
> e vive em contínua guerra:
> grita o genro, a filha berra,
> urra a sogra destemida,
> acode a chusma atrevida
> dos cunhados fariseus, e
> por milagre de Deus, escapa
> um homem com vida
>
> (*Jornal do Comércio*, 1886)

Embora da nova família idealizada se pretenda excluir qualquer parente, a sogra era o principal alvo de agressões. Como se pode deduzir das piadas:

> – O senhor já experimentou o remédio do Dr. Lacerda contra mordedura de cobras?
> – Já, e posso afirmar que é infalível. Faço uso dele todas as vezes que brigo com minha sogra.
>
> (*Jornal do Comércio*, 30 jan.1883, nº 16)

As mães, homenageadas como as responsáveis pela civilização, pelo heroísmo, pela piedade cristã dos homens, eram percebidas como estorvo ao se tornarem sogras. Além disso, não se tratava de qualquer sogra, mas a do homem, o mesmo que escrevia nos jornais.

Ter uma família "civilizada" era possuir uma família restrita a pai, mãe e filhos, excluídos os demais parentes. Foi possivelmente com essa

As atividades do porto de Desterro permitiram a constituição de uma elite urbana preocupada com signos de distinção. Misturada a ela, homens e mulheres de camadas populares perambulavam à cata de trabalho para garantir sua sobrevivência.

preocupação que os jornais empenhavam-se, de maneira acintosa, em ridicularizar as sogras. Eram as elites urbanas que pretendiam delimitar espaços sociais e estabelecer modelos de comportamento e de família, que se prestavam a legitimar a desigualdade, ou seja, criar referências que as distinguissem do restante da população.

Muitas das análises que se podem fazer acerca desse processo na sociedade de Desterro – ressalvadas as devidas diferenças e períodos – podem ser estendidas às demais cidades do Sul do Brasil, principalmente às suas capitais, por se tratarem de centros maiores.[19]

MULHERES DE BLUMENAU

As tentativas de mudança nos papéis sociais das mulheres podem ser observadas em Blumenau, cidade localizada no interior de Santa Catarina, assim como em muitas outras áreas do Sul do Brasil que contaram com a colonização alemã. É preciso, entretanto, notar que cada localidade fez essas mudanças em épocas diferentes.

A historiografia catarinense costuma interpretar o crescimento econômico-industrial da região do vale do Itajaí como fruto do "esforço empreendedor" dos empresários. No entanto, a participação das mulheres na acumulação de recursos, assim como a das classes trabalhadoras, dão outra dimensão à questão. Deve-se ainda levar em conta a participação das mulheres na reprodução da cultura germânica.[20]

Na divisão sexual das tarefas, cabia às mulheres de Blumenau não só o trabalho doméstico, mas também boa parte do trabalho considerado produtivo. A colonização, iniciada no vale do rio Itajaí em 1850, teve no trabalho das mulheres um de seus fortes apoios. Inúmeras cartas de colonos para a Alemanha apontam a importância dessas mulheres. O próprio coordenador da Colônia indicava: "... o emigrante que trabalha na terra, necessita do auxílio de uma mulher e boa dona de casa [...] uma esposa aqui é tão necessária como o pão de cada dia". Além disso, procurava alertar os emigrantes: "... procurem trazer uma esposa com prendas domésticas e que não seja muito habituada a cidades grandes".[21]

A importância da família para o colono, especialmente ter uma mulher, aparece em inúmeros relatos. A manutenção dos hábitos e dos costumes alemães dependia das mulheres, as quais, através das "prendas domésticas", ofereciam um conforto difícil de ser mantido sem a presença feminina.[22] Apesar disso, o que se observa é que somente os homens são considerados responsáveis pelo desenvolvimento da região. A própria representação da imagem das mulheres de origem alemã como "trabalhadeira", diferentemente dos homens considerados "trabalhadores", contribui para a invisibilidade da contribuição feminina.[23]

Através das cartas e da literatura que tematizam a época e a região é possível afirmar o que se esperava de uma "moça alemã". Ela devia saber se fazer respeitar; ser asseada; ser boa mãe e boa filha; ter uma sexualidade restrita ao casamento; ser solidária com os vizinhos e parentes, além de econômica e comedida.[24] Isso não significa que todas as mulheres de origem alemã seguissem esses preceitos; havia inúmeras transgressões a tais modelos, que podem ser observadas pela documentação.

Foi, muitas vezes, a contragosto que as esposas acompanharam os maridos até a nova Colônia. Inúmeros relatos dão conta das queixas de mulheres nesse sentido. *Frau* Schelle, por exemplo, ao chegar à Colônia, percebendo que a região era mais inóspita do que imaginava, chorou sentada sobre o baú de viagem e classificou o marido de "uma verdadeira besta" por ter tido a infeliz ideia de vir para este lugar onde "só se via céu e mato".[25]

Entretanto, é possível que somente as mulheres alemãs das camadas médias tenham vindo a contragosto. Eram as que escreviam e, portanto, puderam deixar tais depoimentos. A participação da mulher alemã da área rural e das camadas populares urbanas era importante demais para que sua opinião não fosse levada em consideração na hora de migrar para o Brasil. Além disso, não foram somente as mulheres que viram "céu e mato" quando chegaram a Blumenau: os homens também devem ter ficado surpresos ao compararem o que se divulgava como propaganda, na Alemanha, com a realidade encontrada.

No início da colonização havia grande desequilíbrio entre os sexos. Antigos colonos afirmam que a relação era de dez homens para cada mulher.[26] É difícil comprovar essa afirmação, certamente exagerada e reforçada por aqueles que, por diversas razões, tinham dificuldades para encontrar uma esposa. De qualquer forma, esse fato deve ter aumentado a valorização das mulheres, que, no início de colonização, extrapolavam os limites definidos para o seu sexo.

Em 1910, o jornal *Blumenauer Zeitung* apontava as novas exigências para o sexo feminino, atribuindo às mulheres a exclusividade dos trabalhos domésticos e questionando sua participação em atividades agrícolas. Num texto longo, paira a dúvida sobre o rendimento do trabalho feminino na "roça", pois este a retiraria dos seus cuidados de mãe e dona de casa, "... pois eles são a função própria da mulher em qualquer etapa da vida...". Se a mulher se mantivesse trabalhando na "roça", a família teria "sensíveis prejuízos em dinheiro" devido à perda de forças de seu corpo, ao abandono em que ficariam as crianças e os serviços domésticos.

> Vocês devem poupar mais as mulheres e não transformá-las em trabalhadoras da roça. Deixem-nas onde devem estar: no serviço doméstico, lá é seu lugar, lá elas têm plenamente o que fazer e ganham mais para vocês do que como uma máquina de carpina. Diferente é quando a mulher se sente suficientemente forte e dispõe de algumas horas para o trabalho na terra, mas, mesmo aí deve ficar próxima a seus filhos e no máximo cuidar do jardim perto de casa.[27]

A tentativa de definir como "verdadeiros" os trabalhos femininos ligados ao lar já estava presente nos jornais de Desterro em meados do século XIX; no entanto, em Blumenau, essa preocupação só se tornou visível no final daquele século e início do XX, quando a acumulação de riquezas permitiu a formação de núcleos urbanos.

A antiga casa incluía o trabalho agrícola e o doméstico, ou a oficina, o comércio e o lar, envolvendo toda a família. Não estabelecia clara delimitação de papéis e as mulheres exerciam trabalhos tidos mais tarde como femininos e masculinos. Esse tipo de casa foi sendo substituído conforme a acumulação de riqueza dos colonos. Na nova casa, localizada, em geral, no centro do núcleo urbano, a função da mulher passou a ser a de limpar a casa, cuidar e educar as crianças, cozinhar e assar, passando a ser valorizada ainda pelos produtos "feitos em casa", como os alimentos em conserva. Nessas atividades poderia ser ajudada por uma empregada. Após os afazeres, poderia dedicar-se aos trabalhos de agulha e à literatura sentimental.[28] Essa nova mulher, portanto, excluía-se cada vez mais dos interesses econômicos que garantiam a riqueza da família.

O novo padrão de vida foi ostentado não só pela presença constante das mulheres no lar, mas também pelas novas casas que se construíam, pelos móveis, pelas louças, enfim, pelos inúmeros adereços que a casa poderia mostrar a olhos vivos. Essa casa era realmente muito diferente daquelas construídas pelos primeiros colonos da região, feitas com palmitos que existiam em grande quantidade na mata – os troncos dos palmitos tinham de 10m a 15m de altura e cerca de 4 a 6 polegadas de diâmetro. Tal como haviam crescido, foram aproveitados como esteio e vigas. Quando usados como tábuas, eram simplesmente cortados de comprido.[29]

O que se pode observar é que, embora tardiamente, o mesmo projeto burguês de restrição das mulheres aos papéis de esposa, mãe e dona de casa, atingiu a área urbana de Blumenau. Através dos jornais, da literatura, das cartas dos visitantes que vinham da Alemanha e dos funcionários do serviço público do Estado brasileiro, novas referências de distinção social passaram a ser divulgadas. Dessa forma, a mulher "trabalhadeira" de Blumenau, que na época da colonização incluía em suas tarefas um trabalho que extrapolava os limites da casa, tornou-se, em algumas famílias mais bem-sucedidas, uma "trabalhadeira" do lar: uma administradora da casa e das empregadas.

Entretanto, os novos modelos idealizados de mulher não foram seguidos totalmente à risca e, na constituição das novas mulheres que se urbanizavam, os referenciais de cultura e as experiências das próprias mulheres e de suas antepassadas dificultaram a assimilação dos novos modelos, mantendo a especificidade num colorido próprio. Além disso, a proximidade entre campo e cidade impede o estabelecimento de um único modelo, promovendo a pluralidade e impedindo a imposição de um certo tipo de ideologia.

Ainda que divulgados na área urbana, esses modelos não poderiam ser seguidos por todos os habitantes da cidade. As fábricas de Blumenau, por exemplo, contaram com expressiva participação do trabalho das mulheres. Eram, portanto, referências apenas para aquelas famílias cuja acumulação ensejava a adoção de novos comportamentos. No entanto, seria ingênuo imaginar que se dedicar somente aos afazeres de esposa, mãe e dona de casa não estivesse nos sonhos das moças de origem alemã que se empregavam nas indústrias, trabalhavam na roça ou se colocavam como empregadas domésticas nas casas das famílias mais ricas.

Possivelmente o mesmo movimento ocorreu nas diferentes regiões de colonização alemã do Sul do Brasil, e até mesmo em outros locais. O exemplo de Blumenau aponta não só para as formas de divulgação de modelos universais idealizados para as mulheres, como também para o colorido étnico que essas vivências femininas foram assumindo.

IMPACTOS DA PROCLAMAÇÃO DA REPÚBLICA

A Proclamação da República pode ser vista como o momento a partir do qual os novos modelos femininos passaram a ser mais reforçados. Esse período promoveu intensas transformações e remanejamentos nas elites que vinham se configurando no decorrer do século XIX. Muitas das imagens idealizadas das mulheres sofreram mudanças e intensificações por conta das transformações que se operaram com a Proclamação da República.

Na região Sul, após as crises políticas dos primeiros anos, as cidades, em especial as capitais, passaram por reformas que significaram uma nova configuração do espaço físico, o controle e a segregação das camadas populares, com a tentativa de afastamento da pobreza dos centros urbanos. Essas políticas tiveram, em relação às mulheres, algumas particularidades.

As imagens idealizadas de mulher, possíveis para as elites urbanas, foram cobradas das mulheres das camadas populares; tornaram-se referências para o julgamento de suas demandas e para a aplicação de punições por parte do poder público.

As mulheres foram, juntamente com as crianças, importante mão de obra na indústria nascente. No entanto, as imagens idealizadas que serviam de referência de distinção para a elite urbana foram utilizadas como justificativa, por parte dos empresários, para o pagamento de baixos salários e, por parte de muitos líderes operários, para a tentativa de exclusão das mulheres e crianças do mercado de trabalho.[30]

Em vista do crescimento das áreas coloniais, novos personagens de diferentes origens étnicas passaram a circular nas capitais do Sul e a disputar espaços políticos, sendo contestados e desprezados por uma elite urbana de origem portuguesa que buscava prestígio econômico e social, entre outras coisas, pela diferenciação de suas mulheres.

A emergência de novas elites propiciou a divulgação de imagens que restringiam as mulheres aos papéis familiares; entretanto, a acumulação de riquezas foi de pequena monta e, desta forma, a divulgação de tais imagens foi limitada, sendo os novos modelos adotados por poucas mulheres. Para a maioria da população feminina, as condições econômicas não favoreceram a identificação das mulheres com tais imagens. A pluralidade étnica e a consequente diversidade de culturas dificultaram a homogeneização de comportamentos, que definiam para as mulheres os papéis de esposa, mãe e dona de casa.

MULHERES DE CURITIBA

Eram apenas 31 os defensores da República em Curitiba antes de sua proclamação. Dentre eles destacaram-se, ainda menos numerosos, os positivistas. Esse fato não impediu que divulgassem suas ideias através dos jornais e revistas e que, em relação às mulheres, apresentassem abundantes textos com imagens idealizadas. A figura materna foi um dos mais valorizados alvos de investimento por parte da imprensa. O *Diário da Tarde*, em 1908, considerava as virtudes maternais da abnegação, do carinho e do desvelo, as bases de uma sociedade perfeita.[31]

> Do berço ao túmulo esse perfil suntuoso nos acompanha eternamente belo e eternamente forte na sua dedicação sem par e no seu desvelo que não reconhece limites. Mãe – ela é suprema pureza e é o supremo sacrifício. É ela quem olvida de todo as suas dores cruciantes para escutar os primeiros vagidos do recém-nascido. É ela quem esquece e despreza os atrativos in-

> findos da sociedade para se quedar no retiro do "home", debruçada sobre o berço onde a criancinha sorri ou se contorce sob a ação de sofrimentos perversos. É ela quem nos guia e fortalece nos primeiros passos do tortuoso caminho da existência e que pelos seus exemplos fecundos nos enche de virtudes, de meiguices, de alegrias e de amor.[32]

A idealização das mães estava presa à missão civilizadora das mulheres, a qual, de acordo com o ideário positivista, deveria ser instruída para aperfeiçoar o esposo e educar os filhos para a Humanidade. Era justamente dentro dessa perspectiva que se defendia a educação feminina. O periódico *O olho da rua*, em 1911, afirmava então que "... as nações serão grandes e felizes, visto como o desenvolvimento material, a expansão econômica, depende da cultura nacional, da mulher; em cujos regaços formam os bons e os maus elementos, que constituem a força dos Estados".[33]

Em Curitiba, no momento imediatamente posterior à proclamação da República, travou-se uma intensa batalha entre os jornais, na qual os positivistas – aliados aos maçons – disputavam com os católicos conservadores o predomínio do pensamento na cidade. Cada um deles tinha uma forma específica de idealizar as mulheres; no entanto, concordavam em que os papéis definidores da feminilidade eram os de esposa, mãe e dona de casa. A esse respeito, portanto, acompanhavam aquilo que os jornais das demais capitais dos estados do Sul estavam divulgando.

É possível que o debate sobre a integração étnica centrado nas mulheres tivesse como principal motivador a própria disputa entre os católicos conservadores e os anticlericais. Esses últimos, aliados aos maçons e espíritas, estavam empenhados em libertar o estado do Paraná da "legião de vampiros de sotaina", nome que davam aos jesuítas. Os anticlericais consideravam a área de colonização muito vulnerável à ação da Igreja católica.[34]

A Igreja católica oferecia uma proposta para as mulheres que, embora em muito se parecesse com as dos demais, representava maior valorização e destaque para aquelas – especialmente para as mães –, no interior das famílias. Entre os imigrantes, a proposta da Igreja encontrou condições propícias de aceitação devido à importância concreta das mulheres na colonização e, principalmente entre os italianos, da presença da religião como fator de união e de identidade étnica. Em Curitiba, da mesma forma que em Blumenau, a manutenção da tradição era garantida pelas mães. Juntamente com a escola, a religião e a língua, as mães no lar promoviam a conservação da identidade nacional baseada na origem étnica.[35]

Nas crônicas dos jornais foi bastante valorizada a mulher imigrante. A italiana era bastante procurada nos anúncios dos periódicos. Em jornais do início do século XX, encontram-se anúncios de "homens solteiros, saudáveis, ditos de boa posição social e comercial", os quais buscavam mulher que fosse "simpática, morigerada, trabalhadeira, com alguns atributos físicos, que não seja luxuosa, de preferência italiana, com menos de 25 anos".[36]

Além disso, a dificuldade de miscigenação com diferentes grupos de origem estrangeira é apontada. Quem não casava com brasileiro era considerada "inassimilável". Em tom de troça, o jornal *O olho da rua* dava o recado em 1908:

> Contigo estou no horror ao macarroni
> Prefiro as alemãs, acho mais chic
> O namoro alemão no pic-nic
> Com músicas de trompas e trombone[37]

Convém destacar que o estímulo à miscigenação não era dirigido somente às mulheres imigrantes. Em 1906, o jornal *Diário da Tarde* aconselhava:

> ... o perigo alemão manifesta-se ainda na conquista, muito pacífica e elegante, que as senhoritas alemãs estão fazendo dos rapazes brasileiros. Parte notável de nossa mocidade inclina-se fortemente para o lado das graciosas damas loiras e claras, de origem germânica. [...] as nossas patrícias [...] [devem] procurar revanche, conquistando os moços teuto-brasileiros. São uns rapagões desempenados, morigerados, bonitos (alguns), enfim excelentes cortes de maridos. Porque esse povo dá maridos exemplares; dividem com a esposa os trabalhos e as alegrias. É sabido: o alemão casado quando se diverte, leva consigo o rancho todo e quando acaso vai só não esquece a mulher: traz-lhe do que comeu ou bebeu, cerveja ou uma rodinha de salsicha.[38]

Todos esses "convites" à miscigenação estavam vinculados não só ao propósito, já explicitado no último quartel do século XIX, de branqueamento da população, como também ao visível crescimento econômico das colônias e ao destaque da riqueza de alguns descendentes de imigrantes. Além disso, havia já a tradicional desqualificação do elemento nacional, acusado de ser pouco afeito ao trabalho. Em Curitiba, não só se valorizavam as mulheres de origem estrangeira, no caso as italianas, alemãs e polonesas, como também se desqualificavam as luso-brasileiras como esposas ideais.

Assim, ao lado de recomendações contra a ausência das mulheres do lar, o jornal *Veritas*, de 1920, em "Página reservada aos homens", aconselhava: "A mulher que não tem a ciência da dona de casa, pondera um sisudo autor moderno, é um membro inútil na sociedade conjugal: no orçamento doméstico presa (*sic*) como um capital permanente de despesa e de desperdício, e não figura como fonte de receita e de poupança."[39]

A imigrante, em especial a alemã, era valorizada em comparação à luso-brasileira. O *Diário da Tarde*, de 1908, generalizava:

> ... é raro, senão difícil, apontar-se um moço patrício de princípios pecuniários modestos que casado consiga fazer fortuna.
>
> Entretanto, a cada instante vemos casais estrangeiros de nacionalidade ou origem, que dentro de pouco tempo têm assegurado o seu futuro e da sua prole [...]
>
> A estrangeira, muito especialmente a alemã, é sóbria e econômica. Sabe tirar partido de tudo; com o mínimo de recurso obtém o máximo de efeito; disfarça a penúria e sabe converter as faltas em bem-estar, sempre sorridente, sempre alegre, sempre satisfeita. Faz verdadeiros prodígios e cotidianamente, de uma maneira incessante, produz maravilhas. Se o marido é comerciante, conhece tão bem ou melhor o estado de prosperidade dos negócios do que ele próprio. Acumula as funções domésticas às de gerente do estabelecimento, com vantagem sobre o próprio dono.
>
> O inverso nota-se nas nossas patrícias. Casam-se, logo exigem uma criada para isto, outra para aquilo, saia dinheiro de onde sair.[40]

A imagem idealizada das mulheres de origem alemã desconsiderava a classe social a que pertenciam. Vimos como em Blumenau o enriquecimento levou as mulheres teuto-brasileiras das áreas urbanas a serem convidadas a exercer exclusivamente os papéis de esposa, mãe e dona de casa. Em Curitiba, pela divulgação dos jornais, vimos que estava ocorrendo o mesmo movimento. Entretanto, para os articulistas que enalteciam as mulheres das colônias, o que contava era a visibilidade das colonas em relação à atividade comercial no centro da cidade, aos sábados. Em 1928, o *Ilustração Paranaense* apresentou um quadro, baseado na memória do articulista, que descreve a feira que ocorria aos sábados no largo da Ordem e na rua José Bonifácio. Nessa feira, "mulheres, em geral velhas ou maduras", enchiam, desde cedo, as ruas com suas "carrocinhas coloniais. [...] No inverno aparecem abarrotadas de pinhão, milho, abóbora. No verão, de frutas e hortaliças". De acordo com o autor, esse era também o dia das compras coloniais. "Varejam as casas prediletas, as de armarinho, fazendas, sapatos, roupas feitas, secos e molhados, açougues, padeiros. Não negociam a galope, na aflição. [...] Perdem horas a fio junto dos balcões exigindo derrubadas de artigos."[41]

Se, por um lado, as mulheres imigrantes são enaltecidas, de outro, o isolamento dos grupos era visto com preocupação. A partir da Primeira Guerra Mundial, o nacionalismo e o isolacionismo transformaram-se em xenofobia. Os luso-brasileiros passaram a reivindicar a nacionalização forçada e os imigrantes, em especial os de origem alemã, passaram a ver a miscigenação como uma ameaça à sua pureza racial.[42]

O enaltecimento das mulheres imigrantes mostra nuances. Se imagens elogiosas das alemãs circulavam na imprensa – por estarem envolvidas com o trabalho rural nas colônias ou com o comércio e as pequenas indústrias nos centros urbanos –, em relação às polonesas, geralmente criadas, eram outras as imagens. Os jornais tematizam a "criada sapeca", a "polaquinha". Em 1908, o jornal *A Rolha* pintava seu retrato. De acordo com o articulista, a criada polaca, além de não ficar por muito tempo num emprego, "quando à noite [...] saía à rua para comprar biscoitos ou outra coisa qualquer, o bando de coiós não a deixava. Mas tinha razão, porque a Mariazinha era uma teteia: toda perfumada, empoada, de chinelinhas na ponta dos pés, muito corada e sadia, tentava mesmo!"[43]

Convém destacar que, até os dias de hoje, a "polaquinha" é personagem típica da cidade de Curitiba, tema de farta literatura, associada, em geral, às empregadas domésticas e às prostitutas; essa personagem foi, durante muito tempo, alvo de comentários preconceituosos dos jornais. Em 1913, o jornal *Diário da Tarde* generalizava:

> Em Curitiba, como em quase toda parte, a volubilidade dos serviçais é problema que preocupa seriamente as donas de casa, muitas vezes tirando-lhes o sono e o apetite.
> Na maioria as criadas são polacas que se alugam por preço exagerado e que modestamente exigem umas tantas regalias, entre as quais a de poder palestrar, no corredor, com os primos, com o fim de fazerem seus idílios comodamente, junto à porta da rua.
> Aos sábados, as criadas curitibanas costumam saracotear nos bailecos citadinos, ou nas grossas e encantadoras farras coloniais, em consequência do que, aos domingos, só nos querem dar de comer uma vez, ao meio-dia, e, ainda assim, por muito favor![44]

Pertencentes a um grupo de imigrantes que chegou tardiamente à região e ocupou as áreas menos férteis, os poloneses, em especial as polonesas, ocuparam na área urbana serviços considerados subalternos, que em outras regiões do país eram executados por populações de origem africana. Devia ser estranho ver mulheres brancas, de "pele rosada", ocupando-se de trabalhos anteriormente exercidos por escravas. Além disso, essas mulheres, como as pobres de outras regiões do Brasil, apresentavam valores morais e comportamento social e sexual bastante diferentes daqueles exigidos às mulheres "distintas". Em 1928, o articulista do periódico *Ilustração Paranaense* ainda estranhava:

> ... em Curitiba não há carroças, nem carroceiros, nem burros de carroça. Há "charretes" simples e toscas, puxadas a cavalos e conduzidas por moçoilas, lindas colonas de faces rosadas que são elas, e não marmanjos, que distribuem o pão, o leite, as frutas, as verduras, carne, peixe etc.[45]

É no interior dessa pluralidade de mulheres das mais diferentes etnias, com os mais diversos modos de viver os papéis atribuídos ao seu sexo,

Mulheres de origem alemã apresentavam-se como "trabalhadeiras". Na foto da família Vahl, no início do século XX, o avental, símbolo de limpeza e eficiência, é vestimenta necessária.

que os periódicos tentavam impor novos modelos de mulher. Assim, ainda em 1926, o *Diário da Tarde* divulgava a imagem da esposa ideal:

A esposa que procura compreender o gênio do marido, a que se alegra com as alegrias dele, a que lhe aplaina o caminho escabroso da vida diária, a que se mostra sempre contente ou ao menos resignada, dócil às suas exigências, a que sabe cativar o marido com meigos sorrisos, sem falar sempre fora de propósito, a que é econômica e modesta, cuidadosa e de atividade silenciosa – tal mulher é bendita por Deus. Ela é a esposa ideal.[46]

Essa universalização das imagens para homogeneizar comportamentos desconhece a diferença expressa na pluralidade étnica exposta na arquitetura das cidades, no colorido da população e nas diferenças socioeconômicas.

MULHERES DE PORTO ALEGRE

Diferentemente do contexto nacional da Proclamação da República, no qual predominaram as ideias liberais, no Rio Grande do Sul prevaleceram as ideias positivistas de Augusto Comte, influenciando os governantes e a intelectualidade local por várias décadas.[47]

A predominância das ideias positivistas significou a repetição, nessa região, dos mesmos discursos homogeneizadores dos papéis femininos: identificou a mulher como tendo uma natureza complementar à do homem, apresentando uma diferença que justificava sua educação específica. Mesmo assim, significaram um certo avanço, pois recomendavam a educação das mulheres, já que como mães eram as responsáveis pela construção dos "homens de amanhã" – coisa rara até então.[48]

Para o pensamento positivista, divulgado em Porto Alegre pelo Centro Positivista, ser mãe era o papel mais sublime que uma mulher poderia desejar. Assim, os papéis familiares de filha, irmã e esposa eram uma espécie de preparação para a função de mãe. Nesses escritos, a autoridade masculina e a submissão feminina eram compreendidas no binômio "obediência e amor". Nesse caso, as mulheres obedeciam, porque eram delicadas e meigas.

> A mulher tem mais pureza que o homem. E tem também mais ternura, que é a máxima do altruísmo. Tem mais apego, mais veneração e mais bondade, isto é, mais amor.
> Instintos são estes de obediência, porque amar é obedecer, é preferir à vontade própria a vontade alheia; é gozar a felicidade de ver os outros felizes: é saborear o encanto de ver os outros satisfeitos. [...], para ter uma vida

de obediência contínua, com alegria, é preciso possuir uma organização privilegiada. Quanta obediência, e quanta sublimidade não é mister para ser mãe! [...] servi-lo [ao filho] como uma escrava submissa.[49]

Para os positivistas, a função feminina consistia em "aperfeiçoar a natureza humana". Ela então deveria "agir mais especialmente sobre seus filhos, seu esposo, seus pais. Precisa ter deles um conhecimento profundo. É por isso que sua inteligência é mais sintética: tem mais contemplação concreta, mais meditação indutiva, mais aptidão para generalizar".[50]

Diferentemente de outras doutrinas, o positivismo não afirmava a inferioridade intelectual das mulheres, mas sim que sua inteligência era complementar à do homem.

> Não há, pois, superioridade mental para nenhum dos sexos: as duas inteligências são complementares.
> A superioridade do homem é unicamente nas qualidades práticas, na coragem, na prudência, na firmeza, que o tornam mais próprio para comandar. De todas as funções masculinas as mais eminentes são as de chefe de Estado e as de sumo pontífice. Nenhuma delas tem a importância da função feminina, porque a mulher é quem forma os chefes de Estado e os sumo pontífices.[51]

Embora não tivesse inteligência inferior, ficava confinada ao espaço privado, considerado lugar sagrado e formador dos novos seres humanos. No ideário positivista, a mulher ideal era uma "filha obediente, esposa dedicada, mãe exemplar e, quando pobre, trabalhadora virtuosa". Na edificação das três primeiras qualidades, o jornal *Mercantil*, em maio de 1894, delineava:

> O que é esse nobre vulto, que depois de ter animado com seu sangue aquele recém-nascido, beija-o, sorri-lhe, e amamenta-o: ensina-lhe depois a balbuciar palavras e a dar passos, a refletir e a orar?
>
> É a mulher mãe.
>
> O que é esse vulto formoso, que, cheio de encantos e graças do espírito e corpo, revela, por suas perfeições, todo o poder da criação, e que, pura de alma, sujeita muitas vezes naturais impulsos a um sacrifício, que toma por complemento da perfeição?
>
> É a mulher virgem.
>
> Quem é aquela figura sublime, terna companheira do homem, não menos no dia da adversidade e dos trabalhos que nos dá prosperidade, e dos go-

zos; que o aconselha; que o guia; que o suaviza; que o anima; que o retém; que o ama; que toda vive nele; que toda se estremece de afetos; que toda se desata em dedicação?

É a mulher esposa.

Quem é aquele amoroso vulto, postado à cabeceira do ancião, minorando-lhe as dores, adoçando-lhe as horas longas, suprindo os olhos que já não veem, os ouvidos que já não escutam, a boca que já não fala?

É a mulher filha.[52]

Era, portanto, para atuar no espaço privado que as meninas deveriam ser instruídas. Enquanto esposas, tornava-se necessário, antes de mais nada, saberem "agradar". O decálogo publicado em 1898, no *Gazetinha*, dava a receita:

1) Fala pouco, escuta muito, não interrompas nunca; 2) conserva naturalidade no tom e nos pensamentos; 3) que a tua voz não seja muito baixa que aborreça quem te ouça, nem muito alta que incomode; 4) fala a cada um sobre o que ele sabe melhor ou gosta mais: não avances nada adiante de quem não conheces; 5) se contares alguma coisa, que as tuas narrativas possam interessar a todos. Aconselho-te a que afastes delas minúcias ociosas; 6) mostra-te benévola sem lisonja, sincera sem grosseria; 7) busca antes agradar que brilhar, evita pôr-te em cena, excetua-te dos elogios que distribuís e não mostres que os fazes para que te os paguem; 8) não sejas rigorista nem licenciosa. Não rias muito alto; 9) preocupa-te em não ofender ninguém, usa pouco da zombaria, nunca da maldade; 10) poupa as opiniões alheias, aceita boamente a contradição e, se refutares, não disputes.[53]

Diferentemente de Desterro, em Porto Alegre não se divulgavam somente os "mandamentos" da mulher; também para os homens eram publicados em 1896, no *Gazetinha*, "Os dez mandamentos do marido":

1) Uma boa mulher, toma bem nota, quer ser tratada com juízo. Não abuses do seu coração flexível pois os objetos frágeis quebram-se facilmente. 2) As tuas ordens e os teus desejos que sejam brandos, pois o marido é senhor e não déspota. 3) Se alguém te zangar na rua, não te vingues em tua mulher, não exijas tudo com a máxima exatidão; tu erras: porque o não fará a mulher? 4) Não namores outras mulheres, ama unicamente tua mulher, eis o teu dever. 5) Se a mulher te pedir dinheiro por precisar dele, não deves resmungar. 6) Deves limitar as tuas despesas, mas também não deves ser um usurário. 7) Não vás para a mesa de jogo ou para os cafés,

> pois tens distração bastante em casa. 8) Separa alguma coisa para a mulher e os filhos, cuida também da sua felicidade para depois de tua morte. 9) Ama sempre a tua mulher, não te deixes apossar do mal. 10) Caminha assim com ela de mãos dadas e serão felizes até a eternidade.[54]

Como se pode perceber, não eram apenas as mulheres os alvos da normatização. Aliás, os positivistas de Porto Alegre também se preocuparam com as atividades sexuais dos rapazes. O onanismo, por exemplo, era considerado uma prática que, além de ferir os princípios altruístas apregoados, provocava efeitos nocivos no corpo dos indivíduos. Médicos da época recomendavam cuidados. Em 1919, Irineu Vasconcelos publicava em Porto Alegre seu livro *Possibilidades* e *dever da castidade antes do matrimônio*, no qual recomendava que os rapazes evitassem o onanismo, pois este marcava o corpo, ocasionando uma "decrepitude prematura". Para evitar tal mal, recomendava:

> 1) dormir em cama dura, com coberta ligeira sobre o lado direito e num quarto bem ventilado;
> 2) comer pouco, alimentos simples e bem cozidos. Comer carne uma vez só por dia. Evitar pimenta, chá forte, tabaco, bebidas alcoólicas e café em excesso;
> 3) não se preocupar mais com a falta cometida, mas consagrar-se totalmente aos estudos ou aos trabalhos;
> 4) levantar-se uns quarenta e cinco minutos antes do café, tomar um banho frio de esponja, ou de chuveiro, beber dois copos de água fria e dar um pequeno passeio. Se, entretanto, tiver algum trabalho em casa antes do almoço, pode deixar de fazer os exercícios fora, e se houver mau tempo, um vigoroso exercício no quarto com janela aberta para substituir o passeio ao ar livre.[55]

Para evitar a polução, também havia recomendações:

> 1) ao deitar, esvaziar habitualmente a bexiga e, sentido o desejo, evacuar;
> 2) ir para o leito com a firme resolução (tanto quanto possível) de não ter emissões ou excitações sexuais durante o sono;
> 3) a roupa de cama deve ser a mais leve que for compatível ao conforto;
> 4) habituar-se a deitar de lado.[56]

Todas estas recomendações vinham acompanhadas de conselhos para que se evitasse o celibato. Em setembro de 1895, o *Gazetinha* alertava:

> Assegura Johnson que o matrimônio traz pesares mas que o celibato não tem prazer.

> São Clemente de Alexandria acrescenta que o celibato apaga no coração todo o sentimento de caridade.
> O grande Michelet, o filósofo do coração, diz que o homem sem mulher e filhos, estudaria mil anos nos livros e no mundo os mistérios da família, sem chegar a entender uma só palavra.
> Segundo o vulgo, casar é perder a liberdade e entrar na família; segundo a razão, casar é adquirir a santa liberdade do espírito e sacudir as tiranias das paixões.[57]

Possivelmente, todas essas campanhas estavam voltadas para a construção da figura do pai, esposo e trabalhador, o qual viveria ao lado de uma mãe, esposa e dona de casa. Numa cidade como Porto Alegre, que se industrializava na virada do século XIX para o XX, essas recomendações tinham finalidade visível: transformar homens e mulheres em "pais e mães responsáveis".

ETNIA E CAMADAS POPULARES DE PORTO ALEGRE

Também em Porto Alegre, a diversidade cultural deu o tom à população e às relações entre homens e mulheres. Além da colonização com casais vindos das ilhas dos Açores em 1752, no início do século XIX estabeleceram-se os primeiros imigrantes alemães e italianos, cuja produção agrícola, no último quartel daquele século, proporcionou a constituição de uma certa acumulação e a formação do mercado interno. Além disso, várias indústrias instalaram-se em Porto Alegre com produção diversificada e, muitas vezes, voltada para o mercado da zona colonial. Nessa época, a população de Porto Alegre apresentou um sensível crescimento. De 18.465 pessoas em 1858, passou a 73.674 em 1900, e a 130.227 em 1910.[58]

Convém destacar que uma parcela significativa dessa população era formada por descendentes de italianos e alemães. No início do século XX, os italianos controlavam certas atividades no centro da cidade. Eram deles a maioria dos açougues, alfaiatarias, sapatarias, cinemas, restaurantes, cafés e confeitarias. Por sua vez, os de origem germânica exerciam sua influência através de grêmios desportivos, bancos, companhias de teatro, além das casas comerciais e das indústrias.[59]

É claro que os descendentes de imigrantes não eram todos bem situados economicamente. Na virada do século, Porto Alegre possuía bairros pobres, compostos em sua maioria por italianos; estes habitavam os cortiços da rua dos Venezianos. Além disso, a população de Porto Alegre, no final do século XIX e início do XX, era oriunda principalmente de regiões do interior do Estado: Pelotas, Camaquã, Gravataí, São Gabriel, Triunfo, Rio Pardo, Santana do Livramento, São Jerônimo, Santa Maria etc. Em termos de etnia, havia os de origem portuguesa, alemã, italiana, uruguaia, argentina e espanhola, além da migração oriunda de outros estados.[60]

A sobrevivência desses populares era muitas vezes garantida pela própria origem étnica: comumente, os empresários alemães e italianos preferiam empregar em suas indústrias, casas de comércio ou oficinas trabalhadores que possuíssem a mesma origem étnica deles.[61] Talvez boa parte da campanha para a construção do pai, esposo e trabalhador encontrasse eco nas tentativas de justificar a exclusão daqueles que não possuíam origem nem germânica, nem italiana.

Dessa forma, para os luso-brasileiros, negros e mestiços, os quais traziam na pele e na cultura o estigma da incompatibilidade com o trabalho, restavam o desemprego e o trabalho informal. Muito da divulgação, através dos periódicos, dos atributos do "bom trabalhador" e do "bom pai" serviu de justificativa para tal exclusão, pois não coincidia com as vivências dessas pessoas.

A Ditadura Republicana Científica, implantada no Rio Grande do Sul através da Constituição de 14 de julho de 1891 e influenciada por Júlio de Castilhos, previa o casamento monogâmico como forma de manutenção da ordem, através da disciplinarização dos indivíduos.[62] Fazia parte desse projeto político a moralização da sociedade. O casamento civil era o destino desejado aos homens e especialmente às mulheres. Em 1893, o jornal *O Exemplo* lembrava a todos que:

> O casamento civil é hoje a instituição que lança os fundamentos da família.
> O casamento religioso, na época monárquica, teve seu papel importante; mas, após a vinda da República, seu efeito tem sido considerado apenas de crença [...]
> Para boa marcha da sociedade, para garantia dos bens e felicidade da família, os pais sempre devem casar civilmente, embora unam-se por laços compatíveis com suas crenças religiosas.[63]

A exigência do casamento civil, além de figurar na constituição e ser divulgada pelos jornais, era cobrada das camadas populares, num claro descompasso com a vivência dos mais pobres. Em Porto Alegre, no final do século XIX e início do XX, "amasiar-se" envolvia responsabilidades e era considerado como equivalente ao casamento civil pelas camadas populares. Entretanto, para o aparato jurídico-policial, esse tipo de relação não era considerado como casamento.[64]

Segundo o ideário positivista, ao homem cabia o trabalho e o sustento financeiro da casa; à mulher, respeitar ao pai e ao marido, cuidar da educação dos filhos e do lar.[65] Se levarmos em consideração a tradicional presença e importância das mulheres nas regiões de fronteira, ficaremos pensando nos limites que o pensamento positivista teve em sua divulgação. É provável que fosse até utilizado em discursos e textos, porém isso não implicava certamente numa vivência diária e na transformação das mulheres unicamente em esposas, mães e donas de casa.

Aparentemente, o período posterior à proclamação da República foi também de intensa vigilância sobre o comportamento das mulheres, especialmente das pertencentes às camadas populares, das quais ficava difícil exigir apenas a restrição aos papéis de esposa, mãe e dona de casa. O "fantasma" da prostituição era utilizado com frequência, para lembrar-lhes de que não deveriam fugir à conduta que delas era esperada. No jornal *O Exemplo*, em 1893, uma coluna dedicada às "moças donzelas" chamava a atenção destas para que não dessem razão a mexericos:

> Quando criamos a secção [...] Mexericando, só tivemos em vista apontar pequenos desvios ou transgressões originadas, por mera irreflexão de quem os praticasse [...] Nessa secção, em que rindo castiga-se os costumes e que aliás nos parece um cuidado e desvelo apurados, propugnam pela moralidade na conduta de pessoas, algumas, levianas, outras, irrefletidas; chamando-as à trilha do bom caminho...[66]

Tal vigilância tinha por objetivo separar as moças "honestas" das "perdidas". Ademais, a solidariedade masculina ajudava a apontar as mulheres volúveis. Foi o que fez, ainda em 1893, um amigo de João Gonçalves Leonardo, ao informar sobre o mau comportamento de Maria Luiza, levando João a tornar publicamente – através do jornal *O Exemplo* – sem efeito seu compromisso de casamento.[67] Não eram somente os homens que promoviam a vigilância da moral feminina: as próprias mulheres o faziam, denunciando-se umas às outras.

Além da separação entre "honestas" e "perdidas", era possível que, entre aquelas "não tão honestas", algumas ainda retornassem "ao bom caminho"; diferente das "irremediavelmente perdidas", contra as quais, em 1893, o jornal *O Exemplo* publicou:

> A onda das libertinas cresce [...] em nossa bela capital; precisamos gritar [...] sem cessar contra esse mal que está grassando de forma epidêmica, desgraçando toda a nossa sociedade!

> Mulheres moças, ainda na flor da idade, vagam pelas praças e ruas da cidade semivestidas, sem uma ocupação decente e honesta. São grupos de mulheres perdidas que assim publicamente ofendem ao decoro e à moral da sociedade, conscientes de não terem uma severa punição! [...] Trocarem o trabalho honrado de uma casa de família pelo viver odiento das bodegas, é uma calamidade![68]

Na virada do século, as imagens das prostitutas tornaram-se as referências de como as mulheres não deveriam ser. Seus comportamentos, seu modo de falar, de vestir, de perfumar-se, eram aqueles que deveriam ser evitados pelas mulheres que quisessem ser consideradas distintas.[69] Dessa forma, o *fantasma* das prostitutas servia para regularizar comportamentos. Nos jornais de Porto Alegre, as críticas à prostituição eram constantes; e esse *fantasma* ameaçava principalmente as jovens trabalhadoras. O mesmo jornal *O Exemplo*, em 1893, ao lado dos mexericos e críticas à prostituição, alertava:

> Fazem muito bem as moças que têm seus escrúpulos e que não querem trabalhar nas fábricas: e realmente a maioria das moças empregadas nesses estabelecimentos fazem todos os esforços para se desmoralizarem.
> Quando não é por meio de namoros escandalosos, é sujeitando-se a humilhações como aconteceu esta semana na Cia. Manufactora.
> Houve uma lavação na secção de espartilhos, encarregando-se disso as próprias operárias.
> Como não havia de ser interessante, ver-se umas sem vestido, outras descalças, outras todas arregaçadas e outras em fraldas de camisa!
> Para dar maior realce à festa, foi servida uma garrafa de caninha com bitter.[70]

O projeto dos positivistas de Porto Alegre parecia contar com o apoio de periódicos como *O Exemplo* – jornal que surgiu em 1892 e foi escrito basicamente por afro-brasileiros, durando até 1930. Possivelmente, através do conservadorismo, os articulistas pretendiam mostrar o quanto eram diferentes da "escória" – maneira como era classificada pela elite branca a maior parte dos negros, por conta da situação socioeconômica da maioria e, certamente, do preconceito que dificultava qualquer ascensão social.[71]

Os próprios periódicos operários ora reconheciam a importância do trabalho feminino, ora explicitavam o temor da concorrência. Nesses jornais eram divulgadas imagens idealizadas, nas quais era definido o lar como o lugar das mulheres, também se aceitava que elas pudessem receber menores salários por possuírem menos "necessidades".[72]

Todas essas campanhas homogeneizadoras tinham, entretanto, alcance limitado, não só porque os jornais atingiam apenas parte da população letrada, mas também porque esbarravam em vivências culturais que traziam há muito tempo outros modelos de papéis sexuais, difíceis de transformar.

MULHERES DE DESTERRO NO FINAL DO SÉCULO XIX

Diferentemente de outras capitais do Sul do Brasil, no momento da Proclamação da República a cidade de Desterro estava passando por um processo de decadência econômica. A mudança de regime político promoveu o remanejamento da elite e o acirramento de disputas que desembocaram na Revolução Federalista, quando a cidade passou a se chamar Florianópolis. Enquanto em Curitiba e em Porto Alegre esse período significou o desenvolvimento do centro urbano, em Desterro/Florianópolis marcou o início de uma era de declínio econômico.

Embora, como nas demais capitais, o final do século XIX e o início do XX tenham sido marcados por intensas reformas urbanas, em Santa Catarina tais reformas foram bem menos expressivas que nas outras capitais; provavelmente em função de sua reduzida população – enquanto em Porto Alegre, em 1900, moravam 73.674 pessoas, em Florianópolis havia apenas 32.229 habitantes; em 1905, Curitiba contava com 53.928 habitantes.[73] Os projetos de reformas urbanas de Florianópolis foram dificultados, ainda, por um surto industrial incipiente e pela decadência do porto – até sua completa extinção.

Apesar do limite de recursos, as reformas foram projetadas e algumas até realizadas, contando com recursos oriundos das áreas de colonização alemã e italiana de outras regiões do estado. Na defesa de tais reformas, engajaram-se os periódicos locais.

Para as mulheres das camadas médias, por exemplo, o declínio econômico representou maiores pressões sobre elas em questões relativas à honra familiar e ao casamento. Com a decadência cada vez maior das atividades econômicas, os rapazes das camadas médias – pequenos comerciantes, funcionários públicos –, prováveis futuros maridos, passaram a dirigir-se cada vez mais para outras regiões, em especial para os grandes centros como o Rio de Janeiro. Deixavam Florianópolis para estudar ou tentar uma atividade mais promissora, em especial na área militar. Isso, logicamente significou a redução dos "candidatos a marido": em 1900, havia 16.701 mulheres e 15.528 homens em Florianópolis. Na mesma época, Porto Alegre contava com 36.955 mulheres e 36.719 homens.

Os jornais locais enfatizavam tal diferença e alertavam as mulheres para que conquistassem o seu "raro" marido. Entretanto, os mesmos periódicos que restringiam as atividades femininas àquelas ligadas à família – e portanto dependentes do casamento – criticavam as mulheres por buscarem essa única carreira a elas destinada pela "natureza". No jornal *República*, as mulheres eram retratadas como estando sempre à espreita para agarrar um marido, como nesta frase publicada em 1892:

Através dos jornais, da literatura e dos visitantes vindos da Alemanha e da Europa do leste construíam-se novos papéis para as mulheres, restritos às funções familiares e domésticas. Na foto o papel da mãe é enaltecido.

"As mulheres não têm gosto. Não há monstro de tolice ou fealdade que se conserve solteiro, por falta de mulher que o queira, desde que tenha ele duzentos contos de renda."

Já, para os homens, o casamento aparecia como incômodo, e o "espertalhão" era aquele que não casava, como nesta piada do jornal *República*, de 1896: "Perguntando-se a um espertalhão porque não casava, ele respondeu: – Por quatro razões: se a mulher é feia, aborrece; se é formosa, dá trabalho a guardar; se é rica, temos que sofrê-la; se é pobre, que sustentá-la."

Enquanto para as moças casáveis da classe média o mercado matrimonial, no final do século XIX, estava se restringindo, para as da elite, ricas herdeiras, haveria tantos pretendentes quanto suas posses – talvez outras questões fizessem algumas moças ricas permanecerem solteiras, porém não a falta de candidatos. A preocupação dos jornais com as possibilidades de casamento era, pode-se inferir, destinada à classe média. Eram principalmente as moças dessa classe que, para ascenderem socialmente ou manterem o padrão de vida, precisariam de um casamento com possibilidades de elevação ou manutenção do nível social. Um casamento menos vantajoso representaria um empobrecimento que, com certeza, muitas famílias não estariam dispostas a aceitar. Além disso, como essas moças haviam sido preparadas para serem esposas e mães, não possuíam experiência de trabalho fora de tais funções.

Convém, entretanto, ressaltar que textos relacionando mulher e casamento já eram publicados antes da crise econômica da década de 90.[74] O que se destaca é a maior frequência com que essas imagens passaram a ser divulgadas em Desterro. Nos jornais, as solteironas eram ridicularizadas. Tratavam-nas como figuras universais, sem classe social, e invariavelmente "despeitadas". Elas eram as supremas "caçadoras de maridos". O jornal *República*, de 1891, fala de uma sociedade de solteironas que teria sido fundada em Francfort (*sic*), na qual as mulheres se comprometiam a não se casar, sob pena de enorme multa. Mas, caso aparecesse um pretendente, elas pagariam a multa sem se importar: uma sociedade "composta de despeitadas que, em virtude da idade e de outras circunstâncias, ficaram para trás".

A instalação da República em Santa Catarina, e especialmente em Desterro, deflagrou uma ferrenha disputa entre as famílias que compunham a elite política do Império e aquelas que passaram a ocupar cargos no governo republicano. Nessas disputas, espelhadas nas páginas dos jornais locais, as mulheres e seu comportamento também participavam do jogo político. Nas páginas iniciais apareciam as acusações contra adversários políticos e os seus discursos e as notícias políticas (tanto as locais quanto as do Rio de Janeiro) e nas páginas internas proliferavam inúmeras imagens femininas: os comportamentos que deveriam ser assumidos pelas mulheres, bem como aqueles que deveriam ser evitados, em poemas, piadas, provérbios e comentários.

Para as mulheres das famílias envolvidas nas disputas políticas, a "honestidade" teria de ser inquestionável. Qualquer "mau passo", qualquer "deslize" que as tornasse "faladas", poderia eliminar sua família da arena política. Foi possivelmente por isso que, nesse momento, nas páginas interiores dos jornais, as imagens femininas foram tão abundantes: as mulheres eram um dos pontos-chave no processo de exclusão ou afirmação dos diferentes grupos que disputavam o poder local.

Assim, enquanto os federalistas e republicanos lutavam acirradamente pelo governo em Santa Catarina e faziam e desfaziam concessões e privilégios, compartilhavam ao menos a ideia de que as mulheres eram traidoras e não mereciam a confiança masculina. Os jornais *República*, representando os republicanos, e o *Jornal do Comércio*, defendendo os federalistas, discordavam sobre quem deveria compor a administração do estado; sobre as mulheres afirmavam igualmente que elas eram fúteis, vaidosas e frágeis.

> Há coisas que, uma vez perdidas, nunca mais se recuperam: na mulher, a inocência, e no homem a confiança nela. (*República*, 1892)

> Mulher formosa – ou dada ou presunçosa. (*Jornal do Comércio*, 1893)

Nas piadas, as mulheres eram retratadas como infiéis, vaidosas, ignorantes. Mas a preocupação principal parecia ser em relação à sua fidelidade. No jornal *República*, piadas sugerindo a infidelidade feminina eram frequentes, como esta, de 1891:

> Um marido, querendo divorciar-se, vai ter com um advogado e conta-lhe que, entre outras queixas, pode provar que a mulher se recusou uma vez a abrir-lhe a porta.
> – É preciso ser justo, contudo, diz o advogado com placidez: talvez não estivesse só...!

A fidelidade feminina parecia ser a grande "virtude" exigida das mulheres, pois elas tendiam a ser "traiçoeiras"; como dizia esta quadrinha, publicada no *República*, em 1892:

> Deus criou o homem e ficou satisfeito.
> Deus criou a mulher e sentiu-se remordido na sua santa consciência.
> E então disse:

A mulher será vaidosa, inconstante e pérfida.
Enganará o homem e o homem será infeliz.
E para consolá-lo, criou o cão.

Esses jornais estavam, em tais matérias, ressuscitando imagens atávicas de uma misoginia que remontava o simbólico e o mítico pertencentes à tradição judaico-cristã. É preciso investigar as razões pelas quais, na formação social específica deste período, essas imagens retornaram com tanta força, embora se revestissem de novos sentidos. Misoginias antigas explicitavam-se na quadrinha que o jornal *República* publicou em 1893:

Quando a Eva Deus criou
do homem pra companheira
e aquela mulher pecou
ao mundo a culpa primeira
por seu pecado largou
Por uma mulher então
foi o mundo de uma vez
arrastado à perdição
e se a primeira isto fez,
o que as outras não farão?

Quadrinhas, provérbios, piadas, falavam do perigo que o sexo feminino poderia representar. Teria a mulher uma sexualidade difícil de ser controlada? Em Desterro, a preocupação com a sexualidade das mulheres da elite parecia vincular-se muito mais à redefinição das famílias que ocupariam cargos no setor público.

O crescimento das áreas de colonização alemã e italiana canalizava para a capital recursos que podiam ser apropriados através dos cargos político-administrativos, os quais, após a Proclamação da República, passaram a ser disputados pela elite política local. Tais cargos representaram influência política e alternativa de manutenção de rendas familiares; daí, talvez, a razão para, no final do século XIX, acontecer a acirrada disputa expressa em cisões de grupos, tais como os ex-conservadores e ex-liberais que formaram o "Partido União Federalista" e os republicanos do "Partido Republicano Catarinense".

O que estamos supondo é que a modelação das famílias e o ressurgimento de imagens atávicas referentes à mulher podem ser explicados pela intensa mobilidade social que estava se processando, no final do século XIX e início do XX. Na busca de influências, de cargos, de vantagens, a desqualificação do concorrente também podia ser feita através da família, apontando-a como não condizente com a "moral" e a "civilização". As mulheres eram um ponto-chave. A preocupação com a fidelidade das mulheres estaria, portanto, na pauta dos que pretendiam disputar os espaços e, assim, manter posição numa elite que cada vez mais se afunilava.

Além disso, as razões para acusarem de "faladeiras" com tanta veemência as mulheres talvez estivessem vinculadas à preocupação com a honra masculina. A ligação, cada vez maior, da elite com a palavra escrita, não a impedia de ser atingida pela circulação de fofocas, falatórios, suspeitas, que seriam, de acordo com os jornais, divulgados pelas mulheres "tagarelas". Tal imagem foi muitas vezes composta com piadas, como esta, do *Jornal do Comércio* de 1893:

> Um amigo pergunta a outro:
> – Por que razão Jesus, ao ressuscitar, mostrou-se em primeiro lugar a uma mulher?
> – Porque queria que a notícia se espalhasse depressa.

Não eram somente os comportamentos femininos que colocavam em risco a família, os do marido e dos filhos também estavam em questão, porém não com a importância daqueles das mulheres. Para todo um grupo de funcionários públicos que disputavam cargos do segundo escalão para baixo, a desonra familiar podia significar a perda de certos privilégios que os fariam manter os postos, apesar dos embates entre as facções em disputa. Em geral, tais funcionários eram os que escreviam e os que mais liam os jornais. Para eles, suas esposas e demais leitores, o jornal *República*, de 1891, alertava: "Confia tua boca aos ventos, mas não confies teu coração às mulheres, porque a onda é menos pérfida que a promessa de uma mulher."

Frases como esta, atribuídas a Cícero, a Salomão ou a outro "sábio" qualquer, compunham, com o "apoio dos mestres", imagens femininas nas quais se denunciava a dificuldade de controlar as mulheres. Esses textos indicavam ligações entre "natureza" e "mulher", o que podia justificar a dificuldade de se entender e controlar as mulheres.

É possível que os articulistas dos jornais temessem que as mulheres não aceitassem voluntariamente tais papéis. Era, então, necessário mostrar-lhes que a "natureza" já lhes ditara funções determinadas, e que, portanto, não lhes restava outra alternativa senão obedecer. Como elas pareciam esquecer-se disso, o jornal *República* lembrava-lhes, em nota de 1892:

> A toda hora, é mister lembrar a uma menina que ela é destinada a fazer a felicidade de um homem. Seu gênero de educação deve consistir em

lhe fazer conhecer os meios e lhe inspirar o gosto de conseguir esse fim, fazendo repousar nisso toda sua glória.

Entretanto, a veiculação dessas ideias com tal força e frequência não durou para sempre. Na virada do século, especificamente em 1901, quando foi realizada a conciliação entre os antigos adversários políticos, as imagens femininas passaram a ser divulgadas mais raramente nos jornais.

MULHERES DE FLORIANÓPOLIS NA VIRADA DO SÉCULO

As imagens femininas idealizadas divulgadas nos jornais do século XIX foram rareando no final da década de 10 e início da década seguinte no século XX. Novas formas de distinção social, baseadas nas imagens das mulheres, pareciam configurar-se e refletiam-se nos jornais, em especial nas colunas sociais, dos eventos familiares, da participação das mulheres em atividades culturais e beneficentes.

As primeiras décadas do século XX foram marcadas, em Florianópolis, por múltiplos movimentos. A consolidação da República e a conciliação da elite política permitiram inúmeras transformações e interferências do poder público no espaço urbano. A área central de Florianópolis, neste início de século, passou por inúmeras reformas e melhoramentos. Convém destacar que na época a cidade não possuía nenhuma atividade que permitisse qualquer nova forma de acumulação: o porto continuava em declínio; o comércio, em constante decadência, restringia-se ao consumo local; a produção industrial era diminuta; a produção agrícola da ilha não abastecia suficientemente a população local. Vinham de outras localidades do estado os produtos necessários.[75] Portanto, as reformas urbanas, realizadas em Florianópolis no início do século XX, dependeram, principalmente, da força de sua elite política. Apesar das pressões para remover a capital do estado para o interior, a elite não só conseguiu mantê-la em Florianópolis, como também conseguiu canalizar recursos públicos para a remodelação da capital.

Grande parte da força da elite local vinha do controle que as famílias possuíam sobre os cargos públicos em nível estadual e federal. Porém, já a partir da década de 10, esses grupos perderam em parte sua influência política, com a paulatina ascensão de políticos oriundos da região de pecuária do planalto catarinense.[76]

Embora, no início do século, a capital estivesse em pleno declínio econômico, o mesmo não ocorria com as demais áreas do estado de Santa Catarina. A indústria, o comércio e a agricultura, principalmente do vale do Itajaí, estavam em plena expansão. Florianópolis acabou então sendo beneficiada como capital do estado pelo crescimento econômico das demais áreas.

A limitação dos recursos econômicos privados, para a elite local, promoveu um grande empenho na disputa por cargos públicos, direitos e vantagens proporcionadas pelo governo do estado. A dependência de cargos políticos, controlados pelas principais famílias locais, manteve as mulheres como os principais pontos de referência que, entre outras coisas, assegurariam a manutenção dessas famílias nos grupos de comando. Daí, talvez, a razão para a manutenção de atitudes e discursos tão conservadores em relação às mulheres locais.

Em Florianópolis, na virada do século XIX para o XX, por exemplo, não surgiram movimentos femininos em favor do voto para as mulheres. Algumas mulheres expuseram-se publicamente como escritoras; porém, com exceção de Antonieta de Barros, apresentaram um discurso tão ou mais conservador que o dos jornais masculinos do século XIX. Em sua maioria, as mulheres de elite e da classe média mantiveram-se longe das ocupações que não as domésticas, com exceção do magistério.

Os jornais tornaram-se órgãos eminentemente representativos dos funcionários públicos locais e de suas famílias. Neles se publicavam, além das nomeações, exonerações e discursos políticos, os acontecimentos da esfera íntima familiar dos componentes do governo. No jornal *O Dia*, a coluna "Salão Azul" e, no jornal *República*, após 1918, a coluna "Notas Sociais" divulgavam os nascimentos, aniversários, casamentos, viagens, doenças e até a morte de funcionários públicos e de membros de suas famílias.

Os jornais chegavam a promover em suas páginas uma hierarquização dessas notas. Quando se tratava de notícias, mesmo referentes à esfera privada de altos membros da elite política catarinense, as notas vinham publicadas com destaque nas primeiras páginas do jornal, muitas vezes, até mesmo, na página de rosto. Assim, os fatos da vida privada dos altos membros da elite política ganhavam destaque no espaço do jornal destinado à discussão política, como, por exemplo, esta nota divulgada no jornal *O Dia*, em 1901:

> Acha-se melhor a Exma. Sra. D. Felisbina Schmidt, virtuosa consorte do Sr. Major Felippe Schmidt e mãe do nosso prestimoso amigo e chefe, Senador Felippe Schmidt.

Para os demais funcionários, havia as colunas "Salão Azul" e "Notas Sociais". Nessas notas, as mulheres da família dos funcionários públicos eram sempre "diletas filhas" e "dignas" ou "virtuosas esposas", como em 1901:

> Ontem, colheu mais uma violeta no jardim verdejante e florido de sua existência, a gentil senhorita Marieta, dileta filha do nosso prezado e ilustre amigo Major José T. Raposo, Secretário do Interior. Nossas felicitações.

As famílias dos comerciantes também tinham notas publicadas:

> Anteontem, colheu mais uma violeta no jardim primaveril de sua existência a senhorita Olga Ramos, dileta filha do Sr. Francisco José Ramos, negociante nesta praça.

A distinção social das famílias, que até então fora demonstrada pela restrição das mulheres aos papéis familiares, parecia, aos poucos, encontrar novas formas de se manifestar. As mulheres *concretas* tornavam-se tema dos jornais, apareciam não mais como meras imagens. Os periódicos davam publicidade às suas relações familiares e à sua sociabilidade. Aparecer nos jornais tornou-se uma nova forma de demonstrar prestígio. Alguns até pagavam para ter seus nomes divulgados.

Não eram só as mulheres que apareciam nas colunas sociais; os aniversários, as enfermidades e viagens dos funcionários públicos também eram noticiados, como este do jornal *O Dia*, de 1902:

> Completou, ontem, 20 anos de serviço postal, o nosso conterrâneo Pedro Alexandrino Duarte Silva, segundo-oficial da administração dos correios desta cidade.

Quando eram nomes masculinos, não vinham acompanhados daqueles de suas esposas ou mães. Eles não eram os "diletos filhos" ou os "dignos" e "virtuosos esposos".

As notícias de eventos familiares não eram novidade nos jornais de Florianópolis. No século XIX já se publicavam algumas delas; a diferença está em que, no início do século XX, essas foram não só crescendo em número, como em destaque, ganhando até mesmo coluna especializada.

As famílias que controlavam o poder político local eram os temas privilegiados dos jornais; suas mulheres deixavam de ser objetos de poemas e idealizações, e passavam, pouco a pouco, a ganhar destaque em função de suas relações familiares.

Outras notícias que começaram a ser divulgadas com maior destaque foram as atividades culturais e beneficentes das mulheres da elite de Florianópolis. Assim, enquanto, no século anterior, a divulgação das imagens idealizadas supervalorizava os papéis de esposa e mãe, no século XX as mulheres da elite passaram a exercer uma "missão irradiadora": de educadoras dos filhos a transmissoras de cultura na sociedade.[77]

Além de mães carinhosas e dedicadas, passaram a figurar como "beneméritas" e protetoras dos pobres.

É possível que nessa época as famílias de prestígio, que haviam ascendido com a Proclamação da República, já estivessem devidamente demarcadas, assim como a distribuição, entre elas, dos cargos e das influências que exerciam sobre os demais grupos. Entretanto, ainda que a estabilidade das famílias do comando político local já não sofresse tanto a ameaça daqueles que pretendiam ascender socialmente (daí a razão de um certo "descuido", um certo "relaxamento" com a vigilância sobre as mulheres das famílias da elite, representada pela sensível redução, nos jornais, da publicação de imagens idealizadoras), isso não significa que as mulheres deixaram de ser as referências privilegiadas na questão da honra das famílias na época. As "famílias honradas" já estavam estabelecidas e já se conheciam o bastante; portanto, podiam dispensar as antigas preocupações com a constituição de distinções familiares.

O REVERSO DAS IMAGENS

Todas as imagens que os jornais e a literatura do final do século XIX e início do XX divulgaram, nas capitais dos três estados do Sul e em muitas outras cidades, pretendiam construir novas mulheres que deveriam figurar no interior de uma família renovada.

Esse esforço encontrou eco em muitas mulheres, as quais procuraram pautar sua vida por modelos preestabelecidos. Algumas poesias de mulheres, como as da escritora Delminda da Silveira, de Florianópolis, atestam que os modelos estavam presentes inclusive em seu discurso. Um exemplo é esta quadrinha de seu livro *Cancioneiro*, no qual os papéis familiares femininos eram enaltecidos:

> Dos puros corações das valorosas mães e filhas, irmãs,
> noivas e esposas,
> Voam esperanças mil ao teu regaço,
> Depois... depois nas páginas da História,
> Elas a luz fulguram de tua glória,
> Como as estrelas pelo infinito espaço.[78]

O que se observa é a pluralidade de vivências das mulheres que, nas diferentes camadas sociais e etnias, distribuem-se num colorido que impede qualquer caracterização. Assim, apesar de, nos dias de hoje, ainda se delinear no Paraná a imagem da "polaquinha", em Santa Catarina a da "alemãzinha trabalhadeira", e no Rio Grande do Sul a da "prenda", esse esforço manteve-se apenas como um estereótipo.

Entre aquelas de carne e osso, encontramos figuras muito diversificadas.

Desde mulheres como Anita Garibaldi, da Laguna, em Santa Catarina – que abandonou o lar e o prestígio de "mulher honesta" para seguir o amante italiano –, até as inúmeras donas de manufaturas e de indústrias, como Luiza Eberle, de Caxias do Sul, no Rio Grande do Sul – que, em 1886, fundou a funilaria que deu origem à Metalúrgica Eberle. É revelador nesse último caso o fato de a data oficial da fundação da funilaria ter passado para 1896, quando seu filho assumiu a empresa, dez anos depois da direção materna.[79]

Ainda, mulheres como Joana Eiras, apelidada de Joana Massera, que se tornou conhecida no final do século XIX, em Porto Alegre, por desafiar as autoridades e se envolver em vários processos, livrando-se de todos eles. Era "acusada de comandar uma quadrilha de assaltantes composta de desordeiros e escravos fugidos ou libertos contratados". Joana costumava dizer que mantinha relações de parentesco com as altas esferas governamentais, e com estes argumentos ameaçava os delegados de polícia com transferências, caso ousassem maltratá-la.[80]

Em Blumenau, Roese Gaertner, no final do século XIX, destacava-se como diretora da agência da Companhia Fluvial e como fundadora do teatro Frohsinn; Selma Wagner Renaux controlava os negócios da família, em especial a fábrica de tecidos Renaux, em vista das constantes ausências do marido em viagens à Alemanha.[81]

Muitas dessas mulheres têm sido anônimas para a historiografia; somente nos últimos anos inúmeras pesquisas têm-lhes dado visibilidade. É o caso de Pauline Elter e Bertha Seefeld, moradoras de Blumenau, no final do século XIX. Essas duas mulheres, diferentemente do modelo de esposa submissa e conformada, tentavam libertar-se de casamentos complicados. A primeira anunciou, através do jornal *Blumenau Zeitung*, em 1887, que estava se divorciando do marido e que, portanto, ninguém deveria comprar dele qualquer bem. A segunda, no mesmo jornal, em 1886, anunciava que pretendia casar-se novamente e que o marido ausente, se estivesse vivo, que se apresentasse.[82]

Em Caxias do Sul, no Rio Grande do Sul, Catarina Cavagnoli, em 1898, era proprietária de animais de carga e fazia o transporte de mercadorias.[83]

Em Curitiba, em 1917, Maria Salin, de origem síria, dona de um botequim e considerada "mais ou menos sufragista" pelo jornal, era presa por agredir a tapas um moço de nome Martins Gastão. Em 1929, Edith de Castro, formada em ciências contábeis e diplomada em taquigrafia, era também professora de datilografia e mecanografia na Escola Remington. Em 1903, Helena Kawlesky, de nacionalidade polonesa, sentindo-se enganada na compra de um móvel, não só gritou impropérios contra o marceneiro responsável como, ao chegar à delegacia de polícia, descompôs a todos os que lá se encontravam e quis quebrar a cabeça do marceneiro com uma bilha d'água.[84]

Em Porto Alegre, em 1905, Catharina Majenski, ao ser despejada por seu senhorio por falta de pagamento de aluguéis, recorreu à justiça, dando queixa da violência com que foi tratada, ao ser colocada ao relento e ter seus móveis quebrados. As dificuldades enfrentadas por Catharina

A partir do século XX ganharam destaque as atividades culturais e sociobeneficentes entre as mulheres de elite de Florianópolis. De educadoras e mães passaram, também, a serem transmissoras de cultura, a figurarem como beneméritas e a animarem encontros sociais como este da foto.

para instaurar o processo dão a clara medida de sua obstinação em perseguir seus direitos e de sua desqualificação perante a justiça.[85]

Em 1898, em Porto Alegre, a cafetina Dona Fausta era alvo de campanha nos jornais. Ela possuía uma casa na rua General Paranhos, onde várias mulheres viviam da prostituição.[86] Ainda nessa cidade, em 1890, a parteira de origem alemã, Joana Menhest, foi acusada de fornecer remédios abortivos para várias mulheres. Foi processada em razão da morte de uma delas. Entretanto, foi absolvida da acusação.[87]

Em Desterro, capital de Santa Catarina, durante o século XIX, não havia, na cidade, instituições bancárias. Os empréstimos eram feitos entre comerciantes a juros bastante altos. Entre as pessoas que emprestavam dinheiro a juros, encontravam-se algumas mulheres: Anna Joaquina Xavier e Maria Benedita Xavier, em 1879, processaram Manoel da Rocha Linhares e José Maria das Chagas por não terem pagado a dívida e os juros.[88]

Em 1879, com a morte de seu marido Manoel de Almeida Valgas, sua viúva Clarinda d'Abreu Valgas organizou o inventário, cobrou dívidas, exigiu novas avaliações de bens e tornou-se a tutora dos filhos, provando, com 3 testemunhas, que "vivia honradamente".[89] Em 1881, D. Clarinda pediu, em juízo, autorização para negociar os bens de seus filhos. Ela queria comprar apólices da dívida pública nacional, alegando que "estas geram mais juros".[90]

Em 1881, Ângela Maria Letto, com 20 anos, pedia para obter a maioridade, ou seja, o direito de reger sua pessoa e seus bens. Ela era órfã e vivia em companhia do irmão. Afirmava, então, que "vive honestamente, é solteira e recatada". Para obter a maioridade, apresentou três testemunhas masculinas de que era "honesta e com capacidade para reger sua pessoa e seus bens".[91]

Eis os casos de mulheres que, sozinhas, solteiras ou viúvas, regiam seus bens, cobravam dívidas, instauravam processos. Eram diferentes da imagem de fragilidade veiculada pelos jornais da época, e importantes na determinação das distinções sociais nas áreas urbanas.

A presença das mulheres nas repartições públicas, movendo processos; nas ruas, vendendo, lavando roupas, praticando a prostituição, provendo de inúmeras formas a sobrevivência; em suas casas, costurando; nas escolas, lecionando para as crianças, mostram a participação das mulheres no dia a dia das diferentes cidades que se urbanizavam.

Assim, apesar de todo o investimento na divulgação de imagens, estas esbarraram em vivências regidas por normas culturais muito diferentes daquelas que se pretendiam ver instauradas.

NOTAS

(1) Auguste de Saint-Hilaire. *Viagem a Curitiba e província de Santa Catarina*. Tradução de Regina Regis Junqueira. Belo Horizonte: Itatiaia, São Paulo: USP, 1978. p. 79.

(2) Auguste de Saint-Hilaire. *Viagem ao Rio Grande do Sul:* 1820-1822. Rio de Janeiro: Ariel, 1935. p. 58, 87, 94, 85 e 37 respectivamente.

(3) Saint-Hilaire. *Op. cit.* 1978. p. 173-174.

(4) *Id. ibid.*, p. 174.

(5) Miriam Lifchitz Moreira Leite. *A condição feminina no Rio de janeiro:* século XIX. São Paulo: Hucitec, 1984. p. 22.

(6) Em Santa Catarina estava em torno de 20% da população.

(7) Celi Regina Jardim Pinto. *Mulher e educação na sociedade rio-grandense da República Velha*. Porto Alegre: UFRGS/INEP, 1987. p. 8.

(8) Maria Odila Leite da Silva Dias. *Quotidiano e poder em São Paulo no século XIX*. São Paulo: Brasiliense, 1984.

(9) As mulheres representadas na obra de Érico Veríssimo, Ana Terra e Bibiana, exerceram tarefas usualmente consideradas masculinas. Érico Veríssimo. *O tempo e o vento*. Porto Alegre: Globo, 1961. *Apud*, Guacira Lopes Louro. *Prendas e antiprendas:* uma escola de mulheres. Porto Alegre: UFRGS, 1987. p. 23.

(10) Assim, além das guerras contra os países vizinhos, como as da Cisplatina (1811-1820) e (1825-1828) e do Paraguai, (1864-1870), duas guerras civis conturbaram o ambiente: a Revolução Farroupilha (1835-1845) e a Revolução Federalista (1893-1895), sendo que a última atingiu os três estados; a Farroupilha envolveu, na época, inclusive a província de Santa Catarina.

(11) C. R. J. Pinto. *Op. cit.*, p. 10-11.

(12) Este texto foi composto com pesquisas realizadas em Curitiba, Desterro/Florianópolis, Blumenau, Porto Alegre e Caxias do Sul. As generalizações aqui realizadas partem do pressuposto de que, em outras cidades do Sul do país, o mesmo movimento deve ter ocorrido, porém em outros momentos.

(13) Walter Benjamim. Paris do segundo império. *In: Obras escolhidas III*. São Paulo: Brasiliense, 1989, p. 23-25

(14) Jornal *O Mensageiro*, 22 set.1855, p. 3. *Apud*, Henrique Oliveira, Luiz Pereira. *Os filhos da falha*; assistência aos expostos e remodelação das condutas em Desterro (1828-1887). São Paulo: PUC, 1990. 330p. Dissertação (Mestrado em História) – Pontifícia Universidade Católica de São Paulo. p. 243.

(15) Laura Machado Hübener. *O comércio da cidade de Desterro no século XIX*. Florianópolis: UFSC, 1981. p. 46-47.

(16) Oswaldo Rodrigues Cabral. *Nossa Senhora do Desterro*. Notícia. v. 1, p. 250-253.

(17) *Ibid.*, p. 255.

(18) Sonia Weidner Maluf. *Encontros perigosos:* análise antropológica de narrativas sobre bruxas e bruxarias na Lagoa da Conceição. Florianópolis, UFSC, 1989. p. 55-62. Dissertação (Mestrado em Antropologia Social) – Universidade Federal de Santa Catarina, 1989.

(19) Em Porto Alegre, por exemplo, em 1900, o jornal *A Federação* publicava *Os dez mandamentos da mulher casada*, um decálogo muito semelhante àquele publicado em Desterro em 1888. Ver Elisabete Leal. Mulher e família na virada do século: o discurso d'A Federação. *In:* Acacia Maria Maduro Hagen (org.). *Sobre a rua e outros lugares*. Reinventando Porto Alegre. Porto Alegre: Arquivo Histórico do RGS/CEF, 1995. p. 46. Também naquela cidade, Silvia Maria Favero Arend percebeu, nas camadas populares, o costume de morar com a sogra e demais parentes. Ver Silvia Maria Favero Arend. "Casar ou amasiar: a vida conjugal dos populares porto-alegrenses no final do século XIX". *In:* A. M. M. Hagen (org.). *Op. cit.*, p. 11.

(20) Cristina Scheibe Wolff. *As mulheres da Colônia Blumenau – cotidiano e trabalho* (1850 -1900). São Paulo: PUC, 1991, 124p. Dissertação (Mestrado em História), Pontifícia Universidade Católica de São Paulo, p. 8-17.

(21) Carta do Dr. Blumenau ao Superintendente de Lichtenburg – Braunsschweig – 12 dez.1853. Tradução de Edith Sophia Eimer. Arquivo Histórico de Blumenau. *Apud*, C. S. Wolff. *Op. cit.*, p. 30.

(22) C. S. Wolff. *Op. cit.*, p. 32.

(23) *Id. ibid.*, p. 50.

(24) *Id. ibid.*, p. 63.

(25) Maria Luiza Renaux. *O papel da mulher no Vale do Itajaí* (1850-1950). Blumenau: Ed. da FURB, 1995. p. 57.

(26) *Ibid.*, p. 64.

(27) *Apud*, M. L. Renaux. *Op. cit.*, p. 123-124

(28) *Ibid.*, p. 135.

(29) *Ibid.*, p. 64.

(30) Ver Silvia Regina Ferraz Petersen. A mulher na imprensa operária gaúcha do século XIX. *Revista de História*, Porto Alegre, UFRGS (1): 83-110.1987.

(31) E. M. C. Trindade. *Op. cit.*, p. 108-109, 120.

(32) *Apud, Ibid.*, p. 121.

(33) *Apud, Id. ibid.*

(34) *Ibid.*, p.123.

(35) *Apud, Ibid.*, p. 125.

(36) *Apud, Ibid.*, p. 231. Trata-se de anúncios de 1903, 1916 e 1918.

(37) *Apud, Ibid.*, p. 139.

(38) *Apud, Ibid.*, p. 140.

(39) *Apud, Ibid.*, p. 144.

(40) *Id. ibid.*

(41) *Apud, Ibid.*, p. 146.

(42) *Ibid.*, ver notas da página 154.

(43) *Apud, Ibid.*, p. 172.

(44) *Apud, Ibid.*, p. 281 e 283.

(45) *Apud, Ibid.*, p. 173.

(46) *Apud, Ibid.*, p. 133.

(47) Cláudia Pons Cardoso. *O importante papel das mulheres sem importância:* Porto Alegre 1889-1910. Porto Alegre: PUCRS, 1995. 265p. Dissertação (Mestrado em História), Pontifícia Universidade Católica do Rio Grande do Sul, p. 25-26.

(48) Ver a esse respeito G. I. Louro. *Op. cit.*, p. 26 e C. R. Pinto. *Op. cit.* p. 6.

(49) *Apud*, C. P. Cardoso. *Op. cit.*, p. 43-44. Este texto foi publicado em 1921 por Joaquim Bagueira Leal, mas se tratava do resumo de uma conferência realizada por Raul Teixeira Mendes em 1908.

(50) *Ibid.* p. 48.

(51) *Apud*, C. P. Cardoso. *Op. cit.*, p. 49.

(52) *Apud*, Silvio Marcus de Souza Correa. *Sexualidade e poder na Belle Époque de Porto Alegre.* Porto Alegre: PUCRS, 1992. 139p. Dissertação (Mestrado em História) Pontifícia Universidade Católica do Rio Grande do Sul. p. 88.

(53) *Apud*, C. P. Cardoso. *Op. cit.*, p. 58.

(54) *Apud*, S. M. S. Correa. *Op. cit.*, p. 80.

(55) *Id. ibid.*, p. 102.

(56) *Id. ibid.*, p. 103.

(57) *Id. ibid.*, p. 101-102.

(58) Silvia Maria Favero Arend. *Um olhar sobre a família popular porto-alegrense* (1896-1906). Porto Alegre: UFRGS, 1994. 178p. Dissertação (Mestrado em História) – Universidade Federal do Rio Grande do Sul. p. 18-27.

(59) S. M. S. Correa. *Op. cit.*, p. 40.

(60) S. M. F. Arend. *Op. cit.*, 1994. p. 32 e 67-68; ver nota 94.

(61) *Ibid.*, p. 69-70.

(62) C. P. Cardoso. *Op. cit.*, p. 37-38.

(63) *Apud, Ibid.*, p. 56.

(64) S. M. F. Arend *Op. cit.*, 1995 p. 10.

(65) *Ibid.*, p. 39.

(66) *Apud, Ibid.*, p. 56.

(67) *Ibid.*, p. 57.

(68) *Apud, Ibid.*, p. 59.

(69) Margarerh Rago. *Os prazeres da noite:* prostituição e códigos da sexualidade feminina em São Paulo (1890-1930). Rio de Janeiro: Paz e Terra. 1991. 322p.

(70) *Apud*, C. P. Cardoso. *Op. cit.* p. 60-61.

(71) *Ibid.*, p. 52.

(72) A esse respeito ver S. R. F. Petersen. *Op. cit.*, p. 88.

(73) Dados de Curitiba, ver E. M. C. Trindade. *Op. cit.*, p. 9. Dados de Porto Alegre ver C. P. Cardoso. *Op. cit.*, p. 26. Dados sobre Florianópolis ver BRASIL, Sinopse do Recenseamento. Ministério da Indústria, Viação e Obras Públicas. Diretoria Geral de Estatística – 31 dez.1900. Rio de Janeiro: Tipografia da Estatística, 1905.

(74) Em 1882, por exemplo, o *Jornal do Comércio* publicava receita para casar, a qual se assemelhava a outras publicadas nos demais jornais das outras capitanias do Sul do Brasil, e até mesmo nos de outros locais.

(75) Hermetes Reis de Araújo. *A invenção do litoral:* reformas urbanas e reajustamento social em Florianópolis na Primeira República. São Paulo: PUC, 1989. 216p. Dissertação (Mestrado em História) – Pontifícia Universidade Católica de São Paulo, p. 46.

(76) *Ibid.* p. 122.

(77) Sobre a missão irradiadora da mulher, ver Jacques Donzelot. *A polícia das famílias*. Tradução por M. T. da Costa Albuquerque. Rio de Janeiro: Graal, 1980. p. 46-47.

(78) Delminda Silveira de Souza. *Cancioneiro*. Florianópolis: Typ. da Livraria Central, 1914. p. 9.

(79) Maria Conceição Abel Missel Machado. *Submissão e poder:* mulheres operárias de Caxias do Sul, 1900-1950. Porto Alegre: PUCRS, 1993. 227p. Dissertação (Mestrado em História) Pontifícia Universidade Católica de Porto Alegre, p. 107-108.

(80) C. P. Cardoso. *Op. cit.*, p. 247-254.

(81) M. L. Renaux. *Op. cit.*, p. 156 e 172.

(82) C. S. Wolff. *Op. cit.*, p. 109.

(83) M. C. A. M. Machado. *Op. cit.*, p. 102.

(84) E. M. Trindade de C. Trindade. *Op. cit.*, p. 264, 276 e 281.

(85) C. P. Cardoso. *Op. cit.*, p. 240-242.

(86) S. M. de S. Correa. *Op. cit.*, p. 112.

(87) S. M. F. Arend. *Op. cit.*, 1994, p. 67-69.

(88) APESC, caixa nº 15, pasta nº 206. Processo. Tribunal da Relação de Porto Alegre. 20 nov.1879.

(89) APESC, caixa nº 15, pasta nºs 203 e 204. Processo. Tribunal de Relação em Porto Alegre. Apelação-Civil. Clarinda d'Abreu Valgas e outros (apelantes), à herança de Manoel d'Oliveira Valgas, falecido (apelado), Desterro, 1879.

(90) F. M. F., caixa nº 1, de 1881 – Vara da família – Licença para venda – Clarinda de Abreu Valgas, 19 ago.1881.

(91) F. M. F., caixa nº 1, de 1881. Ângela Maria Isetto – Justificação.

PSIQUIATRIA E FEMINILIDADE

Magali Engel

O CENÁRIO

Fins do século XIX: as transformações que a partir da década de 1850 começaram, lenta e contraditoriamente, a se delinear nos horizontes da sociedade brasileira tornavam-se mais profundas e definidas. As perspectivas de reestruturação das relações de trabalho em novas bases, a ampliação e a *complexificação* dos espaços urbanos, a Proclamação da República, entre outros aspectos, sinalizavam o advento de um novo tempo. Impunham, de acordo com as expectativas e interesses dominantes, a formulação e a execução de novas estratégias de disciplinarização e de repressão dos corpos e mentes sedimentados, por exemplo, sobre uma nova ética do trabalho e sobre novos padrões de moralidade para os comportamentos afetivos, sexuais e sociais. O advento da República anunciava o começo de um tempo marcado pelo redimensionamento das políticas de controle social, cuja rigidez e abrangência eram produzidas pelo reconhecimento e legitimidade dos parâmetros burgueses definidores da ordem, do progresso, da modernidade e da civilização.

Em meio às mudanças consolidava-se o processo de *medicalização da loucura*, transformando-a em *doença mental*, em objeto exclusivo de um saber e de uma prática especializados, monopolizados pelo alienista. Esse interesse estava esboçado desde meados do século com a criação da primeira instituição exclusivamente destinada a recolher alienados mentais, o Hospício de Pedro II.[1] A inserção da cadeira de Clínica Psiquiátrica nos cursos das faculdades de medicina do Império, em 1879, criou as condições para que a psiquiatria surgisse oficialmente no Brasil como um campo do conhecimento médico especializado e autônomo.[2]

Não foi por acaso que os primeiros tempos republicanos assinalaram as vitórias mais expressivas dos psiquiatras brasileiros na busca obsessiva de conquistarem para si o monopólio da única verdade possível sobre a loucura e, portanto, controlar todos aqueles que pudessem ser capturados nas malhas cada vez mais extensas e emaranhadas da doença mental.[3] Evidenciando o comprometimento da psiquiatria com as políticas de controle social propostas pelas primeiras administrações republicanas, o universo temático privilegiado pelos especialistas brasileiros na construção da loucura como doença mental deixa entrever as principais áreas de intervenção das estratégias normatizadoras: os comportamentos sexuais, as relações de trabalho, a segurança pública, as condutas individuais e as manifestações coletivas de caráter religioso, social, político etc.

Analisaremos aqui um exemplo que, mais insidioso e menos explícito, permite cruzar todo este universo em uma única imagem de perigo: a sexualidade feminina.

AS PERSONAGENS

Tudo o que foi possível saber de M. J., 29 anos, branca, brasileira, casada, "multípara", provém das sucintas informações anotadas em sua ficha de observação.[4] Internada na Casa de Saúde Dr. Eiras em 27 de maio de 1896, M. J. foi submetida à observação do Dr. Vicente Maia que a diagnosticou como histeroepiléptica. Os principais sintomas de sua doença foram buscados pelo psiquiatra nos "antecedentes pessoais" da paciente. Revelando uma "vivacidade precoce" durante a infância, teve suas "primeiras manifestações histéricas e epilépticas" aos 14 anos, quando menstruou pela primeira vez. A partir dos 21 anos, depois de ter se casado, apresentou "sensíveis melhoras do estado psicopático", revelando "extrema dedicação ao marido", ao qual, contudo, repudiaria mais tarde, abandonando o "lar doméstico" e entregando-se "sucessivamente a três homens de baixa classe". O médico fez questão de sublinhar: "Esta infidelidade conjugal manifestava-se alguns dias antes do período catamenial. [...] Seus corrimentos mensais desde os primeiros, muito abundantes e acompanhados de grande excitação."

Nos três primeiros dias posteriores à internação, M. J. apresentava-se aos olhos do médico "muito loquaz, exaltada", relatando "em linguagem demasiado livre, os seus amores e lamentando a ausência do último amante". M. J. não aceitou passivamente a sua reclusão e, em duas cartas enviadas ao marido, exigia a sua liberdade e denunciava as condições do estabelecimento no qual estava internada. Além disso, a punição representada pela internação não foi suficiente para que ela mudasse seu comportamento. Continuando a dar livre vazão a seus sentimentos e desejos, lançava "olhares libidinosos", fazia "sinais convencionais" e escrevia "cartas a um doente que [via] ao longe, durante os passeios, pelo jardim do estabelecimento", o que lhe valeria o rótulo de "ninfomaníaca", anotado em sua ficha de observação.

Constatado, através de um exame realizado pelo Dr. Cândido Andrade, que M. J. apresentava alguns distúrbios uterinos, o médico decidiu submetê-la a uma cirurgia de curetagem, após a qual ela passaria a ter uma "menstruação normal". Mas, o mais curioso é que a cirurgia uterina teria produzido outros efeitos: apesar de continuar a ter "ataques epilépticos", M. J. se revelou em fins de agosto "nervosa e excitada, pela falta da visita do marido que julga seu único amparo". Não devemos nos surpreender, portanto, com o fato de que a 2 de setembro de 1896 ela receberia alta. Assim, para o Dr. Vicente Maia, o resultado da operação "foi o mais lisonjeiro sob o ponto de vista mental", já que M. J. saíra da Casa de Saúde Dr. Eiras curada. Algum tempo depois, contudo, tendo recrudescido as suas "perturbações psíquicas", M. J. foi recolhida ao Hospício Nacional de Alienados, onde veio a falecer.

Alguns anos mais tarde, Maria Ferreira Mendes Tourinho, parda, 38 anos, sem profissão, casada, natural de Minas Gerais, tornou-se protagonista de uma tragédia ocorrida na pequena casa, situada num dos subúrbios do Rio de Janeiro, onde morava com o marido e os cinco filhos. Arthur Damaso Tourinho era condutor de trem da Estrada de Ferro Central do Brasil e, por isso, fazia regularmente viagens a Minas e São Paulo. Na noite de 15 para 16 de julho de 1911, voltando de uma dessas viagens, recolheu-se em seu quarto para dormir, sendo, pouco depois, agredido por Maria. Armada com uma machadinha, desferiu-lhe três golpes na cabeça em consequência dos quais ele viria a falecer algumas horas mais tarde. Ao vizinho que acorrera ao local, atraído pelos gritos das crianças, Maria afirmou ter matado um ladrão. Presa por dois soldados da patrulha da cavalaria, foi conduzida à delegacia do 19º distrito, onde declarou ter matado o marido porque, se não o fizesse, seria morta por ele.

"Boa esposa", preocupada exclusivamente "com os filhos e com sua casa", Maria teria se caracterizado, até então, por uma "conduta morigerada", o que tornava o seu ato completamente incompreensível. O "inesperado do fato" suscitava, como acontece frequentemente nesses casos, uma necessidade obsessiva de se encontrar, a qualquer preço, uma razão que o desvendasse. Antes mesmo que os *especialistas* se manifestassem a respeito, os jornais começaram a especular. Segundo a notícia publicada pelo jornal *O Paiz*, em 17 de julho, o móvel que teria conduzido Maria Tourinho, "esposa amorosa e mãe carinhosa", a assassinar o marido com quem "vivera em harmonia" há quase vinte anos não era o ciúme, "... causa única, salvo pequenas exceções, que arma sempre a mão da mulher, tornando-a criminosa. Não. [...] Ela, a criminosa, é uma vítima do espiritismo, essa ciência oculta que a tantos tem levado ao crime, ao manicômio".[5] Assim, as visitas feitas ao centro espírita teriam conduzido Maria à "loucura", tornando-a "inconsciente" e "possessa". Nas declarações prestadas na delegacia, "ela não ligava palavra com palavra – só dizia frases desconexas". Pouco a pouco, no transcorrer da reportagem, eram referidos sinais cada vez mais comprometedores da "aparente normalidade" de Maria, revelando-se no final que há alguns anos passados, ela já tentara matar os filhos, que foram protegidos graças à "intervenção rápida do marido".

Por mais que os repórteres (até mesmo os policiais) se empenhassem em desvendar as causas ocultas capazes de esclarecer a atitude de Maria, faltava-lhes um olhar especialmente treinado para descobrir e decifrar os mais imperceptíveis sinais, reveladores de uma personalidade anormal. Os indícios do "estado mental patológico de Maria Tourinho", observados por olhares não especializados, conduziriam no máximo a suspeitas que só poderiam ser confirmadas (ou refutadas) pelos peritos no assunto. Assim, os médicos Jacyntho de Barros e Miguel Salles, funcionários do serviço médico-legal da polícia, foram designados para realizarem o exame de sanidade na ré. Submetendo-a a "um longo estudo", os médicos legistas elaboraram um minucioso laudo pericial que seria publicado no *Boletim Policial*, por se tratar de um "interessante caso" que certamente contribuiria "para o enriquecimento dos arquivos da medicina forense brasileira".[6]

Maria Tourinho foi criada por uma tia materna, porque sua mãe falecera quando ela ainda era bem pequena. Apesar de "bastante falhos", os antecedentes familiares da paciente revelaram que seu pai tinha sido um "alcoolista inveterado"; informação fundamental para os médicos, já que o alcoolismo era considerado como uma "causa [...] de degeneração mental (psicopatia) e de epilepsia". Maria seria submetida a um exame minucioso, através do qual os médicos, influenciados pelas concepções de Cesare Lombroso – famoso legista e criminalista italiano e principal expoente da escola criminológica positiva de fins do século passado –, buscavam identificar as características físicas que evidenciassem e comprovassem a sua degeneração mental. Assim, anotariam detalhadamente informações sobre a altura, a constituição, as orelhas, os dados antropométricos, a força muscular, o cabelo, as cicatrizes, a visão, a língua, os dentes, a sensibilidade (tátil, dolorosa, ao calor e ao frio) e os reflexos da paciente.

Para construir o perfil anormal de Maria, os especialistas Barros e Salles reuniram o maior número de dados a partir dos seus "antecedentes pessoais", criteriosamente descritos no laudo. Vários fatos de sua vida pessoal – inclusive os de cunho fisiológico – seriam atentamente observados pelos peritos como sintomas inequívocos de sua doença: desde os 10 anos tinha fortes dores de cabeça, acompanhadas de tonturas; sua menstruação "tardia" – aos 14 anos – "nunca foi perfeitamente regular", ora ausente ora abundante, escassa ou retardada; "tinha um medo excessivo, principalmente da escuridão"; dos 14 aos 15 anos tinha frequentes micções no leito. Segundo o depoimento da tia, embora Maria possuísse o caráter

> de uma criatura em geral moderada, tinha pequenas decaídas que a tornavam incompreensível: dubiedades, duplicidades, irregularidades nas maneiras, pequenos amuos, irritações, que lhe davam às vezes uma aparência moral diversa da que mantinha habitualmente.

De acordo com as próprias declarações de Maria, a princípio, ela estimava o marido e os primeiros tempos de casamento foram bons. Contudo, pouco depois, "aborreceu-se dele". Mesmo assim, a sua vida de casada transcorria sem incidentes graves até que, desde algum tempo, "começou a viver em desavença constante com o marido", afirmando que ele a maltratava frequentemente e "dava má educação aos filhos". Entretanto, as acusações de Maria não seriam confirmadas pelos depoimentos de sua tia, dos vizinhos e do filho mais velho do casal que, ao contrário, definiam Arthur como um excelente pai e marido exemplar, nunca tendo permitido que sua família passasse por qualquer dificuldade material. De acordo com a notícia publicada no *Correio da Manhã* de 17 de julho de 1911, "o Sr. Tourinho era um assíduo serventuário e muito estimado pelos seus colegas e superiores, além de ser um ótimo chefe de família". De modo que o marido de Maria reunia todas as qualidades que, valorizadas por muitos dos padrões culturais disseminados pela sociedade da época, aproximavam-no da imagem do homem ideal, bom trabalhador e provedor da família.

Há muitos anos Maria frequentava um centro espírita localizado na rua da Serra, em Andaraí-Grande, enfrentando a oposição do marido que, quando estava em casa, impedia que ela fosse às sessões. Maria aproveitava as constantes ausências de Arthur para comparecer regularmente ao centro espírita, onde desenvolvia sua mediunidade. Os conflitos entre o casal teriam se agravado quando Maria tentou convencer Arthur "a acompanhá-la às sessões e nas práticas espíritas". A partir da reação do marido, ela teria começado "a ouvir constantemente de diversos espíritos bons" que "o Tourinho era uma peste, um demônio", "uma coisa ruim" e que, por isso, "era preciso matá-lo". A segurança revelada por Maria ao confessar o crime "sem relutância" e sem o menor sinal de arrependimento foi considerada importante para a comprovação de sua doença.

Os mais relevantes sinais mórbidos da paciente estariam localizados, segundo a avaliação dos médicos, na esfera emocional: perda da afetividade em relação ao marido e, mais grave ainda, em relação aos próprios filhos. Como em M. J., os desvios da afetividade de Maria encontravam-se intimamente associados a uma sexualidade anômala, que se evidenciava de forma cada vez mais clara aos olhos atentos dos peritos. Nesse sentido, observariam que, apesar de Maria ter afirmado que com o marido era "muito reservada, não se entregando a excessos sensuais", havia nela um "fundo erótico que não raro se manifestava". Deixando de lado as lições da ética médica, um dos peritos chegou mesmo a alimentar certas reações de Maria, fazendo questão de registrá-las no laudo como indícios comprobatórios do erotismo desviante da observada:

> No segundo dia em que a examinamos, disse-nos que [...] chorara 'com saudades suas' nos murmurou ao ouvido, tentando abraçar-nos. Sentia-se-lhe o desejo de estar a sós conosco; no correr da conversa, em mais de uma ocasião, sem que para isso houvesse motivo, acusava o fundo sensual que estava a dominá-la. Despediu-se dizendo-nos: 'Gostei muito do Sr.' Perguntamos: 'Mas é mesmo amor?' Respondeu: 'É mais, é o começo de uma paixão, gostei do Sr., não só pela beleza, como pelo mais'.

Recatada em relação ao marido, Maria liberava seus instintos sexuais sem qualquer censura diante de um possível amante. Seu desejo sexual, além de orientado para um objeto proibido, parecia estar completamente dissociado da finalidade reprodutora. Apesar das qualificações positivas veiculadas pelos jornais logo depois do crime, o exame mais detido e minucioso dos médicos teria demonstrado que Maria não se ajustava à imagem de mãe ideal, afetuosa, para quem nada era mais importante do que os filhos. Desde pequena havia revelado um gosto pelo estudo, aprendendo as primeiras letras com facilidade antes dos 10 anos; quando moça, fazia "com aplicação, pequenos estudos, guiada por seu tio afim". Depois de casada ela continuaria a estudar "com a mesma aplicação que antes no Liceu de Artes e Ofícios", mas pouco depois de um mês teve de interromper os estudos porque estava grávida. O perfil de Maria ganhava fortes contornos que a distinguiam da maioria das mulheres de sua época. Talvez profundamente frustrada, viu-se impedida de prosseguir os estudos para cumprir o único papel que a sociedade lhe destinava: ser mãe.

Maria manifestava um comportamento ativo, expressava seu desejo com todas as letras. Quem sabe não se tratasse de uma mulher para quem o projeto de estudar era mais importante (ou mais urgente) do que o de tornar-se mãe. Na avaliação dos médicos, os modos de ser *diferentes* de Maria a teriam conduzido ao crime, sendo, pois, aspectos reveladores de "um raro caso de degeneração mental em cujo terreno psicopático a histeria sobreleva".

No final do laudo pericial, a personalidade histérica apresentava-se completamente definida: alucinações de sensibilidade auditivas, visuais e olfativas; ptialismo; sugestionabilidade; indiscreto fundo erótico; enfraquecimento da atenção; pequenas falhas de memória reprodutiva; profunda perversão da afetividade que, "na observada, atingia ao ponto de fazê-la não ter uma palavra de carinho, de saudade para com os filhos que abandonara na mais dolorosa das situações". Além disso, a ausência do "senso moral", comprovada pela "aparente inconsciência da monstruosidade do seu crime, e pela facilidade com que julga poder ver-se livre da cadeia, é mais um subsídio para o mesmo diagnóstico".

A perda do *senso moral* não colocaria em primeiro plano a questão ética de que nenhum ser humano tem o direito de tirar a vida de outro, mas sim de que uma mulher cujo comportamento revelasse uma sexualidade *anormal* e uma ausência ou insuficiência do amor materno seria histérica e, portanto, potencialmente criminosa. Quanto ao destino que deveria ser dado à Maria que, antes de ser pecadora ou criminosa, era uma doente mental, os médicos Jacyntho de Barros e Miguel Salles não vacilariam: "opinamos, que deve ser recolhida a um hospital de alienados para ser submetida a mais longa observação e conveniente tratamento".

Quase dois anos depois do crime cometido por Maria Tourinho, no dia 11 de janeiro de 1913,

> Muito cedo ainda, quando a rua do Mattoso estava completamente calma, o guarda civil [...] que ali estava de ronda, foi alarmado por um estampido que ecoou no interior da casa nº 40, daquela rua.
> Instantes depois, uma mulher com a fisionomia alterada, com os cabelos em desalinho, correu ao seu encontro dizendo:
> – Prenda-me! Prenda-me! Sou uma assassina.
> – Quem a senhora matou? indagou o policial.
> – Matei meu marido.[7]

Tratava-se de Hercília de Paiva Legey, "originária de uma família de regular tratamento" – tinha um irmão "altamente colocado na Marinha"–, mãe de quatro filhos, casada com o engenheiro mecânico, José Legey.[8] De acordo com a versão de um dos filhos do casal, José, de 12 anos, único a presenciar o fato, seus pais brigavam constantemente em função das desconfianças alimentadas por Hercília de que o marido possuía uma amante. Na véspera do incidente, José Legey comunicara à esposa que havia conseguido emprego a bordo de um navio. Suspeitando se tratar apenas de um pretexto para abandonar a família, Hercília iniciou uma violenta discussão com o marido que, "exaltando-se demais, correu ao quarto e apanhou uma pistola Browing". Travou-se, então, uma luta violenta entre os dois, interrompida com a detonação do tiro que atingiu a cabeça de José Legey.

Levada para a delegacia, Hercília não pôde ser interrogada devido ao estado de forte excitação nervosa em que se encontrava, sendo enviada à sede do Serviço Médico Legal onde foi examinada pelo

A doença mental, em fins do século XIX, deixa entrever as principais dimensões da intervenção da medicina na sexualidade, nas relações de trabalho, nas condutas individuais ou coletivas que dissessem respeito a questões religiosas, políticas ou sociais.

Dr. Jacyntho de Barros – um dos médicos que havia examinado Maria Tourinho –, que a encaminhou ao Hospício Nacional de Alienados. Ao contrário de Maria Tourinho, Hercília desde o início "penitenciava-se" e "mostrava-se arrependida" pelo ato que cometera, não opondo a menor resistência à internação no hospício. Em seus antecedentes de família não são mencionados casos de alcoolismo ou de alienação mental, embora nos antecedentes pessoais constasse que desde moça era "acometida por síncopes histéricas", tendo por vezes "a sensação de um bolo na garganta, que muito a incomodava".

Na manhã seguinte à internação, Hercília conta com clareza e com riqueza de detalhes sua história à enfermeira do pavilhão de observação do hospício. Estava casada há 14 anos com Legey, "um rapaz de condição inferior à sua" que, bem diferente do marido de Maria, ao invés de sustentá-la, fez-se engenheiro mecânico às suas custas. Além disso, "quatro dias apenas depois de casado convidou-a à prática de atos degradantes" aos quais Hercília não quis sujeitar-se e por isso "tem passado uma vida de constantes sofrimentos": o marido a esbofeteava frequentemente e fazia-a passar por diversas outras privações. Algumas vezes, "pelos mesmos baixos motivos aludidos saía de casa pela manhã, mostrando-lhe uma carteira onde tinha o dinheiro com que facilmente obteria da amante o que a própria mulher lhe negava". Mas Hercília amava o marido e "tudo suportava com resignação". No dia 11 de janeiro, Legey ameaçou abandoná-la e aos filhos. Ela pegou uma pistola e, tencionando apenas "intimidá-lo", mostrou-lhe a arma, "declarando que o mataria se ele abandonasse os filhos à miséria". A arma teria disparado sem que ela esperasse. O depoimento de Hercília é idêntico ao prestado pelo seu marido, mas bastante discordante do prestado por seu filho José.

Hercília estava arrependida do ato que cometera e sentia-se aliviada por não ter matado Legey, a quem amava profundamente apesar de tudo; revelava uma clareza extraordinária no falar, coerência perfeita em suas ideias, percepção fácil, atenção pronta e orientação perfeita, não ocultando qualquer detalhe de sua história por mais íntimo que fosse. Mostrava-se muito amante dos filhos e ansiosa para vê-los. Todas essas *qualidades* impediriam que fosse caracterizada como pecadora ou criminosa, mas não a livrariam do estigma de doente mental. O diagnóstico do Dr. Jacyntho é rigoroso: "a paciente é uma degenerada, histérica, cujo estado se vem agravando com a série de constantes e profundas emoções por que tem passado". Contudo, as tais *qualidades* a salvariam da reclusão à qual Maria Tourinho foi condenada pelo resto da vida. De acordo com a avaliação do legista, a histeria de Hercília era "compatível com a vida em sociedade, tanto assim que, melhorada, obteve alta do pavilhão de observações do Hospital de Alienados".

É interessante notar que essas mesmas *qualidades* demonstram que Hercília havia incorporado plenamente o papel de esposa-mãe. Contudo, as pequenas servidões daí decorrentes, como "suportar com resignação" todas as humilhações e maus-tratos aos quais era submetida, mesclavam-se a pequenas rebeldias: negar-se a praticar "atos degradantes" com o marido. O argumento encontrado para justificar a atitude extrema de contestação que teria assumido ao desferir um tiro contra o marido seria fundado, antes de tudo, na manifestação do instinto materno: Hercília teria ameaçado matar Legey se ele "abandonasse os filhos à miséria". Nesse sentido, o exercício da maternidade não representaria exclusivamente uma prática de submissão, revelando-se ao mesmo tempo e contraditoriamente uma das mais fortes e sólidas maneiras encontradas pela mulher de exercer o poder dentro de casa.[9]

Entre Maria e Hercília um traço em comum: a histeria. Mas enquanto na primeira a *doença* teria sido produzida pela recusa em desempenhar o papel de esposa-mãe, na segunda *a doença* teria origem na presença de "estigmas físicos de degeneração" aliados às pressões emocionais decorrentes do perfeito exercício do papel de esposa apaixonada pelo marido e extremamente amorosa e preocupada em relação aos filhos. À primeira coube a reclusão para sempre no hospício; à segunda, a vigilância permanente do olhar distanciado do médico, assegurada pelo rótulo de *degenerada histérica*. Observe-se, ainda, que para o assassinato de um homem que cumpria rigorosamente todos os papéis prescritos de acordo com o ideal do esposo-pai não haveria qualquer indulgência, enquanto a tentativa de homicídio contra um marido que parecia não se ajustar a esses papéis acabaria sendo praticamente perdoada.

A URDIDURA DA TRAMA

As histórias de M. J., Maria Tourinho e Hercília Legey servirão como ponto de partida para tentarmos compreender os caminhos trilhados por médicos e psiquiatras brasileiros para definir e difundir no fim do século XIX e início do século XX um perfil da mulher histérica. Como veremos, tais caminhos foram profundamente marcados pelos referenciais construídos e disseminados pela medicina mental europeia, sobretudo a francesa. Lembre-se ainda que, conforme mencionamos no início do texto, a psiquiatria surgiria como um campo específico do conhecimento médico no Brasil a partir dos anos de 1880, consolidando-se e legitimando-se durante as primeiras décadas republicanas.

A PSIQUIATRIA E A CONSTRUÇÃO DE UMA FEMINILIDADE

Uma das imagens mais fortemente apropriadas, redefinidas e disseminadas pelo século XIX ocidental é aquela que estabelece uma associação profundamente íntima entre a mulher e a natureza, opondo-a ao homem identificado à cultura. Retomada por um "velho discurso" que tentava justificar as teorias e práticas liberais – que, embora comprometidas com o princípio da igualdade, negavam às mulheres o acesso à cidadania, através da ênfase na diferença entre os sexos –, tal imagem seria revigorada a partir das "descobertas da medicina e da biologia, que ratificavam cientificamente a dicotomia: homens, cérebro, inteligência, razão lúcida, capacidade de decisão *versus* mulheres, coração, sensibilidade, sentimentos".[10] Essas considerações remetem a duas questões importantes.

A construção da imagem feminina a partir da natureza e das suas leis implicaria qualificar a mulher como naturalmente frágil, bonita, sedutora, submissa, doce etc. Aquelas que revelassem atributos opostos seriam consideradas seres antinaturais. Entretanto, muitas qualidades negativas –como a perfídia e a amoralidade – eram também entendidos como atributos naturais da mulher, o que conduzia a uma visão profundamente ambígua do ser feminino.[11]

No século XIX ocidental, a velha crença de que a mulher era um ser ambíguo e contraditório, misterioso e imprevisível, sintetizando por natureza o bem e o mal, a virtude e a degradação, o princípio e o fim, ganharia uma nova dimensão, um sentido renovado e, portanto, específico. Amplamente disseminada, a imagem da mulher como ser naturalmente ambíguo adquiria, através dos pincéis manuseados por poetas, romancistas, médicos, higienistas, psiquiatras e, mais tarde, psicanalistas, os contornos de verdade cientificamente comprovada a partir dos avanços da medicina e dos saberes afins.

Vista como uma soma desarrazoada de atributos positivos e negativos, cujo resultado nem mesmo os recursos científicos cada vez mais sofisticados poderiam prever, a mulher transformava-se num ser moral e socialmente perigoso, devendo ser submetida a um conjunto de medidas normatizadoras extremamente rígidas que assegurassem o cumprimento do seu papel social de esposa e mãe; o que garantiria a vitória do bem sobre o mal, de Maria sobre Eva. Se a mulher estava naturalmente predestinada ao exercício desses papéis, a sua incapacidade e/

ou recusa em cumpri-los eram vistas como resultantes da especificidade da sua natureza e, concomitantemente, qualificadas como antinaturais. Sob a égide das *incoerências do instinto*, os comportamentos femininos considerados desviantes – principalmente aqueles inscritos na esfera da sexualidade e da afetividade – eram vistos ao mesmo tempo e contraditoriamente como pertinentes e estranhos à sua própria natureza. Nesse sentido, a mulher era concebida como um ser cuja natureza específica avizinhava-se do antinatural.

Todas essas considerações conduzem a uma segunda questão fundamental, a que se refere à especificidade da condição feminina diante da loucura. Para muitos estudiosos o cerne dessa especificidade situa-se justamente no fato de que enquanto as situações que conduzem a mulher a ser diagnosticada como doente mental concentram-se na esfera da sua natureza e, sobretudo, da sua sexualidade, o doente mental do sexo masculino é visto, essencialmente, como portador de desvios relativos aos papéis sociais atribuídos ao homem – tais como o de trabalhador, o de provedor etc. Assim, a predisposição masculina aos distúrbios mentais seria relacionada, sobretudo, às implicações decorrentes do desempenho desses papéis ou à recusa de incorporá-los. Ademais é preciso considerar que a sexualidade e a afetividade masculinas, ancoradas na construção de uma natureza específica do homem, também constituiriam objetos centrais na formulação das definições e dos diagnósticos da doença mental.

Lugar de ambiguidades e espaço por excelência da loucura, o corpo e a sexualidade femininos inspirariam grande temor aos médicos e aos alienistas, constituindo-se em alvo prioritário das intervenções normalizadoras da medicina e da psiquiatria. Muitas crenças pertencentes a antigas tradições e no âmbito dos mais variados saberes – muitas das quais remontam à antiguidade clássica – seriam retomadas e redefinidas pelo alienismo do século XIX. Entre os alienados considerados "rebeldes a qualquer tratamento, por razões mais morais do que propriamente médicas", Pinel incluía as mulheres que se tornavam irrecuperáveis por "um exercício não conforme da sexualidade, devassidão, onanismo ou homossexualidade".[12] O temperamento nervoso, intimamente relacionado à predisposição às nevroses e nevralgias, era frequentemente considerado como típico das mulheres, "cujas funções especiais ao sexo, em muito contribuem para o seu desenvolvimento".[13]

Assim, no organismo da mulher, na sua fisiologia específica estariam inscritas as predisposições à doença mental. A menstruação, a gravidez e o parto seriam, portanto, os aspectos essencialmente priorizados na definição e no diagnóstico das moléstias mentais que afetavam mais frequentemente ou de modo específico as mulheres:

> O saber alienista retomou a antiga representação do corpo feminino como um estranho ser cíclico, de fluxos circulares de um sangue menstrual impuro e denso de humores perigosos, das 'revoluções' biológicas de um corpo inquietante desde a adolescência e depois em cada parto, nos puerpérios, nos aleitamentos e no climatério que, uma vez superado, indicava enfim sua possibilidade final de pacificação – ao mesmo tempo que anunciava a morte.[14]

De acordo com os valores e padrões predominantes nos enfoques psiquiátricos do corpo e da sexualidade femininos, a mulher estaria mais próxima da loucura do que o homem. Embora tal afirmação aparecesse, muitas vezes, explicitamente formulada pelos alienistas na transição entre o século XIX e o XX, ela não deve nos levar a conclusões simplistas e equivocadas como: a mulher teria sido a maior vítima dos preconceitos e da prepotência da psiquiatria. Afinal, isso seria ratificar os próprios princípios sobre os quais o poder do psiquiatra estava pautado. Mas se queremos mesmo dar uma guinada na história das mulheres, deslocando-a para um campo bem mais fértil e instigante da história dos gêneros, é preciso que, entre outras coisas, abandonemos definitivamente essa obsessão em buscar comprovar que a mulher é mais discriminada, é mais explorada, é mais sofredora, é mais revoltada etc., etc. Nem mais, nem menos, mas sim diferentemente. Diferenças cujos significados não se esgotam nas distinções sexuais, devendo, portanto, ser buscados no emaranhado múltiplo, complexo e, muitas vezes, contraditório, das diversidades sociais, étnicas, religiosas, regionais, enfim, culturais.[15]

MENSTRUAÇÃO E ALIENAÇÃO MENTAL

Um dos pontos mais valorizados pelos psiquiatras na construção dos diagnósticos da doença mental em indivíduos do sexo feminino é, sem dúvida, a menstruação. O início e o fim do período menstrual seriam, frequentemente, considerados como momentos extremamente propícios à manifestação dos distúrbios mentais. As características do ciclo catamenial – abundante, escasso ou ausente – apareciam aos olhos dos especialistas como indícios fundamentais de alienação mental. Em seu *Esboço de psiquiatria forense*, Franco da Rocha adverte que as perturbações menstruais não teriam "a importância etiológica que o povo lhe dá", havendo apenas coincidência: "tanto é assim, que muitas vezes a loucura desaparece sem que volte a menstruação".[16] Longe de negar a relação entre menstruação e loucura, a advertência parece refletir apenas uma preocupação no sentido de aprofundar o fosso que deveria separar as verdades científicas das crenças populares, pois o famoso psiquiatra não apenas inclui as perturbações da menstruação entre as alterações físicas características da loucura, como também as considera bastante frequentes entre as alienadas.

Incorporada em textos produzidos por médicos portugueses no princípio do século XVIII, a mística em torno do sangue menstrual imputava-lhe qualidades mágicas e associava-o à loucura e à morte.[17] Dos médicos de então aos alienistas do século XIX observa-se o mesmo temor diante do "sangue secreto", mas com uma diferença essencial: ele deixava de ser visto como ingrediente básico no preparo de feitiços e bruxarias para ser considerado, sobretudo, fator determinante e indicador da doença mental. O alienismo estreitaria de tal forma a relação entre loucura e menstruação que se chegou a falar em *loucura menstrual*. Em um artigo sobre esse tema publicado no *Brazil-Médico*, em 1890, o famoso professor da cadeira de Doenças Mentais da Faculdade de Medicina de Paris, Benjamin Ball, afirmava que a maioria das mulheres apresentava qualquer tipo de perturbação no sistema nervoso durante o período menstrual, ainda que fosse uma simples enxaqueca.[18] Para seu discípulo Séverin Icard, o período menstrual predispunha todas as mulheres à loucura e à violência.[19]

Perspectivas similares marcariam profundamente histórias de mulheres diagnosticadas como doentes mentais. Como vimos, a ficha de observação clínica de M. J. registrava que ela tivera suas "primeiras manifestações histéricas e epilépticas" aos 14 anos, quando menstruou pela primeira vez. Da mesma maneira, as perturbações psíquicas que teriam conduzido Maria Tourinho a assassinar seu marido em julho de 1911 seriam detectadas pelos peritos que a examinaram através de inúmeros indícios, entre os quais o de revelar distúrbios catameniais: sua menstruação "tardia" nunca teria sido "perfeitamente regular".

Tanto nas fichas de observações clínicas quanto nos relatórios periciais as referências a distúrbios menstruais ou ao agravamento dos sintomas da doença nos períodos catameniais são recorrentes. Apenas a título de ilustração, vejamos mais dois exemplos, ambos mencionados pelo Dr. P. A. Novaes em sua tese de 1925.[20]

D. M. N., parda, doméstica, 20 anos, brasileira, internada no Hospício Nacional de Alienados, casada há quase dois anos, tinha rixas constantes com o marido, decorrentes segundo ele do "mau gênio" da mulher que "foi sempre muito nervosa", tendo tido várias crises de agitação durante as épocas de menstruação que também "não eram regulares". Abandonando o marido, D. M. N. empregou-se como doméstica; mas sua patroa, julgando-a "maluca", demitiu-a poucos dias depois. Seu "gênio violento", suas "crises de choro e risos alternados" e sua desorientação quanto ao tempo, lugar e meio levariam-na a permanecer internada no hospício com o diagnóstico de psicose maníaco-depressiva. Destino do qual ela não escaparia mesmo tendo afirmado querer bem ao marido, com quem desejava viver, e respondido lucidamente às perguntas, compreendendo-as perfeitamente, apesar de por vezes recusar-se a respondê-las.

S. F., branca, 16 anos, solteira, doméstica, encontrando-se "confusa", foi encaminhada ao Hospício Nacional de Alienados por um agente policial. Boa cumpridora de seus deveres, segundo informações obtidas com a família para a qual trabalhava, S. F. teria cometido "uma série de extravagâncias" quando "achava-se regrada", sendo por isso suspensa do trabalho. Desde então, ficava calada, indiferente a tudo, deprimida e, assumindo uma "atitude alucinada", deixava-se ficar por horas numa só posição. Esses parcos dados seriam considerados pelas autoridades do hospício como mais do que suficientes para mantê-la ali recolhida, com o diagnóstico de confusão mental.

Vale notar que, em ambos os casos, "nervosismos" e "extravagâncias" associados a posturas indisciplinadas no trabalho seriam vistos como sintomas inequívocos da doença mental, viabilizando e legitimando a internação de mulheres pertencentes aos segmentos populares em instituições asilares.

MATERNIDADE E LOUCURA

Se, de acordo com a perspectiva médica, a realização da maternidade seria capaz de prevenir e até mesmo de curar os distúrbios psíquicos relacionados direta ou indiretamente à sexualidade e à própria fisiologia femininas, contraditoriamente a gravidez, o parto e o pós-parto seriam vistos como momentos extremamente propícios ao aparecimento ou à manifestação de tais distúrbios. A loucura puerperal mereceu uma atenção significativa por parte dos alienistas brasileiros desde o fim da década de 1870;[21] sendo concebida, em última análise, como decorrente de distúrbios que se referiam à incapacidade física ou moral da mulher no sentido de realizar plena e corretamente os *desígnios da maternidade*. Apesar das contradições e dos impasses dos alienistas diante das ambiguidades do ser feminino, eles jamais abandonariam completamente a crença de que a maternidade constituía um dos remédios mais eficazes – senão o mais eficaz – para evitar ou curar as moléstias femininas. Lembre-se o "curioso caso" mencionado por Franco da Rocha em seu *Esboço de psiquiatria forense*: "... uma alienada, de excitação maníaca intermitente, que entra em perfeita saúde mental quando está grávida, caindo sempre em perturbação quando fora da gravidez".[22] Esses casos eram vistos como a confirmação científica das concepções defendidas por Lombroso e Ferrero, segundo as quais a maternidade "suaviza a mulher selvagem", mas "quando muito vivamente contrariada levaria sobretudo à loucura".[23]

Psiquiatra renomado, Afrânio Peixoto adentrou no mundo da produção literária construindo personagens e tramas profundamente impregnadas pelas crenças e preconceitos que caracterizavam o alienismo das primeiras décadas do século XX. Em *As razões do coração,*

Nos laudos periciais realizados por médicos e alienistas, a personalidade histérica da mulher definia-se por alucinações, sugestionabilidade, discreto fundo erótico e falhas da memória e da afetividade.

romance publicado em 1925,[24] a personagem Cora, uma senhora pertencente à alta sociedade carioca, casada com um homem rico e de posição, acabaria completamente louca. As origens de seus distúrbios mentais encontravam-se estreitamente vinculadas ao fato de ter sempre se manifestado contrária à ideia de ter filhos. Submetendo-se a um aborto, tornou-se estéril, passando a dedicar-se inteiramente a seus cães. O comportamento estranho de Cora se agravava dia a dia até que foi tomada por um ciúme doentio pelo marido, terminando por "enlouquecer de vez". Inspirado em concepções próximas às expressas por Lombroso e Ferrero, Afrânio Peixoto relacionou, de modo claro e direto, a loucura da personagem com a sua recusa radical em cumprir a função materna, naturalmente destinada a todas as mulheres. Essa perspectiva foi reforçada pelas histórias de Regina, protagonista do romance, e de Vivi, sua melhor amiga. Grávida de Camargo, por quem havia se apaixonado perdidamente, Regina casa-se, sem amor, com Vilhena, um homem "bem-sucedido", embaixador do Brasil em Portugal e bem mais velho do que ela. Suas desventuras e frustrações afetivas (e sexuais) seriam aplacadas, pelo menos em parte, pela existência do filho ao qual se dedicava por inteiro.

Assim como Regina, Vivi casaria com um homem a quem não amava, o que, entretanto, não a impediria de sentir-se realizada e feliz. Tornando-se mãe de cinco filhos, transformou-se, como ela mesma dizia, numa "verdadeira matrona", passando a acreditar veementemente que o destino natural e inevitável de toda mulher era o de encontrar o pleno sentido de sua existência na dedicação absoluta aos filhos:

> Há mulheres bonecas, amantes, festeiras, operárias, sábias, de tudo; isto é porém o acidente ou o supérfluo [...] o que todas são; ou devem ser, é uma só [...] é o que eu sou [...] e o que deves ser também, apesar das recepções ou do protocolo, senhora embaixatriz [...] O que nós somos, essencialmente, tirados todos os incidentes e supérfluos, é isto... MÃES![25]

A maternidade era vista como a verdadeira *essência* da mulher, inscrita em sua própria natureza. Somente através da maternidade a mulher poderia curar-se e redimir-se dos desvios que, concebidos ao mesmo tempo como causa e efeito da doença, lançavam-na, muitas vezes, nos *lodos do pecado*. Mas, para a mulher que não quisesse ou não pudesse realizá-la – aos olhos do médico, um ser físico, moral ou psiquicamente incapaz – não haveria salvação e ela acabaria, cedo ou tarde, afogada nas águas turvas da insanidade.

O APARELHO GENITAL FEMININO COMO FOCO DE DISTÚRBIOS MENTAIS

A construção psiquiátrica de uma íntima associação entre a fisiologia feminina – em particular, o seu aparelho genital – e os distúrbios mentais pode ainda ser detectada pelo exame de alguns tratamentos destinados às mulheres diagnosticadas como doentes mentais, frequentemente utilizados em instituições asilares durante o século XIX e princípio do XX.

Entre os procedimentos terapêuticos que, destinados a controlar as "sexualidades inconvencionais das mulheres", confundiam-se com os mais rigorosos e cruéis métodos de tortura, figuram a extirpação do clitóris e a introdução de gelo na vagina.[26] Em fins do século passado, a lista desses procedimentos seria ampliada pela introdução de *novas técnicas* terapêuticas não menos violentas. Datam de então as primeiras experiências de submeter mulheres alienadas a intervenções cirúrgicas ginecológicas.

A novidade parece ter despertado o interesse de psiquiatras e ginecologistas brasileiros, pois em uma tese apresentada na cadeira de Clínica Psiquiátrica da Faculdade de Medicina do Rio de Janeiro, em 1901, o Dr. Urbano Garcia não apenas defendeu a eficácia do método, como também referiu-se a algumas experiências que vinham sendo realizadas na Casa de Saúde Dr. Eiras a partir de 1896. Entre elas estava aquela a que fora submetida M. J. Completamente impregnado das perspectivas organicistas que predominavam nos meios psiquiátricos da época, o autor acreditava que a predisposição hereditária constituía o principal fator na etiologia das doenças mentais, mas também que "uma lesão orgânica grave" poderia originar "uma perturbação das ideias", principalmente nas mulheres, cujo aparelho genital tinha uma grande influência sobre o estado mental. Mais uma vez aparece a ideia de que as fronteiras entre o estado fisiológico e o patológico seriam extremamente tênues e nebulosas na mulher: "Mesmo no estado fisiológico, o aparecimento da menstruação se acompanha de alterações as mais esquisitas e complexas, não só da inteligência como do caráter, do gênio, da moral, da vontade e dos atos."[27]

Nos casos patológicos, caracterizados por "uma impressionabilidade excessiva" e por obsessões e ansiedades relacionadas a lesões dos órgãos genitais, o quadro era mais grave, pois os efeitos da menstruação, da gravidez, do parto e da menopausa poderiam "mascarar" os sintomas da doença original, confundindo o especialista, ou "provocar a eclosão de novas perturbações intelectuais". Para Garcia, as cirurgias ginecológicas criavam condições para que o organismo pudesse "lutar contra o delírio e suas manifestações perigosas", prevenindo, ao mesmo tempo, o "esgotamento". Mesmo nos casos que não resultavam na eliminação do "delírio primitivo" e, portanto, na cura da loucura, esse tipo de intervenção poderia resultar em melhora, permitindo que as pacientes retomassem "por algum tempo seu papel social".

SEXUALIDADE FEMININA E HISTERIA

Vimos até aqui algumas das principais estratégias que nortearam as tendências predominantes do saber alienista na construção da especificidade da condição feminina diante da loucura. Como estabelecer as fronteiras entre o *normal* e o *patológico* no mundo da sexualidade feminina que, definido nesses termos, revelava-se tão profundamente incerto? Os médicos do século XIX tomariam para si essa tarefa baseando-se em dois pressupostos: a *normalidade* ocuparia o espaço de uma pequena ilha cercada pela imensidão oceânica da doença; entre a água e a terra os limites seriam tão vagos e móveis quanto os definidos pelas próprias ondas.

Se, por um lado, havia um certo consenso nessa tese, por outro, a qualificação do conteúdo da natureza da sexualidade feminina seria objeto de controvérsias, cujo ponto central situava-se em torno do reconhecimento ou da negação do prazer sexual à mulher. Em meados do século XIX, o médico William Acton tornou-se um dos mais conhecidos defensores da ideia da anestesia sexual feminina: "A maioria das mulheres (felizmente para elas mesmas) não se incomoda muito com sentimentos sexuais de qualquer espécie. O que os homens sentem habitualmente, só raras vezes atinge as mulheres."[28] Para esse médico, tais mulheres constituíam aberrações ninfomaníacas, apresentando-se, portanto, como um contingente potencial para os hospícios onde deviam ser confinadas.

No final do século XIX, tais concepções adquiriam uma legitimidade cada vez mais sólida nos meios científicos, à medida que eram reafirmadas, fundamentadas e justificadas por especialistas de renome como Kraft-Ebing, Cesare Lombroso e Guglielmo Ferrero. Partia-se do princípio de que, por natureza, na mulher, o instinto materno anulava o instinto sexual e, consequentemente, aquela que sentisse desejo ou prazer sexual seria, inevitavelmente, *anormal*. Entretanto, a ausência do desejo e do prazer, que muitas vezes poderia provocar na mulher a repulsa pelo ato sexual, não deveria conduzi-la à recusa desse mesmo ato, pois a impediria de se realizar com a maternidade. Mais do que a razão de ser de sua existência, ser mãe era considerado, mesmo pelos adeptos da frigidez natural feminina, a única via para salvar a mulher do perigo, sempre iminente, de cair no pântano insondável das doenças, cujas origens e efeitos eram caracterizados pelo entrelaçamento de elementos físicos, psíquicos e morais.

A ideia de que o destino de toda mulher estava (ou deveria estar) fadado à maternidade acabaria por fundamentar uma outra perspectiva presente no pensamento médico do século XIX até o início do XX, que reconhecia não apenas a existência do desejo e do prazer sexual feminino, mas também a necessidade – e em alguns casos o direito – da mulher de realizá-los. Presente em outros tempos e em outros lugares, expresso por diversos saberes – assumindo, no entanto, significados profundamente específicos e distintos entre si, apesar de recobertos pela mesma finalidade reprodutora –, o reconhecimento da necessidade do prazer sexual feminino seria retomado por algumas correntes da medicina do século XIX. No final de 1840, o médico e oficial reformado francês, Dr. Auguste Debay, que havia se tornado um autor bastante popular, publicava um estudo sobre a higiene e a fisiologia do casamento no qual afirmava que o celibato produzia "... uma influência tão funesta sobre as faculdades intelectuais da mulher que, em todos os asilos para lunáticos, o número de mulheres solteiras é absolutamente desproporcional à população em geral".[29]

A partir das últimas décadas do século XIX seriam realizadas algumas pesquisas médicas acerca do comportamento sexual feminino, cujos resultados colocavam em xeque os pressupostos, defendidos e compartilhados por muitos cientistas da época, que definiam a mulher como um ser por natureza assexuado ou anestesiado sexualmente. Em 1883, o Dr. J. Matthews Duncan, conceituado ginecologista escocês, divulgava em várias conferências proferidas na Academia Real de Medicina os resultados da pesquisa sobre experiências eróticas femininas que, apesar de não permitirem "generalizações verdadeiramente conclusivas", apontavam para aspectos essenciais que viabilizavam a percepção de que "nas mulheres o desejo e o prazer estão sempre presentes, ou pelo menos podem ser trazidos à tona através de estímulos apropriados".[30]

Alguns anos depois, o relatório elaborado pela Dra. Clélia Duel Mosher, baseado numa pesquisa desenvolvida a partir de 1892 sobre os sentimentos e hábitos eróticos de cerca de 50 mulheres americanas, conduziria a conclusões muito próximas às do Dr. Duncan.[31] Em seu estudo sobre a moderna vida erótica, publicado em 1907, o sexologista alemão Dr. Iwan Bloch afirmava que todas as "mulheres cultas" entrevistadas teriam "declarado que a teoria de uma menor sensibilidade sexual da mulher é incorreta; várias delas julgam-na até mesmo maior e mais persistente que a do homem".[32]

Embora a ideia de que a mulher seria um ser assexuado ou frígido tenha sido bastante difundida entre os médicos brasileiros do século XIX, alguns deles reconheciam, explicitamente, a existência do desejo e do prazer sexual na mulher. Entre os muitos desdobramentos decorrentes da transformação do casamento em uma *instituição higiênica*, temos não apenas o reconhecimento, mas até mesmo o estímulo à sexualidade feminina.[33] Para os médicos, a ausência ou a precariedade da vida sexual poderiam resultar em consequências funestas para as mulheres: como o hábito da masturbação – causador de esterilidade, aborto – ou o adultério.

Assim como a ausência ou insuficiência de vida sexual, os excessos ou perversões na realização do desejo e do prazer conduziriam as mulheres fatalmente aos mesmos temidos destinos. Assim, a sexualidade só não ameaçaria a integridade física, mental e moral da mulher, caso se mantivesse aprisionada nos estreitos limites entre o *excesso* e a *falta* e circunscrita ao leito conjugal. Ademais, ao priorizarem o cumprimento dos deveres da maternidade (gestação, amamentação etc.) como característica indispensável da mulher saudável e incompatíveis com o pleno exercício da sexualidade, os médicos restringiam a disponibilidade feminina para as práticas e prazeres sexuais, criando um impasse que acreditavam resolver afirmando a existência do gozo sexual através da amamentação:

> A natureza, previdente, teve a sabedoria de colocar o prazer, onde o exercício de uma função é indispensável à vida e à dor quando suas leis são desprezadas. A mãe que cria sente correr com delícia o leite através dos canais que o devem levar à boca de seu filho; como no ato da reprodução ela tem muitas vezes eretismo, voluptuosidade: basta somente que ele lhe estenda os ternos bracinhos para que os seus seios se ingurgitem e que o leite seja ejaculado com força.[34]

Reconhecendo ou negando a existência do desejo e do prazer na mulher, os alienistas estabeleciam uma íntima associação entre as perturbações psíquicas e os distúrbios da sexualidade em quase todos os tipos de doença mental. Detenhamo-nos na análise de um dos exemplos mais expressivos neste sentido: a histeria.

A partir do final do século XVIII, a histeria, ao lado da hipocondria, passaria a figurar "sem problemas, no brasão da doença mental". Entre os aspectos que marcaram a complexa trajetória desse processo de integração, destaca-se a preservação de uma íntima associação entre a histeria e a mulher, cujo corpo, *frágil* e *flácido*, seria concebido como "mais facilmente penetrável" do que o espaço interior masculino.[35]

A viabilidade e os significados da concepção segundo a qual a histeria seria em sua própria essência uma doença feminina encontram-se profundamente vinculados à tradição que – presente na medicina hipocrática, passando pelos médicos medievais – identificava o "mal histérico" à "sufocação da madre". Para os antigos, "o mal histérico" seria um mal provocado pelas "manifestações independentes de um útero que agiria como um animal, oculto no interior do organismo".[36] No início do século XVII, Liebaud (1609) ainda se mantinha, apesar de certas reservas, partidário da "ideia de um movimento espontâneo da matriz" como causador da histeria. Ideia que passaria a ser contestada por quase todos os médicos da Idade Clássica, sem que se produzisse uma ruptura completa entre a histeria e a *matriz*.

No anoitecer do Século das Luzes, a histeria seria incorporada definitivamente ao mundo da loucura, completamente assimilada às doenças mentais. Mas nem mesmo as novas interrogações suscitadas pela histeria romperiam com a tradição de associá-la às especificidades do corpo da mulher, ao útero e, portanto, à sexualidade feminina, ainda que lhe conferissem novas dimensões e novos significados.

Quando, em 1859, o médico Briquet definia a histeria como uma "neurose do encéfalo", reforçava-se o vínculo entre a doença e as qualidades naturais da mulher: sensibilidade, emocionalidade e sentimentalismo. A inovação, longe de romper o elo entre a histeria e a sexualidade/afetividade feminina, tornava-o mais forte, aproximando os contornos de diferenciação entre o *normal* e o *patológico*: "A mulher tende para esta enfermidade específica devido ao conjunto do seu ser; paga um pesado tributo à doença pelos mesmos motivos que fazem dela uma boa esposa e mãe."[37] Cabe lembrar que entre as estratégias que fundamentariam a construção de uma *ciência sexual* ao longo do século XIX figurava a *histerização do corpo da mulher*, desqualificando-o como corpo excessivamente impregnado de sexualidade.[38]

Entre os alienistas brasileiros, os caminhos percorridos pelo tema da histeria seguiram bem de perto a mesma trajetória, circunscrevendo-se em torno de duas questões-chave: a associação entre a histeria e o ser feminino; e a relação entre histeria e sexualidade e/ou afetividade. Em 1838, o Dr. Rodrigo José Maurício Júnior defenderia a primeira tese sobre histeria apresentada na Faculdade de Medicina do Rio de Janeiro,[39] definindo-a como uma "moléstia, de que o útero é a sede" e, portanto, como "uma afecção exclusiva da mulher". Entre os aspectos predisponentes mais importantes, o autor menciona o onanismo e o abuso dos prazeres venéreos. Tratava-se, portanto, de um tipo de vesânia (distúrbio mental) profundamente vinculado à sexualidade. Crença reafirmada na alusão ao período compreendido entre a puberdade e a menopausa, ou seja, nos limites fixados pelo médico entre o início e o fim da vida sexual da mulher, como o mais propício ao aparecimento e agravamento dos ataques histéricos.

Por outro lado, o perfil da mulher predisposta à histeria, traçado pelo referido médico, ilustra de modo exemplar as pretensões de se fixar os padrões definidores de um *tipo histérico* diretamente referido a um *tipo feminino*:

> As mulheres nas quais predominar uma superabundância vital, um sistema sanguíneo, ou nervoso mui pronunciado, uma cor escura, ou vermelha, olhos vivos e negros, lábios dum vermelho escarlate, boca grande, dentes alvos, abundância de pelos e de cor negra, desenvolvimento das partes sexuais, estão também sujeitas a sofrer desta neurose.

Tais concepções seriam quase que literalmente reafirmadas numa outra tese apresentada à Faculdade de Medicina do Rio de Janeiro uns vinte anos depois. Em seu estudo sobre o histerismo, o Dr. M. L. Cordeiro o definia como "uma neurose dos órgãos genitais da mulher",[40] estabelecendo, assim, como o Dr. Maurício Júnior, uma rígida associação entre histeria, útero e mulher. Para o Dr. José Gonçalves, a histeria manifestava-se em ambos os sexos, "porém com muita especialidade do feminino".[41] Essa postura recorrentemente se reafirmava através da utilização de designações como *a histérica*, *a doente*, para ilustrar características gerais das manifestações da moléstia. Além disso, entre as causas predisponentes figurava "o sexo feminino por si só" e entre as determinantes "a supressão das regras". Segundo o autor, os ataques histéricos costumavam "coincidir com as proximidades da época da menstruação", estabelecendo-se, portanto, uma íntima relação entre a fisiologia feminina e a histeria.

A partir da segunda metade do século XIX as teorias em torno da histeria, formuladas por alienistas europeus, sobretudo franceses, tornaram-se cada vez mais sofisticadas e, ainda que suscitando inúmeras controvérsias, a maior parte delas tendia a se circunscrever num universo comum, relacionando a sede e a natureza da moléstia ao sistema nervoso, ao cérebro e à degenerescência. Essas perspectivas seriam cada vez mais difundidas entre os alienistas e médicos brasileiros, sobretudo a partir dos anos de 1870. A análise da produção desses especialistas revela, contudo, que a ruptura com as concepções que destacavam o útero na definição da moléstia não implicaria uma dissociação absoluta e completa entre histeria e mulher, já que a primeira continuaria sendo concebida como uma doença eminentemente feminina.

Os Drs. José Celestino Soares e Manoel Francisco de Oliveira, baseados na teoria de Jaccoud, um importante médico francês, definiam a histeria como uma "ataxia cérebro-espinhal", comum aos dois sexos.[42] Oliveira chegaria mesmo a admitir que, embora as origens da histeria não estivessem localizadas unicamente no aparelho útero-ovariano, este apresentava-se na maioria dos casos como o ponto de partida da "irritação patogênica", concluindo que a moléstia era "uma afecção especial ao sexo feminino". Observa-se que, pelo menos para alguns médicos, era bastante difícil dissociar a histeria dos mistérios que, no imaginário masculino, revestiam esse órgão feminino, despertando, ao mesmo tempo, fascínio e temor.

As mulheres, segundo o grande especialista Pinel, ficavam loucas irrecuperáveis com o seu exercício inadequado da sexualidade, devassidão, propensão ao onanismo e homossexualidade.

Da caracterização da histeria como uma doença essencialmente feminina à associação entre *histeria* e *atributos da natureza feminina* não havia uma distância significativa. Mas as generalizações podiam ir ainda mais longe. O perfil do caráter histérico traçado por Franco da Rocha parece se nortear pelo pressuposto de que

> a histeria nada mais é que a exacerbação de traços tradicionalmente atribuídos à mulher normal: fraqueza de vontade, hipersensibilidade, emotividade, imaginação 'desregrada', 'incapacidade de esforços acurados do pensamento', predomínio dos reflexos sobre a reflexão e o juízo, vaidade, leviandade, sugestibilidade.[43]

O mesmo pressuposto era compartilhado pelo Dr. Henrique Roxo, que apontaria como características essenciais das histéricas: a instabilidade – "mudam constantemente o modo de pensar"; "mudam constantemente de casa" –; o egoísmo extremado; o espírito de intriga; o hábito de mentir; a irritabilidade; enfim, a vaidade desmedida e o capricho constante.[44]

A complicada mistura entre as noções científicas e as difundidas pelo senso comum, expressa na imagem feminina construída da associação mulher/histeria, aparece claramente num romance naturalista de 1888. Em *A carne*, de Júlio Ribeiro, depois de abandonado por Lenita – protagonista do romance e histérica –, Barbosa lamenta ter esquecido as lições aprendidas no seu relacionamento com as mulheres:

> Tinha tido dezenas de amantes, tinha sido, era ainda casado, conhecia a fundo a natureza, a organização caprichosa, nevrótica, inconstante, ilógica, falha, absurda, da fêmea da espécie humana; conhecia a mulher, conhecia-lhe o útero, conhecia-lhe a carne, conhecia-lhe o cérebro fraco, escravizado pela carne, dominado pelo útero.[45]

Nessa passagem é possível entrever a encruzilhada de saberes em que se assentava a associação entre histeria e natureza feminina. Mas, além disso, observa-se que a afirmação científica de que a sede da histeria localizava-se no cérebro – e não no útero – não conduziria necessariamente a uma ruptura na relação histeria/útero/mulher, pois se acreditava que o frágil cérebro feminino era dominado pelo útero e pelos instintos – e não pela razão –, crença que certamente não era um atributo específico da ficção literária, uma vez que já possuía *comprovação científica*.

Outro aspecto importante a ser observado é que, nas novas teorias que se difundiram e se consolidaram notadamente a partir da segunda metade do século XIX, a histeria continuaria a ser entendida a partir de um vínculo explícito com as anomalias da sexualidade. Alguns alienistas chegaram mesmo a privilegiar os distúrbios dos órgãos genitais (feminino e masculino) na caracterização da etiologia da doença. Vejamos, no caso da mulher, quais os comportamentos sexuais que, diagnosticados como *doentios ou anômalos*, seriam apontados entre as principais causas ou efeitos da histeria.

De um modo geral, as concepções que identificavam o "mal histérico" à "sufocação da madre", ideias antigas defendidas pelos médicos medievais, atribuíam suas causas à continência ou à retenção da matéria espermática sem que houvesse a efetivação da fecundação.[46] O mal, cujos desdobramentos trágicos poderiam provocar a loucura ou até mesmo a morte, encontrava-se, pois, profundamente vinculado à recusa do casamento ou à rejeição da procriação – voluntária, portanto pecaminosa, ou involuntária, no caso da esterilidade. Desse modo, *os desvios da sexualidade* se circunscreviam predominantemente ao âmbito da ausência de relações sexuais ou à prática de relações sexuais sem a finalidade reprodutora. Para os alienistas do século XIX, os limites definidores dos desvios da sexualidade seriam bem mais amplos e complexos; não apenas a falta de sexo, mas também o excesso e a perversão, vinculados ou não à ausência da finalidade reprodutora.

Tomemos, em primeiro lugar, as posições assumidas pelos Drs. Maurício Júnior e Cordeiro – ambos defensores, como vimos, da concepção uterina da histeria. Se o primeiro mencionava entre as principais causas da histeria, o onanismo, a continência, o abuso dos prazeres venéreos ou, simplesmente, os prazeres venéreos, o segundo iria ainda mais longe. A ninfomania, o "senso genésico muito desenvolvido nas senhoras", a "sucessão de uma continência absoluta ao abuso ou ao uso racional dos prazeres venéreos" e, até mesmo, "o orgasmo que resulta da aproximação dos sexos" figuravam para o autor como alguns dos principais elementos agravantes ou determinantes dos ataques histéricos.

No que se refere ao estabelecimento de uma proximidade bastante íntima entre histeria e sexualidade, os médicos que relativizavam ou rompiam com a concepção uterina revelariam perspectivas muito próximas a essas, fixando os limites entre os comportamentos sexuais normais e patológicos a partir não apenas da ausência, mas também, e talvez sobretudo, dos excessos e das perversões das práticas sexuais. Se para muitos deles a continência continuaria sendo considerada um aspecto relevante na etiologia da histeria, os excessos da masturbação ou do onanismo, as leituras lascivas ou eróticas, os espetáculos e conversações licenciosas, o abuso do coito ou dos prazeres venéreos etc.

adquiriam um lugar cada vez mais destacado entre as causas predisponentes e determinantes da moléstia. Nesse sentido, deve-se notar que a relação entre a histeria e a abstinência sexual passaria a ser relativizada por alguns médicos. Se a ausência de relações sexuais levaria muitas mulheres a se tornarem histéricas, a vivência de um relacionamento sexual dentro do casamento não criaria uma imunidade em relação à doença, sendo esta muito comum também entre as mulheres "que se tornam estéreis em estado de casada, ou naquelas que, casando-se, não encontram nos maridos o ideal que sonhavam, quando solteiras".[47]

Observe-se que o desejo e o prazer sexuais femininos passariam a merecer uma atenção cada vez mais interessada e cuidadosa do médico. Para alguns, embora a "hiperestesia do útero" se apresentasse como um sintoma bastante frequente entre as histéricas, ordinariamente, "os maridos [...] se queixam [...] da indiferença que mostram suas mulheres no ato da cópula".[48] De acordo com tal perspectiva, "os indícios de ninfomania" seriam muito raros na histeria, mesmo entre as "mulheres públicas". Outros, contudo, apontavam a ninfomania como uma das doenças mentais mais comumente observadas nas complicações da histeria. Aliás, um dos defensores dessa posição descreve o ataque histérico sob a forma convulsiva, destacando que "os músculos da bacia podem apresentar contrações violentas e produzir movimentos análogos aos que a mulher executa durante o ato sexual (histeria libidinosa)".[49]

Quase três décadas depois, o Dr. Franco da Rocha afirmaria que a histeria assumia a sua feição mais perigosa ao associar-se ao *síndroma moral insanity* (síndrome de insanidade moral). Nesses casos as perversões marcadas pelos excessos seriam mais comuns do que a "indiferença ou completa frieza genital".[50] Na versão do Dr. Henrique Roxo, a excessiva voluptuosidade e a desmedida lubricidade das mulheres histéricas vinculavam-se diretamente a um dos sintomas capazes de identificá-las facilmente: eram, em geral, "péssimas donas de casa". Nas reflexões desenvolvidas por esse ilustre psiquiatra em torno do tema, as perversões sexuais características da histeria apareciam claramente relacionadas ao fanatismo religioso – que, aliás, era referido desde os primeiros alienistas brasileiros como um dos sintomas mais frequentes da histeria. Segundo Henrique Roxo, o delírio histérico caracterizava-se essencialmente pelo predomínio das ideias religiosas e eróticas:

> A doente olha para a imagem de Jesus e nela não vê Jesus e sim o homem. E como as formas deste são belas, ela se extasia na sua contemplação erótica. Adora o aspecto viril de Jesus e, dentro em pouco, a sua imaginação faz com que se sinta possuída por ele, com que se deleite em sonhos lúbricos.[51]

Tais considerações remetem a uma passagem do romance *O homem*, de Aluísio Azevedo, publicado em 1887, que serviria para ilustrar, através de cores extremamente fortes, os traços histéricos da personalidade de dona Camila. Tratava-se de "uma solteirona velha, muito devota, muito esquisita de gênio" que, na opinião do médico da família, não passava de "uma verdadeira barata de sacristia". Defendendo uma postura inteiramente oposta à do Dr. Lobo, dona Camila incentiva sua sobrinha Magdá (protagonista do romance e histérica) a voltar-se inteiramente para a Igreja, assegurando-lhe que ela mesma nunca havia sentido falta de homem, e lhe ensina uma oração que a moça deveria rezar sempre que sentisse "formigueiros na pele e comichões por dentro". Vale a pena reproduzi-la:

> Jesus [...] Esconda-me, querido, com o teu manto, que o leão me cerca! Protege-me contra mim mesma! Exconjura o bicho imundo que habita minha carne e suja minha alma!
> – Salva-me! Não me deixes cair em pecado de luxúria, que eu sinto já as línguas do inferno me lambendo as carnes do meu corpo e enfiando-se pelas minhas veias! Vale-me, esposo meu, amado meu! [...] Amado do meu coração, espero-te esta noite no meu sonho, deitada de ventre para cima, com os peitos bem abertos, para que tu me penetres até ao fundo das minhas entranhas e me ilumines toda por dentro com a luz do teu divino espírito![52]

Aqui, erguidas sobre um solo semeado por crenças e valores comuns, e profundamente marcado por posturas anticlericais, as fronteiras entre a ficção e a ciência parecem quase totalmente anuladas: a imagem da mulher histérica delineada pela mão do psiquiatra ao lado da desenhada pela mão do romancista; suas tonalidades distintas não eliminavam a proximidade das linhas que definiam contornos extremamente semelhantes.

Para além das inúmeras controvérsias acerca das características essenciais da histeria enquanto doença, o perfil da histérica era traçado de um modo mais ou menos consensual: instável e imprevisível, seu caráter seria essencialmente marcado pelo desequilíbrio entre as "faculdades morais superiores e as paixões, instintos e desejos".[53] Por isso as mulheres histéricas eram consideradas extremamente perigosas. Assim, uma das dimensões do perigo representado pela histérica estava explicitamente associada à manifestação de uma sexualidade que, excessiva e pervertida, poderia escapar ao próprio controle do médico e, por isso, alguns psiquiatras insistiam em aconselhar extrema cautela diante das pacientes diagnosticadas como histéricas. Segundo Franco da Rocha, elas só deveriam ser hipnotizadas na presença de uma testemunha:

> A tendência à mentira, à calúnia, leva essas doentes a denunciar imaginários atentados ao pudor, denúncias que sempre encontram quem as espalhe em público. Não basta a consciência tranquila do médico para inocentá-lo; é preciso que seu procedimento oponha sempre tenaz barreira a tais acusações. Nós, que aqui repetimos este conselho, temos razões e exemplos práticos que justificam semelhante insistência.[54]

Caso a paciente se recusasse a ser hipnotizada na presença de terceiros, seria preferível que o médico abandonasse o valioso meio terapêutico, consagrado pelas experiências realizadas por Charcot, a colocar em risco a sua reputação. Embora o exame dos órgãos genitais fosse considerado elemento importante entre os procedimentos necessários para a realização de observações clínicas cientificamente consistentes, o Dr. Henrique Roxo não deixaria de advertir que no caso das mulheres tal exame "pode muitas vezes ser dispensado. Há sempre a recear acidentes que histéricas podem provocar".[55]

É importante observar que os referidos psiquiatras não manifestavam a mais leve preocupação com as questões que envolviam a ética de procedimentos médicos como os que marcaram a atuação do renomado psiquiatra francês Jean Martin Charcot no "teatro da Salpêtrière", no qual exibia "suas pacientes perante um público de artistas, escritores, publicistas, homens públicos".[56] Frequentadas por uma plateia eminentemente masculina, conforme se observa no quadro pintado por Pierre André Brouillet em 1886, as aulas práticas ministradas sempre às terças-feiras caracterizavam-se por uma profunda violência, expressa na apropriação do sofrimento e dos corpos das mulheres internadas na referida instituição, expondo-os à exibição pública, a fim de consolidar o prestígio "social e científico" de Charcot.[57]

Os registros clínicos e periciais referentes às mulheres diagnosticadas como histéricas revelam, por um lado, a íntima associação entre a histeria e os desvios de uma sexualidade ausente, excessiva ou pervertida e, por outro, uma impressionante semelhança entre os perfis construídos pelos psiquiatras e os que caracterizariam as protagonistas histéricas de romances e contos produzidos nas últimas décadas do século XIX e nas primeiras do século XX. Tanto nas observações clínicas quanto nos laudos periciais de pacientes histéricas, as anotações relativas às anomalias catameniais – menarca tardia, fluxos menstruais excessivamente abundantes, escassos ou irregulares etc. –, bem como as que se vinculavam aos ataques histéricos e às transformações características do período menstrual, são recorrentes.

Entre as personagens literárias histéricas analisadas, Beatriz, protagonista de um conto de René Thiollier, destaca-se como o melhor exemplo ilustrativo da relação menstruação/sexualidade/histeria. Ambígua e instável – passando rapidamente da mais imóvel e recatada apatia à desmesurada excitação e excessiva mobilidade –, dada a mentiras, intrigas e mexericos, Beatriz "era de uma perversidade diabólica", revelando, portanto, os principais estigmas apontados pelos psiquiatras como característicos de uma personalidade histérica. Embora imperceptíveis aos olhos dos que a cercavam, os sintomas de anormalidade e desequilíbrio estavam presentes desde a infância, tendo se agravado à medida que Beatriz "se acercava da puberdade", acentuando-se

> ... nas épocas do mênstruo. Sentia-se tomada de um ardor sensual violento. Atirava-se para cima da cama. Dilatava os olhos, rangia os dentes. Falando sozinha, dizia: 'Tu és o meu príncipe, e eu sou a tua princesa; aperta-me assim, assim!' E o seu corpo estremecia todo, e com ele a cama; depois, ficava ali largada, deitada de costas.[58]

Em quase todos os casos de mulheres diagnosticadas como histéricas, o olhar atento de médicos e psiquiatras, informado por certezas teóricas preconcebidas e ansioso em formular diagnósticos cientificamente comprovados, apreenderia indícios comuns que revelavam a associação entre manifestações histéricas e perversões sexuais, tais como, ideias, sonhos, atitudes eróticas ou obscenas, práticas onanistas, ninfomania etc. A personagem do famoso conto de João do Rio, *O carro da Semana Santa,* sintetizaria em sua "neurose desesperada" quase todos os sintomas possíveis de uma sexualidade pervertida.[59] Na avaliação do Dr. Inaldo de L. Neves-Manta, João do Rio realiza nesse conto um verdadeiro estudo do "furor uterino de uma personalidade rara, sem idealidade nem trejeitos, dá-nos ele o perfil de uma histérica, tipo à Babinski".[60]

Vejamos, pois, alguns aspectos da proximidade entre os perfis das personagens histéricas traçados nos escritos literários, nas observações clínicas e nos relatórios periciais. Tanto Magdá quanto Lenita, protagonistas de romances naturalistas publicados em fins dos anos 1880,[61] revelavam sintomas da histeria através de sonhos e ideias eróticas. O contato com o corpo másculo de Luiz, despertando em Magdá ideias e sensações voluptuosas, seria responsável por mais uma de suas crises histéricas, além de dar origem ao seu primeiro sonho erótico, no qual perdia a virgindade. A partir de então, esses sonhos, através dos quais Magdá passaria a vivenciar sua sexualidade, iriam se tornar cada vez mais frequentes até que "a realidade vira sonho e o sonho realidade". Sua doença tornava-se cada vez mais grave.

Após sua primeira crise histérica, rapidamente controlada pelo médico, Lenita começaria a revelar sinais que denunciavam e explicitavam suas características femininas:

> Sentia-se outra, feminizava-se. Não tinha mais os gostos viris de outros tempos, perdera a sede de ciência: de entre os livros que trouxera procurava os mais sentimentais. [...] Tinha uma vontade esquisita de dedicar-se a quem quer que fosse, de sofrer por um doente, por um inválido. Por vezes lembrou-lhe que, se casasse, teria filhos, criancinhas que dependessem de seus carinhos, de sua solicitude, de seu leite. E achava possível o casamento.

Se a feminização de Lenita abria possibilidades de transformá-la numa mulher saudável e normal através da maternidade, o despertar dos instintos sexuais representava uma ameaça. A visão de uma miniatura da estátua de Agasias desperta-lhe sensações novas, "o desejo, [...] a necessidade orgânica do macho", servindo de ingrediente para o sonho erótico com o gladiador, sonho que teria na mesma noite. Daí em diante os sintomas da histeria se tornariam mais profundos e mais graves.

Como nos casos de Magdá, Lenita e Beatriz, as ideias e posturas eróticas ou obscenas reveladas por algumas mulheres internadas como histéricas seriam mencionadas em seus prontuários como indícios significativos da doença. O exame mental de A. C. – internada no Hospício Nacional de Alienados em outubro de 1909 – teria levado o médico a concluir de modo paradoxal que, mesmo sem apresentar alterações, sua percepção "não se fazia normalmente", e ela demonstrava ser "uma 'distraída absorvida'". Parecendo estar constantemente mergulhada num sonho, A. C. manifestava "alucinações auditivas e visuais" e "ideias eróticas não muito acentuadas".[62]

Em sua tese sobre as relações entre histeria e loucura, defendida na Faculdade de Medicina do Rio de Janeiro em 1919, Rodolpho Ramos de Brito relata duas experiências clínicas de mulheres histéricas.[63] A primeira, "uma mulher franzina, apresentando-se com os trajes em desalinho e os cabelos desgrenhados", apresentava sinais inequívocos de degeneração. Suas crises histéricas eram caracterizadas pelo "delírio religioso, colorido de ideias eróticas, manifestadas por palavras as mais obscenas. [...] Fica longo tempo em êxtase e posição erótica". O outro caso referia-se a uma jovem solteira de 17 anos que, tendo menstruado pela primeira vez aos 12 anos, passou a ter "cólicas horríveis" e fluxos menstruais irregulares. Aos 15 anos "foi desonestada", aparecendo, posteriormente, "feridas nas partes genitais" e um corrimento constante: "Tem atitudes de êxtase e posições eróticas. Manifesta exaltação sexual, referindo-se a este fato por palavras obscenas. É onanista."

A iniciação a práticas sexuais seguida do abandono do amante é um fato relativamente constante no histórico das mulheres histéricas. Entre os casos observados pelo Dr. Henrique Corrêa, figura o de M. F. L. – brasileira, parda, 28 anos, solteira, doméstica, internada na Seção Esquirol do Hospício Nacional de Alienados em 4 de fevereiro de 1910 –, "seduzida por um empregado da casa em que trabalhava. Tendo sido abandonada pelo seu sedutor, tentou suicidar-se".[64] Poucos anos depois M. F. L. apresentava os primeiros sintomas da histeria que a conduziriam ao hospício. Fatos como esse compunham comumente a trama de romances protagonizados por mulheres histéricas.

O saber alienista sobre a mulher considerada 'louca' pautava-se na ênfase dada aos aspectos ambíguos de sua sexualidade.

A protagonista do romance *O mulato*, Ana Rosa, teria uma forte crise histérica por acreditar ter sido abandonada pelo amante.[65] Nini, outra histérica pertencente à galeria dos personagens de Aluísio Azevedo, passaria a apresentar os sintomas da doença depois de ter perdido o marido e o filho, tornando-se "muito nervosa, histérica, e até meio pateta".[66] As histórias de ambas as personagens encontram-se, portanto, permeadas pela ideia de que, uma vez iniciada nas práticas sexuais, a mulher não poderia mais deixar de exercer sua sexualidade – pelo menos enquanto durasse o período de fertilidade –, sob pena de tornar-se histérica. Lembre-se que de acordo com alguns alienistas a continência absoluta após o abuso ou o uso racional dos prazeres venéreos – decorrente de uma viuvez prematura, por exemplo – constituía uma das principais causas da histeria. O fim da vida sexual de Nini, com a morte de seu marido, torna-se uma ameaça ainda maior quando ela perde também o filho, cuja existência teria, possivelmente, representado um meio eficaz de evitar que se tornasse histérica.

Outro aspecto merecia atenção especial dos médicos no diagnóstico da histeria: os comportamentos de mulheres que rejeitavam sexual ou afetivamente seus maridos e que, ao mesmo tempo, manifestavam interesse ou desejo por outros homens. Vejamos alguns exemplos. Em uma tese sobre a responsabilidade legal das histéricas, defendida na Faculdade de Medicina do Rio de Janeiro em 1888, o Dr. L. C. de Andrade cita dois exemplos de manifestações histéricas. Em ambos os casos, as mulheres, apaixonadas por outros homens, passam a odiar seus maridos, abandonando-os.[67] Como vimos, M. J., a princípio extremamente dedicada ao marido, acabaria por repudiá-lo, "abandonando o lar doméstico" para entregar-se "sucessivamente a três homens de baixa classe". Maria Tourinho, "muito reservada, não se entregando a excessos sensuais" com o marido – a quem, como vimos, assassinaria violentamente –, manifestava um "fundo erótico" liberando explicitamente seus instintos sexuais diante de um possível amante.

Vale notar que, no que se refere especificamente a esse aspecto, não encontramos nenhum paralelo com as personagens histéricas dos escritos literários analisados, exceto a personagem do conto de João do Rio, *O carro da Semana Santa*, cuja identidade mantém-se secreta. Todas as demais são solteiras ou viúvas, o que parece estar intimamente associado à concepção segundo a qual a histeria seria uma doença provocada, sobretudo, pela não satisfação das exigências dos instintos sexuais femininos.

De um modo geral, as crises nervosas e histéricas teriam origem na puberdade com o despertar dos desejos sexuais não realizados e seriam agravadas por leituras inconvenientes, pela vida sedentária, pela beatice religiosa. Ideias claramente expressas pelos médicos que trataram de Ana Rosa e de Magdá. Depois do terceiro ataque de nervos de Ana Rosa, seu pai perguntou ao médico o que a filha tinha: "Ora, o que tem! Tem 20 anos! Está na idade de fazer o ninho! Mas, enquanto não chega o casamento, ela que vá dando os seus passeios a pé. Banhos frios, exercícios, bom passadio e distrações!"[68] O Dr. Lobo, médico do romance *O homem*, seria bem mais explícito. Após controlar a primeira crise histérica de Magdá, prescreve o remédio de modo exaltado: "É casar a rapariga quanto antes! [...] Casamento é um modo de dizer, eu faço questão é do coito! Ela precisa de homem!"[69]

Ao colocar na boca do personagem Manuel Barbosa a frase do médico belga do século XVII, Jan Batista von Helmont, *tota mulier in útero* (a mulher [está] toda no útero), Júlio Ribeiro manifestava uma perspectiva ainda mais diretamente vinculada às concepções que privilegiavam o útero como sede da histeria;[70] ideia que parece ter sido predominante nos meios literários de então. Descrita como uma mulher "de temperamento ardente", "feita para os prazeres do amor", em cuja natureza "os instintos sensuais achavam [...] estímulos de indomável energia", Margarida, personagem de *O seminarista*, de Bernardo Guimarães, torna-se histérica justamente por ter frustrado tais instintos, permanecendo solteira.[71] As crises nervosas de Maria do Carmo, protagonista de *A normalista*, começariam a se manifestar com as transformações sofridas ao entrar na puberdade, mudanças expressas não apenas na paixão por Zuza, mas também na ambiguidade de seu comportamento diante das investidas do padrinho. A educação mal orientada da Escola Normal e a leitura de romances impróprios serviriam para agravar seu temperamento nervoso.[72]

A não realização das necessidades sexuais levaria Magdá e Nini à loucura e à reclusão no hospício. A satisfação das exigências dos instintos sexuais através de relações ilegítimas serviria apenas para agravar as crises nervosas ou histéricas, podendo provocar a loucura ou até mesmo a morte. Já completamente tomada pelo histerismo que "lhe excitava no cérebro abrasado terríveis e deploráveis alucinações",[73] Margarida morreria pouco depois de ter tido a primeira e única relação sexual com Eugênio.

Ao se tornar amante de Raimundo, Ana Rosa revela constantes sinais de piora: os ataques histéricos tornam mais frequentes. O "viver excêntrico e liberdoso" que Lenita levava com Barbosa, longe de livrá-la das manifestações histéricas, tornavam-nas mais graves. Depois de ceder às pressões do padrinho aceitando manter relações sexuais com ele, Maria do Carmo torna-se cada vez mais nervosa e sujeita a crises. As três personagens engravidam, mas a realização da maternidade fora do casamento seria para todas inviável. Ana Rosa e Maria do Carmo perdem seus filhos; o de Lenita sobrevive, mas apenas porque seria aceito e adotado pelo homem com o qual ela se casaria oficialmente. Apenas com o casamento a satisfação dos instintos sexuais e a realização da maternidade funcionariam efetivamente como remédios capazes de curá-las e salvá-las da loucura e da morte.

Sobre esse aspecto, o discurso literário revela uma perspectiva relativamente distinta daquela que caracteriza a fala médica. De uma maneira geral, os alienistas consideravam o casamento um meio terapêutico importante na prevenção e no tratamento da histeria, mas, ao mesmo tempo, questionavam a possibilidade de generalizá-lo e relativizavam sua eficácia. Mesmo para os que, como o Dr. Cordeiro, defendiam a perspectiva uterina, os consórcios matrimoniais fomentados por interesses econômicos ou pela busca de prestígio social poderiam "agravar os males histéricos". Em meio à diversidade das posturas que caracterizariam as concepções médicas acerca da histeria durante o século XIX, é possível detectar um ponto consensual: o casamento poderia promover a cura ou a melhora das histéricas, mas poderia também contribuir para o agravamento da moléstia.

As pesquisas desenvolvidas por Briquet serviriam para consolidar essa crença no âmbito da medicina mental na segunda metade do século XIX. Analisando 98 casos de "mulheres que apresentavam a forma convulsiva do acesso histérico, e que se tinham casado, observou o seguinte resultado: em 50 o casamento exerceu uma ação funesta, em 31 não teve influência alguma".[74] Tais resultados passariam a fundamentar afirmações de que o casamento representava, frequentemente, "um estimulante da histeria pelas excitações exageradas dos órgãos sexuais, pelas fadigas e incômodos resultantes da prenhez e do parto".[75] Assim, ele deveria ser aconselhado somente nos casos em que as relações sexuais devidamente normatizadas pudessem promover a recuperação orgânica – restabelecendo ou regularizando a menstruação, por exemplo – ou a recuperação moral da mulher, quando ela encontrasse em seu esposo "amor e dedicação", e o acesso a "uma vida mais tranquila e folgada, que aquela que encontrava em casa de seus pais". Ademais, o casamento seria considerado o único remédio eficaz quando a histeria fosse efeito direto da "impossibilidade da união de dois entes que se amam", devendo-se, nessas situações, promover a "satisfação do coração".[76] Percebe-se, portanto, que ao enfatizarem não apenas a falta, mas também o excesso e a perversão na definição dos desvios da sexualidade, os especialistas não poderiam mais sustentar a ideia de que o casamento se apresentava como o único ou o principal meio profilático e curativo da doença.

Desvinculado de uma relação exclusiva com o útero, visto como uma perturbação psíquica, afetando as funções afetivas e intelectuais e circunscrito ao âmbito das manifestações degenerativas, o "mal histérico" poderia atingir as crianças e os velhos de ambos os sexos e os homens adultos. Entretanto, é preciso ressaltar que a construção do perfil do homem histérico seria marcada tanto pela ênfase no enfoque da histeria como produto da herança materna, quanto pela atribuição de traços femininos ao homem. Em um estudo publicado em 1894, o Dr. Márcio Nery afirma que, dos 282 enfermos então recolhidos na seção Calmeil do Hospício Nacional de Alienados, quatro eram histéricos, três dos quais apresentavam "herança homônima transmitida pelo lado materno".[77] Embora os alienistas não conseguissem chegar a um acordo quanto à constituição física característica da personalidade masculina histérica, ela seria consensualmente delineada, segundo as crenças do senso comum e ratificadas pelo saber científico, por traços característicos da natureza feminina: extremamente suscetíveis e volúveis, vivamente impressionáveis e excessivamente vaidosos e caprichosos etc.[78]

As conquistas e sofisticações da psiquiatria na passagem do século XIX para o século XX, longe de questionarem a associação entre mulher e histeria, aprofundaram-na, conferindo-lhe *status* de verdade científica. Ainda por muito tempo, as palavras impetuosas do psiquiatra francês Ulysse Trélat, discípulo de Esquirol, continuariam a ecoar dentro e fora do mundo acadêmico e científico: "Toda mulher é feita para sentir, e sentir é quase histeria."[79]

NOTAS

(1) O Hospício de Pedro II foi criado pelo decreto imperial de 18 de julho de 1841. O prédio construído na Praia Vermelha, cidade do Rio de Janeiro, foi inaugurado em 5 de dezembro de 1852.

(2) O decreto nº 7247, de 19/04/1879, criou o curso de clínica psiquiátrica nas Faculdades de Medicina do Rio de Janeiro e da Bahia. A medida foi aprovada pelo Corpo Legislativo pelo decreto nº 8024, de 12/03/1881. Dois anos depois, o Dr. João Carlos Teixeira Brandão assumiria a cátedra de clínica psiquiátrica da Faculdade de Medicina do Rio de Janeiro. Sobre o surgimento e a consolidação da psiquiatria no Brasil, ver os seguintes estudos: Roberto Machado *et al. Danação da norma*: a medicina social e a constituição da psiquiatria no Brasil. Rio de Janeiro: Graal, 1978; Jurandir Freire Costa. *História da psiquiatria no Brasil:* um corte ideológico. 4.ed. Rio de Janeiro: Xenon, 1989; Maria Clementina P. Cunha. *O espelho do mundo*: Juquery, a história de um asilo. Rio de Janeiro: Paz e Terra, 1986.

(3) A separação do Hospício de Pedro II da administração da Santa Casa da Misericórdia (1890) – passando a partir de então a denominar-se Hospício Nacional de Alienados –, a criação da Assistência Médica e Legal de Alienados (1890) e a aprovação da primeira lei federal de assistência médico-legal aos alienados (1903) representaram marcos fundamentais no processo de consolidação da psiquiatria brasileira como campo de saber especializado, legitimamente aceito e respeitado.

(4) Os dados sobre M. J. foram extraídos da ficha de observação da paciente, reproduzida pelo Dr. Urbano Garcia na tese que apresentou à Faculdade de Medicina do Rio de Janeiro, em 16 de abril de 1901. *cf* Urbano Garcia. *Da intervenção cirúrgico-ginecológica em alienação mental.* Rio de Janeiro: Tip. do Jornal do Comércio, 1901. p. 44-47.

(5) Uma vítima do espiritismo. *O Paiz*. Rio de Janeiro, 17 jul.1911. Ver também, Loucura assassina. *Correio da Manhã*, Rio de Janeiro, 17 jul.1911.

(6) Jacyntho de Barros e Miguel Salles. Histeria e crime. *Boletim Policial*, Rio de Janeiro, nº 15, 16 e 17, p. 449-455, jul./set. 1911. Salvo indicação ao contrário, as citações a seguir foram extraídas dessa fonte.

(7) O ciúme faz vítimas. *O Paiz*, Rio de Janeiro, 12 jan.1913. Ver também Cena de sangue. *Jornal do Comércio*, Rio de Janeiro, 12 jan.1913.

(8) Jacyntho de Barros. Caso de lesão corporal de caráter grave praticada por uma histérica irresponsável. *Boletim Policial*, Rio de Janeiro, nº 4, p. 55-57, abr.1913. As demais citações foram extraídas dessa fonte.

(9) Ver as reflexões bastante interessantes desenvolvidas por Mary Del Priore em *Ao sul do corpo*: condição feminina, maternidades e mentalidades no Brasil Colônia. Rio de Janeiro: J. Olympio, Brasília: Edunb, 1993.

(10) Michelle Perrot. *Os excluídos da história*: operários, mulheres e prisioneiros. Rio de Janeiro: Paz e Terra, 1988. p. 177.

(11) Franca Basaglia Ongaro. *Mulheres e loucura.* Rio de Janeiro: Gradiva, nov./dez. 1983. p. 13.

(12) Robert Castel. *A ordem psiquiátrica.* A idade de ouro do alienismo. Rio de Janeiro: Graal, 1978. p. 154.

(13) A. Greenhalgh. *O que se deve entender no estado atual da ciência por temperamentos;* quais as condições anátomofisiológicas que os determinam? Rio de Janeiro: Tip. Acadêmica, 1876. p. 26.

(14) Maria Clementina P. Cunha. Loucura, gênero feminino: as mulheres do Juquery na São Paulo do início do século XX. *Revista Brasileira de História*, São Paulo, v. 9, nº 18, ago./set. 1989, p. 130.

(15) Para uma avaliação das novas perspectivas abertas a partir do enfoque da história dos gêneros, ver Joan W. Scott. *Gênero*: uma categoria útil de análise histórica. Recife: SOS Corpo, 1991; *Id.* História das mulheres. *In:* Peter Burke (org.). *A escrita da história:* novas perspectivas. São Paulo: UNESP, 1992. p. 63-95; *Id.* Prefácio a Gender and Politics of History. *Cadernos Pagu*, Campinas, 1994. nº 3, p. 17-27; Louise A. Tilly. Gênero, história das mulheres e história social. *Op. cit.*, p. 29-62; Eleni Varikas. Gênero, experiência e subjetividade: a propósito do desacordo Tilly-Scott. *Op. cit.*, p. 63-84; Maria O. Silva Dias. Teoria e método dos estudos feministas. Perspectiva histórica e hermenêutica do cotidiano. *In*: Albertina de O. Costa e Cristina Bruschini (org.). *Uma questão de gênero.* Rio de Janeiro: Rosa dos Ventos, 1992; e Maria Clementina P. Cunha. Loucura, gênero feminino... *Op. cit.*

(16) Franco da Rocha. *Esboço de psiquiatria forense.* São Paulo: Laemmert, 1904. p. 99.

(17) Os atributos mágicos do sangue catamenial poderiam servir também para curar. Cf. Mary Del Priore. *Op. cit.*, p. 231-234.

(18) Benjamin Ball. A loucura menstrual. *Brazil-Médico*, Rio de Janeiro, Ano IV, 1890, p. 329.

(19) Ruth Harris. *Assassinato e loucura*: medicina, leis e sociedade no fim do século. Rio de Janeiro: Rocco, 1993. p. 47. Comparando as mulheres que menstruavam a animais no cio, "Icard deu exemplos de inúmeras práticas masturbatórias extravagantes durante a menstruação assim como uma lista chocante de assassinatos, canibalismo e concepção a que elas se entregavam durante esses estados. Deduzia-se desse inventário que todas as mulheres eram potencial e periodicamente loucas, reduzidas à animalidade por suas funções físicas". (*Ibid.* p. 47).

(20) *Loucura menstrual.* Rio de Janeiro, tese da FMRJ, 1925, p. 68-69.

(21) Nesse período foram localizadas duas teses especificamente dedicadas ao tema, ambas defendidas na FMRJ: C. A. Lopes. *Da loucura puerperal.* Rio de Janeiro: Tip. de G. C. e Filhos, 1877; e J. Pegadus. *Da insânia puerperal.* Rio de Janeiro: Tip. D. Júnior, 1877.

(22) Franco da Rocha. *Op. cit.*, p. 26-27.

(23) Cesare Lombroso e Guglielmo Ferrero. *La femme criminelle et la prostituée.* Paris, 1896, *apud* Rachel Soihet. *Condição feminina e formas de violência.* Rio de Janeiro: Forense Universitária, 1989, p. 107. Lembre-se que para esses médicos italianos defensores dos princípios que fundamentaram a teoria do criminoso nato, a mulher normal por sua irascibilidade, vingança, ciúme e vaidade encontrava-se extremamente próxima do selvagem, da criança e, consequentemente, do criminoso.

(24) Afrânio Peixoto. As razões do coração. *In: As razões do coração e uma mulher como as outras*. Rio de Janeiro: Nova Aguilar, 1976. p. 21-160. Esse romance, originalmente publicado como folhetim n'*O jornal*, a partir de 13 de fevereiro de 1925, compõe a trilogia da qual fazem parte outros dois romances: *A esfinge*, publicado pela Francisco Alves em 1911, e *Uma mulher como as outras*, escrito em 1927 e publicado pela Companhia Editora Nacional no ano seguinte. Nessas obras Afrânio Peixoto procura mostrar, através de vários perfis de personagens femininas, a ambiguidade e a imprevisibilidade da natureza da mulher, ao mesmo tempo mãe/santa/Maria e prostituta/pecadora/Eva.

(25) *Id.* As razões do coração. *Op. cit.*, p. 113.

(26) Maria Clementina P. Cunha. *O espelho...*, *Op. cit.*, p. 154.

(27) Urbano Garcia. *Op. cit.*, p. 21.

(28) William Acton. *The functions and disorders of the reproductive organs...*, 1857. *Apud* Peter Gay. *A experiência burguesa da rainha Vitória a Freud*: a educação dos sentidos. São Paulo: Cia. das Letras, 1988. p. 117.

(29) Auguste Debay. Hygiène et physiologie du mariage (1848). *Apud* Peter Gay. *Op. cit.*, p. 114.

(30) J. M. Duncan. *On sterility in women* (1884). *Apud* Peter Gay. *Op. cit.*, p. 104.

(31) Cf. Peter Gay. *Op. cit.*, p. 108.

(32) Iwan Bloch. *Das Sexualleben unserer Zeit in seinen Beziehungen zur modernen Kultur* (1907). *Apud* Peter Gay, *op. cit.*, p. 103. Sobre a relativa disseminação de posturas a favor da erotização do matrimônio e do reconhecimento do prazer feminino entre médicos e higienistas franceses a partir do último quartel do XIX, ver o estudo de Alain Corbin, "Bastidores". *In:* Michelle Perrot (org.). *História da vida privada*: da Revolução Francesa à Primeira Guerra. São Paulo: Cia. das Letras, 1991. p. 413-611.

(33) Jurandir Freire Costa. *Ordem médica e norma familiar.* Rio de Janeiro: Graal, 1979. p. 228.

(34) Z. J. da S. Meirelles. *Breves considerações sobre as vantagens do aleitamento materno* (1847); Jurandir Freire Costa. *Ordem médica... Op. cit.*, p. 264.

(35) Michel Foucault. *História da loucura na Idade Clássica*. São Paulo: Perspectiva, 1972. p. 279. Lembre-se que a hipocondria seria relacionada às especificidades da natureza masculina, podendo ser identificada, segundo sugeriu Foucault, como a histeria masculina (Cf. *ibid.*, p. 287).

(36) Alain Corbin. *Op. cit.*, p. 572.

(37) *Id. ibid.*

(38) Michel Foucault. *História da sexualidade I*: a vontade de saber. 3.ed. Rio de Janeiro: Graal, 1980. p. 99-100.

(39) Rodrigo J. Maurício Júnior. *A histeria.* Rio de Janeiro: Tip. Imparcial F. P. de Brito, 1838.

(40) M. L. Cordeiro. *Qual é a alteração orgânica que se dá no histerismo, e consequentemente qual será o tratamento conveniente?* Rio de Janeiro: Tip. de J. X. de S. Menezes, 1857. p. 3.

(41) José A. Gonçalves. *A histeria.* Rio de Janeiro: Tip. do Brasil de J. J. da Rocha, 1846, p. 4.

(42) J. C. Soares. *A histeria.* Rio de Janeiro: Tip. Reforma, 1874; e M. F. de Oliveira. *Histeria.* Rio de Janeiro: Imprensa Industrial, 1876.

(43) Maria Clementina P. Cunha. *O espelho... Op. cit.*, p. 146. Ver, Franco da Rocha. *Op. cit.*, p. 379-381.

(44) Henrique Roxo. *Moléstias mentais e nervosas* [aulas professadas durante o ano letivo de 1905]. s.ed. Rio de Janeiro, 1906. p. 243.

(45) Júlio Ribeiro. *A carne.* Rio de Janeiro: Tecnoprint, s.d., p. 136. Cabe mencionar que, segundo Ruth Harris, as reflexões de Charcot aliavam-se, frequentemente, à "percepção popular da histeria" que "quase sempre se concentrava nas características passivas e manipulativas das mulheres e na habilidade dos homens em as subjugar e controlar" (Ruth Harris. *Op. cit.*, p. 218).

(46) Mary Del Priore. *Op. cit.*, p. 191-192.

(47) J. C. Soares. *Op. cit.*, p. 5.

(48) *Id. ibid.*, p. 11.

(49) M. F. de Oliveira. *Op. cit.*, p. 16.

(50) F. da Rocha. *Op. cit.*, p. 381.

(51) H. Roxo. *Op. cit.*, p. 248-249.

(52) Aluísio Azevedo. *O homem.* 9.ed. Rio de Janeiro: F. Briguiet e Cia. Editores, 1942. p. 52-53.

(53) Jacy Júnior. Devem ou não ser admitidas a uma Escola Superior alunas afectadas de ataques histéricos?. *Brazil-Médico*, Rio de Janeiro, v.II, jul./dez. 1887, p. 190.

(54) F. da Rocha. *Op. cit.*, p. 395.

(55) H. Roxo. *Op. cit.*, p. 52-53.

(56) A. Corbin. *Op. cit.*, p. 576.

(57) R. Harris. *Op. cit.*, p. 187.

(58) René Thiollier. A louca do Juquery. *In*: *A louca do Juquery*: contos. São Paulo: Liv. Teixeira, s/d. p. 23-24. O conto foi escrito provavelmente no final dos anos 1930.

(59) João do Rio. O carro da semana santa. *In*: *Dentro da noite*. Rio de Janeiro: INELIVRO, 1978. p. 266-267. [A primeira edição dessa obra é de 1910, RJ, Garnier].

(60) Inaldo de L. Neves-Manta. *A individualidade e a obra mental de João do Rio em face da psiquiatria*. Rio de Janeiro: Imprensa Médica, 1928. p. 120-121.

(61) Magdá é a personagem central do romance *O homem*, de Aluísio Azevedo, publicado em 1887. Magdalena perdera a mãe logo que nasceu e foi criada pelo pai e por uma tia beata, D. Camila. Estudou num colégio de irmãs de caridade e completou sua formação com aulas diárias dadas por Fernando, por quem se apaixona perdidamente, sendo correspondida. Mas o casamento era impossível, pois Fernando era seu meio irmão. A partir de então Magdá recusaria todos os pretendentes que surgiriam em sua vida, começando a apresentar os primeiros sintomas da histeria. Lenita protagoniza o romance *A carne*, de Júlio Ribeiro, publicado em 1888. Sua mãe morrera durante o parto e, assim, ela foi criada apenas pelo pai que lhe proporciona uma educação física e intelectualmente mais apropriada a um rapaz. Lenita recusa uma série de pretendentes por julgar que não possuíam um nível intelectual à sua altura, até que se torna amante de Manuel Barbosa, um divorciado que não poderia desposá-la.

(62) H. M. S. Corrêa. *Ligeiras considerações sobre histeria*. Rio de Janeiro: Tip. do Jornal do Comércio, 1910. p. 40.

(63) Rodolpho Ramos de Brito. *Da histeria à loucura*. Rio de Janeiro: Tip. do Jornal do Comércio, 1919. p. 62.

(64) H. M. S. Corrêa. *Op. cit.*, p. 41.

(65) Aluísio Azevedo. *O mulato*. 4.ed. São Paulo: Ática, 1979. p. 51. [A primeira edição foi de 1881].

(66) *Id*. *Casa de pensão*. 2.ed. São Paulo: Ática, 1979. p. 51. [A primeira edição é de 1884].

(67) L. C. de A. Andrade. *Da responsabilidade legal das histéricas*. Rio de Janeiro: Tip., 1888. p. 20 e segs. Uma delas, Z., depois de abandonar o marido, teria se tornado amante do homem por quem se apaixonara.

(68) *O mulato*. *Op. cit.*, p. 33.

(69) *O homem*. *Op. cit.*, p. 40-42.

(70) J. Ribeiro. *Op. cit.*, p. 62.

(71) Bernardo Guimarães. *O seminarista*. 12.ed. São Paulo: Ática, 1986. p. 103-104. Margarida apaixona-se por Eugênio que, pressionado pela família, torna-se padre.

(72) Adolfo Caminha. *A normalista*. São Paulo: Ática, 1978. p. 23-24.

(73) Bernardo Guimarães. *Op. cit.*, p. 105.

(74) M. F. de Oliveira. *Op. cit.*, p. 21.

(75) J. C. Soares. *Op. cit.*, p. 32.

(76) M. F. de Oliveira. *Op. cit.*, p. 21. Em uma tese defendida na cadeira de Higiene da FMRJ em janeiro de 1910, o Dr. Arthur Fernandes Campos da Paz reafirmaria a mesma perspectiva. Cf. Arthur F. Campos da Paz. *A utilidade do casamento sob o ponto de vista higiênico*. Rio de Janeiro: Tip. Revista dos Tribunaes, 1910. p. 16.

(77) Márcio Nery. Quatro casos de histeria em homens. *Brazil-Médico*, Rio de Janeiro, nº 9, 1º mar.1894, p. 65.

(78) M. T. N. de Abreu. *Da histeria no homem*. Rio de Janeiro: Tip. Laemmert, 1890. p. 11. Para alguns especialistas, os indivíduos histéricos do sexo masculino possuíam, frequentemente, estatura mediana, pele clara, cabelos castanhos claros e boa disposição; para outros, ao contrário, os histéricos apresentavam, em sua maioria, pequena estatura, cabelos castanhos escuros e uma "palidez impressionável" (cf. *ibid.*, p. 10).

(79) U. Trélat. *La folie lucide*. Paris, 1861. *Apud* M. Perrot. Dramas e conflitos familiares. *In*: *História da Vida Privada*... *Op. cit.*, p. 282.

BIBLIOGRAFIA

Alain Corbin. Bastidores. *In:* Michelle Perrot (org.). *História da vida privada:* da Revolução Francesa à Primeira Guerra. São Paulo: Cia. das Letras, 1991. p. 413-611.

Franca Basaglia Ongaro. Mulheres e loucura. *Gradiva*, Rio de Janeiro, p. 13-15, nov./ dez.1983.

Jurandir Freire Costa. *Ordem médica e norma familiar.* Rio de Janeiro: Graal, 1979.

_______. *História da psiquiatria no Brasil.* Um corte ideológico. 4.ed. Rio de Janeiro: Xenon, 1989.

Magali G. Engel. Imagens femininas em romances naturalistas brasileiros (1881-1903). *Revista Brasileira de História*, São Paulo, v. 9, nº 18, p. 237-258, ago./set. 1989.

Margareth Rago. *Os prazeres da noite:* prostituição e códigos da sexualidade feminina em São Paulo (1890-1930). Rio de Janeiro: Paz e Terra, 1991.

Maria Clementina Pereira Cunha. *O espelho do mundo:* Juquery, a história de um asilo. Rio de Janeiro: Paz e Terra, 1986.

_______. Loucura, gênero feminino: as mulheres do Juquery na São Paulo do início do XX. *Revista Brasileira de História*, São Paulo, v. 9, nº 18, p. 121-144, ago./set. 1989.

Mary Del Priore. *Ao sul do corpo*: condição feminina, maternidade e mentalidades no Brasil Colônia. Rio de Janeiro: J. Olympio, Brasília: Edunb, 1993.

Michel Foucault. *História da loucura na Idade Clássica*. São Paulo: Perspectiva, 1978.

_______. *História da sexualidade I:* a vontade de saber. 3.ed. Rio de Janeiro: Graal, 1980.

Rachel Soihet. *Condição feminina e formas de violência:* mulheres pobres e ordem urbana, 1890-1920. Rio de Janeiro: Forense Universitária, 1989.

Robert Castel. *A ordem psiquiátrica*. A idade de ouro do alienismo. Rio de janeiro: Graal, 1978.

Roberto Machado *et al. Danação de norma:* a medicina social e a constituição da psiquiatria no Brasil. Rio de Janeiro: Graal, 1978.

Ruth Harris. *Assassinato e loucura:* medicina, leis e sociedade no fim do século. Rio de Janeiro: Rocco, 1993.

MULHERES POBRES E VIOLÊNCIA NO BRASIL URBANO

Rachel Soihet

Durante a *Belle Époque* (1890-1920), com a plena instauração da ordem burguesa, a modernização e a higienização do país despontaram como lema dos grupos ascendentes, que se preocupavam em transformar suas capitais em metrópoles com hábitos civilizados, similares ao modelo parisiense. Os hábitos populares se tornaram alvo de especial atenção no momento em que o *trabalho compulsório* passava a ser *trabalho livre*. Nesse sentido, medidas foram tomadas para adequar homens e mulheres dos segmentos populares ao novo estado de coisas, inculcando-lhes valores e formas de comportamento que passavam pela rígida disciplinarização do espaço e do tempo do trabalho, estendendo-se às demais esferas da vida.

Convergiam as preocupações para a organização da família e de uma classe dirigente sólida – respeitosa das leis, costumes, regras e convenções. Das camadas populares se esperava uma força de trabalho adequada e disciplinada. Especificamente sobre as mulheres recaía uma forte carga de pressões acerca do comportamento pessoal e familiar desejado, que lhes garantissem apropriada inserção na nova ordem, considerando-se que delas dependeria, em grande escala, a consecução dos novos propósitos.

A organização familiar dos populares assumia uma multiplicidade de formas, sendo inúmeras as famílias chefiadas por mulheres sós. Isso se devia não apenas às dificuldades econômicas, mas igualmente às normas e valores diversos, próprios da cultura popular. A implantação dos moldes da família burguesa entre os trabalhadores era encarada como essencial, visto que no regime capitalista que então se instaurava, com a supressão do escravismo, o custo de reprodução do trabalho era calculado considerando como certa a contribuição invisível, não remunerada, do trabalho doméstico das mulheres. Além disso, as concepções de honra e de casamento das mulheres pobres eram consideradas perigosas à moralidade da nova sociedade que se formava.[1]

As imposições da nova ordem tinham o respaldo da ciência, o paradigma do momento. A medicina social assegurava como características femininas, por razões biológicas: a fragilidade, o recato, o predomínio das faculdades afetivas sobre as intelectuais, a subordinação da sexualidade à vocação maternal. Em oposição, o homem conjugava à sua força física uma natureza autoritária, empreendedora, racional e uma sexualidade sem freios. As características atribuídas às mulheres eram suficientes para justificar que se exigisse delas uma atitude de submissão, um comportamento que não maculasse sua honra. Estavam impedidas do exercício da sexualidade antes de se casarem e, depois, deviam restringi-la ao âmbito desse casamento. Cesare Lombroso, médico italiano e nome conceituado da criminologia no final do século XIX, com base nesses pressupostos, argumentava que as leis contra o adultério só deveriam atingir a mulher não predisposta pela natureza para esse tipo de comportamento. Aquelas dotadas de erotismo intenso e forte inteligência seriam despidas do sentimento de maternidade, característica inata da mulher normal, e consideradas extremamente perigosas. Constituíam-se nas criminosas natas, nas prostitutas e nas loucas que deveriam ser afastadas do convívio social.[2]

O Código Penal, o complexo judiciário e a ação policial eram os recursos utilizados pelo sistema vigente a fim de disciplinar, controlar e estabelecer normas para as mulheres dos segmentos populares. Nesse sentido, tal ação procurava se fazer sentir na moderação da linguagem dessas mulheres, estimulando seus "hábitos sadios e as boas maneiras", reprimindo seus excessos verbais.

A violência seria presença marcante nesse processo. Ainda mais que naquele momento a postura das classes dominantes era mais de coerção do que de direção intelectual ou moral. A análise do caráter multiforme da violência que incidia sobre as mulheres pobres e das respostas por ela encontradas para fazer face às mazelas do sistema ou dos agentes de sua opressão é fundamental. Cabe considerar não só a violência estrutural que incidia sobre as mulheres, mas também aquelas formas específicas decorrentes de sua condição de gênero; esses aspectos se cruzam na maioria das situações.

Mas como penetrar no passado dessas mulheres que praticamente não deixaram vestígios de seu cotidiano? Durante largo tempo, somente os feitos dos heróis e as grandes decisões políticas eram considerados dignos de interesse para a história. A partir de 1960, juntamente com outros *subalternos* como os camponeses, os escravos e as pessoas comuns, as mulheres foram alçadas à condição de objeto e sujeito da história. Porém, a dificuldade em se obter fontes para buscar reconstruir a atuação das mulheres é desalentadora. Não existem registros organizados. No tocante às mulheres pobres, analfabetas em sua maioria, a situação se agrava. Entretanto, no meio dessa aridez, a documentação policial e judiciária revela-se material privilegiado na tarefa de fazer vir à tona a contribuição feminina no processo histórico. Dessa forma, embora buscando informações em jornais, periódicos e escritos literários, elegemos os processos criminais como fonte principal. A sua utilização revela-se fundamental para podermos nos aproximar do cotidiano de homens e mulheres das classes populares. Constituem uma das poucas alternativas nesse esforço de desvendar as preocupações e táticas relativas à sobrevivência, crenças, às aspirações, aos conflitos e solidariedades entre familiares, amigos, vizinhos; às expectativas e exigências quanto ao relacionamento afetivo, enfim, às regras que norteavam sua existência e conformavam sua cultura.

A aceleração da urbanização provocou um progressivo movimento das populações pobres para as capitais, onde procuravam se estabelecer nas áreas centrais, próximo ao mercado de trabalho. Aí ocupavam, em sua maioria, habitações coletivas, casas de cômodo ou cortiços, cujos "moradores embora na maior parte do sexo frágil são de um gênio diabólico", registrava um articulista maranhense; que destilava seu preconceito contra uma dessas mulheres que numa rixa com um dedilhador de viola, "fez sentir sua indisposição ao trovador, desandando-lhe um palavreado de fazer corar com as pedras". Tais manifestações legitimavam as aspirações de grupos dirigentes, ávidos para derrubar tais habitações, vistas como símbolo do atraso e da corrupção moral, e expulsar os populares, "de seu espaço improvisado, nos bairros centrais da cidade [S. Paulo], bem nos limites das virtualidades burguesas, entre a casa de ópera e as lojas comerciais".[3]

Em relação ao Rio de Janeiro, face ao seu estatuto de capital da República e cidade mais populosa do Brasil, urgia acelerar o seu projeto de modernização, tornando-a cartão de visitas do progresso alcançado por todo o país. A derrubada dos cortiços das áreas do centro afigurava-se como indispensável, inclusive, porque eram considerados focos das epidemias que, periodicamente, infestavam a cidade. A medicina e os interesses econômicos uniram-se no propósito de transformar a velha cidade numa metrópole moderna que deveria atrair capitais e homens estrangeiros.

Os populares foram os mais prejudicados nesse processo, cujo auge ocorreu durante o governo Pereira Passos (1904-1906), em que milhares de pessoas tiveram de deixar suas moradias, desapropriadas e demolidas por ordem da prefeitura. As mulheres sofreram o maior ônus, já que exerciam seus afazeres na própria moradia, agora mais cara e com cômodos reduzidos. Aí exerciam os desvalorizados trabalhos domésticos, fundamentais na reposição diária da força de trabalho de seus companheiros e filhos; como ainda produziam para o mercado, exercendo tarefas como lavadeiras, engomadeiras, doceiras, bordadeiras, floristas, cartomantes e os possíveis biscates que surgissem. Nessas moradias desenvolviam redes de solidariedade que garantiam a sobrevivência de seus familiares.

Também, ao contrário dos "bem situados" que se guardavam dentro de suas mansões, protegidas por altos muros, os pobres, homens e mulheres, tinham nas ruas e praças o espaço de seu lazer, em muitas das quais se buscava impedi-los de circular livremente, sendo a todo momento incomodados pela polícia. Inúmeros obstáculos foram pensados para afastá-los de determinados locais. No município do Rio de Janeiro, a nova Avenida Central deveria ser um desses espaços, visto que: "fazer a Avenida implicava, pois até, num grau moral. E todos se preparavam para isto [...] Os cavaleiros no maior aprumo. As senhoras na maior elegância. E aquilo era mesmo um *boulevard* francês cheio de palácios franceses". Não poucos conflitos resultaram desse propósito de depurar o centro da cidade da frequência das camadas populares, com seus hábitos grosseiros.

Com base no comportamento feminino dos segmentos médios e elevados, acresce em relação às mulheres as prescrições dos juristas acerca da impropriedade de uma mulher honesta sair só. Coadunava-se tal norma com a proposta burguesa, referendada pelos médicos, sobre a divisão de esferas que destinava às mulheres o domínio da órbita privada e aos homens, o da pública. Embora as mulheres mais ricas fossem estimuladas a frequentar as ruas em determinadas ocasiões, nos teatros, casas de chá, ou mesmo passeando nas novas avenidas, deveriam estar sempre acompanhadas.

A rua simbolizava o espaço do desvio, das tentações, devendo as mães pobres, segundo os médicos e juristas, exercer vigilância constante sobre suas filhas, nesses novos tempos de preocupação com a moralidade como indicação de progresso e civilização. Essa exigência afigurava-se impossível de ser cumprida pelas mulheres pobres que precisavam trabalhar e que para isso deviam sair às ruas à procura de possibilidades de sobrevivência. Aliás, não apenas em São Paulo: "toda a sua maneira de sobreviver implicava a liberdade de circulação pela cidade, pois dependiam de um circuito ativo de informações, bate-papos, leva e traz, contratos verbais".[4]

Nesse contexto, acentuou-se a repressão contra as mulheres, como foi vivenciada pela jovem Lídia de Oliveira, presa sob a alegação de estar proferindo "palavras ofensivas, na Praça da República, à moral pública", tendo resistido tenazmente à prisão e produzido lesões corporais nos guardas que buscaram efetivá-la.[5]

Na delegacia são das mais ásperas as referências ao comportamento da acusada, chamada de "mulher vagabunda" por um dos guardas-civis. O delegado em seu relatório reforça a imagem moralmente negativa de Lídia. Qualifica-a de "mulher prostituta, desordeira e ébria" que "à Praça da República ofendia a moral pública proferindo obscenidades e levantando as roupas, ficando desnudada".

Lídia, porém, teria reagido com "garra", agredindo a dentadas os guardas. E, no seu depoimento, diz que nada fez para ser presa. Voltava da Festa da Penha e estava se divertindo no Campo de Santana, quando foi maltratada pelos guardas-civis, que a trouxeram e lhe deram pancadas. Era lavadeira e nunca estivera em delegacia.

Na pretória, uma das testemunhas, o guarda-civil Reginaldo de Oliveira, deixa escapar o verdadeiro motivo de toda a questão, ou seja, de que Lídia, na Praça da República, fora: "convidada a retirar-se dali, porque existe ordem do Delegado de não permitir a permanência de mulheres ali, não atendeu a essa ordem e começou a dizer palavras obscenas".

O que fica claro é o empenho das autoridades em impedir a presença dos populares em certos locais, no esforço de *afrancesar* a cidade para o desfrute das camadas mais elevadas da população e para dar mostras de "civilização" aos capitais e homens estrangeiros que pretendiam atrair. No caso das mulheres, acrescentavam-se os preconceitos relativos ao seu comportamento; sua condição de classe e de gênero acentuava a incidência da violência. O desrespeito às suas condições existenciais traduzia-se em agressões físicas e morais. Foi o que ocorreu, na situação em pauta, através da imputação à Lídia do exercício da prostituição, a mais infamante pecha para uma mulher na época.

Em Florianópolis, no início do século XX, além das tentativas de "reajustamento social" das mulheres dos segmentos populares, havia a preocupação de que adquirissem um comportamento "próprio para mulheres", marcado pela presença das características já nomeadas de recato, passividade, delicadeza etc. Fato que facilitava a repressão e a arbitrariedade policial, pois, não se enquadrando nesse esquema, fugiam às normas próprias de sua "natureza".[6]

Ocorre que esse processo não se desenrolou sem uma efetiva resistência dos membros das camadas populares, inclusive da parcela feminina, que disputava, palmo a palmo, o seu direito ao espaço urbano. Deve-se ter em mente que para muitos a rua assumia ares de *lar* onde comiam, dormiam e extraíam o seu sustento. Também era nos largos e praças que as mulheres costumavam reunir-se para conversar, discutir ou se divertir, da mesma forma que se aglomeravam nas bicas e chafarizes, não raro, brigando pela sua vez. Em grande proporção responsáveis pela manutenção da família, a liberdade de locomoção e de permanência nas ruas e praças era vital para as mulheres pobres, que cotidianamente improvisavam papéis informais e forjavam laços de sociabilidade.

No tocante às formas de violência específicas da condição feminina, aquela relativa ao relacionamento homem/mulher revestia-se de caráter especial. Apesar da existência de muitas semelhanças entre mulheres de classes sociais diferentes, aquelas das camadas populares possuíam características próprias, padrões específicos, ligados às suas condições concretas de existência. Como era grande sua participação no "mundo do trabalho", embora mantidas numa posição subalterna, as *mulheres populares*, em grande parte, não se adaptavam às características dadas como universais ao sexo feminino: submissão, recato, delicadeza, fragilidade. Eram mulheres que trabalhavam e muito, em sua maioria não eram formalmente casadas, brigavam na rua, pronunciavam palavrões, fugindo, em grande escala, aos estereótipos atribuídos ao *sexo frágil*.

As atividades das *mulheres populares* desdobravam-se em sua própria maneira de pensar e de viver, contribuindo para que procedessem de forma menos inibida que as de outra classe social, o que se configurava através de um linguajar "mais solto", maior liberdade de locomoção e iniciativa nas decisões. Seus ganhos estavam na última escala, já que persistia a ideologia dominante de que "a mulher trabalha apenas para seus botões", desdobramento das concepções relativas à inferioridade feminina, incapaz de competir em situação de igualdade com os homens. E, apesar de todas as precariedades de seu cotidiano, assumiam a responsabilidade integral pelos filhos, pois "maternidade era assunto de mulher".

Essas dificuldades se agravavam, pois muitas das ideias das mulheres dos segmentos dominantes se apresentavam fortemente às *mulheres populares*. Mantinham, por exemplo, a aspiração ao casamento formal, sentindo-se inferiorizadas quando não casavam; embora muitas vezes reagissem, aceitavam o predomínio masculino; acreditavam ser de sua total responsabilidade as tarefas domésticas, ainda que tivessem que dividir com o homem o ganho cotidiano.

CASAR OU NÃO CASAR, EIS A QUESTÃO!

Embora o casamento para a classe dominante fosse a única via legitimada de união entre um homem e uma mulher, constituindo-se para a última no ideal mais elevado de realização, era proporcionalmente pequeno o número de pessoas casadas em relação ao total da população. O fato é que no seio dos populares o casamento formal não preponderava.[7]

Isso se explica não só pelo desinteresse decorrente da ausência de propriedades, mas pelos entraves burocráticos. A dificuldade do homem pobre em assumir o papel de mantenedor, típico das relações burguesas, é outro fator, ao que se soma, em alguns casos, a pretensão de algumas mulheres de garantir sua autonomia. Esta última questão é bem apresentada no romance *O cortiço* pelo protesto da mulata Rita Baiana:

> Casar? Protestou a Rita. Nessa não cai a filha de meu pai! Casar! Livra! Para quê? Para arranjar cativeiro? Um marido é pior que o diabo; pensa logo que a gente é escrava! Nada! Qual! Deus te livre![8]

A mulher ficava com o encargo dos filhos sem pais, como a Machona, outra das personagens do romance, que ninguém sabia ao certo se era "viúva ou desquitada" e cujos "filhos não se pareciam uns com os outros".[9]

A liberdade sexual das *mulheres populares* parece confirmar a ideia de que o controle intenso da sexualidade feminina estava vinculado ao regime de propriedade privada. A preocupação com o casamento crescia na proporção dos interesses patrimoniais a zelar. No Brasil do século XIX, o casamento era boa opção para uma parcela ínfima da população que procurava unir os interesses da elite branca. O alto custo das despesas matrimoniais era um dos fatores que levavam as camadas mais pobres da população a viver em regime de concubinato.[10]

As moças brancas, mas pobres "sem dotes e sem casamento, abandonavam os sobrenomes de família para viver em concubinatos discretos, usando apenas os primeiros nomes". Assim, concubinas, mães solteiras ou filhas ilegítimas viviam em sua maioria no anonimato.[11]

A vida familiar destinava-se, especialmente, às mulheres das camadas mais elevadas da sociedade, para as quais se fomentavam as aspirações ao casamento e filhos, cabendo-lhes desempenhar um papel tradicional e restrito. Quanto àquelas dos segmentos mais baixos, mestiças, negras e mesmo brancas, viviam menos protegidas e sujeitas à exploração sexual. Suas relações tendiam a se desenvolver dentro de um outro padrão de moralidade que, relacionado principalmente às dificuldades econômicas e de raça, contrapunha-se ao ideal de castidade. Esse comportamento, no entanto, não chegava a transformar a maneira pela qual a cultura dominante encarava a questão da virgindade, nem a posição privilegiada do sexo oposto.

No Rio de Janeiro, apesar de a grande maioria das mulheres da classe trabalhadora não contrair o casamento formal, ele se afigurava como um valor. É o que se depreende das declarações de mulheres que criticavam outras por assumirem determinados comportamentos, como proferir palavras de baixo calão ou por ser "rixosa". Ao comentar sobre elas, acrescentavam a observação de que assim agiam "apesar de serem casadas". A condição de "casada" por si só pressupunha um comportamento irrepreensível da mulher. Isso parece denotar a influência da cultura dominante sobre as camadas populares.

Tal situação pode ser observada no processo-crime em que a portuguesa Maria Cândida, casada, analfabeta, dizendo viver dos rendimentos de seu marido, é acusada por Maria Garcia Munhoz, solteira, sabendo ler e escrever, de tê-la insultado de "p..., ordinária, mulher de todo mundo, além de ameaçar dar-lhe muitos bofetões".[12]

Quando processada, a acusada negou ter proferido tais palavras, dizendo ter sido ela a ofendida pela queixosa com palavras inconvenientes como "vaca, mulher casada ordinária", além de ter insultado seu marido como "filho da puta". Isto, por ter pedido que a queixosa se retirasse de sua porta onde fazia barulho, o que não queria por ser "mulher casada e mãe de filhos". Aliás, em todo o processo observa-se a ênfase ao fato de Maria Cândida ser casada, enquanto a queixosa, Maria Garcia Munhoz, aparece como amasiada, o que foi utilizado pela defesa como um elemento justificativo para que a queixa fosse julgada improcedente.

Assim, a defesa repetia que a acusada era:

> Mulher casada, mãe de família e morigerada pelo hábito constante do trabalho e mais a apelada é uma mulher casada que amamenta e cria filhos, além de dedicar-se também ao trabalho, o que tanto mais é de atender-se, quanto podia descansar na responsabilidade e no trabalho de seu marido. O mesmo porém não se dá com a apelante e esta circunstância não milita em seu abono.

Essa observação referia-se ao fato de a queixosa não ser casada, revertendo a acusação: "Foi a apelante quem chamou a apelada de vaca, mulher casada que tinha pior comportamento do que ela, apelante, que era amasiada." Também aqui o fato de ser casada é explorado como um valor, ao mesmo tempo em que não foram poupados xingamentos de ambas as partes.

Assim, o português Manoel da Silva Alves, casado, residente à estalagem da Rua do Riachuelo nº 51, "por cabeça de sua mulher", dona Maria da Glória, também portuguesa, entrou com um processo contra a brasileira Madalena Augusta, solteira, analfabeta, dona de casa, residente no mesmo local. Alegou que, após um mal-entendido, a acusada voltou-se para sua esposa dizendo que ela:

> não era casada mas sabia proceder melhor do que muitas casadas, honrando melhor o seu amigo do que a mulher do suplicante honrava seu marido e mais chamou-a de safada, ordinária e assim outros impropérios que a decência manda calar.[13]

Segundo o advogado da acusada, as coisas não tinham acontecido assim. Na verdade, a queixosa é que teria ofendido Madalena que, diante dos epítetos que lhe foram dirigidos, respondera que: "sendo amigada, sabia respeitar o seu amigo como algumas casadas não o faziam".

Ainda, o comerciante italiano, José Pano, queixando-se da vizinha Francisca, a quem fora reclamar de seus filhos que estenderam uma corda na rua para, propositadamente, fazer suas filhas caírem, disse que: "esta o recebeu com termos injuriosos como sujo, imundo, canalha, puto, a seu ver impróprios dos lábios de uma mulher (e casada)".[14]

QUEM DISSE QUE MULHER AGUENTA CALADA?

O homem pobre, por suas condições de vida, estava longe de poder assumir o papel de mantenedor da família previsto pela ideologia dominante, tampouco o papel de dominador, típico desses padrões. Ele sofria a influência dos referidos padrões culturais e, na medida em que sua prática de vida revelava uma situação bem diversa em termos de resistência de sua companheira a seus laivos de tirania, era acometido de insegurança. A violência surgia, assim, de sua incapacidade de exercer o poder irrestrito sobre a mulher, sendo antes uma demonstração de fraqueza e impotência do que de força e poder.[15]

Essa explicação se completa pelo fato de que a tais homens, desprovidos de poder e de autoridade no espaço público – no trabalho e na política –, seria assegurado o exercício no espaço privado, ou seja, na casa e sobre a família. Nesse sentido, qualquer ameaça à sua autoridade na família lhes provocava forte reação, pois perdiam os substitutos compensatórios para sua falta de poder no espaço mais amplo.[16]

Ao contrário do usual, muitas *populares* vítimas da violência rebelaram-se contra os maus-tratos de seus companheiros numa violência proporcional, precipitando soluções extremas; mais uma vez desmentindo os estereótipos correntes acerca de atitudes submissas das mulheres.

Esse foi o caso da lavradora Arminda Marques de Oliveira, negra, analfabeta, residente em Jacarepaguá, casada há cerca de 20 anos com Marcolino Ferreira da Costa. Arminda vinha tendo nos últimos anos fortes queixas de Marcolino, cada vez mais mergulhado na embriaguez, do que resultavam constantes rixas e o desaparecimento da "harmonia de outros tempos". Os desentendimentos desencadearam a morte de Marcolino. Arminda explicou que:

> muitas vezes apanhava de pau; que Marcolino não tinha mais o menor respeito à família, quer dizendo em frente de seus filhos palavras obscenas, quer praticando com a depoente atos sexuais em sua presença; que a isso era forçada pois que Marcolino tinha um gênio irascível.[17]

Ao comportamento condenável de espancar sua esposa e de comprometer a formação dos filhos, opondo-se às exigências morais da nova ordem, Marcolino não mais desempenhava seu papel prioritário na

As mulheres pobres viviam de acordo com padrões que pautavam a conduta feminina nas camadas mais favorecidas da população. Em geral, trabalhavam muito, não estabeleciam relações formais com seus companheiros, e não correspondiam aos ideais dominantes de delicadeza e recato.

família, ou seja, "não mais cuidava de seu trabalho; sendo a depoente quem fazia o serviço da lavoura e do fabrico de carvão".

Contrariando as expectativas, invertiam-se os papéis. E, continuava Arminda a narrativa do seu drama, que culminava num quadro escabroso com tentativas de Marcolino de "rasgá-la", introduzindo os dedos no seu ânus, ameaçando tirar-lhe a vida. Em face deste panorama, Arminda:

> desvencilhou-se de suas mãos e armou-se de pau, o mesmo que ora lhe é apresentado e deu umas cinco ou seis cacetadas pelo corpo e cabeça; que afinal Marcolino caiu perto do caminho do roçado de milho; que a depoente tinha a intenção de se defender e não de matá-lo e não pensava que ele viesse morrer de tais ferimentos.

Constata-se que à medida que Marcolino mergulhava na bebida, era rejeitado cada vez mais pela sociedade e, por isso, tinha necessidade de se reassegurar de sua autoridade junto à família; o que fazia tentando obrigar Arminda a atitudes extravagantes, como a prática de atos sexuais na frente dos filhos. Espancando-a, também buscava demonstrar que no interior do seu lar ele deveria afigurar-se como todo-poderoso.

As declarações de Arminda foram confirmadas pelas testemunhas, inclusive por dois filhos do casal. Todas foram unânimes em apontar a dureza do seu cotidiano; mãe de sete filhos, a mais velha com 18 e a menor com dois anos incompletos, trabalhava na lavoura e no fabrico de carvão e, além de sua labuta diária, típica de mulheres de área rural "cortando lenha no mato, roçando a foice, cozinhando e lavando", Arminda ainda tinha que suportar os maus-tratos de Marcolino, já "que era espancada pelo marido quase que diariamente, a socos e pontapés, apesar de nunca ter dado pancada no marido, sofrendo com paciência tudo o que ele lhe fazia".

O contraste entre as imagens de Arminda e Marcolino deve ter contribuído para a atitude tomada pelo juiz Edgard Costa, a 25 de outubro de 1917, que se opôs à ordem de prisão preventiva decretada pelo promotor contra Arminda. Lembrava a conveniência da prisão preventiva, apenas "quando há possibilidade de fuga do delinquente, receio de destruição ou alteração por parte dele dos sinais e vestígios do crime, possibilidade de suborno ou peita de testemunhas, incerteza de domicílio etc.". E, dizia o juiz, que sendo ela "pobre e rústica", não haveria receio nem possibilidade que viesse destruir ou alterar os vestígios do crime, peitar ou subornar testemunhas. Dessa forma não deveria a justiça contribuir para aumentar a desgraça de uma mãe, separando-a dos filhos, dos quais seria o único arrimo. Aceitando o fato como legítima defesa, a 2 de abril de 1918, a denúncia foi considerada improcedente, sendo a ré libertada.

Também, Maria da Silva, natural da cidade do Rio de Janeiro, solteira, sabendo assinar o nome, doméstica, residente numa casa de cômodos, atirou em seu companheiro, o português Manoel José Vieira, também solteiro, empregado no comércio, após este tê-la agredido.[18]

Maria relatou ter vivido maritalmente com Manoel. Brigavam constantemente porque "ele não cumpria com os deveres de bom companheiro". Dessa união resultou um filho. Como a grande maioria das mulheres de sua classe social, Maria trabalhava numa casa de família e "confiou de acordo com o falecido a criação e a amamentação desta criança a uma senhora de amizade". Continuando seu relato, Maria afirma que

> Manoel não auxiliava a ela declarante na despesa com essa criança; que hoje às 7 horas e vinte minutos mais ou menos deixou seu serviço e foi procurar o falecido a fim dele dar algum dinheiro para compra de leite para a referida criança e chegando em casa pediu a ele esse dinheiro, respondendo-lhe ele que não dava nem um vintém, desesperada porque soube que seu filhinho nem leite tinha tomado hoje altercou com o falecido que procurou bater nela declarante, chegando mesmo a atracá-la.

Em meio à contenda, teria conseguido desembaraçar-se do agressor e apanhando o revólver que ele sempre trazia consigo em cima de uma mesa, intimou-o: "Você não me bata, não me dê pancada." O revólver disparou e o projétil o atingiu mortalmente. Mas que ela nem sabia lidar com essa arma, tanto que muitas vezes disse ao falecido que "deixasse de andar com aquilo"; e que absolutamente não era sua intenção "matar o seu companheiro de vida a quem, embora entre ambos houvesse sempre briga, estimava muito; que nem mesmo em morte pensou na ocasião".

Quais motivos teriam levado Manoel a espancar a companheira? Maria exigia um mínimo de participação de seu companheiro na criação do filho; sentia-se sobrecarregada na tarefa de manter a família, pois como empregada doméstica trabalhava muito mas ganhava pouco. Essa verdade já seria suficiente para irritar Manoel, pois, na medida em que a mulher é encarada pelo homem como um simples complemento, um objeto de sua propriedade, o homem não se vê obrigado a justificar seus atos. Nesse sentido, ao vir Maria cobrar-lhe atitudes de homem, Manoel reagia de imediato. Ainda mais se acentuava sua frustração ao perceber que suas condições concretas de existência não lhe permitiam o exercício do poder ilimitado.[19]

A situação tornou-se séria pela impossibilidade real de Manoel em atender à solicitação de Maria, por estar realmente sem dinheiro, dispondo apenas de cem réis no bolso. Ao sentir-se desprestigiado por essa impossibilidade, pois deveria ter internalizado a ideologia de que cabe ao homem o papel de mantenedor, desencadeou-se o conflito.

A paulista Antônia Josepha Maria da Conceição, negra, natural de São Paulo, com 50 anos, solteira, analfabeta, cozinheira, residente num barracão em Pedregulho, teve, em outubro de 1904, forte discussão com seu amásio, o português Antônio Fernandes, 67 anos, casado, analfabeto, chacareiro, residente no mesmo local. A razão do confronto foi o fato de Antônia Josepha ter lhe pedido dinheiro para pagar o aluguel da casa. Antônio reagiu agressivamente jogando uma botina na cabeça de Antônia, levantando-se, em seguida, com destino à rua.[20]

Segundo Antônio Fernandes, logo do primeiro degrau foi atirado por Antônia escada abaixo, ficando bastante machucado no braço e em toda parte esquerda do corpo; o que Antônia Josepha negou dizendo que o mesmo "rolou escada abaixo" sozinho. De qualquer modo houve espancamento de ambas as partes, pois Antônia em altas vozes dizia que "se Antônio Fernandes fosse se queixar à polícia ela também vinha, pois estava ferida e com sangue".

Nesse caso, o homem foi instado pela companheira para o cumprimento de suas obrigações familiares – o pagamento do aluguel da casa. Acresce-se à situação a real impossibilidade econômica do *mantenedor*, e assim teremos os motivos que explicam a violenta reação de Antônio Fernandes contra sua mulher.

Antônia Josepha, porém, não permaneceu passiva, dependente, depositando em seu amásio a tarefa de enfrentar o mundo extradoméstico. Ela não só reagiu às ofensas de Antônio, como, no dia seguinte, contrariamente ao comportamento convencional, saiu para trabalhar. Relegou seu papel de esposa a segundo plano, deixando Antônio com a filha, que, juntamente com o amásio, passara a morar em sua companhia: dado expressivo do problema de escassez de moradia que se acentuava em meio às obras empreendidas pelo prefeito Pereira Passos no Rio de Janeiro.

O fato foi relatado à polícia pelo patrão de Antônio Fernandes, José de Oliveira, também português, 39 anos, casado, analfabeto. Apreensivo com as faltas de seu empregado, dirigiu-se à sua casa, ocasião em que soube do ocorrido e, constatando que o mesmo:

> estava há dois dias sem receber curativo algum, foi chamar um médico. Este, tendo examinado, viu que estava com o braço luxado, pelo que disse a ele declarante que o mandasse para a Santa Casa de Misericórdia para ser tratado convenientemente. Que ele declarante à vista do fato entendeu comunicar à polícia para os fins convenientes.

Verifica-se, assim, um dado ainda muito presente na época a respeito da estreita relação entre patrão e empregado, especialmente se da mesma nacionalidade. Essa modalidade de relacionamento paternalista na República Velha, no contexto da transição para a ordem capitalista, teria funcionado eficazmente para mitigar as tensões entre patrões e empregados, pelo menos na primeira década do século.[21]

Os depoimentos de Antônio e de seu patrão tinham o claro propósito de culpar Antônia Josepha pela queda do marido. José de Oliveira afirmou que o acidentado não havia recebido tratamento algum; o que não corresponde ao depoimento da filha de Josepha, segundo a qual foram aplicados remédios caseiros em seu pai.

Antônio faleceu trinta e dois dias depois do ocorrido, sendo que no ofício da Santa Casa de Misericórdia ficaram declaradas não só as fraturas da coxa e do braço do lado esquerdo, como alcoolismo e septicemia. De acordo com o auto de corpo de delito, a morte decorreu das "condições personalíssimas do ofendido".

Apesar disso, Antônia Josepha foi considerada culpada. Mas logo o advogado de defesa obteve sua absolvição argumentando que culpá-la seria uma iniquidade, "máxime, tratando-se de uma mulher". Na verdade, esse tipo de tratamento, que à primeira vista parece beneficiar as mulheres, tem-se constituído em fonte de discriminação, pois coloca as mulheres como criaturas frágeis, incapazes de suportar os embates da vida e assumir suas responsabilidades à semelhança do homem.

Outra situação similar é a da viúva pernambucana Tereza de Sá Barreto, parda, sabendo ler e escrever, costureira, residente numa casa de cômodos. Tereza teve forte conflito com seu amásio, Roque da Silva Rangel, branco, solteiro, sabendo ler e escrever, empregado no comércio, na ocasião desempregado, residente no mesmo local. Ao voltar da rua, a mulher lhe teria perguntado "se tinha ou não recebido os seus vencimentos porquanto há três dias seus filhos e ela acusada não tinham o que comer".[22]

Uma das testemunhas afirmou que Roque foi maltratado pela acusada ao entrar em casa e "zangando-se principiou a ajuntar a roupa para sair"; Roque começou a ser agredido por Tereza, que lhe deu diversas facadas. A mulher negou a agressão informando que:

> em resposta a que lhe deu seu amante Roque, ela acusada correu à cozinha e aí encontrando uma garrafa com espírito de vinho bebeu e na ocasião em que penetrava em seu quarto seu amante Roque a agrediu e travando com ela acusada presente forte luta, resultou seu amante cair e ferir-se.

Em relação às acusações que lhe são feitas, Tereza retruca que não pegou em faca conforme dizem as testemunhas, porquanto as mesmas eram suas inimigas e buscavam diariamente intervir em sua vida privada. Segundo Roque:

> indo à casa onde reside encontrou sua amásia Tereza Barreto bastante alcoolizada e após a sua entrada, ele, ofendido, *teve pequena discussão com a filha de sua amásia de nome Raimunda, e em seguida a isso sua amásia Tereza atracou-se com ele ofendido e lançando a mão em uma faca, com esta deu-lhe diversos golpes,* resultando os ferimentos que apresenta. [grifo nosso]

Apesar de gravemente ferido, Roque, em seu depoimento, não fez menção ao motivo alegado por Tereza para a discussão, do que se depreende o propósito de ocultá-lo, interiorizando a situação de desprestígio que acarretava ao homem a impossibilidade de manter a própria família. Tereza e sua filha, levadas a corpo de delito, revelaram estar machucadas. No interrogatório, já no sumário, Tereza relatou que o ofendido costumava maltratá-la muito e no dia do ocorrido chegara em casa embriagado e dera-lhe uma bofetada, avançando também para sua filha, em quem deu um murro.

O promotor, na denúncia, mostra-se altamente preconceituoso em relação a Tereza, explicitando o papel que ela deveria cumprir, em se tratando de uma mulher. Assim, o promotor diz:

> Rangel havia regressado à casa um tanto embriagado e começou a altercar com sua amásia, ora denunciada e esta, *longe de desculpar o excesso de linguagem de seu amásio e evitar qualquer desacato, procurou ainda mais exacerbá-lo,* mantendo com ele discussão irritante e imprudente, a ponto de lançar mão de uma faca e vibrar um golpe tão profundo em Rangel que veio a falecer no dia seguinte [...] *Assim, a indiciada, em vez de evitar a cena de sangue, provocou-a* e levou a termo assassinando Rangel que pelo seu estado normal e inconsciente nem sequer pôde defender-se e evitar o golpe, atirado por uma fraca mulher, visto achar-se em condição de não poder defender-se do ataque inesperado de sua agressora. [grifo nosso]

O juiz, durante o pronunciamento da acusada, reconhece a má vontade do promotor, rebatendo "que dos autos não se verifica ter havido por parte da denunciada traição, surpresa ou disfarce como alega o Ministério Público".

O estereótipo do marido dominador e da mulher submissa, próprio da família da classe dominante, não parece se aplicar *in totum* nas camadas subalternas. Muitas mulheres assumiam um comportamento negador de tal pressuposto. Algumas reagiam à violência, outras recusavam-se a suportar situações humilhantes chegando mesmo a abrir mão do matrimônio – instituição altamente valorizada para a mulher, na época. As condições concretas de existência dessas mulheres, com base no exercício do trabalho e partilhando com seus companheiros da luta pela sobrevivência, contribuíram para o desenvolvimento de um forte sentimento de autorrespeito. Isso lhes possibilitou reivindicar uma relação mais simétrica, ao contrário dos estereótipos vigentes acerca da relação homem/mulher que previam a subordinação feminina e a aceitação passiva dos percalços provenientes da vida em comum.

Para a compreensão de tal atitude, torna-se relevante informar que nesse período o censo aponta um excedente de população masculina em relação à feminina, índice que alcança sua maior diferença em 1906 em razão da entrada de imigrantes estrangeiros sem suas famílias, além de muitos serem solteiros. A diferença quantitativa entre os dois sexos favorecia às mulheres que eram, assim, altamente disputadas pelos homens e tinham condições de reivindicar uma relação mais simétrica.

Dessa forma, nas relações entre homens e mulheres pobres destaca-se a atitude insubmissa da segunda, como ocorreu com a portuguesa Maria Adelaide. Ela formava com seu patrício, Antônio do Couto, um dos inúmeros casais que, vivendo em estalagem, tinham sua privacidade facilmente rompida, face à precariedade das instalações. Além disso, sofriam com a constante vigilância policial, como costumava ocorrer às camadas populares na época.[23]

Em setembro de 1904, o casal foi surpreendido, em meio a uma querela, pelo inspetor seccional que levou ambos para a delegacia; fato difícil de ocorrer nas camadas médias e elevadas, pois dispunham de recursos para impedir, na maioria dos casos, que suas questões se tornassem de conhecimento público ou da polícia.

No episódio em pauta, chama a atenção a intrepidez da acusada, mulher ativa que ajudava o companheiro no seu mister de sapateiro. Segundo a vizinhança e o encarregado da estalagem, Maria Adelaide e Antônio "viviam constantemente brigando e fazendo grande barulho no quarto onde moram", sendo que, às 7 horas da noite do dia citado, mais uma vez tais fatos ocorreram e, devido ao barulho que faziam, a patrulha que passava pelo local trouxe-os para a Estação Policial. Maria Adelaide informou que, por vezes, já fugira da companhia de Antônio devido aos maus-tratos, mas sempre que ele lhe procura ela acaba voltando para sua companhia. Disse que Antônio "é homem que bebe e quando está embriagado entende de lhe espancar, o que já a fez vir a delegacia. Que hoje chegou de fora e entrou logo de maus humores e como ela respondesse lhe deu pontapés na barriga e se atracaram". Antônio retruca:

> Viver amasiado com a acusada que lhe ajuda no trabalho de sua arte. Esta tem gênio bastante alterado e por isso está sempre em questão com ele. Que por vezes tem já se separado da mesma pelas questões que têm tido [...] hoje ao entrar a mesma começou com uma grande questão com ele, e estando com uma panela de arroz, lançou-lhe [...] quando se atracaram tendo Adelaide lhe dado socos e lhe arranhado com as unhas, ferindo-o, o que levou a juntarem-se pessoas na porta.

Henriqueta Maria da Conceição também está longe de se enquadrar no modelo tradicional prescrito para a mulher. Natural do Rio de Janeiro, com 18 anos, casada, analfabeta, exercendo o serviço doméstico, a 17 de agosto de 1896 achou por bem pernoitar na casa onde trabalhava, pois precisaram de seus serviços no baile que lá se realizava. Tomou essa decisão sem consultar o marido, demonstrando desprendimento e elevado senso profissional. Ao retomar à sua casa, foi agredida por seu marido que afirmava não ser verdade o motivo alegado. Henriqueta, porém, ciosa de seus direitos, reagiu à agressão, ficando ambos machucados.[24]

Inconformado com a atitude da mulher, o marido providenciou a prisão de Henriqueta, que foi levada para a Casa de Detenção onde ficou, ilegalmente, até 6 de outubro, quando só então foi impetrado *habeas-corpus* em seu favor. Por sua vez, seu marido teria passado oito dias na Santa Casa de Misericórdia, de onde saiu completamente restabelecido.

As atitudes tomadas por Henriqueta demonstraram sua discordância em relação às limitações que se pretendia impor ao seu sexo. Valorizou Henriqueta sua atividade profissional que na mulher, ao contrário do homem, deve sempre se manter num plano abaixo daquele correspondente às funções de esposa e mãe. Também ousou Henriqueta reagir à atitude de prepotência de seu companheiro, fato condenável num sistema que legitimava a subordinação feminina.

Armênia Alves Pereira, brasileira, casada, analfabeta, residente em Irajá, vivia sendo importunada por seu marido, Joaquim Alves Pereira. Segundo informação de Armênia, Joaquim costumava embriagar-se e, quando nesse estado, punha-se a espancá-la. Que, por vezes, tinha ela escapado de ser assassinada e que recentemente Joaquim teria tentado estrangulá-la. Ele próprio dizia desconfiar da fidelidade da mulher, o que o fazia vigiá-la assiduamente, fato por si só suficiente para provocar forte reação de Armênia, que acabou lhe dando um pontapé nos órgãos genitais.[25]

Uma situação bastante diversa daquela estereotipada para os dois sexos é a da costureira baiana Isabel Maria de Jesus, que mantinha o amante, era nove anos mais velha do que ele, que revela iniciativa conseguindo-lhe um emprego e que, ao ser abandonada, extravasou seus desenganos e frustrações, ao invés de se autoflagelar em nome de uma suposta "natureza feminina". Isabel afirmou em seu depoimento ter sido amante do pernambucano Gastão Ribeiro dos Santos, solteiro, sabendo ler e escrever, recebedor da Companhia de S. Cristóvão.

> Dando-lhe dinheiro e até o empregando como o fez na Companhia de S. Cristóvão; que Gastão nunca teve emprego, furtando ele dela acusada, 18$000 réis, que ainda não os restituiu que sempre Gastão esteve morando com ela acusada [...] que estava passando hoje pela Rua do Núncio cerca de 8 horas da noite, quando encontrou-se com Gastão que a teria provocado com palavras insultuosas, chamando-a de 'vagabunda' e outras palavras.

Volta a dizer que sempre "vestiu e deu de comer e dormida a Gastão". Tal afirmativa, repetida a todo momento, se por um lado denota uma situação comum entre mulheres pobres – de garantirem a sobrevivência cotidiana com seu trabalho e, em grande parte, de manterem a casa quando seus companheiros estão desempregados ou quando vivem sozinhas –, por outro, demonstra a incidência dos valores dominantes acerca dos papéis tradicionais dos dois sexos, que depreciam o homem que se deixa sustentar por uma inferior, uma mulher.

Gastão nega que tenha feito qualquer provocação a Isabel e atribui sua atitude a ciúmes. Acrescenta que Isabel sempre que o encontrava ameaçava matá-lo. Mesmo assim, a denúncia foi considerada improcedente por falta de provas. É bem verdade que a imagem de Gastão, dependente dos ganhos e da iniciativa de Isabel, deve ter assegurado tal decisão.

A autonomia das mulheres pobres no Brasil da virada do século XIX para o XX é um dado indiscutível. Vivendo precariamente, mais como autônomas do que como assalariadas, improvisavam continuamente suas fontes de subsistência. Tinham, porém, naquele momento, maior possibilidade que os homens de venderem seus serviços: lavando ou engomando roupas, cozinhando, fazendo e vendendo doces e salgados, bordando, prostituindo-se, empregando-se como domésticas, sempre davam um jeito de obter alguns trocados. Explica-se, assim, a significação que emprestavam ao trabalho. Em São Paulo, por exemplo, em meio à tradicional ausência masculina, as mulheres pobres lutavam pela sobrevivência submetendo-se a atividades mal vistas pelos poderosos, como o artesanato caseiro e o comércio ambulante que na concepção daqueles só sujavam e enfeavam a cidade. Mães solteiras e concubinas eram, igualmente, alvos do preconceito por estarem à margem do esquema de organização familiar burguês, concebido como universal.[26]

O que ressalta é a liderança dessas mulheres no seu grupo familiar. Em vários relatos se observa que o testemunho dos filhos lhes era favorável. Reconheciam seus esforços omitindo idêntica preocupação em relação aos pais, que estavam longe de possuir o *status* de patriarca. Embora não deixassem de sofrer as influências dos estereótipos vigentes acerca da passividade feminina, essas mulheres não se dispunham a deixar-se humilhar pelos desmandos do companheiro.

Por sua vez, os homens pobres encontravam nas mulheres um abrigo seguro em face dos dissabores da existência, marcada pelo desemprego ou pelos parcos ganhos. Não conseguiam, porém, desfrutar uma relação mais igualitária com suas companheiras, já que sobre eles incidiam o estereótipo dominante de que a mulher era sua propriedade privada sobre a qual tinha um poder ilimitado. A insegurança e a frustração decorrentes da impossibilidade de exercer concretamente o papel que lhes era prescrito exacerbavam sua agressividade.

UM PESO... DUAS MEDIDAS

Na virada do século, o crime passional assumiu grandes proporções. Em contraposição aos criminalistas clássicos – que afirmavam que ainda no paroxismo da mais violenta paixão não ocorria suspensão temporária das faculdades mentais e o indivíduo mantinha a percepção do bem e do mal –, os adeptos da Escola Positivista Italiana, liderada por Lombroso, isentavam de responsabilidade o criminoso passional. Estes últimos explicavam que certas paixões intensas se identificavam com determinadas formas de loucura, podendo anular a função inibidora da vontade, deduzindo-se daí a irresponsabilidade penal. Ferri, criminalista da Escola Positivista, destacava a existência de paixões sociais, sendo os criminosos por elas acometidos impulsionados por motivos úteis à sociedade: o amor e a honra, o ideal político e o religioso. Argumentava que qualquer penalidade seria inútil para esses indivíduos já que "as próprias condições de tempestade psíquica sob as quais eles cometem o crime tornam impossível toda influência intimidante da ameaça legislativa".[27]

Os crimes beneficiavam-se da onda de romantismo no âmbito da literatura e da arte enfatizando o amor e a paixão. Situações desse teor eram retratadas por Tolstoi, Dostoievski, Daudet, Maupassant e D'Annunzio, cujas obras estão repletas de situações em que o amor e o ciúme aparecem como determinantes dos atos mais impulsivos. A própria vida de alguns desses poetas e romancistas confirmaria a doutrina que aproxima da loucura a paixão pelo amor.

A desigualdade entre homens e mulheres em relação à questão se constituía numa realidade. Lombroso, cujas ideias estavam revestidas de forte teor evolucionista, apontava na mulher inúmeras deficiências, além de atribuir-lhe fortes traços de perfídia e dissimulação. Ele afirmava que a mulher era menos inteligente que o homem, explicando que a presença da genialidade nesse sexo, por uma confusão de caracteres sexuais secundários, faria a mulher parecer um homem disfarçado. Era a mulher dotada de menor sensibilidade nos mais diversos âmbitos, especialmente na sexualidade. Dentre as razões que apresentava para comprovar tal afirmação, enumerava a raridade das psicopatias sexuais nesse sexo e a sua capacidade de manter a castidade, por longo tempo; atitude impossível de exigir-se dos homens. Assim, justificava que as leis contra o adultério só atingissem a mulher, cuja natureza não a predispunha a esse tipo de transgressão. Apesar de considerar a existência de uma categoria especial de mulheres – as criminosas por paixão –, dizia Lombroso que o tipo puro de criminoso passional seria sempre masculino, pois nunca a explosão da paixão na mulher poderia ser tão violenta quanto no homem.[28]

As considerações acima contribuíram para que a desigualdade se explicitasse ao nível da regulamentação jurídica. Na França, por exemplo, psicólogos e juristas empenharam-se para demonstrar que o chamado crime passional era uma mera expansão brutal do instinto sexual, que cabia à civilização controlar, sendo esse instinto ativo no homem, enquanto na mulher ele se manifestava pela passividade. Pouco a pouco, a mulher seria excluída da condição de agente de crimes passionais.

Alguns países chegavam a adotar a norma de impunidade total em favor do marido que "vingasse a honra" ao surpreender sua mulher em adultério. No Brasil, de acordo com o Código Penal de 1890, só a mulher era penalizada por adultério, sendo punida com prisão celular de um a três anos. O homem só era considerado adúltero no caso de possuir concubina teúda e manteúda.

Os motivos da punição são óbvios, já que o adultério representava os riscos da participação de um bastardo na partilha dos bens e na gestão dos capitais. O homem, em verdade, tinha plena liberdade de exercer sua sexualidade desde que não ameaçasse o patrimônio familiar. Já a infidelidade feminina era, em geral, punida com a morte, sendo o assassino beneficiado com o argumento de que se achava "em estado de completa privação de sentidos e de inteligência" no ato de cometer o crime, ou seja, acometido de loucura ou desvario momentâneo. Na prática, reconhecia-se ao homem o direito de dispor da vida da mulher.

No início do século, o Rio de Janeiro foi palco de um crime passional que encontrou ampla difusão e comentários. Atormentado pelo ciúme, o estudante de direito Luís de Faria Lacerda assassinou a tiros o médico João Ferreira de Moraes e fez diversos ferimentos na bela e jovem viúva de um diplomata chileno, Climene Philipps Benzanilla. O conhecido advogado Evaristo de Moraes, encarregado da defesa de Lacerda, conseguiu com a família do réu algumas cartas de Climene que comprometiam sua "honestidade". Referindo-se à resistência do acusado, que teria se oposto à divulgação das cartas, o célebre advogado fez da conduta da viúva o principal assunto a ser apreciado pelo júri que, em função dos preconceitos de seus membros em relação ao comportamento feminino, absolveu o réu. Quanto aos atos do réu, justificou-os em nome da "exacerbação amorosa elevada ao paroxismo" que o acometera e que se revelava equivalente à alienação mental.

Conclui-se desse e de outros processos, apresentados a seguir, que os elementos envolvidos eram julgados muito mais pela adequação de seu comportamento às regras de conduta moral, consideradas legítimas, do que propriamente pelo ato criminoso em si. Igualmente, o modelo ideal de mulher que se distinguia nos autos era o de mãe, ser dócil e submisso cujo principal índice de moralidade era sua fidelidade e dedicação ao marido. O homem se definia pela dedicação ao trabalho, pois sua obrigação fundamental era prover a subsistência da família. Emergia, assim, uma imagem assimétrica da relação homem/mulher, ou seja, do homem exercendo completa dominação sobre a mulher submissa.[29]

Para avaliação da mentalidade masculina acerca da legitimidade do adultério, quando praticado pelo homem, temos um exemplo na atitude e no discurso de Raul Machado, empregado no comércio, que foi surpreendido por sua esposa, Maria Augusta de Brito Machado, jantando em casa de sua amante, a gaúcha Ermelinda Lucila de Almeida. Enfurecida, investiu e quebrou grande parte da louça que encontrou sobre a mesa do jantar. Nessa ocasião, teria sido agredida pelos dois, passando Raul a espancá-la. Segundo seu depoimento, considerava sua atitude totalmente justificada. Declarou com a maior simplicidade que "tem como amante Lucila, o que deu lugar por duas vezes a que sua senhora fizesse escândalo na porta de sua amante". E que às 9 horas da noite, jantava com a amante, quando bateram à porta. Não reconhecendo a voz de sua mulher, abriu a porta e esta entrando repentinamente meteu o "chapéu de chuva" na louça, começando a quebrar tudo o que havia sobre a mesa. Face à agressão, ele buscou "segurar e subjugar a sua senhora", a fim de evitar que ela quebrasse tudo. Maria Augusta, vendo-se segura, gritou por socorro, acorrendo ao local "grande massa de povo". Quanto ao ferimento que sua esposa apresentava atribuía-o a um fragmento de louça ou a uma haste do guarda-chuva.[30]

Observa-se, assim, que estava perfeitamente assumida por Raul a ideologia vigente de que a infidelidade masculina se constituía em assunto do domínio privado, não tendo ele de fornecer informações sobre o assunto a qualquer instituição pública, no caso a polícia, em contraposição à infidelidade feminina, vista como crime. Interessante é a sua utilização do termo "senhora" ao referir-se à esposa, enquanto que Ermelinda, "a outra", é brindada com o de "amante"; semanticamente, uma diferença qualitativa entre as duas. À "senhora" equivaleria o papel de mãe e responsável pela ordenação do lar, o que lhe vedava, entre outros, a prática de escândalos. Já à "amante" caberia acompanhá-lo nos prazeres, no caso, o jantar com que se deliciavam, na chegada de Maria Augusta, a esposa.

Maria Augusta, casada há dez anos, com três filhos, o maior com nove anos, estaria sofrendo privações e necessidades devido à vida desregrada do marido. Habitualmente, ele deixaria de ir à casa três ou mais dias e, quando o fazia, chegava às duas, três horas da manhã, o que demonstrava sua falta de assistência. Esteve com seu filho, gravemente doente, o que não despertou a generosidade paterna que preferiu os gozos materiais de uma "cocote". Acentuava que "seu marido não faz mistério desse viver como o demonstrou nessa delegacia, fazendo disso alarde e mesmo título de recomendação". Ultimamente pareciam ter chegado a um acordo: Raul escrevera uma carta à amante em que se dispunha a não mais frequentar sua casa. De posse da carta, resolveu ser ela mesma portadora. E, qual não foi seu desencanto ao entrar na casa e se deparar com "seu marido à mesa dessa mulher". Na sua versão limitou-se a penetrar "altiva e resoluta", quando foi:

> inopinadamente agarrada por seu marido que a subjugou, procurando mesmo tapar-lhe a boca para que não gritasse, sentindo-se nessa ocasião ferida na mão direita pela amante de seu marido, não podendo precisar se com vidro do copo, se com vidro de garrafa, bradou por socorro e pouco depois praças e povo penetraram no jardim e ela pôde escapar a sanha dos seus agressores.

Sem dúvida, Maria Augusta buscou dramatizar a sua situação, apelando para lances que mais facilmente provocassem compaixão. De qualquer forma, o praça que compareceu ao local diz ter encontrado "esse senhor espancando a senhora presente a qual achava-se com a roupa manchada de sangue. Que ele interveio dizendo ao senhor para não mais espancar a senhora". A violência física foi, portanto, o recurso utilizado pelo esposo, frente à situação que o incomodava de ser questionado, no caso, pela manutenção de uma amante.

Raul termina, porém, por ser absolvido, a justiça reconhecendo o caráter privado da questão.

Também nessa outra situação fica configurada a mentalidade vigente em relação ao adultério. A fidelidade obrigatória era impossível de ser mantida pelo homem cuja sexualidade era excessivamente exigente, resvalando a qualquer "sedução". Julgava-se dever da esposa a compreensão de tais "fraquezas".

REAGINDO À REJEIÇÃO

Apesar das certezas científicas acerca da remota possibilidade de o homem manter-se monógamo, por força de sua natureza extremamente sensual, em oposição à menor sensibilidade feminina, não foram poucas aquelas que agiram tragicamente frente a tal situação. Esse foi o caso de Sofia Eugênia da Gama, parda escura, com 38 anos, solteira, analfabeta, doméstica, residente em Vila Isabel, que após tentar assassinar seu amásio, o português José Pinto Ferreira, com 41 anos, solteiro, proprietário de uma grande confeitaria no bairro, disparou contra si, visando suicidar-se.[31]

Sofia vivia com José há cerca de 21 anos, conhecendo-o quando ainda desfrutava de uma situação humilde. Tornando-se dono de uma confeitaria, muito prosperou, adquirindo José inúmeros outros prédios que lhe proporcionavam renda considerável. José, há uns oito meses, passou a manter relações íntimas com uma ex-empregada do casal que ele teria desvirginado, Maria Henriqueta dos Santos, com apenas 23 anos. José colocou Maria Henriqueta sob seu sustento, montando-lhe casa e passando a pernoitar na companhia da nova amante às terças, sextas e domingos, acompanhando-a em todos os divertimentos, e prometendo-lhe até casamento. Os outros dias passava com Sofia.

Inconformada com esse estado de coisas, Sofia procurou discutir a situação com José, que, segundo as testemunhas, não lhe dava atenção e afirmava para os amigos a respeito de Henriqueta que "aquilo não era nada, que a denunciada era sempre o chefe da casa". Ainda, informam amigos de José, que ele "sempre tratou com muito carinho sua amásia Sofia, proporcionando-lhe todos os recursos e atendendo a todas as necessidades da mesma". Depreende-se da ênfase dessas afirmações uma tentativa de justificar a atitude prevaricadora de José, já que ele cumpria aquilo que a sociedade considerava o seu dever principal, ou seja, o sustento de Sofia. Assim, fica implícito que ele teria direito a certas "loucuras", no caso uma amante bem mais nova do que aquela com quem convivia há muitos anos.

Sofia, de início, perseguira Henriqueta, sobre a "qual recaíam ressentimentos profundos pela circunstância, de haver conquistado o objeto de seu amor, leviana ou traiçoeiramente no seu próprio lar, até então feliz". Depois, mudando de ideia, adquiriu um revólver, do que foi informado José por uma carta anônima à qual ele não deu maior importância, dizendo que "não tinha medo de tiros de mulher". Na noite de

As classes menos favorecidas foram as mais prejudicadas no projeto de modernização das cidades já no início do século XX. Em nossos dias as famílias pobres continuam sobrevivendo em meio à miséria, muitas vezes sem a presença do pai.

18 de julho de 1907, por volta de 1 hora da manhã, Sofia atirou em José no ouvido direito, fazendo o mesmo consigo.

Os amigos de José, como o negociante português José Martins Simões, fizeram questão de frisar, como um dado positivo para a vítima, que:

> Sofia descobrindo a infidelidade ficou toda enciumada e às vezes procurava discutir e brigar não levando porém a efeito, visto que Ferreira não lhe dava atenção; que Ferreira sempre tratou com muito carinho sua amásia Sofia, proporcionando-lhes todos os recursos e atendendo a todas as exigências da mesma.

A própria Maria Henriqueta afirma que o "Sr. Ferreira tratou sempre a denunciada com estima dando-lhe tudo quanto pedisse e assim continuou mesmo depois que montou casa para ela, informante". Observa-se, assim, que a infidelidade masculina constitui objeto de tolerância, desde que o homem assegure seu papel fundamental na família, que é o de *provedor.* Todos, de certa forma, consideram em seus depoimentos que José não merecia tal desfecho, já que não só mantinha Sofia e seus familiares como a tratava de maneira carinhosa, atitudes suficientes para satisfazer a uma mulher.

Cabe ressaltar que tais concepções, como as demais que apontamos nos diversos relatos desse trabalho, extrapolam os limites das situações focalizadas, expressando a cultura da época. Em suma, esse era o pensamento dominante no que se refere ao comportamento masculino e às expectativas relativas à compreensão feminina nas situações descritas.

Vítima de uma situação similar àquela de Sofia, Malvina de Souza Lima, natural de Vassouras, com 40 anos, solteira, sabendo ler e escrever, proprietária de uma pensão situada à rua Luiz Gama, em dezembro de 1917 disparou o revólver contra sua rival, a portuguesa Dolores Pinto, com 31 anos, solteira, cançonetista e proprietária de uma casa de chope. Malvina depõe que há nove anos mantinha uma relação de amor com Antônio Rodrigues dos Santos, dono da fábrica de cerveja Comércio, localizada à avenida Passos. Ultimamente, porém, percebera certo retraimento de Antônio, descobrindo que ele passara a se relacionar, igualmente, com Dolores Pinto. Tiveram um atrito e separaram-se, chegando Malvina a tomar-lhe a chave de sua pensão que até então ele possuía, mas a despeito disso ainda se encontravam e falavam. Dolores, porém, frequentemente chamava-a ao telefone insultando-a. Naquele dia provocou-a, dizendo que o seu amante estava na casa dela. Transtornada, Malvina foi à procura do amado, andando em seu encalço até cerca de 1h da madrugada não conseguindo encontrá-lo. Às 4h30, já em sua casa, foi despertada pelo telefonema de Dolores que falava que àquela hora o seu amante estava em sua companhia

> e que a declarante fosse pela manhã à fábrica de cerveja porque tinha que liquidar as contas; a declarante ainda mais exaltada com essa provocação pela manhã foi à fábrica de cerveja, isto é, aproximou-se para ver se seu amante chegara com Dolores.

Não os encontrando, Malvina, dirigiu-se a um botequim onde bebeu "aguardente como se isso lhe servisse de lenitivo" e ao sair viu Dolores entrar na fábrica. Foi a uma casa de armas e comprou um revólver por quarenta mil réis, sob a garantia de seus brincos porque não tinha o dinheiro. Em seguida, encaminhou-se para a fábrica, onde Dolores já não estava e aí conversou com o gerente, quando novamente apareceu Dolores. Ao deparar-se com a rival, teria perdido a razão e desfechado vários tiros fatais. Ignorando o resultado de seu ato, recobrou a razão quando já fora da fábrica.[32]

Malvina foi absolvida pelo júri a 21 de fevereiro de 1919, sob a alegação de que esta se achava em estado de completa privação de sentidos e inteligência. Esta decisão não foi aceita pelo promotor, que recorreu alegando que seria

> levar muito longe a elasticidade já grande que se tem dado à perturbação dos sentidos e da inteligência admitir, como nesse estado, toda a mulher mercadora de seu corpo que vê substituída sua falta de atrativos, diminuídos ou apagados pela ação do tempo, pela mocidade e *coquetterie* de uma competidora que sucede hoje para ser despedida amanhã quando satisfeito o apetite bestial do amante que paga aquela que mais lhe agrade.

E ainda lembrava aos Desembargadores que

> a acusada é moradora à rua Luiz Gama, antiga Espírito Santo, solteira, habituada ao comércio do amor e das emoções da mudança de amante, o que a faz agir mais por cálculo do que por sentimento.

Essa afirmação era bem o reflexo dos preconceitos da época contra as mulheres que não se adequavam ao modelo de mulher ligada ao lar e ao marido. Essas, mantendo-se solteiras, como acentua o trecho acima, ousando entreter uma vida livre, eram mulheres perdidas, indignas, perigosas por servirem de descaminho para as "filhas de família de poucos teres", incapazes de sentimentos mais nobres.

O promotor não fez menção ao fato de Malvina ser proprietária de pensão, o que a tornava de certa forma independente financeiramente.

Considerava que a única ligação que essa era capaz de manter se baseava no interesse e no cálculo, sendo a ocasião uma oportunidade de a justiça afastar mulher tão nefasta do convívio da sociedade.

Suas argumentações encontravam guarida junto aos juízes da 3ª Câmara Criminal, encarregados de julgar o recurso, numa demonstração dos preconceitos do momento em relação à mulher. Os juízes argumentaram que:

> de fato, embora se verifique que a acusada praticou o crime sob o império da emoção violenta com o espírito perturbado por injúrias da vítima e pelo abandono do amante, não basta essa circunstância para isentá-la da responsabilidade criminal.

Assim, salvaguardava-se a ordem, já que a função do judiciário consistia em garantir a vigência de um sistema de normas vistas como universais e adequadas à sociedade, desconsiderando a existência de padrões alternativos. Face ao sensacionalismo que a imprensa emprestava na época aos crimes passionais, o pleito era acompanhado pelos diversos segmentos da sociedade. Acentuava-se, dessa forma, a necessidade de garantir seu papel pedagógico, que no caso em pauta residia em marcar a impossibilidade de uma mulher, ainda mais prostituta, sair incólume de uma situação em que ousava inverter a conduta tradicional esperada.

A mineira Maria Flausina dos Santos, negra, analfabeta, empregada doméstica, aos 13 anos, não mereceu da justiça qualquer tolerância. Morava numa rua não muito conceituada, a rua de São Jorge, e fora abandonada pelo amante, o português Sebastião da Costa Lopes, solteiro, estivador. Inconformada com o fato, em novembro de 1917 Maria Flausina resolveu matar o amante, mas errou o alvo ferindo o companheiro com quem Sebastião jogava bilhar, o espanhol José Landeira.[33]

Disse Maria Flausina que:

> durante três anos, Sebastião frequentou a sua casa deixando de o fazer de alguns dias a esta parte; que hoje vendo-o no bilhar da rua S. Jorge, 79, ali entrou com a intenção de o matar, levando para esse fim a pistola aqui presente com a qual desfechou um tiro em Sebastião, que errou o alvo e falhou o seu intento, indo o projétil ferir ao dono do botequim que na ocasião jogava bilhar com Sebastião; que a pistola, a declarante comprou ontem em uma casa da Av. Passos e o fez já com o intento de com ela matar Sebastião.

Tal depoimento, caso seja verdadeiro, revela uma total ingenuidade e falta de assistência de Flausina, decorrente de sua condição de mulher pobre. Sem advogado para acompanhá-la na Delegacia, teria sido fatal esse tipo de declaração.

Porém, as declarações de Sebastião e de outras testemunhas deixam dúvidas quanto à fidelidade do depoimento acima. Disse Sebastião que não deu atenção a Flausina quando esta pediu que ele a acompanhasse. Continuou a jogar bilhar distraidamente e de repente ouviu o estampido de um tiro. Tal sequência revela muito mais uma atitude impulsiva de Flausina diante do descaso, que Sebastião a relegava, o que não foi, porém, levado em conta. Acresce que a acusada esporadicamente praticava o meretrício, apresentando em sua ficha quatro detenções por vadiagem, além de ter sido presa três vezes por briga com Sebastião.

Esses fatos devem ter contribuído para o júri condená-la à pena de dez anos e quinze dias de prisão celular, algo exagerado face ao ocorrido. Além disso, sua apelação foi recusada e, na verdade, esta deve ter sido uma forma de depurar o ambiente de pessoa tão nefasta: mulher insubmissa, agressiva, e ainda meretriz, traindo o modelo de passividade e domesticidade, essencial à sua absolvição.

Um dado importante é que, apesar de o descrito acima se constituir num crime passional, em nenhum momento foi lembrado o artigo que lhe era correspondente do Código Penal, ou seja, o estado de privação de sentidos e de inteligência para justificar a atitude de Flausina, como se fazia de forma corriqueira com relação aos idênticos crimes masculinos na época.

DEFESA DA HONRA É IMPORTANTE!

A honra da mulher constitui-se em um conceito sexualmente localizado do qual o homem é o legitimador, uma vez que a honra é atribuída pela ausência do homem, através da virgindade, ou pela presença masculina no casamento. Essa concepção impõe ao gênero feminino o desconhecimento do próprio corpo e abre caminhos para a repressão de sua sexualidade. Decorre daí o fato de as mulheres manterem com seu corpo uma relação matizada por sentimentos de culpa, de impureza, de diminuição, de vergonha de não ser mais virgem, de vergonha de estar menstruada etc.

Esses sentimentos, por sua vez, seriam acionados e reforçados através de uma rede de informações sobre o corpo que se caracterizaria pela transmissão de informações de caráter restritivo ("não pode") e punitivo ("se fizer isto acontece aquilo"). A identidade sexual e social da mulher através de tais informações molda-se para atender a um sistema de dominação familiar e social. O medo, a insegurança, a vergonha, por sua vez, extravasam do sexual para a atuação no social, num sistema de realimentação constante.[34]

As construções têm, igualmente, um significado político, como se pode depreender dos acontecimentos em Desterro, atual Florianópolis, no último terço do século XIX. A forte crise econômica daquele momento aguçou as disputas políticas no seio da elite local, observando-se a íntima relação entre o comportamento sexual das mulheres, a honra familiar e a hierarquia social. Qualquer suspeita acerca do procedimento das mulheres dos diferentes grupos sociais correspondia à sua exclusão do poder local, num contexto economicamente estagnado. Diante desse panorama se explica a preocupação extrema dos jornais de Desterro com a veiculação de imagens femininas idealizadas, contrapondo com frequência às qualidades femininas ideais – "meiguice, fragilidade, amor" – àquelas consideradas perigosas – "vaidade, futilidade e traição". Não obstante, valores veiculados, em grande medida, contrastavam com as práticas das mulheres das camadas populares, fornecendo argumentos para a sua repressão.[35]

Esse quadro configura uma modalidade de violência que, embora não compreenda atos de agressão física, decorre de uma normatização cultural, da discriminação e submissão feminina. Assim, permaneceriam as mulheres por longo tempo sem poder dispor livremente de seu corpo, de sua sexualidade, violência que se constituiu em fonte de múltiplas outras violências. Quanto aos homens, estimulou-se o livre exercício de sua sexualidade, símbolo de virilidade; na mulher tal atitude era condenada, cabendo-lhe reprimir todos os desejos e impulsos dessa natureza. Mulheres solteiras que se deixassem desvirginar perdiam o direito a qualquer consideração e, no caso de uma relação ilegítima, não se sentiam os homens responsabilizados, devendo as mulheres arcarem com o peso das consequências do "erro".

Afinal, "pureza" era fundamental para a mulher, num contexto em que a imagem da Virgem Maria era o exemplo a seguir. "Ser virgem e ser mãe" constituía-se no supremo ideal dessa cultura, em contraposição à "mãe puta", a maior degradação e ofensa possível da qual todas desejavam escapar. E, assim, mulheres abandonadas expunham suas vidas em práticas abortivas toscas e apressadas, outras se desfaziam do recém-nascido nas situações mais trágicas. Transformavam-se em monstros, numa cultura alimentada pelo estereótipo do amor de mãe como instintivo, "porquanto as feras indomáveis, essas mesmas, com a sua asperidade, têm amor". Outras que arriscaram viver sua sexualidade, com outro parceiro que não seu marido, foram assassinadas em nome da "legítima defesa da honra".[36]

Esse cenário ajuda a compreender a preocupação expressa de um anônimo pai português, aflito com a permanência no Brasil de sua filha Celeste Aurora Vieira, com apenas 17 anos. Mantendo-se em Portugal, na correspondência trocada com Celeste, o pai limita-se a lembrá-la da importância de se manter virgem. A 15 de julho de 1901 era ele bem explícito:

> Recebi a tua carta a qual estimei saber notícias tuas, Aurora. O que te peço é que tenhas muito juízo, não te fies em prometimento de homem nenhum, tem juízo que és muito criança [...] Se tens juízo não me queiras dar algum desgosto, deste teu pai que mil felicidades te deseja, adeus. Até a vista.

Em 27 de dezembro de 1901 volta o preocupado pai a escrever:

> Recebi a tua carta, vejo o que me dizes, pois eu já recebi 6 cartas tuas e tenho respondido a todas com a direção que me mandas dizer nas tuas costas. Agora o que te digo é que tenhas juízo, seres mulher honrada, tu bem sabes que estás longe de mim, governa a tua vida honradamente, sem vergonha do mundo. E que ninguém tenha que te dizer que é o melhor gosto que me podes dar.[37]

A gravidade dessa questão pode ser melhor avaliada através do relato de Eleuzina Gomes, branca, com 18 anos, solteira, sabendo ler e escrever, que declara:

> Quando contava nove anos de idade e morava na Rua da América, certo dia foi apanhada descuidada por um empregado do botequim que funcionava no andar térreo do prédio, de nome Ernesto, de seus dezessete anos. Este forçou a depoente à prática de atos sexuais, de cujas consequências não se recorda, nem mesmo se o ato se consumou e se sentiu alguma dor.[38]

Tal ocorrência marcou profundamente Eleuzina, que, sentindo-se indigna, considerou-se obrigada a contar o fato ao radiotelegrafista Edson dos Santos, com o qual começara a namorar há cerca de seis meses e com quem tratou casamento. Edson, "a pretexto de querer verificar se a depoente já tinha sido ou não desvirginada, tentou por três ou quatro vezes ter relações sexuais consigo, o que entretanto, nunca se consumou por motivos que não sabe explicar".

Segundo Eleuzina, da última vez "sentiu dor e o empurrou não consentindo mais no prosseguimento do coito; que também notou que sua camisa recebeu uma ponta de sangue". Edson, em seguida, desmanchou o noivado com Eleuzina. Ele se refere ao

> mau comportamento e muitas leviandades por ela praticadas e que ao saber do ocorrido e tentar comprová-lo, afastou-se por completo [...] tanto mais que o depoente já andava contrariadíssimo, com o procedimento de sua namorada que *passeava a sós por esta cidade, tanto de dia como de noite, e até frequentava clubes carnavalescos fantasiada.* [grifo nosso]

No rol das acusações que faz a Eleuzina, fala dos "namorados que ela arranjava e abandonava amiúde" e inclusive de que esta lhe fora apontada em uma Exposição do Convento da Ajuda como mulher pública. Verifica-se do depoimento de Edson todo o empenho em apresentar uma visão negativa de Eleuzina, para justificar que a prática de relações sexuais mantida com a mesma em nada teria contribuído para deflorá-la, ela que já vinha apresentando traços tão comprometedores para uma moça digna.

A angústia de Eleuzina, diante do desconhecimento de seu corpo, levou-a a confessar à senhora da casa onde morava que desejava ser examinada para, no caso de já se achar de fato deflorada, arranjar um homem que a protegesse, isso porque já não via condição de conseguir casamento, caso se confirmasse a sua suspeita de não ser mais virgem.

Eleuzina, na sua ansiedade, foi levada a uma enfermeira da maternidade Angélica de Magalhães, que revelou ter sido procurada em princípio de novembro por uma mocinha cujo nome ignora, acompanhada de Dona Lucília de Oliveira, pessoa que estava sendo tratada na maternidade de uma moléstia de ovários; que a referida mocinha pediu-lhe com insistência que a examinasse a fim de verificar se estava ou não deflorada; que, de início, tinha querido se esquivar dessa incumbência, mas, dada a insistência com que a moça pedia o exame,

> *fê-la subir a uma mesa de exame e fingiu que a tinha examinado, sem que de fato o fizesse, visto que absolutamente não lhe tocou e nem viu as partes sexuais da menor referida, tanto mais que a depoente sofre da vista,* e por este processo não podia saber se ela estava ou não deflorada; que é verdade ter dito a ela que podia se casar, porque tanto se casam as solteiras e as viúvas, mas o fez sem querer afirmar ou negar que ela já estivesse ou não deflorada; que ela própria foi quem disse à depoente já ter tido relações sexuais com homens e por isso a depoente, à vista dessa informação ouvida da sua própria boca, ficou convencida de que ela já não mais era donzela. [grifo nosso]

A mãe de Eleuzina, queixando-se à polícia, declarou que a filha não estava deflorada totalmente, tendo sido apenas forçada, mas que podia se casar sem receio algum; que na segunda-feira daquela semana, Lucília voltou a ela e então lhe disse que não convinha estar enganando: a sua filha Eleuzina estava desvirginada e há muito tempo.

Eleuzina, por sua vez, completa o relato afirmando que Dona Lucília iria lhe apresentar, naquela mesma tarde, um homem muito rico que podia protegê-la, recomendando se preparasse para recebê-lo. Realmente, nesse mesmo dia, apareceu o tal homem, chamado de Araújo, português, moreno alto e gordo. No dia imediato, Dona Lucília chamou-a para:

combinar o negócio da proteção com o senhor Araújo que lá tinha voltado e, entrando a depoente na sala em que ele estava e que ao mesmo tempo é o dormitório de Dona Lucília, esta retirou-se e fechou a porta, deixando a depoente a sós com ele; conversaram por algum tempo e ficou estabelecido ficar a depoente sob a proteção dele mediante a contribuição mensal de cento e cinquenta mil réis que dessa vez teve um contacto sexual com ele na própria cama de Lucília sem que sentisse dor alguma ou perda de sangue, que no dia seguinte porém ao ter com ele novo contacto sexual, sentiu dor e verificou que sua camisa ficou suja de sangue; atribui porém essa anormalidade ao fato de ter introduzido na vagina uma cápsula em forma de ovo, fornecida ainda por dona Lucília para o fim de a depoente não ficar grávida.

Verifica-se que Eleuzina foi submetida a todo tipo de enganos e humilhações, além do que, por força do sistema em que estava inserida, via seu corpo não como uma fonte de prazer e satisfação, mas como uma mercadoria a ser negociada. Sendo muito pobre, considerou ser esta uma forma de "não passar mais necessidade", seguindo o raciocínio de que, sem uma formação profissional adequada, poucas chances teria de sobrevivência no mercado de trabalho, a não ser como doméstica – atividade extremamente espoliada e depreciada. Despojada do hímen, como lhe queriam fazer crer, o casamento lhe ficava vedado.

Tamanho era o significado da honra feminina, que algumas mulheres não vacilavam em exterminar seus perseguidores, ao se virem importunadas pelas insistentes abordagens e tentativas de sedução. Em tais circunstâncias, o recurso extremo aparecia como única alternativa numa sociedade que via a agressão sexual como própria ao homem, ao mesmo tempo que desconfiava da mulher que se deixava possuir pela força. Violentada a mulher, o seu processo de estigmatização é irreversíve1. Nesse âmbito, em que "a resistência da vítima é a única prova da existência da violência", explica-se a posição assumida por algumas das mulheres injuriadas ante a atitude de seus perseguidores.

Os crimes cometidos em nome da defesa da honra feminina equivaliam àqueles cometidos pelos homens, no caso da infidelidade da mulher.

Percebe-se, portanto, por parte dos agentes jurídicos, uma tendência a considerar as mulheres que defendessem sua honra como merecedoras de tolerância, aceitando-se para o seu ato a justificativa do "estado de irresponsabilidade penal por privação de sentidos e inteligência".

Assim, a italiana Biasina Siciliano, com 33 anos, analfabeta, doméstica, narra sua situação de casada há doze anos com o compatriota Vicente Pinola, marítimo, atualmente desempregado e doente, com quem teve três filhos. Acentua ter sempre vivido "honestamente, trabalhando tanto quanto permitem suas forças para auxiliar seu marido na manutenção da família"; ultimamente, estava sofrendo o assédio de Francisco Santoro, também, italiano que "a todo transe quer obrigar a depoente a com ele ter relações sexuais".

> Que de início Santoro se utilizava de boas maneiras, mas não conseguindo 'quebrar a severa linha de conduta traçada pela depoente, passou para o terreno das ameaças', inclusive ultimamente este lhe tem mostrado armas e lhe tem declarado que 'por bem ou por mal havia a depoente de a ele entregar seu corpo', que face a tais ameaças, esta contou o que se vem passando a uma família que mora consigo na mesma casa; que inclusive Santoro dizendo-se amigo de seu marido, procurava sempre ir visitá-la nas ocasiões de ausência do mesmo, torturando-a com suas pretensões. Que hoje cerca de 6 horas da tarde, como nada tivesse que dar aos filhos para comer, seu marido, mesmo doente saiu de casa para comprar um pouco de café.[39]
>
> Nesse intervalo, enquanto Biasina entregava-se aos seus trabalhos domésticos, na cozinha, ali apareceu Francisco Santoro que não só a teria agarrado brutalmente, como lhe dissera que "hoje, por bem ou por mal, a depoente havia de a ele se entregar". Prontamente, reagiu a agredida, respondendo-lhe que só praticava esse ato com seu marido. Santoro ameaçou-a de morte e já tendo "ontem tentado matá-la com um punhal, amedrontou a depoente por tal maneira que em desespero de causa lançou mão de uma faca de cozinha que ali encontrou e com ela, deu várias cuteladas em seu ofensor, *não só para dele se livrar como para desafrontar sua honra ultrajada*". [grifo nosso]

A defesa de Biasina e as dos demais processos da mesma natureza pesquisados não se pautaram em aspectos essenciais: o significado da violência contra a mulher, o desrespeito à pessoa humana, à integridade individual da mulher, ao direito desta dispor de seu corpo. A defesa acentuou tão somente a questão da honra feminina, cujo significado para a sociedade era o único relevante, um verdadeiro atentado à propriedade do marido ou do pai.

Nesse sentido, a defesa afirma: "Com base em Cogliolo, que a honra 'constitui o mais sagrado e precioso patrimônio de todo homem' e que nenhum direito é portanto, mais essencial à pessoa humana que o direito à honra. É ela o fundamento da vida social" (trad. *De Direito Penal* III-88).

E ainda:

> Se a defesa da honra constitui dirimente de responsabilidade dos delitos praticados nas circunstâncias definidas no art. 34, do Código Penal, mais acentuada deve ser a justificativa quando essa defesa se refere ao sentimento de fidelidade conjugal, fundamento de toda organização social e base primordial da moral pública e privada.

O juiz acolheu a argumentação e ainda reafirmou o direito da mulher: "de prevenir por todos os meios o ultraje de que está ameaçada e de empregar por este efeito a violência, pois pode tudo recear daquele que se lança sobre ela para um atentado deste gênero (ao pudor). Este perigo basta para legitimar a morte ou os golpes e feridas".

A ré Biasina foi absolvida por legítima defesa, tendo o promotor recorrido, contra o que se pronuncia o Procurador Geral, sendo confirmada a absolvição a 17 de janeiro de 1920.

O último caso que comentaremos é o de Mariana Janibelle, igualmente italiana, com 15 anos, sabendo ler e escrever, doméstica; residia há 5 anos na estalagem da Rua Areal nº 52. No pátio da referida estalagem, às 8h da noite, com uma faca de cozinha desferiu profundo golpe que acertou mortalmente o marceneiro paulista Luiz Russo, com apenas 18 anos.[40]

Mariana declarou que tinha conhecido Luiz Russo há cinco meses. Ele era vendedor de jornais e morava na mesma estalagem em que ela residia. O homem a procurava insistentemente, inclusive quando ia para o colégio, na Praça da República.

> Que há mais de dois meses a declarante recebeu um cartão-postal por intermédio de um indivíduo amigo de Russo; que, sabendo ser de Russo, jogou-o fora e apesar disso, Russo a perseguia; que ultimamente Russo mostrou-lhe um revólver e antes escreveu-lhe uma carta dizendo-lhe se quisesse a luta ele teria a espada e se quisesse a paz ele namorava ela; que Russo todo o dia vigiava a casa da depoente e dizia que ali nenhum rapaz havia de parar, que isso revoltou o espírito da depoente e hoje à noite ela cravou-lhe a faca no peito.

As testemunhas confirmaram suas afirmações, buscando apresentar da vítima uma imagem extremamente negativa. Uma delas relatou que Luiz Russo difamava a denunciada falando de sua honra, e que em certa ocasião a vítima lhe mostrara um revólver que comprara a fim de tirar a vida da acusada e de seu progenitor. Afirmou, ainda, que Luiz Russo insistia para que a denunciada lhe retribuísse os seus galanteios, mas nunca Mariana lhe correspondeu. Enfim, desiludido, Luiz lançou mão da calúnia, afirmando a um companheiro que Mariana era sua amante; costumava ainda enviar cartas imorais com gravuras pouco decentes à moça.

O praça que conduziu Mariana à delegacia informou que ela assim se expressou a respeito de Luiz: "Quiseste manchar a minha honra, mas tirei-lhe a vida", algo que deve ter ecoado muito positivamente em favor da acusada. Configuravam-se, assim, inúmeros atributos que visavam emprestar à vítima características que a identificavam como perniciosa à sociedade, cuja morte se constituía, praticamente, num benefício. A defesa justificava o crime de Mariana baseando-se na pressão que sofria de Luiz Russo, não só através de galanteios inconvenientes, ameaças a sua vida, como, principalmente, através de ofensas à sua reputação, enviando-lhe missivas e gravuras pornográficas, além de difundir pela vizinhança que Mariana era sua amante.

A defesa explorou o preconceito relativo à identificação da honra feminina com a sexualidade, argumentando que:

> Foi sob uma atmosfera de tal ordem que viveu Mariana Janibelle. Durante algum tempo, oprimida, insultada, vilipendiada no sentimento mais puro e mais sagrado que a sua alma de moça digna venerava, ameaçada, sem poder recorrer à defesa do seu pai, incapaz de ampará-la e socorrê-la dado o fato de viver sempre em estado de embriaguez, ela se viu forçada a agir em certo momento para pôr termo a uma vida de difícil, senão impossível continuação.

Recorrendo à criminologia da época, citando expressamente Lombroso e Ferri, Mariana é apresentada como tendo reagido por um impulso passional irresistível, sentimento de que seriam tomados "indivíduos de sensibilidade exagerada e de antecedentes irrepreensíveis que são levados à prática do delito por uma impulsão passional irresistível, principalmente pelo amor, pela política, pela honra como paixões sociais".

A atitude de Mariana, ao contrário de merecer uma punição, deveria se constituir em "alto e moralizador exemplo" demonstrativo de que "a acusada, longe de ter aninhados em sua alma juvenil sentimentos de corrupção e de desbrio, tem a compreensão nítida da honra e da dignidade".

E concluía a defesa com argumentos similares àqueles utilizados para com os homens que assassinavam suas esposas ou companheiras.

Mariana Janibelle teria agido sob o impulso de "uma paixão violenta, sob a influência irresistível de um ressentimento digno de [...] aprovação, sob o ímpeto de uma justa dor; não pode portanto ser considerada capaz de responder por atos que em tais condições praticou". E a opinião pública, traduzida por artigos em toda imprensa, foi unânime em reconhecer a sua atitude como efeito de uma explosão violenta e momentânea que lhe toldou a razão. Ressaltava-se a "pureza de caráter

A infidelidade feminina era, em geral, punida com a morte. No Brasil, de acordo com o código penal de 1890, só a mulher era penalizada por adultério.

de uma alma cândida e imaculada de donzela que não deixou periclitar o seu mais sagrado e inestimável patrimônio".

ALGUMAS CONSIDERAÇÕES

Sofrendo os efeitos de uma ordem social injusta e discriminatória e tendo o seu cotidiano marcado pelas dificuldades de sobrevivência, na maior parte das histórias relatadas aqui deparamos com mulheres bastante diferentes do estereótipo feminino da época. Embora não deixassem de experimentar a influência dos padrões culturais vigentes, essas mulheres expressavam no comportamento suas condições concretas de existência, marcada por precariedades materiais que as obrigavam a uma constante luta. Consideradas perigosas por serem pobres, eram sujeitas a constante vigilância, o que não as impedia de se apropriar de diversos espaços, lutando sem destemor pelos seus direitos. Circulavam pelas ruas, em busca da resolução de seus problemas, preocupadas com o trabalho, com os filhos, muitas vezes surpreendendo o marido ou companheiro que as enganava. Por tudo isso, julgavam-se merecedoras de direitos iguais aos dos homens com quem conviviam.

Além da violência física, sobre elas fez-se sentir, igualmente, a violência simbólica dando lugar à incorporação de inúmeros estereótipos. Em boa parte das situações essas mulheres desenvolveram táticas com vistas a mobilizar para seus próprios fins representações que lhes eram impostas, buscando desviá-las contra a ordem que as produziu; ou seja, definiram muitos de seus poderes por meio de um movimento de reapropriação e desvio dos instrumentos simbólicos que instituem a dominação masculina contra o seu próprio dominador. Isso se evidencia nos casos de crimes contra a honra, quando as mulheres – dizendo-se perseguidas pelo sedutor justificavam sua atitude criminosa, valendo-se dos argumentos estabelecidos pelos homens. Eram elogiadas pelo empenho demonstrado na defesa de seu mais alto valor: a reputação. Ao vitimarem o companheiro que as ameaçavam, valiam-se de pressupostos estabelecidos pela ordem hegemonicamente burguesa e masculina; alegavam sua incapacidade em mantê-las e aos seus filhos, para mais facilmente escaparem ao castigo. Não eram admitidas, porém, reações femininas frente ao adultério ou abandono, como ocorria com o homem, que acreditava apresentar sensações diversas daquelas do sexo feminino.

Assim, ao contrário de algumas afirmações tradicionais, vimos mulheres que lutaram, amaram, odiaram, xingaram... Não poucas, vendo-se prejudicadas em seus direitos e violentadas em suas aspirações, não hesitaram em lançar mão dos recursos de que dispunham, até mesmo de investidas físicas, para fazer frente a uma situação que consideravam danosa à sua honra.

NOTAS

(1) Rachel Soihet. *Condição feminina e formas de violência:* mulheres pobres e ordem urbana (1890-1920). Rio de Janeiro: Forense Universitária, 1989. p. 8; Martha de Abreu Esteves. *Meninas perdidas:* o cotidiano do amor no Rio de Janeiro da "Belle Époque". São Paulo: Paz e Terra, 1989. p. 123.

(2) Cesare Lombroso, Guglielmo Ferrero. *La femme criminelle et la prostituée* [traduction de l'italien], 1896. As referências à medicina social podem ser encontradas em Jurandir Freire Costa.

(3) *A Pacotilha*. São Luís, 31 jan.1890. p. 3. *Apud* Maria da Glória Guimarães Correia. *Nos fios da trama:* quem é essa mulher?, 1996. [mimeo.]; Maria Odila Leite da Silva Dias. *Quotidiano e poder em São Paulo no século XIX*. São Paulo: Brasiliense, 1984. p. 10.

(4) Maria Odila da Silva Dias. *Op. cit.*, p. 47; Joana Maria Pedro. *Mulheres honestas e mulheres faladas:* uma questão de classe. Florianópolis: Editora da UFSC, 1994. p. 144-145.

(5) *Processo Lídia de Oliveira*. Arquivo Nacional. N. 688, maço 881, GA, 04 nov.1906.

(6) Joana Maria Pedro. *Op. cit.*, p. 155.

(7) Tal fato pode ser depreendido da consulta aos censos e processos penais, nos quais grande número de mulheres não eram casadas, e em outras fontes como no romance *O Cortiço*, que fornece valiosas informações sobre o cotidiano dos populares, em que a maioria das personagens não se casava.

(8) Aluísio Azevedo. *O Cortiço*. São Paulo: Ática, 1981. p. 30.

(9) *Id. ibid.*, p. 46.

(10) Eni de Mesquita Samara. *A família brasileira*. São Paulo: Brasiliense, 1983. p. 42. [col. Tudo é história].

(11) Maria Odila da Silva Dias. *Op. cit.*

(12) *Processo Maria Cândida*. Arquivo Nacional. n. 363, caixa 1920, GA. 23 dez.1891.

(13) *Processo Madalena Augusta Frederica*. Arquivo Nacional. n. 481, caixa 1018, GA. 2 nov.1890.

(14) *Processo Francisca Dutra D'Almeida*. Arquivo Nacional. n. 3548, maço 944, GA. 2 out.1892.

(15) Sidney Chalhoub. *Trabalho, lar e botequim*. O cotidiano dos trabalhadores no Rio de Janeiro da Belle Époque. São Paulo: Brasiliense, 1986. p. 155.

(16) Marilena Chauí. *Repressão sexual*. São Paulo: Brasiliense, 1984. p. 79.

(17) *Processo Arminda Marques de Oliveira*. Arquivo Nacional. maço 174. Primeiro Tribunal do Júri. 27 jun.1917.

(18) *Processo Maria da Silva*. Arquivo Nacional. maço 168. Arquivo do Primeiro Tribunal do Júri. 19 abr.1917.

(19) Sidney Chalhoub. *Op. cit.*, p. 155.

(20) Processo Antônia Josepha Maria da Conceição. Arquivo Nacional. n. 1085, maço 894, GA. 20 out.1904.

(21) Sidney Chalhoub. *Op. cit.*, p. 113.

(22) Processo Thereza de Sá Barreto. Arquivo Nacional. maço 63. Arquivo do Primeiro Tribunal do Júri, 03 ago.1906.

(23) *Processo Maria Adelaide e Antônio do Couto*. Arquivo Nacional. n. 4098, maço 948, GA. 17 ago.1894.

(24) Processo Henriqueta Maria da Conceição. Arquivo Nacional. n. 9830, caixa 1903, GF. 03 out.1896.

(25) Processo Armênia Alves Pereira. Arquivo Nacional. n. 885, caixa 769, GA. 30 ago.1905.

(26) Maria Odila da Silva Dias. *Op. cit.*

(27) Ferri. *Sociologia Criminal*. p. 573. *Apud* Evaristo de Moraes. *Criminalidade Passional*. São Paulo: Saraiva, 1933. p. 11.

(28) Cesare Lombroso, Guglielmo Ferrero. *Op. cit.*

(29) Maria Odila da Silva Dias. *Op. cit.* Mariza Corrêa. *Morte em família.* Rio de Janeiro: Graal, 1983. p. 192. A partir da análise de processos criminais de homicídios passionais ocorridos em Campinas entre os anos de 1952 e 1972, o estudo de Mariza Corrêa sobre representações jurídicas de papéis sexuais apresenta conclusões que mostram certa similaridade com aqueles da virada do século XIX para o XX, apesar da distância temporal.

(30) *Processo Raul Machado e Ermelinda Lucila.* Arquivo Nacional. n. 4971-72, caixa 1157, GA. 21 dez.1899.

(31) *Processo Sofia Eugênia da Gama.* Arquivo Nacional. n. 5007, maço 880, GA. 18 jul.1907.

(32) *Processo Malvina de Souza Lima.* maço 169. Arquivo do Primeiro Tribunal do Júri, 19 fev.1917.

(33) *Processo Maria Flausina dos Santos.* maço 173. Arquivo do Primeiro Tribunal do Júri, 30 nov.1917.

(34) Branca Moreira Alves *et al.* Sexualidade feminina. Algumas considerações sobre identidade sexual e social. *In: Escrita – Ensaio.* A mulher brasileira a caminho da libertação. n. 5, 1979, p. 106-107.

(35) Joana Maria Pedro. *Mulheres honestas e mulheres faladas:* uma questão de classe. Florianópolis, Editora da UFSC, 1994.

(36) Rachel Soihet. *Condição feminina... Op. cit.*, p. 327.

(37) *Processo Adelaide Pereira Soares ou Maria Adelaide Soares e Antônio Lopes Ferraz.* maço 51. Arquivo do Primeiro Tribunal do Júri, 14 out.1901.

(38) *Processo Lucília de Oliveira.* n. 578, caixa 1863. Arquivo Nacional, 23 nov.1918.

(39) *Processo Biasina Siciliano.* Arquivo Nacional. n. 24, caixa 1873, maço 295. 1917.

(40) *Processo Mariana Janibelle.* n. 138, Arquivo do Primeiro Tribunal do Júri. maço 138. 25 jan.1912.

ESCRITORAS, ESCRITAS, ESCRITURAS

Norma Telles

O século XIX foi marcado por profundas transformações nas estruturas econômicas e sociais da Europa ocidental; mudanças que acabaram afetando o mundo todo em virtude das características do processo de expansão. Foi o momento de maior abrangência do imperialismo europeu, diferente dos anteriores pela escala, impacto das alterações e detalhamento da organização do poder, fato que mexeu não só com as estruturas, mas também com os detalhes da vida cotidiana: das grandes teorias científicas ou filosóficas ao modo de se portar em determinado ambiente, como cuidar do corpo ou se dirigir ao outro.

A cultura desempenhou papel fundamental nesse processo, sendo que no centro da cultura europeia, durante os séculos de dominação, havia a marca de um eurocentrismo inabalável que acumulava experiências e territórios, pessoas e narrativas, classificando-as, unificando a multiplicidade na medida em que bania identidades diferentes, a não ser como ordem inferior da cultura e da ideia de uma Europa branca, masculina, letrada e cristã.

A cultura europeia dava a licença ideológica para o imperialismo, mas sua influência avassaladora teve também o movimento inverso, isto é, provocou sempre em diferentes graus, resistências e desafios. Como nenhuma visão de mundo ou sistema social tem total hegemonia sobre seu domínio, assim também as formas culturais que coexistiram ou apoiaram o empreendimento imperial não a tiveram, discussões e contraposições estiveram sempre presentes, tanto nas metrópoles quanto no ultramar. É preciso ressaltar o papel fundamental desempenhado pelos produtos culturais, em particular o romance, na cristalização da sociedade moderna. Escrita e saber estiveram, em geral, ligados ao poder e funcionaram como forma de dominação ao descreverem modos de socialização, papéis sociais e até sentimentos esperados em determinadas situações.

Não se pode esquecer, no entanto, que se esse século foi sombrio para as classes trabalhadoras europeias, para as mulheres e para os colonizados, foi também o século em que surgiram os movimentos sociais, o socialismo e os feminismos, o movimento sufragista e a Nova Mulher.

O SÉCULO DO ROMANCE

O século XIX é o século do romance. Na Inglaterra, no século XVIII, surge o romance moderno coincidindo com a ascensão da sociedade burguesa. Enquanto as formas de ficção anteriores tinham um direcionamento coletivo, o romance substitui essa tradição por uma orientação individualista e original. Deixa de lado entrechos das mitologias, da história, das lendas ou fontes literárias do passado e passa a empregar, nos enredos, incidentes contemporâneos e argumentos novos. A trama, então, envolve pessoas específicas em condições particulares e não mais, como antes, tipos humanos genéricos atuando em cenários determinados pela convenção literária. Para isso o estilo passa a incorporar vocábulos de uso cotidiano. Cada romance se debruça sobre uma entidade individualizada e, por isso mesmo, particularizada para cada momento histórico. É o romance que difunde a prosa da vida doméstica cotidiana, tendo como tema central o que os estudiosos contemporâneos denominam "o romance da família", contribuindo assim para a construção da hegemonia do ideário burguês.

A leitura é o que transforma em obra as letras, frases e enredos. E a leitura é sempre determinada pelo lugar ocupado por um leitor na sociedade, num dado momento histórico. Portanto, é feita através do crivo de classe, raça ou gênero. Essas mesmas noções, de classe, raça e gênero são mutáveis e construídas no decorrer da história. Sendo assim, cada romance é um local de interseção de toda uma teia de códigos culturais, convenções, citações, gestos e relações. Durante o período da Revolução Francesa, alguém que soubesse ler lia para os outros nas tabernas. No século XVII, na Inglaterra, um operário que soubesse ler lia para os companheiros à saída das fábricas ou oficinas. Mas no século XIX já se estabelece uma mudança no público leitor. Ele se torna muito maior e se constitui, em grande parte, de mulheres burguesas.

Na nova figuração que definiu o indivíduo como o entendemos hoje, foi redefinido também o papel da mulher, dos nativos do mundo não europeu e de outras culturas. A mulher passou a ser a ajudante do homem, a educadora dos filhos, um ser de virtude, o anjo do lar. Ou o oposto, as mulheres fatais e as decaídas. Sem dúvida, tanto anjo/perversa quanto "bom selvagem"/selvagem traiçoeiro eram tipos ideais sem correspondência no vivido. A cultura burguesa se fundava em binarismos e oposições tais como natureza/cultura, pai/mãe, homem/mulher, superior/inferior, que relacionam em última instância a mulher com o outro, a terra, a natureza, o inferior a ser dominado ou guiado pela razão superior e cultura masculina.

O discurso sobre a "natureza feminina", que se formulou a partir do século XVIII e se impôs à sociedade burguesa em ascensão, definiu a mulher, quando maternal e delicada, como *força do bem*, mas, quando "usurpadora" de atividades que não lhe eram culturalmente atribuídas, como *potência do mal*. Esse discurso que naturalizou o feminino, colocou-o além ou aquém da cultura. Por esse mesmo caminho, a criação foi definida como prerrogativa dos homens, cabendo às mulheres apenas a reprodução da espécie e sua nutrição.

Tal qual um Deus Pai que criou o mundo e nomeou as coisas, o artista torna-se o progenitor e procriador de seu texto. À mulher é negada a autonomia, a subjetividade necessária à criação. O que lhe cabe é a encarnação mítica dos extremos da alteridade, do misterioso e intransigente *outro*, confrontado com veneração e temor. O que lhe cabe é uma vida de sacrifícios e servidão, uma vida sem história própria. Demônio ou bruxa, anjo ou fada, ela é mediadora entre o artista e o desconhecido, instruindo-o em degradação ou exalando pureza. É musa ou criatura, nunca criadora.

Mesmo assim, foi a partir dessa época que um grande número de mulheres começou a escrever e publicar, tanto na Europa quanto nas Américas. Tiveram primeiro de aceder à palavra escrita, difícil numa época em que se valorizava a erudição, mas lhes era negada educação superior, ou mesmo qualquer educação a não ser a das prendas domésticas; tiveram de ler o que sobre elas se escreveu, tanto nos romances quanto nos livros de moral, etiqueta ou catecismo. A seguir, de um modo ou de outro, tiveram de rever o que se dizia e rever a própria socialização. Tudo isso tornava difícil a formulação do eu, necessária e anterior à expressão ficcional.

NORTE E SUL

Durante o século XIX, modificações lentas não irão alterar profundamente as estruturas do Brasil. Desde o final do século anterior, o Brasil Colônia vivia um processo de integração às transformações do mundo ocidental. A estrutura da sociedade já era mais complexa e turbulenta, havia modificações na base produtiva e no crescimento demográfico. "Fazer-se francês" significava então aceitar as ideias e ideais da Revolução Francesa apenas com desencontros em relação à escravidão. Havia uma corrente de opinião que aventava a separação da metrópole portuguesa sem modificações no campo político; outra, a separação e a República sem alteração da organização social; e outra ainda queria a separação, a República e a libertação dos escravos. A alteração do regime de trabalho estava diretamente associada à redefinição da propriedade. Havia também posições compósitas e variações regionais.

No Rio de Janeiro e em Salvador, a opinião pública se voltava para a imagem da França. Mas aglutinações também ocorreram em torno das ex-colônias inglesas da América do Norte, principalmente nas Minas Gerais, onde prevalecia o modelo da Revolução Americana. Lado a lado com as ideias revolucionárias ou reformadoras, havia também ideias de quietação e posições intermediárias, versões locais do reformismo ilustrado. Se essas ideias eram debatidas pelas elites educadas, a maioria da população podia ser mobilizada em nome de "pátria e liberdade".

Em 1808, a transferência da Corte portuguesa para o Rio de Janeiro trouxe reformas como a abertura dos portos e o livre comércio, que abriram caminho para a Independência em 1822. Houve reformas na cidade e novos hábitos se impuseram. Gradativamente o público consumidor de espetáculos e livros se ampliou. Romances e novelas franceses e ingleses do século XVIII e a nova moda dos folhetins finalmente chegaram ao Rio de Janeiro.

Recife, nas primeiras décadas do século, era um centro cultural importante. Fervilhava com ideias separatistas e com ideias francesas de liberdade e justiça, difundidas por uma elite intelectual. A cidade sofreu melhorias, uma casa de espetáculos foi construída, o Teatro de Santa Isabel, novas estradas e uma pequena linha férrea levavam novas ideias a outras regiões. Em 1820, a cidade não só era o primeiro centro açucareiro do Reino Unido como, também, já era o grande centro editorial que continuaria sendo século afora. Havia inúmeros jornais de inspiração liberal, republicana, como o *Sentinela da Liberdade* do jornalista Cipriano Barata. Nele, no ano seguinte à Independência, foi impresso um manifesto assinado por mais de 120 mulheres paraibanas que declaravam seu apoio ao movimento da Independência, pois, como "metade da sociedade humana" que eram, desejavam reassumir os direitos que lhes haviam sido usurpados e "quebrar os vergonhosos ferros da vil escravidão em que jazíamos". Por direito, dizem, querem entrar na partilha e glória do Brasil. Não se sabe quem eram essas mulheres que assinaram o manifesto, mas percebe-se que estavam a par das ideias europeias sobre a posição da mulher na sociedade e de suas reivindicações de igualdade.

Um desses livros, o da escritora inglesa Mary Wollstonecraft (1759-1797), *Vindications for the rights of woman*, de 1792, foi traduzido livremente, a partir da versão francesa, por Nísia Floresta e publicado em 1832. Teve mais duas edições, uma em Porto Alegre em 1833 e uma terceira no Rio de Janeiro pela Casa do Livro Azul, que anunciava na imprensa a venda por 500 réis em 1839.

Nísia Floresta Brasileira Augusta era o pseudônimo adotado por Dionísia de Faria Rocha, nascida num pequeno sítio de propriedade dos pais em Papari, no Rio Grande do Norte, localidade que hoje recebe seu nome. Era filha de Antônia Clara Freire, uma moça analfabeta, de família muito rica, e de um advogado e escultor português, Dionísio Gonçalves. Casou-se aos 13 anos, em 1823, e deixou o marido no ano seguinte, quando o pai fugiu para o Recife devido a perseguições políticas. Por ter largado o marido, foi repudiada por toda sua família com exceção da mãe que, enquanto viveu, sempre lhe deu apoio. Em Recife, o pai é assassinado em 1828, e a moça passa a ter de sustentar a mãe e os três irmãos. Estava com vinte anos quando foi ensinar em um colégio. Passou por muitas dificuldades financeiras. Em 1832, no mesmo ano em que publica *Direitos das mulheres e injustiça dos homens*, casa-se novamente, agora com Augusto de Faria Rocha, advogado e acadêmico. O casal, com a filha Lívia Augusta e o filho Augusto Américo, muda-se em 1838 para Porto Alegre em busca de melhores oportunidades. Nesse mesmo ano o marido morre e ela, viúva, parte com os filhos para o Rio de Janeiro, onde funda o Colégio Augusto.

Republicana e abolicionista, no Rio de Janeiro escreve em jornais, mas suas ideias provocam polêmicas. É nessa época que adota o pseudônimo Nísia, em homenagem ao pai; Floresta, em lembrança do sítio onde nasceu; Brasileira pelo nacionalismo que então era voga; Augusta, em memória do homem que amou. Viajou para a Europa onde foi apreciada por figuras de renome, como o escritor português Alexandre Herculano e o sociólogo francês, proponente da doutrina positivista, Augusto Comte. Nísia faleceu em Rouen, França, em 1885, aos setenta e cinco anos. Em 1955, seus restos mortais foram trasladados para o Brasil e seu túmulo construído sobre as ruínas da casa onde nasceu.

Em *Direitos das mulheres e injustiça dos homens* empresta de Mary Wollstonecraft ideias para enfrentar os preconceitos da sociedade patriarcal brasileira. Usa da escrita para reivindicar igualdade e educação para as mulheres. Diz:

> Se cada homem, em particular, fosse obrigado a declarar o que sente a respeito de nosso sexo, encontraríamos todos de acordo em dizer que nós somos próprias se não para procriar e nutrir nossos filhos na infância, reger uma casa, servir, obedecer e aprazer aos nossos amos, isto é, a eles homens [...] Entretanto, eu não posso considerar esse raciocínio senão como grandes palavras, expressões ridículas e empoladas, que é mais fácil dizer do que provar.

A situação de ignorância em que se pretende manter a mulher é responsável pelas dificuldades que encontra na vida e cria um círculo vicioso: como não tem instrução, não está apta a participar da vida pública, e não recebe instrução porque não participa dela.

É contra essa situação que a autora se coloca: "Certamente o Céu criou as mulheres para um melhor fim, que para trabalhar em vão toda sua vida." Não concorda com a opinião de que esse trabalho é saudável porque preenche um tempo inútil, também discorda de as mulheres terem sido criadas para "escravas dos homens", com uma única obrigação, a de serem submissas e agradar a eles. E termina exortando as mulheres a mostrarem "pelo pouco que fazemos sem o socorro da educação", de quanto seriam capazes se lhes fizessem justiça. Só em situação de igualdade os "dois sexos viverão felizes e não terão motivos de se acusarem mutuamente".

Nesse primeiro livro, nos posteriores como *Conselhos à minha filha* (1842) e nos escritos publicados na Europa, sua preocupação primeira é com a educação das mulheres; pensava que o ensino poderia ser capaz de mudar as consciências e a vida material. Nísia trata, por isso, da ausência da mulher no mundo, dos limites impostos pelos homens à sua educação, pois a eles não interessava contrariar um modelo de sociedade que lhes havia dado o domínio. Essas são ideias que até o final do século podem ser encontradas na obra de algumas escritoras brasileiras.

Apesar das limitações de distribuição e divulgação de opiniões na época, a obra de Nísia Floresta teve muita repercussão, sendo mencionada como exemplo por escritoras até o final do século XIX. A necessidade da educação e a capacidade da mulher para as lides da cultura e da política foram repetidas inúmeras vezes. Já em 1836, em Porto Alegre, Ana Eurídice Eufrosina de Barandas, nascida nos primeiros anos do século, escreve *Ramalhete ou flores escolhidas no jardim da imaginação*, publicado em 1845. Deve ter lido o livro de Nísia Floresta, talvez conhecido Nísia pessoalmente quando morou em Porto Alegre. De qualquer modo, tinha ideias semelhantes. Advogava a participação da mulher na política e nas lutas nos seguintes termos:

> Tendo nós os mesmos atributos, os mesmos sentidos [...] uma voz porque autoridade haveis de pensar, amar, aborrecer, desejar, temer e seguir a vossa vontade, como bem vos parece, e não haveis de querer que nós outras façamos uso desse admirável presente que recebemos do Criador! Não: também temos um alvedrio, bem a pesar vosso, pois que tendes querido fazer mais que o Onipotente.

Ana de Barandas era contra a separação da província do Império e se posicionou publicamente. Várias mulheres se envolveram na Revolução Farroupilha do Rio Grande do Sul, em 1834, algumas distribuindo manifestos favoráveis a um lado ou outro, muitas levando mensagens ou fazendo reuniões onde defendiam verbalmente seus pontos de vista. Maria Josefa Barreto editou um jornalzinho, entre 1833 e 1834, defendendo o Império, enquanto Delfina Benigna da Cunha escrevia redondilhas acusando de anarquistas os partidários da separação.

O século XIX não via com bons olhos mulheres envolvidas em ações políticas, revoltas e guerras. As interpretações literárias das ações das mulheres armadas, em geral, denunciam a incapacidade feminina para a luta, física ou mental, donde concluem que as mulheres são incapazes para a política, ou que esse tipo de ideia é apenas diversão passageira de meninas teimosas que querem sobressair.

O livro de Mary Wollstonecraft também aparece em *A Moreninha* (1844), de Joaquim Manuel de Macedo (1820-1882). Mas a conotação é diferente da que examinamos em Nísia Floresta ou Ana de Barandas. O livro é mencionado como irônica zombaria quando um jovem descreve Carolina: "a bela senhora é filósofa!... faze ideia! Já leu Mary de Wollstonecraft e como esta defende o direito das mulheres". Carolina, a Moreninha, é viva e provocante, travessa mesmo, e é isso que leva Augusto a se enamorar dela. Esse temperamento da moça de quinze anos logo cede quando também se apaixona e se torna o modelo da sinhazinha, a mocinha romântica. O autor não explica quem é Mary Wollstonecraft e não há outras alusões ao livro, o que leva a pensar em leitores que entendiam o que liam. O desfecho de *A Moreninha*, no entanto, mostra que o motivo do autor é celebrar o amor-destino que vence obstáculos, em meio à sensatez de um mundo aburguesado. A menina travessa, como em tantas novelas inglesas, é provocante, mas para se chegar ao final feliz – o casamento – é preciso que incorpore o decoro. Os romances de Macedo tiveram popularidade justamente por serem narrativas de personagens comuns, de todo o dia, enredados em sentimentos e peripécias comuns de acordo com as necessidades, restritas, de sonho e aventura das camadas médias urbanas. *A Moreninha*, tendo deixado de lado o livro da escritora inglesa, torna-se o modelo romântico por excelência.

FAZER-SE ESCRITORA

Excluídas de uma efetiva participação na sociedade, da possibilidade de ocuparem cargos públicos, de assegurarem dignamente sua própria sobrevivência e até mesmo impedidas do acesso à educação superior, as mulheres no século XIX ficavam trancadas, fechadas dentro de casas ou sobrados, mocambos e senzalas, construídos por pais, maridos, senhores. Além disso, estavam enredadas e constritas pelos enredos da arte e ficção masculina. Tanto na vida quanto na arte, a mulher no século passado aprendia a ser tola, a se adequar a um retrato do qual não era a autora. As representações literárias não são neutras, são encarnações "textuais" da cultura que as gera.

Excluídas do processo de criação cultural, as mulheres estavam sujeitas à autoridade/autoria masculina. Virgínia Woolf, escritora e crítica literária inglesa que viveu nas primeiras décadas do século XX, comenta que durante séculos a mulher serviu de espelho mágico dotado do poder de refletir a figura do homem com o dobro do tamanho natural. Sem isso, afirma, as glórias de todas as guerras seriam desconhecidas e os super-homens não teriam existido. A mulher serviu também de espelho mágico entre o artista e o Desconhecido, tornando-se Musa inspiradora e criatura. Para poder tornar-se criadora, a mulher teria de matar o anjo do lar, a doce criatura que segura o espelho de aumento, e teria de enfrentar a sombra, o outro lado do anjo, o monstro da rebeldia ou da desobediência. O processo de matar o anjo ou o monstro refere-se à percepção das prescrições culturais e das imagens literárias que de tão ubíquas acabam também aparecendo no texto das escritoras.

No Brasil, elas sentiam essa dificuldade, tanto assim que a escritora e jornalista Júlia Lopes de Almeida, no final do século XIX, expôs essa mesma ideia.

> Não há meio de os homens admitirem semelhantes verdades. Eles teceram a sociedade com malhas de dois tamanhos – grandes para eles, para que os seus pecados e faltas saiam e entrem sem deixar sinais; e extremamente miudinhas para nós. [...] e o pitoresco é que nós mesmas nos convencemos disto!

No século XIX, para as mulheres que pensaram ser algo mais do que "bonecas" ou personagens literárias, os textos dos escritores colocaram problemas tanto literários quanto filosóficos, metafísicos e psicológicos. Como a cultura e os textos subordinam e aprisionam, as mulheres, antes de tentarem a pena cuidadosamente mantida fora de seu alcance, precisaram escapar dos textos masculinos que as definiam como ninharia, nulidade ou vacuidade, como sonho e devaneio, e tiveram de adquirir alguma autonomia para propor alternativas a autoridade que as aprisionava. Mesmo assim, nesse período as mulheres escreveram e escreveram bastante. Desde os "cadernos-goiabada", como os denomina a escritora nossa contemporânea Lygia Fagundes Telles, até jornais, romances e polêmicas. Ao falar dos "cadernos-goiabada", Lygia se refere aos cadernos onde as mocinhas escreviam pensamentos e estados de alma, diários que perdiam o sentido depois do casamento, pois a partir daí não mais se podia pensar em segredo – que se sabe, em se tratando de mulher casada, só podia ser bandalheira. Ficavam sim com o caderno do dia a dia, onde, em meio a receitas e gastos domésticos, ousavam escrever uma lembrança ou ideia. Cadernos que Lygia vê como um marco das primeiras arremetidas da mulher brasileira na carreira de letras, ofício de homem.

Como esquecer dos cadernos de anotação e inspiração de Ana Lins dos Guimarães Peixoto Bretas, nascida numa casa antiga em Goiás Velho, em 1889. Casa ancestral que no final do século XX ela descreverá em livro, casa assombrada por memórias dos tempos e glórias passadas, por fantasmas da infância. Ali cresceu e se fez jovem. E seus anseios extravasaram a velha casa. Ana saiu, fez um belo nome como doceira, fez toda uma vida. "Pobre, vestida de cabelos brancos, voltei..." Ana voltou Cora Coralina. Ana cursara somente o primário, mas poetara desde os 14 anos. Morreu, na casa velha da ponte, em 1985, Cora Coralina, doutora *honoris causa* pela Universidade de Goiás, membro da Academia Goiana de Letras e tendo recebido, como poeta e ficcionista, o troféu Jabuti e o prêmio Juca Pato como intelectual do ano em 1984.

Emily Dickinson, a grande poeta norte-americana, que durante a vida só ganhou prêmios pelos bolos e pães que fazia, disse numa carta: "A natureza é uma casa assombrada – a Arte, uma casa que tenta ser assombrada." Cora Coralina, a poeta brasileira que dos doces tirava a maior glória, criou em sua casa de paredes brancas e descascadas, à beira do rio Vermelho, enredos que assombram a Arte, que são dali mas de toda parte, peculiares e sedutores. Foi grande contadora de histórias.

A conquista do território da escrita, da carreira de letras, foi longa e difícil para as mulheres no Brasil. Tanto que, ainda hoje, ouvimos Hilda Hilst, escritora brasileira contemporânea, afirmar que a atividade de escrever requer muito esforço;[1] ou Rachel Jardim dizer, em *Cheiros e ruídos* (1976), que demorou anos para descobrir a sua forma de expressão e se aceitar como escritora, pois colocara sua necessidade de criar na casa e na combinação dos pratos que servia; ou ainda Zélia Gattai, em *Anarquistas graças a Deus* (1982), pensando no que diria sua mãe ao ler o livro: "Que menina atrevida! O que não vão dizer!"

Essa conquista, essa luta, como se observa, tem mais de século e foi travada, desde Nísia Floresta, por algumas mulheres que não colocaram em primeiro lugar "o que os outros vão dizer" e que tentaram se livrar da tirania do alfabeto, tendo primeiro de aprendê-lo para depois deslindar os mecanismos de dominação nele contidos.

MARANHENSE

O romance, por mais inocente que fosse, era ainda um gênero literário malvisto, pernicioso para as moças, quando, em 1859, os jornais de São Luís anunciavam *Úrsula*, de autoria de uma maranhense, ao custo de dois mil réis pela Typografia do Progresso. Logo se soube que o livro, hoje considerado o primeiro romance de uma autora brasileira, era de Maria Firmina dos Reis.

São Luís, em meados do século XIX, era culturalmente dominada por latinistas e helenistas de valor, mas a situação do ensino era precária, como aliás em todo o Império. Em 1857, entre os alunos de aulas públicas e particulares na província, havia 1.849 meninos e 347 meninas cursando o primário e uns 200 alunos no secundário. As oportunidades de estudo para as moças eram mínimas. Gonçalves Dias (1823-1864), o grande poeta romântico nascido no Maranhão, estudou em Coimbra enquanto sua conterrânea estudou sozinha. É difícil, pela documentação, conhecermos as leituras de Maria Firmina dos Reis, mas, como fez traduções do francês para publicações, sabemos que dominava esse idioma.

Nascida em São Luís em 1825, filha ilegítima, viveu com a família extensa, constituída pela avó e por duas gerações de irmãs, a mãe e a tia materna, ela e a irmã. Uma casa de mulheres. Maria Firmina dos Reis ganhava a vida como professora. Em concurso estadual de 1847, foi a única aprovada para a instrução primária na Vila de Guimarães, onde passou a residir. A tia materna, que possuía alguns recursos e era proprietária de uns poucos escravos, ali construíra uma casa de alvenaria, igual a tantas que ainda hoje existem pelo interior do Brasil, para as férias de veraneio da família. Mais tarde, a casa se tornou moradia permanente.

A professora morava e lecionava em casa, como era costume. Era reconhecida como Mestra Régia, o que na época significava professora formada e concursada em contraposição à professora leiga. Ensinar, mesmo sem preparo, foi para as mulheres do século passado uma oportunidade de trabalho. As escolas normais, onde quer que surgissem, atraíam grande quantidade de moças, pois foram, durante anos, uma possibilidade de desenvolvimento pessoal e de carreira.

Um ano antes de se aposentar, com trinta e quatro anos de magistério público oficial, Maria Firmina dos Reis fundou, a poucos quilômetros de Guimarães, em Maçaricó, uma aula mista e gratuita para alunos que não pudessem pagar. Estava então com 54 anos. Toda manhã, subia em um carro de bois para dirigir-se a um barracão de

Abolicionistas e admiradoras das ideias europeias liberais, as primeiras mulheres escritoras, no Brasil, enfrentaram, além dos preconceitos políticos, a discriminação sexual. Narcisa Amália é um bom exemplo dessa geração de pioneiras das letras.

propriedade de um senhor de engenho, onde lecionava para as filhas do proprietário. Levava consigo alguns alunos, outros se juntavam. Um experimento ousado para a época. Uma antiga aluna, em depoimento de 1978, conta que a mestra era enérgica, falava baixo, não aplicava castigos corporais nem ralhava, aconselhava. Era estimada pelos alunos e pela população da vila. Reservada mas acessível, toda passeata dos moradores de Guimarães parava em sua porta. Davam vivas, e ela agradecia com um discurso improvisado.

Em um álbum, um "caderno-goiabada", onde anotava alguns momentos de sua vida e do qual partes foram encontradas posteriormente, ela se descreve em 1863:

> De uma compleição débil, e acanhada, eu não poderia deixar de ser uma criatura frágil, tímida, e por consequência, melancólica.
> Uma espécie de educação freirática, veio dar remate a estas disposições naturais. Encerrada na casa materna, eu só conhecia o céu, as estrelas e as flores que minha avó plantava com esmero...

Os que a conheceram, quando tinha uns 85 anos, descreveram-na como sendo pequena, parda, de rosto arredondado, olhos escuros, cabelos crespos e grisalhos presos na altura da nuca. Nessa época ainda escrevia durante horas. Nas anotações de seu caderno, nós a lemos afirmar que ninguém a conhece bem porque não se dá a conhecer. Por detrás dessa figura plácida e acessível, havia uma mulher torturada. Conta que quando jovem sonhara um futuro radiante e belo, mas que as ilusões foram se desfazendo e levaram-na à amargura. O meio ambiente, gélido, não respondeu a seus anseios; o amor, considera paixão funesta. O "mundo um espelho impassível, cruel", desfez sonhos, apagou o ardor da mente, matou a esperança. A vida lhe foi bem penosa e os desejos jamais satisfeitos.

> Amo a noite, o silêncio, a harmonia do mar, amo a hora do meio-dia, o crepúsculo mágico da tarde, a brisa aromatizada da manhã [...] amo o afeto de uma mãe querida, as amigas [...] e amo a Deus; e ainda assim não sou feliz, porque insondável me segue, me acompanha, esse querer indefinível...

Maria Firmina dos Reis participou da vida intelectual maranhense colaborando na imprensa local, publicando livros, participando de antologias. Foi também música e compositora. Conta a tradição popular vimaranense que musicou *Versos da garrafa*, atribuídos pelos antigos a Gonçalves Dias. Este era, desde 1847, com a publicação de *Primeiros cantos*, poeta de projeção nacional muito justamente aclamado. Em 1859, por motivos de saúde, foi à Europa; na volta, o navio em que viajava, o *Ville de Boulogne*, naufragou. Todos se salvaram menos o poeta, que morreu afogado ao largo das praias de sua província natal. Para a tradição popular, ele teria colocado seus últimos versos numa garrafa que viera dar nas praias de Guimarães. Esses versos teriam sido os musicados por Maria Firmina. A tradição popular junta, na lenda, dois escritores da província, dois escritores de vida e obra muito diferentes, que nada indica terem se conhecido pessoalmente.

Úrsula, "romance original brasileiro", narra um romance de amor entre uma jovem, Úrsula, e um bacharel em direito, entrelaçando-o com a narrativa da vida dos escravos, que guardam a lembrança da África com suas raízes e costumes. Na novela, a heroína, como as dos contos góticos ingleses, é perseguida pelo vilão – no caso o tio materno, senhor de terras e escravos – e anseia pela viagem que a levaria para longe, para o mundo, a ponto de invejar um ex-escravo que, liberto, teria maior mobilidade do que ela. Mas, diferentemente do que acontece nos romances góticos, Úrsula não está presa num castelo mas junto à cama da mãe na fazenda do vilão, o senhor de terras e escravos. Apaixonado pela própria irmã, mãe de Úrsula, ele comprara as dívidas do casal para reduzi-las à miséria e mantê-las cativas. Úrsula e seu amado tentam fugir mas são capturados. O bacharel e seu amigo Túlio, o escravo liberto, são mortos. A jovem enlouquece e amaldiçoa o vilão. A maldição surte efeito e ele também acaba morrendo não sem antes confessar-se ao frei, que durante a vida inteira estivera a seu lado.

O que mais distingue esse livro não é o enredo romântico de amor, dor, incesto e morte, temas românticos comuns, mas o tratamento dado à questão do escravo. A autora não fala do escravo em geral, de uma entidade abstrata, mas o individualiza através de personagens: Túlio, que se torna amigo do bacharel, porque "as almas generosas são sempre irmãs", é o agente do enredo, tomando as iniciativas que modificam a vida dos outros personagens; Antero e Susana, que ainda se lembram de sua vida na África. A personagem da escrava Susana representa a guardiã da cultura africana, ela é aquela que se lembra de como foi capturada, da infame viagem pelos mares, dos escravos conduzidos por homens que não se importavam em "levá-los à sepultura asfixiados e famintos".

> Davam-nos a água imunda, podre e dada com mesquinhez, a comida má e ainda pouca: vimos morrer ao nosso lado muitos companheiros [...] Da escotilha lançaram sobre nós água e breu fervendo, que escaldou-nos e veio dar a morte aos cabeças do motim.

A escrava Susana resiste à viagem só para encontrar novos horrores e torturas na terra que não conhecia. E termina presa por correntes atadas à cintura e aos pés, num calabouço escuro e úmido na casa do vilão.

Os africanos, no livro, têm seu próprio código ético e agem de acordo com ele. Têm sua própria noção de bem. Por exemplo, Susana acaba morrendo não porque não queria trair o jovem casal que fugira do vilão, mas porque se nega a ajudá-lo, em qualquer circunstância. Ela verte lágrimas como "tributo de saudade" ao que lhe foi caro e à liberdade. Susana não é como as mulheres brancas, as esposas da trama, todas vítimas de maridos que derramam lágrimas de impotência por não conseguirem agir, mudar nada, nem serem ouvidas.

As personagens não poderiam ter outro fim senão a morte, pois, a despeito do romantismo, não havia lugar no Brasil de então para um bacharel que abandona a casa por não suportar a maneira de viver do pai tirano e fica amigo de um escravo que tem personalidade própria e ainda quer se casar com uma jovem sem nenhum dote. Também não havia espaço para a jovem que experimenta a dureza do destino "no começo dos seus anos" e, mesmo sem experiência, intenta fugir de sua prisão, ou para africanos que seguiam seu próprio código mesmo presos a uma terra estranha.

Uns dez anos antes desse livro, a presença do negro na literatura brasileira era muito discreta e silenciosa, ele aparecia como um *cão fiel*. Devido à escravidão, não era fácil um escravo se tornar objeto estético. A partir de 1870, cresce a presença das personagens negras nos livros, na mesma medida em que crescia a ideia de "perigo negro" em meio às camadas dominantes do Império. O padrão senhorial dos antigos engenhos começava a se distanciar do padrão de valores burgueses dos fazendeiros do café, ligados a uma economia comercial e urbana que preferia o trabalho livre. Divisão rapidamente esquecida, quando, a partir do ano de 1870, cresce a ameaça de rebeliões escravas, assassinatos de proprietários, fugas individuais ou coletivas. Em 1869, Macedo publica *Vítimas e algozes*, em que retrata senhores gentis e ingênuos que nem desconfiam dos escravos que, atrás das portas, pretendem a perdição de suas famílias por meio de feitiços, mortes, envenenamentos e descaminhos das jovens sinhazinhas. O escravo não é mais o *cão fiel*, é uma *serpente* pronta a dar o bote. As vítimas se tornaram algozes. O escritor faz um apelo à coesão da camada senhorial para evitar serem vitimados pelos algozes.[2] Nessa perspectiva é que podemos avaliar melhor o livro de Maria Firmina dos Reis, de 1859, que discorre de outro modo sobre o africano, sobre as relações de família e a posição da mulher branca naquela sociedade.

No conto, *A escrava*, publicado na *Revista Maranhense* em 1887, a mesma autora descreve uma participante ativa na causa abolicionista, a rede, de São Luís ao Rio de Janeiro, de abolicionistas organizados que escondiam escravos fugidos e, rápida e legalmente, compravam-lhes a liberdade. A personagem, uma senhora anônima, age com astúcia e prontidão enganando feitores e senhores de escravos. E escuta com compaixão a narrativa da vida da escrava fugida, perseguida pelo feitor, que enlouquecera ao ser separada dos filhos gêmeos recém-nascidos: sua vida miserável é pontuada de torturas ao lado de outro escravo, filho de uma mãe africana cativa e de um índio livre. Esse índio ajuda a escrava em suas tarefas e consegue amealhar dinheiro para comprar a liberdade da filha do casal. O senhor dá a ela uma carta dizendo ser de alforria. O índio não sabia ler, acreditou, ficou grato, mas depois de sua morte, descobrem que a carta é uma fraude e a menina aos sete anos é colocada na lavoura para trabalhar para o senhor.

Anos depois, a senhora acolhe a escrava "louca" e o escravo Gabriel. Providencia os papéis de alforria, pois os participantes da rede abolicionista, como os de outras tantas organizações, ou mesmo indivíduos comuns, podiam apresentar-se ao juiz de órfãos e, em troca de uma certa quantia, exigir a liberdade do escravo fulano. Tudo feito, a senhora apresenta a papelada, devidamente selada, ao senhor de escravos quando este os vem buscar em sua casa, e ele, não podendo fazer nada, "cumprimentou, e retrocedeu no seu fogoso alazão, sem dúvida alguma mais furioso que um tigre".

Vinte e oito anos depois de *Úrsula*, Maria Firmina dos Reis, que sempre havia sido abolicionista, pôde explicar, um ano antes da Abolição, as redes abolicionistas para a libertação dos escravos que então haviam se generalizado pelo território do Império. A liga de mulheres para libertar escravos surgiu primeiramente em São Paulo, mas outras logo apareceram na cidade do Rio de Janeiro e nas províncias, por volta de 1870. Envolviam-se com esses clubes mulheres da classe alta, mulheres negras e das camadas inferiores da sociedade.

O surgimento de sociedades e clubes femininos abolicionistas demonstra um tipo de iniciativa pública organizada que substituía, para algumas mulheres das classes altas, as anteriores atividades filantrópicas. Eles tinham o apoio de homens engajados na mesma vertente política. Na imprensa, na década de 1870, vão se tornando comuns libelos e comentários de mulheres. Algumas discursavam em praça pública e outras artistas davam espetáculos visando à emancipação dos escravos.

Mulheres de origem humilde também ficaram conhecidas por oferecerem abrigo a escravos fugidos. Uma delas é a escrava Adelina que vivia em São Luís, no Maranhão. Sabia ler e escrever, e foi descrita como tendo uma inteligência muito viva. Desde os 16 anos se envolveu na causa abolicionista, participando de passeatas e comícios do Clube dos Mortos, uma organização dos rapazes locais. Como era vendedora dos charutos feitos por seu pai, seu ofício a levava de porta em porta pela cidade, permitindo que também fosse agente de investigação para o Clube dos Mortos, que sempre contou com suas informações para tentar impedir planos secretos de perseguição aos escravos.[3]

Maria Firmina dos Reis certamente conhecia essas redes abolicionistas; não se sabe se conhecia Adelina. Mas não é improvável, uma vez que entre suas amigas nomeia algumas que, a pesquisa posterior mostrou, eram escravas, sem precisar essa condição. Como Guilhermina da quadrinha:

> São duas flores formosas
> As filhas de Guilhermina:
> – Uma é mesmo uma rosa,
> E a outra uma bonina!

Guilhermina, escrava de sua tia materna e mãe da escrava Otávia, certa feita pediu a Maria Firmina dos Reis que escrevesse um ato para o bumba meu boi. A escritora pesquisou as tradições populares e escreveu. Otávia representou o vaqueiro e Leonor, outra escrava, a companheira. A autora e compositora fez também um Hino da Abolição dos Escravos. Um fragmento canta:

> Quebrou-se enfim a cadeia
> Da nefanda Escravidão!
> Aqueles que antes oprimias,
> Hoje terás como irmão!

Desde muito cedo Maria Firmina dos Reis não aceitara alguns costumes comuns que implicavam o uso de escravos. Conta-se que quando foi admitida no magistério, aos 22 anos de idade, a mãe queria que fosse de palanquim receber a nomeação, mas ela exclamou: "Negro não é animal para se andar montado nele." E foi a pé. Morreu, cega e pobre, aos 92 anos, na casa de uma ex-escrava, Mariazinha, mãe de um dos seus filhos de criação.

Se o tratamento que essa autora dá à questão da escravidão é peculiar e precoce para o Brasil de então, em outro tema da época, o encontro da cultura europeia com a cultura indígena autóctone, ela também tem ideias diferenciadas.

Gupeva, um conto publicado pela primeira vez em *O jardim das Maranhenses*, um jornal literário, fez sucesso de público e foi, sempre como folhetim, publicado três vezes. *Gupeva* não é um canto lírico comemorativo, mas a narrativa de um embate violento entre as raças. A história se desenvolve a partir de um episódio das legendas brasileiras, o batizado de Paraguaçu, princesa do Brasil.

Ao partir para a França para o evento comemorado com grandes festas e tendo como madrinha Catarina de Médicis, a princesa do Brasil leva uma companheira muito querida, Épica. Na França, em meio às festividades, Épica se apaixona por um conde local e com ele vai viver. Logo percebe seu desinteresse e, desiludida, volta à terra natal para dar à luz uma filha, que recebe o nome da mãe, e morrer nos braços do guerreiro que sempre a amara, Gupeva. Anos depois, e é aí que começa a narrativa, o velho Gupeva ataca o jovem marinheiro francês que havia se apaixonado pela jovem Épica, tentando impedi-lo de se aproximar da moça, pois os dois eram meios-irmãos. Os três acabam morrendo no embate e os corpos são descobertos por marinheiros franceses que, estarrecidos, percebem a parecença entre os jovens. Ora, o que essa história nos conta é a impossibilidade de um encontro harmonioso entre as raças. Ao ser batizada pela rainha francesa, a princesa do Brasil levou Épica consigo, o canto dos feitos e glórias de suas gentes, mas a jovem foi enganada pelo europeu inescrupuloso, o que levou ao embate mortal na geração seguinte. A segunda Épica já não canta as glórias de seu povo, canta o desengano e o sofrimento provocado pelo encontro. Vivos permanecem, para fundar a nova ordem, a tripulação que dirigia o navio de guerra e mercante, no qual viera o jovem francês e o donatário da capitania a quem a princesa do Brasil, Paraguaçu, cedera os direitos de exploração da terra.

ROMÂNTICOS

O projeto romântico no Brasil foi uma empresa de afirmação da nacionalidade que se prolongou pelo Segundo Império, desejoso de alinhar o país com as nações industrializadas. Tendências como o indianismo e o sertanismo, no primeiro período, se propõem a retratar a cor local, mas acabam mostrando mais sobre as camadas sociais dos que escreviam, e do público a quem se dirigiam, as classes médias urbanas emergentes, do que sobre os índios ou sertanejos que pretendiam descrever. O escritor José de Alencar (1822-1877), em seus três livros, *O Guarani* (1857), *Iracema* (1860) e *Ubirajara* (1874), fez o relato da fundação mítica do Brasil. A obra-prima do indianismo é *Iracema*, prosa lírica, uma "lenda" no dizer do autor, em que notas de rodapé esclarecem termos locais e dão o aspecto de erudição e elementos míticos se confundem com elementos da natureza:

> Além, muito além daquela serra, que ainda azula no horizonte, nasceu Iracema. Iracema, a virgem dos lábios de mel, que tinha os cabelos mais negros que a asa da graúna e mais longos que seu talhe de palmeira.
> O favo do jati não era doce como seu sorriso; nem a baunilha recendia no bosque como seu hálito perfumado.

Iracema, a sacerdotisa dos tabajaras, filha do pajé Araquém, cujas mãos tanto ferem quanto curam, apaixona-se pelo guerreiro branco Martim. Deixa seu grupo e passa a viver com ele, mais o índio Poti, na floresta que conhece tão bem. Iracema ensina o que sabe, perdendo assim, gradativamente seu poder. Ela, aos poucos, silencia e depois morre ao dar à luz um menino, Moacir, que será o emblema do nascimento da nova nação. A criança é educada na Europa. Anos mais tarde retornam ao Brasil Martim, Moacir e Poti, acompanhados de muitos guerreiros e um padre. Ao chegar, Poti é batizado com o nome de Felipe Camarão. Com isso, abandona sua cultura, sua religião, renuncia ao nome que evoca sua tribo, os potiguares, perde sua identidade, que é substituída pela de um servo fiel de Moacir, isto é, do poder europeu. O filho de Iracema, educado por portugueses, esquece suas origens e torna-se o primeiro cidadão de um Estado-nação onde não há mais mulheres-agentes circulando pelos lugares públicos. O poder que Iracema exercera no início da história passa inteiramente para Martim, e a igualdade inicial entre o guerreiro branco e o índio desaparece.

Alencar circunscreveu o universo do escritor brasileiro a três grandes temas: a *vida primitiva*; a *formação histórica colonial*, quando índio e portugueses se encontram e acaba surgindo a miscigenação da nova nação; e a *sociedade contemporânea*, com a vida tradicional do campo e as cidades marcadas pelo impacto das ideias europeias. Alencar foi influenciado por autores românticos franceses; considerava que a imitação de padrões de trama podia se constituir num aprendizado e, se realizada por alguém talentoso, superaria o modelo levando o autor a encontrar seu próprio estilo através do empenho em desvendar sua realidade.

A segunda geração de românticos brasileiros é, algumas vezes, denominada "geração dos condoreiros". Isso porque se dedicaram à poesia de apelo social, inspirados pelo escritor francês Victor Hugo. Esse tipo de poesia, no Brasil, é predominante a partir de 1860, e, marcada por temas políticos, recebe impulso com a guerra do Paraguai e com a campanha abolicionista. Castro Alves (1847-1871) é o maior representante dessa corrente. Quando, em 1868, declamou poemas de *O navio negreiro* na Academia de São Paulo, foi nacionalmente aclamado e se tornou o abolicionista que inflamava multidões. Nesse momento os românticos encaravam a história como embate de forças contrárias. Adotando ideais humanitários do liberalismo, acreditavam que a justiça e o progresso venceriam. Assumem a cólera, a profecia e a vidência como motes de seus versos. Dessa geração de românticos destacam-se parte Fagundes Varela (1841-1875) e a escritora e jornalista Narcisa Amália.

POETA

Narcisa Amália de Campos nasceu em São João da Barra, Rio de Janeiro, em 1852 e morreu 72 anos depois na mesma cidade. Filha de um professor de liceu e homem de letras e uma professora particular, mudou-se ainda na infância para a cidade de Rezende (RJ), onde viveu durante muitos anos. Casou-se aos 14 anos de idade com um artista de teatro mambembe, mas logo o deixou. Mais tarde, casou-se com Rocha, um dono de padaria em Rezende que, segundo boatos, não suportava as veleidades intelectuais da esposa, que também o abandonou. Publicou um livro de poemas, em 1870, *Nebulosas*, e escreveu muito em jornais como *O Rezendense*, *Diário Mercantil de São Paulo*, *A Família*. Durante anos fez parte do corpo de redatores de *O Garatuja*, um outro jornal de Rezende.

Como os jovens intelectuais de sua geração, Narcisa Amália guia-se por ideias europeias liberais, como as do escritor francês Victor Hugo, e coloca sua pena a serviço de ideias democráticas e progressistas, da modernização das estruturas da nação e da elevação do nível cultural e material da população. Num poema, publicado em *Nebulosas*, saúda a Revolução Francesa e afirma seu ideal:

> No pedestal da igualdade
> Firma o povo a liberdade,
> Um canto à fraternidade
> Entoa a voz da nação,
> Que em delírio violento
> Fita altiva o firmamento,
> E adora por um momento
> A deusa – Revolução!

Em 1874, na Introdução que escreveu a *Flores do Campo*, de seu conterrâneo e amigo Ezequiel Freire, a poeta diz:

> Longe, bem longe de nós já fica o tempo em que a missão do poeta era cantar nas praças públicas coroado de mirtos e louros, os prazeres do amor

> e o triunfo das armas. [...] O ideal de nosso século, é a divindade que roubou a França ao abismo: a Liberdade.

Mas para que a deusa Revolução seja empossada e a "utopia converta-se em esplêndida realidade, é preciso que a ciência vá ao povo". Por ciência, entende as ideias de liberdade e igualdade.

> Cantando o belo ideal, pode ainda iniciar o povo nos mistérios da religião da Igualdade e preparar assim as gerações por vir para a doce comunhão do prazer e da dor, do trabalho e da instrução, porque sem a instrução popular a democracia jamais passará de uma dourada quimera.

Narcisa Amália considerava que no cumprimento desses ideais, dessas tarefas, a imprensa desempenhava um papel fundamental. Talvez por isso tenha escrito tanto para jornais. Num artigo de 2 de fevereiro de 1888, em *O Garatuja*, saudando o jornalista e líder abolicionista José do Patrocínio, é incisiva:

> A palavra emociona, o livro instrui ou deleita, só o jornal cava, revolve, afeiçoa as mais endurecidas camadas intelectuais. A sua ação é lenta, mas contínua e, por isso mesmo, irresistível, avassaladora.

E continua, tomando Patrocínio como exemplo:

> O mais impressivo exemplo do grande poder da imprensa, deu-nos José do Patrocínio na *Gazeta da Tarde*. A sua pena fulgurante e infatigável, através de todos os óbices que separam o domínio do sonho do domínio da realidade presente e dos prejuízos da vida contemporânea, cavou, por todo o país o largo e profundo álveo por onde hoje se precipita ovante a ideia da emancipação dos escravos. A sociedade brasileira desperta de súbito por essa voz atroadora que clamava sem cessar pela reabilitação de uma raça despojada de todos os direitos.

Para Narcisa, a proeza de Patrocínio se iguala, em grandeza, a uma façanha de um herói de Homero,[4] ao conseguir influenciar os mais reticentes.

Os jovens intelectuais da geração de 70 do século XIX, vivendo um processo de grandes transformações sociais, voltaram-se para as ideias liberais europeias de abolição, república, democracia, como parte integrante da condição ética do literato. Queriam a atualização da sociedade, a modernização das estruturas, a elevação do nível cultural e material da população, bem como a ampliação da participação política. É essa a geração que logo se sentirá malograda com a Abolição e a República, pois as novas instituições, que surgiram de um processo caótico e tenso, acabaram por não atender suas expectativas. Logo após a Abolição, Narcisa Amália protesta em favor dos escravos: "Tiraram as cadeias mas fecharam a escola."

Se as investidas libertárias dos moços eram toleradas, o mesmo não acontecia com os ímpetos de liberdade das moças. E Narcisa Amália de Campos, como ela própria declara, consagrou-se à independência e ao feminino, à liberdade educacional e artística da mulher. Essa escritora, que com a publicação de seu livro em 1872 se torna famosa no país

A gaúcha Maria Benedicta Bormann, nascida em Porto Alegre e criada no Rio de Janeiro, publicou romances entre os quais *Aurélia*, em 1883, *Lésbia*, em 1890 e *Celeste*, em 1893; trabalhou ainda em folhetins de jornais.

inteiro, sofreu severas críticas por se dedicar aos ideais liberais. Em dezembro de 1872, C. Ferreira, do jornal *Correio do Brasil*, do Rio de Janeiro, declara:

> Mas perante a política, cantando as revoluções, apostrofando a reio, endeusando as turbas, acho-a simplesmente fora de lugar [...] o melhor é deixar [o talento da ilustre dama] na sua esfera perfumada de sentimento e singeleza.

Palavras de um homem que se julga um paladino contra os preconceitos que impedem a mulher de se educar no Brasil, mas que não hesitava em dizer que "talento de dama não tem virilidade necessária" para a poesia social.

C. Ferreira não foi o único a elogiar os poemas de Narcisa Amália, criticando, entretanto, os de cunho social. Sílvio Romero, historiador e crítico famoso da época, afirma que estes últimos são "indignos de ocupar as páginas de um livro de mulher".

Esse comentário demonstra o duplo padrão da crítica, isto é, critérios diferenciados para julgar ou comentar obras de homens e obras de mulheres. Nota-se que para esses críticos as escritoras deveriam permanecer no "seu lugar"; aquele lugar que lhes era atribuído e se situava bem longe da esfera pública, com suas lutas e batalhas para modificar a sociedade. O lugar da mulher de letras seria a esfera "perfumada de sentimento e singeleza". As palavras dos críticos não estão isoladas, ao contrário, aderem a outras censuras recebidas pela autora. O próprio prefácio de seu livro, de autoria de Pessoa Povoa, afirma que a poeta será impulsora e "ornamento" de épocas futuras:

> Quando houver um Conselho de Estado ou um Senado Literário, Narcisa Amália terá as honras de Princesa das Letras. Este livro há de produzir tristezas e alegrias. É a primeira brasileira dos nossos dias; a mais ilustrada que nós conhecemos, é a primeira poetisa desta nação. [...] Narcisa Amália é um talento feio, horrível, cruel, porque mata àqueles [de suas predecessoras]. Foram as suas antecessoras auroras efêmeras, ela é um astro com órbita determinada.

Narcisa Amália é jovem e bonita como se vê no retrato publicado em seu livro. Mas não é, nem parece que desejasse ser, um "ornamento" para a poesia pátria. Ela, está dito em seus versos, quer lutar e luta por ideais em que acredita, assim como por suas contemporâneas e predecessoras. Mais de uma vez, em seus artigos, lista e qualifica as escritoras que a precederam no tempo. Narcisa Amália não buscava ofuscar ninguém, buscava sim encontrar apoio e irmandade em mulheres que haviam lutado para lhe abrir caminho como escritora. Na verdade, em meio a elogios, os críticos embutiam uma censura à mulher que ousava escrever e se meter em lutas políticas. "Frágil e gentil poetisa" é um qualificativo que desqualifica, na medida em que reserva a "esfera adequada" para a poeta: a do sentimentalismo-chão. Ao mesmo tempo, "gentil" cria uma categoria à parte, a autora não é dita profissional ou amadora, mas mulher.

Sylvio, pseudônimo desconhecido de um crítico, reafirma a mesma ideia em 1873, dizendo:

> Nesse ponto candidamente, desejamos que a sua musa se não transvie nos andurriais da política para o que outros versos seus estão indicando certa deplorável tendência. Em nome da arte lhe observamos que suspenda os seus passos nessa direção, enquanto é tempo.

Preso, sem dúvida, à beleza da autora, não a seus méritos como poeta, o escritor Guimarães Júnior, em carta a um amigo em 1873, tece inúmeros elogios à poeta que conheceu pessoalmente: "Ela é pálida e triste, como a tarde, e seus olhos falam tanto quanto sua boca brilha." A fragilidade descrita o conduz à conclusão de que não é talhada para as lutas políticas, "em suas composições políticas parece que deixa de lado a alma, para tomar a baioneta, cousa bem pouco feminina".

Narcisa Amália, posteriormente, foi acusada de atentado ao pudor e à família, sua vida pessoal foi usada como crítica à sua arte. Parece que sobre a lírica feminina havia algo que atraía mais fortemente a crítica dos homens. Isso, por sua vez, tornava mais difícil a expressão da poesia das mulheres. A poesia lírica que não a mera exposição de sentimentos adequados exigia um eu confessional forte, difícil para as mulheres sujeitas às definições culturais da época. Não podiam se expressar quando lhes era dito que deveriam se autossacrificarem pelos outros, que não deveriam fazer afirmações, deveriam se restringir a sugestões alheias, deixando ao interlocutor a possibilidade de recusa. Entonações femininas deviam expressar surpresa, submissão, incerteza, busca de informações ou entusiasmo ingênuo. Uma mulher que falasse agressivamente ou afirmativamente, o que nos homens era sinal de personalidade, era considerada mal-educada, tresloucada e até histérica. A não afirmação social da mulher se repetia na sua não afirmação pela palavra. É Narcisa Amália quem escreve em 1889:

> A pena obedece ao cérebro, mas o cérebro submete-se antes ao poderoso influxo do coração; como há de a mulher revelar-se artista se os preconceitos sociais exigem que o seu coração cedo perca a probidade, habituando-se ao balbucio de insignificantes frases convencionais?

Interdição à fala, interdição à escrita, a não ser a dos conselhos e modelos, interdição à poesia política. Narcisa Amália explicita, no poema, *Invocação*:

> Quando intento librar-me no espaço
> as rajadas em tétrico abraço
> Me arremessam a frase – mulher...

A autora se descreve em termos bem diversos aos usados pelos críticos. Se diz tímida quando é tomada pelo desejo de escrever: "minha fronte ao chão, lívida, pende", e a languidez lhe gela o seio. Sente-se inteira gelada, como uma esfinge – é mistério e enigma. Sente medo talvez de descobrir que luta contra a impressa "feminilidade" para deixar de ser enigma. Ou, talvez, enigma para ela mesma. De onde vem sua ousadia de pegar na pena e escrever? Quem matou para pegar da pena e escrever não foram as antecessoras mas a moça obediente que ousou transpor a distância entre o álbum ou "caderno-goiabada", e a atenção pública. Narcisa Amália escreve em *A família do rio*, em dezembro de 1889:

> Pequena é ainda em nosso país a falange das batalhadoras, que no campo das letras sustentam com brilho e energia a supremacia intelectual do nosso sexo. [...] Suponho ter sido eu, no Brasil, quem primeiro ergueu voz clamante contra o estado de ignorância e de abatimento em que jazíamos [...] A essa voz, antes, acusaram-me de aspirar ao *Nirvana* do *Budismo*; valeram-se de pseudos nomes feminis [*sic*] e, assim disfarçados afirmaram que as minhas opiniões eram hauridas em livros cuja leitura importava em atentado ao pudor da mãe de família. Espíritos másculos recearam porventura que, a um meu aceno, suas esposas abandonassem o *pot au feu* e tomando o bordão de peregrinas marchassem em demanda da terra da *emancipação*.

Para ela, a "chama da poesia" é igual à da "ideia livre". Poeta de inspiração romântica, não segue, em seus versos, a redução da ciência mas sim o convite da imaginação. Aceitando-o, abre-se-lhe o templo da inspiração. Senhora desta chama, pode seguir as nebulosas através do espaço e contemplar paisagens utópicas. Mas, nessas viagens encontra também o perigo, o anjo de negras asas, o arcanjo da tempestade e a turbulência que pode precipitar o "ser desvairado/da Loucura" para o abismo do mar profundo. Mas vale a pena seguir as nebulosas e, por instantes, esquecer a horrenda sorte no mundo e fazer brotar o jorro da poesia.

O grande tema dos românticos, o papel da imaginação criativa, o desejo apaixonado por criar é paralelo à contraposição entre a visão inspirada do poeta e a do senso comum. Ao mesmo tempo, esses "voos noturnos", como os chama, acabam-se ao primeiro raio da manhã, quando se vê presa ao leito, em seu pequeno quarto na casa de seu pai. Se a estética romântica ofereceu às mulheres um impulso para a desobediência, para saírem de si rumo a peregrinações e em busca de novas ideias e visões, ela também impunha-lhes limitações, pois a mulher – encarnação de Eva – nunca poderia ser o Satã rebelde e criativo dos romances masculinos, no máximo seria apenas sua auxiliar.

Narcisa Amália, que sempre se mostra modesta, tem consciência da fibra necessária ao desafio de se tornar escritora. Em carta ao *O Garatuja*, em 1889, afirma:

> É sobre a pressão esmagadora da desventura que a poetisa ou a pensadora anima-se a passar da Concepção à Execução – cerrados os olhos à multidão circunstante, a fim de evitar, no momento supremo, a hesitação ou o desfalecimento.

Apesar dos obstáculos, a despeito das críticas, a poeta permaneceu fiel a seus ideais, como afirma em *Spes Sola*, poema de março de 1880:

> Não, teu culto ideal eu não abjuro,
> Musa dos livres que no espaço imperas!
> Dei-te as rosas das vinte primaveras,
> Dou-te o presente e... sagro-te o futuro!

Desde a publicação de *Nebulosas*, os críticos faziam especulações sobre sua vida pessoal. Queriam saber mais; ela não se dá a conhecer. Boatos dizem que os poetas Fagundes Varela e Ezequiel Freire dela se enamoraram. Não se sabe, embora tenham trocado poemas em mútuas celebrações. De qualquer modo, um caso de amor pela escrita. Em 1904, é dada por alguns como morta, provavelmente porque a partir do começo do século Narcisa Amália desaparece da cena pública. Sabe-se que até 1889 residia em Rezende. Talvez por não ter conseguido se sustentar como jornalista, tradutora e escritora, talvez por motivos de saúde, como sugerem alguns documentos, muda-se para o Rio de Janeiro. Aí dirige uma escola pública de ensino primário em Botafogo até 1908. Por volta de 1915, segundo uma pessoa que a conheceu, já estava muito enferma. Cega e paralítica, faleceu em junho de 1924. Deixou inscrito um convite às mulheres, entrevendo o "século próximo – liberto de toda a violência e de toda a superstição...", quando escreve em 1889:

> eu diria à mulher inteligente [...] molha a pena no sangue de teu coração e insufla nas tuas criações a alma enamorada que te anima [...] [assim] deixarás como vestígio ressonância em todos os séculos.

JORNAIS E JORNAIS

No Brasil do século XIX, várias mulheres fundaram jornais visando esclarecer as leitoras, dar informações, chegando, no final do período, a fazer reivindicações objetivas. Muitas vezes, esses jornais pertenciam a mulheres de classe média, algumas das quais investiram todos os seus recursos neles. Eram tantos que chegaram a formar uma rede, de norte a sul, atentos às publicações e ações das mulheres. No Rio Grande do Sul, fios importantes dessa rede foram o *Escrínio* e o *Corymbo* das irmãs Revocata Heloísa de Melo e Julieta de Melo Monteiro, ambas literatas que escreveram poesia, contos e peças teatrais.

O *Corymbo* durou sessenta anos (1884-1944) e, durante esse tempo, cobriu qualquer aventura de mulheres brasileiras no campo das letras e nas várias profissões. Em 1919, saúda a fundação no Rio de Janeiro da *Tribuna Feminina* do Rio, órgão do partido Republicano Feminino de Leolinda Daltro. E, na mesma nota, o jornal envia cumprimentos "às mulheres proletárias do Rio que acabam de fundar a Liga Comunista Feminina". Entre as colaboradoras desse jornal estavam Maria Lacerda de Moura e a portuguesa Ana de Castro Osório. Esta última, em 1924, publica um artigo sobre "feminino burguês" em que afirma: "Onde houver uma mulher, está uma irmã que nos cumpre amparar, proteger", sejam prostitutas, operárias ou princesas, mulheres, vítimas todas de preconceitos e iludidas por aqueles que, pretendendo educá-las, forjam cadeias para prendê-las.

As articulistas de outro jornal, *Partenon*, também de Porto Alegre, seguiam uma linha diferente. Nele escreveu Luciana de Abreu (1847-1880), uma menina exposta na Roda da Santa Casa que fora adotada e durante a infância lera tudo que o pai adotivo tinha em casa. Casada, ingressara na escola normal e tornara-se professora de prestígio. Trabalhou muito, morreu tuberculosa aos 33 anos. Discursava em público e por isso tornou-se célebre; atacou as injustiças a que estava sujeito seu sexo. Em 1873, no *Partenon*, saúda o aparecimento do primeiro número do jornal *O Sexo Feminino*. No Rio de Janeiro, nesse mesmo ano de 1873, no jornal *A República*, saúda o aparecimento do livro de Amália Figueiroa. Em outra ocasião, Luciana de Abreu faz uma lista das escritoras brasileiras desde Nísia Floresta e Beatriz Brandão. Afirmando que "a admiração e sincero entusiasmo que experimentamos por todos os talentos do nosso sexo", levam-na a divulgar nomes e obras para o público fluminense, pois o "destino do gênio é caminhar para o futuro, para o infinito, para a imortalidade".

O *Sexo Feminino*, transferido em 1875 para a capital, era de propriedade de Francisca Senhorinha da Mota Diniz, defensora intransigente da capacidade intelectual da mulher para as ciências e a literatura, a filosofia ou a história, a geografia, a química ou o que quer que fosse. Chegou a afirmar que a mulher é mais bem dotada que o homem para os estudos, porque possui mais paciência. Insistiu na importância da independência econômica para que a mulher pudesse atingir maior liberdade.

A revista *Mensageira*, da escritora Prisciliana Duarte de Almeida, surge em São Paulo no final do século, em 1897, e é publicada ininterruptamente até janeiro de 1900. Esse periódico tinha por objetivo, conforme afirma sua editora, levar ideias novas ao lar e, ao mesmo tempo, estabelecer entre as brasileiras uma simpatia espiritual pela comunhão dessas mesmas ideias. A *Mensageira,* que se intitulava uma revista literária dedicada às mulheres, noticiava em todos os números os livros publicados por escritoras no Brasil e no exterior. Noticiava e resumia conferências e conquistas profissionais. Foi solidária com as escritoras do mundo todo e publicou também artigos sobre mulheres inglesas, polacas, francesas, suecas, até sobre "a mulher na China". Entre as colaboradoras frequentes, além de Prisciliana Duarte, Júlia Lopes de Almeida, Áurea Pires, Narcisa Amália, Francisca Júlia, Auta de Souza, Ignêz Sabino, Josefina Álvares de Azevedo e a portuguesa Guiomar Torrezão, autoras já bem conhecidas.

Esses periódicos, como outros da época, fizeram campanhas pela educação da mulher. Muitas vezes essas campanhas apareceram ligadas ao reforço do papel de mãe, de boa esposa, de dona de casa. No contexto, no entanto, a contribuição é valiosa e era importante enaltecer a mulher tanto dentro quanto fora de casa. Havia evidentemente diferenças de opiniões entre as articulistas, umas mais radicais, outras menos. A questão do voto feminino ainda não era tratada diretamente, mas os jornais contornavam noticiando amplamente lutas e conquistas em outros países. Em todos os números, havia uma grande quantidade de textos literários escritos por mulheres. A profissionalização começava então a se abrir para as mulheres e as articulistas estavam atentas para todas as possibilidades, bem como para todos os obstáculos e entraves. Júlia Lopes de Almeida fazia até mesmo uma campanha por creches e jardins da infância.

Em 1888, Josefina Álvares de Azevedo funda, em São Paulo, *A Família*, que no ano seguinte é transferido para o Rio de Janeiro. Josefina foi abolicionista, republicana e desenvolveu intensa campanha pela emancipação da mulher. Pensava ser absurdo residir no homem o princípio da autoridade na família, pois considerava a mulher mais inteligente. Era favorável ao divórcio, ao voto e à elegibilidade da mulher, denunciava ainda a dificuldade de uma boa educação para a mulher e confiava que logo uma igualdade semelhante à alcançada pelas norte-americanas chegaria até nós. Em 1890, publicou no folhetim *A Família* uma comédia em um ato, *O Voto Feminino*, apresentada no palco em 23 de junho de 1893 – apresentação noticiada por um jornal feminino em Paris. Em seu jornal, fez apreciações sobre a situação da escritora: "É tristemente desanimadora a contingência das brasileiras", pois nem mesmo conseguem utilizar a inteligência, "que diriam por aí de algumas escritoras que se reunissem para formar um Clube que não se destinasse a dar bailes?". A autora acreditava que a aceitação da tutela masculina por parte das mulheres devia-se a elas mesmas considerarem vantajosa a isenção de responsabilidade. Josefina Álvares de Azevedo escreveu um livro, *Galleria illustre* (1897), e não se sabe como terminou a vida.

FINAL DE SÉCULO

O período que vai de 1880 até a Primeira Guerra Mundial é marcado por uma série de redefinições e reajustes. Na ficção, o ideal do "anjo do lar" sofre também transformações. As personagens femininas tornam-se seres sexuais, sensuais. Mas, apesar da distância que aparentam da heroína do início do século, as personagens continuam a ser definidas somente pela experiência emocional pessoal.

No Brasil, o movimento cultural, desde a Abolição até a década de 1920, concentra-se no Rio de Janeiro. Novas ideias, e principalmente novas vivências, vão minar a unidade romântica do passado recente, e as correntes estéticas acabam se fragmentando em várias vertentes. A ficção agora segue paralela, ou concorre, com a ciência e o jornalismo.

Os primeiros romances urbanos brasileiros fazem parte do Romantismo. José de Alencar foi o pai fundador, e tanto ele quanto Joaquim Manoel de Macedo já falavam do "progresso" do Rio de Janeiro. Macedo, entusiasmado com a cidade, afirmava: "Este Rio de Janeiro é a Paris da América."

É isto que diz Alencar em *Ao correr da pena*:

> Já podemos ter a esperança de ver nossa bela cidade reivindicar o seu nome poético de princesa do vale [...] percorrer a rua do Ouvidor, admirando as novidades chegadas da Europa, e as mimosas galanterias francesas que são o encanto dos olhos e o desencanto de certas algibeiras.

Nos romances urbanos de Alencar, como *A viuvinha*, *A pata da gazela*, *Diva*, *Sonhos de ouro*, sempre uma moça abastada luta para conseguir seu amor. O outro lado da cidade, o lado sombrio, aparece em *Lucíola*. Ao contrário da *Dama das Camélias*, de Alexandre Dumas

Filho, Lúcia, a cortesã do livro de Alencar, não é redimida pelo amor, mas deve buscar absolvição para uma vida de pecado, em recolhimento e afastada da sociedade. O dinheiro, tema importante em Alencar, já tornava as mulheres sexualmente vulneráveis e os homens sexualmente agressivos. E a relação entre sexo e dinheiro vai ganhando maior espaço na literatura à medida que o século passa e as atitudes se alteram.

As modificações na cidade do Rio de Janeiro, a partir de 1880, e mais tarde em São Paulo e em outras capitais, têm características muito específicas. Ao mesmo tempo em que se pregavam valores burgueses, eram reforçados preconceitos de classe e raça. O papel do médico foi fundamental nessas modificações. Higienistas, positivistas, correntes ilustradas, todas as vertentes de pensamento tentavam redefinir os comportamentos. No centro do palco, mais uma vez, ficava a mãe; os positivistas a colocaram num pedestal, semelhante ao que fazia a Igreja Católica, com a diferença de que prometiam o céu aqui mesmo na terra através do autossacrifício. Em 1889, Narcisa Amália, contrária a essa ideia de mãe, revidava os ataques feitos a ela pela revista positivista *O Apóstolo*.

> A violenta oposição que o meu último artigo despertou, fez-me crer então que, em vez de uma inofensiva pena Malat, eu me servira de um estilete perigoso, que feriu certo e fundo. [...] firmemente resoluta a emergir de novo para implorar do Apóstolo uma explicação do belo e misterioso versículo da Bíblia – "E o filho da mulher escrava não haverá tanto como o filho da mulher livre".

Os higienistas empenharam-se com afinco na tarefa de formar a "mãe burguesa". Empreenderam campanhas para convencer as mulheres a amamentar. Visavam também à "mãe educadora" sob vigilância do médico de família. Definiam a mulher como ser afetivo e frágil. Doçura e indulgência eram atributos que se somavam aos anteriores para demonstrar a inferioridade da mulher, cujo cérebro, acreditavam, era dominado pelo capricho ou instinto de coqueteria. Para que não adoecesse, era preciso que aceitasse o comando do homem e se dedicasse inteiramente à maternidade e à família. As mulheres pobres, as vendedoras de rua, as lavadeiras vão sendo expulsas do centro, que se afrancesa, e de seus ofícios de sobrevivência.

As prostitutas e meretrizes continuam a percorrer a cidade e serão um dos tópicos prediletos dos sanitaristas, que investigam seus hábitos, diagnosticam sua "doença" e tentam regulamentar a profissão. Em nome do "perigo venéreo" domesticam a sexualidade feminina. Para os médicos, a mulher pobre que se prostitui se iguala a uma criança selvagem que precisa de proteção superior. Se o "anjo do lar" não tem sexualidade, a prostituta vive somente para satisfazer a devassidão de um apetite sexual excessivo. É leviana, inconstante e turbulenta. Adora o álcool e o fumo. É ignorante, burra, volúvel.

Durante o Império, e mais ainda no início do período republicano, a medicina higiênica tem um caráter de polícia médica. É dessa medicina que surgirá, entre nós, a psiquiatria. Desde o início a medicina institucional, em suas várias formas, pretendia interferir no "organismo" social, cuidar da saúde da cidade e dos indivíduos. A versão psiquiátrica nacional era nitidamente autoritária, permeada pela noção de progresso dos positivistas. Assim, irá perseguir aqueles que resistem às disciplinas para a normalização. Artistas e intelectuais, em especial, serão objeto de desconfiança e considerados problemas potenciais pelos alienistas.

Na ficção as questões médicas são reproduzidas. No entanto, há uma voz discordante. Machado de Assis, em *O Alienista* (1881), deixa o alienado falar. Ou melhor, mistura alienista e alienado, confunde, borra as diferenças entre um e outro. Os loucos tomam a palavra para romper com as certezas da normalização higiênica. São também de Machado de Assis as personagens femininas mais complexas. Fugindo ao ideário europeu que identificava mulher e natureza, vida telúrica e animal e identifica o homem com uma vida artificial, Machado de Assis realiza deslocamentos e apaga fronteiras. Assim, suas personagens femininas acabam abrigando novos temas, do inconsciente ao contexto histórico.

Nas últimas décadas do século XIX, surge um novo tipo de personagem, a histérica. Os romances fazem estudos de temperamento que mais parecem relatos de enfermidades ou diagnósticos. Descrevem 'casos de alcova', temperamentos patológicos. O médico aparece com a palavra na literatura; as personagens passam a evidenciar uma obsessiva medicalização da linguagem. Quanto mais a personagem do médico discursa, dá aulas, mais aumenta sua credibilidade e sedução. Em geral, as personagens histéricas são enfermas, órfãs de mãe, e é sugerido que a causa da enfermidade é a quebra do quadro familiar. A cura está no casamento, na procriação, na aceitação das normas institucionalizadas. Os traços que estigmatizam a histérica na sociedade da família, do casamento e da maternidade higienizada são sua orfandade, isto é, a falta de um modelo feminino e o fato de serem solteiras e fogosas.

O médico, através de suas citações científicas, é quem descobre o "temperamento doentio", duplamente faltoso, um espaço a ser preenchido por seus discursos infindáveis. As histéricas quase não falam, os médicos falam por elas e só lhes resta reproduzirem os sintomas. Resultado: desmaios, enxaquecas e gritos. A mulher letárgica é socorrida pelo médico, e, mesmo que ela morra, o doutor permanece cercado de uma aura de sabedoria.

A despeito de muitas vozes contrárias, o mito da fragilidade feminina, da incapacidade física ou mental da mulher, floresceu ainda neste final de século.

DÉLIA

Maria Benedicta Camara Bormann nasceu em Porto Alegre em 1853; cresceu e viveu no Rio de Janeiro onde faleceu em julho de 1895. Pertencia a uma família de prestígio, embora sem muitos recursos, morou toda a vida em casa alugada e, pelo que consta dos documentos, não tinha nenhuma propriedade. Recebeu uma educação esmerada, nos moldes da época para mulheres de classe alta. Falava inglês e francês, desenhava bem, tocava piano e tinha uma bela voz para o canto. Publicou os romances: *Aurélia* (1883), *Uma vítima*, *Três irmãs*, *Magdalena* (1884), *Lésbia* (1890), *Celeste* (1893) e *Angelina* (1894). Alguns desses romances foram primeiro publicados em folhetins. Colaborou em vários jornais do Rio de Janeiro: *A Gazeta da Tarde*, de José do Patrocínio, *A família*, *O Paiz*, ao lado de Quintino Bocaiúva e outros jornalistas de prestígio. Este jornal criou a tradição da coluna no canto esquerdo da primeira página em que figurava geralmente um artigo literário. Nela, Maria Benedicta Bormann foi das primeiras a escrever.

"Délia" é o pseudônimo escolhido por Bormann para assinar seus contos ou crônicas. No início do século, foi comum escritoras adotarem um pseudônimo para encobrirem a identidade, para serem aceitas pelo público. Nas últimas décadas a adoção do pseudônimo passa a ter outra conotação, começa a ser usado como palavra de poder, marca de um batismo privado para o nascimento de um segundo eu, um nascimento para a primazia da linguagem que assinala o surgimento da escritora. Até como um ícone do domínio da sensibilidade, da habilidade e talento. Parece ser o caso de Bormann, membro de uma família prestigiada e poderosa no final do século, casada com um tio materno que em 1909 se tornaria ministro da Guerra, o marechal de divisão José Bernardino Bormann. Sua redefinição, como aconteceu também com outras escritoras, era a tentativa de se livrar do patrimônio herdado ou de transformá-lo. O que, por outro lado, significava que o poder do nome, os nomes de poder e o poder das normas estavam muito presentes em sua vida. A escritora criou uma ancestralidade imaginária e, ao mesmo tempo, definiu elementos de poder feminino quando escolheu seu pseudônimo. Délia é o nome de uma matrona da Roma Antiga amada pelo poeta Tíbulo. Quando Maria Benedicta Bormann escolheu seu pseudônimo, o nome de suas personagens, Lésbia e Catulo, e o dístico que encima a porta do seu gabinete de trabalho – um verso de um poema de Horácio –, também fez referência ao universo romano: um momento específico de maior liberdade para a mulher, artística e sexualmente. Nas últimas décadas do século XIX, avançava a ideia da Nova Mulher.

Esta ideia, muito difundida na Europa, vinha tentar substituir as esquisitices da mulher antiga, a solteirona da literatura ou da opinião pública, sexualmente reprimida, sobra da onda matrimonial de sua geração, a velha tia morando às custas de um parente mais abonado e cuidando da casa para ele. A Nova Mulher pretendia ser sexualmente independente, criticava a insistência da sociedade no casamento como única opção de vida. Tendo tido maiores oportunidades de estudo e desenvolvimento fora do casamento, privilegiava as carreiras profissionais. Às vésperas do século XX, essas ideias estavam difundidas por toda a Europa e América do Norte. Na medida em que avançava nas profissões e ocupava espaço significativo no mercado de trabalho, a Nova Mulher, educada e sexualmente livre, acordou as *vozes da conservação*, que se ergueram para gritar em alto e bom som que tais ambições só trariam enfermidades, esterilidade e a degeneração da espécie.

Caricaturas da *femme nouvelle*, na França, mostravam a Nova Mulher como uma pedante magrinha e com cabeça grande; uma *garçonnete* andrógina que mais parecia um rapazinho. Entre 1889 e 1900, médicos, jornalistas e políticos, alarmados com a onda crescente, uniram-se para condenar essa Nova Mulher e celebrar a antiga. Na Inglaterra, os médicos sustentavam que desenvolver o cérebro, para a mulher, implicava em não nutrir o útero e, por isso, se o fizesse, ela não poderia mais servir à reprodução da espécie. Os médicos fizeram ligações entre o que achavam ser epidemias de doenças nervosas – anorexia, neurastenia, histeria – com as aspirações desmedidas das mulheres.[5]

Embora as ideias da Nova Mulher estivessem se difundindo entre as mulheres no Brasil, elas encontraram aqui uma oposição muito forte. No número 425 da *Revista Ilustrada*, de 1886, um artigo intitulado "O eterno feminino" começava lembrando que não iam longe os tempos em que os honrados pais de família se opunham a que suas filhas aprendessem a ler para evitar que enviassem bilhetes aos namorados, esquecendo-se, pobres ingênuos, que os mesmos recadinhos mais rápido circulavam de viva voz. O artigo continuava. Assinalava que tanto na Corte quanto nas províncias se espalhava a propaganda das reivindicações do "sexo gentil". Portanto, "é tempo de examinar se a educação da mulher deve

Délia
Maria Benedita Bormann

CELESTE

Délia
Maria Benedita Bormann

CELESTE

As mulheres precisam escapar dos textos masculinos que as definem como anjos do lar, ninharia ou sonho e devaneio para poderem apresentar propostas alternativas e se tornarem escritoras, passando dos cadernos de receita e diários aos contos e romances publicados.

ser ampliada", se ela deve ter os mesmos direitos que os homens. Concluía que a educação deve ser ampliada, mas o círculo "não pode ter grande raio". Em relação à política, *nem pensar*, pois decepções viriam azedá-la. E há sempre o perigo, conhecido, de se envolver com mulheres em disputas, pois elas, é sabido, são sempre despóticas. E,

> verifica-se, também, que é dos rostos imberbes, como os do sexo gentil, que até hoje têm vindo as maiores desgraças ao mundo e os mais atrozes sofrimentos à humanidade.[6]

O "sexo gentil", dotado de natural despotismo, não era talhado para embates da política ou das letras. Podia-se, magnanimamente, incrementar um pouco sua educação para se tornar mais atraente na sociedade, mas isso bastava, de resto seria melhor ficar com o bastidor. Desde que começou a surgir a Nova Mulher, o discurso dominante reforçou os estereótipos antigos.

Algumas escritoras, Délia entre elas, começam a falar a respeito da necessidade de uma educação *para a vida* e do conhecimento da própria sexualidade. Foi das primeiras escritoras, entre nós, a falar a favor da afirmação da sexualidade feminina e a fazer campanhas para a educação sexual das jovens. Acreditava que a histeria derivava do não conhecimento da sexualidade, da ignorância das jovens, ou da hipocrisia das senhoras burguesas que, afirma em um de seus livros, fingiam não saber nada tal anjos assexuados, mas, na calada da noite, desciam aos porões para ler livros "de homens", livros pornográficos, às escondidas. A hipocrisia dessas senhoras e a ignorância das jovens só podiam conduzir a enfermidades e descalabros na vida.

Os temas dessa autora são os promulgados pelas defensoras estrangeiras da Nova Mulher: profissão, satisfação dos desejos. Acreditava-se que o intelectual podia pertencer à *esfera da liberdade*, e o mesmo não podia acontecer com as mulheres.

Em "Carta a Sindol", texto publicado por Délia em *O Paiz* em 21 de novembro de 1883, a personagem recusa um casamento arranjado pela família com um primo rico, "homem do século". Ela se define uma "pobre visionária" que deseja ser atriz. Não quer ser incluída no rol de propriedades de um marido, mesmo vindo em primeiro lugar: "a mulher, os carros, os cavalos de fulano de tal". Não se torna atriz, mas também não se casa e leva a vida que escolheu, feliz.

Em Lésbia, a personagem é uma escritora. Aqui temos "a cura pela palavra", pois uma jovem doente e separada, de um marido tirano, depois de uma decepção amorosa, percebe que pode escrever sua versão da vida. E faz sucesso. Ganha na loteria e, num bairro novo que então se abria, às margens da sociedade, escreve seus livros. Trama sua vida ao mesmo tempo em que nos dá detalhes dos caminhos de uma mulher de letras no Rio de Janeiro da época.

Abolicionista, para Délia a escravidão era uma página negra que não estava encerrada. Diz que os titulados barões do Império, os baronatos da época da guerra do Paraguai "serviram de recompensa aos indivíduos que tiravam os pobres negros da enxada das fazendas ou do serviço doméstico, todos marcados pelo azorrague, pondo-lhes a farda às costas":

> Marcharam os párias para a morte, obedecendo à voz do cabo como haviam obedecido à do feitor, resgatando sua liberdade de homens no campo de batalha, derramando o sangue em prol d'essa pátria que lhes fora madrasta, e que tantas vezes haviam regado com seus suores. Os títulos teriam ficado melhores nos beneméritos soldados negros do que nos brancos traficantes de carne humana.

Continua a autora dizendo que com o abolicionismo, apresentou-se um novo modo de especular com os negros, "todos os dias alguns humanitários restituem alguns desgraçados à liberdade, recebendo indenização", não indenização em dinheiro, mas de novo em honrarias. Justiça para o escravo, para a sociedade e para a mulher, eis o que deseja Délia. Tendo realizado suas ambições e talentos, a escritora pode, por sua vez, recitar o verso de Horácio: "Não morrerei de todo, uma parte de mim evitará Libitina."[7]

JÚLIA LOPES DE ALMEIDA

Júlia Lopes de Almeida (1862-1934) foi jornalista e autora de livros de sucesso. Quando começou sua longa carreira de mais de quarenta anos como jornalista e escritora, ainda encontrou grande oposição, mas foi adquirindo renome e prestígio. Já em 1885 foi convidada a participar do corpo de redatores de *A Semana*, do Rio de Janeiro, do qual faziam parte Olavo Bilac, Artur Azevedo e Filinto de Almeida – com quem se casaria mais tarde. Escreveu em vários periódicos e, por mais de trinta anos, no jornal *O Paiz*. Em suas crônicas fez campanhas em defesa da cidade, da educação da mulher, do divórcio, da exposição de flores, assim como fizera a defesa da Abolição e da República.

Preocupada com a urbanização, tinha por modelo a cidade jardim. O morro de Santo Antônio, na cidade do Rio de Janeiro, não foi arrasado devido à oposição feita por ela nos jornais. Ela queria o morro ajardinado, com uma estrada circular e abrindo-se, em um dos lados, para a vista. No topo planejava outro amplo jardim e, ao centro, dominando a cidade, um grandioso Parlamento. Esteve envolvida com o caminho aéreo para o Pão de Açúcar, o Mercado das Flores foi obra sua, assim como a primeira exposição de flores organizada na cidade. Foi ela quem teve a ideia e lutou para que hortênsias fossem plantadas às margens do rio canalizado em Petrópolis. Fez campanhas pela instalação de creches. Estava imbuída de uma missão pedagógica de melhoria das condições de ensino, do modo de vida, da mudança do papel social da mulher. Júlia de Almeida discutiu com prefeitos e urbanistas, opinou sobre questões contemporâneas, tentou conciliar, na vida e na obra, o modelo da Nova Mulher: companheirismo e organização, rebeldia e luta, com o papel "sagrado" de mãe e esposa. Ambiguidade e compromissos, avanços e acomodações transparecem em seus escritos.

Em seus romances, Júlia Lopes de Almeida trata da cidade e do campo, dos costumes e do cotidiano, de cortiços e palacetes, durante as últimas décadas do século XIX e começo do XX.

Um tema aparece em vários de seus livros: a comunidade de mulheres. A perda do marido/pai, em *A Falência*, por exemplo, não é um drama mas a abertura para novas possibilidades de vida. Expõe a concorrência comercial e o denominado progresso como subprodutos de uma cultura masculina e financista que criou um mundo onde só o lucro importa, onde existem desigualdades e injustiças, onde a mulher é subordinada, ignorante e não está preparada para a vida. Por causa da falência, as mulheres mudam-se para uma casa afastada, à margem da cidade, e começam um aprendizado de vida, de trabalho e do cuidado com a autossubsistência. Uma das personagens, até então em posição subalterna, é que ensina às outras, fazendo da solidariedade entre elas fator preponderante para construírem uma vida aprazível e segura. Laços fortes entre mulheres, especialmente em situações de dificuldade financeira, longe do mundo dos negócios e do poder, descobrindo a si mesmas, são traços constantes na obra da autora.

Em *Correio da roça*, romance epistolar, a autora retoma um de seus temas favoritos, o da pequena lavoura, da pequena propriedade agrícola trabalhada honesta e racionalmente como solução para o país. Uma mulher, com duas filhas, empobrece devido aos descalabros do marido. Mudam-se para uma pequena fazenda, infelizes, não vendo futuro algum. Mas uma amiga, no Rio de Janeiro, através de farta correspondência, vai ensinando-as a plantar, cuidar do campo, modificar as relações com a terra. Ao final, as três laboriosas e ativas tornam-se vitoriosas. Júlia Lopes de Almeida lutou quarenta anos, por meio de suas crônicas e campanhas públicas, pela redenção e redefinição nacional pela pequena propriedade e obcecada por um método de produção racional, pela mulher como agente de transformação da sociedade. A comunidade de mulheres, tema recorrente em sua obra, opõe-se ao ideal convencional da mulher vivendo para e através do homem. É um emblema de autossuficiência, de reeducação, que cria sua própria realidade corporativa. As personagens acabam vivendo num lugarzinho remoto, tentando quase uma afinidade mágica para a transformação de códigos que, no entanto, permaneceram intocados.

Júlia Lopes de Almeida já lutava pela ideia de pequena propriedade e pelo bom senso feminino em um de seus primeiros livros, *A família Medeiros*, publicado em 1899, após a Abolição. Esse é seu único livro cuja história se passa em São Paulo, descrevendo hábitos e costumes dos grandes fazendeiros escravocratas. A narrativa transcorre no momento de transição entre o trabalho escravo e o trabalho livre nas plantações de café, em que a opulência dos proprietários convive com a miséria das condições de vida de escravos e dos colonos recém-chegados. Abolicionista, a autora pinta os horrores dos castigos e do tratamento dado aos escravos, do mercado de carne humana. O episódio central narra a fuga dos escravos pela Serra do Mar, prestando homenagem ao "Dr. Antônio Bento, o denodado, o grande abolicionista de São Paulo, alvo de todas as injúrias e que tem agora a recompensa na gratidão popular".

Pouco antes da Abolição, os caifases e Antônio Bento radicalizaram a luta, organizando fugas em massa bem planejadas e a posterior colocação dos escravos no mercado de trabalho. Júlia Lopes de Almeida contrapõe a essa luta organizada as tentativas legais quando narra, com cores fortes, a extrema violência do linchamento de um juiz que costumava outorgar liberdade ao escravo dentro das condições da lei. A antítese da grande propriedade é a pequena propriedade, *modelo de Eva*, moça instruída e rebelde que tinha ideias modernas e dirigia sua fazenda moderna com mão de obra assalariada. Entre esses dois polos, o que move a trama é o mistério de um assassinato. O livro fez muito sucesso de público.

Em seu primeiro livro publicado, *Memórias de Marta* (1885), o elo comunitário está centrado em mãe e filha que se apoiam na pobreza e na tentativa de melhoria. As duas vivem num cortiço no Rio de Janeiro imperial. A história vai se estendendo para os outros moradores do cortiço e apresentando a vida cotidiana da camada mais pobre da população. A mãe de Marta é engomadeira e, como tal, a mediadora entre esse mundo e o da alta sociedade; a menina que a acompanha é colocada frente à menina rica: "que diferença", percebe. Mas é através dessa relação que Marta consegue um lugar na escola e mais tarde se torna professora. Nesse livro, os pobres não são chamados "gentalha", como era comum então, mas são deserdados de um mundo desigual que os atira na miséria. Não há ascensão social de nenhuma personagem, só uma pequena melhoria, fruto de muito esforço e trabalho. E não há nenhum caso de paixão. É uma vidinha cinza, sem grandes emoções, sem ambições, uma vida monótona de trabalho constante e exaustão. É como se a autora estivesse perguntando, o que pode fazer uma moça feia e pobre nessa sociedade? Não muito: pode com o apoio da mãe, e com muito esforço pessoal e mais a ajuda de alguém de uma esfera social mais elevada, conseguir um cantinho seu, uma modesta profissão que lhe permita viver com certa dignidade.

No século XIX, a caridade, a assistência social, a filantropia tiveram vários efeitos. Permitiram às burguesas descobrirem o mundo da pobreza, o que, se por um lado foi um choque, por outro, na Europa e nos Estados Unidos, permitiu desenvolver saberes associativos e de organização. No entanto, o encontro das burguesas – ainda que caridosas ou feministas – com as mulheres de classes inferiores não se deu sem ambiguidades e conflitos. Nas *Memórias de Marta* fica claro que raramente uma senhora considerava as domésticas como iguais, e que os conflitos com domésticas eram inevitáveis. Em *Livro das noivas*, percebe-se um mal-estar, e até má vontade da patroa com as empregadas, "dor de cabeça" para qualquer dona de casa. Em *A intrusa*, a personagem governanta, explorada e com reputação de intrigante e sedutora, é um poço de virtudes e acaba recompensada com um bom casamento.

Se nas *Memórias de Marta* temos mãe e filha, humildes e dignas unidas e dependentes do favor dos ricos, em *A viúva Simões*, romance de 1897, temos mãe e filha da alta burguesia apaixonadas pelo mesmo homem. No conflito, a mãe experiente e conhecedora das artes da sedução e a filha inocente e ingênua, as duas enlouquecem e permanecem encarceradas nos anseios e culpas de uma vida sem nenhuma perspectiva, a não ser a regra social do casamento.

Afonso, filho de Júlia Lopes de Almeida, conta que, menino ainda, acompanhava a mãe à praia de Copacabana, porque as senhoras da capital não podiam andar sozinhas, para que ela entrevistasse os pescadores. Júlia entrava nas casas, muito à vontade, conversava enquanto comia com as mãos, em pratos de estanho, os peixes recém-saídos do mar, com pirão de farinha e mandioca. Conversava e não anotava, também não fazia perguntas. Escutava. Quando se afastava, parava na areia e rabiscava correndo tudo que lhe parecia interessante; frases, nomes dos peixes, maneiras de pescar, conversas e costumes. O livro *Cruel amor*, publicado em 1911, mas escrito bem antes, conta a história de uma Copacabana habitada por pescadores que ainda se lembram da mulher que fora dona da redondeza. Mas os pescadores também vão desaparecendo, expulsos pelos especuladores de terra, pelos palacetes que se apossam da praia. O romance tem duas intrigas principais e,

Júlia Lopes de Almeida entrevistou pescadores e observou como viviam, suas falas e costumes para escrever *Cruel Amor*, romance que trata, entre outras coisas, da possibilidade de libertação da mulher.

além de narrar a vida dos pescadores, é uma trama do aprisionamento e fuga, da exclusão da mulher até que descubra por si mesma um meio de se libertar das malhas que o destino lhe impôs. A autora nota como o amor romântico depende de coerção e escravidão e da perda do autorrespeito pelo ridículo imposto às mulheres.

Júlia escreveu também peças de teatro. A mais conhecida é *A herança*, representada pela primeira vez no Teatro da Exposição Nacional em 1908. Um outro volume, *Teatro*, editado no Porto em 1917, reúne: *Quem não perdoa*, encenada no Teatro Municipal do Rio de Janeiro em 1912 com música original de Alberto Nepomuceno; *Doidos de amor*; *Nos jardins de Saul*. Esta última, um episódio bíblico em um ato com canção de Nepomuceno. É a estória de uma princesa que procura sua filha e a de uma pastora, moça rebelde que vive sozinha pois em criança fora abandonada. As duas personagens se encontram e resolvem criar uma vida juntas: "tu procuras tua filha... eu minha mãe... Encontramo-nos... Amemo-nos!".

Júlia Lopes de Almeida também escreveu contos que depois reuniu em *Traços e iluminuras* e *Ânsia eterna*, este considerado por muitos críticos literários como um de seus melhores trabalhos.

Apaixonada por flores e jardins, o que na época ainda não se cultivava entre nós, Júlia escreveu um manual de jardinagem, *Jardim florido* (1922), "não um compêndio de jardinagem científica", mas um estímulo para a jardinagem fácil, para qualquer leitor. Aí faz um histórico dos jardins, conta como surgiram e onde, ensina a plantar, o tipo de terra e o adubo adequado para cada planta, a quantidade de água e a relação da planta com o vento. Um compêndio de qualidade que ainda hoje pode nos servir.

Como também foi boa palestrante, Júlia viajou muito pelo país e reuniu essas experiências em um livro, *Histórias de nossa terra* (1922), um livro que teve vinte e duas edições. Defendia em suas palestras reformas na educação, principalmente na das mulheres. Sem desânimos, Júlia Lopes de Almeida tentou sempre conciliar a imagem da escritora e da boa mãe e esposa. Pertenceu à Legião da Mulher Brasileira de Bertha Lutz e, em 1919, organizou um outro grupo, a Universidade Feminina Literária e Artística. Participou também das reuniões para a formação da Academia Brasileira de Letras, mas ficou de fora por ser mulher. Seu marido, Filinto de Almeida, foi eleito membro e, até hoje, pelos cantos dos saguões comenta-se que sua eleição foi uma homenagem a ela.

Morreu em 1934. Júlia Lopes de Almeida ganhou fama e talvez tenha sido a única escritora do período a conseguir dinheiro com sua pena. Contava sua filha, a declamadora Margarida Lopes de Almeida, que a mãe, certa ocasião, levara toda a família à Europa com o que ganhou da publicação de um livro. Deixou obras duradouras, algumas das quais tiveram mais de uma edição no século XX.

NOTAS

(1) Hilda Hilst, em entrevista de 1991.

(2) Flora Sussekind. Construção em branco. *Folha de S. Paulo*, Folhetim, 13 mai.1988.

(3) M. Thereza Caiuby Crescenti Bernardes. "Mulher e Libertação dos Escravos". Pindamonhangaba, III Simpósio de História do Vale do Paraíba, 1976. [mimeo].

(4) Poeta grego que viveu aproximadamente há 2.600 anos e escreveu poemas épicos louvando seus conterrâneos.

(5) Elaine Showalter. *Sexual anarchy and gender culture at the fin de siècle*. New York: Viking, 1990.

(6) Artigo citado em Dulcília H. S. Buitoni, *Mulher de papel*. São Paulo: Loyola, 1981. p. 16-17.

(7) Deusa romana da Morte.

BIBLIOGRAFIA

Afonso Lopes de Almeida. Memórias. *In*: *Cadernos*. Rio de Janeiro, Academia Carioca de Letras, 1948.

Antonio Candido de Mello e Sousa. *Formação da literatura brasileira*. 4.ed. São Paulo: Martins, 1964.

Antônio Simões Reis. *Narcisa Amália*. Rio de Janeiro: Organizações Simões, 1949.

Antonio V. Sacramento Blake. *Diccionario Bibliographico Brazileiro*. Rio de Janeiro: Imprensa Nacional, 1900.

Brito Broca. *A vida literária no Brasil*: 1900. Rio de Janeiro: J. Olympio/Depto. de Cultura, 1975.

Constância Lima Duarte. Introdução. *In*: Nísia Floresta. *Direitos das mulheres e injustiça dos homens*. São Paulo: Cortez, 1989.

____. *Anais do V Seminário Nacional Mulher & Literatura*. Natal: Editora da UFRGN, 1994.

Domingos Carvalho da Silva. *Vozes femininas da poesia brasileira*. São Paulo: Conselho Estadual da Cultura, 1959.

Dulcílea H. S. Buitoni. *Mulher de papel*. São Paulo: Loyola, 1981.

Edward Said. *Culture and imperialism*. New York: Alfred A. Knopf, 1993.

Elaine Showalter. *Sexual anarchy, gender and culture at the fin de siècle*. New York: Viking, 1990.

Eric Hobsbawn. *A Era do capital*. Rio de Janeiro: Paz e Terra, 1977.

Flora Sussekind. Construção em branco. *Folha de S. Paulo, Folhetim*, 13 mai.1988.

____. *Tal Brasil qual romance?* Rio de Janeiro: Achiamé, 1984.

Ian Watt. *A ascensão do romance*. São Paulo: Companhia das Letras, 1990.

Ignêz Sabino. *Mulheres ilustres do Brasil*. Rio de Janeiro: Garnier, 1899.

Júlia Lopes de Almeida. *A falência*. São Paulo: Hucitec, 1978.

June Hahner. *A mulher brasileira e suas lutas sociais e políticas*, 1850-1937. São Paulo: Brasiliense, 1981.

Jurandir Freire da Costa. *Ordem médica e norma familiar*. 2.ed. Rio de Janeiro: Graal, 1983.

M. Thereza Caiuby Crescenti Bernardes. "Mulher e libertação dos escravos". Pindamonhangaba: III Simpósio de História do Vale do Paraíba, 1976. [mimeo].

____. *Mulheres de ontem?* Rio de Janeiro – Século XIX. São Paulo: T. S. Queiroz, 1989.

Maria Benedicta Camara Bormann. *Celeste*. Rio de Janeiro: Presença/MinC/Pró-Memória/INL, 1988.

Maria Firmina dos Reis. *Úrsula*. Rio de Janeiro: Presença/MinC/Pró-Memória/INL, 1988.

Maria Odila Silva Dias. *Quotidiano e poder na cidade de São Paulo*, século XIX. São Paulo: Brasiliense, 1984.

Mário Praz. *The romantic agony*. 2.ed. Oxford: Oxford University Press, 1983.

Marlyse Meyer. *Caminhos do imaginário no Brasil.* São Paulo: Edusp, 1993.

Michelle Perrot, Geneviève Fraisse. *História das mulheres,* o século XIX. Porto: Afrontamento, São Paulo: Ebradil, 1993.

Nascimento Morais Filho. *Maria Firmina,* fragmentos de uma vida. São Luís: Instituto Histórico e Geográfico, 1975.

Nicolau Sevcenko. *Literatura como missão.* São Paulo: Brasiliense, 1983.

Nina Auerbach. *Communities of women.* Cambridge: Harvard University Press, 1978.

Pedro Maia Soares. Feminismo no Rio Grande do Sul. *In: Vivências.* São Paulo: Brasiliense/ Carlos Chagas, 1980.

Peggy Sharpe-Valadares. Introdução. *In:* Nísia Floresta. *Opúsculo Humanitário.* São Paulo: Cortez, 1989.

Ria Lemaire. Re-reading *Iracema:* the problem of the representation of women in the construction of a national Brazilian identity. *Luso-Brazilian Review,* nº 26.

Roberto Schwarz. *Ao vencedor as batatas.* 2.ed. São Paulo: Duas Cidades, 1981.

S. Gilbert, S. Gubar. *The madwoman in the Attic.* New Heaven: Yale University Press, 1979.

Valéria De Marco. *O Império da cortes.* São Paulo: Martins Fontes, 1986.

Virgínia Woolf. *Um teto todo seu.* trad. Vera Ribeiro. Rio de Janeiro: Nova Fronteira, 1985.

Whitney Chadwick. *Women, art and society.* London: Thames & Hudson, 1994.

Wilson Martins. *História da inteligência brasileira.* São Paulo: Cultrix/Edusp, 1978. v. 5.

MULHERES NA SALA DE AULA

Guacira Lopes Louro

Enquanto pelo velho e novo mundo vai ressoando o brado
– emancipação da mulher –, nossa débil voz se levanta
na capital do império de Santa Cruz, clamando:
educai as mulheres!
Povos do Brasil, que vos dizeis civilizados! Governo,
que vos dizeis liberal!
Onde está a doação mais importante dessa civilização,
desse liberalismo?

(Nísia Floresta, em 1853)[1]

Assim iniciava, em meados do século XIX, o *Opúsculo humanitário*, um dos vários escritos com que essa professora autodidata iria perturbar a sociedade brasileira. Afinal, o que pretendia essa "mulher metida a homem"?[2] Nísia Floresta, uma voz feminina revolucionária, denunciava a condição de submetimento em que viviam as mulheres no Brasil e reivindicava sua emancipação, elegendo a educação como o instrumento através do qual essa meta seria alcançada.

Proclamada a Independência, parecia haver, ao menos como discurso oficial, a necessidade de construir uma imagem do país que afastasse seu caráter marcadamente colonial, *atrasado, inculto* e *primitivo*. É bem verdade que os mesmos homens e grupos sociais continuavam garantindo suas posições estratégicas nos jogos de poder da sociedade. No entanto, talvez fossem agora necessários outros dispositivos e técnicas que apresentassem as práticas sociais transformadas, ainda que muitas transformações fossem apenas aparentes.

O discurso sobre a importância da educação na modernização do país era recorrente. As críticas ao abandono educacional em que se encontrava a maioria das províncias estavam presentes nos debates do Parlamento, dos jornais e até mesmo dos saraus. Os anos passavam, o Brasil caminhava para o século XX e, nas cidades e povoados, sem falar na imensidão rural, grande parte da população continuava analfabeta.

Os legisladores haviam determinado, nos idos de 1827, que se estabelecessem "escolas de primeiras letras", as chamadas "pedagogias, em todas as cidades, vilas e lugarejos mais populosos do Império".[3] Mas a realidade estava, provavelmente, muito distante dessa imposição legal. Até que ponto era imperativo saber ler e escrever ou conhecer as quatro operações? Naquela sociedade escravocrata e predominantemente rural, em que latifundiários e coronéis teciam as tramas políticas e silenciavam agregados, mulheres e crianças, os arranjos sociais se faziam, na maior parte das vezes, por acordos tácitos, pelo submetimento ou pela palavra empenhada.

Aqui e ali, no entanto, havia escolas – certamente em maior número para meninos, mas também para meninas; escolas fundadas por congregações e ordens religiosas femininas ou masculinas; escolas mantidas por leigos – professores para as classes de meninos e professoras para as de meninas. Deveriam ser, eles e elas, pessoas de moral inatacável; suas casas ambientes decentes e saudáveis, uma vez que as famílias lhes confiavam seus filhos e filhas. As tarefas desses mestres e mestras não eram, contudo, exatamente as mesmas. Ler, escrever e contar, saber as quatro operações, mais a doutrina cristã, nisso consistiam os primeiros ensinamentos para ambos os sexos; mas logo algumas distinções apareciam: para os meninos, noções de geometria; para as meninas, bordado e costura.

Quando os deputados regulamentaram com a primeira lei de instrução pública o ensino das "pedagogias" – aliás o único nível a que as meninas teriam acesso –, afirmaram que seriam nomeadas mestras dos estabelecimentos "aquelas senhoras que por sua honestidade, prudência e conhecimentos se mostrarem dignas de tal ensino, compreendendo também o de coser e bordar".[4] Aqui vale notar que, embora a lei determinasse salários iguais, a diferenciação curricular acabava por representar uma diferenciação salarial, pois a inclusão da geometria no ensino dos meninos implicava outro nível de remuneração no futuro – que só seria usufruído pelos professores.[5]

Seria uma simplificação grosseira compreender a educação das meninas e dos meninos como processos únicos, de algum modo *universais* dentro daquela sociedade. Evidentemente as divisões de classe, etnia e raça tinham um papel importante na determinação das formas de educação utilizadas para transformar as crianças em mulheres e homens. A essas divisões se acrescentariam ainda as divisões religiosas, que também implicariam diversidades nas proposições educacionais.

Para a população de origem africana, a escravidão significava uma negação do acesso a qualquer forma de escolarização. A educação das crianças negras se dava na violência do trabalho e nas formas de luta pela sobrevivência. As sucessivas leis, que foram lentamente *afrouxando* os laços do escravismo, não trouxeram, como consequência direta ou imediata, oportunidades de ensino para os negros. São registradas como de caráter excepcional e de cunho filantrópico as iniciativas que propunham a aceitação de crianças negras em escolas ou classes isoladas – o que vai ocorrer no final do século.

Algo semelhante se passava com os descendentes indígenas: sua educação estava ligada às práticas de seus próprios grupos de origem e, embora fossem alvo de alguma ação religiosa, sua presença era, contudo, vedada nas escolas públicas.

As diferentes etnias dos "trabalhadores livres" também implicavam diferenciadas práticas educativas. Imigrantes de origem alemã, italiana, espanhola, japonesa etc. tinham propostas educativas diferentes e construíram escolas para meninos e meninas muitas vezes com auxílio direto de suas regiões de origem. Suas diferentes formas de inserção na produção e na sociedade brasileiras (como operários fabris, lavradores, ou pequenos proprietários) também teriam consequências nos processos educativos. No entanto, não se pode esquecer que, de um modo geral, as meninas das camadas populares estavam, desde muito cedo, envolvidas nas tarefas domésticas, no trabalho da roça, no cuidado dos irmãos menores, e que essas atribuições tinham prioridade sobre qualquer forma de educação escolarizada para elas. As diferenças entre o sexo masculino e feminino estavam presentes nas concepções educativas dos imigrantes – da mesma forma que determinavam, é claro, as dos luso-brasileiros.

O relato de um marinheiro norte-americano, datado de 1849, ilustra o tipo de educação que era dado às meninas órfãs e abandonadas:

> Aprendiam a ler, a escrever, aritmética, costura, cozinha e todos os ramos úteis de trabalho cotidiano. Muitos moços vão lá (no asilo de órfãos) procurar esposa e depois de apresentar atestado de boa moral e de ser trabalhador são recebidos no vestíbulo onde encontram as moças casadoiras.[6]

Algumas ordens religiosas femininas dedicaram-se especialmente à educação das meninas órfãs, com a preocupação de preservá-las da "contaminação dos vícios"; outras religiosas voltaram-se "ao cuidado das moças sem emprego e daquelas que se desviaram do bom caminho".[7]

Na virada do século, grupos de trabalhadores organizados em torno de ideais políticos, como o socialismo ou o anarquismo, não apenas apresentaram propostas para a educação de suas crianças, mas efetivamente as tornaram realidade através da criação de escolas. Essas iniciativas foram especialmente significativas entre os anarquistas, que ainda davam atenção às questões relativas à educação feminina. Nos jornais libertários, eram frequentes os artigos que apontavam a instrução como uma "arma privilegiada de libertação"[8] para a mulher. Além da imprensa e dos encontros que, à noite, reuniam mulheres e homens em prolongadas palestras e discussões – entre outros temas, tratavam da educação e da participação feminina no movimento operário e na sociedade –, as escolas libertárias também se preocupavam com a instrução das meninas.

Para as filhas de grupos sociais privilegiados, o ensino da leitura, da escrita e das noções básicas da matemática era geralmente complementado pelo aprendizado do piano e do francês que, na maior parte dos casos, era ministrado em suas próprias casas por professoras particulares, ou em escolas religiosas. As habilidades com a agulha, os bordados, as rendas, as habilidades culinárias, bem como as habilidades de *mando* das criadas e serviçais, também faziam parte da educação das moças; acrescida de elementos que pudessem torná-las não apenas uma companhia mais agradável ao marido, mas também uma mulher capaz de bem representá-lo socialmente. O domínio da casa era claramente o seu destino e para esse domínio as moças deveriam estar plenamente preparadas. Sua circulação pelos espaços públicos só deveria se fazer em situações especiais, notadamente ligadas às atividades da Igreja que, com suas missas, novenas e procissões, representava uma das poucas formas de lazer para essas jovens.

As concepções e formas de educação das mulheres nessa sociedade eram múltiplas. Contemporâneas e conterrâneas, elas estabeleciam relações que eram também atravessadas por suas divisões e diferenças, relações que poderiam revelar e instituir hierarquias e proximidades, cumplicidades ou ambiguidades. Sob diferentes concepções, um discurso ganhava a hegemonia e parecia aplicar-se, de alguma forma, a muitos grupos sociais a afirmação de que as "mulheres deveriam ser mais educadas do que instruídas", ou seja, para elas, a ênfase deveria recair sobre a formação moral, sobre a constituição do *caráter*, sendo suficientes, provavelmente, *doses pequenas* ou *doses menores* de instrução. Na opinião de muitos, não havia porque *mobiliar* a cabeça da mulher com informações ou conhecimentos, já que seu destino primordial – como esposa e mãe – exigiria, acima de tudo, uma moral sólida e bons princípios. Ela precisaria ser, em primeiro lugar, a mãe virtuosa, o *pilar de sustentação do lar*, a educadora das gerações do futuro. A educação da mulher seria feita, portanto, para além dela, já que sua justificativa não se encontrava em seus próprios anseios ou necessidades, mas em sua função social de educadora dos filhos ou, na linguagem republicana, na função de formadora dos futuros cidadãos.

Ainda que o reclamo por educação feminina viesse a representar, sem dúvida, um ganho para as mulheres, sua educação continuava a ser justificada por seu destino de mãe. Tal justificativa já estava exposta na primeira lei de instrução pública do Brasil, de 1827:

> As mulheres carecem tanto mais de instrução, porquanto são elas que dão a primeira educação aos seus filhos. São elas que fazem os homens bons e maus; são as origens das grandes desordens, como dos grandes bens; os homens moldam a sua conduta aos sentimentos delas.[9]

As últimas décadas do século XIX apontam, pois, para a necessidade de educação para a mulher, vinculando-a à modernização da sociedade, à higienização da família, à construção da cidadania dos jovens. A preocupação em afastar do conceito de trabalho toda a carga de degradação que lhe era associada por causa da escravidão e em vinculá-lo à *ordem e progresso* levou os condutores da sociedade a arregimentar as mulheres das camadas populares. Elas deveriam ser diligentes, honestas, ordeiras, asseadas; a elas caberia controlar seus homens e formar os novos trabalhadores e trabalhadoras do país; àquelas que seriam as mães dos líderes também se atribuía a tarefa de orientação dos filhos e filhas, a manutenção de um lar afastado dos distúrbios e perturbações do mundo exterior.

Para muitos, a educação feminina não poderia ser concebida sem uma sólida formação cristã, que seria a chave principal de qualquer projeto educativo. Deve-se notar que, embora a expressão *cristã* tenha um caráter mais abrangente, a referência para a sociedade brasileira da época era, sem dúvida, o catolicismo. Ainda que a República formalizasse a separação da Igreja católica do Estado, permaneceria como dominante a moral religiosa, que apontava para as mulheres a dicotomia entre Eva e Maria. A escolha entre esses dois modelos representava, na verdade, uma não escolha, pois se esperava que as meninas e jovens construíssem suas vidas pela imagem de pureza da Virgem. Através do símbolo mariano se apelava tanto para a *sagrada missão* da maternidade quanto para a manutenção da pureza feminina. Esse ideal feminino implicava o recato e o pudor, a busca constante de uma perfeição moral, a aceitação de sacrifícios, a ação educadora dos filhos e filhas.

Para outros, inspirados nas ideias positivistas e cientificistas, justificava-se um ensino para a mulher que, ligado ainda à função materna, afastasse as superstições e incorporasse as novidades da ciência, em especial das ciências que tratavam das tradicionais ocupações femininas. Portanto, quando, na virada do século, novas disciplinas como puericultura, psicologia ou economia doméstica viessem a integrar o currículo dos cursos femininos, representariam, ao mesmo tempo, a introdução de novos conceitos científicos justificados por velhas concepções relativas à essência do que se entendia como feminino.

José Veríssimo, escrevendo imediatamente após a Proclamação da República, em 1890, a sua *Educação nacional*, advoga uma "nova educação" para a mulher e responde qual seria o "programa" dessa educação:

> Todo programa de educação há de atender a duas condições, o interesse do educando e o interesse da coletividade em vista da qual se faz a educação. O interesse do educando é indicado pela natureza ou emprego da atividade a que ele se destina; o da coletividade, pelas suas condições e prospectos no meio das outras sociedades humanas. A mulher brasileira, como a de outra qualquer sociedade da mesma civilização, tem de ser mãe, esposa, amiga e companheira do homem, sua aliada na luta da vida, criadora e primeira mestra de seus filhos, confidente e conselheira natural do seu marido, guia de sua prole, dona e reguladora da economia da sua casa, com todos os mais deveres correlativos a cada uma destas funções. Nem as há, ou pode haver mais difíceis, nem mais importantes e consideráveis e, portanto, mais dignas e mais nobres e, se houvessem de ser desempenhadas na perfeição, requerer-se-iam na mãe de família mais capacidades do que têm de comum ainda os mais capazes chefes de Estado. Se esse ideal, como todos os ideais não pode ser atingido, nem por isso devemos abandoná-lo, porque, em moral, para alcançarmos o mínimo compatível com a imperfeição humana, havemos de pretender o máximo.[10]

O MAGISTÉRIO TRANSFORMA-SE EM *TRABALHO DE MULHER*

O abandono da educação nas províncias brasileiras, denunciado desde o início do Império, vinculava-se, na opinião de muitos, à falta de mestres e mestras com boa formação. Reclamavam, então, por escolas de preparação de professores e professoras. Em meados do século XIX, algumas medidas foram tomadas em resposta a tais reclamos e, em algumas cidades do país, logo começaram a ser criadas as primeiras escolas normais para formação de docentes.

Tais instituições foram abertas para ambos os sexos, embora o regulamento estabelecesse que moças e rapazes devessem estudar em classes separadas, preferentemente em turnos ou até escolas diferentes. Vale lembrar que a atividade docente, no Brasil, como em muitas outras sociedades, havia sido iniciada por homens – aqui, por religiosos, especialmente jesuítas, no período compreendido entre 1549 e 1759. Posteriormente, foram homens que se ocuparam do magistério com mais frequência, tanto como responsáveis pelas "aulas régias" – oficiais – quanto como professores que se estabeleciam por conta própria. Agora, no entanto, as mulheres eram também necessárias e, como vimos, as classes de meninas deveriam ser regidas por "senhoras honestas".

Ao serem criadas as escolas normais, a pretensão era formar professores e professoras que pudessem atender a um esperado aumento na demanda escolar. Mas tal objetivo não foi alcançado exatamente como se imaginava: pouco a pouco, os relatórios iam indicando que, curiosamente, as escolas normais estavam recebendo e formando mais mulheres que homens. Em 1874, por exemplo, relata o diretor geral da instrução que a Escola Normal da província do Rio Grande do Sul vinha registrando "um número crescente de alunas, a par da diminuição de alunos". Essa tendência preocupa o diretor, que acrescenta:

> O Asilo de Santa Teresa proporciona à Escola, todos os anos, um bom número de educandas, e o mesmo poderá fazer o Asilo de Santa Leopoldina. As educandas têm em geral frequentado com aproveitamento o curso normal e algumas, na regência de cadeiras, têm dado provas de excelente vocação para o magistério. Dentro de certo tempo acontecerá que teremos superabundância de professoras habilitadas pela Escola Normal e falta de professores nas mesmas condições.[11]

O mais grave era que tal tendência não parecia ser uma característica apenas dessa província. Em algumas regiões de forma mais marcante, noutras menos, os homens estavam abandonando as salas de aula. Esse movimento daria origem a uma "feminização do magistério" – também observado em outros países –,[12] fato provavelmente vinculado ao processo de urbanização e industrialização[13] que ampliava as oportunidades de trabalho para os homens. A presença dos imigrantes e o crescimento dos setores sociais médios provocavam uma outra expectativa com relação à escolarização. Esses fatores e ainda a ampliação das atividades de comércio, a maior circulação de jornais e revistas, a instituição de novos hábitos e comportamentos, especialmente ligados às transformações urbanas, estavam produzindo novos sujeitos sociais e tudo concorria para a viabilização desse movimento.

O processo não se dava, contudo, sem resistências ou críticas. A identificação da mulher com a atividade docente, que hoje parece a muitos tão *natural*, era alvo de discussões, disputas e polêmicas. Para alguns parecia uma completa insensatez entregar às mulheres usualmente despreparadas, portadoras de cérebros "pouco desenvolvidos" pelo seu "desuso" a educação das crianças. Um dos defensores dessa ideia, Tito Lívio de Castro, afirmava que havia uma aproximação notável entre a psicologia feminina e a infantil e, embora essa semelhança pudesse sugerir uma "natural" indicação da mulher para o ensino das crianças, na verdade representava "um mal, um perigo, uma irreflexão desastrosa". Na sua argumentação, mulheres e clero viviam voltados para o passado e, portanto, não poderiam "preparar organismos que se devem mover no presente ou no futuro".[14]

Outras vozes surgiam para argumentar na direção oposta. Afirmavam que as mulheres tinham, "por natureza", uma inclinação para o trato com as crianças, que elas eram as primeiras e "naturais educadoras", portanto nada mais adequado do que lhes confiar a educação escolar dos pequenos. Se o destino primordial da mulher era a maternidade, bastaria pensar que o magistério representava, de certa forma, "a extensão da maternidade", cada aluno ou aluna vistos como um filho ou uma filha "espiritual". O argumento parecia perfeito: a docência não subverteria a função feminina fundamental, ao contrário, poderia ampliá-la ou sublimá-la. Para tanto seria importante que o magistério fosse também representado como uma atividade de amor, de entrega e doação. A ele acorreriam aquelas que tivessem "vocação".

Esse discurso justificava a saída dos homens das salas de aula – dedicados agora a outras ocupações, muitas vezes mais rendosas – e legitimava a entrada das mulheres nas escolas – ansiosas para ampliar seu universo –, restrito ao lar e à igreja. A partir de então passam a ser associadas ao magistério características tidas como "tipicamente femininas": paciência, minuciosidade, afetividade, doação. Características que, por sua vez, vão se articular à tradição religiosa da atividade docente, reforçando ainda a ideia de que a docência deve ser percebida mais como um "sacerdócio" do que como uma profissão. Tudo foi muito conveniente para que se constituísse a imagem das professoras como "trabalhadoras dóceis, dedicadas e pouco reivindicadoras",[15] o que serviria futuramente para lhes dificultar a discussão de questões ligadas a salário, carreira, condições de trabalho etc.

O processo de "feminização do magistério" também pode ser compreendido como resultante de uma maior intervenção e controle do Estado sobre a docência – a determinação de conteúdos e níveis de ensino, a exigência de credenciais dos mestres, horários, livros e salários –, ou como um processo paralelo à perda de autonomia que passam a sofrer as novas agentes do ensino.[16] É importante, no entanto, evitar aqui uma interpretação de causalidade direta e única que leve a pensar que a perda dessa autonomia ocorre simplesmente porque as mulheres assumem o magistério; talvez seja mais adequado entender que para tanto se articularam múltiplos fatores.

Em uma crônica datada de 1918, Lima Barreto recorda alguns de seus professores, em especial sua professora primária, e expressa seus sentimentos em relação "às mil e tantas meninas que todos os anos acodem ao concurso de admissão à Escola Normal". Em seguida, acrescenta:

> Tudo têm os sábios da Prefeitura imaginado no intuito de dificultar a entrada. Creio mesmo que já se exigiu Geometria Analítica e Cálculo

O magistério era visto como uma extensão da maternidade, o destino primordial da mulher. Cada aluno ou aluna era representado como um filho ou filha espiritual e a docência como uma atividade de amor e doação à qual acorreriam aquelas jovens que tivessem vocação.

Diferencial, para crianças de doze a quinze anos; mas nenhum deles se lembrou da medida mais simples. Se as moças residentes no Município do Rio de Janeiro mostram de tal forma vontade de aprender, de completar o seu curso primário com um secundário e profissional, o governo só deve e tem de fazer uma coisa: aumentar o número de escolas de quantas houver necessidade.[17]

Em 1921, Lourenço Filho também observa:

O magistério primário é em todos os países do mundo uma função feminina; no Brasil, as últimas cifras publicadas avaliam a cooperação das mulheres em quase 70% do total de funcionários encarregados do ensino. Particularmente em São Paulo, há uma crise de homens no magistério público. [...] Formaram-se, em 1881, nove homens e uma mulher, em 1882, nove mulheres e onze homens. [...] Daí por diante, desde 1888, o número de senhoras formandas normalistas foi gradativamente crescendo, a ponto de nos últimos dez anos ser quase o triplo...[18]

Essa tendência, percebida, como já se salientou, ainda nas primeiras décadas de funcionamento dos cursos normais, acabaria exigindo a adoção de algumas medidas. Em relatório de 1877, referente à província do Rio Grande do Sul, transcrito por Primitivo Moacyr, lê-se:

É demasiado sensível a falta de professores: mais da metade das cadeiras do sexo masculino está por prover; comarcas inteiras não possuem uma única escola. Se as habilitações oriundas da Escola Normal por enquanto não satisfazem as necessidades do ensino para o sexo masculino; se o pessoal que busca a regência interina de cadeiras, em sua generalidade, não tem idoneidade e capacidade, como proceder? A regência das escolas vagas do primeiro grau do sexo masculino deve ser dada às professoras habilitadas na Escola Normal, opina o diretor geral. É de fato incontestável a supremacia da mulher para as funções do magistério primário não só para a infância como para os adultos. Nos Estados Unidos é prática geral ver o magistério exercido por senhoras [...] No Brasil, a experiência está feita no Ceará...[19]

Diante dessa realidade, impunha-se alterar algumas das disposições anteriores. A "crescente frequência das mulheres e decrescente dos homens" fazia supor que brevemente as escolas de meninos estariam sem mestres. A solução seria permitir que mulheres lhes dessem aulas, mas isso exigiria algumas precauções. Diz, então, o mesmo relatório de 1877:

As aulas públicas que não estiverem providas [...] com professores normalistas ou vitalícios, serão postas em concurso, em março e outubro de cada

> ano. O cargo de professor efetivo só poderá ser provido por professor normalista e que tenha completado 20 anos de idade. Para as aulas do sexo masculino poderão ser nomeadas as normalistas que houverem atingido 23 anos de idade. Estas aulas serão mistas, e só receberão meninos de até 10 anos.[20]

Buscava-se assim cercar de salvaguardas a sexualidade dos meninos e das professoras. E para isso se lançaria mão de múltiplos recursos e dispositivos. De muitos e variados modos – através de proibições, de arranjos arquitetônicos, da distribuição dos sujeitos, dos símbolos, das normas –tratava-se do sexo no espaço da escola. Os responsáveis e autoridades mantinham-se "num estado de alerta perpétuo".[21]

Percebida e constituída como frágil, a mulher precisava ser protegida e controlada. Toda e qualquer atividade fora do espaço doméstico poderia representar um risco. Mesmo o trabalho das jovens das camadas populares nas fábricas, no comércio ou nos escritórios era aceito como uma espécie de fatalidade. Ainda que indispensável para a sobrevivência, o trabalho poderia ameaçá-las como mulheres, por isso o trabalho deveria ser exercido de modo a não as afastar da vida familiar, dos deveres domésticos, da alegria da maternidade, da pureza do lar. As jovens normalistas, muitas delas atraídas para o magistério por necessidade, outras por ambicionarem ir além dos tradicionais espaços sociais e intelectuais, seriam também cercadas por restrições e cuidados para que sua profissionalização não se chocasse com sua feminilidade.

Foi também dentro desse quadro que se construiu, para a mulher, uma concepção do trabalho fora de casa como ocupação transitória, a qual deveria ser abandonada sempre que se impusesse a verdadeira missão feminina de esposa e mãe. O trabalho fora seria aceitável para as moças solteiras até o momento do casamento, ou para as mulheres que ficassem sós – as solteironas e viúvas. Não há dúvida que esse caráter provisório ou transitório do trabalho também acabaria contribuindo para que os seus salários se mantivessem baixos.[22] Afinal o sustento da família cabia ao homem; o trabalho externo para ele era visto não apenas como sinal de sua capacidade provedora, mas também como um sinal de sua masculinidade.

Dizia-se, ainda, que o magistério era próprio para mulheres porque era um trabalho de "um só turno", o que permitia que elas atendessem suas "obrigações domésticas" no outro período. Tal característica se constituiria em mais um argumento para justificar o salário reduzido – supostamente, um "salário complementar". Com certeza não se considerava as situações em que o salário das mulheres era fonte de renda indispensável para a manutenção das despesas domésticas.

A incompatibilidade do casamento e da maternidade com a vida profissional feminina foi (e continua sendo!) uma das construções sociais mais persistentes. De fato, o "culto da domesticidade"[23] já vinha se constituindo ao longo do século XIX e representava uma valorização da função feminina no lar, através da construção de vínculos entre o espaço doméstico e a sociedade mais ampla. A autoridade moral que as mulheres exerciam dentro de casa era o sustentáculo da sociedade e se fortalecia "na medida em que o lar passava a adquirir um conjunto de papéis de ordem social, política, religiosa e emocional [...] mais amplo do que tivera até então".[24]

Os argumentos religiosos e higienistas responsabilizavam a mulher pela manutenção de uma família saudável – no sentido mais amplo do termo. A esses argumentos iriam se juntar, também, os novos conhecimentos da psicologia, acentuando a privacidade familiar e o amor materno como indispensáveis ao desenvolvimento físico e emocional das crianças. O casamento e a maternidade eram efetivamente constituídos como a *verdadeira carreira* feminina. Tudo que levasse as mulheres a se afastarem desse caminho seria percebido como um desvio da norma.

Como vimos, as atividades profissionais representavam um risco para as funções sociais das mulheres. Dessa forma, ao se feminizarem, algumas ocupações, a enfermagem e o magistério, por exemplo, tomaram emprestado as características femininas de cuidado, sensibilidade, amor, vigilância etc. De algum modo se poderia dizer que "os 'ofícios novos' abertos às mulheres neste fim de século levarão a dupla marca do modelo religioso e da metáfora materna: dedicação–disponibilidade, humildade–submissão, abnegação–sacrifício".[25]

A *fragilidade* feminina, constituída pelo discurso religioso, médico, jurídico e educacional é também constituinte de sua proteção e tutela. A professora terá de ser produzida, então, em meio a aparentes paradoxos, já que ela deve ser, ao mesmo tempo, dirigida e dirigente, profissional e mãe espiritual, disciplinada e disciplinadora.

PRODUZINDO PROFESSORAS

As escolas normais se enchem de moças. A princípio são algumas, depois muitas; por fim os cursos normais tornam-se escolas de mulheres. Seus currículos, suas normas, os uniformes, o prédio, os corredores, os quadros, as mestras e mestres, tudo faz desse um espaço destinado a transformar meninas/mulheres em professoras. A instituição e a sociedade utilizam múltiplos dispositivos e símbolos para ensinar-lhes sua missão, desenhar-lhes um perfil próprio, confiar-lhes uma tarefa. A formação docente também se feminiza.

Os arranjos físicos – do tempo e do espaço escolares – estão informando e formando. Talvez possamos entender que a própria arquitetura e, nesse caso a arquitetura escolar, constitui como que um "programa" que fala aos sujeitos, que lhes diz como ser ou como agir, enfim que acaba por instituir, "em sua materialidade, um sistema de valores, como ordem, disciplina e vigilância".[26] As escolas normais, plantadas inicialmente nas principais cidades do país, buscam, desde suas fachadas, frequentemente solenes, indicar a todas as pessoas que por ali passam que são distintas dos demais prédios, que têm um objetivo especial. Seu espaço interno tem também uma organização plena de significados: "seus corredores e salas, a capela ou o crucifixo, as bandeiras ou os retratos de autoridades, os quadros de formatura ou os bustos das 'personalidades ilustres' estão afirmando ou ocultando saberes, apontando valores e 'exemplos', sugerindo destinos".[27]

O cotidiano das jovens no interior dessas escolas é, como o cotidiano de qualquer instituição escolar, planejado e controlado. Seus movimentos e suas ações são distribuídos em espaços e tempos regulados e reguladores. Elas devem estar sempre ocupadas, envolvidas em atividades produtivas. É importante notar que o tempo escolar se constituiu, em suas origens, como um "tempo disciplinar".[28] Mestres e estudantes tiveram (e têm) de aprender uma lógica e um ritmo próprios da escola. O tempo escolar, como um fato cultural, precisa ser interiorizado e aprendido. A formação das professoras, portanto, também se faz pela organização e ocupação de seu tempo, pelo uso dos espaços, pelas permissões e proibições para onde ir ou não ir.

Essas instituições de ensino tinham suas diferenças: escolas normais públicas, colégios normais religiosos, alguns internatos particulares; cursos localizados nas cidades mais importantes das províncias e dos estados, cursos de cidades menores, escolas laicas ou de orientação religiosa, pagas ou gratuitas. As moças que frequentavam esses cursos tinham origens sociais diversas, o que dificulta qualquer tentativa de caracterizá-las globalmente; mesmo a passagem do tempo acarretou outras mudanças na população escolar. Em alguns momentos e em algumas comunidades, as escolas normais se tornaram prestigiadas instituições de ensino, e acrescentaram, ao curso de formação de professor primário, cursos de especialização, captando uma clientela socialmente privilegiada.

Uma série de rituais e símbolos, doutrinas e normas foram mobilizados para a produção dessas mulheres professoras. Em salas frequentemente encimadas por crucifixos, mesmo nas escolas laicas, as mulheres tiveram aulas de português, matemática, geografia nacional, história do Brasil e geral, história sagrada, catecismo, pedagogia e também puericultura, psicologia, economia doméstica, trabalhos manuais, higiene escolar, sociologia e ainda outras. Elas aprenderam canto orfeônico, educação física e ginástica, tiveram aulas de moral e civismo e, em alguns momentos, até de teatro. Ao longo dos anos, seus programas seguiram diferentes pressupostos pedagógicos e orientações políticas. Continuidades e descontinuidades marcaram essa produção docente.

Nas primeiras escolas talvez sejam encontradas algumas das referências mais persistentes ligadas à representação dominante da professora. A afluência das moças, justificada e produzida pelos discursos da época, vai determinar que os currículos, as normas, enfim as práticas educativas dessas instituições se diversifiquem e depois se feminizem, ajustando-se aos novos sujeitos e, ao mesmo tempo, produzindo-os.

Um relato de 1873, referente à instituição de uma Escola Normal na capital da província do Espírito Santo, trata de algumas das exigências para admissão de estudantes:

> Para ser admitido à matrícula é preciso provar que sabe ler, escrever e contar, que tem 16 anos de idade pelo menos, bons costumes e que não sofre de moléstia contagiosa ou repugnante. O ensino é gratuito. O curso é frequentado por homens e por mulheres, sendo as respectivas lições dadas alternadamente a umas e outros. As lições das alunas mestras serão dadas no Colégio N. S. da Penha podendo ser admitidas a ouvi-las as educandas que estiverem prontas no ensino primário e tiverem vocação para o magistério. O curso para homens funcionará no Ateneu provincial, podendo os seus alunos ouvi-las.[29]

Como se pode perceber, a princípio a formação de docentes segue-se imediatamente à conclusão do curso elementar; muitas décadas mais tarde é que o curso normal se articula ao ginásio. Coerentemente com as distinções já apontadas sobre o ensino de meninos e meninas, as disciplinas frequentadas pelos estudantes também serão diversificadas para ambos os sexos. Indicações do diretor geral da Instrução, alguns anos depois em 1877, estabelecem uma trajetória mais complexa para aqueles que cursarem o novo plano da Escola Normal e esclarecem:

> Os que apenas se quiserem dedicar ao magistério primário terão o título de aluno-mestre do Ateneu, habilitando-se nas seguintes matérias: ensino primário, língua nacional e literatura, aritmética, noções de geometria, história sagrada e do Brasil, francês, noções de filosofia compreendendo as ideias fundamentais da moral. As disciplinas do Colégio de N. S. da Penha não sofrerão modificações, dividindo-se também o ensino em dois cursos:

> o primário que compreenderá mais trabalhos de agulha e prendas, princípios de música; o curso secundário, divide-se em 2 anos: o 1º português, ortografia, francês, aritmética até proposições, música e piano; o 2º ano: português, francês, noções gerais de geografia, história sagrada e do Brasil, piano e canto.[30]

Ainda que de uma forma um tanto obscura, o texto sugere que a trajetória mais ampla, que dá ingresso ao funcionalismo, seria restrita aos rapazes, pois informa que o curso frequentado pelas moças "não sofrerá modificações". Por outro lado, além de prever a disciplina geometria apenas para os homens, permite perceber a importância atribuída na formação das jovens (e somente para elas) ao cultivo de habilidades e destrezas manuais e estéticas. De fato, essas áreas permanecerão integrando os cursos de formação de professoras ao longo de muitas décadas.

No começo do século, as disciplinas de psicologia, puericultura e higiene escolar passaram a integrar os currículos de várias escolas normais. Na verdade, esses campos vinham ganhando prestígio nas últimas décadas, buscando demonstrar tanto o desenvolvimento *normal* das crianças, como as formas mais adequadas e mais modernas de tratá-las. Os cuidados afetivos, a alimentação, a prevenção e o trato de doenças e a higiene dos pequenos passavam pelas novas descobertas e conceitos científicos.

É possível compreender o surgimento desses novos conceitos e teorias como novas estratégias para conhecer e controlar a população.[31] Num momento em que as sociedades se tornavam mais complexas, buscava-se ordenar e regular os sujeitos contando com a sua participação, ou seja, se pretendia alcançar, como meta final, que os indivíduos aprendessem a se *autogovernar*. A infância torna-se o alvo preferencial dos novos discursos científicos. As práticas educacionais e as práticas da nascente psicologia infantil juntaram forças a partir do final do século XIX:

> Logo Sociedades de Estudo das Crianças tornaram-se muito comuns na Inglaterra e a ideia de estádios de desenvolvimento foi logo adotada. [...] O que é importante sobre uma aplicação da teoria evolutiva à infância é que a evolução das espécies e a ideia de um estado evolutivamente mais avançado do ser humano confundiu-se com a ideia da Racionalidade Ocidental, da civilização europeia como pináculo [...]. Portanto, o mapeamento dos estádios de transformação em direção à obtenção da racionalidade ocidental tornou-se visto como um processo evolutivo que ocorria naturalmente, e que não podia ser ensinado, mas que poderia ser cultivado por meio do amor e do fornecimento de um ambiente propício.[32]

Na verdade passa-se a considerar o afeto como fundamental e a vê-la como "ambiente facilitador" da aprendizagem. Isso seria válido tanto para a educação escolar quanto para a educação no lar, ou, em outras palavras, seria importante para a professora e para a mãe. Nada mais coerente com isso do que incentivar a presença feminina nos cursos de magistério. Ao incorporarem tais disciplinas, os cursos estariam não apenas contribuindo para a formação da moderna mestra, mas poderiam ser, também, um valioso estágio preparatório para o casamento e a maternidade.

A economia doméstica – às vezes apresentada com outras denominações – também se tornaria parte integrante desses cursos, constituindo-se numa série de ensinamentos referentes à administração do lar. Assim, muitas aprendizagens até então restritas ao lar passariam para o âmbito da escola. Esse processo, "escolarização do doméstico",[33] não iria se constituir, no entanto, numa mera transposição de conhecimentos do mundo doméstico para a escola; implicaria sim uma reelaboração de tais saberes e habilidades. Na verdade, o que vai ocorrer, será um aumento de complexidade e parcelarização dos conhecimentos, apoiando-os em conceitos científicos, desdobrando-os em etapas sequenciais, dando-lhes, enfim, uma roupagem escolar e didática.

A escola parecia desenvolver um movimento ambíguo: de um lado, promovia uma espécie de ruptura com o ensino desenvolvido no lar, pois de algum modo se colocava como mais capaz ou com maior legitimidade para ministrar os conhecimentos exigidos para a mulher moderna; de outro, promovia, através de vários meios, sua ligação com a casa, na medida em que cercava a formação docente de referências à maternidade e ao afeto. A escola adquiria, também, o caráter da casa idealizada, ou seja, era apresentada como um espaço afastado dos conflitos e desarmonias do mundo exterior, um local limpo e cuidado. A proposta era que esse espaço se voltasse para dentro de si mesmo, mantendo-se alheio às discussões de ordem política, religiosa etc. Apontava-se que a polêmica e a discussão eram "contra a natureza feminina".

Quando essas instituições eram dirigidas por mulheres, leigas ou religiosas, elas assumiam o papel de uma mãe superiora, que zelava pelo funcionamento de tudo e de todos, geralmente constituindo-se numa espécie de modelo a ser seguido. A entrada de uma jovem professora, em 1944, numa grande Escola Normal, é lembrada num depoimento que revela sua admiração pela diretora:

> Naquela época havia uma efervescência de vida, de alegria [...] mas – é meio esquisito eu dizer – mas era uma alegria respeitosa. As pessoas ti-

nham uma meta. Existia uma ideologia que emanava de professores anteriores, diretores diferentes, mas que tinha à frente da escola uma das maiores figuras de educadora que eu já vi [...] A escola era simplesmente maravilhosa! Ela gritava com as meninas como mãe grita e acompanhava e ouvia as confidências como uma menina de mesma idade. [...] Ela tinha consciência de que ela dirigia aquele barco, alta consciência de sua postura, de sua posição, e ela era uma mulher profundamente culta e democrática. Então ela queria fazer da escola ou de cada uma das que estavam ali o que ela no fundo era. Ela queria transmitir aquele conhecimento e aquela nítida noção de igualdade.[34]

O cotidiano das jovens no interior das escolas era planejado e controlado. Elas deviam estar sempre ocupadas e envolvidas em atividades produtivas. Seus movimentos eram distribuídos em espaços e tempos regulados e reguladores.

Com exceção das escolas mantidas por religiosas onde as madres ocupavam posição superior, nas escolas públicas, foram os homens que detiveram por longo tempo as funções de diretores e inspetores. Reproduzia-se e reforçava-se, então, a hierarquia doméstica: as mulheres ficavam nas salas de aulas, executando as funções mais imediatas do ensino, enquanto os homens dirigiam e controlavam todo o sistema. A eles se recorria como instância superior, referência de poder; sua presença era vista como necessária exatamente por se creditar à mulher menos firmeza nas decisões, excesso de sentimento, tolerância etc. Aos homens eram encaminhados os alunos-problema ou qualquer outra questão que exigisse a tomada de decisões de problemas mais graves.

A esse propósito, Paschoal Lemme relembra, em suas *Memórias*, um "incidente" que quebrou "a regularidade das aulas", em seu tempo de estudante normalista (de 1919 a 1922), no Rio de Janeiro:

> A revolta, principalmente dos rapazes, contra a nomeação de Ester Pedreira de Melo para diretora da escola, a primeira mulher a ascender a essa posição, apesar de ser professora de renome e também uma das primeiras a ocupar o cargo de inspetora escolar.[35]

Almeida Júnior, numa fala à Associação de Professores de São Paulo, poucos anos depois, em 1933, diz:

> A mulher insinuou-se maneirosamente no ensino primário e foi aos poucos afastando o homem. As leis e as praxes a mantiveram arredada por muito tempo da administração, alegando-se como elementos irremovíveis os excessos de sua afetividade e a insegurança de seu temperamento. Mas a resistência cedeu.[36]

Parece ser provável que a função de dirigente tenha se revestido, ao menos inicialmente, de um caráter extraordinário e até perturbador para as mulheres. Essas primeiras diretoras estavam, de algum modo, rompendo com a representação ou as expectativas mais tradicionais, o que poderia contribuir para que fossem admiradas e imitadas pelas professoras e alunas. Dessa forma, algumas delas acabaram por imprimir marcas extremamente pessoais às instituições que dirigiram, *criando escolas*.

Regulamentos escolares mais antigos buscavam, de forma talvez mais evidente, controlar as relações entre estudantes e professoras/professores e dirigentes. Como exemplo, o regulamento do Instituto de Educação de Porto Alegre, de 1929, proibia que professores ou professoras "tratassem em aula de assunto alheio ao trabalho da disciplina", bem como que "conversassem com alunos nos intervalos das aulas". Penas disciplinares eram aplicadas a quem demonstrasse "falta de decoro devido entre os sexos". As penalidades – que podiam chegar até a expulsão do aluno ou aluna também eram previstas para os professores e professoras, quando esses infringissem o regulamento ou se tornassem "prejudiciais ao ensino".[37]

A normatização de estudantes e mestres e mestras fazia-se ainda por uma série de outros dispositivos, como os exames públicos, as premiações e as "notas de aplicação". Fazia-se nas solenidades e rituais, na obediência a superiores, na observância da pontualidade, da assiduidade, da regularidade e da ordem. Construía-se uma estética e uma ética. Uniformes sóbrios, avessos à moda, escondiam os corpos das jovens, tornando-os praticamente assexuados, e combinavam-se com a exigência de uma postura *discreta e digna.* O mesmo valia para as professoras: como modelos das estudantes, as mestras deveriam também se trajar de modo discreto e severo, manter maneiras recatadas e silenciar sobre sua vida pessoal. Ensinava-se um modo adequado de se portar e comportar, de falar, de escrever, de argumentar. Aprendiam-se os gestos e olhares modestos e decentes, as formas apropriadas de caminhar e sentar. Todo um investimento político era realizado sobre os corpos das estudantes e mestras. Através de múltiplos dispositivos e práticas ia-se criando *um jeito de professora*. A escola era, então, de muitos modos *incorporada* ou *corporificada* pelas meninas e mulheres – embora nem sempre na direção apontada pelos discursos oficiais, já que essas jovens também constituíam as resistências, na subversão dos regulamentos, na transformação das práticas.

O prestígio de algumas instituições, como os Institutos de Educação, frequentemente conseguia mobilizar as estudantes, como se percebe neste depoimento de uma aluna da década de 1950, no Rio Grande do Sul:

> A gente ia para essas solenidades, para essas comemorações muito convicta que estava em jogo o prestígio e o nome do Instituto e a gente fazia das tripas coração para manter [...] Claro, sempre tinha uma ou outra aluna que não observava isto, mas era tremendamente mal vista pelos colegas e a coitada não tinha outra forma senão entrar nos eixos [...] Isso ainda hoje eu me interrogo às vezes: que força grande que era isso aí? Porque na verdade se conseguia a adesão incondicional. [...] Mesmo que a gente achasse meio ridículo certas coisas [...] mas o nome do Instituto e o conceito da escola era algo mais forte.[38]

Se o objetivo da disciplinarização é a autorregulação dos sujeitos, tem-se aqui uma sugestiva demonstração desse processo. As práticas normativas constituíam um conjunto de critérios que iria permitir àquelas jovens se autoexaminarem e julgarem suas próprias condutas. Elas carregariam, *com elas*, a escola para além de seus muros; a instituição faria, agora, parte delas. Elas se tornariam capazes de se autogovernar, exatamente por terem incorporado as normas e tecnologias de governo da instituição e da sociedade.

Uma "sólida formação moral", que frequentemente era traduzida por uma continuada orientação religiosa, seria feita a partir de uma já revelada e comprovada boa conduta e de "bons costumes" exigidos nos regulamentos de admissão de estudantes. Para garantir essa "boa matéria-prima", podia-se requerer, entre outros, um "atestado do pároco respectivo que prova(sse) sua conduta moral e religiosa".[39] Esse tipo de exigência certamente é eloquente para demonstrar o quanto se identificavam moral e bons costumes com religião – mais explicitamente com a católica –, pelo menos à época desse regulamento (1869), quando era a religião oficial no Império. Não parece inadequado, contudo, supor que essa ligação tenha se estendido ainda por muitas décadas.

Além de regras e práticas que buscaram produzir condutas morais que se consideravam apropriadas, também se lançou mão de estratégias repressivas, como a censura das leituras ou dos temas tratados em aula. O relatório de uma diretora da década de 1940 esclarece que

> a par da seleção cultural e intelectual das obras adquiridas para nossas bibliotecas, preocupou-nos ainda, assim, a feição moral. Atendendo a este critério, determinamos a exclusão de todas aquelas obras que fossem nocivas à formação da mocidade, pois que é um contrassenso proferir belos discursos de alteamento dignificador, e, ao mesmo tempo, proporcionar à mocidade oportunidades de abeberar seu espírito de fontes impuras, somente porque um fulano francês, inglês, americano, russo ou mesmo nacional, conforme a moda de ocasião, está merecendo as honras do reclamo ou os méritos interessados de best-seller, deixando muitas vezes de parte autênticos valores intelectuais, manifestados no campo das ciências ou no setor das letras.[40]

A profissão mantinha, de muitos modos, laços com suas origens religiosas. Talvez se possa falar de uma certa ambiguidade no processo de laicização do magistério. Ao se subordinarem à autoridade do Estado, tanto os docentes quanto as docentes continuaram a ser tratados de um modo especial, como uma espécie de "clérigos-leigos" cujas vidas e ações deveriam ser controladas. Através de muitos dispositivos e regulamentos, esperava-se que seu "gênero de vida", "suas virtudes laicas", lhes permitissem "manter-se acima do comportamento comum".[41]

Sem dúvida a responsabilidade de "manter-se acima do comportamento comum" representou um encargo social pesado e teve profundos efeitos sobre as vidas de mestres e mestras. Para bem poder exercer o papel de *modelo* para as crianças e jovens, eles se viram obrigados a um estrito controle sobre seus desejos, suas falas, seus gestos e atitudes e tinham na comunidade o fiscal e censor de suas ações.

Com a "feminização do magistério", as assim chamadas "características naturais femininas" são articuladas às tradições religiosas da atividade docente, dando-lhes uma outra conformação. A professora é consagrada *mãe* espiritual; a *Oração do mestre*, escrita por Gabriela Mistral, é bem representativa:

> Senhor! Tu que me ensinaste, perdoa que eu ensine e que tenha o nome de mestre que tiveste na terra. Dá-me o amor exclusivo de minha escola: que mesmo a ânsia da beleza não seja capaz de roubar-me a minha ternura de todos instantes. [...] Dá-me que eu seja mais mãe do que as mães, para poder amar e defender, como as mães, o que não é carne da minha carne. Dá que eu alcance fazer de uma das minhas discípulas o verso perfeito e deixar gravada na sua alma a minha mais penetrante melodia, que assim há de cantar, quando meus lábios não cantarem mais.[42]

De inúmeras formas, essa e outras orações não apenas foram repetidas em festas do Dia do Professor ou do Dia das Mães, mas deram sentido ao cotidiano e produziram uma representação da mulher professora.

O JOGO DAS REPRESENTAÇÕES

> O acontecimento principal de minha vida e que influiu em toda ela foi a resolução que tomei de estudar na Escola Normal. Para que isso seja bem compreendido, é preciso explicar que, considerando-me muito feia e até defeituosa, era muito desconfiada e retraída em minha adolescência. Mas o meu gosto pela leitura era inexcedível. Morávamos em uma chácara, que ainda existe, em um lance da qual funcionava uma aula primária que frequentávamos, eu e minhas irmãs. Por esse tempo tinha sido fundada a antiga Escola Normal, foi decretado que as professoras já em exercício deviam tirar o curso da mesma. Em vista disso, a nossa professora, Dona Maria das Dores da Silva Cardoso, deixou a aula que frequentávamos e foi estudar na Escola Normal. Em suas últimas férias, em 1877, foi visitar-nos e minha mãe mostrou-lhe um caderno em que eu colecionava os meus versinhos. Lendo-os, exclamou: "O Sr. Lisboa deve mandar Ana Aurora estudar!" E dirigiu-se ao escritório de meu pai que me perguntou simplesmente: "Você quer ir estudar?" ao que respondi, também simplesmente: "Quero!" Esse "quero" decidiu de toda a minha vida.[43]

Ana Aurora do Amaral Lisboa recorda desse modo sua passagem pela Escola Normal de Porto Alegre, onde ingressou em 1879. Dedicando-se por toda a vida ao magistério, ela foi homenageada por Walter Spalding com uma biografia intitulada *A grande mestra*. Parece interessante observar a forma como essa mulher – que alguns consideram a primeira feminista do Rio Grande do Sul e que defendeu publicamente ideias liberais, abolicionistas e republicanas – associava sua decisão pela carreira de professora ao fato de se considerar "muito feia, até defeituosa, desconfiada e retraída". Possivelmente para Ana Aurora, como para muitas outras moças, o magistério se apresentava como a alternativa mais viável ao casamento. Provavelmente para ela, como para muitas pessoas, a professora estava associada à imagem da mulher pouco graciosa, da solteirona retraída.

Seria interessante perseguir um pouco mais essa imagem. Usualmente se diz que as imagens refletem o mundo ou, ao contrário, que o falseiam. Pensando assim, acredita-se que há imagens mais verdadeiras do que outras, mais próximas do *real* – o que impõe a tarefa impossível de tentar descobrir qual é, de fato, esse mundo real. No entanto, talvez seja mais adequado pensar que sempre se está lidando com alguma forma de representação da realidade, representações diversas, interessadas, particulares, contraditórias. É fato que, no entrecruzamento dessas representações, algumas acabam adquirindo uma autoridade maior, a "autoridade do óbvio, do senso comum e da autoevidência", de tal modo que se chega a esquecer seu "*status* de representação".[44]

Isso também aconteceu com as representações de mulher e mulher professora em jogo na sociedade brasileira. A questão não seria, pois, perguntar qual ou quais as imagens *mais verdadeiras* ou *mais próximas* da realidade e quais as que a distorceram, mas sim compreender que todos os discursos foram e são igualmente representações; representações que não apenas espelharam essas mulheres, mas que efetivamente as produziram. Em outras palavras, as representações de professora tiveram um papel ativo na construção da professora, elas *fabricaram* professoras, elas deram significado e sentido ao que era e ao que é ser professora. Ao se observar tais representações não se está apenas observando indícios de uma posição feminina, mas se está examinando diretamente um processo social através do qual uma dada posição era (e é) produzida.

Então, como as mulheres professoras eram representadas? Quem as representava? O que se dizia sobre elas? Quem escrevia sobre elas e para elas poemas, orações, discursos, canções? Quem as caricaturava ou louvava?

Observar como um grupo social é representado pode nos indicar o quanto esse grupo exercita o poder; pode nos apontar quem mais frequentemente é "objeto" ou é "sujeito de representação".[45] Esse é um processo em que certamente estão envolvidas questões de poder, ou seja, as representações são construídas na dependência do poder e "têm efeitos de poder".[46] Vale notar quem utiliza o poder para representar o outro e quem apenas é representado. Isso se torna particularmente importante, se pensarmos que, na maior parte das vezes, as mulheres e as mulheres professoras são definidas, e portanto representadas, mais do que se definem. Homens – parlamentares, clérigos, pais, legisladores, médicos – autoarrogando-se a função de porta-vozes da sociedade, *dizem* sobre elas. Como consequência, elas também acabam, frequentemente, definindo-se e produzindo-se em consonância com tais representações.

Dentro desse quadro é possível compreender que a moça que se considerava *feia* e *retraída* percebia-se, de algum modo, como que *chamada* para o magistério. Essa *vocação* estaria justificada por uma lógica que se apoiava na compreensão social do magistério como função adequada para mulheres e na aproximação dessa função à maternidade. Assim, aquelas para quem a maternidade física parecia vedada estariam, de certa forma, *cumprindo* sua função feminina ao se tornarem, como professoras, *mães espirituais* de seus alunos e alunas. Quando Gabriela Mistral pede a Deus que lhe permita que "seja mais mãe do que as mães, para poder amar e defender, como as mães, o que não é carne da (sua) carne",[47] ela expressa com muita ênfase esse processo, que poderia representar, para algumas mulheres, "a única forma de dar à luz".[48]

Ademais, para muitas jovens o trabalho remunerado se colocava como uma exigência para sua própria sobrevivência, e o magistério, como se sabe, apresentava-se como um trabalho digno e adequado. No entanto, na medida em que a maioria dos discursos da época apontava uma incompatibilidade entre trabalho e casamento, essa exigência de sobrevivência iria cobrar um preço: a renúncia ao casamento. É interessante acompanhar o que se dizia sobre a situação das mulheres sós, na Europa do século XIX:

> O celibato feminino no ocidente inscreve-se profundamente na lógica econômica do século XIX, que sabe tirar proveito dele. O ofício pode impor a solidão feminina 'porque se utilizava deliberadamente como engrenagem essencial para o bom funcionamento da máquina econômica'. Frequentemente saídas dos meios pequeno-burgueses e desejosas de marcar uma distância com relação às operárias; frequentemente mais instruídas do que a média das mulheres de sua época, as trabalhadoras de 'colarinho branco' aspiram a um nível intelectual e social superior. Porém essas aspirações, combinadas com os limites que lhes impunha o trabalho e com sua entrega psicológica ao mesmo, impedem-nas de encontrar par; sós, experimentam o peso da deficiência e do descrédito.[49]

Possivelmente algumas dessas considerações também podem ser pensadas em relação à sociedade brasileira. A necessidade ou o desejo de trabalhar cercava as atividades das mulheres professoras de muitos cuidados e impunha uma regulação acentuada em sua conduta, mas, ao mesmo tempo, lançava-as num espaço fora do lar – o que possibilitava alguma autonomia. Vale observar que aqui provavelmente entram em jogo representações nem sempre convergentes, ou seja, por um lado, a solteirona era uma mulher que *falhara*; mas, ao mesmo tempo, ela era uma mulher, quando professora, que tinha um nível de instrução mais elevado do que as outras, que ganhava seu próprio sustento e que, em consequência disso, usufruía de algumas prerrogativas masculinas.

Ana Aurora Lisboa pode ainda ilustrar essa argumentação, pois, rompendo com os governos locais devido a desentendimentos políticos, ela renuncia ao magistério público e vai para o interior do estado fundar uma escola própria, na qual leciona por várias décadas com a colaboração da irmã. Ali Ana Aurora consegue pôr em execução algumas de suas ideias políticas, como receber filhos de escravos libertos ao lado de alunos pagantes, bem como criar um curso noturno para adultos. Esse tipo de ação se constitui, sem dúvida, em comportamento transgressivo para mulheres de sua época, ainda que, ao realizar essas rupturas, ela as faça reforçando a representação de professora ideal – *a grande mestra* – dedicada integralmente aos alunos e completamente afastada de outras relações afetivas.

Essa representação de professora solteirona é, então, muito adequada para fabricar e justificar a completa entrega das mulheres à atividade docente, serve para reforçar o caráter de doação e para *desprofissionalizar* a atividade. A boa professora estaria muito pouco preocupada com seu salário, já que toda a sua energia seria colocada na formação de seus alunos e alunas. Esses constituiriam sua família; a escola seria o seu lar e, como se sabe, as tarefas do lar são feitas gratuitamente, apenas por amor. De certa forma essa mulher deixa de viver sua própria vida e vive através de seus alunos e alunas; ela *esquece de si*.

A antiga professora solteirona podia também ser representada como uma figura severa, de poucos sorrisos, cuja afetividade estava de algum modo escondida. As imagens fotográficas ajudam a reconstituí-la: roupas escuras, abotoadas e de mangas compridas, rosto fechado, cabelo em coque, costas retas, pés unidos, mãos postas ao lado do corpo ou sobre os joelhos – na verdade, nas fotos antigas, também as crianças estão frequentemente muito sérias e perfiladas. As caricaturas dos jornais de época também falam dessa severidade e secura; representam-nas geralmente como mulheres sem atrativos físicos, por vezes quase bruxas, munidas de uma vara para apontar o que está escrito num quadro-negro, quase sempre de óculos.

Uma leitura cuidadosa dos regulamentos escolares, de antigos livros de pedagogia, ou mesmo das histórias contadas pelos mais velhos permite perceber que essa severidade era recomendada, era produzida por todos esses discursos. Se havia uma representação da mulher como um ser frágil e propenso aos sentimentos, seria preciso prover a mulher professora de alguns recursos que lhe permitissem controlar seus sentimentos e exercer a autoridade em sua sala de aula. Ela deveria ser disciplinadora de seus alunos e alunas e, para tanto, precisava ter disciplinado a si mesma. Seus gestos deveriam ser contidos, seu olhar precisaria impor autoridade. Ela precisaria ter *controle de classe*, considerado um indicador de eficiência ou de sucesso na função docente até

As professoras deveriam servir de modelo a suas alunas. Para isso, precisavam exercer um estrito controle sobre suas falas, posturas, comportamentos e atitudes.

nossos dias. Quando os regulamentos das antigas escolas normais proibiam professoras e professores de conversar com seus alunos e alunas nos intervalos das aulas, ou tratar de assunto alheio à disciplina, eles estavam normatizando as relações e constituindo limites para aproximações entre essas pessoas. Para que uma mulher exercesse autoridade ela precisaria, então, respeitar esses limites e ter uma *performance* de autoridade, o que pressupõe distância.

Essas restrições eram muito mais expressivas em relação ao contato físico. A professora não deveria tocar em seus alunos e alunas; abraços ou beijos foram, por um largo tempo, considerados práticas inadequadas. Quando esses gestos são representados em histórias exemplares ou nas lembranças de pessoas mais velhas, eles aparecem revestidos de solenidade, com caráter extraordinário, em ocasiões absolutamente especiais.

Na medida em que as novas orientações psicopedagógicas são introduzidas, percebem-se algumas transformações na expressão do afeto. Quando o discurso sobre a escola passa a valorizar um ambiente prazeroso, onde a cor e o jogo devem estar presentes, também a figura da professora passa a ser representada como sorridente e mais próxima dos alunos. No entanto, até mesmo nesse momento, o contato físico permaneceu rodeado de reservas.

Aparentemente negada, a sexualidade da professora na verdade ocupava o imaginário de todos. Era da sexualidade que se estava tratando quando nos idos de 1827 se legislava que "para as aulas do sexo masculino poderão ser nomeadas as normalistas que houverem atingido 23 anos de idade", acrescentando que essas aulas "só receberão meninos de até 10 anos".[50] Era da sexualidade que se cuidava quando se previa sanções para aqueles ou aquelas que faltassem ao "decoro devido entre os sexos".[51] A preocupação com a sexualidade fez com que se evitasse empregar professoras casadas – como se pode observar em uma lei do ano de 1917 para o estado de Santa Catarina: "as candidatas ao magistério público que se matricularem na Escola Normal, da data desta lei em diante, diplomadas e nomeadas Professoras, perderão o cargo se contratarem casamento". A medida se justificava, no texto da lei, por "não (ser) dignificante que a professora casada, que vai ser mãe, se apresente ante seus alunos".[52] A gravidez também era cercada de uma espécie de censura.

A incompatibilidade do trabalho com o casamento e a maternidade tinha mais uma justificativa: a condição de casada poderia resultar numa fonte de indagação das crianças e jovens sobre a vida afetiva e sexual da professora. Além dos argumentos sobre a impossibilidade de dividir a dedicação ao lar e aos filhos com uma profissão, além dos inconvenientes de qualquer eventual autonomia financeira, acrescentavam-se os constrangimentos de uma possível gravidez. Registre-se que, reagindo contra o dispositivo legal antes apontado, professoras reunidas numa *Liga do Magistério Catarinense* vão lutar pela revogação da lei, em 1927. Chamadas de "timoneiras do movimento feminista em Santa Catarina", elas não conseguem, contudo, seu objetivo e a proibição é mantida.[53]

A sexualidade da professora podia ainda ser representada como homossexualidade. Restrita a conversas reservadas, a sexualidade de algumas professoras, principalmente das solteiras e das viúvas, foi alvo de condenação quando dirigida a outras mulheres e, de modo especial, às próprias estudantes. Na introdução ao *Opúsculo humanitário*, há referência a comentários desfavoráveis que o colégio de Nísia Floresta recebeu de alguns contemporâneos:

> [esses comentários] vinham acompanhados de ataques caluniosos à vida pessoal de sua diretora. Segundo Adauto da Câmara, sua mera presença na sociedade carioca incitou à publicação de artigos que aludiam a envolvimentos amorosos dela, tanto com amantes masculinos, quanto com suas alunas.[54]

Nísia provoca essa apreciação, na medida em que se insurge contra a mentalidade hegemônica de sua época, defende publicamente suas ideias através de artigos de jornais e funda uma escola para mulheres onde a instrução ocupava um espaço muito maior do que as lides de coser e bordar. Adauto Câmara refere então as "audácias da diretora" e comenta o impacto de suas "ideias já conhecidas em prol da reabilitação da mulher", indicando que os seus contemporâneos repudiavam "aquela mulher metida a homem, pregando a emancipação de seu sexo, batendo-se pela extinção da odiosa tirania masculina".[55]

Muito provavelmente mulheres que tomassem iniciativas que contrariassem as normas, que tivessem um nível de instrução mais elevado ou que ganhassem seu próprio sustento eram percebidas como desviantes, como uma ameaça aos arranjos sociais e à hierarquia dos gêneros de sua época. Vale lembrar ainda que, por muito tempo, a ignorância foi considerada como um indicador de pureza, o que colocava as mulheres não ignorantes como não puras. De certa forma elas escapavam à representação do senso comum sobre o ser feminino, escapavam da representação que detinha a autoridade para dizer o que era ser mulher. Isso poderia levá-las a uma outra representação: à de *mulher-homem*.

Com o passar do tempo ocorreram transformações nos discursos sobre as professoras, indicando, de um modo bastante evidente, o caráter histórico das representações sociais. Uma canção do final dos anos 30, recolhida com um antigo seresteiro, pode ser interessante para análise:

> Eu a vejo todo dia
> quando o sol mal principia
> a cidade a iluminar.
> Eu venho da boemia
> e ela vai, quanta ironia,
> para escola trabalhar.
> Louco de amor no seu rastro,
> vaga-lume atrás de um astro,
> atrás dela eu tomo o trem.
> E no trem das professoras,
> onde outras vão, sedutoras,
> eu não vejo mais ninguém.
> Essa operária divina,
> que lá no subúrbio ensina
> as criancinhas a ler,
> na sua vida serena,
> naturalmente condena
> o meu modo de viver.
> Condena porque não sabe
> que toda a culpa lhe cabe
> de eu viver ao deus-dará.
> Menino querendo ser
> para com ela aprender
> novamente o bê-á-bá.[56]

A professora é apresentada como objeto do desejo amoroso; no entanto, ela ainda é pura como uma "operária divina", contrapondo-se à vida desregrada do homem que com ela sonha. O encontro/desencontro dos dois no trem da manhã representa bem a dupla moral de gênero. Há uma suposição de que a professora leva a vida correta, limpa, "serena" e que ela condena a boemia do homem. No entanto, não dá para esquecer que "toda a culpa lhe cabe", afinal ela poderia interromper essa vida descuidada. O papel regenerador da mulher continua reafirmado.

Canções populares, desenhos, fotos, crônicas e novelas aliavam-se aos discursos dos homens públicos, dos pastores e padres, jornalistas e professores para definir e nomear a mulher professora. Representações sociais se constituíam e mudavam. Afinal, as representações de professoras carregaram, através dos anos, algumas continuidades, mas também se transformaram historicamente.

PROFESSORINHAS, TIAS E TRABALHADORAS DA EDUCAÇÃO

Os discursos sobre a educação e o ensino, sobre os sujeitos que deveriam *reger* o processo educativo ou sofrê-lo, ou seja, sobre mestres e mestras e estudantes, transformavam-se, alimentavam-se de novas teorias, incorporavam novos interesses, refletiam e constituíam novas relações de poder. As mulheres professoras teriam de fazer-se, agora, de modos diferentes, incorporando em suas subjetividades e em suas práticas as mudanças sociais. Assim, as professoras e "normalistas" foram se constituindo "educadoras", depois "profissionais do ensino", para alguns "tias", para outros, "trabalhadoras da educação".[57]

Nas primeiras décadas deste século, elas eram frequentemente chamadas de *professorinhas* e *normalistas*. Certamente a denominação era, então, dirigida às jovens recém-formadas que, seguindo os pressupostos pedagógicos do momento, deveriam ser menos severas e mais sorridentes. A música popular descrevia assim as professoras:

> Vestida de azul e branco
> Trazendo um sorriso franco
> Num rostinho encantador
> Minha linda normalista
> Rapidamente conquista
> Meu coração sem amor...[58]

O magistério primário já era então claramente demarcado como um lugar de mulher e os cursos normais representavam, na maioria dos estados brasileiros, a meta mais alta dos estudos a que uma jovem poderia pretender. As normalistas nem sempre seriam professoras, mas o curso era, de qualquer modo, valorizado. Isso fazia com que, para muitas, ele fosse percebido como um *curso de espera marido*. A propósito, a mesma canção afirmava em seguida:

> Mas a normalista linda
> Não pode casar ainda
> Só depois que se formar
> Eu estou apaixonado
> O pai da moça é zangado
> E o remédio é esperar[59]

Na medida em que o discurso científico ganha terreno no âmbito pedagógico, as teorias psicológicas e sociológicas contribuem para engendrar uma nova representação de professora – ela agora é mais frequentemente denominada de *educadora*, possivelmente na tentativa de enfatizar o caráter amplo de sua atividade. A missão da educadora é fornecer apoio afetivo, emocional e intelectual à criança, de modo que suas potencialidades se tornem presentes. Além de instruir, ou mais importante do que instruir, sua tarefa consiste em educar.

Supõe-se também que essa educadora exerça uma função *corretiva* sobre aquelas crianças tidas como desviantes ou inadaptadas. Na verdade, muitas das teorias psicológicas e pedagógicas que iriam se constituir nos referenciais modernos dos anos 1930 e 1940 tinham sido elaboradas a partir de estudos feitos por profissionais da área médica com crianças consideradas anormais. As novas teorias implicariam, pois, em novas formas de relação entre os sujeitos na escola e colocariam o aluno no *centro do processo ensino–aprendizagem*. Isso vai exigir da professora que passe a exercitar seu controle sobre a classe de formas novas, aparentemente menos disciplinadoras, mais indiretas, ainda que igualmente eficientes. Além disso, para melhor lidar com esses processos, surgem *especialistas*, aqueles que detêm o conhecimento dos *estágios de desenvolvimento infantil*, dos procedimentos de ensino mais adequados a promover a aprendizagem e a criatividade, a estabelecer uma melhor "relação interpessoal" etc.[60] Essa nova categoria de especialistas apresenta-se como uma possibilidade de ascensão profissional para algumas professoras que, deste modo, passam a usufruir de maior *status* no campo educacional.

Pode ser percebido como uma continuidade nesse quadro o discurso de *profissionalismo* do ensino que, ao final dos anos 60 e na década de 70, torna-se mais forte. Vivia o Brasil, então, os anos mais severos do regime militar, com um forte fechamento político-institucional, repressão aos movimentos sociais e explícito controle sobre as atividades culturais, educacionais, políticas, religiosas. O discurso didático-pedagógico também contribuía para os interesses dessa ordem e traduzia-se numa regulação muito direta da ação dos agentes educativos e do processo de ensino–aprendizagem. A legislação para o setor torna-se mais minuciosa e extensa; procedimentos e relações de ensino são disciplinados, especialmente através da burocratização das atividades escolares, da edição de livros e de manuais para docentes, da revitalização de disciplinas como educação moral e cívica, do controle policial sobre as preferências político-ideológicas do professorado etc. Acompanha essa nova orientação do campo educativo uma ênfase no caráter profissional da atividade docente, o que é feito relegando o afeto, a espontaneidade e a informalidade nas relações intraescolares a uma posição secundária. Há uma tendência em se substituir a representação da professora como *mãe espiritual* por uma nova figura: a de *profissional do ensino*. De fato, essa expressão é muitas vezes empregada nas mensagens governamentais, nas orientações dos múltiplos órgãos administrativos criados para regular o sistema educacional, na mídia e até mesmo pelas próprias professoras e professores.

Esse profissionalismo caracterizava-se pela valorização de um outro tipo de habilidades dos professores e professoras. Agora caía sobre eles uma avalanche de tarefas burocráticas, exigindo-lhes uma ocupação bastante intensa com atividades de ordem administrativa e de controle; determinava-se, também, que sua ação didática se tornasse mais técnica, *eficiente* e *produtiva*. Ainda que essas novas tarefas tivessem representado, muito provavelmente, uma "intensificação" do trabalho docente, houve, pelo menos por parte de alguns, adesão a tal discurso. Não se pode esquecer que "a própria noção de profissionalização tem sido muito importante não somente para o professorado em geral mas para as mulheres em particular".[61] Reivindicar o reconhecimento como *profissional* também se constituía numa forma de mulheres professoras lutarem por salários iguais aos dos homens e por condições de trabalho adequadas.

É possível admitir que esse novo discurso representava um contra-argumento em relação à concepção do magistério como uma extensão das atividades maternais, de cuidado, apoio emocional etc. Agora se estava acenando para um conjunto de saberes de caráter técnico, científico e específico, que delimitaria o campo pedagógico e que, por consequência, permitiria àquelas ou àqueles que ali atuavam se perceberem como profissionais. No entanto, também haveria resistências a essa concepção.

Por um lado, como uma espécie de reafirmação da função afetiva e de sua importância central na atividade docente, muitas professoras e muitos professores subvertem a pretendida programação desejada pelos órgãos administrativos e educacionais, modificam as tarefas e atividades programadas, introduzem características próprias aos sistemas de instrução e passam a usar *tia* como uma denominação substituta à de professora. Algumas das vertentes psicopedagógicas então correntes, que se opunham, por seu turno, às concepções teóricas que davam suporte ao discurso tecnológico, são apropriadas para referendar essa tendência. Se essa nova denominação parecia revestir o espaço escolar de características familiares, poderia ter como efeito, no entanto, o favorecimento do "anonimato da professora",[62] já que, chamando-as todas indiscriminadamente de tias, os alunos e alunas deixavam de identificá-las por seus nomes próprios. Considerando, ainda, que essa tendência se acentua no momento em que a burocratização da área educacional é intensificada, com uma valorização maior de especialistas e *experts*, a professora seria – como usualmente é a tia – alguém que não detém autoridade para decidir sobre a educação das crianças. Num momento em que várias das usuais atribuições docentes passavam a ser exercidas por supervisoras, orientadoras e psicólogas, à professora "caberá ser tia de seus alunos", para o que "não necessitará de preparo, nem de condições de trabalho especiais".[63]

Uma outra forma de resistência se engendraria a partir da percepção de que, juntamente com a alegada profissionalização do ensino, estaria se dando um processo de "proletarização da categoria docente".[64] Os indicadores dessa proletarização seriam observados, de forma mais evidente, na acentuada queda dos salários já tradicionalmente baixos; mas também poderiam ser reconhecidos na medida em que se interpretasse o exercício da atividade docente como se aproximando da forma de organização do trabalho fabril – expressada pela mencionada expropriação do saber dos agentes de ensino, separação entre aqueles que decidem e os que executam, parcelarização e intenso controle das atividades etc. Dentro desse quadro, professoras e professores vão buscar formas de luta também semelhantes às dos operários. Antigas entidades associativas, como grêmios beneficentes ou associações, dão lugar ou se transformam em um movimento docente muito mais aguerrido; criam-se centros de professores e sindicatos que expressam suas reivindicações através de greves e de manifestações públicas de maior visibilidade e impacto social. O discurso desse movimento é, então, dirigido às *trabalhadoras e aos trabalhadores da educação*.

Efetivamente é um outro sujeito social que se constitui. A professora sindicalizada, denominada de trabalhadora da educação, é representada pela mulher militante, disposta a ir às ruas lutar por melhores salários e melhores condições de trabalho. Ela deve ser capaz de parar suas aulas; gritar palavras de ordem em frente a palácios e sedes de governo; expor publicamente sua condição de assalariada, não mais de mãe, tia ou religiosa, e exigir o atendimento de seus reclamos. Face à discreta professorinha do início do século, o contraste parece evidente: são outros gestos, outra estética, outra ética.

O movimento organizativo se gesta no interior de uma sociedade autoritária, em especial nos anos em que o regime militar começa, lentamente, a se ver obrigado a uma distensão. Ao final dos anos 70, as entidades do magistério já são capazes, em vários estados brasileiros, de mobilizar parcelas bastante expressivas de docentes e as primeiras greves são deflagradas. Elas representam uma espécie de choque para muitos, pois parecem uma ruptura muito forte com o caráter de doação e entrega que tradicionalmente cercava a professora. O espanto pelas manifestações pode ser avaliado por esta crônica de Carlos Drummond de Andrade, publicada em 1979:

> Uma greve não é acontecimento comum no Brasil. Se a greve é de professores, trata-se de caso ainda mais raro. E se os professores são mineiros, o caso assume proporções de fenômeno único.
> O que teria levado as pacatas, dóceis, modestíssimas professoras da capital e do interior de Minas Gerais a assumir essa atitude, senão uma razão também única, fora de qualquer motivação secundária e circunstancial? Uma razão de sobrevivência? É o que toda gente sente e pensa diante de centenas de municípios onde as mestras cruzaram os braços e aguardam uma palavra do Governador do Estado.[65]

As *normalistas* ou *professorinhas*, de acordo com pedagogia em voga, deveriam ser menos severas e mais sorridentes. Na foto, formatura de *normalistas* em 1956.

A decantada pouca atenção das professoras para com seu salário – desatenção estimulada por décadas de associação do trabalho docente ao sacerdócio e à maternidade – implodia. Cada vez mais o salário das mulheres era peça fundamental para a sobrevivência familiar; cada vez mais buscavam o magistério jovens que efetivamente necessitavam exercer a profissão para se sustentar ou sustentar dependentes; cada vez mais se tornavam imperativos reajustes da remuneração diante da economia inflacionária do país.

As professoras já não mais se percebiam tão isoladas. Sem dúvida sua atividade diária continuava mantendo características de isolamento, bem como alguma dose de autonomia, na medida em que ao fechar a porta de sua sala cada docente era, de certo modo, dona de sua classe. Mas agora se afirmava um novo discurso que acenava para a concepção de *categoria profissional*, um discurso que ligava cada professora a um conjunto muito grande de parceiras e parceiros e constituía esse conjunto na forma de um movimento social organizado.

A experiência de entidades congregando professores não era nova. Afinal, já desde o início do século XX registram-se algumas, como a Associação Beneficente do Professorado Público de São Paulo, ou mesmo antes dessa data.[66] A princípio essas entidades tinham objetivos beneficentes: criação de montepios, apoios referentes a serviços médicos, auxílios financeiros ou jurídicos. Além disso adicionavam em seus estatutos objetivos como o de "promover a elevação moral e intelectual do professorado".

A novidade é que o caráter das organizações docentes começa a sofrer transformações profundas. De fato, a categoria crescera muito numericamente. Já desde a década de 1950, pelo menos, aumentara o número de crianças admitidas nas escolas e, em consequência, também crescera a necessidade de professoras e professores. Embora a má remuneração não representasse um estímulo, aumentava o recrutamento de profissionais oriundos, predominantemente, de camadas sociais empobrecidas. As práticas cotidianas vividas por tais profissionais levavam à transformação das entidades docentes em organizações de massa. Como exemplo desse movimento pode-se registrar a trajetória do Centro de Professores do Estado do Rio Grande do Sul (CPERS), fundado em 1945 como Centro de Professores Primários, que, ao final da década de 70, "tornou-se a categoria mais organizada do Estado e construiu o maior sindicato de base estadual no Rio Grande do Sul".[67]

Como uma decorrência da composição da categoria, os sindicatos docentes são constituídos, majoritariamente, por mulheres. Ali, então, muitas mulheres professoras se tornam militantes e, algumas, líderes sindicais, embora um grande grupo ainda prefira delegar aos poucos homens os cargos de liderança. É importante observar que, como forma de aumentar seu poder organizativo e de negociação, várias entidades passaram a congregar não apenas o professorado do 1º grau, mas também o de 2º grau, onde a presença masculina é numericamente mais equilibrada com a feminina. Assim, os sindicatos docentes passaram a contar também com professores homens. Então, se é notório que a presença feminina é maciça e muitas vezes ruidosa nas assembleias e manifestações públicas, os microfones são, contudo, mais frequentemente ocupados pelos homens. Também são eles, muitas vezes, preferidos, pela grande massa feminina, para os cargos de coordenação das entidades.

As greves constituem práticas sociais ainda novas que, frequentemente, colocam dilemas às professoras. Durante uma greve em 1991, em Santa Catarina, assim se expressa uma jovem mestra: "Não faço greve, porque meus alunos precisam de mim [...] Eu sou determinante para o seu fracasso ou sucesso. Na verdade não posso imaginar a possibilidade de meus alunos perderem o ano [...] Eu não me perdoaria nunca."[68]

A adesão ou não a essa forma de luta não se dá de modo fácil. A decisão de se engajar no movimento mobiliza e coloca em xeque muitas das referências ao papel e função da professora. Diz uma grevista: "Ninguém gosta de fazer greve, principalmente quando se é alfabetizadora, como no meu caso, mas é preciso e, sendo assim, temos que fazê-la. Confesso que a greve me incomoda terrivelmente, sinto-me insegura e desprotegida."[69]

Confrontadas com referências diferentes para se construírem como sujeitos sociais, as novas professoras podem aceitá-las, adaptá-las, rejeitá-las. Elas articulam, em suas práticas, toda a história da atividade docente e de suas vivências como sujeito feminino – daí o porquê de suas manifestações como trabalhadoras da educação terem um caráter próprio, específico. A sineta, típico instrumento escolar, torna-se símbolo de campanhas salariais, como no movimento do magistério gaúcho; passeatas de protesto podem trazer para as ruas as crianças, alunos, filhos; cartazes e recursos coloridos, assemelhados aos das primeiras séries escolares, são didaticamente preparados;[70] pais e mães de alunos são mobilizados. Essas formas de expressão – que remetem ao cotidiano das mulheres professoras – colocam-se junto aos discursos veementes, interferência direta nas ações parlamentares ou na imprensa, e até mesmo realização de improvisados acampamentos nos pátios externos das escolas ou nas praças públicas.

São práticas sociais diversas, muitas delas contraditórias e, todas, produtoras de sentido. As mulheres que estão nas escolas hoje se constituem, portanto, não somente pelas e nas práticas cotidianas imediatas, mas também por todas as histórias que as atravessaram.

Não parece ser possível compreender a história de como as mulheres ocuparam as salas de aula sem notar que essa foi uma história que se deu também no terreno das relações de gênero: as representações do masculino e do feminino, os lugares sociais previstos para cada um deles são integrantes do processo histórico. Gênero, entendido como uma *construção social*, e articulado à classe, etnia, religião, idade, determinou (e determina) algumas posições de sujeito que as mulheres professoras ocuparam (e ocupam). Discursos carregados de sentido sobre os gêneros explicaram (e explicam) como mulheres e homens constituíram (e constituem) suas subjetividades, e é também no interior e em referência a tais discursos que elas e eles constroem suas práticas sociais, assumindo, transformando ou rejeitando as representações que lhes são propostas.

Ao percorrer algumas décadas da história das mulheres nas salas de aula, lidou-se com representações, doutrinas, práticas sociais que instituíram homens e mulheres na sociedade brasileira. Observou-se que, em alguns momentos, discursos – religiosos, científicos, pedagógicos, jurídicos – acabaram por produzir efeitos semelhantes, a partir de argumentos diversos. Se as instituições sociais, entre elas a escola, produziram e reproduziram tais discursos, é importante destacar que os sujeitos concretos "não cumprem sempre, nem cumprem literalmente, os termos das prescrições de sua sociedade".[71] Homens e mulheres constroem de formas próprias e diversas suas identidades – muitas vezes em discordância às proposições sociais de seus tempos.

Um olhar atento perceberá que a história das mulheres nas salas de aula é constituída e constituinte de *relações sociais de poder*. É mais adequado compreender as relações de poder envolvidas, nessa e em outras histórias, como imbricadas em todo o tecido social, de tal forma que os diversos sujeitos sociais exercitam e sofrem efeitos de poder. Todos são, ainda que de modos diversos e desiguais, controlados e controladores, capazes de resistir e de se submeter.

Parece ser tempo de abandonar as explicações unicausais e, ao invés disso, tentar contemplar os múltiplos fatores e condições que possibilitam ou impedem as transformações sociais.

As mulheres, nas salas de aulas brasileiras e nos outros espaços sociais, viveram, com homens, crianças e outras mulheres, diferentes e intrincadas relações, nas quais sofreram e exerceram poder. Pensá-las apenas como subjugadas talvez empobreça demasiadamente sua história, uma vez que, mesmo nos momentos e nas situações em que mais se pretendeu silenciá-las e submetê-las, elas também foram capazes de engendrar discursos discordantes, construir resistências, subverter comportamentos. Construir uma história *às avessas*, exclusivamente apoiada na trajetória daquelas que foram revolucionárias, talvez também resultasse em uma construção reduzida e idealizada. As diferenças e ambiguidades, as cumplicidades e oposições, são elementos propositadamente colocados nesse texto com vistas a provocar leituras e reflexões que não homogeneízam as mulheres professoras, já que, muito possivelmente, foi por meio e em meio a diferentes discursos e práticas que elas acabaram por se produzir como professoras *ideais*, e também como professoras *desviantes*, como mulheres *ajustadas* e também como mulheres *inadaptadas*.

NOTAS

(1) Nísia Floresta. *Opúsculo Humanitário* (1853). São Paulo: Cortez, INEP, 1989. p. 2.

(2) É Adauto da Câmara quem utiliza essa expressão, comentando as repercussões da ação de Nísia Floresta em jornais da época. Citado no estudo de Peggy Sharpe-Valadares [p. xii] que introduz a reedição do *Opúsculo humanitário*.

(3) *Annaes do Parllamento Brazileiro*, Câmara dos Deputados, Sessões de 1827-1834. Typografia do Imperial Instituto Artístico, Rio de Janeiro, sessão de 16 jun.1826, *apud* H. Saffioti. *A mulher na sociedade de classes*: mito e realidade. Petrópolis: Vozes, 1979. p. 192.

(4) H. Saffioti. *Op. cit.*

(5) H. Saffioti *Op. cit.*, p. 193.

(6) O relato é de E. Barra, reproduzido por Miriam Moreira Leite em *Retratos de família:* Leitura da fotografia histórica. São Paulo: Edusp, Fapesp, 1993. p. 62.

(7) A. Soveral. *O Rio Grande do Sul em todos os seus aspectos:* historial biográfico de todas as forças vitaes do Estado e dos valores de sua vida política, econômica, social e espiritual [Fase de 1935 a 1937, metade do ano]. Porto Alegre: Livraria do Globo, 1937. p. 85.

(8) M. Rago. *Do cabaré ao lar:* a utopia da cidade disciplinar. Brasil 1890-1930. Rio de Janeiro: Paz e Terra, 1985. p. 97.

(9) Lei de instrução Pública, 1827, *apud* E. M. Lopes. A educação da mulher: a feminização do magistério. *Teoria e Educação*, 1991. n. 4, p. 26.

(10) J. Veríssimo. *A educação nacional.* (1890) 3.ed. Porto Alegre: Mercado Aberto, 1985. p. 122.

(11) Primitivo Moacyr. *A instrução e as províncias* – 1834-1889. São Paulo: Cia. Editora Nacional, 1940. v. 3, p. 475.

(12) Michael Apple, no livro *Trabalho docente e textos:* economia política das relações de classe e de gênero em Educação. Porto Alegre: Artes Médicas, 1995, examina o processo de feminização nos Estados Unidos e Inglaterra; António Nóvoa, no artigo "Para o estudo sócio-histórico da gênese e desenvolvimento da profissão docente", publicado em *Teoria e educação*, nº 4, 1991, refere-se ao processo em Portugal; a mesma sociedade é objeto também do artigo de Helena Costa Araújo, "As mulheres professoras e o ensino estatal", publicado em *Educação e Realidade*, 1990. v. 16 (2).

(13) Michael Apple. *Op. cit.*; e G. Louro. Magistério de primeiro grau: um trabalho de mulher, publicado em *Educação e Realidade*, jul./dez. 1986, v. 11 (2), entre outros.

(14) T. L. Castro, *apud* H. Saffioti. *Op. cit.*, p. 211.

(15) G. Louro. *Educação e gênero:* a escola e a produção do masculino e do feminino. *In:* L. H. Silva, J. C. Azevedo. *Reestruturação curricular:* teoria e prática no cotidiano da escola. Petrópolis: Vozes, 1995. p. 180.

(16) Cf. Michael Apple. *Op. cit.*

(17) Lima Barreto. *Crônicas escolhidas*. São Paulo: Folha de S. Paulo, Ática, 1995. p. 17.

(18) Lourenço Filho *apud* M. C. Reis. *Tessitura de destinos*. Mulher e educação – São Paulo 1910/20/30. São Paulo: EDUC, 1993. p. 51.

(19) Primitivo Moacyr. *Op. cit.*, p. 480.

(20) *Id. ibid.*

(21) Michel Foucault. *História da Sexualidade*. Rio de Janeiro: Graal, 1988. v. 1. p. 30.

(22) Michael Apple. *Op cit.*, p. 33.

(23) G. Matthews. *Just a housewife*. The rise & fall of domesticity in America. Nova York, Oxford: Oxford University Press, 1987.

(24) G. Louro, D. Meyer. A escolarização do doméstico. A construção de uma escola técnica feminina. *Cadernos de Pesquisa*. nº 87, nov. 1993. Ver também a versão em inglês: G. Louro, D. Meyer. The schooling of the domestic: the 'construction' of a female technical school and its curriculum (1946-70). *Curriculum Studies*, v. 2, nº 2, 1994.

(25) C. Mujeres Solas Dauphin. *In:* G. Fraisse, M. Perrot (org.). *Historia de las mujeres. El siglo XIX: cuerpo, trabajo y modernidad*. p. 141.

(26) A. Escolano. La arquitetura como programa. Espacio-escuela y curriculum. *Historia de la Educación. Revista Interuniversitaria*, nº 12/13, 1993-1994, p. 100.

(27) G. Louro. A escola e a pluralidade dos tempos e espaços. *In:* M. Costa (org.). *Escola básica na virada do século. Cultura, política, currículo*. Porto Alegre: Faced/UFRGS, 1995. p. 67.

(28) Cf. Júlia Varela. Categorias espaçotemporais e socialização escolar: do individualismo ao narcisismo. *In*: M. Costa (org.). *Escola básica na virada do século. Cultura, política, currículo*. Porto Alegre: Faced/UFRGS, 1995.

(29) Primitivo Moacyr. *Op. cit.*, p. 40.

(30) *Id. ibid.*, p. 50.

(31) Esta é a interpretação que sugere Michel Foucault, *op. cit.*

(32) V. Walkerdine. O raciocínio em tempos pós-modernos. *Educação e Realidade*, v. 20(2), jul./dez. 1995, p. 211.

(33) Cf. G. Louro, D. Meyer. *Op. cit.*

(34) G. Louro. *Prendas e antiprendas*. Uma escola de mulheres. Porto Alegre: Editora da Universidade, 1987. p. 40.

(35) P. Lemme. *Memórias*. São Paulo: Cortez, 1988. v. 1, p. 131.

(36) Almeida Júnior, *apud* E. M. Lopes. *Op. cit.*, p. 27.

(37) G. Louro. *Prendas e antiprendas*. *Op. cit.*, p. 32.

(38) G. Louro. *Prendas e antiprendas*. *Op. cit.*, p. 35.

(39) Regulamento do curso de estudos normais. Atos, regulamentos e instruções expedidos pelo presidente da província do Rio Grande do Sul, no ano de 1869.

(40) G. Louro. *Prendas e antiprendas*. *Op. cit.*, p. 47.

(41) A. Nóvoa. Para o estudo sócio-histórico da gênese e desenvolvimento da profissão docente. *Teoria e Educação*. nº 4, 1991, p. 121.

(42) G. Mistral *apud* Lopes, E. M. Lopes. *Op. cit.*, p. 36.

(43) Ana Aurora do Amaral Lisboa (1860-1951) em entrevista a Carlos Reverbel em 1942, reproduzida por Walter Spalding no livro *A grande mestra*. Porto Alegre: Sulina, 1953.

(44) G. Pollock. Missing women. Rethinking early thoughts on images of women. *In*: C. Squires (ed.). *The critical image*. Seattle: Bay Press, 1990. p. 203.

(45) T. T. Silva. Currículo e identidade social: territórios contestados. *In*: Silva (org.). *Alienígenas em sala de aula*. Uma introdução aos estudos culturais em educação. Petrópolis: Vozes, 1995. p. 199.

(46) T. T. Silva. *Op. cit.*, p. 198.

(47) G. Mistral, *apud* E. Lopes. *Op. cit.*

(48) D. Brunner. *Inquiry and Reflection*. Framing narrative practice in education. Nova York: New York University Press, 1994. p. 136.

(49) C. Dauphin. *Op. cit.*, p. 139.

(50) Primitivo Moacyr. *Op. cit.*, p. 480.

(51) G. Louro. *Prendas e antiprendas*. *Op. cit.*, p. 32.

(52) Neide Fiori. *A educação nos tempos do Estado Novo*: a Construção da Identidade Nacional. Projeto desenvolvido na Universidade Federal de Santa Catarina, PPG Sociologia Política. Painel apresentado na 18ª Reunião Anual da ANPEd, 1995.

(53) Neide Fiori. *Op. cit.*

(54) P. Sharpe-Valadares, no prefácio ao livro de Nísia Floresta. *Op. cit.*, p. xii.

(55) *Id. ibid.*

(56) *Professora*, de Benedito Lacerda e Jorge Faraj, possivelmente gravada por Sílvio Caldas ao final da década de 30.

(57) Referi as modificações na denominação que professores e professoras tiveram em nosso meio no artigo Magistério de 1º Grau: um trabalho de mulher, citado na nota 13.

(58) *Normalista*, de Benedito Lacerda e David Nasser, gravada por Nélson Gonçalves.

(59) Ver nota anterior.

(60) J. Varela. Categorias espaçotemporais e socialização escolar. Do individualismo ao narcisismo. *In*: M. Costa. *Op. cit.*, p. 47.

(61) M. Apple. *Op. cit.* p. 43.

(62) M. E. Novaes. *Professora primária*: mestra ou tia? São Paulo: Cortez, Autores Associados, 1984. p. 129.

(63) *Id. ibid.*, p. 130.

(64) A tese da proletarização dos docentes e das docentes, além de se tornar forte no interior do movimento de professores que se organiza nos anos 70, é também argumento nas análises de vários estudiosos da educação. Vale registrar que, teoricamente, essa argumentação é objeto de discussão e controvérsia inclusive entre os sociólogos de esquerda. A revista *Teoria e Educação*, nº 4, de 1991, reúne vários artigos que debatem a questão.

(65) Carlos Drummond de Andrade, *apud* M. E. Novaes. *Op. cit.*, p. 60.

(66) D. Catani. A participação das mulheres no movimento dos professores e a imprensa periódica educacional (1902-1919). *Projeto História – Revista do Programa de Estudos Pós-graduados em História e do Departamento de História*. São Paulo, nº 11, nov. 1994.

(67) M. G. Bulhões, M. Abre. *A luta dos professores gaúchos* – 1979/1991. Porto Alegre: LPM, 1992. p. 13.

(68) Depoimento dado a Fábia Carminatti. *Conflitos e confrontos de mulheres professoras no movimento de greve*. Dissertação de Mestrado. Programa de Pós-graduação em Educação da Universidade Federal do Rio Grande do Sul, 1993, p. 36.

(69) *Id. ibid.*, p. 38.

(70) *Id. ibid.*, p. 114-116.

(71) J. Scott. Gênero: uma categoria útil de análise histórica. *Educação e Realidade*. v. 20(2), jul./dez. 1995, p. 88.

FREIRAS NO BRASIL

Maria José Rosado Nunes

> *No final das contas [...], entrar para o convento pode bem significar triunfar do handicap de ser mulher num mundo de homens*
>
> (Danylewycz)

No fim do século XIX as freiras já se encarregavam de inúmeras tarefas necessárias à sociedade, particularmente no campo da educação, da saúde e da assistência social. Afora as mulheres pobres, as freiras foram as primeiras a exercerem uma profissão, quando ainda a maioria da população feminina era "do lar".

Na história da constituição e desenvolvimento da forma feminina de viver a vida religiosa, desde os tempos coloniais até épocas recentes, subjaz a ideia, nem sempre evidente, de que mulheres e homens vivem diferentemente seu apego à religião porque a sociedade e as Igrejas tratam-nos de forma diferenciada e esperam deles e delas comportamentos distintos.

Quando falamos em religiosos, estamos nos referindo a homens, com experiências de vida e práticas de piedade muito distintas daquelas das mulheres religiosas. Devido ao lugar que ocupam na instituição eclesial católica, são eles que ditam as normas e regras de vida das religiosas. Praticamente até o Concílio Vaticano II (1962-1965), somente homens elaboravam o saber teológico e orientavam a vida espiritual das mulheres. Até hoje, somente homens tomam assento nas assembleias em Roma, sede de governo e decisões do catolicismo.

Nem por isso as religiosas podem ser tomadas por passivas receptoras do discurso masculino e seguidoras fiéis de práticas determinadas por eles. Tampouco constituem um grupo totalmente homogêneo, respondendo de maneira unívoca às exortações eclesiais. As reações das congregações e das religiosas mesmas foram variadas no decorrer do tempo e mostram bem as margens de ação dos sujeitos implicados no jogo das relações sociais. A Igreja, do seu lado, tenta muitas vezes ajustar suas proposições às condições reais apresentadas pelas diferentes situações históricas e mantê-las em conformidade com as reações dos atores envolvidos no processo.

A história da vida religiosa feminina no Brasil é marcada por submissão e transgressões, passividade e criatividade.

ERA PROIBIDO SER FREIRA NO BRASIL COLONIAL

Nos primeiros séculos da história de nosso país, não era tão simples para uma mulher realizar o desejo de ingressar num convento, como o era para as mulheres das colônias espanholas. Tampouco maridos ou pais, desejosos de enclausurar suas esposas ou filhas, poderiam fazê-lo com facilidade. Isso porque a fundação de conventos femininos em nossas terras ocorreu bem mais tarde e de forma muito mais lenta do que na América espanhola. Entre nós, foi preciso esperar o século XVII para ver surgir o primeiro mosteiro de mulheres: o convento de Santa Clara do Desterro, na Bahia, em 1677. Para se ter uma ideia, nessa mesma época, já havia mais de 70 conventos canonicamente estabelecidos nas terras vizinhas colonizadas pela Espanha.[1]

Essa diferença entre a América portuguesa e a espanhola pode ser explicada por razões econômicas, políticas e populacionais. A fundação e a manutenção das casas religiosas exigiam grande investimento financeiro. Na América espanhola, a riqueza proporcionada pela exportação da prata, da agricultura e do gado constituiu uma classe de fazendeiros e proprietários de minas com recursos suficientes para sustentar esses empreendimentos. A patronagem dos conventos era de seu interesse, pois o peso político-social da Igreja Católica constituía-se num meio eficaz para aumentar o próprio prestígio. Na América portuguesa, a política da Metropole em relação à economia da Colônia, nos seus primeiros anos, dificultou a criação das condições econômicas necessárias à construção e manutenção dos conventos. Somente no século XVII, com as transformações sociais e econômicas resultantes do desenvolvimento da indústria açucareira, "emergem tanto a necessidade de mosteiros quanto as condições de sua criação". Os senhores de engenho seriam os financiadores das novas instituições.[2]

Mesmo quando a Colônia portuguesa apresentava melhores condições econômicas, com a exploração das minas de ouro no século XVIII, as ordens do Reino continuaram restritivas em relação à fundação de conventos para mulheres. Assim, outros motivos, além dos econômicos, devem explicar essas restrições. De fato, havia também questões de política populacional em jogo. Enquanto a Metrópole espanhola desenvolvia, desde o início, uma política de povoamento com vistas à formação de uma colônia permanente, a Coroa portuguesa tinha como objetivo a exploração das riquezas naturais. Quando essa política foi mudada e o despovoamento da Colônia passou a ser um problema, a escassez de mulheres brancas foi apresentada como um obstáculo para a construção de conventos femininos. A solução de ir para um convento em Portugal tornou-se inviável. Em 1722, o governador de Minas Gerais, Lourenço de Almeida, escreveu uma carta ao Rei, nestes termos:

> Um dos meios mais fáceis que há para que venham mulheres casar a estas Minas é proibir Vossa Majestade que nenhuma mulher do Brasil possa ir para Portugal nem ilha a serem freiras, porque é grande o número das que todos os anos vão [...] e se Vossa Majestade lhe não puser toda a proibição suponho que toda a mulher do Brasil será freira [...] e me parece que não é justo que despovoe o Brasil por falta de mulheres.[3]

Ele não poderia ter sido mais claro. O povoamento rarefeito da Colônia até meados do século XVIII preocupava o governo português, por causa da necessidade de defesa das fronteiras contra o ataque de inimigos, cobiçosos das boas e ricas terras brasileiras. O processo rápido de mestiçagem era também fonte de preocupação. O concubinato dos portugueses com as índias e negras era regra na Colônia. A formação de uma população mestiça, sem o contrapeso de uma população branca, de raízes lusitanas, seria perigosa e inquietante para os projetos da Coroa. Daí a necessidade de que mulheres brancas das classes altas, órfãs pobres, ou até mesmo prostitutas viessem de Portugal cumprir aqui sua função de reprodutoras biológicas e sociais. Era necessário procriar para garantir a hegemonia branca da Metrópole também na Colônia; era preciso gerar filhas e filhos de sua própria raça e classe. Os conventos representavam uma ameaça aos objetivos reais por retirar da sociedade parte de sua população potencialmente fértil.

O Rei se expressa claramente em uma carta de 1603, na qual recusa a fundação de um convento feminino. Diz ele que deseja encorajar o crescimento da Colônia,

> para que seja habitada por pessoas ricas e nobres. [...] Assim, não é conveniente erigir conventos de freiras nessas regiões, uma vez que as terras a ser povoadas são tão vastas que são necessários mais habitantes do que os que aí vivem no momento.[4]

Essa situação permite entender parte do funcionamento da sociedade, o controle da capacidade reprodutiva das mulheres e de sua liberdade de escolha. Ainda que, em princípio, elas pudessem, como os homens, decidir pelo casamento ou pela vida religiosa, de fato, esse direito de escolha acabava negado às mulheres. Os conventos estavam no centro da política demográfica portuguesa para a Colônia; eram proibidos ou incentivados segundo os interesses sociopolíticos e econômicos em jogo.

É importante lembrar ainda a interferência de fatores culturais na proibição do estabelecimento de conventos no Brasil: o descrédito da vida contemplativa e a crítica à ociosidade do clero, tão próprios do século XVIII.

> As vozes de desprezo e indignação pela vida contemplativa soaram mais alto no período e não podiam deixar de ser ouvidas, mesmo pelos reis 'cristianíssimos' e piedosos de Portugal, muito menos pelos ministros 'estrangeirados' que os circundavam, desejosos de recuperarem o atraso econômico e cultural de Portugal em relação aos demais países da Europa.[5]

Essas restrições à constituição de conventos femininos foram contornadas, em parte, pela criação de "recolhimentos": casas de reclusão para mulheres que poderiam, mais tarde, transformar-se em conventos, mas não eram estabelecidas canonicamente. Tratava-se de casas religiosas, organizadas como convento mas sem a obrigatoriedade dos votos. Durante o período colonial, foram muitos os recolhimentos fundados por iniciativa de padres; um dos mais famosos foi o jesuíta Gabriel Malagrida, que viveu no século XVIII. O primeiro recolhimento erigido pela ação de uma mulher de que se tem notícia data de 1576. Trata-se da Ordem Terceira Franciscana, dirigido por irmã Maria Rosa, em Olinda.[6]

Em alguns casos, foram necessárias muita coragem e persistência das interessadas para alcançar a licença real necessária para o estabelecimento dos recolhimentos. Em Minas Gerais, há a bela história das recolhidas da Casa de Oração do Vale das Lágrimas, em Minas Novas, na primeira década do século XVIII. O recolhimento fora erigido sob a orientação de um padre, arrependido de sua vida pregressa, e era dirigido por Isabel Maria. Questionada pelo bispo sobre a existência de seu "convento clandestino", sem permissão das autoridades eclesiásticas para funcionar, defende-se ela,

> com uma ousada carta de próprio punho, na qual [...] diz que jamais pediu licença para viver piedosamente em sua própria casa, com suas parentas e amigas, pois não crê que seja necessário pedir e que ninguém lhe poderia negar o direito de viver virtuosamente.[7]

Conventos e recolhimentos não tinham a mesma significação social para todas as mulheres. Diferenças de classe e de raça atravessavam e conformavam os processos de constituição e as formas de realização dessas instituições religiosas. A exigência de "pureza de sangue" para o ingresso no convento significava sua interdição para mestiças e para filhas de judeus, os chamados "cristãos novos". Dado esse elitismo, em que somente filhas de famílias social e politicamente importantes eram admitidas como religiosas, ter uma filha no claustro tornava-se fator de prestígio social.

Para as mulheres brancas das classes altas, os conventos foram um espaço contraditório. Funcionavam como instrumentos eficazes de regulação de casamentos. Quando se tornava difícil casar "bem" todas as filhas, atraindo jovens ricos, a solução era casar apenas uma e encerrar as outras num convento. Segundo informações da época, era comum encontrar vários membros da mesma família em um único convento. Assim, a riqueza e o poder político de um pequeno grupo de famílias eram preservados. Histórias de mulheres enclausuradas contra a própria vontade, nesse período, não faltam. Todas elas com ingredientes trágicos e romanescos: loucura, noivados abandonados, fortunas perdidas.

Um viajante do século XIX, Thomas Ewbank, conta dramaticamente a triste situação de uma dessas freiras:

> Uma pobre mulher, com maneiras um tanto excêntricas, é vista de vez em quando no Catete. Ontem passou duas vezes diante da janela. A 'Irmã Paula' e sua história melancólica são conhecidas de todas as famílias da paróquia da Glória. Pertencente a respeitável linhagem, nasceu e foi criada no campo. Amável e inteligente, ficou rica com a morte da mãe. Seu pai e seus irmãos cobiçaram-lhe a riqueza e encontraram meios de conquistar os favores da abadessa da Ajuda. Os vilões desnaturados arranjaram uma arca, com orifícios para deixar entrar o ar, e nela transportaram apressadamente a pobre vítima, desde sua residência a algumas léguas do Rio até o convento. A jovem resistiu a todas as tentativas feitas para forçá-la a tomar o véu, e com o correr dos tempos conseguiu fugir três vezes, mas em vão implorou, com o coração partido de angústia, pela piedade de seus parentes. Da última vez foram seus irmãos que a levaram de volta, pois o pai já havia morrido. A natureza finalmente cedeu. As punições a que foi submetida nessas ocasiões, castigos, falta de alimentos e outras torturas – conhecidas apenas dos que as infligiram – quebraram seu ânimo. A razão fugiu-lhe e a jovem ficou irremediavelmente louca.[8]

Além de controlar os matrimônios, os conventos cumpriam ainda uma outra função social: a de resolver o problema das mulheres "desviantes".

Mulheres e homens vivem diferentemente seu apego à religião, em grande parte, porque a sociedade e as Igrejas os tratam de forma diferenciada e esperam deles e delas comportamentos distintos.

Insubmissas, elas escapavam à autoridade e ao controle de pais e maridos, rejeitando as normas de conduta que lhes eram impostas. Um bom número de crianças deixadas em asilos e orfanatos era fruto de uniões ilícitas de mulheres "de boa linhagem". Os bebês eram recebidos anonimamente através de uma espécie de caixa giratória externa, chamada Roda dos Expostos, onde as mulheres deixavam-nos sem mesmo entrarem no recinto e sem serem vistas.

Segundo o relato de viagem de Amedée François Frezier, no início do século XVIII, cerca de 30 mulheres foram assassinadas pelos maridos em um único ano, acusadas de adultério.[9] Muitas dessas transgressoras que perturbavam a ordem patriarcal vigente eram encerradas nos conventos. O mesmo acontecia às jovens – "de família" – violentadas sexualmente; eram "guardadas" por toda a vida, ou até que um bom casamento lhes permitisse voltar honradamente ao convívio social, apesar de sua "falta de virtude".[10]

Os conventos e recolhimentos não foram apenas espaços de submissão. As mulheres também os utilizaram a seu próprio favor em muitas situações: para escapar de um casamento não desejado, para realizar seu desejo de viver piedosamente. Houve aquelas que, refugiadas no claustro, pediram o divórcio de maridos que as maltratavam fisicamente ou dissipavam sua herança. As casas religiosas foram ainda, por muito tempo, um dos poucos lugares em que as mulheres aprendiam a ler e a escrever.

> Tradicionais centros de cultura, os conventos e, na ausência destes os recolhimentos eram os poucos espaços que abrigavam algumas meninas para serem educadas. Na falta absoluta de um ensino institucionalizado eles serão, além da instrução doméstica, a única opção educacional para as mulheres da Colônia até o século XIX.[11]

Nem todos os conventos podiam ser apresentados como modelos de vida virtuosa e de piedade; nem sempre se respeitavam as normas internas de austeridade e pobreza. A visão de um convento animado por sons noturnos de um ruidoso baile, onde galantes jovens fazem a corte a religiosas ricamente vestidas, não é parte de um sonho ou de um filme escandaloso. As atas redigidas por ocasião dos inquéritos das autoridades religiosas sobre a vida no Convento do Desterro, na Bahia, dão conta dessas e de outras transgressões das religiosas.[12] Muitas das mulheres aí encerradas por motivos alheios à proposta de uma vida austera, de piedade e oração reagem a seu enclausuramento com criatividade, transformando esses lugares, supostamente sombrios e tristes, em locais de festa, alegria e transgressão.

> Em 1756, d. Antônio do Desterro falava em tom infeliz sobre o 'escândalo' dos trajes das religiosas da Ajuda. Estas vestiam-se com tecidos nobres e crespos, usavam enfeites de ouro e outros acessórios alheios ao seu estado. O bispo dava 15 dias para que cortassem as caudas dos hábitos, levantassem os mantos meio palmo acima do chão, retirassem os espartilhos e acabassem com os decotes. Proibidas de abandonar os claustros, sujeitas aos votos solenes que professaram, pouco restava às mulheres sem vocação, a não ser reproduzir na clausura costumes e práticas que vivenciaram fora das muralhas dos conventos.[13]

A exigência de um dote colocava uma barreira praticamente instransponível à admissão das mulheres brancas pobres em um convento. Para elas, restava o recurso aos recolhimentos como uma possibilidade de realizarem seu ideal de viver piedosamente. Nos conventos, mulheres indígenas, mestiças e negras eram recebidas como escravas a serviço das religiosas professas. No final do século XVIII, em 1775, no total de conventos e recolhimentos, em Salvador, havia 564 escravas e servas e 32 escravos, para 300 religiosas e outras moradoras.[14] A imagem de um convento religioso povoado de serviçais, de escravas e escravos, pode parecer muito estranha hoje. No entanto, numa sociedade escravocrata, em que a dominação branca era absoluta, a reprodução da hierarquia social nos conventos, contrapondo senhoras e escravas, parecia natural.

Houve tentativas de se criar instituições religiosas para mulheres mestiças e para brancas pobres. Porém, até o final do século XVIII, registros históricos indicam que as permissões foram negadas. A justificativa da hierarquia católica, da Coroa portuguesa ou dos governadores para a exclusão das mestiças e negras era, além da exigência de "pureza de sangue", sua "tendência acentuada à lascívia e à luxúria". Esse tipo de preconceito, tão arraigado na cultura brasileira até os dias de hoje, considerando mulheres negras e mulatas mais sensuais do que as brancas, acabava por fazer delas o objeto de uma violência acentuada.

> Colônia escravista, desde o início confundir-se-iam no Brasil a exploração de ameríndios e africanos e o abuso sexual, consentido ou forçado, de índias, negras ou mulatas, a despeito do que fizessem os missionários para obstar semelhantes práticas.[15]

Enfim, conventos e recolhimentos – instrumentos privilegiados de controle da população feminina e, em especial, de sua sexualidade e capacidade reprodutiva – foram também lugares de resistência das mulheres. Também não faltaram conflitos nesses espaços onde supostamente imperavam a paz, a concórdia e a submissão: mulheres que disputavam com eclesiásticos pelo direito de fundar mosteiros; devotas que se reuniam e recusavam a autoridade do bispo sobre seu direito de viver piedosamente fora de conventos formalmente constituídos; religiosas que se negavam a "reformar" a vida monacal segundo normas estabelecidas por autoridades clericais; tudo isso foi também parte do cotidiano dessas instituições e da vida dessas mulheres enclausuradas. "Com o fôlego das profundezas, as mulheres irão buscar na pregação religiosa que aparentemente as vitima e cerceia, os mecanismos de resistência à exploração e ao sofrimento."[16]

SÉCULO XIX: DA CLAUSURA ÀS RUAS

No século XIX, no contexto de reforma da Igreja Católica no Brasil, a vida religiosa feminina sofre profundas transformações. Ao final do período colonial, a Igreja brasileira se encontrava desorganizada, fraca e com pouca capacidade de influência política. A fragilidade do tecido institucional católico, em um território vasto, onde se cruzavam influências culturais diversificadas – indígena, africana e europeia – permitira o desenvolvimento de uma religião pouco ortodoxa e pouco clerical. A deficiência de uma catequese sistemática e a incorporação de elementos religiosos africanos e indígenas às crenças cristãs afastavam a religião da Colônia da ortodoxia romana. A escassez do clero permitiu que a ação de homens leigos e brancos marcasse o catolicismo colonial. Esse catolicismo original é estranho aos olhos de viajantes estrangeiros, habituados a uma religião mais fiel aos cânones do Concílio de Trento. Um deles escreve: "Na Igreja brasileira não há o que possa causar espanto: está fora de todas as regras".[17] Um ditado popular expressa bem o catolicismo da época: "Muito Deus e pouco padre; muito céu e pouca igreja; muita reza e pouca missa."

No período colonial, os dois núcleos de organização e transmissão das crenças e práticas religiosas eram as irmandades ou confrarias leigas e as famílias. Na educação religiosa familiar, as mulheres estavam presentes influindo na formação do espírito religioso de seus filhos e filhas. No entanto, a participação das mulheres no catolicismo colonial brasileiro foi bastante restrita, comparativamente ao papel central desempenhado pelos homens.[18] Somente no século XIX foram criadas organizações religiosas específicas para mulheres católicas. Até então nada havia de semelhante ao que foram as irmandades para os homens. Mesmo as freiras, diferentemente do que ocorreu na Europa, não tiveram qualquer influência sobre o desenvolvimento doutrinal e muito pouco sobre o desenvolvimento institucional dessas organizações.

A partir da metade do século XIX, alguns bispos se esforçam no sentido de "colocar ordem" na Igreja do Brasil. No entanto, é apenas depois de 1889, com a proclamação da República e a separação legal da Igreja e do Estado que o processo de recomposição institucional tem lugar. Um dos elementos fundamentais dessa reforma é o processo de "clericalização" do catolicismo brasileiro.

No espírito das normas emanadas do Concílio de Trento, trata-se de centrar a ação religiosa em torno dos sacramentos, para os quais a figura do padre é indispensável. Era preciso retirar das Irmandades, comandadas por leigos, seu peso político e religioso. A necessidade de um público dócil às novas normas torna as mulheres um alvo privilegiado da ação da Igreja. A partir de então, esta desenvolve projetos específicos, dirigidos à população feminina católica, com o intuito de incorporá-la ao seu projeto reformador. Criam-se as associações femininas de piedade; desenvolvem-se movimentos religiosos nos quais o concurso das mulheres é fundamental.

Pode-se assim dizer que a "clericalização" do catolicismo brasileiro foi, ao mesmo tempo e necessariamente, o processo de sua "feminização". A incorporação das mulheres pela instituição deu-se em virtude da pretensão de diminuir ou anular o poder do laicato masculino. Dessa forma, a dinâmica através da qual se feminiza o catolicismo no Brasil, longe de significar um investimento das mulheres no exercício do poder sagrado, representa, de fato, a reafirmação de seu estatuto subordinado. Pode-se mesmo afirmar que é justamente porque a Igreja manteve, no período da reforma católica, práticas e discursos restritivos em relação às mulheres, que ela pôde incorporá-las em sua estratégia de reforma institucional.

Porém, como nos tempos coloniais, nem todas as mulheres se submeteram facilmente às tentativas de enquadramento e normatização de seus comportamentos. Muitas delas transformaram, em seu benefício, práticas e discursos de controle de suas vidas. Além disso, não se pode negar, no caso das novas práticas eclesiais dirigidas à população feminina, certos ganhos alcançados.

As mulheres se beneficiaram de algumas iniciativas católicas dessa época, sobretudo no campo da educação, mas também com a criação das associações femininas de piedade.

Dessas iniciativas, a mais carregada de efeitos para as mulheres foi a criação de uma rede formidável de escolas católicas, sob a direção de religiosas estrangeiras. O século XIX presenciou ainda um desenvolvimento bastante rápido das "escolas para meninas", que tiveram as religiosas como elementos fundamentais.

ABREM-SE AS CLAUSURAS

Ao lado do modelo de clausura, uma outra forma de vida conventual então aparece: as congregações religiosas "de vida ativa". Diferentemente das freiras enclausuradas do período colonial, elas têm em seu projeto alguma forma de atuação social; sua imagem é a da "irmã de caridade", boa, solícita, atuante e dedicada aos necessitados. Esse modelo de vida religiosa, presente na Europa desde o início do século, vai chegar ao Brasil somente no final do Império, com o advento da República e no contexto da reforma da Igreja Católica. Na verdade, a situação político-social da Europa se tornara hostil à Igreja e, por conseguinte, à vida religiosa feminina e masculina. As consequências da Revolução Francesa, com sua ideologia laica, haviam criado conflitos de ordem ideológica e proibido a atuação social de religiosos e religiosas. As congregações encontram então na vinda para o Brasil uma solução para esse problema, mostrando-se motivadas pela ideia da "missão" em terra estrangeira e legitimando, oportuna e religiosamente, o êxodo da Europa.

No Império, duas congregações femininas iniciam aqui suas atividades: as Filhas da Caridade, em 1849, e as Irmãs de São José de Chambéry, em 1858. A partir de 1891, intensifica-se a vinda de religiosas estrangeiras, em sua maioria francesas e italianas. Entre 1872 e 1920, cinquenta e oito congregações europeias se estabelecem em terras brasileiras; outras 19 também são fundadas no Brasil por essa época.[19] O trabalho educativo nos colégios, o cuidado dos doentes, das crianças e dos velhos em orfanatos e asilos constituirão suas principais atividades.

A Igreja, através dos bispos, preocupados com o avanço do protestantismo e com a educação laica, investe fortemente na vinda dessas congregações para o Brasil. Sua instalação no país não se deu, porém, sem suscitar oposição. A imagem da freira enclausurada, não produtiva, levou certos grupos a reagirem à vinda das religiosas. O jornal *O Fluminense*, de 16 de setembro de 1883, estampa a hostilidade suscitada pela chegada ao Brasil de um grupo de salesianos e salesianas. Desde o título o artigo é virulento:

"Uma praga a mais". Diz seu autor:

> Dizem-me que estamos ameaçados de aninhar uma arribação de irmãs de não sei que título, as quais trazem como passaporte uma ordem de expulsão de outro país. Não sei de que congregadas se trata, mas além de que me repugna receber de braços abertos o refugo de outras terras, acho que já temos gente religiosa de sobra. Do que precisamos é de gente que trabalhe. A lavoura precisa de braços. [...] Já não há criadas: isto repetem constantemente as donas de casa. Pois bem. Se tais senhoras e senhores de

Nos seus primórdios, os conventos serviam para resolver o problema das mulheres desviantes. Insubmissas, elas escapavam às normas de conduta que lhes eram impostas por pais e maridos devendo, então, redimir-se de seus pecados no claustro.

> congregações, arrependidos do que 'não fizeram' de mau para dar causa à sua expulsão, querem vir aqui regenerar-se e serem verdadeiramente úteis a si e à humanidade, que venham, pois serão bem-vindos. Há muita enxada ociosa por aí afora, e as cozinheiras hoje em dia estão muito raras e caras, e além disso não são boas, lá pelo que digamos. Mas se elas querem vir passar a boa vida em santo ócio, em rezas e cantigas, temos conversado. Passem por lá muito bem.[20]

Os liberais, opositores ferozes do conservadorismo católico, expressam também sua crítica ao ensino ministrado pelas religiosas. Insistem nos prejuízos causados pela educação confiada a padres e freiras.

No entanto, o interesse da Igreja no campo da educação e o apoio do governo tornaram possível às congregações estabelecerem seus colégios. Elas conquistaram espaços sociais cada vez maiores, seus efetivos se multiplicaram e, enfim, a vida religiosa feminina solidificou suas raízes em nosso país. Na segunda metade do século XIX, religiosas e religiosos detinham praticamente o monopólio da educação no Brasil: das 4.600 escolas secundárias existentes, 60% pertenciam à Igreja e gozavam de enorme prestígio.[21]

A análise dos efeitos sociais da mobilização das mulheres na Igreja Católica, através das associações femininas de piedade e da disseminação de colégios católicos para meninas, mostra um quadro bastante contraditório do século XIX. Embora funcionassem na dependência direta dos bispos e sob forte controle clerical – uma das formas do controle social –, através dessas entidades as mulheres alcançavam maior presença e um certo reconhecimento no espaço religioso. Numa época em que havia poucos lugares permitidos a uma "mulher de família" frequentar, essas entidades religiosas propiciavam ainda um ponto de encontro para mulheres entre si.

Além disso, a possibilidade de acederem às instâncias formais da educação, sobretudo para as mulheres do interior do país, deveu-se em grande parte às escolas católicas. Também a criação de instituições de assistência aos doentes, às crianças e aos velhos constituiu a ocasião para muitas mulheres alargarem seu campo de atividades. Assim, consciente ou inconscientemente, as religiosas prepararam outras mulheres para contestarem o lugar que lhes era tradicionalmente atribuído na sociedade, ainda que continuassem a veicular em seu discurso religioso uma visão tradicional do papel social feminino.[22]

As próprias religiosas, empenhadas na direção de colégios, hospitais e "obras de caridade", acabam por criar uma área de certa autonomia e de exercício de alguma forma de poder. À frente de instituições de propriedade das congregações, em muitos casos, elas administram seus recursos financeiros e direcionam as atividades com relativa independência; desenvolvem sua capacidade de liderança; exercem cargos de chefia, aparecendo como agentes dinâmicas e inovadoras em suas áreas de trabalho.

A contrapartida desses ganhos está no fato de que da sociabilidade promovida pela instituição eclesial não pode brotar "uma palavra feminina independente da Igreja ou da família".[23] Mulher piedosa, ela é valorizada na medida em que se torna uma peça importante da reforma institucional. "No plano simbólico, a mulher piedosa deve ser o contrapeso da mulher perigosa",[24] sua imagem, tradicionalmente auxiliar, é reforçada pelas organizações femininas de caráter piedoso: "Se (as mulheres) se ocupam das procissões, também lhes é pedido para cumprir no seio da Igreja, suas tarefas domésticas tradicionais."[25] De fato, quem não se lembra, até hoje, das piedosas Filhas de Maria e Zeladoras do Apostolado, limpando os altares, arrumando as flores, cuidando das sacristias e da rouparia das igrejas? O enquadramento eclesiástico limitou de certa forma as possibilidades que esses espaços de sociabilidade feminina criados pela Igreja poderiam abrir para as mulheres, em termos de sua inserção na sociedade e da mudança de seu estatuto social.

Os colégios religiosos, por sua vez, veiculam uma educação de caráter fortemente conservador, centrada na manutenção do modelo familiar cristão tradicional. As devoções difundidas a partir das escolas e das novas associações religiosas, das quais as mulheres são as maiores divulgadoras, têm na supervalorização da figura da Virgem Maria uma de suas principais características. O simbolismo da figura de Maria, virgem e mãe, é marcante para as mulheres; concentra uma ambiguidade extrema pela valorização concomitante da virgindade e da maternidade. Erigindo a virgindade em culto, é o controle da sexualidade feminina e a normatização dos comportamentos sexuais que a Igreja visa. Não foi por acaso que, em 1920, o Grupo Feminino de Estudos Sociais, anarquista, quis "combater sistematicamente e eficazmente, a escravização clerical, a escravização econômica e a escravização jurídica que asfixiam, degradam e aviltam o sexo feminino".[26]

SÉCULO XX: CRISE E MUDANÇA NA VIDA DAS RELIGIOSAS

O fim do século XIX até a década de 60 do século XX representou um período de expansão e de estabilidade institucional para a vida religiosa feminina. Os recursos advindos das próprias obras, especialmente dos colégios, das doações de particulares, de incentivos governamentais, na forma de não pagamento de impostos e de benefícios suplementares, garantiam às ordens religiosas um certo suporte financeiro, com o qual desenvolveram projetos próprios. Consolidados, os diversos grupos apresentavam, no início do século, um contingente significativo de membros, composto, em grande parte, por vocações nativas, considerável número de propriedades e diversas obras assistenciais e educativas. Sua dinâmica de expansão e de afirmação institucional lhes permitia ter uma relativa autonomia em face das Igrejas locais.

Essa situação favorável muda consideravelmente na segunda metade do século XX, quando uma crise se instala nas ordens religiosas, em meio ao intenso processo de transformações da sociedade brasileira e de mudanças internas na Igreja Católica – estas promovidas depois do Concílio Vaticano II.

Nas décadas de 1950 e 1960, período de grande efervescência na sociedade brasileira, desenvolvem-se os processos de industrialização e de urbanização acelerada, de decisivo atrelamento da economia ao capital internacional, mudando-se a composição dos blocos de poder nacional. As transformações na área cultural são também marcantes. Os meios de comunicação de massa, especialmente a televisão, interligam pessoas e grupos. Novos comportamentos no âmbito da sexualidade são propiciados pelo uso da pílula anticoncepcional.

A realização do Concílio Vaticano II, nos anos 60, em Roma, apresenta-se como um marco na direção de alterações profundas da Igreja. Retomando um pensamento já corrente em certos meios eclesiais, a Igreja Católica reorientou em grande parte sua ação e a interpretação de seu corpo doutrinal. Agentes eficazes de difusão das ideias católicas, as religiosas deveriam apropriar-se desse novo discurso. O aparelho eclesiástico colocou então em ação um enorme conjunto de atividades, tendo em vista a "renovação de mentalidade" das religiosas. O sistema organizacional rígido das congregações e seu discurso legitimador eram considerados ultrapassados diante das profundas transformações sociais e culturais havidas. A Igreja propôs mudanças estruturais na vida religiosa feminina, tanto na organização interna quanto em suas atividades externas, apresentando como objetivo dessa reestruturação "a adaptação aos novos tempos" e às novas proposições pastorais da Igreja. O cristão deveria agora "inserir-se no mundo" e ser um "fermento na massa", para usar expressões da literatura religiosa da época. Influenciar a sociedade baseando-se em ideais cristãos passou a ser um dever imperativo dos fiéis católicos.

A partir de um documento do Concílio Vaticano II sobre a vida religiosa, um outro documento foi elaborado com o objetivo de estabelecer normas para a execução dos princípios conciliares. Ele determinava a obrigação de cada ordem religiosa de promover uma reunião especial – "capítulo de renovação" – para a reelaboração das leis internas que regiam a vida dos diferentes grupos. Roma chegou a interferir diretamente, através de bispos locais, nas congregações que se recusavam a cumprir suas ordens de mudança. Isso mostra o grau de interesse da Igreja Católica, nesse momento, no processo de reforma dos institutos religiosos.

Para entender essas mudanças, voltemos um pouco no tempo e vejamos como viviam e pensavam as freiras nos quadros tradicionais da vida religiosa – antes desse processo de "renovação e adaptação" dos anos 60. Os fundamentos organizacionais tinham como base a ideia da "separação do mundo", a *fuga mundi* dos antigos. O ideal religioso exprimia-se na negação de valores, comportamentos e normas correntes na sociedade; os costumes conventuais e as formas de comportamento das religiosas deveriam ser diferentes para marcar essa distinção com "o mundo". Os modos de vestir-se; os pesados hábitos religiosos, inspirados nas camponesas europeias em muitas congregações; os altos muros rodeando a área conventual, e mesmo os colégios; os horários rígidos; as exigências de silêncio às refeições; a obediência estrita; as penitências; enfim, tudo isso criava um mundo à parte cheio de mistérios que povoavam a imaginação de quantos se acercavam das religiosas.

Essa forma de viver se dava tanto nos conventos – sedes das congregações e ordens – quanto nas "obras" – colégios, hospitais e casas de assistência, como asilos e orfanatos. Aí, grupos de freiras trabalhavam e viviam em comunidade. A organização interna desses grupos assemelhava-se às denominadas "instituições totais". A essa categoria aproximavam-se os manicômios, conventos e prisões, caracterizando-se como "um local de residência e trabalho, onde um grande número de indivíduos com situação semelhante, separados da sociedade mais ampla por considerável período de tempo, levam uma vida fechada e formalmente administrada".[27] As duas peculiaridades que sobressaem dessa definição, a apropriação particular do espaço e o controle estrito dos membros, adéquam-se bem à forma como se organizava a vida das religiosas.[28]

Nas décadas de 1960 e 1970, a tranquilidade da vida conventual viu-se fortemente abalada. De início, as mudanças promovidas pelos "capítulos de renovação", dos quais já falamos, dirigiram-se à reorganização interna das congregações e comunidades. Algumas das alterações marcantes da época foram a troca da veste religiosa – o "hábito" – por roupas comuns e a separação do local de residência e de trabalho. As religiosas passaram a morar em pequenas casas, ou em apartamentos, diferentemente do modelo tradicional da vida religiosa, em que residência e trabalho realizavam-se no mesmo espaço físico. Também certos comportamentos e valores tradicionais foram alterados:

> As irmãs começaram a experimentar muito rapidamente, a relatividade cultural de certos elementos tidos por elas como absolutos. Por exemplo, a sacralidade do 'silêncio sagrado' [as religiosas mantinham-se em silêncio, sem se comunicarem umas com as outras, a não ser em casos considerados de real necessidade, do início da noite até a manhã do dia seguinte], a necessidade da veste religiosa, a validade da obediência inquestionável às 'superioras' e a primazia dos exercícios cotidianos [na comunidade]. Além disso, comparando-se os diversos grupos religiosos, estas normas adquiriam um caráter estranho e uma óbvia função de controle do pensamento, dado que a comunicação sobre a vida que levavam era muito pequena ou mesmo nenhuma, entre religiosas de diferentes Ordens e Congregações e com os leigos, nada disto havia sido percebido antes.[29]

Elementos constitutivos da mentalidade moderna, como a valorização da pessoa, a representação parcialmente dessacralizada da vida incorporaram-se à visão de mundo das religiosas, permitindo que a reorganização interna da vida conventual se desse sobre novas bases de legitimação. Princípios religiosos considerados, agora, ultrapassados, como o "esquecimento de si", foram substituídos pelo atendimento às necessidades individuais e o respeito às decisões pessoais.

O discurso veiculado nas revistas especializadas da época, dirigidas ao público religioso, incorporava elementos do pensamento moderno: a autovalorização, a realização pessoal como um fim válido a ser buscado. Não mais se colocava o "sacrifício pessoal" como etapa necessária à santificação e como expressão desta. Dados psicológicos foram admitidos como importantes elementos na formação da personalidade. O incentivo ao aprofundamento das relações interpessoais substituiu as exortações sobre os perigos das "amizades particulares", suspeitas, implicitamente, de uma homossexualidade jamais nomeada. As dirigentes "superioras" das comunidades – nos níveis local, nacional e internacional – passaram a ser eleitas pelos grupos e não mais nomeadas pelos quadros de direção das congregações. Assim, tem lugar um processo de liberalização e de uma certa democratização das estruturas internas dos conventos femininos.

Uma das alterações introduzidas no código de leis que regem a Igreja Católica – o Código de Direito Canônico – é ilustrativa. Na parte que regula o funcionamento das ordens e congregações, assim dizia o cânone 607: "As Superioras e os Ordinários dos lugares (os bispos) cuidem diligentemente que as religiosas, salvo nos casos de necessidade, não saiam de casa sozinhas." Note-se que essas normas dizem respeito apenas às religiosas, não mencionando os religiosos. Tal dispositivo é alterado em junho de 1970:

> Fica suspensa a prescrição do cânone 607, segundo o qual as Superioras e os Ordinários dos lugares devem vigiar atentamente para que as religiosas, exceto nos casos de necessidade, não saiam de casa sozinhas; continuando porém, firme a obrigação de velar para que se evitem inconvenientes.

A partir do século XIX, vemos a criação de uma formidável rede de escolas católicas, entregues à direção de religiosas estrangeiras. As freiras foram elementos fundamentais nesse processo.

Embora já fosse comum no Brasil que as freiras saíssem às ruas desacompanhadas, modificações legais desse tipo respaldavam os reclamos das religiosas por maior liberdade. Um estudioso da Igreja Católica no Brasil assim se refere a esse período:

> Alteram-se os papéis dos sacerdotes e das religiosas, transformando-se sua imagem tradicional perante os fiéis e a população em geral. O número de novas vocações apenas chega a preencher as vagas decorrentes da morte e abandono do estado eclesiástico. Decresce, a partir de 1964, o efetivo numérico de integrantes das congregações e ordens religiosas femininas no Brasil. Particularmente, o número de egressos do clero e religiosas indica a ocorrência de uma crise de identidade, oriunda de radical alteração de papéis.[30]

Na base dessa crise de identidade das religiosas encontrava-se, entre outros fatores, a vontade de viver "como os outros", de viver "a realidade" tal qual se encontrava "lá fora". Há, assim, uma recusa da condição de "separadas" subjetivamente intolerável ou, ao menos, difícil de suportar. Essa condição passa a ser vivida como uma forma de "marginalidade", como estranheza à realidade cotidiana dos homens e das mulheres; cessa de ser geradora de benefícios simbólicos e materiais compensatórios para as religiosas, em termos de autoridade, de prestígio, de poder local.[31]

Dados estatísticos revelam o decréscimo de membros em praticamente todos os institutos religiosos do país. Em 1961, enquanto 1.565 moças entram para os conventos, apenas 7 freiras abandonam os quadros institucionais. Já em 1963, o abandono cresce para 85 casos, e as entradas também sofrem aumento: 1.886. A partir de 1964, porém, o total de entradas diminui progressivamente, e as saídas vão sendo sempre mais numerosas, chegando-se em 1967 a um índice negativo de entradas (menos de 33) contra 197 saídas. Ou seja, o número de moças que entram para os conventos passam a não compensar o número das que morriam ou deixavam essa vida.[32]

Viver em casas "normais", vestir-se como toda a gente, esses novos comportamentos romperiam com o ambiente sacral dos grandes conventos e casas religiosas em geral e daria às comunidades de freiras um ar excessivamente profano, sem o *mistério* do passado.

As transformações ocorridas não se limitaram às estruturas internas dos grupos religiosos. Também suas práticas sociais sofreram alterações, determinadas não apenas pelos interesses da Igreja, mas ainda por transformações sociais que criaram as condições necessárias e favoráveis a esse processo. Enquanto predominou na sociedade uma visão sacralizada de mundo, foi possível às religiosas, por esse título, exercerem tarefas para as quais não estavam tecnicamente habilitadas. Por que eram "irmãs de caridade" podiam ser professoras, enfermeiras ou assistentes sociais; nenhum diploma ou curso era exigido delas. A mentalidade moderna exigia, no entanto, preparo profissional, habilitação técnica específica para o exercício das diversas profissões. Além disso, o Estado tornava-se cada vez mais presente no campo social, ampliando os serviços de previdência social. Tornava-se então cada vez mais difícil para as religiosas manterem seu trabalho nas diferentes obras a que se dedicavam. Ainda assim, a participação delas na área da assistência social continuou a ser grande.

No caso dos colégios, porém, outra dificuldade aparece. O processo industrializador instaurado no país, expandindo o mercado de trabalho, colocava necessidades novas e exigia mão de obra qualificada. A ampliação da rede oficial de ensino respondeu, em parte, a essa demanda da nova fase do desenvolvimento capitalista no Brasil. A oferta de ensino gratuito e, em geral, de bom nível, através das escolas do Estado, associada à aceitação progressiva do pluralismo religioso e mesmo de uma relativa laicização das instituições, interferiram na estabilidade da vasta rede educativa dirigida pelas religiosas. Dados estatísticos indicam que, em 1968, 55,7% das freiras (21.742) trabalhavam em obras educacionais, dirigindo 1.755 delas.[33] Qualquer alteração nesse campo atingia mais da metade do contingente religioso feminino.

Uma das respostas das congregações a essa situação foi o encorajamento à profissionalização das religiosas; elas foram estimuladas a seguirem cursos superiores. O engajamento em outras profissões, além do ensino e da enfermagem, foi também encorajado em nome da "realização pessoal". O relatório de um encontro de religiosas, realizado em 1971, atesta que das onze "dimensões novas" da vida religiosa apontadas pelas irmãs quatro referem-se à questão profissional: ampliação do campo de trabalho, além dos tradicionais; necessidade de preparo profissional; invocação do incentivo da Igreja à capacitação profissional das religiosas; afirmação da possibilidade e do dever de "trabalhar em uma profissão secular", inclusive como "testemunho de pobreza".[34]

Ao mesmo tempo em que as congregações religiosas viviam essa situação efervescente e crítica, a Igreja promovia mais formas de atuação social. O reconhecimento da emergência de uma ação planificada na sociedade conduziu a Igreja à elaboração de planos integrados de ação pastoral, à estruturação de órgãos intermediários e à mobilização de seus efetivos. Nesse sentido, as religiosas foram de uma importância central, seja por seu número, seja pelo caráter de obediência das congregações. Por outro lado, as congregações também se interessavam em buscar alguma espécie de solução ao problema do enfraquecimento institucional que a crise das escolas e a diminuição do número de religiosas provocavam.

A Igreja então convocou religiosas para que integrassem o trabalho pastoral desenvolvido nas paróquias e dioceses. Textos das décadas de 1960 e 1970 – documentos oficiais dirigidos a religiosos, literatura corrente – exortavam as freiras à integração no trabalho pastoral, lembrando o caráter eclesial da vida religiosa. Um deles é bem significativo. Trata dos resultados do Plano de Emergência, elaborado pelo episcopado nacional em 1962:

> Foram iniciados novos tipos de ação apostólica das religiosas: adjuntos *(sic)* de movimentos apostólicos; responsabilidade de paróquias sem padre residente; função nos secretariados diocesanos regionais e em secretariados e organismos nacionais. [...] Outro fato que está incidindo poderosamente na transformação da vida religiosa é o engajamento pastoral solicitado pelos bispos. [...] Constatamos entre nós a importância extraordinária que estão desempenhando as religiosas no campo pastoral propriamente dito. [...] As experiências pioneiras mais ousadas, no setor de promoção humana, de integração na realidade e de busca de formas novas de comunidade, se devem a elas.[35]

As religiosas investiram nessa reorientação parcial de sua ação e os efeitos foram mesmo consideráveis. Um dos mais importantes foi o do reordenamento das relações com a hierarquia. Embora sua inserção social e eclesial continuasse a se realizar, prioritariamente, através do trabalho nas "obras" das congregações, estas reorientaram seu trabalho para "o serviço mais direto da pastoral". Abriram assim, um campo novo de atuação, nas paróquias e dioceses. Passaram a compor equipes que se disseminavam pelo país, oferecendo às religiosas e religiosos, cursos de "renovação conciliar", em que as propostas da Igreja eram veiculadas. Tornaram-se membros de equipes diocesanas de catequese e de liturgia, campos de especial atenção dos bispos.

As religiosas foram também chamadas para realizar uma experiência inédita no país: substituir, parcialmente, os vigários, em paróquias de pequenas cidades do interior do país. Essa substituição era evidentemente parcial porque nunca puderam presidir o ritual da Eucaristia ou ouvir fiéis em confissão. Comunidades de religiosas foram então constituídas, com essa finalidade, a partir da iniciativa da hierarquia da Igreja. As "pequenas comunidades de trabalho pastoral" ficaram mais dependentes das decisões do clero e, em contrapartida, estreitaram-se as relações entre superioras religiosas e autoridades episcopais. Enfim, reforçou-se o controle clerical sobre a vida religiosa feminina.

Um outro efeito desse novo direcionamento das atividades das religiosas, de considerável alcance, deu-se no nível profissional. Muitas das religiosas que exerciam o magistério tornaram-se "agentes de pastoral". Esse trabalho nas paróquias e dioceses realizou-se sob a autoridade direta de bispos e vigários. Enquanto professoras, as religiosas administravam e dirigiam de forma relativamente independente seus colégios. Além disso, estavam num processo de capacitação através dos estudos universitários. No trabalho pastoral, eram os padres e bispos que davam as diretivas da ação. Como era na condição de "freiras" que as religiosas investiam na ação pastoral, muitas abandonaram a carreira profissional. De qualquer forma, as mudanças introduzidas nessa etapa do processo são avaliadas positivamente pelas próprias religiosas, que as consideram necessárias às transformações ocorridas posteriormente.[36]

Pode-se concluir que do processo de transformações da vida religiosa feminina, suscitado e dirigido pela hierarquia católica na época imediatamente pós-conciliar, resultaram efeitos contraditórios. De uma parte, a Igreja estimulou as religiosas à promoção de importantes alterações em suas condições de vida; de outra parte, o controle do clero se fez sentir na limitação e orientação das mudanças promovidas.

COMUNIDADES RELIGIOSAS ENTRE OS POBRES

As alterações sofridas pela vida religiosa feminina nas décadas de 1960 e 1970 seguiram então de perto, em certo sentido, o que se passou na Igreja na mesma época. Os objetivos propostos no processo de "renovação" dos conventos não incluíam a ideia de uma "opção pelos pobres", nem o deslocamento para bairros pobres ou regiões rurais mais isoladas e afastadas. Buscava-se uma solução para a crise interna da vida religiosa, através de uma série de modificações nas estruturas da vida conventual e na sua ação social.

A década de 70 marcou significativamente a Igreja Católica no Brasil. Politicamente, após um primeiro momento de entusiasmo com a instalação dos militares no poder, ela passou a integrar o movimento civil de resistência ao regime ditatorial militar. Por essa época, surgiu um novo pensamento teológico, que procurava fundamentar-se numa análise sociológica da realidade e era respaldado pelo patrimônio ideológico do catolicismo, com seu ideal de aproximação dos pobres. Trata-se da Teologia da Libertação. A expressão pastoral desse discurso teológico foram as Comunidades Eclesiais de Base (CEBs). Organizadas no contexto das paróquias tradicionais, desenvolveram-se, sobretudo, nas áreas rurais e na periferia das grandes cidades, entre as camadas pobres da população. Reuniam pequenos grupos de fiéis católicos, tendo como característica principal a ação social a partir de uma releitura da Bíblia. Tiveram enorme crescimento nos anos 70 e 80; seus membros participavam ativamente dos movimentos sociais da época, alguns dos quais criados por sua iniciativa, como o Movimento do Custo de Vida.

Muitas religiosas, motivadas por esse novo ideário católico, foram viver e trabalhar junto às camadas mais pobres da população, atuando junto às Comunidades Eclesiais de Base. Outras continuaram a exercer suas atividades nos quadros tradicionais de atuação social das congregações: colégios, hospitais e obras de assistência.

A literatura teológica sobre as Comunidades Eclesiais de Base, como a das Ciências Sociais, silenciou quase de forma absoluta o fato de as CEBs terem sido, no limite, comunidades de mulheres. Desde o início da criação das comunidades, mulheres leigas e religiosas foram peças-chave na efetivação da nova estratégia pastoral da Igreja. As religiosas "foram não somente as mais numerosas (há 37.000 freiras no Brasil), mas também, a qualquer outro fator com que se possa compará-las, as mais eficazes no estabelecimento de comunidades nos bairros pobres das cidades".[37]

A ação fundamental das religiosas junto às CEBs raramente é lembrada, salvo quando se quer imputar a elas os insucessos dessa forma de organização do trabalho pastoral.

> Outro fator que pode causar a referida lentidão pode ser o tipo de agente pastoral que trabalha com as CEBs. A maioria desses agentes são religiosas, vindas das 180 pequenas comunidades inseridas no meio popular em nosso Regional (grupo de dioceses da área). São agentes que tiveram pouca formação que ajudasse no seu discernimento político, e que na sua atividade pastoral, partem quase exclusivamente do espaço mais estritamente religioso (a catequese, a liturgia, os momentos fortes do ano litúrgico...).[38]

Nas décadas de 1970 e 1980, multiplicaram-se os grupos de religiosas vivendo e trabalhando em bairros pobres, nas áreas urbanas e rurais. Elegendo a periferia das cidades grandes ou áreas rurais distantes e isoladas como campo prioritário de sua ação pastoral, essas religiosas assumiram condições de vida precárias e duras em relação às condições em que viviam antes, quando trabalhavam em colégios e outras obras das congregações.

No trabalho de implantação e desenvolvimento das CEBs, as religiosas foram, e continuam sendo, em larga medida, as animadoras constantes desses grupos que elas acompanham cotidianamente. Uma boa parte desse trabalho é feito a título gratuito. Seu sustento vem das congregações a que pertencem ou do trabalho remunerado de uma ou outra das religiosas da comunidade. Quando há uma remuneração pelo trabalho pastoral, este nunca é o equivalente ao que recebem os padres por suas atividades religiosas nas paróquias que dirigem. A ideologia do "serviço" pode explicar essa diferença e sua aceitação por parte das religiosas.[39] Porém, como essa mesma ideologia informa também o trabalho dos homens, a diferença na remuneração mostra como as mesmas ideias funcionam diferentemente para elas e para eles na Igreja.

É sabido que, na Igreja Católica, as mulheres são excluídas das funções de governo. Somente homens celibatários – padres, bispos, cardeais – têm assento nos lugares onde se elabora a estratégia de atuação e se decidem os destinos da instituição. Uma parte das religiosas não

Freiras missionárias em Mato Grosso e suas alunas, meninas bororos (1908).

aceita essa situação de inferioridade a que são relegadas na Igreja; não raro eclodem conflitos entre elas e as autoridades eclesiásticas.

As comunidades religiosas masculinas em meios pobres são pouco numerosas. Os homens, engajados diretamente na instituição católica, realizam o trabalho de formação e acompanhamento das CEBs enquanto bispos ou enquanto padres, isto é, com lugar e função religiosa bem definidos na instituição. Ainda que a "opção pelos pobres" tenha sido proposta como um princípio de reestruturação interna também para as comunidades religiosas masculinas, sua expressão em termos da forma de ação pastoral é muito diferente daquela que se realiza entre as congregações femininas.

A situação diferenciada de religiosas e religiosos é, aliás, um bom referencial de observação da forma como se dão as relações sociais entre os sexos no espaço institucional da Igreja Católica. Há nítida distinção entre a maneira como o processo de mudança na vida religiosa se realiza para a população masculina e para a população feminina. Ainda está por ser feito um estudo sistemático dos efeitos sociais da "opção pelos pobres", em suas múltiplas manifestações, para as mulheres e para os homens da Igreja.

Transformações substanciais marcam a história da vida religiosa feminina no Brasil, no século XX. Depois de uma fase de "renovação adaptativa", agora ocorre um processo de "inovação criativa", uma vez que as religiosas modificam a justificação mesma que dão para seu engajamento religioso.[40] De fato, uma parte delas não coloca mais a instituição, sua congregação e, no limite, a Igreja, como referência primordial ou como espaço privilegiado para a realização de seu projeto de vida. São a prática junto aos pobres, a "comunhão de vida" com eles e a participação em "suas lutas", os elementos legitimadores de seu envolvimento como religiosas.

Para o grupo das religiosas "inseridas nos meios populares" – termo adotado internamente para referi-las –, os interesses institucionais, da Igreja e das congregações, devem estar subordinados ao objetivo maior da "libertação dos pobres". Socioeconômica e religiosa ao mesmo tempo, a "libertação" se traduz pelo estabelecimento de estruturas sociais que garantam a justiça e a igualdade nas relações sociais, inclusive na Igreja. Nesse sentido, pertencer a uma congregação deixa de ser o elemento principal na construção da identidade coletiva. Esta contrói-se, antes, através do reconhecimento de um projeto comum de "luta para mudar as condições de miséria da população pobre e instaurar uma sociedade justa".

As consequências, para as religiosas, individualmente, e para seus grupos, desse tipo de compreensão do projeto religioso não foram ainda estudadas. Sabe-se que, no momento atual, a Igreja Católica no Brasil se reorganiza em função de uma ofensiva de captação de fiéis, reordenando sua ação pastoral. Os objetivos de contribuição para a mudança da sociedade, tão em voga nas décadas de 1970 e 1980, não mais mobilizam o episcopado. Comunidades de religiosas "inseridas em meios populares" não constituem mais uma estratégia privilegiada de atuação.

O que acontece então com essas religiosas que deixaram suas profissões, os colégios e outras atividades em que trabalhavam para ir viver com os pobres? Sem o apoio dos bispos, tendo à frente das paróquias ou comunidades, onde vivem e trabalham, padres alinhados com a nova proposta de ação pastoral da Igreja, distinta daquela inspirada pela Teologia da Libertação, como vivem e reagem as religiosas à nova situação? Que tipo de projeto as inspira hoje?

RELIGIOSAS, MULHERES

Ainda se conhece, de fato, muito pouco da vida das religiosas no Brasil. Quem são? Como vivem? De que alegrias e dores, sonhos e frustrações é tecido o seu cotidiano? Que tipo de aproximação podemos fazer entre essas mulheres e as ativistas do século XIX? O que há de comum, e de divergente, entre as religiosas de hoje e as feministas que lutam por mudanças sociais? Onde se encontram e onde se desencontram, na reivindicação de seus direitos, enquanto mulheres? De que forma as proposições de uma teologia feminista crítica da forma patriarcal de organização da Igreja atingem essas mulheres e seus projetos de vida? Tantas perguntas!

Que esse texto tenha, ao menos, suscitado a "estupefação" de que fala Micheline Dumont: "Eu ainda me lembro da estupefação daquelas que descobriram, no início dos anos de 1970, que era possível considerar as religiosas como mulheres e entendê-las assim, à luz de um novo dia."[41]

NOTAS

(1) Azzi e Rezende, 1983. p. 24-60.

(2) Soeiro, p. 173-197. *In:* Lavrin Asunción (ed.). *Latin American Women – Historical Perspectives*. Connecticut: Greenwood Press, 1978.

(3) Del Priore, 1988.

(4) Soeiro, *id. ibid.*, p. 175-176. (5) Algranti, 1993. p. 75-76.

(6) Azzi e Rezende, 1983. p. 30.

(7) Azzi e Rezende, 1983. p. 42; Algranti, 1993. p. 99-101.

(8) Leite (org.), 1984. p. 63.

(9) Hahner, 1978. p. 30.
(10) Russel-Wood, 1977. p. 73.
(11) Algranti, 1993. p. 247.
(12) Azzi e Rezende, 1983. p. 51-54.
(13) Algranti, 1993. p. 232.
(14) Azzi e Rezende, 1983. p. 50.
(15) Vainfas, 1989. p. 51.
(16) Del Priore, 1988. p. 20.
(17) Saint-Hilaire, *apud* Hauck *et al.*, 1980. p. 17.
(18) Myscofski, *Journal of Feminist Studies in Religion*, I/2.
(19) Beozzo, *apud* Riolando Azzi (org.), 1983.
(20) Azzi, *apud* Rosado Nunes, 1986. p. 194.
(21) Bruneau, 1974. p. 122.
(22) Heap, 1995.
(23) Segalen, 1980. p. 59.
(24) Ver nota anterior.
(25) Segalen analisa essas associações na França do século XIX. [p. 53].
(26) Pena e Lima, 1983. p. 31.
(27) Goffman, 1981, p. 11.
(28) Servais et Hambye, 1971.
(29) Neal, 1971, p. 12.
(30) Camargo, 1973. p. 42.
(31) Hervieu-Léger, 1986. p. 67-100.
(32) Rosado Nunes, 1985. p. 204.
(33) Deelen, 1986. p. 516.
(34) Rosado Nunes, 1985. p. 205.
(35) Nogara, *apud* Rosado Nunes, 1986. p. 206.
(36) Rosado Nunes, 1985.
(37) Löwy, 1988. p. 18.
(38) Van der Ploeg, 1988. p. 177.
(39) Bélanger, 1988.
(40) Estruch, 1972.
(41) Dumont, 1995. p. 135.

BIBLIOGRAFIA

A. J. R. Russel-Wood. Women and society in colonial Brazil. *Journal of Latin American Studies*, 1977, 9 Part I:1-34.

C. P. F. Camargo. *Católicos, protestantes, espíritas*. Petrópolis: Vozes, 1973.

Carole A. Myscofski. Women's religious role in Brazil: a history of limitation. *Journal of Feminist Studies in Religion*, 1985, I/2.

Danièle Hervieu-Léger. *Vers un nouveau christianisme? Introduction à la sociologie du christianisme occidental*. Paris: Cerf. 1986.

Émile Durkheim. *Les Formes élémentaires de la vie religieuse*. Paris: PUF, 1979.

Émile Servais, Francis Hambye. Structure et signification: problème de méthode en sociologie des organisations claustrales. *Social Compass*, XVIII, 1, 1971. p. 27-44.

Erving Goffman. *Manicômios, conventos e prisões*. São Paulo: Perspectiva, 1981.

G. Deelen. Obras das religiosas no Brasil: números e estatísticas. *Grande Sinal*, jul. 1968.

J. F. Hauck, H. Fragoso, J. O. Beozzo *et al.* História da Igreja no Brasil. *In:* ___. *História geral da Igreja na América Latina*. Petrópolis: Vozes, 1980. tomo II/2, segunda época.

Jane Hahner. *A mulher brasileira e suas lutas sociais e políticas:* 1850-1937. São Paulo: Brasiliense, 1981.

______. *A mulher no Brasil*. Rio de Janeiro: Civilização Brasileira, 1978.

______. The Nineteenth-Century feminist press and women's rights in Brazil. *In:* Asunción Lavrin (ed.). *Latin American women – historical perspectives*. Connecticut: Greenwood Press, 1978.

José Oscar Beozzo. Decadência e morte, restauração e multiplicação das Ordens e Congregações religiosas no Brasil. *In:* Riolando Azzi (org.). *A vida religiosa no Brasil:* enfoques históricos. São Paulo: Paulinas, 1983.

Juan Estruch. L'innovation religieuse. *Social Compass,* XIX, 1972/2.

Leila Mezan Algranti. *Honradas e devotas:* mulheres da Colônia. Condição feminina nos conventos e recolhimentos do Sudeste do Brasil, 1750-1822. Rio de Janeiro: J. Olympio, Brasília, Edunb, 1993.

M. J. F. Rosado Nunes. Eglise, sexe et pouvoir. Les femmes dans le catholicisme au Brésil – Le cas des communautés ecclésiales de base. Ph.D. dissertation, École des Hautes Études en Sciences Sociales, Paris, 1991.

_______. Prática político-religiosa das congregações femininas no Brasil – Uma abordagem histórico-social. *In:* Azzi *et al. Os religiosos no Brasil.* São Paulo: Paulinas, 1986.

_______. *Vida religiosa nos meios populares.* Petrópolis, 1985.

Maria V. J. Pena, Elça Mendonça Lima. Lutas ilusórias: a mulher na política operária da Primeira República. *In:* C. Barroso e Albertina Costa. *Mulher Mulheres.* São Paulo: Cortez/Fundação Carlos Chagas, 1983.

Marie Auguste Neal. A Theoretical analysis of renewal in religious orders in the USA. *Social Compass.* 1971, XVIII/1.

Martine Segalen. Sociabilité féminine villageoise et attitude de l'Eglise – Associations de jeunes filles au XIXe siècle. *In*: Denise Hervieu-Léger (ed.). *Oppression des femmes et religion.* Colloque de l'Association française de sociologie religieuse. Paris: CNRS, ronéo, 1980. p. 46-62.

Mary Del Priore. *A mulher na história do Brasil.* São Paulo: Contexto, 1988.

Michael Löwy. Marxisme et Théologie de la Libération. *Cahiers d'étude et de recherche.* 1988, 10. Micheline Dumont. Les Fondatrices: des saintes ou des entrepreneuses? *In:* Denise Veillette (org.). *Femmes et religion.* Laval: Les Presses de l'Université de Laval, 1995.

Míriam Moreira Leite (org.). *A Condição feminina no Rio de janeiro,* século XIX. São Paulo: Hucitec/INL/Fundação Nacional Pró-Memória, 1984.

Riolando Azzi, M. Valéria V. Rezende. A vida religiosa feminina no Brasil colonial. *In:* Riolando Azzi (org.). *A vida religiosa no Brasil.* Enfoques Históricos. São Paulo: Paulinas, 1983. p. 24-60.

Riolando Azzi. Família e valores no pensamento brasileiro (1870-1950). Um enfoque histórico. *In:* Ivete Ribeiro (org.). *Sociedade brasileira contemporânea.* Família e valores. São Paulo: Loyola, 1987. p. 87-120.

Roberto Van der Ploeg. Um olhar sobre a Igreja do Regional Nordeste II. *REB,* 1988. 48/189.

Ronaldo Vainfas (ed.). *Trópico dos pecados.* Moral, sexualidade e inquisição no Brasil. Rio de Janeiro: Campus, 1989.

Ruby Heap. Femmes de communautés, femmes de défis. Le féminisme et la vie religieuse dans l'historiographie récente. *In:* Denise Veillette (org.). *Femmes et religion.* Laval: Les Presses de l'Université de Laval, 1995.

Sarah Bélanger. *Les soutanes roses.* Portrait du personnel pastoral féminin au Québec. Montréal: Les éditions Bellarmin, 1988.

Susan Soeiro. The feminine orders in colonial Bahia, Brazil: economics, social and demographic implications, 1677-1800. *In:* Lavrin Asunción (ed.), *Latin American women – historical perspectives.* Connecticut: Greenwood Press, 1978. p. 173-197.

Thomas Bruneau. *O catolicismo brasileiro em época de transição.* São Paulo: Loyola, 1974.

SER MULHER, MÃE E POBRE

Cláudia Fonseca

PERSONAGENS

Joaquim

Em julho de 1925, Joaquim de C. Sobrinho se endereça ao Juiz Distrital do segundo Distrito de Porto Alegre para se defender contra um processo, aberto por sua mulher, em que fora acusado de ser esmoleiro, sem meios para educar suas duas filhas. Ele reage com acusações contra sua mulher:

> Para que V.S.ª tenha inteiro conhecimento de factos que vos são ignorados e praticados pela mulher adúltera de nome Eutherpe R., passo aqui a consignar as que em presença da mesma perante V.S.ª eu provarei fazendo as interrogações do que vou relatar.

Antigo escriturário da Viação Férrea do Estado, ele pauta nesse documento, possivelmente escrito de seu próprio punho, uma loquacidade raramente igualada nos dossiês examinados aqui – processos para a "apreensão de menores" abertos entre 1901 e 1926. Eram pessoas de meios modestos que recorriam ao tribunal para resolver suas disputas pela guarda de crianças. O estilo dos processos tende, portanto, a oscilar entre as frases sucintas, sem adorno, de uma mãe analfabeta e o jargão legal de um advogado, pago muitas vezes pela Assistência Jurídica, ou escrivão. Da eloquência excepcional de Joaquim emerge uma narrativa rica em ambiente, capaz de nos ensinar algo da vida familiar das mulheres pobres do início do século.[1] É irônico que logo esse documento, redigido por um homem, possa nos permitir entrar no tema: maternidade e pobreza nos núcleos urbanos das primeiras décadas do século XX.

Porém, como qualquer outro texto, este deve ser lido de forma criteriosa, o leitor atentando para os diversos filtros através dos quais os "fatos" passaram antes de chegar à versão final.

Joaquim Sobrinho é um bom contador de histórias. Sua linguagem, que para nós soa exótica, sua indignação e seu (falso?) pudor deixam transparecer um personagem: homem, quadragenário, classe trabalhadora, sujeito social, fruto de sua época. Fala não para qualquer vizinho, mas, sim, para o juiz e promotor da República a fim de pleitear sua causa: tirar suas duas filhas adolescentes de sua mulher. Fala de homem para homem:

> Não posso acreditar que V.S.ª inteirado destes factos que, são nella, habituaes, mantenha o despacho contra mim e contra minhas filhas que não tem culpa do proceder de sua indigna mãe, e, que são os unicos entes que me acompanham com amizade e harmonia, nessa minha vida de infelicidade. *V. S.ª é Juiz, mas, também é pae.* [grifo nosso]

Trata-se de um documento tendencioso. Não há como ignorar esse fato. Lembramos, porém, que o aparato judicial de então era 100% masculino, do juiz e promotor ao advogado, o oficial de justiça e o escrivão. Mesmo os depoimentos femininos teriam sofrido uma certa censura antes de chegar em nossas mãos. O moralismo gritante que, como veremos, permeia o requerimento de Joaquim, do início até o fim, serve para atiçar nosso espírito crítico, alertando-nos quanto às *inevitáveis* distorções introduzidas pelas circunstâncias específicas da produção de qualquer texto.

A interpretação desse documento é facilitada pela comparação com 148 outros dossiês inspirados no mesmo problema jurídico – a apreensão de menores, disputas de guarda – entre pai e mãe, mãe e avó paterna, pai e empregador da criança, mãe e criadeira etc. que passaram diante do juiz de órfãos entre 1901 e 1926.[2] Nossa análise se apoia na comparação com trabalhos realizados por outros pesquisadores em cidades brasileiras dessa época, assim como em nossa experiência etnográfica entre grupos populares do Brasil urbano.[3] Se, apesar de nossos esforços para manter um rigor científico, o leitor perceber deslizes entre ontem e hoje, entre as Eutherpes dos anos 20 e as mães que moram nas favelas atuais, não será ao todo infeliz. A história, por distante que seja, tem por objetivo provocar reflexões sobre o mundo atual. Seria um equívoco o pesquisador debulhar as diferentes subjetividades envolvidas neste texto visando chegar aos "fatos brutos", uma "versão definitiva" da realidade. Pretendemos antes nos engajar num diálogo com as diferentes "vozes" em jogo, para tecermos uma interpretação dos fatos que signifique algo para os leitores do mundo atual. Vamos então conhecer a outra personagem.

Eutherpe

> Nesse ano (1921) ella Eutherpe, adulterou-se commetendo ja um crime perante a Lei, perante a Sociedade e perante mim, quebrando os laços matrimoniais que eu os julgava inquebráveis [...] Ella juntou-se a um homem que além de escrofuloso era viciado em jogos, de nome Abel e naquelle tempo morador no Quarahy; deixando esse em pouco tempo, juntou-se a outro de idêntico teor, homem perdido em vícios, jogos e beberagens, de nome Benício, morador em Atigas, Estado O. de Uruguay, pouco tempo também esteve com este e juntou-se com um terceiro de nome Theodulo R. de cor quasi negra e rengo de uma perna, castelhano e morador na cidade do Quarahy.

Eutherpe "adulterou-se"! Com sua descrição detalhada, Joaquim constrói um relato convincente quanto à carreira amorosa de sua mulher. A escolha de palavras, o vocabulário evocativo, porém legalmente preciso, são artifícios acionados para contagiar o promotor e juiz, para levá-los a compartilhar de uma idêntica indignação diante desta mulher – ameaça à moralidade pública, ao bem-estar das gerações futuras, à integridade da nação! Nesse depoimento, o racismo de uma sociedade mal saída do regime escravocrata é gritante. Num cálculo hábil da mentalidade de seus juízes, Joaquim também apela para preocupações higienistas.[4] O escândalo do adultério é completado pela degenerescência moral e física de toda espécie; jogo, doença, cor da pele, libertinagem sexual. Temos aqui, saindo por todos os cantos, os fantasmas sobre "as classes perigosas" que assolavam os integrantes da elite tanto brasileira como europeia.

Curiosamente, historiadores tão prontos a localizar e demolir outras formas de moralismo – racial, classista – arrastaram os pés ao se distanciar do moralismo sexual e familiar de suas fontes. Uma historiadora, especialista em história da família brasileira, tenta reverter essa tendência ao ressaltar as inovações trazidas pela historiografia recente:

> Ao nosso entender, uma análise da família brasileira deve [...] levar em conta [...] a questão conceitual, o uso do termo "família", a pluralidade de organização e a própria representatividade do casamento que, ao que tudo indica, era uma opção para apenas uma parcela da população. Terá, portanto, o pesquisador que se defrontar com esses problemas, bem como com a questão da bastardia, dos concubinatos e das uniões esporádicas, que revelam imagens bem mais realistas do comportamento e do modo de vida da população no passado. A oposição de imagens é evidente – de um lado o casamento, a moral e a própria submissão e a castidade da mulher; do outro, o alto índice de ilegitimidade, a falta de casamentos e a insatis-

fação feminina revelada nos testamentos e nos processos de divórcio. Obcecados pelo ideal de recato, moral e pureza, historiadores e romancistas exageraram nesse quadro, estabelecendo estereótipos que se enraizaram até o presente.[5]

Há uma tendência, nas análises tradicionais, de espelhar o sistema vitoriano de classificação. Dividindo as mulheres em santas ou demônios, pacatas donas de casa ou prostitutas, os pesquisadores simplesmente não enxergavam dinâmicas sociais que driblam esses dois polos. Da mesma forma, cientistas sociais se agarraram durante décadas à crença na normalidade – estatística, natural, moral – da família conjugal.[6] Hoje, vemos que essa crença, além de ter reforçado a estigmatização das famílias pobres –vistas inevitavelmente como desorganizadas por não corresponderem ao modelo "normal" –, impediu gerações de pesquisadores de atentar para a diversidade de dinâmicas familiares no Brasil.

Ao romper com o moralismo embutido nas palavras de Joaquim Sobrinho, rompemos também com a tradição analítica que insistira em mostrar Eutherpe como "mulher desregrada" que, por motivos de patologia individual, ultrajou normas que todos respeitavam. O nosso enfoque procura mostrá-la, ao contrário, como um sujeito social com comportamento semelhante ao de muitas outras de sua condição socioeconômica; uma mulher que tinha práticas não somente lógicas mas também compreendidas e até aceitas como "normais" por uma boa parte de seus vizinhos.

O PALCO, A ÉPOCA, O LUGAR

> Em 1920 fui accommetido a patina, reumatismo, sendo escriturário da Viação Férrea do Estado, em Santana do Livramento a ponto de ficar completamente intrevado. Precizando de me tratar segui para Montevidéu, Capital do Estado O. do Uruguay. Ficou a família na Cidade do Quarahy, fronteira desse paiz aqui, visinha, as pessoas que a compunham, eram: a mulher acima citada, a Ambrosina, filha que contava com onze anos, Jandyra com oito e Miguel com cinco annos e mezes, os quais são meus filhos legítimos.

A história começa em 1920. Joaquim escreve em agosto de 1925. Quanta coisa acontecia nessa época! A República do Brasil estava em plena consolidação. Com a Semana de Arte Moderna de 1922, os intelectuais e dirigentes estavam enfim declarando sua independência cultural, afastando-se da elite europeia para procurar uma identidade nacional através da aproximação com o "povo" brasileiro. As greves operárias, intensificadas entre 1917 e 1919, mostraram que a parte proletária desse "povo", composta em grande medida de imigrantes – italianos em São Paulo, alemães no Rio Grande do Sul –, não queria mais aceitar passivamente as condições deploráveis nas quais trabalhavam: vigilância taylorista nas fábricas com multas mirabolantes para quem infringisse as regras, jornadas de 12 horas, apenas meio dia de repouso por semana, salários de fome. Acontecimentos, tais como a Revolução dos Tenentes, a fraqueza do presidente Artur Bernardes, a fundação do PC, mostravam que a velha oligarquia agrícola cedia diante de uma jovem nação em plena fase de industrialização.

O Rio Grande do Sul viu, espelhadas em escala regional, algumas dessas tendências na forma da chamada revolução de 23 e a força de um movimento operário sob a hegemonia dos anarcossindicalistas.[7] Em certos aspectos, porém, o estado tinha um perfil próprio. Desde 1895 nas mãos do Partido Republicano Rio-grandense, a política oficial, sob a bandeira positivista de "ordem e progresso", advogava a integração sempre mais acirrada ao Estado nacional. Essa integração, entretanto, estava longe de ser tranquila e, especialmente na zona da fronteira, os fogos separatistas estavam sendo constantemente reacesos pela chama de uma identidade platina.

Joaquim Sobrinho era de Santana de Livramento, na fronteira do Uruguai. Situada a distâncias iguais da região serrana e do porto de Montevidéu, Santana do Livramento era o ponto comercial obrigatório para a permuta de mercadorias entre os dois países vizinhos, exigindo, desde o fim do século XIX, uma rede ferroviária altamente desenvolvida.[8] Os ferroviários eram conhecidos como uma das categorias mais privilegiadas entre os trabalhadores de então. Desde que a companhia passou de mãos estrangeiras para o estado do Rio Grande do Sul, havia certo esforço para assegurar benefícios mínimos aos funcionários com, inclusive, Caixa de Aposentadoria e Pensões. É portanto de extrema ironia que logo Joaquim seja acusado por sua mulher de viver, "como é de conhecimento público, esmolando pelas ruas" de Porto Alegre – acusação que ele jamais refuta. De escriturário trabalhando na Viação Férrea em 1920 para mendigo nas ruas de Porto Alegre em 1925... Não podia haver melhor indicador da fragilidade econômica da família trabalhadora de então.

O CONTEXTO ECONÔMICO

A instabilidade do emprego masculino

Sabemos, tanto por censos da época quanto por historiadores contemporâneos, que Porto Alegre no início do século XX estava passando por uma fase de urbanização intensa. A política nacional, ao mesmo tempo que prejudicava a produção tradicional de charque do estado, favorecia a criação de pequenas indústrias. A partir de 1890 surgiram fábricas de pregos, de louça, de tecido, banha, cerveja etc. Os imigrantes europeus, no norte do estado, dinamizavam sua produção agrícola, passando a exigir serviços administrativos e comerciais da capital. De 1900 a 1910 a população da cidade cresceu de 73 para 130 mil habitantes, chegando em 1920 a 230 mil. Joaquim e Eutherpe convergiram a Santana do Livramento na esperança de encontrar alguma forma de sustento.

Um exame dos dossiês de apreensão de menores nos fornece a base para um perfil econômico dos porto-alegrenses dessa época. Ao contrário do que se poderia crer, a grande maioria dos processos concerne a grupos mais humildes. Excetuando um médico, um ajudante de dentista, dois estudantes, dois lavradores e um pescador, os quarenta e poucos empregos masculinos especificados são repartidos entre cinco categorias: autônomos – marceneiro, ferreiro, sapateiro, barbeiro, padeiro, vendedor de manteiga –, pequenos comerciantes, "funcionários", operários,[9] e militares. Mas, para essas pessoas, muitas delas migrantes rurais, analfabetas, e sem qualificação profissional particular, a questão do trabalho não era facilmente resolvida. Apesar de etiquetas bem distintas, a profissão dos protagonistas, na sua maioria, era qualquer coisa menos estável e bem paga.

Em alguns casos, dá para seguir as carreiras irregulares através da cronologia de certidões – de casamento, de nascimento dos filhos, de queixa jurídica etc. De pescador em Rio Grande para operário na capital, de foguista em Guarany para aposentado em Porto Alegre. Um jovem que se declarou artista ao casar em São Borja, já era "operário" na certidão de nascimento de seu filho. Sobre outro senhor, que chegou a se chamar em diversos momentos de "amador dramático" e até "etnólogo", apreendemos, de um recorte de jornal inserido no processo, que era ex-vendedor de móveis. Os chamados funcionários públicos não tinham renda garantida. Declarou um desses: "Nos dias que trabalha ganha 4000 réis como bandeirista na Companhia Força e Luz." Só os militares, entre os quais, músicos e enfermeiros, deram-nos a impressão de uma maior estabilidade no emprego.

A incrível mobilidade geográfica dos homens, resultado da busca incessante de emprego, deixava as mulheres periodicamente em estado de abandono. Era comum que o companheiro partisse à procura de trabalho em outros lugares como Cuiabá, Rio Grande, o Estado Oriental (Uruguai), e que passasse anos sem que sua família recebesse notícias dele. As guerras repetidas dessas sociedades militarizadas tiveram também seu efeito: os soldados saíam para a guerra e só voltavam anos depois.

As mulheres "abandonadas" não tinham outra alternativa senão a de trabalhar. Mas, em muitos casos, mesmo as que moravam com seus companheiros procuravam alguma forma de renda para escapar à miséria que representava a dependência exclusiva do salário masculino. O homem podia até ser "trabalhador" – quem garantia que ia ter uma renda regular? Havia competição para os bons empregos. Uma vez recrutado, o homem não tinha garantia de estabilidade: como Joaquim, corria os perigos de doença ou demissão.

Nem todos os homens se preocupavam com o sustento da casa. Lemos em um processo atrás do outro o tipo de declaração que Morena, 39 anos, fez com tanta ênfase: [ela] "sempre trabalhou muito para o sustento da casa porque Norberto [seu amásio, pai de seus nove filhos], além de muito doente era um refinado vagabundo". Os maridos, como Joaquim, acusavam suas mulheres de tê-los trocado por "vagabundos, bêbados, e viciados no jogo", que se deixavam sustentar pela mulher, mas, na verdade, boa parte dos maridos parecia ter esses mesmos hábitos.

O inevitável trabalho feminino

A mulher pobre, cercada por uma moralidade oficial completamente desligada de sua realidade, vivia entre a cruz e a espada. O salário minguado e regular de seu marido chegaria a suprir as necessidades domésticas só por um milagre. Mas a dona de casa, que tentava escapar à miséria por seu próprio trabalho, arriscava sofrer o pejo da "mulher pública".

Em vez de ser admirada por ser "boa trabalhadora", como o homem em situação parecida, a mulher com trabalho assalariado tinha de defender sua reputação contra a poluição moral, uma vez que o assédio sexual era lendário.[10] Uma moça de 19 anos apresentou a queixa de que na casa de sua madrasta era muito maltratada: "até para comer [...] concorria pois trabalhava em uma fábrica de louças". Outra mulher, empregada durante quatro anos em uma fábrica de fiação de tecidos, foi obrigada a chamar amigos para atestar que "tinha se comportado muito bem na alludida fábrica" – nesse caso, a situação virou contra seu marido, pois o curador geral perguntou "a razão pela qual o requerido permitiu que sua esposa trabalhasse numa fábrica". As mulheres que trabalhavam nas tarefas caseiras tradicionalmente femininas, lavadeiras, engomadeiras, pareciam correr menos perigo moral do que as operárias industriais, mas mesmo nesses casos, sempre as ameaçava a acusação de serem mães relapsas. Vide a crítica insinuada por um depoente: "para a requerente trabalhar era necessário que o menor ficasse em casa da avó paterna ou outras pessoas, não recebendo assim uma educação como devia...".

A norma oficial ditava que a mulher devia ser resguardada em casa, se ocupando dos afazeres domésticos, enquanto os homens asseguravam o sustento da família trabalhando no espaço da rua. Longe de retratar a realidade, tratava-se de um estereótipo calcado nos valores da elite colonial, e muitas vezes espelhado nos relatos de viajantes europeus, que servia como instrumento ideológico para marcar a distinção entre as burguesas e as pobres. Basta aproximar-se da realidade de outrora para constatar que as mulheres pobres sempre trabalharam fora de casa.[11] Com a industrialização, chegaram, junto com as crianças, a compor mais da metade da força de trabalho em certas indústrias, notadamente nas de tecidos. As estatísticas sobre o Rio Grande do Sul em 1900 mostram que cerca de 42% da população economicamente ativa era feminina: as mulheres trabalhavam principalmente em "serviços domésticos", mas sua atuação era também importante nas "artes e ofícios" (41,6%), na indústria manufatureira (46,8%), e no setor agrícola. No censo de 1920, tanto "artes e ofícios" como "serviços domésticos" tinham sido absorvidos dentro da rubrica "diversas" – pessoas que vivem de suas rendas, serviços domésticos, profissões mal definidas –, mas ainda 49,4% da população economicamente ativa (PEA) do estado e 50,8% da PEA em Porto Alegre constavam como feminina. Na indústria, as mulheres ocupavam 28,4% das vagas no estado, e 29,95% na capital.[12]

Em nossos dossiês, apareceram poucas operárias industriais, talvez porque as famílias operárias acharam outras vias para resolver disputas conjugais. Mas não faltam exemplos de trabalho feminino: lavadeira, engomadeira, ama de leite, cartomante. Uma mulher vivia de sua banquinha no mercado público, outra "fornecia comida para fora a pessoas na zona" junto ao seu amásio que distribuía as viandas (marmitas).

Ironicamente, apesar de ser evidente que em muitos casos a mulher trazia o sustento principal da casa, o trabalho feminino continuava a ser apresentado pelos advogados e até pelas mulheres como um mero suplemento à renda masculina. Sem ser encarado como profissão, seu trabalho em muitos casos nem nome merecia. Era ocultado, minimizado em conceitos gerais como "serviços domésticos" e "trabalho honesto". Quando, finalmente, alguém – o nosso eloquente Joaquim – fala em maior detalhe sobre empregos femininos, é em termos negativos: "A minha mulher não está empregada, não costura, ela não trabalha em lã, não tem casa que ela mesma aluga." Ninguém, em 149 dossiês, falou que a mulher costurava ou trabalhava em lã para reforçar uma impressão positiva dela.

Ao separar-se do marido, ou ao ser abandonada, como Eutherpe, quais seriam as possibilidades das mulheres? Muitas delas achavam abrigo, pelo menos temporário, com seus pais. Tal fato aparece no depoimento de mulheres que, ao declararem terem sido sustentadas por parentes, procuram cobrir seus maridos de vergonha. Mas em muitos casos os pais não prestam ajuda. Moram longe, são muito pobres ou, como parece ser o caso de Eutherpe, não se dão bem com a filha.[13] Será, então, que a mulher tinha esperança de manter sua cabeça fora d'água com algum emprego? Não devemos nutrir ilusões quanto à situação da mulher trabalhadora. Em geral, mal ganhava o mínimo necessário para seu próprio sustento, muito menos para manter seus filhos. Os empregadores preferiam mulheres e crianças justamente porque essa mão de obra custava em média 30% menos.

Os filhos da Eutherpe já eram "grandes" pelos padrões da época. Ambrosina tinha idade de ganhar um "soldo" e Jandyra era bastante grande para cuidar do irmão, de forma que sua mãe não pagasse uma "criadeira". Mas, mesmo que esse grupo familiar chegasse a ganhar o suficiente para pagar sua comida, onde iriam morar? Todos os estudos sobre grupos operários na virada do século frisam o problema de habitação. Só os mais afortunados possuíam casa própria. Estes não podiam ser considerados "pobres",[14] pois além de não pagarem aluguel, por exíguo que fosse, também o lugar podia ser alugado para garantir uma renda em dinheiro líquido. Entretanto, poucos trabalhadores dessa época podiam gozar tal privilégio.

No final do século XIX, constata-se o surgimento de cortiços em praticamente todas as cidades brasileiras. Essas habitações coletivas, onde moravam uma média de até três pessoas por cômodo, pontuavam as ruelas da cidade ainda nos anos 20. Através dos processos jurídicos, podemos entrever as condições de moradia, quando, por exemplo, um oficial de justiça, voltando de uma apreensão judicial, registra seu escândalo frente à pobreza do casebre, ou porão, em que as mulheres moravam. Registros semelhantes feitos sobre os "cortiços gênero-porão" de São Paulo nos fornecem uma imagem mais detalhada desse tipo de moradia:

> Encontramos muitos deles, na maioria cimentados, outros atijolados e outros ainda têm simplesmente o piso de terra batida. A entrada de muitos deles é feita por um respiradouro, sendo necessária uma ginástica forçada para neles penetrar, ou como melhor o possa. É claro que não foram feitos para serem habitados, pois neles há tudo que se contrapõe à higiene.[15]

Separar-se do marido significava, em geral, um novo alojamento, com aluguel a pagar. Nathalia, decidida a deixar Leopoldo, um torneiro

A mulher pobre, diante da moralidade oficial completamente deslocada de sua realidade, vivia um dilema imposto pela necessidade de escapar à miséria com o seu trabalho e o risco de ser chamada de "mulher pública".

russo 17 anos mais velho do que ela, pegou seu filho de dois anos e mudou-se para uma pensão. Leopoldo acusa sua mulher: lá na pensão, ela dava o nome de Olinda e se dizia viúva. Em poucos dias, foi despejada pela proprietária por falta de pagamento, vivendo então "decaída" em pensão de prostitutas no Beco do Oitava. No texto de nosso escriturário, Joaquim, vemos acusação semelhante: "Na casa onde [Eutherpe] parava que não fazem ainda quarenta dias, já por duas vezes brigou, tendo que ir para outra casa."

Os homens usam esses incidentes para apoiar acusações de instabilidade e imoralidade contra suas ex-companheiras. Atrás da retórica, vislumbramos uma realidade em que a mulher sozinha, sem família e sem renda, errava de canto em canto em busca de um cômodo barato, senão gratuito. A cidade pululava de uma população itinerante. Além de inúmeros hotéis relativamente baratos que alugavam quartos numa base semipermanente, havia "pensões de família". Mas os quartos mais baratos existiam em bairros e pensões muito pobres. Assim, não era impossível uma mulher "honesta" ir se alojar numa casa junto ou perto a pessoas de "caráter duvidoso".

DINÂMICAS FAMILIARES EM GRUPOS POPULARES

A *História social da criança e da família*, publicada em 1964 por Philippe Ariès, é uma obra fundamental para a contextualização *da família moderna*. Tratando principalmente da França, da época medieval até o início do século XIX, esse autor tem como hipótese central a transformação da sociedade tradicional pela gradativa polarização da vida social em torno da família nuclear. Em um processo de enclausuramento progressivo, as pessoas se retiraram da rede extensa de parentela para investirem no espaço do "lar doce lar". As mulheres abdicaram da parceria no comércio ou oficina familiar e passaram a se ocupar integralmente do espaço doméstico; suas crianças, que antigamente se socializavam pela convivência com adultos no decorrer da rotina cotidiana, passaram a completar sua educação recorrendo a especialistas – tutores, governantas, professores de escola.

Nesse processo que, com ajuda de educadores e moralistas, difundiu-se do alto para baixo da pirâmide social, a criança foi uma peça-chave. A necessidade de educá-la e prepará-la para o futuro fez com que seus pais virassem as costas às antigas sociabilidades, da rua, do parentesco extenso, entregando-se à privacidade do lar e seu complemento, a escola. A nova visão da família tornou-se brasão da burguesia, legitimando uma distinção que se alastrava das sensibilidades para a vida material.

A organização familiar dos grupos populares seguiu uma linha de evolução diferente. A enorme variedade de costumes que caracterizava a Europa pré-moderna diminui a partir da Revolução Industrial. Em torno dessa época, é possível identificar certas tendências em todo o subcontinente: casamentos "precoces", um aumento da proporção de uniões consensuais, frequentemente instáveis, e taxa alta de bastardia e crianças *em circulação*. A interpretação dessas mudanças se estende desde o elogio à emancipação dos indivíduos da censura comunitária até as lamentações sobre o arrasamento da moralidade familiar. Nós tendemos a simpatizar com os historiadores que, esquivando-se a tais julgamentos, interpretam essas práticas como o resultado do surgimento de uma nova classe com suas próprias formas de organização social. Menos heteróclita, graças às aglomerações urbanas, a "cultura popular" teria se concentrado nas camadas pobres da classe trabalhadora. Antes de ver, nesta, um "subgrupo fadado à bastardia" – resultado da "ignorância" ou da "irresponsabilidade" – historiadores recentes preferem considerá-la herdeira de uma "cultura popular vigorosa",[16] uma cultura que muitas vezes vem de encontro às normas e aos valores da sociedade dominante.[17]

A História nos ensina quão difícil foi a implantação do modelo *nuclear burguês* entre grupos populares europeus. As medidas coercitivas de enclausuramento dos séculos XVIII e XIX visavam sanear a rua, retirando mendigos, órfãos e prostitutas do espaço público.[18] A *família conjugal* só veio a se consolidar no início do século XX, com as táticas sedutoras de persuasão: salários dignos, escolarização universal de alta qualidade e uma melhoria geral das condições de vida da classe operária.

Dentro desse panorama, onde situar os pobres da cidade brasileira no início do século? É intrigante constatar semelhanças entre o comportamento familiar de nossos personagens e o de certas populações da Europa pré-moderna. Na Europa, por exemplo, o casamento oficial era mal definido até a Contrarreforma, de tal maneira que era difícil distinguir esposos de concubinos; a duração média do casamento, principalmente por causa de mortes precoces, não era muito mais de 14 ou 15 anos; a gravidez pré-nupcial era frequente, pois as relações sexuais e até mesmo a coabitação faziam parte do noivado; quanto aos "sentimentos paternos", estes não se conformavam, de modo algum, ao modelo contemporâneo. Por exemplo, era prática corrente, na França e na Inglaterra, enviar crianças, a partir de seis ou sete anos, para serem empregados como domésticos na casa de famílias levemente mais abastadas; os viúvos e as viúvas deviam ser vigiados para não gastarem o patrimônio dos filhos de um primeiro leito para sustentar um novo esposo. A própria noção de infância, junto com o zelo correlato pelo papel educativo dos pais que a caracteriza, só surgiu nos últimos dois ou três séculos.[19]

Ao fazer essas aproximações, não é nossa intenção reforçar hipóteses evolucionistas que veem, na trajetória brasileira, uma fase atrasada da história europeia. Muito ao contrário. Aqui, a comparação com o material europeu serve para: 1) desmistificar a *família conjugal moderna*, mostrando-a não enquanto unidade "natural" ou universal, mas sim enquanto construção histórica; 2) relativizar certos comportamentos que observamos nos dossiês, lembrando que, em outros contextos, fizeram parte de *dinâmicas* sociais e padrões de *organização* familiar e, assim, 3) sugerir a possibilidade da existência de formas familiares específicas às camadas populares urbanas.

Não cabe, nesse texto, uma discussão pormenorizada sobre a evolução das diferentes formas familiares no Brasil. Basta dizer que, considerando o escopo limitado de "táticas sedutoras" – tais como uma escola universal, salário familiar, habitação popular etc. –, a maioria dos populares do início do século não abraçaram imediatamente o modelo da *família moderna*. Sem dúvida, havia entre eles uma enorme variedade de tradições que os imigrantes e migrantes rurais trouxeram de suas terras de origem. Mas, uma vez na cidade, enfrentaram, todos, os mesmos desafios e, em geral, acabaram compartilhando de condições semelhantes de vida. É dentro desse quadro de referência, de dinâmicas familiares adaptadas ao contexto de trabalhadores urbanos, que procuramos localizar a história de Joaquim e Eutherpe.

A PRECARIEDADE DO LAÇO CONJUGAL E ABANDONO

Joaquim nos impressiona com a lista dos amantes sucessivos de sua mulher. Três em quatro anos. Certamente não consideramos a trajetória de Eutherpe como "típica" das mulheres pobres da época, mas, no nosso entender, tampouco pode ser vista como excepcional. Lembramos que censos do século XX revelam, em certas cidades, uma proporção surpreendente de mulheres chefes de família – até 40%.[20] Quanto àquelas que viviam em casal, não é possível saber muito sobre o tipo de união: se tinha sido legalizada ou não, se era um primeiro, segundo ou terceiro "casamento". Na falta de registros que nos deem um perfil longitudinal, acompanhando os mesmos indivíduos no decorrer do tempo, é extremamente difícil quantificar as práticas familiares de outrora. Muitos casais dispensavam o casamento legal; divórcios eram raros.[21] Já que, em certos contextos, menos da metade da população adulta passava diante do padre para formalizar sua união conjugal, podemos perguntar quão fielmente os registros legais espelhavam a realidade desse povo. Será que separações conjugais não eram comuns? Com o exame cuidadoso dos processos jurídicos, vislumbramos uma sociedade de pessoas que se esquivavam aos controles legais: juntavam-se sem casar, pariam filhos sem fazer certidão de nascimento, separavam-se sem fazer divórcio.

Nos processos que envolvem confrontos diretos entre marido e mulher pela guarda da criança, as acusações seguem linhas previsíveis.[22] As mulheres alegando, antes de tudo, que seus maridos nunca sustentaram a casa e, em segundo lugar, que as maltratavam; os homens dizendo que suas mulheres eram "sem moral" ou então as acusando de ser de "péssimo gênio", "gênio irascível", "relaxada(s) dos deveres domésticos e implicante(s) com o visindário".

O homem que não queria mais viver com sua esposa podia simplesmente sumir, esperando que sua mulher desse conta de sustentar a família. Se sua mulher não saísse tranquilamente de sua vida, o homem podia tomar medidas mais enérgicas. Jacob B., membro da comunidade italiana e negociante no Mercado Público, acusava sua mulher Leonor G. de ter abandonado o lar "sem o menor motivo". Leonor contrariou que:

> Cerca de quatro meses antes de mudar-se para a casa de seus pais, seu marido [...] abandonou o lar, deixando a declarante com o encargo dos filhos, não sabendo ela onde seu marido se achava; que a esse tempo a cunhada da declarante de nome Janaina e que consigo morava começou a maltratá-la a ponto de espancá-la [...]; que seu marido antes deste último abandono do lar já o havia abandonado a tempo, voltando depois a procurar a declarante [...]; que Jacob B. ultimamente tem lhe dirigido cartas dizendo que não a queria ver mais dentro da casa quando ele voltasse, que senão tivesse dinheiro para pagar a mudança, ele pagaria o carroceiro.

Em outro caso, Maria Luiza, "idade ignorada, operária, natural deste Estado", foi pessoalmente procurada por seu genro que a aconselhou ir logo buscar sua filha (na casa do casal) "porque, senão, poderia acontecer um desastre". Segundo o sapateiro que assistiu à cena, o marido ainda concordou em dar uma volta a fim de dar tempo à retirada da esposa. Maria Luiza precipitou-se à casa do genro, onde encontrou sua filha, sentada no alpendre, trancada fora de casa, que, depois de alguma relutância, concordou em acompanhar sua mãe para casa.

Nos arquivos que debulhamos, vimos que nem todas as mulheres eram vítimas. Elas também "abandonavam" o lar, mudando de cidade para escapar ao juiz, para desafiar a autoridade do marido ou, quem sabe, simplesmente para realizar um projeto de felicidade pessoal. Desferiam facadas para se proteger da violência doméstica, e, mais do que seus maridos, moviam processos de divórcio para resgatar seus filhos.[23] Mas, diferentemente dos homens, raramente expulsavam seus companheiros de casa. A mulher era impedida de fazer isso não somente pela opinião pública, mas também pela fragilidade de seu *status* legal. Se era concubina, não tinha nenhum direito à propriedade de seu companheiro; se era casada, dependia da autorização de seu marido para a prática de qualquer ato legal. A mulher "abandonada" recomeçava a vida com bem mais desvantagens do que o homem em situação semelhante.

RECASAMENTO

> [...] ultrajado mesmo, não prossegui ação contra ella e nem quiz usar de violencias. Retirei sim de sua posse a menina chamada Ambrozina, coloquei-a em uma estancia no Estado Oriental com ordens de só ser entregue a mim, ella tentou rehaver a filha, porém, as autoridades sabedoras de seu pessimo proceder, não entregaram a menina.

Havia tanta discriminação contra a mulher recasada que podemos perguntar por que, depois de separar-se do marido, ela não procurava se manter independente. Sabemos, por exemplo, que, na América Central, a família "matrifocal" é muito comum. Nesse tipo familial, mãe e filhas adultas junto com os filhos destas, formam o eixo do grupo doméstico, tendo os "maridos" eventuais um papel secundário.[24] Para citar outro exemplo de "mulheres independentes", temos as "conglomeração de solteironas" (*spinster clustering*) da Europa no início do século XX, em que várias celibatárias moravam juntas, constituindo dessa maneira uma forma economicamente viável de organização doméstica.[25] É significativo não termos achado evidência de qualquer "casa de mulheres" nos processos que examinamos.[26] Em outro artigo, já apontamos para fatores econômicos que pesariam contra este tipo de arranjo.[27] Aqui convém acrescentar um fator político ligado à configuração particular de relações de gênero no Brasil.

Sem homem, quem pode "botar respeito" na casa? Pesquisas etnográficas mostram que, hoje, a polícia é relativamente impotente para controlar furtos e agressão física entre vizinhos nos bairros trabalhadores.[28] Há evidência de que, no início do século, as circunstâncias não eram mais seguras.[29] Sem poder contar com a polícia ou outra força externa para impor ordem, cada família teria de acionar suas próprias estratégias de proteção, garantindo a seus membros um mínimo de segurança contra agressores, ladrões, e predadores sexuais. Se a nossa hipótese é correta, a presença de um homem, de preferência forte e valente, era visto como quase indispensável tanto para espantar malfeitores quanto, como veremos logo adiante, para atestar da integridade moral das mulheres.

A mãe sozinha estava, portanto, entre dois fogos: por um lado, pressões econômicas e políticas que impunham a necessidade de um (novo) marido; por outro, a condenação pela opinião pública de qualquer mulher que tivesse mais de um homem na vida. Que essa condenação tem base na rivalidade masculina, não há dúvida.

Sabemos, de estudos sobre a masculinidade na península Ibérica[30] que, lá, a honra de um homem depende, em grande medida, de seu controle sobre a sexualidade feminina. Pode ser uma tragédia perder uma mulher, mas é uma humilhação quase insuportável tê-la perdido para outro homem. Vemos evidência desse mesmo "código de honra" entre os homens que aparecem nas disputas judiciais que examinamos. Por exemplo, apesar de Joaquim admitir ter abandonado o lar – indo "se tratar" em Montevidéu –, ele considera inadmissível sua mulher juntar-se a outro homem: "Entretanto, ultrajado mesmo, não prossegui ação contra ella e nem quiz usar de violências."

É particularmente recorrente, nesses depoimentos, menção da hostilidade entre o antigo e o novo companheiro de uma mesma mulher: em um caso, o homem explica que o companheiro atual de sua mulher é seu "inimigo mortal", inclusive tendo atentado contra sua vida. Em outro, fala de brigas e chama seu rival de "alucinado". A hostilidade é, porém, mútua, dando repercussões indiretas na relação entre o padrasto e seus enteados.[31] Além disso, é também humilhante para um homem sustentar os filhos de seu rival sexual. Ao ver sua autoridade paterna dividida com o genitor, o padrasto admite, no seio de sua casa, a presença tácita de seu predecessor. A rivalidade masculina é tão forte que seu fantasma perdura apesar de longos anos de separação e até morte do adversário. No Brasil colonial, a viúva que quisesse casar de novo era obrigada a renunciar não somente à herança, mas também ao *pátrio poder* sobre seus filhos.[32] Apesar de não serem sujeitas à mesma injunção legal, vemos que muitas das mulheres descritas nesses arquivos resolvem a tensão proverbial entre padrasto e enteado, mandando seus filhos para serem criados junto de outra família. Visto sob esse ângulo, o recasamento persistente das mulheres, tantas vezes interpretado como um apego ao modelo da *família conjugal*, representa, justamente, a negação desse modelo. Ao recasarem, os cônjuges tendem a abrir mão dos filhos tidos em uniões anteriores.

Em tese, a lei não reconhecia o direito de a mulher, mesmo em estado de abandono, viver com o novo companheiro. A mancebia era condenada, e a mulher amancebada, considerada como "sem moral". Esse argumento foi repetidamente usado por homens que queriam retirar seus filhos de uma ex-companheira. Admira-se, hoje, como esses fofoqueiros do senso comum mantinham a ficção da normalidade, como conseguiam acreditar e convencer os outros de que cada nova transgressão à moral familiar apresentada na justiça era um desvio pontual, uma exceção à regra. Como podiam ignorar que toda uma classe de domésticas "vivia na rua" sem necessariamente ser "sem moral", que muitas meninas saiam a dançar nos bailes populares sem cair na prostituição? Que era possível a mulher separar-se e "casar" de novo sem ser meretriz. Os pecados imputados à mulher pelos advogados de seu marido, em muitos casos, não eram mais do que a prática cotidiana da massa de trabalhadoras. Na realidade, temos a impressão de que se sabia dessas práticas e tolerava-as no dia a dia. Porém, a "moralidade oficial" agia como arma de reserva para certas categorias de indivíduos – burgueses e/ou homens – estigmatizar outra – pobres e/ou mulheres – na hora do conflito.

Ironicamente, o juiz, talvez em função de uma vasta experiência prática, nem sempre acatava as incriminações do senso comum. Ou, talvez, simplesmente por estar confrontado a tantas "irregularidades" ao mesmo tempo – mancebia, prostituição, abandono, maus-tratos –, acabava, informalmente, criando uma hierarquia dessas "faltas". Manoel da Silva levou uma queixa parecida à de Joaquim à justiça: ele queria de volta sua filha de 3 anos, já que sua mulher tinha "abandonado o lar", vivendo amancebada com outro homem. Porém, quando a palavra é dada à acusada, esta revida dizendo que quem abandonou o lar foi seu marido; vendeu cavalo e carroça, e ainda frisou: "Não me procure porque não te quero mais." Se já o fato de ter "abandonado o lar" pesava contra Manoel, sua causa foi definitivamente perdida quando o promotor descobriu que ele vivia de uma casa de meretrizes, alugando quartos para mulheres.

O caso de Ernestina é outro em que a mulher consegue convencer o juiz de circunstâncias atenuantes: casaram-na com 17 anos sabendo-a grávida de outro homem. Depois de seis anos, seu marido parou de sustentar a casa, "não trazendo o necessário para a manutenção da família". Um belo dia, mandou-a embora. Ernestina esperou-o, em vão, durante oito meses na casa da mãe. Seu marido não mudou de ideia; recusava toda proposta de reconciliação dizendo que "se envergonhava de viver com sua mulher". Ernestina se explica para o juiz: seu marido não tinha razão, porque ela "sempre o respeitou durante o tempo que viveu com ele" e, finalmente, cansada de esperar, ela amasiou-se com um "homem bom". Ernestina, como a mulher de Manoel, ganhou sua causa e recebeu a guarda dos filhos, demonstrando que havia uma aceitação tácita, da parte de certos juízes, de práticas costumeiras, tais como a mancebia e gravidez pré-nupcial. Tratava-se de transgressões morais, sim, mas que constavam como menos repreensíveis do que outras como abandono ou maus-tratos.

Vemos, portanto, que não bastava Joaquim mostrar que sua mulher tinha se juntado a outro homem. Era evidente que ele tinha viajado "por motivos de saúde" – mas por quanto tempo? Deixou sua mulher e filhos com quais reservas? Podemos ler entre as linhas para imaginar Eutherpe, passando dificuldades econômicas e, como Ernestina, cansar de esperar. Para garantir que o juiz não se comovesse com essa possibilidade,

Casais juntavam-se sem casar, pariam filhos sem registrá-los, separavam-se sem divórcio.

Joaquim tinha de achar argumentos ainda mais fortes para trazer suas filhas de volta.

PUREZA X PROSTITUIÇÃO

> Esta mulher não está empregada, não costura, não trabalha em lã, não tem casa que ella mesma aluga, não tem responsabilidade, anda quasi os dias inteiros fora da casa onde para, só chegando na occasião das diversas refeições, não ganha dinheiro, mas, entretanto me consta, que tem feito compra de roupa para ella e meu filho Miguel e uma cama com colchão. E esse dinheiro donde lhe veio se ella não trabalhou em lugar nenhum?

Descrições da vida da mulher pobre dessa época, seu trabalho, sua trajetória familiar, parecem desembocar sempre na mesma ameaça: a da "mulher decaída". Para entender essa *assombração* que surgia à mínima oportunidade – essa suspeita que assolava a mulher em toda parte –, é preciso colocar em perspectiva o panorama moral da época.

A receita para a mulher ideal envolvia uma mistura de imagens: a mãe piedosa da Igreja, a mãe-educadora do Estado positivista, a esposa-companheira do aparato médico-higienista.[33] Mas todas elas convergiam para a pureza sexual – virgindade da moça, castidade da mulher. Para a mulher ser "honesta", devia se casar; não havia outra alternativa. E para casar, era teoricamente preciso ser virgem. O próprio Código Civil previa a nulidade do casamento quando constatada pelo marido a não virgindade da noiva.

Lembramos, no entanto, que os espaços onde se realizava a norma oficial eram tradicionalmente poucos. Se, num primeiro momento, historiadores acreditavam que a concubinagem no Brasil colonial restringia-se principalmente à população negra, pesquisas recentes mostram que a união livre, assim como a mulher chefe de família, não eram de forma alguma privilégio exclusivo dos escravos e seus descendentes. Na sociedade brasileira, especialmente no século XIX, eram os matrimônios, e não a concubinagem, que se realizavam num círculo limitado.[34]

Tudo indica que uma boa parte, talvez a maioria da população não casava antes de iniciar suas experiências sexuais. Pesquisadores contemporâneos sublinham uma taxa alta de crianças ilegítimas durante toda a história brasileira, taxa que chegava em certos momentos a superar 40% do total de nascimentos. É provável que, como em muitas aldeias europeias da época pré-industrial, relações sexuais começassem já durante o noivado. Bastava a moça acreditar na seriedade das intenções de seu pretendente para lhe entregar o dote de sua virgindade.[35] Porém, os homens nem sempre eram sinceros. Quantas mulheres tiveram uma experiência semelhante à de Eva que, num processo de 1921, acusa Augusto de ter prometido casamento, "depois que fez-lhe mal, a abandonou por motivo fútil". Os noivados eram rompidos e as meninas davam à luz, não sem frequência, aos pequenos "bastardos".

A moral burguesa não era de todo estranha aos grupos populares. A prova se acha no desespero registrado por meninas defloradas que preferiam arriscar um aborto, cometer infanticídio ou até matar-se, antes de vir a público seu estado de mãe solteira.[36] E era, sem dúvida, em parte, para evitar tal destino que pais pobres internavam suas filhas, quando achavam vaga, num asilo ou orfanato de religiosas. Nalva,[37] uma mulher negra que, na década de 20, ainda "estudava" num asilo de freiras, fornece-nos um dos raros exemplos em que uma menina de classe trabalhadora foi criada conforme os ditados do ideal dominante. Colocada no internato por seus pais – seu pai marinheiro, sua mãe empregada doméstica –, ela descreve com muito orgulho o tipo de educação que, lá dentro, recebeu. Passava seu tempo aprendendo costura e bordado, ajudando na missa e tomando chá. Quando, com 18 anos, saiu do asilo e começou a trabalhar fora, sua família continuou a acionar meios para protegê-la contra os perigos morais. Mesmo depois de Nalva começar a trabalhar como faxineira num hospital, alguém a buscava todos os dias no serviço. Sua educação foi conforme ao modelo burguês. O quanto isso contribuiu para sua inserção social? Apesar de uma intensa vida social, frequentar bailes e até ser eleita "rainha de Primavera", Nalva nunca casou, nem teve filhos. A noção do recato feminino não era necessariamente propícia à integração social de uma moça de origem humilde.

Certamente a virgindade se revestia de um real valor aos pais de então. Além das conotações morais, carregava implicações práticas: podia ser barganhada para conseguir um "bom casamento" que trouxesse benefícios para toda a família da noiva – assim, uma menina queixou-se ao juiz que sua mãe estava pedindo dinheiro ao seu noivo. A virgindade era um "cristal" que não devia ser quebrado à toa.[38] Entretanto, o mecanismo mais indicado para a preservação desse cristal não era necessariamente o autocontrole da moça.[39] Para entender qual mecanismo seria o mais adequado, devemos tentar entrar na mentalidade de 1920, pensando a sexualidade feminina não como um assunto privado, de emoções individuais, mas, sim, como um tipo de patrimônio familiar. Vemos então como o acento se desloca de uma atitude interna para um controle externo, isto é, do recato para a vigilância.

Enquanto, *depois* de "desvirginada", a menina arca quase sozinha com as consequências de sua "culpa", *antes* da "perda" sua proteção é vista como a responsabilidade de outras pessoas, para justificar a autoridade destas sobre ela. A necessidade de defender a pureza das meninas vem repetidamente à tona nas disputas jurídicas que percorremos. Zelar pela virgindade das moças parecia ser um argumento de peso que qualquer adulto podia acionar. Assim, Heleodoro, tenente do exército, proclama orgulhosamente ao juiz que sua tutelada, com idade de 13 anos, saiu "virgem e ilesa de sua casa". Parece haver um consenso que a menina, sozinha, não é capaz de afastar perigos morais; portanto, ela deve ser alvo de vigilância.

Em vários casos, constatamos uma mãe ou pai apelando para esse tipo de argumento para tirar sua filha da casa onde fora empregada. Glória de S., por exemplo, pede para reaver sua filha entregue pelo juiz a uma tutora porque, na casa desta, "cortaram-lhe o cabelo, mandam-lhe fazer compras na rua, e permitem seu namoro com um homem casado". E a mãe adotiva de Conceição (19 anos) reluta em entregá-la para seus genitores, pois "teme pela honra e honestidade dela que está numa idade perigosa".

A questão de vigilância valorizava, mais uma vez, o pai de família. Atravessando os documentos que estudamos, tanto históricos quanto etnográficos,[40] persiste a ideia de que a presença paterna é essencial para salvaguardar a pureza das filhas.[41] Essa insinuação está muito clara no pedido de J. de Néry pela guarda de sua filha menor. De forma significativa, ele informa o juiz que "nos poucos dias em que [suas duas filhas] estiveram em companhia da mãe, [a filha maior] foi raptada e deflorada por seu noivo".

Não somente, por sua autoridade, o pai colocava um freio aos impulsos sentimentais de suas filhas, mas também, por sua valentia, mantinha homens predadores a distância, pois sempre pairava sobre virgens a ameaça de "rapto". Tática acionada por homens que queriam obrigar uma menina ou seus pais a consentir a seu casamento com ela,[42] também dizia respeito a sedutores casados e estupradores.

Desde a casa-grande nordestina, onde o quarto das filhas se localizava sempre no centro do edifício justamente para evitar esses perigos, até a capitania de São Paulo, onde o rapto era "um crime comum praticado por homens de todas as condições sociais, solteiros ou mesmo casados",[43] achamos sinais, ao longo da época colonial, dessa forma de violência. Não é por acaso que, entre nossos dossiês, as disputas pela guarda de uma menina adolescente foram todas iniciadas pelo pai. Frente à ameaça de agressão masculina, o remédio lógico era *outro homem*.

OS ESTRAGOS DA MORALIDADE OFICIAL

A ideologia burguesa era, sem sombra de dúvida, forte. Mas seria simplista imaginar que todas as pessoas digeriam passivamente as normas oficiais. Como não ocorrer uma ressemantização do ideal quando se trata de um contexto no qual a metade das pessoas manifestamente não o seguem? Ironicamente, a própria rigidez do modelo tornava-o de uso restrito, pois qualquer deslize jogava a mulher para o campo dos "sem moral", num espaço onde se forjava, nas práticas do dia a dia, uma moralidade alternativa.

Apesar de certas semelhanças, existia um enorme descompasso entre a moralidade oficial e a realidade vivida pela maioria de pessoas dessa época. E esse descompasso não era, de forma alguma, inocente. Voltava-se, na maioria de casos, contra a mulher, tida como responsável pelo não cumprimento do ideal. Ilustramos essa ideia com o exemplo de Florisbela, uma menina de 15 anos que, em 1908, foi deflorada por seu tio, vinte anos seu sênior. Poucos dias depois de um casamento apressado, nasceu Adalgisa. O tio/marido não levou um mês para enjeitar sua filha, depositando-a no corredor de uma casa da rua da Margem e abandonando sua mulher logo depois. Diz a sobrinha que, nos primeiros dias depois do abandono, sabendo que o nenê tinha sido entregue à Santa Casa, ela procurou o mordomo dessa instituição "que disse que lhe entregava a filha mediante 600.000 réis"; dinheiro que ela não tinha. Nove anos mais tarde, quando a mulher, junto com seu amásio, tenta conseguir sua filha de volta, ainda se encontra incumbida a apresentar testemunhos para atestar o fato de que "vive sob a proteção de uma única pessoa, não [se] tendo prostituído".

Repete-se em quase metade dos processos contra mães a acusação de que elas "não têm idoneidade" para ter um filho na sua guarda. Essa frase, que aparece constantemente, não se refere à honestidade, nem à capacidade de ensinar um ofício, nem aos bons ou maus-tratos que a mulher é capaz de cometer. Diz respeito pura e simplesmente ao comportamento sexual da mulher.

Joaquim, sempre pronto a esclarecer a situação com maiores detalhes, explica o que é viver com uma mãe "sem moral":

> Estes homens, cada um a seu tempo frequentava a casa de Eutherpe, morando com ela a filha [...] quem ia se criando nesse circulo viciado, pernicioso, assistindo a esses espetáculos, em cuja [presença?] [...] podia acertar com boas e profícuas lições, sendo o exemplo de sua mãe.

Acontece que a definição de falta de moral feminina é tão ampla que se torna uma arma potencial contra praticamente qualquer mulher adulta. Vemos, de fato, diversos homens rotularem suas ex-companheiras de "prostitutas" simplesmente porque elas juntaram-se com um novo companheiro. Felismina, que fugiu de seu marido legal para viver com um segundo companheiro, é acusada por este de tê-lo rejeitado em favor de um terceiro. O amante rejeitado resume a trajetória de sua ex-companheira descrevendo-a como "casada, meretriz, e amancebada". Em outro caso, Paula resolveu largar seu sedutor, pai de uma filha sua, para casar legalmente com outro homem. Onze anos mais tarde, seu ex-amante, depois de uma briga com o marido, tenta tirar-lhe a filha, acusando-a de ser prostituta que frequenta a 'maternidade'.[44] Nesses dois casos, o juiz achou as acusações sem fundamento, mas essas acusações refletem uma característica da moralidade masculina, segundo a qual qualquer mulher que não correspondia à norma ideal era uma "rameira" em potencial.

Mesmo quando a mulher tinha uma conduta reconhecidamente "honesta", mantendo-se casta depois da separação conjugal, seu marido podia tentar mostrar, por outras vias, que era moralmente despreparada para criar seus filhos, pois a contaminação moral entre mulheres se espalhava facilmente. Sempre era possível descobrir alguma parente – uma filha amasiada, uma irmã separada – para desqualificar a mulher aos olhos do tribunal. Assim, nas disputas entre esposos pela guarda de uma menina, a quase obsessão pela "pureza" das filhas moças passa a ser uma arma por excelência masculina.

O descompasso entre a moralidade oficial e a realidade agia ainda de outra forma para fazer vítimas entre mulheres pobres: promovia, entre as mais ingênuas, a convicção de que se não podiam ser santas, só lhes restava ser putas. Eleuzina, menina paulista que em 1918 foi levada diante do tribunal, conta que, por desconhecimento total do corpo, teve de consultar uma enfermeira para averiguar seu estado de desvirginada. Confirmando sua suspeita de não ser mais virgem – "já não via condição de conseguir casamento" – pediu para a senhoria da casa onde morava arranjar-lhe "um homem que a protegesse". Esse homem "muito rico" foi achado e, em troca dos favores sexuais de Eleuzina, recebeu a menina "sob a proteção dele mediante a contribuição mensal de cento e cinquenta mil réis".[45]

Não podemos descartar a possibilidade de que a "ingenuidade" dessa moça fosse inspirada em considerações pragmáticas. Calculando seu salário a cerca de $6.000 por dia, podemos encaixar Eleuzina entre as 20% das operárias paulistas que eram bem pagas. Esse fato nos leva para uma última consideração sobre a virtude sexual de mulheres pobres no início do século. A verdade é que, no mercado de emprego de então, as alternativas abertas a mulheres de origem humilde e baixo nível de escolaridade não eram particularmente atraentes. Historiadores e antropólogos têm demonstrado repetidamente que, para a mulher jovem e bonita, em tais circunstâncias a prostituição soa como opção nada desprezível. Por exemplo, um estudo sobre Nova York do século XX revela inúmeros casos de meninas que fugiram de casa para entrar na prostituição. Lembrando que uma virgem valia até $50, o autor da pesquisa sugere que, "(e)m um mercado de emprego que oferecia a meninas adolescentes rendas minguadas de $35 a $50 por ano, a ideia de um tal rendimento por sua mocidade podia ser muito persuasiva".[46] Insistindo que salários baixos e instáveis levavam costureiras, floristas e camareiras a recorrerem episodicamente à prostituição, este autor alega que, durante o século passado, entre 5% e 10% de todas as nova-iorquinas entre 15 e 30 anos tinham se prostituído em algum momento: "Para a mãe viúva, o artesão desempregado e o imigrante pobre, prostituição não era uma violação da retidão moral mas, sim, um elemento indispensável da economia familiar."[47]

Não é, portanto, surpreendente que a profissão feminina mais comum nos dossiês que estudamos seja a prostituição. Nada menos do que dezoito acusações diretas – sem falar nas insinuações sobre "procedimento incorreto", vida "irregular", "duvidosa", e "fácil" etc. É certo que em alguns casos podemos julgar que a acusação foi inventada por adversários da mulher. Mas várias mães chegaram a admitir suas atividades, inclusive para negar a pretensa paternidade de um requerente. Outras foram acusadas por testemunhas de terem caído na "franca prostituição", sendo sua atividade de "notoriedade pública", ou simplesmente de terem sido vistas "em companhia de mulheres de vida fácil, conversando com homens estranhos no mercado público – o que faz crer que não é uma mulher séria".

A prostituição de Dona Hilda já era "uma cousa pública e antiga" comentada no armazém da esquina, quando seu marido foi descobrir que a mãe de suas duas filhas se prostituía. Era impossível que os vizinhos, alguns deles provavelmente frequentadores dos bordéis, não soubessem de suas atividades. O sapateiro, Cláudio A., 47 anos, alega tê-la visto

> passando em companhia de um moço que a princípio supôs ser parente de Dona Hilda conforme ela mesma dizia às filhas do depoente; [...] mais tarde uma pessoa [...] lhe contou que Dona Hilda andava de colóquios com um médico e que ele tinha vontade de publicar isto na emprensa; [... ainda] mais tarde o depoente observando viu Dona Hilda entrar em casas suspeitas na Floresta e descobriu que o rapaz que a acompanhava era um tal Armando [...] que declarou que de fato era amante de Dona Hilda.

Quando o marido de Hilda, finalmente, soube de suas atividades, expulsou-a de casa, mas não antes de extorquir dela uma confissão assinada e carimbada em cartório: "Declaro que fui infiel ao meu marido dia nove de setembro de mil novecentos e vinte e três."

A prostituição aparece nos mais diversos relatos: Eutherpe acusa seu marido de "habitar um prédio onde também mora uma meretriz que está amancebada com um irmão" dele; uma mulher, fugindo dos maus-tratos de seu marido, é acusada de ter deixado sua enteada de quinze anos numa "casa de tolerância"; um menino é criticado por ter levado sua irmã menor para visitar amigas de vida fácil no Beco do Oitavo; outra mulher pede para retirar seu nenê da sua ex-residência "onde exerce-se o lenocínio". Tem-se a impressão de que nem toda mulher que entrava nessas casas se prostituía. Algumas estavam simplesmente procurando abrigo ou socorro moral junto a amigas ou parentes. O que consta, em todo caso, é que as meretrizes não constituíam uma população à parte. Eram casadas, amasiadas, vivendo nos cortiços e hotéis, lado a lado com "mulheres honestas" e operárias. Isso não significa que suas atividades profissionais eram necessariamente aceitas pelo vizindário, muito menos pelo marido, tampouco sofriam um ostracismo radical. A figura da prostituta se localizava na encruzilhada entre o estereótipo aterrorizante da "mulher decaída" e a realidade vivida por um sem-número de amásias, mães solteiras e crianças ilegítimas; em outras palavras, entre a condenação pela moral burguesa e a tolerância tácita para com um modo de vida que se desviava radicalmente da norma oficial.

A MATERNIDADE NA FAMÍLIA POPULAR

Para melhor entender o que significava ser mãe para as mulheres pobres do início do século, é necessário tirar a experiência materna do isolamento da família conjugal e situá-la dentro de redes sociais que perpassam a unidade doméstica. Eutherpe deixou seu último nenê para ser criado por sua mãe. Quando, inicialmente, moveu o processo para reaver suas filhas, era na expressa intenção de deixá-las morando com seus pais. Joaquim tirou sua filha maior para colocá-la em "uma estância no Estado Oriental de Uruguay". Essa *circulação de crianças*[48] entre uma casa e outra não era, de forma alguma, excepcional. Verificamos práticas semelhantes em inúmeras famílias tanto do presente como do passado. Trata-se de uma prática particular aos grupos populares que deriva, por um lado, da importância da família extensa, por outro, da necessidade de acionar estratégias coletivas para a sobrevivência das crianças. O cuidado das crianças cabia, conforme os ditados da divisão tradicional de trabalho, à mulher, porém, essa mulher não era sempre a mãe biológica. Para fazermos considerações sobre a maternidade em grupos populares, temos portanto de levar em consideração também avós, criadeiras e mães de criação.

A mãe sozinha estava entre dois fogos: por um lado, pressões econômicas e políticas que impunham a busca de um (novo) marido; por outro, a condenação pela opinião pública de qualquer mulher que tivesse mais de um homem na vida.

Redes consanguíneas e outras redes

Estudos antropológicos sobre famílias brasileiras de baixa renda têm apontado para a natureza aberta da unidade doméstica.[49] Muitas vezes aparente no próprio aspecto da residência – múltiplas casas no mesmo quintal –, esse caráter aberto torna-se patente quando se acompanha famílias nas rotinas diárias. Apesar de cada casal ter seu próprio canto para cozinhar, as crianças se infiltram pelas fronteiras dessas casas burlando os limites entre uma "família" e outra. Nesse universo, onde a escola não exerce uma influência suficiente para estabilizar a trajetória da criança, não há como ancorá-la numa só residência. Uma viagem para o interior para assistir ao casamento de algum parente ou o almoço dominical na casa de uma tia poderiam virar estadas de anos, dependendo da conveniência para o adulto e do desejo expresso da criança.

Dados etnográficos nos convencem de que as decisões envolvendo crianças – criá-las, escolarizá-las, seu destino após a separação ou morte dos pais e até mesmo o número de filhos considerado desejável – não são de maneira alguma restritas ao casal. Comumente, os mais velhos de uma fratria passam seus primeiros anos com uma avó que, cuidando deles, cumpre suas últimas obrigações familiares. Vinte anos depois, quando a obrigação se transforma em direito, a avó pode reivindicar, na sua velhice, a companhia de um dos netos mais novos. O costume de batizar uma criança duas ou três vezes – em casa, na igreja e em cerimônia de batuque –, dando a ela dois ou três pares de padrinhos, é um outro índice da "coletivização" da responsabilidade por crianças.

Há evidências do mesmo tipo de dinâmica nos processos históricos que examinamos. Como nos dias de hoje, a parentela consanguínea parece ter ocupado um lugar prioritário nas redes de ajuda mútua. Evidentemente, era prática corrente um casal morar com os pais ou sogros. Em geral, não era o marido que ia ao cartório declarar o nascimento do filho, mas sim o avô, bisavô, e uma vez até o tetravô. Podemos imaginar que, no dia a dia dessas famílias extensas, a responsabilidade pelos cuidados cotidianos dos filhos não ficava exclusivamente a cargo dos pais. Talvez a melhor prova disso seja a quantidade de avós que ficaram com um neto depois de os pais da criança, por um motivo ou outro, irem embora. O caso seguinte é típico da "fluidez" que encontramos nos limites entre uma unidade doméstica e outra:

> [Alfredo V. declarou que] sua filha menor, Iris, desde que nasceu, viveu em companhia da sogra do declarante, isto porque moravam juntos, que depois que a esposa do declarante falleceu, a pedido da sogra do declarante, este a deixou na companhia della; que mais tarde sua sogra passou

> a residir em companhia do seu pai, Marcellino, para onde levou a filha do declarante, que tendo sua sogra fallecida, oito dias depois, o declarante foi a casa de Marcellino e levou sua filha para a casa de sua avó paterna, a mãe do declarante.

Apesar de a lei atribuir a prioridade de *pátrio poder* aos genitores – o pai, "naturalmente", antes da mãe –, outros membros da família consideravam-se também com direitos. Esse fato fica especialmente evidente quando a parentela consanguínea forma um bloco político para tirar a criança de seu (ou sua) parente afim. Vemos essa dinâmica claramente no caso seguinte: depois de certo homem morrer, seu pai e irmão entraram na justiça contra sua viúva porque essa os tinha "abandonado sem motivo". Apesar de o genitor ter "dado" seu filho para os requerentes antes de morrer, sua viúva preferira interná-lo na Santa Casa.

A coesão do grupo consanguíneo, embora fundamentada na solidariedade entre ascendentes e descendentes, não se limitava a isso. Estendia-se também aos parentes colaterais: irmãos, tios, primos. Havia casos de viúvas morando com irmãos casados, de irmãs e irmãos, solteiros e separados, dividindo a mesma casa. Mulheres sós recorriam a seus irmãos, tanto para mover um processo como para trazer um filho fugitivo de volta ao lar. Cunhadas, junto com as sogras, eram acusadas de terem provocado a dissolução conjugal. E quantas vezes, depois de uma separação, os dois cônjuges se refugiaram com seus consanguíneos respectivos – o próprio Joaquim morava com um irmão e a amásia deste. Ao que tudo indica, as unidades nucleares se diluíam nesses grupos consanguíneos onde as lealdades fortes e duradouras contrastavam com a precariedade do laço conjugal.

Sobrevivência

Se as crianças não tivessem passado a ser responsabilidade de todo o grupo de parentesco, se não tivessem elas *circulado* facilmente entre vários adultos, é difícil imaginar como essa população teria se reproduzido. A precariedade da família conjugal tem sido uma constante na história dos grupos populares no Brasil. Além de migração e divórcio, a morte foi, historicamente, causa comum da ruptura desse grupo doméstico. Na época de Eutherpe e Joaquim, o Serviço de Higiene Pública mal tinha começado. Além das epidemias periódicas de cólera, tifo e gripe, essa população tinha de conviver com tuberculose e doenças venéreas. A taxa de mortalidade na Porto Alegre de 1922 era de 18,46 por mil, uma das mais altas do estado e quase três vezes mais alta do que a atual

– 99% dos partos ainda aconteciam em casa, fato que pode explicar o grande número de jovens viúvos nesses processos. Viúvos e viúvas se casavam de novo, mas as crianças do primeiro leito ficavam como elementos estranhos na nova unidade conjugal; quer fosse sob pretexto de afastar as crianças dos maus-tratos proverbiais de madrasta ou padrasto, quer fosse para "evitar escândalo", era preciso achar novos lares em que as crianças pudessem crescer.

É especialmente nessas circunstâncias "de crise" que encontramos filhos colocados com não parentes. Pais requeriam custódia dos filhos que suas mulheres tinham entregado para "o espanhol Elias de Tal", "um sargento", "um velho casal" etc. Mães pediam para retirar suas crianças colocadas pelos maridos com "um casal no Partenon", "uma mulher de nome Frica", "um parente dele em Mostardas" etc. Muitos requerentes declaram, sem qualquer escrúpulo, que queriam a guarda de um menor para entregá-lo a algum terceiro: parente ou madrinha. E vemos pelos processos com contraprocessos inclusos – em que o pai e a mãe em ordem consecutiva mandam apreender filhos um do outro – que muitas vezes, quando o adulto ganhava a custódia do filho, deixava-o logo em casa de uma terceira pessoa sem laço de parentesco algum.

Pais recorriam também a instituições filantrópicas ou estaduais para ajudá-los. Assim, uma dezena de nossos processos judiciais diz respeito a crianças internadas na Santa Casa, Asilo da Piedade, Asilo Providenciário, ou colégios, tais como Santa Teresa ou o Patronato Agrícola. A maioria das crianças em circulação vivia, entretanto, com outra família quase tão pobre quanto a de onde tinha saído.

Evidentemente, algumas mães contratavam "criadeiras" mediante uma mensalidade paga em dinheiro. Muitos pedidos para crianças colocadas com casais no interior do estado sugerem esse tipo de arranjo – imaginamos que foi esse o caso da "estância" onde Joaquim colocara sua filha. E, quando a criança era maior, de 8 ou 9 anos de idade para cima, podemos supor que ela mesma pagava, com seu próprio trabalho, seu lugar na família de criação. Porém, na grande maioria das disputas, é evidente que os pais de criação tinham recebido pouco ou nada por sua pena. Então, por que pegavam crianças para criar?

A própria presença da criança, ente gracioso que alegrava a casa, já representava uma forma de recompensa. Assim, vemos parentes e madrinhas disputando entre si o direito de recolher algum órfão no seu lar. Mas os pais adotivos eram também inspirados por um sentimento de caridade. Dona Maria P. nos pinta um cenário revelador, descrito do ponto de vista de uma mãe de criação. Essa senhora, casada, com 34 anos, acabara de perder seu recém-nascido quando foi procurada por

Laura G. Esta veio lhe pedir para amamentar e cuidar de seu nenê "uns três dias enquanto ia à procura de seu marido que estava fora". Mais de dois meses depois, Laura ainda não tinha voltado. Dona Maria procurou os avós maternos da criança, mas "elles declararam que não queriam saber da referida criança". Maria não ficou com seu "filho de leite". Explicando "ter muitos filhos e ser uma pessoa pobre", entregou-o para o juiz. Mas quantas outras pessoas não teriam guardado e criado uma criança entregue nas mesmas circunstâncias? Pessoas que, quando intimadas na justiça, apresentavam sua "adoção" como um ato de caridade; sublinhavam os anos de dedicação e sacrifício que tinham investido, assim como a pobreza da mãe "solteira", "enferma", ou "indigente" que lhes entregara a criança.

Os genitores contavam outra versão da história: ao abrir mão de seus filhos, faziam um nobre sacrifício para ajudar os pais adotivos. Três nenês, por exemplo, foram colocados com o claro objetivo de consolar pais que acabavam de perder um filho. Em alguns processos, essa noção da criança enquanto dádiva é explícita: vide o discurso do pai, dizendo que, "com a morte da filha do casal, A. consentiu que uma filha sua [de cinco anos] ficasse em companhia do referido casal". Mas mesmo quando essa noção não era explícita, os genitores não pareciam reconhecer dívida especial para os pais de criação. O marido de uma mulher doente conta que entregou seu filho de três meses à família de Pedro C., "para que esse tratasse da criação do mesmo até que, restabelecida, sua mulher pudesse trazê-lo novamente para a companhia de seu casal"; a mãe solteira alega que entregou sua filha de seis anos para o Sr. Rudolfo H., "com o prometimento de ajudá-la a criar e quando ella a requerente o quizesse poderia mandar buscá-la".

Para pleitear a guarda de um filho, os genitores e pais de criação calcavam seus argumentos em dois discursos diferentes: a criança enquanto dádiva *versus* a criança enquanto fardo; ou, em outros termos, "mãe é uma só" *versus* "mãe é quem criou". O tribunal era, assim, confrontado com dois princípios aparentemente contraditórios, mas que eram, ambos, presentes entre os valores dos grupos populares. Fiel ao espírito do Código Civil, o tribunal atribuía uma importância prioritária aos laços consanguíneos, dando ganho de causa, duas vezes em três aos genitores. Mesmo em casos onde o pai ou a mãe tinham sumido durante anos, raramente o tribunal interpretava esse fato como "abandono", como se ter colocado um filho em boas mãos fosse demonstração suficiente da responsabilidade paterna. O juiz na maioria das vezes virava as costas às recriminações lançadas pelos pais adotivos e devolvia as crianças a quem de direito tinha o *pátrio poder*, isto é, aos genitores.

No comportamento dos pais que vinham disputar a guarda de seus filhos, observamos sinais de uma durabilidade surpreendente do laço consanguíneo. Parece existir um sentimento de família que independe da coabitação. Nove anos depois de ver seu recém-nascido enjeitado, Gertrudes moveu um processo para tê-lo de volta. Um pai argentino chegou para buscar sua filha, internada na Santa Casa, depois de quatro anos fora. Laurita ficou no Asilo da Piedade cinco anos, até seus parentes mandarem buscá-la. Em inúmeros casos, um pai ou uma mãe que deixou seu filho por cinco, sete, dez, ou doze anos com uma família de criação, ainda se considerava no direito de exercer seu *pátrio poder*. Os filhos, por seu lado, também mostravam iniciativa em agilizar suas redes consanguíneas, apelando para tios, irmãos, avós, e até uma mãe ou pai separados há tempos da família, para escapar à autoridade de um guardião que não fosse do seu agrado. Afinal, nas disputas dentro e fora do tribunal, o fiel da balança parecia pender, a longo prazo, para o lado das relações consanguíneas.

Esse caráter quase imutável da identidade familiar, sem dúvida, repercutia no comportamento materno e explica, em parte, a tendência para colocar filhos com criadeiras, avós, madrinhas e pais de criação. Sugerimos que era essencial uma mulher ter filhos para consolidar sua rede social de apoio. As crianças que, quando pequenas, dependiam dessas redes para sobreviver, eram as mesmas pessoas que, alguns anos mais tarde, assumiriam a responsabilidade pelo sustento dos mais velhos ou mais fracos da rede. Que certos adultos tiravam benefício da situação, não há dúvida. O jovem começava a trabalhar em torno de 8 ou 9 anos de idade – como doméstica, mensageiro, ou aprendiz. Em certos casos, nem chegava a ver a cor do dinheiro, pois seu soldo ia diretamente para seu pai ou sua mãe. Não deve ser excluída a hipótese de que Joaquim e Eutherpe disputassem a guarda de suas filhas com vistas a algum benefício material. Há um silêncio significativo quanto ao destino de Miguel, seu filho menor, ainda sem idade de trabalhar "a soldado".

Seria enganador, no entanto, pensar essa relação puramente nos termos de exploração do trabalho infantil, já que os meninos naturalmente cresceriam e se tornariam adultos. Num contexto onde não existia pensão de velhice, invalidez ou aposentadoria, cada um sabia que, mais cedo ou mais tarde, dependeria de sua prole para um mínimo conforto na velhice. Havia uma complementaridade sistêmica entre as diferentes etapas de vida. Sendo assim, a mãe tinha a expectativa de que seu filho, mesmo tendo sido criado em outra família, voltasse a integrar a rede familiar de origem. E, nisso, ela mantinha como principal aliado, a própria noção consanguínea de família.

Certamente existia, entre essas mulheres, a ideia do "amor materno". A retórica sobre a crueldade de um pai que "arrebatou a criança dos braços maternos", sobre o nenê "cuja tenra idade exige as atenções de sua mãe", surge nesses dossiês com bastante frequência. Manifestamente, esses termos não tinham o mesmo significado que conhecemos hoje. A intenção de colocar seu filho sob a guarda de outra pessoa não impedia as mulheres de apelarem para a noção de "amor materno", nem os homens de enfatizar a importância da boa educação moral que supostamente só eles podiam garantir aos filhos. Não estavam sendo necessariamente não sinceros. Simplesmente pautavam uma visão particular da responsabilidade paterna e/ou materna em que a afeição "no sentido de acompanhamento pessoal e íntimo dos filhos" não era prioritária. Sua responsabilidade era zelar pelo bem de seu filho, não necessariamente de conviver com ele. A identidade familiar, centrada nos laços de sangue, era garantia suficiente para saber que, a longo prazo, o vínculo não seria rompido.

QUANDO A REALIDADE CAI ENTRE AS FRESTAS DA LEI

A realidade em que vivemos é complexa, oferecendo diversas leituras quanto aos sistemas de moralidade em vigor. O Código Civil oferece uma leitura de ideais abstratos calcados nos valores da classe de juristas. Essa situação foi resumida da seguinte forma:

No Brasil, o discurso legal sobre a família é extremamente reducionista; nele só está presente o modelo da família patriarcal, monogâmica e nuclear, atravessando as épocas e as mudanças sociais.[50]

Entretanto, esses ideais abstratos sofrem considerável modificação quando traduzidos para a ação concreta. Nos processos estudados aqui, o princípio patriarcal da lei se aplicava com maior firmeza justamente nas famílias convencionais, em que o casal era legalmente constituído e os esposos viviam juntos na hora do nascimento dos filhos. Aliás, nesses casos as pessoas tinham meios de empregar advogados para impor a lei quando esta lhes convinha. O homem amasiado que declarava seus filhos tinha, teoricamente, o mesmo direito ao *pátrio poder* que o homem casado, pois a autoridade do pai sobre seus filhos ilegítimos, se declarados – sem ser adulterinos ou fruto de incesto –, era tão absoluta quanto sobre filhos legítimos. Porém, as mães não casadas sempre tinham a possibilidade de se esquivar da prioridade paterna declarando seus filhos "de pai ignorado". Duas mulheres enfatizaram sua atividade de prostituta para refutar a paternidade dos amásios, uma até trazendo policiais para testemunhar "ao seu favor".

A discrepância entre a legislação formalista e a realidade que não se encaixava aos modelos prescritos deixava uma enorme margem de manobra aos juízes, fazendo com que estes fossem norteados pela sensibilidade contemporânea de sua classe tanto quanto pelas letras da lei.[51] Justamente nesses tantos casos em que a realidade caía entre as frestas da lei vê-se a importância do juiz enquanto *mediador* e não simples aplicador da lei.

Há indicações de que, entre os juízes, existia uma tolerância tácita das práticas familiares costumeiras. Por exemplo, o marido legal de uma mulher não era necessariamente considerado pai de seus filhos. Mostrando um reconhecimento, *de facto*, das uniões subsequentes dela, o juiz exigia a certidão de nascimento para determinar a paternidade de cada criança. Na verdade, a atitude do juiz, em muitos casos, parecia mais progressista do que a opinião pública – refletida nos discursos da acusação e no depoimento de testemunhas. O juiz passava por cima da situação irregular da mulher amancebada para lhe dar guarda dos filhos. E, no mínimo, exigia testemunhas para comprovar acusações de prostituição. Sem dúvida, o juiz exercia uma certa complacência tolerando, entre litigantes pobres, comportamentos que não teria aceitado na própria família. Mas também é possível que achasse, nessas disputas, um lugar onde aplicar novos valores familiares que dissessem respeito aos direitos da mãe e mulher. Em todo caso, mulheres amancebadas ou solteiras ganhavam suas causas contra seus companheiros com mais frequência do que suas vizinhas casadas. E, ao todo, mulheres que recorriam à justiça ganhavam suas causas um pouco mais do que os homens.

DESFECHOS

Não seria justo para o leitor terminar esse texto sem descobrir o destino de Ambrosina e Jandyra, filhas de nossos protagonistas. Ficaram com o pai, mas não por determinação da corte. No dia 21 de julho, menos de um mês depois de ter aberto o processo contra seu marido, e oito dias depois de Joaquim ter apresentado sua defesa, Eutherpe declarou à justiça que, "melhor ponderando, verifica ser conveniente aos interesses desses menores continuarem em poder de seu pae [...] que é quem ministra a educação e o sustento dos ditos menores, porisso não só desiste da apprehensão alludida como do direito que lhe cabe do exercício da tutela..." Não sabemos por que Eutherpe mudou de ideia. Será que ficou intimidada pela pompa do tribunal, imaginando que a retórica talentosa de seu marido ia, impreterivelmente, jogar o juiz contra ela? Será que desistiu porque brigou com seus pais, perdeu seu apoio e, sozinha, não tinha onde colocar as filhas? Será que a chegada de um novo companheiro mudou tudo? Não podemos saber, por certo, o que aconteceu, mas o conhecimento das diferentes dinâmicas sociais comuns em grupos populares nos ajuda a deduzir de forma mais realista.

A história de Eutherpe, enquanto mulher, mãe e pobre, não me parece muito diferente da de muitas donas de casa que conheci durante minhas andanças pelas favelas porto-alegrenses. Aconteceu muita coisa nesses últimos setenta anos: a urbanização maciça, a instauração de uma legislação trabalhista, a democratização do ensino, a legalização do divórcio, a implantação de um sistema nacional de saúde. A grande

A coesão do grupo consanguíneo, embora fundamentada na solidariedade entre ascendentes e descendentes não se limitava a isso. Estendia-se também aos parentes colaterais: irmãos, tios e primos. As unidades nucleares se diluíam nestes grupos consanguíneos em que os laços de solidariedade duradoura contrastavam com a precariedade do casamento.

maioria dos bairros populares urbanos já tem luz, água encanada, transporte público. Entretanto, em certos aspectos, a miséria hoje parece tão grande quanto a da época de Joaquim e Eutherpe: 60% dos trabalhadores ainda pertencem ao chamado "setor informal" da economia, alheia aos direitos trabalhistas; quase 50% das crianças moram em famílias com renda *per capita* inferior a um salário mínimo; os jovens casais ainda dependem dos pais para lhes fornecerem uma peça onde dormir. E quando se lê nos jornais que, nas regiões metropolitanas do país, até 25% das casas são chefiadas por mulheres, como não lembrar de Eutherpe?

Lendo os arquivos de 1920 e a partir da minha experiência etnográfica na década de 90, encontrei diversos pontos de convergência entre práticas familiares de ontem e hoje. A frequência de uniões consensuais; a *circulação* de crianças; valores que colocam laços consanguíneos como iguais ou acima dos laços conjugais; noções particulares de pureza feminina, amor materno, infância enfim. Vemos que há mais do que pressões econômicas levando a mulher a procurar um companheiro, e que o recasamento não conduz necessariamente à preservação do núcleo mãe-filhos. Trata-se de pistas não para análises explicativas que reduzem as práticas sociais a uma série de causas e consequências, mas, sim, para a compreensão de significados específicos a um universo simbólico.

A delimitação desses "universos simbólicos" calcados num modo histórico de vida, sendo um dos grandes desafios das ciências humanas contemporâneas, exige de nós um último comentário de ordem metodológica.

REFLEXÕES FINAIS

No volume III da *Histoire de la famille,* Martine Segalen e Françoise Zonabend comentam longamente a suposta "crise da família". Segundo as autoras, hoje, mais de um quarto das crianças que nascem na França são ilegítimas; cada vez menos pessoas se casam; quase um terço dos casamentos são fadados a terminar em divórcio, e os divorciados, quando acham novos companheiros, tendem a optar pela união consensual tanto quanto por um novo casamento. Seria o fim da família? As autoras respondem em uníssono: não. A fragilidade do casal contemporâneo simplesmente ressalta outros elementos da dinâmica da família, em particular, redes sociais de apoio que, em décadas anteriores, sumiam, apagadas na sombra do "casal".

A importância dessa redes, dizem as autoras, não é de ontem. Porém, só agora os historiadores estão reconhecendo e valorizando sua existência. Por que não antes? Porque as análises se amarravam na camisa de força do modelo da *família nuclear* – construção ideológica do sistema liberal pós-guerra que o apresentava como o corolário inevitável da modernidade e da industrialização. Quanto a tudo que corria fora desse modelo, *On niait ce que l'on ignorait* (Negava-se aquilo que se desconhecia).

Segalen e Zonabend atribuem o "acordar" dos sociólogos contemporâneos, em grande medida, à influência antropológica que insiste na diversidade de formas familiares, trazendo sempre à tona redes extensas – linhagens, parentelas etc. Contudo, reconhecem que comportamentos "novos" tanto quanto a cuidadosa pesquisa empírica de sociólogos e historiadores têm contribuído para explodir os mitos do passado. Analistas da vida familiar no Brasil têm trilhado muitos dos mesmos caminhos. Sabemos agora que a *família patriarcal extensa*, longamente pautada como protótipo da família no Brasil, diz respeito a apenas uma pequena parcela da história brasileira.[52] Temos provas de que a urbanização não traz a *nuclearização* inevitável da família; muitas vezes, antes ao contrário, as redes de parentesco são fortalecidas, tornando-se indispensáveis para a integração dos trabalhadores na cidade.[53] A historiografia dos últimos quinze anos reflete os benefícios desse novo olhar.

Em outro texto, Segalen traz *insights* quanto à compreensão de valores familiares em camadas subalternas. Criticando a ótica vitoriana que via no comportamento de pobres do século XX uma rejeição da família, ela contraria: não se trata de rejeição mas, sim, "apenas de uma recusa dos valores morais da burguesia que os filantropos e industrialistas teimavam em promover".[54] Sugere, assim, que, nas sociedades complexas, não é correto imaginar um só modelo familiar que se distribua de forma homogênea entre todas as camadas sociais. Às diferentes classes correspondem diferentes versões da família.[55] O reconhecimento dessas "outras" dinâmicas familiares seria essencial para controlar o moralismo inerente no olhar escrutinador – classificador e normatizador – da ciência.

No Brasil, diversos pesquisadores, olhando para a família em camadas médias, têm ressaltado dinâmicas particulares que fogem do modelo *nuclear*.[56] Pesquisas sobre a especificidade familiar em grupos populares só ganharam ímpeto nos últimos anos[57] e ainda surtiram relativamente pouco efeito em termos de estudos empíricos ou, de forma mais importante, novos métodos de pesquisa, adaptados à realidade brasileira.

O exame dos arquivos históricos coloca em questão a eficácia dos nossos instrumentos usuais de captação de dados. Ao examinar os diferentes documentos, vemos quão descolada era a lei da realidade. Sem ver a certidão de casamento, não era nunca possível saber se um casal era legalmente casado ou não. Os esposos podiam usar o mesmo sobrenome sem terem casado, ou nomes diferentes mesmo sendo casados. Os amásios se declaravam casados na hora de registrar o filho para lhe conferir o *status* de "legítimo". Uma mulher teve de desdizer a certidão de nascimento de seu enteado que a nomeava como mãe legítima. Outra conseguiu registrar, na certidão de nascimento de seu filho, os avós paternos, sem que constasse o nome do pai. O *real* estado civil dessas pessoas só aparecia quando, para ganhar a disputa judicial, o requerente ou requerido achava conveniente contar nova versão da história.

Nossos conhecimentos sobre a família nas classes trabalhadoras atuais vêm, muitas vezes, de fontes não muito diferentes desses arquivos. Nossos instrumentos de análise são talhados conforme o modelo *nuclear* e calcados na unidade doméstica. As estatísticas se apoiam em questionários aplicados em massa, em que as pessoas podem marcar o que lhes parece mais conveniente. Temos bastante material para mostrar o óbvio – a miséria escandalosa em que vive boa parte de nossa população – e pouco material sobre as dinâmicas sociais. Nosso olhar analítico bate contra o muro da pobreza, e não vamos além do choque.

Sem instrumentos adaptados à nossa realidade, ficamos atirando por alto, fazendo uma aplicação mecânica de métodos e hipóteses desenvolvidos para outros contextos. Por exemplo, é bem possível que o recente aumento do número de famílias chefiadas por mulheres esteja ligado, entre as camadas médias, ao movimento feminista e à nova autonomia da mulher. Projetar essa mesma explicação sobre grupos pobres, cuja alta taxa de mulheres chefes de família tem sido historicamente ligada à pobreza, seria um engano. Para fornecer outro exemplo de ardis analíticos, podemos evocar as atitudes familistas da classe operária francesa, refletidas na sua relativamente alta taxa de nupcialidade e baixa taxa de divórcio. Pressupor semelhante conservadorismo no que concerne aos valores familiares entre grupos populares no Brasil seria ignorar a especificidade desse contexto: aqui, as uniões consensuais e as mulheres chefes de família sempre foram e continuam sendo mais numerosas nas classes baixas do que nas classes altas. O sentimento familiar é forte, mas não é necessariamente centrado no casal, como no caso dos operários franceses.

Em suma, embora a comparação com outros contextos seja indispensável ao pensamento científico, pesquisadores devem se prevenir contra conclusões fáceis. A comparação se torna realmente útil quando é usada não para localizar supostas semelhanças entre um caso e outro, mas, sim, quando serve para ressaltar diferenças e, por conseguinte, as especificidades históricas de cada contexto. Nossa tarefa é entender as dinâmicas próprias à história brasileira. E, para tanto, são necessárias hipóteses audaciosas para testar novas pistas.

À advertência de Segalen – "Nega-se o que se desconhece" –, podemos acrescentar: "Desconhece-se aquilo que não se consegue imaginar." É na combinação fecunda de cautela e ousadia que devemos calcar nossa metodologia para avançar na compreensão sobre a realidade vivida por estes grupos subalternos: mulheres e pobres.

APÊNDICE

Depoimento de Joaquim de C. Sobrinho
13 jul. 1925
Ilmo. Sr. Juiz Distrital do 2º Distrito deste Capital

Para que V.S.ª tenha inteiro conhecimento de factos que vos são ignorados e praticados pela mulher adultera de nome Eutherpe R., passo aqui a consignar as que em presença da mesma perante V.S.ª eu provarei fazendo as interrogações do que vou relatar. Em 1920 fui accommetido a patina, reumatismo, sendo escriturário da Viação Férrea do Estado, em Santana do Livramento a ponto de ficar completamente entrevado, precizando de me tratar segui para Montividéo, Capital do Estado O. do Uruguay. Ficou a família na Cidade do Quarahy, fronteira desse paiz aqui, visinha. As pessoas que a compunham, eram: a mulher acima citada, a Ambrosina, filha que contava com annos, Jandyra com oito e Miguel com cínco annos e mezes, os quais são meus filhos legítimos. Nesse ano (1921) ella Eutherpe, adulterou-se commetendo ja um crime perante a Lei, perante a Sociedade e perante mim, quebrando os laços matrimoniais que eu os julgava inquebráveis, entretanto, ultrajado mesmo, não prossegui ação contra ella e nem quiz usar de violencias. Retirei sim de sua posse a menina chamada Ambrozina, coloquei-a em uma estancia no Estado Oriental com ordens de só ser entregue a mim, ella tentou rehaver a filha, porém, as autoridades sabedoras de seu pessimo proceder, não entregaram a menina. Ella juntou-se a um homem que além de escrofuloso era viciado em jogos, de nome Abel e naquelle tempo morador no Quarahy; deixando esse em pouco tempo, juntou-se a outro de identico teor, homem perdido em vicios, jogos e beberagens, de nome Benício, morador em Ortigas, Estado O. de Uruguay, pouco tempo tambem esteve com este e juntou-se com um terceiro de nome Theodulo R. de cor quasi negra e rengo de uma perna, castelhano e morador na cidade do Guarahy, cujo typo é pai de um filho desta mulher, nascido no Hospital de Ortigas a 12 de novembro de 1923, e, de cor parda (quasi negro) cuja criança esta nesta capital com a mãe de Eutherpe na casa número 33 A da Rua Comendador Azevedo. Estes homens, cada um a seu tempo frequentava a casa de Eutherpe, morando com ella a filha de nome Jandyra a quem hia criando nesse circulo viciado, pernicioso, assistindo a esses espetaculos, em cuja (??) podia accertar como boas e profícuas lições, sendo o exemplo de sua mãe. Ella agora quer de novo repartir em presença dessas meninas, Ambrosya com 15 anos e mezes, e Jandyra com 12 anos, os espetaculos identicos a aquelles. Em dias do mez passado a supracitada mulher, em horas que eu não estava em casa, teve uma altercação de palavras com os paes della dirigindo-lhes sem escrupulo nenhum improperios indignos de se dizer quais foram, os offendendo no que se diz de mais intimo, foi um escandalo, chamou a attenção dos vizinhos. Não tem pejo em pronunciar qualquer palavra por mais livre que seja. Não posso acreditar que V.S.ª inteirado destes factos que, são nella, habituaes, mantenha o despacho contra mim e contra minhas filhas que não tem culpa do proceder de sua indigna mãe, e, que são os unicos entes que me acompanham com amizade e harmonia, nessa minha vida de infelicidade. V. Sª é Juiz, mas, tambem é pae. Na casa onde ella parava que não fazem ainda quarenta dias, já por duaz vezes brigou, tendo que ir para outra casa. Esta mulher não esta empregada, não costura, não trabalha em lã, não tem casa que ella mesma aluga, não tem responsabilidade, anda quasi os dias inteiros fora da casa onde para, só chegando na occasião das diversas refeições, não ganha dinheiro, mas, entretanto me consta, que tem feito compra de roupa para ella e meu filho Miguel e uma cama com colchão. E esse dinheiro donde lhe veio se ella não trabalhou em lugar nenhum? E como pode ella dar subsistencia e roupa a suas filhas? Eu sou invalido, infelizmente, mais provo que além de comer e vestir, pago aluguel de casa e não devo nada a ninguem e as minhas filhas não se ressentem de falltas. Com dignidade e honestidade eu procuro ter o recurso para viver Senhor-Juiz, essa mulher não deve e nem pode ter em seu poder minhas queridas filhinhas porque seria leval-as a perdição tambem em presença de seus exemplos. O supplicante pede que junte este aos autos respectivos e que V.Sª se digne em face do exposto, ordenar o Comparecimento de Eutherpe R., seu filho Samuel (Hippolito R.) perante V. Sª para ella prestar as suas proprias declarações a respeito e responder as minhas perguntas, designando para esse fim, dia e hora. É mais mandar intimar o Sr. Tenente reformado da Brigada Militar Alvaro de Gusmão, Tenente effectivo Leovigildo Lopes da Rosa e o negociante João Polancia de Azevedo residente a rua 17 de Junho afim de deporem um dia e hora sobre os factos expostos.

Assinado: Porto Alegre,...de 1925, Joaquim...Sobrinho. De accordo – Ambozina...15 annos, A rogo de Jandyra...não saber escrever com 12 annos Ambrosina de C.

NOTAS

(1) Caracterizamos as pessoas nesses dossiês como "trabalhadores", porém não necessariamente do proletariado urbano. Nosso material, sobre camadas subalternas, serve como complemento aos estudos sobre a classe operária dessa época (ver, por exemplo, Petersen e Lucas, 1992; Mora, 1982; Deca, 1987; Alvim, 1981).

(2) Baseamo-nos em 149 processos reunidos dos 1º, 2º e 3º cartórios do Juiz de Orphãos, em Porto Alegre, que se localizam hoje nos Arquivos Públicos de Porto Alegre sob a rubrica: "Apreensão de Menores". Incluímos em outro artigo (Fonseca 1989a) uma discussão metodológica sobre os usos desse material.

(3) Numa primeira pesquisa, de 1981 a 1983, concentramos nossos esforços numa vila de invasão (cerca de 800 habitantes), composta de trabalhadores do setor informal da economia (biscateiros, papeleiros etc.). Numa pesquisa posterior, conhecemos aproximadamente 60 grupos familiares de um bairro popular que incluía, além de biscateiros, funcionários municipais (DMLU, DMAE etc.), motoristas e outros assalariados. Para mais detalhes, ver Fonseca 1984, 1987, 1995a.

(4) Referimo-nos aqui à vasta literatura inspirada no conceito de "biopolítico", cunhado por Foucault, segundo o qual houve uma "proliferação das tecnologias políticas que (investiram) sobre o corpo, a saúde, as formas de se alimentar e de morar, as condições de vida, o espaço completo da existência, a partir do século XVIII". (Donzelot, 1977: 12)

(5) Samara, 1987. p. 32-33.

(6) Ver Fukui (1980) para uma resenha sobre estudos da família no Brasil. O artigo pioneiro de Corrêa (1982) consagrou a nova perspectiva sobre a pluralidade de formas familiares na história brasileira.

(7) A revolução de 1923 foi um conflito entre borgistas e as forças que apoiaram o candidato derrotado, Assis Brasil, na campanha para presidente do estado em 1922.

(8) Ver Souza, 1993.

(9) Nos arquivos, esse termo é empregado sem maiores qualificações para apresentar tanto homens quanto mulheres no início de certos depoimentos: "Fulano, operário, X anos, natural deste Estado..."

(10) Moura (1982) e Pesavento (1994), entre muitas outras, falam desse assédio sexual, especialmente nas fábricas. Segundo Weinstein, "Talvez com a única exceção das prostitutas, a figura feminina mais estigmatizada ou problematizada no setor trabalhista era a operária industrial" (1995: 146). Donna Guy (1994), no seu estudo sobre Buenos Aires na virada do século, descreve como a mulher pobre que trabalhava fora era facilmente assimilada ao *status* de prostituta.

(11) Dias, 1984.

(12) FUNDAÇÃO DE ECONOMIA E ESTATÍSTICA (1986). Ver também Moura (1982) sobre o trabalho do menor e da mulher na indústria paulista no início do século. Alvim (1981) e Rego (1985) nos fornecem dados sobre o trabalho infantil em Recife e no Rio de Janeiro dessa época.

(13) Segundo Joaquim, "Em dias do mez passado a supracitada mulher, em horas que eu não estava em casa, teve uma altercação de palavras com os paes della dirigindo-lhes sem escrupulo nenhum improperios indignos de se dizer quais foram, os offendendo no que se diz de mais intimo, foi um escandalo, chamou a attenção dos vizinhos".

(14) Arend, 1994. p. 54.

(15) Mello (1926), *apud* Decca (1987, p. 30).

(16) Levine e Wrightson, 1980.

(17) Ver Fonseca, 1989b, para uma resenha mais detalhada desse material.

(18) Ver Donzelot, 1977.

(19) Cf. Ariès, 1981.

(20) Ver, por exemplo, Dias, 1984.

(21) "Divórcio" nessa época significa apenas separação por sentença de juiz, não existindo possibilidade de contrair novas núpcias.

(22) Ver B. N. Silva, 1984.

(23) O fato de iniciar mais processos de divórcio não reflete necessariamente a maior liberdade nem mesmo a maior insatisfação da mulher casada, mas antes a desvantagem incontestável em termos jurídicos da casada na disputa pela guarda dos filhos.

(24) Ver Smith, 1973 e Gonzalez, 1969.

(25) Watkins, 1984.

(26) Minhas pesquisas etnográficas em Porto Alegre da década de 90 tampouco revelaram qualquer tendência particular nesse sentido. Existem, no entanto, pesquisas etnográficas sobre a Bahia (Neves, 1984; Woortmann, 1987; Agier, 1990) e Rio de Janeiro que encontram, entre famílias pobres, dinâmicas matrifocais.

(27) Fonseca, 1987.

(28) Zaluar, 1985; Fonseca, 1995b.

(29) Mauch, 1992.

(30) Peristiany, 1965.

(31) Como sugere nossa experiência etnográfica, muitos homens, ao relatar suas histórias de vida, explicam que saíram cedo da casa materna porque não se davam com o padrasto. Diversas mulheres referem-se ao conflito padrasto/enteado para explicar por que não quiseram recasar, ou, tendo recasado, por que algum filho não mora com elas.

(32) Ver Saffíoti, 1969. p. 169.

(33) Sobre essas imagens, ver Perrot, 1988; Pesavento, 1994; Priore, 1989 e Freire Costa, 1979.

(34) Samara, 1986. p. 42.

(35) Arend, 1994; Esteves, 1989.

(36) Sohiet, 1986.

(37) Tiramos esses dados de uma história de vida publicada pela historiadora Petronília B. Silva (1987). (38) Aqui, tomo de empréstimo a expressão empregada por uma das donas de casa das minhas pesquisas de campo (ver Fonseca, 1993).

(39) Ver D'Incao (1989) para uma discussão sobre vigilância e autovigilância das moças do século XX.

(40) Ver Silva, 1995; Shirley, 1990; Fonseca, 1995b.

(41) Na sua pesquisa sobre processos de defloramento no Rio de Janeiro (cerca de 1900), Esteves consta que, entre as vítimas, havia de duas a três vezes mais meninas que não moravam com o pai do que as que viviam sob o teto paterno. Silva, falando sobre São Paulo colonial, diz que "a maior parte das seduções ou raptos ocorriam quando o pai se encontrava viajando" (1984, p. 191).

(42) Ver Woortmann, 1993.

(43) Silva, 1984. p. 80.

(44) Termo que designava um bordel. Acham-se nos jornais da época descrições impressionantes desses lugares: "Percorra-se, à noite, esses becos escabrosos e então só se poderá julgar das nossas palavras. Ver-se-ão verdadeiras crianças de 11 e 12 anos exploradas em 'maternidades', alcoolizando-se todas as noites, cobrindo-se de feridas más..." (*O Independente*, 24 ago. 1911, *apud* Pesavento, 1994. p. 138).

(45) Caso descrito por Soihet, 1986.

(46) Gilfoyle, 1992. p. 69.

(47) *Ibid.* Não obstante, excelentes pesquisas históricas sobre prostituição como, por exemplo, a de Rago (1991). Não temos, para o caso brasileiro, dados comparáveis aos levantados por Gilfoyle.

(48) Para uma análise mais detalhada sobre a circulação das crianças, ver Fonseca, 1995.

(49) Durham, 1978; Boyer, 1992; Agier, 1990.

(50) Barsted, 1987. p. 103.

(51) O próprio Código Civil deixava uma margem de liberdade ao juiz: "Havendo motivos grandes, poderá o juiz, em qualquer caso, a bem dos filhos, regular por maneira differente da estabelecida nos artigos anteriores a situação delles para com os pais" (art. 327).

(52) Corrêa, 1982.

(53) Durham, 1978.

(54) Segalen, 1986. p. 506.

(55) Veja Reiter (1991) e Stack (1975) para uma discussão da diversidade de formas familiares nos Estados Unidos.

(56) Barros, 1987; Abreu, 1982.

(57) Bilac, 1995; Duarte, 1986, 1995; Sarti, 1996.

BIBIOGRAFIA

Alba Zaluar. *A máquina e a revolta:* as organizações populares e o significado da pobreza. São Paulo: Brasiliense, 1985.

Ângela Mendes de Almeida. *Pensando a família no Brasil:* da colônia à modernidade. Rio de Janeiro: Espaço e Tempo, UFRRJ, 1987.

Arlette Farge, Christiane Klapisch-Zuber (org.). *Madame ou Mademoiselle?* Paris: Montalba, 1984.

Barbara Weinstein. As mulheres trabalhadoras em São Paulo: de operárias não qualificadas a esposas profissionais. *Cadernos Pagu*, 4:1995, 143-171.

Carmen Barroso. Sozinhas ou mal-acompanhadas – a situação das mulheres chefes de família. *In*:. *Anais do Primeiro Encontro Nacional de Estudos populacionais*. (ABEP), 1978.

Cláudia Fonseca. A história social no estudo de parentesco: uma excursão interdisciplinar. *BIB*, 1989a, 27: 51-73.

______. Aliados e rivais na família: O conflito entre consanguíneos. *Revista Brasileira de Ciências Sociais*, 1987, 4(2): 88-102.

______. Bandidos e mocinhos: antropologia da violência no cotidiano. *Humanas*: Revista do Instituto de Filosofia e Ciências Humanas, 1995b, 16(2): 91-108.

______. *Caminhos da adoção*. São Paulo: Editora Cortez, 1995a.

______. La violence et la rumeur: le code d'honneur dans un bidonville brésilien. *Les Temps Modernes*,

1984, 455: 2193-2235.

______. Pais e filhos em camadas populares do início do século: um outro tipo de amor. *In*: *Amor e família no Brasil* (M. A. D'Incao, ed.). São Paulo: Achiamé, 1989b.

Cláudia Mauch. *Ordem pública e moralidade:* imprensa e policiamento urbano em Porto Alegre na década de 1890. Dissertação de Mestrado, PPG História, UFRGS, 1992.

Cynthia Sarti. *A família como espelho:* um estudo sobre a moral dos pobres. Campinas: Editora Autores Associados/Fapesp, 1996.

David Levine, Keith Wrightson. The social context of illegitimacy in early modern England. *In*: *Bastardy and its comparative history* (Laslett, org.). London: Edward Arnold Publications, 1980.

Delma Pessanha Neves. Neste terreiro galo não canta. *Anuário Antropológico 83*, 1984.

Donna Guy. *El sexo perigoso:* la prostitución legal en Buenos Aires, 1875-1955. Buenos Aires: Editorial Sudamericana, 1994.

Elisabete Dória Bilac. Família: algumas inquietações. *In*: Maria do Carmo Brant de Carvalho, (org.). *A família contemporânea em debate*. São Paulo: Educ, 1995.

Eni de Mesquita Samara. *A família brasileira*. São Paulo: Brasiliense, 1986.

______. Tendências atuais da história da família no Brasil. *In*: A. M. de Almeida *et al*. *Pensando a família no Brasil*. Rio de Janeiro: Espaço e Tempo (UFRRJ), 1987.

Esmeralda Blanco B. de Moura. *Mulheres e menores no trabalho industrial:* os fatores sexo e idade na dinâmica do capital. Petrópolis: Vozes, 1982.

Eunice Durham. *A caminho da cidade*. São Paulo: Perspectiva, 1978.

FUNDAÇÃO DE ECONOMIA E ESTATÍSTICA. De província de São Pedro a Estado do Rio Grande do Sul: censos do Rio Grande do Sul, 1803-1950. Porto Alegre, 1986.

Heleieth Saffioti. *A mulher na sociedade de classe:* mito e realidade. São Paulo: Livraria Quatro Artes, 1969.

Howard Becker. *Uma teoria da ação coletiva*. Rio de Janeiro: Zahar, 1977.

J. G. Persistiany. *Honour and shame:* the values of Mediterranean society. London: George Weidenfeld & Nicolson, 1965.

Jacques Donzelot. *La police des familles*. Paris: Éditions de Minuit, 1978.

José Sérgio Leite Lopes (coord.). *Cultura & identidade operária*. São Paulo: Marco Zero, Rio de Janeiro: UFRJ-PROED, 1987.

Jurandir Freire Costa. *Ordem médica e norma familiar.* Rio de Janeiro: Graal, 1979.

Klaas Woortmann. *A família das mulheres.* Rio de Janeiro: Tempo Universitário, 82, 1987.

_______. e Ellen F. Woortmann. Fuga a três vozes. *Anuário Antropológico,* 1993, 91: 89-138.

Leila Linhares Barsted. Permanência ou mudança? O discurso legal sobre a família. *In*: *Pensando a família no Brasil:* da colônia à modernidade. Rio de Janeiro: Espaço e Tempo, UFRRJ, 1987.

Lia Fukui. Estudos e pesquisas sobre família no Brasil. *BIB,* 1980, 10: l-50.

Luiz Fernando Duarte. *Da vida nervosa nas classes trabalhadoras urbanas.* Rio de Janeiro: Zahar, 1986.

_______. Horizontes do indivíduo e da ética no crepúsculo da família. *In*: Ivete Ribeiro (org.). *Família e sociedade brasileira:* desafios nos processos contemporâneos. Rio de Janeiro: Fundação João XXIII, 1994.

Margareth Rago. *Do cabaré ao lar*: a utopia da cidade disciplinar. Rio de Janeiro: Paz e Terra, 1985.

_______. *Os prazeres da noite*: prostituição e códigos da sexualidade feminina em São Paulo (1890-1930). Rio de Janeiro: Paz e terra, 1991.

Maria Ângela D'Incao. O amor romântico e a família burguesa. *In*: M. A. D'Incao (org.). *Amor e família no Brasil.* São Paulo: Contexto, 1989.

Maria Auxiliadora Guzzo Decca. *A vida fora das fábricas:* cotidiano operário em São Paulo 1920-1934. Rio de Janeiro: Paz e Terra, 1987.

Maria Beatriz Nizza da Silva. Mulheres brancas no fim do período colonial. *Cadernos Pagu 4,* 1995: 75-96.

_______. *Sistema de casamento no Brasil colonial.* São Paulo: Edusp, 1984.

Maria Odila Leite da Silva Dias. *Quotidiano e poder em São Paulo no século XIX.* São Paulo: Brasiliense, 1984.

Maria Rosilene B. Alvim. *Trabalho infantil e reprodução social* [o trabalho das crianças numa fábrica com vila operária]. Rio de Janeiro: IUPERJ, Grupo de Estudos Urbanos, 1981.

Mariza Corrêa. Repensando a família patriarcal brasileira. *In*: *Colcha de retalhos:* estudos sobre a família no Brasil. São Paulo: Brasiliense, 1982.

Martha Esteves. *Meninas perdidas:* os populares e o cotidiano do amor no Rio de Janeiro da Belle Époque. Rio de Janeiro: Paz e Terra, 1989.

Martine Segalen, Françoise Zonabend. Familles en France. *In*: *Histoire de la famille.* Paris: Armand Colin, 1986. v. 3 [Le choc des modernités].

Martine Segalen. La révolution industrielle: du prolétaire au bourgeois. *In*: *Histoire de la famille. Op. cit.*, v. 3.

Mary Del Priore. O corpo feminino e o amor: um olhar. *In*: M. A. D'Incao (org.). *Amor e família no Brasil.* São Paulo: Contexto, 1989.

Michel Agier. Le sexe de la pauvreté: hommes, femmes et familles dans une "avenida" à Salvador de Bahia. *Cahiers du Brésil Contemporain.* 1990, 8: 81-112 (Paris - MSH).

Michelle Perrot. *Os excluídos da história.* São Paulo: Paz e Terra, 1988.

Miriam Lins de Barros. *Autoridade e afeto:* avós, filhos e netos na família brasileira. Rio de Janeiro: Zahar, 1987.

Nancie L. Gonzalez. *Black Carib household structure:* a study of migration and modernization. Seattle: University of Washington Press, 1969.

Olímpio de Azevedo Lima. *Recenseamento da população do município de Porto Alegre.* Porto Alegre: Livraria do Comércio, 1922.

Ovídio de Abreu Filho. Parentesco e identidade social. *Anuário Antropológico 80,* 1982, p. 95-118.

Peter Laslett, K. Osterveen, R. M. Smith (coord.). *Bastardy and its comparative history.* London: Edward Arnold, 1980.

Petronilha Beatriz G. Silva. *Histórias de operários negros.* Porto Alegre: Nova Dimensão, 1987.

Philippe Ariès. *História social da criança e da família.* São Paulo: Zahar, 1981.

R. T. Smith. The matrifocal family. *In*: J. Goody (coord.). *The character of kinship.* New York: Cambridge University Press, 1973.

Rachel Sohiet. É proibido não ser mãe. *In*: Ronaldo Vainfas (org.). *História e sexualidade no Brasil.* Rio de Janeiro: Graal, 1986.

Renato Pinto Venâncio. Nos limites da Sagrada Família: ilegitimidade e casamento no Brasil colonial. *In*: Ronaldo Vainfas (org.). *História e sexualidade no Brasil.* Rio de Janeiro: Graal, 1986.

Robert Shirley. Recreating communities: the formation of community in a Brazilian shanty-town. *Urban Anthropology*, 1990, 19: 256-276.

Sandra Jatahy Pesavento. *O cotidiano da República:* elite e povo na virada do século. Porto Alegre: Editora da UFRGS, 1990.

________. *Os pobres da cidade:* vida e trabalho, 1880-1920. Porto Alegre: Editora da UFGRS, 1994.

Sílvia Arend. *Um 'olhar' sobre a família popular porto-alegrense* 1886-1906. Dissertação de História. PPG de História, UFRGS, 1994.

_______. Um popular vai à guerra. *In*: Zita Possamei (org.). *Revolução de 1893*. Porto Alegre: Secretaria Municipal da Cultura, 1993.

Sílvia R. F. Petersen, M. Elizabeth Lucas. *Antologia do movimento operário gaúcho:* 1870-1937. Porto Alegre: Editora da Universidade/Tchê, 1992.

Susan Cotts Watkins. Spinsters. *Journal of family history*, 1984, 9(4): 310-325.

Susana Bleil de Souza. A fronteira na revolução de 1893. *In*: Zita Possamei (org.). *Revolução de 1893*. Porto Alegre: Secretaria Municipal da Cultura, 1993.

Timothy J. Gilfoyle. *City of Eros:* New York City, prostitution and the commercialization of sex, 1790-1920. New York: W.W. Norton & Co., 1992, p. 69 [tradução do trecho citado por C.F.].

Véronique Boyer. *Les compagnons invisibles*. Paris: Harattan, 1992.

DE COLONA A BOIA-FRIA

Maria Aparecida Moraes Silva

Desembarcando do navio que a trouxera da Itália juntamente com sua família, talvez viesse esperançosa. Em tempos de mudanças aceleradas, fim de século, poderia ter chances de melhorar de vida trabalhando ao lado do marido e dos filhos (que fossem muitos!) em uma fazenda de café paulista. Receberiam uma casinha e ficariam responsáveis por um certo pedaço de terra. Ela poderia conciliar os afazeres domésticos com o trabalho na lavoura... tudo lhe parecia tão novo, mas sua vida como colona não seria fácil...

Subindo no caminhão que a leva, com outros tantos trabalhadores temporários, para a plantação de cana, procura ocultar com as roupas a gravidez proibida – "mulheres grávidas não podem 'pegar' caminhão". Não há outro jeito, para sobreviver é preciso trabalhar. Sem uma terra própria e com tantas despesas – roupas, aluguéis, alimentação – tem de ir aonde oferecem trabalho. Sente-se só, depende apenas de si mesma. Ainda que tivesse um marido ou companheiro, os ganhos provavelmente não seriam suficientes para garantir o sustento da família. A vida de boia-fria não é fácil...

De colonas a boias-frias em terras paulistas. Essa, a vida das trabalhadoras do campo.

A MULHER COLONA

A figura da mulher colona aparece nas áreas rurais paulistas no momento em que a mão de obra escrava é substituída pela mão de obra livre na agricultura de exportação. Esse sistema de trabalho, que passou a ser conhecido como colonato, foi adotado pelos fazendeiros de café nas últimas décadas do século XIX para solucionar o problema da mão de obra com os braços do imigrante europeu. Por volta de 1880, e principalmente após 1884-1886, quando se inicia a imigração subsidiada, chegaram a São Paulo e dirigiram-se para a lavoura cafeeira milhares de trabalhadores estrangeiros, sobretudo italianos.[1] O crescimento da economia cafeeira em São Paulo gerou o capital que permitiu o subsídio da imigração e a ideologia da elite dominante privilegiou o contingente branco.

Os fazendeiros contratavam unidades familiares que, em sua maioria agricultores, eram atraídas pela propaganda e pelos subsídios de viagem oferecidos pelo governo brasileiro. Emigravam como uma forma de resistência ao processo de proletarização em seus países de origem, à perda de terras; fugiam da crise de desemprego e eram motivados pela possibilidade de manterem um tipo de trabalho de bases familiares.[2]

Assim, o trabalho das mulheres estava incluído no contrato feito com sua família. Exigia-se que cada família tivesse pelo menos um membro do sexo masculino entre 12 e 45 anos; importava que fossem contratadas famílias cujo maior número de elementos estivesse apto ao trabalho, de preferência homens. Na lavoura cafeeira, a pessoa a partir dos 12 anos, homem ou mulher, já era considerada "de trabalho".

> No interior das fazendas, [as famílias] eram instaladas nas colônias, agrupamentos de casa que se localizavam em diferentes planos da plantação distantes umas das outras. Ficavam também distantes – umas mais, outras menos – da sede da fazenda onde se localizavam o terreiro, a casa do proprietário, a casa do beneficiamento do café, o escritório, a capela, a serraria e outras dependências necessárias à produção cafeeira [...] De modo geral, colocavam-se os parentes e patrícios numa mesma colônia, o que facilitava a assimilação ao novo ambiente.[3]

Segundo o contrato anual acertado com o fazendeiro, a família colona recebia, proporcionalmente ao número de braços aptos ao trabalho, a tarefa de cuidar de uma quantidade determinada de pés de café em troca de um ganho monetário. Além disso, os colonos também deveriam prestar serviços avulsos, remunerados ou não, ao fazendeiro. Em contrapartida, a família tinha permissão para plantar culturas de subsistência intercalares nos cafezais, ou um lote de terra para essas culturas,[4] e recebia, em dinheiro, uma quantia fixa pelo cuidado – limpeza das ervas daninhas – do lote do cafezal e mais uma quantia proporcional ao volume de café colhido. Tinha também garantidos moradia gratuita e um pedaço de terra – proporcional ao número de pés de café sob seus cuidados – para plantar milho, feijão e arroz. Era permitido manter uma pequena horta ao redor da casa, criar porcos ou galinhas e usar as pastagens para algumas poucas vacas ou cavalos. O que a família conseguia produzir era usado para sua subsistência e o excedente poderia ser comercializado pelos colonos,[5] vendido ao próprio fazendeiro ou nas fazendas, vilas ou cidades da vizinhança.

No início do sistema de colonato, em virtude de fertilidade natural das terras, a produção de subsistência dos colonos ultrapassava suas próprias necessidades. Essa situação permitia a venda dos excedentes, possibilitando-lhes a compra de produtos, tais como sal, óleo, açúcar, tecidos, medicamentos, alguns instrumentos de trabalho, enfim produtos que não eram produzidos pela indústria doméstica. Os colonos chegavam a consumir 70% de seus produtos, vendendo os 30% restantes.[6]

Para o fazendeiro, essa produção também era importante, pois lhe permitia pagar baixos salários aos colonos. Ao explorar o trabalho familiar, o fazendeiro fazia com que todos os membros da família em condições de executar determinadas atividades se sentissem estimulados a participar do trabalho produtivo. A família era a um só tempo produtora e consumidora; cuidava de sua subsistência sem comprometer a produção cafeeira, voltada para o mercado. Assim, os custos eram reduzidos para o fazendeiro, que não sentia necessidade de garantir remunerações mais elevadas a seus colonos.

A indústria doméstica tinha um peso importante na produção para o consumo da família colona: preparo de carnes de vaca e de porco, gordura, doces, conservas, farinha de milho, de mandioca e polvilho. O processo de produção do polvilho e da farinha de mandioca prolongava-se por mais de um mês e exigia a participação constante das mulheres e crianças. A fabricação de sabão, costura de roupas para toda a família, confecção de colchões e cobertores, produção de rapaduras, queijo, manteiga, além das tarefas relativas ao beneficiamento de arroz e café nos pilões, eram outras obrigações das mulheres. A participação dos homens na indústria doméstica referia-se mais à produção de cestos, balaios, móveis – bancos, cadeiras, mesas, armários etc.

O setor de subsistência, assentado na produção das culturas alimentares e da indústria doméstica, conferia aos colonos a "fartura" manifesta nas despensas cheias de alimentos – algo inexistente nos dias atuais face à situação de miserabilidade dos trabalhadores boias-frias. Com a queda natural da fertilidade das terras, após sucessivas plantações, decaíam, por conseguinte, os níveis de produtividade, comprometendo, no decorrer dos anos, a economia familiar.

Contratando famílias inteiras de trabalhadores, o fazendeiro também podia contar com o fato de que a própria família exerceria um controle sobre o trabalho de cada um de seus membros; depois de assinado o contrato, a organização, o andamento e a qualidade do trabalho exercido ficavam por conta da família, dependiam do esforço de cada um. Era a cooperação de todos que assegurava ao grupo sua sobrevivência. Dessa maneira, os colonos se sentiam incentivados a trabalhar muito, poupar, quando possível, e a reduzir seus gastos ao que consideravam estritamente necessário.[7]

As mulheres exerciam um papel muito importante no sistema de colonato. Seu sucesso dependia da capacidade das mulheres de aproveitarem ao máximo as vantagens desse regime de trabalho, que lhes permitia conjugar o trabalho da casa com o da roça e do cafezal. Mas, apesar de desempenharem tarefas dentro de casa, na roça de subsistência e no cafezal, as mulheres não existiam enquanto trabalhadoras individualizadas, porque seus trabalhos eram englobados no trabalho familiar controlado diretamente pelo pai-marido.

A organização do trabalho – a alocação dos diferentes membros da família no trabalho – cabia ao homem. Sendo simultaneamente chefe da família e do trabalho, seu poder atingia a todos os membros, transformando filhos e mulher praticamente em *seus* trabalhadores. As crianças dos 7 aos 11 anos de idade já se dedicavam a tarefas domésticas, a partir dos 12 anos já eram incluídas nas atividades na roça e no cafezal. A mulher aparecia como mãe, filha ou esposa. Era como se o trabalho familiar mascarasse o trabalho realizado pelas mulheres e crianças, pois era o homem, o chefe da família, quem fazia o contrato de trabalho com o proprietário das terras. O trabalho de sua mulher e seus filhos eram tomados como um pressuposto, ainda que não pudesse ser delimitado com precisão.

Essa situação estava perfeitamente de acordo com a condição exigida pelo serviço de imigração: a introdução do imigrante em família que permitiria ao fazendeiro obter um suplemento de mão de obra barata fornecida pelos membros femininos e infantis; enquanto aos colonos se tornava possível, através da cooperação da família como uma unidade, um melhor aproveitamento das oportunidades de ganho.[8]

As mulheres e os jovens de 12 a 16 anos eram considerados *meia enxada*, como se produzissem a metade do que era capaz de produzir um homem adulto, embora, em muitos casos, pudessem chegar a produzir tanto quanto os homens. *Enxada* era o trabalhador adulto do sexo masculino, acima dos 17 anos de idade, com plena capacidade física e dedicado integralmente ao trabalho no cafezal e na roça.

A participação das mulheres casadas no trabalho produtivo do café dependia de vários fatores: estarem ou não liberadas das tarefas domésticas, se tinham ou não filhos pequenos precisando de seus cuidados; se podiam ou não contar com a ajuda de filhas crescidas nos trabalhos da casa; se seus filhos já estavam crescidos o suficiente para trabalharem na terra, permitindo que a mãe pudesse voltar-se para os trabalhos domésticos. O trabalho da mulher dependia então do ciclo vital da família. O nascimento dos filhos impedia a mulher de executar tarefas no cafezal; com o crescimento destes, ela ficava liberada para o trabalho na roça; e à medida que os filhos iam assumindo o trabalho produtivo na lavoura, a mãe retornava aos trabalhos domésticos.[9]

As mulheres que trabalhavam no cafezal aproveitavam as noites e as madrugadas para o serviço doméstico. A jornada de trabalho feminina acabava sendo maior que a do homem. Muitas dentre elas, quando grávidas, trabalhavam até quase a hora de dar à luz, e não eram raros os casos em que as crianças nasciam sob os cafeeiros.[10] Outras criaram os filhos "debaixo dos pés de café".[11] Inúmeros eram os arranjos produzidos para o enfrentamento das dificuldades e o cumprimento das funções relativas à produção e reprodução das famílias.

No colonato, a distribuição do tempo de trabalho da mulher era feita de forma distinta daquela que, hoje, ocorre no assalariamento. Assim, o trabalho "dentro da casa" – limpeza, preparo dos alimentos, cuidado dos filhos, indústria doméstica – complementava aquele "fora da casa" – na roça de subsistência ou nos cafezais. O trabalho no interior da casa ocupava a mulher o ano todo; o trabalho na roça ocorria, principalmente, nos meses de outubro a maio. No período de maio a agosto, ela trabalhava na colheita do café e, a partir do mês de setembro, eventualmente, podia trabalhar na carpa do café. Para os fazendeiros, as mulheres colonas eram interessantes no sentido de que, como mães, poderiam gerar, criar e cuidar de futuros trabalhadores, além de participarem, sempre que possível, do trabalho na roça de subsistência e no cafezal.

Como vimos, o chefe da família apresentava-se diante da esposa e dos filhos como a personificação da exigência dos proprietários – como o verdadeiro "patrão", o supervisor e o capataz. O poder masculino centrava-se na figura do pai-marido-patrão. Muitos depoimentos de ex-colonas mostram que a autoridade do homem poderia ser expressa até no olhar: "Meu pai não precisava falar com a gente, bastava olhar, e a gente sabia o que ele queria ou não." Essa autoridade não dizia respeito apenas ao trabalho. Ela perpassava todo o tecido social, de tal maneira que as mulheres e filhos estavam sujeitos a um conjunto de normas e valores sociais que reforçavam o domínio e o poder dos homens. Alguns depoimentos dão conta da situação deste controle.

> Uma coisa que ele não gostava era que a gente (mulher) fosse na sala. Era só na cozinha. Ele não deixava.

Meu pai não era um pai que batia, mas a gente tinha medo [...] Os meus irmãos iam brincar de bola, eu ia também. Aí, ele mandava parar e dizia: você é mulher, não pode brincar de bola. Nunca saía de dentro de casa. Minha mãe também não. Minha mãe tinha que fazer o que ele queria. Na casa, quem mandava era ele. Meus irmãos faziam parte da Folia de Reis. Meu pai era o mestre da Folia; eu não podia, porque era mulher. Eu tinha que ficar sentadinha num canto, olhando [...] Eu não podia cantar junto com eles. Só tinha uma mulher em Terra Roxa, naquela época, que ajudava os homens a cantar Reis. Ela ia sozinha, no meio dos homens, da Folia. Mas, ela era muito falada, porque andava no meio dos homens.

Os colonos, na maior parte europeus, eram contratados por unidade familiar e tanto os homens quanto as mulheres trabalhavam na agricultura.

Como mostra o depoimento, os cerceamentos impostos pelos homens às mulheres resultam da existência de uma organização social diferenciadora, na qual também se acham inseridas as relações familiares do colono.

Muitos valores familiais eram mantidos em virtude das relações de compadrio, vizinhança e parentesco vigentes no espaço das fazendas. Entre os colonos do café havia uma grande incidência de casamentos homogâmicos.[12] A organização do espaço e do trabalho isolava as famílias nas colônias, onde eram agrupadas geralmente famílias de mesma origem, e nos talhões dos cafezais. Esse fato contribuía para restringir o mercado matrimonial, e a separação física e étnica reforçava os valores e os padrões sociais e culturais existentes dentro de um mesmo grupo. Deve-se ainda considerar que o casamento não era só resultante desta divisão física do espaço; outros fatores interferiam nas escolhas matrimoniais, como os valores referentes à conduta ética do trabalho: a sobrevivência e o sucesso da família dependiam, entre outras coisas, da postura e da capacidade de cada um diante do trabalho.

> Por isso, a escolha do parceiro matrimonial recaía em gente de 'boa família', o que significava gente trabalhadora, fisicamente forte e saudável [...] portanto gente conhecida com quem se mantinha vínculos de vizinhança, amizade e solidariedade, geralmente pessoas da mesma origem étnica. As moças eram incentivadas ao casamento e desestimuladas ao celibato, depois de casadas, a expectativa era de que logo tivessem filhos.[13]

No que tange ao tamanho da família do colono, a inexistência de um maior número de pesquisas[14] traz dificuldades para uma afirmação definitiva sobre a questão. Alguns estudos revelam que a família dos colonos era de tamanho mediano, em torno de 7 pessoas, das quais aproximadamente 3 eram "pessoas de trabalho" ou "enxadas".[15] Por outro lado, estudos referentes a um período mais recente e baseados em depoimentos de colonos apontam para a existência de famílias mais numerosas.[16] Há evidências de que existia uma alta taxa de fecundidade das mulheres, mas uma alta taxa de mortalidade infantil em razão das condições precárias de higiene e da enorme incidência de doenças.[17] Esse fato justificava, em muitos casos, o baixo número de filhos entre os colonos.

A produção cafeeira exigia também outros tipos de trabalhadores para a execução de diversas tarefas: diaristas, mensalistas e formadores de café – aqueles que faziam o trabalho de arrancar a mata, preparar o terreno e plantar o café. Esses eram, em geral, negros, mestiços, trabalhadores nacionais, em sua maioria esmagadora do sexo masculino.

Sobre eles recaía o peso da discriminação racial, da inferioridade, da incapacidade. Ocupavam um lugar marginal no mercado de trabalho; não recebiam parcelas de terra para a subsistência, exceto os "formadores de café", acabavam cuidando dos piores cafezais e ainda podiam ser dispensados a qualquer hora.[18] Como se constituíam numa espécie de "reserva de mão de obra", as relações de poder exercidas pelo proprietário sobre eles eram diferentes das sofridas pelos colonos. O caráter eventual de suas tarefas impingia-lhes a itinerância no trabalho de uma fazenda a outra. Eram trabalhadores contratados por tempo determinado.[19] Esses trabalhadores nacionais eram contratados individualmente, mesmo que fossem casados e com filhos. Desse modo, não recaíam sobre eles a necessidade e a expectativa de se constituírem em famílias e, sobretudo, numerosas.

> Isto não quer dizer que membros da família de camaradas (os trabalhadores nacionais) não trabalhassem. Na verdade, era muito comum a esposa do camarada trabalhar de 'empreita' já que os seus afazeres domésticos impediam que trabalhasse por dia. Significa, apenas, que a família não era definida como unidade de trabalho coletivo, como ocorria com a família dos colonos.[20]

Para as mulheres solteiras nacionais, os serviços domésticos na casa do proprietário era praticamente a única possibilidade de trabalho na fazenda cafeeira.

MUDANÇAS

Até a década de 1950, prevalecia na agricultura do estado de São Paulo um sistema de trabalho bastante diferenciado. A categoria dos colonos representava 20% do total dos trabalhadores, os parceiros, arrendatários e pequenos proprietários correspondiam à metade, e os assalariados perfaziam cerca de 30%.

A partir de 1960, essa situação mudou radicalmente, em virtude do violento processo de modernização, caracterizado pela concentração da propriedade da terra, expulsão maciça dos trabalhadores residentes, mudanças nas relações de trabalho e implantação de novos produtos agrícolas.

Todas essas transformações foram mais acentuadas no período posterior a 1975, com a criação do plano governamental Proálcool,[21] responsável pelas grandes plantações de cana no estado de São Paulo, principalmente na região agrícola de Ribeirão Preto. No período 1968-1970, a cana-de-açúcar ocupava uma área de 1.694.649 ha no estado de São Paulo; entre 1986 e 1988, a extensão passa a 4.130.369 ha – um crescimento de quase 2,5 vezes.[22]

A MULHER BOIA-FRIA

Em virtude do processo de modernização da agricultura na virada dos anos 50 para os anos 60, iniciou-se o êxodo dos trabalhadores residentes nas fazendas para as cidades. É nesse momento que surge, no cenário do mercado de trabalho no campo, o volante, o trabalhador temporário residente nas cidades-dormitórios, também cognominado boia-fria. Entre 1960 e 1980, dois milhões e meio de pessoas já tinham deixado de viver na área rural do estado de São Paulo.[23]

Morar nas cidades significou para o trabalhador a perda da roça de subsistência e da indústria doméstica e, paralelamente, o aumento dos gastos com a própria sobrevivência, tais como: água, luz, gás, impostos, aluguel, transporte etc. O aumento de gastos não foi acompanhado daqueles referentes aos salários.[24]

Aos poucos, essa situação foi adquirindo características de miserabilidade: desnutrição, doenças, fruto da carência alimentar, das péssimas condições de vida, dos baixos salários. Estudos indicam que os filhos desses trabalhadores apresentam um crescimento bem inferior à média; quanto às doenças, as mais comuns são: asma, bronquite, pneumonia, câncer no escroto – provocado pela curvatura do corpo durante o corte da cana.[25]

O aparecimento do trabalhador individualizado provocou mudanças no interior da família. O homem, ao perder as funções anteriores relativas à gestão do trabalho, deixa de ser o pai-marido-patrão. Torna-se, paulatinamente, o "provedor defeituoso" da família, na medida em que a mulher e os filhos são obrigados também a se assalariar para garantir as condições mínimas da sobrevivência.

O trabalho da mulher foi redefinido, não mais englobado no contrato de trabalho feito pelo marido ou pelo pai. Através da venda livre de sua força de trabalho no mercado, as mulheres foram reabsorvidas e submetidas a um intenso processo de exploração e dominação, predominante no eito dos canaviais, laranjais e cafezais. As mulheres passaram a se empregar no corte da cana, na colheita de café, laranja, algodão, amendoim. Houve um crescimento em torno de 30% no emprego temporário das mulheres, no período entre 1975-1985.[26] Dados recentes demonstram que, embora o trabalho da mulher não seja tão rentável quanto o do homem, seu salário não é proporcional a essa diferença, é bem mais baixo; o que mostra a discriminação contra as mulheres na fixação de salários.[27]

Nessa passagem, a expropriação da roça de subsistência, da indústria doméstica e de seu saber fazer significou, num primeiro momento, confinamento da mulher no espaço da casa. O trabalho "para a gente", a família da mulher, cedeu lugar ao trabalho "em casa". Mas não demorou muito para a mulher deixar o espaço da casa e começar a trabalhar fora, a trabalhar "para os outros", nas fazendas ou nas usinas, em troca de salário. Sair de casa representou profundas alterações na vida dessas mulheres, como também na estrutura interna da família.

Entretanto, é bom salientar que a individualização do trabalho não provocou a igualdade nas relações entre homens e mulheres, e nem a inversão na estrutura de poder. A independência econômica feminina não representou o término das desigualdades entre homens e mulheres porque elas não se resumem à esfera econômica e material. Estão presentes na cultura, nas ideias, nos símbolos, na linguagem, no imaginário; enfim, formam um conjunto de representações sociais que impregnam as relações.

Com a nova realidade do trabalho, torna-se mais visível a discriminação contra as mulheres: salários menores, maior frequência do não registro em carteira, além de assédios sexuais por parte dos feitores, empreiteiros e outros agentes do controle do trabalho.[28]

Com a proletarização, essas mulheres ganham a dupla jornada de trabalho, perdem o saber doméstico de antes,[29] e, muitas vezes, assumem a criação dos filhos sozinhas, pois os maridos ou companheiros não se responsabilizam pela paternagem. Tornam-se mulheres sós com filhos.[30]

Não interessa mais aos proprietários de fazendas e usinas o modelo familiar de antes,[31] igualmente não interessam mais também as mulheres enquanto parideiras, produtoras de inúmeros filhos para o trabalho. O corpo de antes, feito para produzir mercadorias e filhos, reduz-se, agora, à geração de energia para desfechar golpes duros e rápidos na cana, encher caixas de laranjas e latas de café.

Mediante as novas imposições estabelecidas pelas usinas e fazendas, torna-se necessário o controle da reprodução humana. O trabalho durante a gravidez é, em muitos casos, proibido. Premidas pelas necessidades de sobrevivência, muitas "escondem" a gravidez sob as vestes, burlando o rígido controle dos empreiteiros de mão de obra que impede as grávidas de subir no caminhão que transporta os boias-frias, ou, até mesmo, exige atestado de esterilidade, inexistente do ponto de vista jurídico.[32]

Com avanço do processo de modernização, a demanda de mão de obra no campo vem-se reduzindo, drasticamente, nos últimos anos. Em razão dessa situação, muitas usinas limitaram para nove o número de mulheres por caminhão ou ônibus de transporte. Logicamente as boias-frias escolhidas são aquelas que apresentam maior produtividade no trabalho e que não correm o risco de ficarem grávidas. Para muitas, diante dessas imposições, restam as alternativas: ou ter filhos, ou trabalhar, ou praticar abortos.

Com a passagem do regime de colonato para o assalariamento, as mulheres *ganharam* ainda a dupla jornada de trabalho. No espaço da casa, as mulheres continuaram arcando com todo o trabalho doméstico, realizado durante uma jornada extensa e intensíssima. Suas vidas, especialmente se mães, resumem-se ao trabalho. Levantam-se, em geral, às 4h da manhã, preparam a comida para elas e os demais membros da família que trabalham fora e também para os que ficam na casa. Às 6h, "pegam" o caminhão ou ônibus para uma jornada de trabalho de nove a dez horas, inclusive aos sábados. Ao chegarem a casa, por volta das 18h ou 19h, ainda vão preparar o jantar, lavar roupa, limpar a casa e cuidar dos filhos, podendo receber ajuda de outras mulheres, pois a participação masculina no trabalho doméstico é muito rara. Nunca dormem mais de seis horas por dia. Aos domingos, dedicam-se às tarefas domésticas. Raramente, sobra-lhes tempo para o lazer.

Em muitos casos, prevalece a violência doméstica perpetrada pelo homem. Apesar de o poder do homem ter sido abalado com o assalariamento da mulher e filhos, as relações assimétricas continuam. Pode-se ainda afirmar que essas mulheres vivenciam uma situação de dupla ou tripla discriminação social: a que marca a condição feminina, a de trabalhadora e a de raça ou etnia.

Enquanto trabalhadoras, essas mulheres suportam o duro fardo de um trabalho desvalorizado e ao mesmo tempo extremamente penoso; enquanto mulheres, recebem menores salários do que os homens, além de outras formas de dominação e de discriminação manifestas no espaço do trabalho e também da casa; enquanto negras ou mestiças, sofrem as consequências do preconceito racial. É justamente no entrecruzamento dessas três situações sociais que as experiências de submissão e resistência são gestadas.

AS MENINAS DO DESCARTE

No processo de trabalho da cana-de-açúcar existe uma tarefa específica denominada descarte. Nessa tarefa, empregam-se exclusivamente mulheres solteiras ou casadas, sendo que as atividades de controle são adstritas aos homens. A cana, antes de ser plantada definitivamente, é observada nos Experimentos, que são verdadeiros laboratórios na área rural. Logo após o plantio nesses Experimentos, são observadas as variedades e as possíveis doenças da cana. As tarefas do descarte referem-se ao reconhecimento das doenças, sua classificação e recuperação da planta através da retirada das partes afetadas – descarte – e da aplicação de agrotóxicos.

As "meninas", assim chamadas, são selecionadas pelos técnicos e fiscais, devendo possuir um certo grau de escolaridade, pois, a tarefa exige que as doenças sejam anotadas e contadas. Além do podão, para descartar as plantas doentes, portam uma bomba de veneno às costas,

Nos cafezais as mulheres trabalhavam, criavam seus filhos e, por vezes, até davam à luz. Na imagem: mãe e filha "apanhando" café.

caderno e lápis para as anotações. Quanto à vestimenta, equiparam-se às demais trabalhadoras, exceto o lenço amarrado no rosto, deixando apenas os olhos à vista para se protegerem das folhas cortantes da cana, já que não se adaptam às máscaras fornecidas pela Usina. Consideram-se superiores às boias-frias, porque recebem melhores salários, realizam uma tarefa qualificada, possuem carteira assinada, e as que apresentam alta produtividade recebem prêmios, como passar férias nos alojamentos da Usina na praia.

Através de inúmeros depoimentos de fiscais, técnicos, feitores e de "meninas do descarte", é possível desvelar o mundo da violência invisível desse trabalho. As "meninas", na verdade, escondem-se no meio das canas folhadas – ao contrário da visibilidade das boias-frias que cortam a cana queimada –, sob a aparência do prestígio, qualificação e dos *privilégios*.

As falas das "meninas" revelam os seguintes elementos: 1) Possuem um conhecimento fragmentado do processo de trabalho. O saber resume-se à prática do reconhecimento das doenças da cana e à contagem daquelas portadoras de pragas. São seis os tipos de doenças: carvão, escaldadura, ferrugem (o mal da cana), mosaico, tiguera e mistura. Os homens só eram capazes de reconhecer o carvão, que deixa o caule da cana escuro. As mulheres, ao contrário, reconhecem todas as doenças. Evidentemente, essa polivalência feminina é fruto da socialização, recebida pelas mulheres através da família, escolas, instituições, ideologias etc. Não se trata de "naturezas" diferenciadas entre homens e mulheres e sim de diferenças sexuais definidas socialmente.[33] 2) Há a exigência de saber anotar e contar. Este fato exclui as analfabetas. O trabalho precisa ser bem feito. Exigem-se atenção e responsabilidade, pois os feitores não acompanham as "meninas" no meio da cana. Eles ficam nos carreadores, espaços onde transitam os caminhões, tratores e máquinas, e que servem para separar os talhões dos canaviais. 3) É imprescindível a assiduidade, já que é necessária a aprendizagem de um conhecimento transmitido através da prática; as mais experientes ensinam aquelas que estão se iniciando na tarefa. 4) Apesar de ser um trabalho perigoso, pois elas levam também uma bomba com veneno às costas para ser colocado nas canas com pragas, além de riscos de cobras no meio do canavial, é considerado leve pelas mulheres, técnicos e feitores. 5) Finalmente, trata-se de um trabalho que, paradoxalmente, dá satisfação às trabalhadoras.

Feitores e técnicos são unânimes em afirmar que o descarte só é desempenhado pelas mulheres, porque elas são responsáveis, obedientes e os homens não. Todas as tentativas com os homens nessa atividade fracassaram.

O prazer no trabalho foi constatado através da recorrência do seguinte discurso: "É um tipo de análise, porque é uma coisa que a gente começa a cuidar da cana desde pequena."

"Cuidar da cana", detectar sua doença desde pequena revela o cuidado com a reprodução, com a vida da cana. Desconhecem os perigos do veneno, a intensidade do trabalho, pois necessitam detectar todos os tipos de doenças num tempo prefixado pelos feitores, além de negarem as características de um trabalho que não é leve, pois andam pelo interior dos canaviais durante dez horas por dia, suportando o forte calor.

É nessa relação de velamento da dominação que subjaz a violência invisível do trabalho. A aceitação parece fazer parte de uma espécie de experiência duradoura constituinte das práticas sociais.[34] Ao mostrarem a satisfação ao trabalho, verifica-se que essa tarefa só existe enquanto tal, na medida em que a trabalhadora assume o papel de maternar a cana, sendo responsável pelo nascimento, crescimento e saúde da planta. "Cuidar da cana" tem, pois, o significado profundo da maternagem. Amor, proteção, cuidado são elementos que definem o eu feminino, diferentemente, do eu masculino, cujos referenciais são centrados num "ideal abstrato, de perfeição". O eu feminino está sempre ligado ao ato de cuidar de outrem.[35]

Verifica-se, então, que a trabalhadora internaliza o cuidado da cana como um verdadeiro ato de maternagem, não pelo seu instinto natural de ser mãe porque é mulher, mas pelos arranjos sociais existentes, que definem a divisão sexual do trabalho.

As "meninas do descarte" são preferidas pela Usina, e se constituem numa espécie de aristocracia operária. Consideram-se e são consideradas diferentes das boias-frias que realizam tarefas sujas e repetitivas: "Elas só carpem e cortam cana [...] Nosso trabalho é bem feito, exige muita responsabilidade." Não obstante, são também preferidas em relação aos homens, considerados pelos feitores e técnicos irresponsáveis, desobedientes e incapazes de realizarem essa tarefa. O aparente paradoxo dessas afirmações desfaz-se à luz dos elementos constitutivos das representações que diferenciam homens e mulheres e que não foram criadas neste processo de trabalho, mas existem e perpassam todo o tecido social.

A Usina, em seu turno, sem a utilização de quaisquer outros investimentos para aumentar a produtividade do trabalho, garante que a seleção das melhores variedades de cana nos Experimentos seja obtida graças à existência dessas diferenciações sociais entre o ser feminino e o ser masculino.

É interessante observar as alterações das relações sociais organizadas no interior dessas representações sociais. No momento do colonato, a mulher era valorizada por sua capacidade reprodutiva, que incluía, obviamente, o cuidado dos filhos. Agora, essa valorização desaparece, mediante as novas exigências impostas pelas relações capitalistas. No entanto, os atributos sociais, que identificam a mulher ao ato de cuidar dos filhos, permanecem e são, inconscientemente, transmitidos à cana, planta, natureza, cuja vida e crescimento dependerão desse cuidado.

É justamente a interiorização destes valores e atributos que definem o trabalho exemplar dessas "meninas do descarte". A cana representa sua criação. Passam a sentir amor por ela, como se fossem sua mãe. O ato de "cuidar da cana" representa dar a ela a vida, ao contrário das tarefas das demais boias-frias que cortam a cana queimada, portanto, já morta.

Esses valores permitem a existência do ofuscamento da exploração do trabalho. É nesse sentido que se produz a violência invisível. A invisibilidade, ao repousar nos sentimentos de satisfação e prazer dessas mulheres durante o ato do trabalho, impede-lhes de reconhecer os pontos negativos e perigosos às suas próprias vidas.

ENTRE A ACEITAÇÃO E A RECUSA

No mundo do trabalho do colonato, as mulheres exerciam as mais diferentes tarefas acompanhadas dos homens. O mesmo ocorria no mundo lúdico. As mulheres que infringiam as normas eram "faladas", isto é, estigmatizadas. A mobilidade das mulheres era vigiada tanto no espaço do trabalho, nas atividades lúdicas, como no espaço doméstico.

Andar só, sair só eram sinais de exclusão, marginalização e de toda espécie de estereótipos. Outrossim, a individualização do trabalho significou, para muitas delas, andarem sós, trabalharem sós.

O primeiro enfrentamento para essas mulheres foi o ato de "pegarem caminhão", considerado ato de putas, deslavadas, mulheres que queriam estar no meio dos homens.[36] No eito dos canaviais, laranjais, cafezais, outros enfrentamentos surgiram.

Em geral, os empreiteiros distribuem as melhores áreas de cana aos homens, responsáveis por produtividades maiores. O mesmo ocorre nos laranjais e cafezais. Muitas mulheres, a fim de atingirem os níveis de produtividade fixados, trabalham em duplas, onde apenas uma delas é registrada. Nas colheitas da laranja e café, a presença de crianças auxiliando a mãe é muito frequente, a fim de sanar tal dificuldade. Nos laranjais, o trabalho não é menos árduo do que no corte da cana: consiste na execução de duas tarefas, basicamente: apanhar as laranjas, colocando-as nos embornais – pequenos sacos com alças – sustentados pelos ombros, e derrubá-las, recolhendo-as, em seguida, e as depositando nas caixas.

A fim de evitar a ocorrência de pragas nos laranjais, os embornais são mergulhados num tanque com água e veneno, antes de serem utilizados. Além dos riscos de quedas da escada, empregada para recolher as laranjas dos galhos superiores, perfurações da pele e dos olhos pelos espinhos e galhos, a umidade e o cheiro do veneno causam sérios danos à saúde. Esse trabalho, aparentemente leve, executado sobretudo por mulheres e crianças, consideradas mais ágeis do que os homens pelos feitores, é assim definido por uma trabalhadora: "Eu me rasgo na terra da laranja."

Na cafeicultura, as maiores dificuldades estão relacionadas à intensidade do trabalho. Em razão da maior demanda de mão de obra masculina para o corte de cana, as mulheres destinam-se mais à colheita da laranja e do café. Existe, assim, a feminização do emprego nessas duas tarefas, favorecendo a veiculação da crença de um trabalho leve e, consequentemente, menos valorizado. Em se tratando de trabalhos por produção, a possibilidade de maiores ganhos somente se dá por intermédio da intensificação do trabalho.

O cotidiano dessas mulheres, tanto no interior da cana como no eito, é marcado por situações de submissão e rebeldia. Situações definidas como verdadeiros embates, onde se manifestam conflitos de classe, gênero e etnia. Os mais frequentes são durante o corte da cana, onde as formas de controle são maiores.

A cana germina em touceiras de várias mudas, devendo ser cortada a alguns centímetros do chão, para permitir a rebrota no ano seguinte. Uma forma mais rápida de cortar é a de deitar a cana primeiro, antes de cortá-la – "derrubada da cana". Este ato compromete a rebrota seguinte, sendo severamente punido, quer através do "gancho" – suspensão temporária do trabalho –, quer através da "lista negra" – proibição de trabalho em todas as usinas através da circulação da lista com os nomes dos trabalhadores, durante três anos. Além da "derrubada da cana", outra prática comum, igualmente proibida, é a de "deixar telefone". Após o corte basal, exige-se que se cortem os ponteiros da cana, que não possuem sacarose, antes de lançá-los aos montes. Desobedecendo a esta norma, a fim de aumentar a produtividade, as canas são lançadas antes aos montes, e, posteriormente, os ponteiros são cortados, conjuntamente.

Se, as "meninas do descarte", sob o manto do trabalho qualificado, obedecem às normas da estrutura de controle da Usina, o mesmo não ocorre com as demais trabalhadoras. Durante as greves, por exemplo, fazem piquetes nos pontos de saída dos caminhões nas cidades. Na cidade de Dobrada (SP), habitada majoritariamente por boias-frias, as mulheres são chamadas de para-raios, porque formam fileiras à frente dos homens, a fim de protegê-los da repressão policial. Aproveitam-se da crença de que "os policiais não batem em mulheres". Algumas são consideradas mais corajosas do que os homens. A participação de mulheres no sindicato dessa cidade é muito grande. Em Barrinha (SP), por exemplo, as mulheres precisam enfrentar "a língua do povo", a proibição dos maridos, além da polícia a serviço dos patrões e olheiros dos usineiros que "marcam" os piqueteiros e grevistas, lançando-os às listas negras.

Nos piquetes em Barrinha, a maior parte das mulheres que participam das manifestações são solteiras, viúvas ou separadas. As crianças que as acompanham exercem o papel de transmissoras dos acontecimentos de um piquete a outro. As mulheres sobem nos caminhões, discursam, conclamam os homens a aderir ao movimento grevista.

A presença de mulheres sós nas greves também foi observada na cidade de Guariba (SP), epicentro do maior movimento de boias-frias em 1984 e 1985. Inquiridas as casadas, sobre razões da não participação, a maioria afirmou a proibição dos maridos, ou o medo de que os mesmos perdessem o emprego em razão de seus atos. Foram registrados vários casos de mulheres na liderança de turmas de trabalhadores durante as greves de 1984, 1985, 1988 e 1989.

> O comecinho da greve de 84 foi no canavial. Até parece que teria sido uma mulher na roça que levantou uma bandeira [...] eu nem sei se foi o facão, alguma palavra de ordem. Esta mulher parou uma turma e aí, a coisa foi parando assim em cadeia. Parou uma turma lá adiante e outras foram pra cidade [...] tudo começava (Padre Bragheto, líder dos trabalhadores rurais, nessa época).

"Parece que foi uma mulher" que começou um movimento que atingiu várias cidades do estado de São Paulo, além de outros, e que trouxe, apesar da violenta reação da polícia e dos patrões, inúmeras vantagens aos trabalhadores, tais como, registro em carteira, mudança do sistema de sete para cinco ruas, dentre outros direitos. O corte de cana se fazia através do sistema de cinco ruas, ou seja, o trabalhador cortava, simultaneamente, cinco fileiras de cana. Com a imposição das sete ruas, cairia a produtividade e, consequentemente, os salários, agravando, assim, ainda mais a situação de precariedade experimentada. Logo, a luta contra o sistema de sete ruas constituiu-se na principal causa deste movimento.

As trabalhadoras rurais também enfrentam dificuldades para se integrarem aos sindicatos. Na sua maioria, os sindicalistas consideram as mulheres mais como uma ameaça do que como potenciais aliadas. Ainda prevalece entre eles a ideia de que as mulheres são incapazes de exercer atividades políticas e de desempenhar funções no espaço público. Em virtude dessas crenças, aquelas que participam dos sindicatos não ocupam as funções da presidência. Em Dobrada (SP), cujo sindicato foi fundado por mulheres em 1983, a presidência foi ocupada por um homem, "inexpressivo", segundo o Padre Bragheto, para não "chocar tanto". Somente esse sindicato era, efetivamente, dirigido por mulheres.

A partir dos anos 60 a modernização agrícola provoca o êxodo rural, cria a figura do boia-fria e leva mulheres a se empregarem individualmente no corte da cana e na colheita do café ou da laranja.

Pode-se afirmar, que o processo de individualização do trabalho libertou, por um lado, as mulheres das amarras do poder do pai-marido-patrão, apesar de, por outro lado, ter aumentado as esferas da dominação, através de outros agentes como os feitores, fiscais, empreiteiros de mão de obra etc. Paradoxalmente, foi nos porões dessas relações de dominação/exploração de classe e gênero, que as mulheres foram construindo suas estratégias de recusa.

As mulheres sós experimentam maior liberdade em suas práticas do que as casadas. Ademais, muitas delas tornaram-se sós, não porque foram abandonadas por maridos ou companheiros, mas por recusarem a dominação imposta por eles. Nesse sentido, ser só é experimentar a identidade do feminino não submisso, malgrado os estereótipos existentes acerca dessa situação.

O PESO DAS IMAGENS

A expulsão dos trabalhadores do campo para a cidade trouxe, além das dificuldades de garantir a sobrevivência, marcas sociais referentes à condição mesma de ser boia-fria, trabalhador volante.

No que tange às mulheres, além de "pegarem caminhão" sozinhas, foram obrigadas a esconderem o próprio corpo. A indumentária para o trabalho reflete não só a necessidade de se protegerem do sol, mosquitos, cobras e das próprias plantas. O corpo escondido pelas vestes reflete, sobretudo, a necessidade de ocultar a condição de mulher, objeto de desejo dos homens. O uso da calça comprida sob a saia é condição obrigatória para que a mulher suba no caminhão.

Recentemente, os empreiteiros determinaram que toda mulher que subisse em caminhão fosse acompanhada do filho, pai, marido, enfim de um parente masculino, para evitar a "falta de respeito". A divisão sexual do trabalho no eito dos canaviais, cafezais, laranjais é fruto desse controle moral imposto pelos responsáveis da organização do trabalho. São esses mesmos agentes que assediam sexualmente as moças solteiras, impedindo-as de obter trabalho, caso não se submetam a suas imposições libidinosas. Muitas, depois de engravidadas, são expulsas da casa dos pais e abandonadas; outras sofrem até ameaças de morte e de dispensa de parentes empregados, em casos de recusa.

As mulheres negras ainda sofrem o peso da cor, quer seja no eito ou na própria casa. Dois depoimentos dão conta desse fardo. Após várias horas de trabalho, sentindo vontade de fumar, a trabalhadora procurou um colega para fornecer-lhe um cigarro, suspendendo, por alguns instantes, sua tarefa. Nesse momento, surge o feitor e lhe diz: "Neguinha do João-de-barro, volte para seu lugar" – João-de-barro é um bairro dos boias-frias em Guariba, estado de São Paulo. É assim chamado, porque os trabalhadores construíram casas de barro face à impossibilidade financeira de arcar com os custos de aluguéis ou da compra de tijolos. A frase, contendo referências à raça, gênero e classe, foi o bastante para que a trabalhadora lhe lançasse a enxada, a fim de matá-lo.

> Eu dei uma enxadada nele, pra mostrá para ele quem é a neguinha do João-de-barro. Quem é a neguinha do João-de-barro, aí? Ele falô: Você. Quando ele falô, você, eu mandei a enxada e vap [...] tava um poeirão, não sei onde pegou. Só sei que a hora que eu arrumei a enxada, ele caiu.

Na sequência, deixou o trabalho com sua mochila e cantil de água e foi a pé até a cidade, dirigindo-se ao escritório da usina a fim de relatar o sucedido. Ao ser inquirida sobre a causa de ter deixado o trabalho, respondeu que não admitia ser chamada de "neguinha do João-de-barro". Este era o motivo; além do mais, queria receber por todo o dia de trabalho, o que realmente aconteceu. Além da exigência do pagamento, mudou de turma, para nunca mais ver o feitor.

Outra trabalhadora negra, assim se expressa a respeito de seu companheiro:

> Eu tinha um cara comigo, e ele nunca saía comigo pra lugar nenhum, porque tinha vergonha de sair comigo [...] Só que eu sentia que ele era bem mais feio do que eu, era baiano e tinha vergonha de mim, não saía comigo na rua [...] quando acontecia de sair ele ia na frente e eu atrás com as crianças. Eu não sou tanto de jogar fora assim [...] eu era bem dizer empregada dele, só queria que eu cuidasse da roupa dele, comida na hora certa [...], aí desisti dele.

Torna-se evidente que o sentimento de desvalorização não advém somente da condição de pobres, de "pés de cana"; o peso da condição de serem negras põe à mostra todo um mundo de valores recalcados, reprimidos e negados. Pode-se afirmar que essas mulheres aceitam, recusam, inventam, criam diferentes formas de escapar do peso das imagens negativas recaídas sobre elas. Tentam saídas.

> As mulheres tentam uma verdadeira saída para fora dos seus espaços e papéis. Para esta transgressão é preciso uma vontade de fuga, um sofrimento, a recusa de um futuro insuportável, uma convicção, um espírito de descoberta ou missão.[37]

As saídas manifestam-se quer pelas inúmeras práticas de recusa individuais ou coletivas, quer pela opção de viverem sós e criarem os próprios filhos, quer pelo controle reprodutivo, assumindo o próprio corpo, apesar dos riscos.

Ao lado das exigências dos atestados de esterilidade e do número limitado de mulheres por caminhão, proliferam as práticas de aborto clandestino como forma de as mulheres controlarem a natalidade e conseguirem trabalho. Trata-se de práticas transmitidas de geração a geração e se constituem historicamente, como parte do saber feminino.[38] Cibalena com vinho, fervida com canela, é um dos métodos utilizados pelas boias-frias. Após ingerir esta bebida, é necessário ficar três dias em jejum. Uma delas relatou um aborto provocado com essa bebida:

> Limpou tudo, não precisou nem ir ao médico. Depois eu dei para ela um pouco de vinho e ela tomou banho com água e sal, porque o sal é sagrado e assim a criança não chora. Durante quinze dias, ela não lavou a cabeça e só tomou banho assim.

Outra bebida considerada abortiva é o refrigerante Coca-Cola fervido. Ainda, após a relação sexual, recomendam tomar banho, lavar a cabeça e, em seguida, beber água salgada e deitar de bruços.

Muitas mulheres, entretanto, rejeitam o aborto; outras enlouquecem depois de fazê-lo. A loucura é, nesses casos, fruto da autoviolência infligida não só contra o próprio corpo, mas também contra os valores ético-religiosos e morais dessas mulheres, até há pouco tempo concebidas para serem valorizadas enquanto parideiras.

A HISTÓRIA

A história da passagem da condição de colona a boia-fria mostra os laços invisíveis da trama das relações de classe, gênero e raça/etnia que prendem as mulheres que trabalham no campo, trama que se transforma em drama, em trauma. A saída, a luta contra um destino traçado, independente de suas vontades, é buscada, nos vazios dessa rede.

Num primeiro momento, as mulheres colonas cumpriram seus papéis de produtoras de braços para as lavouras de café, sob a batuta do pai-marido-patrão. A organização do trabalho baseada na unidade familiar representava para os fazendeiros inúmeras vantagens, dentre elas a de que a divisão sexual do trabalho era uma forma disciplinadora e estabilizadora da força de trabalho. Naquele tempo, não havia oportunidades de emprego no campo para as mulheres avulsas, que não tivessem família. As mulheres sós não eram admitidas, pois representavam uma ameaça à tranquilidade das demais famílias.[39]

Todavia, não se pode afirmar que as colonas eram absolutamente submissas. Em qualquer relação de dominação, há a manifestação do contrapoder, da recusa por parte dos dominados. Em virtude da importância da organização familiar para o trabalho nas fazendas, pressupõe-se que havia poucas brechas para a mudança das relações sociais nas quais se achavam inseridas as mulheres. Com a individualização do trabalho, houve alterações, embora não representassem a eliminação das desigualdades entre homens e mulheres.

As mulheres boias-frias, "pés de cana", continuam recebendo salários mais baixos que os homens e se rebelam contra feitores, fiscais e os próprios maridos ou companheiros. Umas tornam-se sós. Outras aceitam, enlouquecem, ficam "doentes dos nervos". Outras, ainda, ocultadas pela imagem das "meninas do descarte", consideram-se superiores

As mulheres contratadas individualmente tornaram-se mais autônomas e muitas vezes impulsionaram e mesmo lideraram piquetes e movimentos grevistas.

às demais boias-frias. Todas elas, saíram, trabalharam, incorporaram a história da civilização cafeeira e canavieira da região agrícola mais rica do país. São as mais pobres dentre os pobres. Antes, parideiras. Agora, estéreis ou esterilizadas.

Escondidas no meio da cana folhada, sujas pela fuligem da cana queimada, rasgadas na terra da laranja, curvadas nos cafezais, levantando facões e conclamando os homens à greve, submetendo-se aos homens ou enfrentando o poder masculino no eito e no interior das próprias casas, revoltando-se contra o peso da cor, assim vivem as mulheres do campo.

NOTAS

(1) M. Sílvia C. B. Bassanezi. Família e força de trabalho no colonato: subsídios para a compreensão da dinâmica demográfica no período cafeeiro. *Textos NEPO* (8). Campinas: NEPO/ Unicamp, 1986.

(2) M. Sílvia C. B. Bassanezi. Nascimento, vida e morte na fazenda. Alguns aspectos do cotidiano do imigrante italiano e de seus descendentes. *In*: Boni (org.). *A presença italiana no Brasil*. Porto Alegre: Escola Superior de Teologia, Torino: Fondazione Giovane Agnelli, 1990; Zuleica Alvim. *Brava gente*. São Paulo: Brasiliense, 1986. v. 2.

(3) Bassanezi, 1986. *Op. cit.*

(4) W. Dean. *Rio Claro*: um sistema brasileiro de grande lavoura (1820-1920). Rio de Janeiro: Paz e Terra, 1977.

(5) Bassanezi, 1986. *Op. cit.* Mais tarde, o termo colono vai se estender ao trabalhador da lavoura de café encarregado de cuidar dos cafeeiros. Ver M. Diegues Júnior. Populações rurais brasileiras. *In*: T. Szmrecsanyi, A. Queda (org.). *Mudança rural e mudança social*. São Paulo: Nacional, 1976. Neste item estamos falando do colonato como o sistema de trabalho de fins do século XIX e início do XX.

(6) C. R. Spindel. *Homens e máquinas na transição de uma economia cafeeira*. Rio de Janeiro: Paz e Terra, 1980.

(7) Bassanezi, *Textos NEPO* (8), 1986. *Op. cit.*

(8) P. Beiguelman. *A formação do povo no complexo cafeeiro*: aspectos políticos. São Paulo: Pioneira, 1968.

(9) Bassanezi, *Textos NEPO* (8), 1986. *Op. cit.*; M. C. F. A. Oliveira. *A produção da vida. A mulher nas estratégias de sobrevivência das famílias trabalhadoras na agricultura*. Tese de doutoramento em sociologia FFLCH/USP, 1981; A. M. S. Dias. Família e trabalho na cafeicultura. *Cadernos de Pesquisa* 37, São Paulo, maio 1981.

(10) M. S. C. Bassanezi. *Fazenda de Santa Gertrudes; uma abordagem quantitativa das relações de trabalho em uma propriedade rural paulista* – 1895-1930. Tese de doutoramento. FFCL-Rio Claro, 1973.

(11) Relembrando sua vida nos tempos do trabalho na fazenda, uma ex-colona explicava as pintas pretas nas costas de um de seus filhos: as pintas eram as marcas deixadas pelos grãos de café que caíam no menino que, quando pequeno, ficava dormindo no cafezal enquanto a mãe trabalhava.

(12) Casamentos ocorridos dentro do mesmo grupo social, da mesma colônia, entre patrícios, ou com pessoas com as quais a família se relacionava.

(13) M. S. C. Bassanezi. Sposàrsi nel Brasile; alguns aspectos da nupcialidade entre imigrantes italianos em terras paulistas. *In*: A. de Boni (org.). *A presença italiana no Brasil*. *Op. cit.* p. 267-280.

(14) M. C. F. A. Oliveira. Questões demográficas no período cafeeiro em São Paulo. *Textos NEPO* (1). Campinas: NEPO/Unicamp, 1985.

(15) Bassanezi, tese de doutoramento, 1973. *Op. cit.*

(16) A. M. S. Dias. Família e trabalho na cafeicultura. *Cadernos de Pesquisa* (37). São Paulo, maio 1981, p. 26-38.

(17) Bassanezi, *Textos NEPO* (8), 1986. *Op. cit.*; Bassanezi, 1990. *Op. cit.*

(18) W. Dean, 1977. *Op. cit.*; T. H. Holloway. *Imigrantes para o café*. Rio de Janeiro: Paz e Terra, 1984.

(19) Salum Jr. *Capitalismo e cafeicultura no Oeste Paulista,* 1888-1930. São Paulo: Duas Cidades, 1982.

(20) *Id. ibid.*, p. 105.

(21) O Proálcool foi extinto durante o governo do presidente Fernando Collor de Mello. Atualmente (fim do século XX), em razão das pressões dos usineiros, há uma discussão política em torno de sua recriação. Cabe lembrar que o preço do litro do álcool é 40% mais elevado que o da gasolina e que subsídios do governo sustentam essa situação.

(22) De acordo com dados do Anuário Estatístico do IBGE.

(23) De acordo com dados do Instituto de Economia Agrícola.

(24) R. Hoffmann. Distribuição de renda e pobreza na agricultura paulista. *São Paulo em Perspectiva*. Fundação SEADE, 7 (3), s.d.; V. Stolcke. *Cafeicultura, homens, mulheres e capital* (1850-1980). São Paulo: Brasiliense, 1986.

(25) J. E. Oliveira, M. H. S. Oliveira. *Boias-frias*; uma realidade brasileira. CNPq, ACIESP, n. 30, 1981. No período de 1974 a 1984, o índice real dos salários dos trabalhadores volantes (boias-frias) decaiu de 98 para 59, segundo os dados do IEA (Instituto de Economia Agrícola). Esse rebaixamento de salários contribuiu para a eclosão de greves em 1984 e 1985.

(26) Segundo dados dos censos agropecuários.

(27) R. Hoffmann, 1986. p. 115.

(28) M. A. M. Silva. Mulheres boias-frias a caminho do eito. *In*: A. O. Costa, C. Bruschini (orgs.). *Entre a virtude e o pecado*. Rio de Janeiro: Rosa dos Tempos. São Paulo. FCCH, 1992. p. 147-168.

(29) M. A. M. Silva, V. L. S. V. Ferrante. A proletarização da mulher boia-fria e a perda do saber doméstico. *Anais do X Congresso Brasileiro de Economia Doméstica*. Piracicaba, jun. 1989. p. 51-64.

(30) M. A. M. Silva. *Errantes do fim do século*. Tese de livre-docência FCL/Unesp-Araraquara, 1996.

(31) V. Stolcke, 1986.

(32) Silva, 1992. *Op. cit.*

(33) H. I. B. Saffioti. Violência doméstica ou a lógica do galinheiro. *In*: Marcia Kupstas (org.). *Violência em debate*. São Paulo: Moderna, 1997. [Col. Debate na Escola].

(34) P. Bourdieu. *Coisas ditas*. São Paulo: Brasiliense, 1990.

(35) C. Gilligan. *Uma voz diferente*. Rio de Janeiro: Rosa dos Tempos, 1991. Enquanto "maternidade" se refere à concepção do filho, "maternagem" diz respeito aos cuidados maternos.

(36) V. S. Martinez Allier. As mulheres do caminhão da turma. *In*: Jaime Pinsky (org.). *Capital e trabalho no campo*. São Paulo: Hucitec, 1977, p. 69-100. [Col. Estudos Brasileiros (7)].

(37) M. Perrot. O século XIX. *In*: G. Duby, M. Perrot (orgs.). *História das mulheres*. Porto: Afrontamento, São Paulo: Ebradil, 1991. p. 522.

(38) Mary Del Priore. *Ao sul do corpo*: condição feminina, maternidades e mentalidades no Brasil Colônia. Rio de Janeiro: J. Olympio, Brasília: Edunb, 1993.

(39) M. C. F. A. Oliveira. *A produção da vida da mulher nas estratégias de sobrevivência da família trabalhadora na agricultura*. Tese de doutoramento em sociologia, FFLCH/USP, 1981.

TRABALHO FEMININO E SEXUALIDADE

Margareth Rago

Na grande penitenciária social
os teares se elevam e marcham esgoelando

(Pagu)

Pagu, Patrícia Galvão, ou ainda Mara Lobo, escritora, feminista e comunista dos anos 30, foi uma das poucas mulheres a descrever, no romance *Parque industrial*,[1] a difícil vida das operárias de seu tempo: as longas jornadas de trabalho, os baixos salários, os maus-tratos de patrões e, sobretudo, o contínuo assédio sexual.

Nas primeiras décadas do século XX, no Brasil, grande parte do proletariado é constituída por mulheres e crianças. E são vários os artigos da imprensa operária que, assim como o romance de Pagu, denunciam as investidas sexuais de contramestres e patrões sobre as trabalhadoras e que se revoltam contra as situações de humilhação a que elas viviam expostas nas fábricas. O jornal libertário *O Amigo do Povo*, de 5 de setembro de 1902, por exemplo, denunciava enfaticamente:

> A que não se submete às exigências arbitrárias, não já do burguês [...] mas às dos capatazes, ao serviço dos mesmos senhores, é desacreditada e maltratada por esses homens sem consciência, até o extremo de ter de optar entre a degradação e a morte.

Apesar das muitas greves e mobilizações políticas que realizaram contra a exploração do trabalho nos estabelecimentos fabris entre 1890 e 1930, as operárias foram, na grande maioria das vezes, descritas como "mocinhas infelizes e frágeis". Apareciam desprotegidas e emocionalmente vulneráveis aos olhos da sociedade, e por isso podiam ser presas da ambição masculina. Além dos industriais intransigentes e das autoridades policiais, poucos levavam em conta figuras como as militantes operárias Otávia e Rosinha Lituana, personagens centrais do *Parque Industrial*, e suas manifestações políticas: "Tinha distribuído tantos manifestos! E a reunião terminara ao canto da Internacional",[2] dizia-se Rosinha Lituana, na prisão.

Afinal, o que sabemos sobre as trabalhadoras dos primórdios da industrialização brasileira? Como foram percebidas pelos contemporâneos? Como interagiram com os diferentes setores da sociedade – industriais, médicos higienistas, jornalistas e literatos, feministas, anarquistas, socialistas e comunistas –, redefinindo sua identidade social, sexual e pessoal, incorporando e recusando as imagens projetadas sobre elas? Como participaram, enfim, da cultura operária, no momento de constituição do mercado de trabalho livre no Brasil?

As dificuldades aparecem desde logo, principalmente se consideramos que o historiador trabalha com imagens diferenciadas, produzidas pelos documentos disponíveis. Frágeis e infelizes para os jornalistas, perigosas e "indesejáveis" para os patrões, passivas e inconscientes para os militantes políticos, perdidas e "degeneradas" para os médicos e juristas, as trabalhadoras eram percebidas de vários modos.

Dispomos, por enquanto, de alguns poucos documentos escritos por mulheres trabalhadoras, em geral textos de denúncia redigidos pelas militantes políticas, além de algumas entrevistas orais realizadas em períodos mais recentes, que permitem entrever de que maneira elas representavam a si próprias e o mundo do trabalho. A maior parte da documentação disponível sobre o universo fabril foi produzida por autoridades públicas, como médicos higienistas, responsáveis também pela definição dos códigos normativos de conduta; ou policiais, responsáveis pela segurança pública; por industriais, receosos das mobilizações operárias; e por militantes anarquistas, socialistas e, posteriormente, comunistas, preocupados em organizar e conscientizar politicamente o proletariado.

Isso significa que lidamos muito mais com a construção masculina da identidade das mulheres trabalhadoras do que com sua própria percepção de sua condição social, sexual e individual. Não é à toa que, até recentemente, falar das trabalhadoras urbanas no Brasil significava retratar um mundo de opressão e exploração demasiada, em que elas apareciam como figuras vitimizadas e sem nenhuma possibilidade de resistência. Sem rosto, sem corpo, a operária foi transformada numa figura passiva, sem expressão política nem contorno pessoal.

O UNIVERSO DO TRABALHO FEMINO

Certos dados parecem, contudo, objetivos. Italianas, espanholas, portuguesas, alemãs, romenas, polonesas, húngaras, lituanas, sírias, judias, a grande maioria das operárias das primeiras fábricas instaladas no país fazia parte da imigração europeia.[3] Fotos conhecidas revelam uma quantidade enorme de moças jovens e brancas trabalhando nas fábricas, especialmente em São Paulo, e os documentos indicam sua nacionalidade estrangeira.

Desde meados do século XIX, o governo brasileiro procurou atrair milhares de imigrantes europeus para trabalhar tanto na lavoura, nas fazendas de café, quanto nas fábricas que surgiam nas cidades, substituindo a mão de obra escrava, especialmente depois da promulgação da Lei do Ventre Livre e da Abolição dos Escravos. Entre 1880 e 1930, entraram no país cerca de 3,5 milhões de imigrantes. Um terço deles, ou melhor, 1.160.000 eram italianos; 1 milhão, portugueses; 560 mil, espanhóis; mais de 112 mil eram alemães; 108 mil, russos e 79 mil, australianos. Desanimados com a difícil condição social em seus países de origem, os imigrantes sonhavam em *fare l'America* ("fazer a América"), seduzidos pelos anúncios que acenavam para um futuro extremamente promissor. Esses trabalhadores foram o principal contingente das fábricas que cresciam no Rio de Janeiro e em São Paulo.

A industrialização brasileira teve início no Nordeste do país entre as décadas de quarenta e sessenta do século XIX – especialmente, com a indústria de tecidos de algodão na Bahia – e deslocou-se progressivamente para a região Sudeste. Na passagem desse século, o Rio de Janeiro reunia a maior concentração operária do país, tendo sido superado por São Paulo apenas nos anos de 1920.[4]

Embora se possa dizer que há um bom número de estudos relativos à história da imigração e da industrialização no Brasil, ainda muito pouco foi feito no sentido de se focalizar a presença feminina nesse processo. Sabemos, entretanto, que era significativo o número de mulheres e crianças imigrantes e que essa força de trabalho, abundante e barata, era maioria em nossas primeiras fábricas. De acordo com o censo, em 1890, existiam no Brasil 119.581 mulheres estrangeiras contra 231.731 homens.[5]

De modo geral, um grande número de mulheres trabalhava nas indústrias de fiação e tecelagem, que possuíam escassa mecanização; elas estavam ausentes de setores como metalurgia, calçados e mobiliário, ocupados pelos homens. Em 1894, dos 5.019 operários empregados nos estabelecimentos industriais localizados na cidade de São Paulo, 840 eram do sexo feminino e 710 eram menores, correspondendo a 16,74% e 14,15%, respectivamente, do total do proletariado paulistano.[6] Na indústria têxtil, encontravam-se 569 mulheres, o que equivalia a 67,62% da mão de obra feminina empregada nesses estabelecimentos fabris. Nas confecções, havia aproximadamente 137 mulheres. Já em 1901, um dos primeiros levantamentos sobre a situação da indústria no estado de São Paulo constata que as mulheres representavam cerca de 49,95% do operariado têxtil, enquanto as crianças respondiam por 22,79%. Em outras palavras, 72,74% dos trabalhadores têxteis eram mulheres e crianças.

Em 1912, os inspetores do Departamento Estadual do Trabalho visitam sete estabelecimentos fabris e constatam que, de um total de 1.775 operários, 1.340 eram do sexo feminino. Em 1919, as mulheres continuavam sendo maioria no ramo, tanto no estado de São Paulo quanto no Distrito Federal. Denunciando a exploração do trabalho na Fábrica de Fiação de Algodão Pedro Stéphano, do Bosque da Saúde, na capital paulista, o jornal operário *A Plebe*, de 25 de setembro de 1919, informava que, dos 200 empregados, 16 eram do sexo masculino, ao passo que 180 eram moças e crianças, algumas com apenas 7 anos de idade. No recenseamento de 1920, foram inspecionadas 247 indústrias têxteis; do total de 34.825 operários arrolados, 14.352 (41,21%) eram homens e 17.747 (50,96%) eram mulheres. Nas 736 indústrias do vestuário e toucador pesquisadas, 5.941 (56,61%) trabalhadores eram do sexo masculino, e 3.554 (33,87%), do sexo feminino.

Além disso, muitas mulheres eram costureiras e completavam o orçamento doméstico trabalhando em casa, às vezes até 18 horas por dia, para alguma fábrica de chapéu ou alfaiataria. Segundo o jornal *Fanfulla*, de 4 de maio de 1913, eram milhares as mulheres que, em São Paulo, usavam desse expediente. Para os industriais, era um negócio bastante lucrativo, porque deixavam de pagar determinados impostos e ainda exploravam discretamente uma força de trabalho cuja capacidade de resistência era considerada baixa. Para as mulheres, contudo, devia ser bem mais complicado, já que muitas eram obrigadas a se prostituir para completar o orçamento.

Apesar do elevado número de trabalhadoras presentes nos primeiros estabelecimentos fabris brasileiros, não se deve supor que elas foram progressivamente substituindo os homens e conquistando o mercado de trabalho fabril. Ao contrário, as mulheres vão sendo progressivamente expulsas das fábricas, na medida em que avançam a industrialização e a incorporação da força de trabalho masculina. As barreiras enfrentadas pelas mulheres para participar do mundo dos negócios eram sempre muito grandes, independentemente da classe social a que pertencessem. Da variação salarial à intimidação física, da desqualificação intelectual ao assédio sexual, elas tiveram sempre de lutar contra inúmeros obstáculos para ingressar em um campo definido – pelos homens – como "naturalmente masculino". Esses obstáculos não se limitavam ao processo de produção; começavam pela própria hostilidade com que o trabalho feminino fora do lar era tratado no interior da família. Os pais desejavam que as filhas encontrassem um "bom partido" para casar e assegurar o futuro, e isso batia de frente com as aspirações de trabalhar fora e obter êxito em suas profissões. Não socializar informações importantes era uma boa estratégia, e os homens se valiam dela procurando preservar seu espaço na esfera pública e desqualificar o trabalho feminino.

As pesquisas apontam, portanto, para uma direção totalmente contrária à que imaginamos quando pensamos no impacto da presença feminina na constituição do parque industrial brasileiro. Somos informados de que as mulheres foram progressivamente expulsas e substituídas pela mão de obra masculina no início do século XX. Assim, enquanto em 1872 as mulheres constituíam 76% da força de trabalho nas fábricas, em 1950, passaram a representar apenas 23%.[7] O desenvolvimento das indústrias, intensificado pela Primeira Guerra Mundial, que trouxe um aumento de 83,3% da população operária no espaço de treze anos, explica-se pela ampla incorporação do trabalho masculino em detrimento do feminino. "O rápido crescimento da produção industrial dos anos 30 acentuaria ainda mais a queda na percentagem de mulheres empregadas nas atividades secundárias."[8]

As mulheres negras, por sua vez, após a Abolição dos escravos, continuariam trabalhando nos setores os mais desqualificados recebendo salários baixíssimos e péssimo tratamento. Sabemos que sua condição social quase não se alterou, mesmo depois da Abolição e da formação do mercado de trabalho livre no Brasil. Os documentos oficiais e as estatísticas fornecidas por médicos e autoridades policiais revelam um grande número de negras e mulatas entre empregadas domésticas, cozinheiras, lavadeiras, doceiras, vendedoras de rua e prostitutas, e suas fotos não se encontram nos jornais de grande circulação do período – como o *Correio Paulistano* e *O Estado de S. Paulo* ou o *Jornal do Commercio* e *A Noite*, do Rio de Janeiro –, ao contrário do que ocorre com as imigrantes europeias.[9] Contrastando com o texto das notícias que relatavam crimes passionais ou "batidas policiais" nos bordéis e casas de tolerância, nos jornais, as fotos ilustrativas revelavam meretrizes brancas, finas e elegantes, lembrando muitas vezes as atrizes famosas da época.

Normalmente, as mulheres negras são apresentadas, na documentação disponível, como figuras extremamente rudes, bárbaras e promíscuas, destituídas, portanto, de qualquer direito de cidadania. Na verdade, além de suprir o mercado de trabalho livre com mão de obra barata, as elites brasileiras, inspiradas pelas teorias eugenistas que se formularam na Europa e nos Estados Unidos, preocupavam-se profundamente com a formação do "novo trabalhador brasileiro", cidadão da pátria, disciplinado e produtivo – e, evidentemente, dedicavam muitas horas discutindo "o embranquecimento e o fortalecimento da raça". Muitos esforços foram feitos para que os imigrantes viessem predominantemente dos países europeus, e "não da Ásia, nem da África", conforme afirmavam os defensores dessa tese.

O COTIDIANO DA FÁBRICA

A rotina de trabalho nas fábricas era muito pesada, variando de 10 a 14 horas diárias, e estava sob a supervisão dos contramestres e outros patrões. Em geral, na divisão do trabalho, as mulheres ficavam com as

Nas primeiras décadas do século XX, grande parte dos trabalhadores fabris é constituída por mulheres e crianças.

tarefas menos especializadas e mal remuneradas; os cargos de direção e de concepção, como os de mestre, contramestre e assistente, cabiam aos homens. Sem uma legislação trabalhista que pudesse proteger o trabalho feminino, as reclamações das operárias contra as péssimas condições de trabalho, contra a falta de higiene nas fábricas, contra o controle disciplinar e contra o assédio sexual encontram espaço na imprensa operária. O trecho de um artigo publicado no jornal anarquista *A Terra Livre*, em 1906, deixa isso claro:

> Estas operárias trabalham num número médio de 12 horas por dia, isto é, um dia e meio, comparando-o com o almejado dia de 8 horas, sem levar em conta os três ou quatro dias de semana em que, em muitas oficinas, o trabalho é prolongado até a meia-noite, correspondendo assim o dia a 16 horas de trabalho. É isto horrível? É ou não é um regime bárbaro?[10]

No ano seguinte, o mesmo jornal denuncia a fábrica de tecidos Santa Rosália, em São Paulo, onde havia grande concentração de mulheres e crianças. Não só os salários eram extremamente baixos como a jornada de trabalho começava às 5h30 da manhã, prolongando-se até 7h30 da noite. "Alguns domingos, trabalha-se até às 11 da manhã [...] O serão foi estabelecido para compensar o tempo perdido nos dias santos."[11]

A operária Luiza Ferreira de Medeiros fornece um importante depoimento sobre as condições de trabalho na fábrica têxtil Bangu, no subúrbio do Rio de Janeiro, durante a Primeira Guerra Mundial, condições que conhecia desde os sete anos de idade:

> Iniciava o trabalho às 6 e terminava por volta das 17 horas sem horário para almoço definido. Era a critério dos mestres o direito de comer, e tendo ou não tempo para almoçar, o salário era o mesmo. As refeições eram feitas entre as máquinas. Apenas uma pia imunda servia-nos de bebedouro. Nunca recebíamos horas extras, mesmo trabalhando além do horário estabelecido.

Ela ainda destaca um aspecto importante das relações travadas entre mulheres e homens no mundo das fábricas:

Mestre Cláudio fechava as moças no escritório para forçá-las à prática sexual. Muitas moças foram prostituídas por aquele canalha. Chegava a aplicar punições de dez a quinze dias pelas menores faltas, e até sem faltas, para forçar as moças a ceder a seus intentos. As moças que faziam parte do sindicato eram vistas como meretrizes, ou pior que isso: eram repugnantes.[12]

A MULHER TRABALHADORA E A MORAL SOCIAL

O que mais chama a atenção quando tentamos visualizar o passado da mulher trabalhadora não é o discurso de vitimização, tão enfático e recorrente na imprensa operária – que procurava, em geral, "formar" o trabalhador, conscientizando-o e chamando-o para a luta revolucionária. O que salta aos olhos é a associação frequente entre a mulher no trabalho e a questão da moralidade social. No discurso de diversos setores sociais, destaca-se a ameaça à honra feminina representada pelo mundo do trabalho. Nas denúncias dos operários militantes, dos médicos higienistas, dos juristas, dos jornalistas, das feministas, a fábrica é descrita como "antro da perdição", "bordel" ou "lupanar", enquanto a trabalhadora é vista como uma figura totalmente passiva e indefesa. Essa visão está associada, direta ou indiretamente, à vontade de direcionar a mulher à esfera da vida privada.[13] O jornal operário *A Razão*, em 29 de julho de 1919, por exemplo, repetia argumentos típicos do discurso médico:

> O papel de uma mãe não consiste em abandonar seus filhos em casa e ir para a fábrica trabalhar, pois tal abandono origina muitas vezes consequências lamentáveis, quando melhor seria que somente o homem procurasse produzir de forma a prover as necessidades do lar.

Muitos acreditavam, ao lado dos teóricos e economistas ingleses e franceses, que o trabalho da mulher fora de casa destruiria a família, tornaria os laços familiares mais frouxos e debilitaria a raça, pois as crianças cresceriam mais soltas, sem a constante vigilância das mães. As mulheres deixariam de ser mães dedicadas e esposas carinhosas, se trabalhassem fora do lar; além do que um bom número delas deixaria de se interessar pelo casamento e pela maternidade.

Seduzidas pelas facilidades do mundo moderno, pelo discurso radical do feminismo e do anarquismo ou convivendo de perto com o submundo da prostituição, as mulheres deixariam de ser mulheres?

Muito influenciadas pelo filósofo francês Jean-Jacques Rousseau, pelo pensamento médico vitoriano e por concepções religiosas, as elites intelectuais e políticas do começo do século XX procuraram redefinir o lugar das mulheres na sociedade, justamente no momento em que a crescente urbanização das cidades e a industrialização abriam para elas novas perspectivas de trabalho e de atuação. Formava-se a moderna esfera pública, espaço em que as novas formas de interação social, bem como as relações entre mulheres e homens, passavam a se pautar por modelos europeus, especialmente franceses e ingleses.

As elites trocaram a vida fechada e isolada do mundo rural e dos pequenos núcleos urbanos, que tinha a igreja como principal espaço de sociabilidade, pelas novas formas de reunião social e de diversão abertas com a modernização das cidades. O teatro e a ópera tornaram-se os principais pontos de encontro, seguidos pelas confeitarias, restaurantes e cafés-concerto. Em São Paulo, as temporadas líricas do Teatro São José, construído em 1876, as exibições teatrais e de cantores internacionais no Teatro Politeama, no Teatro Santana e no Teatro Municipal, construído em 1911, fizeram grande sucesso. Desenvolveu-se o gosto pelas corridas hípicas realizadas no Hipódromo do Jockey Club, na Mooca, onde passeiam alguns dos personagens do escritor modernista Menotti del Picchia, nos anos 20. A vida noturna tornou-se mais animada e frequentada. No Progredior, "Grand bar, confeitaria e restaurante da rua 15 de Novembro", conforme anúncio da época, reuniam-se muitas famílias, em geral estrangeiras, tornando o ambiente mais formal; à noite apresentavam-se vários grupos de música.[14]

As mulheres das classes média e alta abandonaram as roupas sóbrias e sisudas e passaram a se vestir de acordo com os ditames da moda francesa. "Na rua da Mooca, na rua Bresser, os automóveis particulares rasgam para as corridas. No Hipódromo coalhado de elegantes, as *poules* estragam dinheiro."[15] As costureiras francesas começaram a ser procuradas por mulheres de famílias ricas e por cortesãs de luxo, estas financiadas pelos "coronéis" endinheirados. O *maillot* vermelho progressivamente passou a fazer parte do guarda-roupa das jovens, especialmente nos anos 20, quando a figura da mulher moderna, magra, ágil, agressiva e independente, comparada à melindrosa, à *suffragette* ou às atrizes norte-americanas, passou a ser admirada pelas plateias femininas e masculinas. "Leiam. O recenseamento está pronto. Temos um grande número de mulheres que trabalham. Os pais já deixam as filhas serem professoras. E trabalhar nas secretarias", dizia uma das "burguesas emancipadas" do romance de Pagu.

As trabalhadoras pobres – operárias, costureiras, floristas, garçonetes – começam a ser observadas nas ruas da cidade ao lado das mais ricas por memorialistas, viajantes, literatos, jornalistas e médicos. O memorialista Alfredo Moreira Pinto descreveu a rua 15 de Novembro, em São Paulo, em 1900, nos seguintes termos:

> O que, porém, dá a essa rua um tom alegre e festivo é a grande quantidade de formosas paulistas e italianas que percorrem-na em todas as direções, trajando, umas, ricas *toilettes*, outras, um vestuário mais simples, mas elegante, todas alegres, risonhas e distinguindo-se pela excessiva delicadeza e amabilidade com que se dirigem aos conhecidos que encontram.[16]

Na época, os cinemas atraíam um número crescente de público, seduzindo a plateia com atrizes e atores norte-americanos. Os esportes, do ciclismo ao futebol, eram valorizados por todas as classes sociais. Nos anúncios e propagandas que os jornais publicavam, encontrava-se uma grande quantidade dos novos divertimentos, como piqueniques, bares, cinemas, teatros, restaurantes, bailes, festas e exibições circenses.

Os trabalhadores, imigrantes e nativos, desenvolviam uma cultura própria com seus grupos de teatro e propaganda política, nos centros de cultura social, nas bibliotecas populares; organizavam ainda bailes e festivos piqueniques. As operárias também participavam desse novo universo social e cultural, acompanhadas de seus namorados, maridos ou simplesmente amigos. Em 1921, eram inúmeras as sociedades dançantes-recreativas, como a Gil Vicente, a Almeida Garrett e a Tosca, que funcionavam nos bairros do Brás e do Belenzinho, em São Paulo. Nos bailes, dançavam-se os novos ritmos – do foxtrote, do tango, do *ragtime*, do *charleston* – ao lado dos ritmos mais tradicionais – do maxixe à valsa. As moças já podiam comparecer sozinhas, isto é, desacompanhadas da protetora figura masculina, aos eventos sem enfrentar maiores dificuldades, afirmava um memorialista.[17]

É claro que, a despeito da modernização, as relações familiares continuavam a se pautar por um forte moralismo, tanto nas camadas ricas quanto nas mais pobres da sociedade. Como lembram os contemporâneos, assim que um namoro começava, o pai da jovem pressionava o rapaz, forçando uma definição dos propósitos da relação, principalmente em se tratando de uniões entre mulheres e homens de classes sociais diferentes. Até mesmo entre os anarquistas, que condenavam o casamento monogâmico indissolúvel e a exigência da virgindade para a mulher e que defendiam o amor livre, o divórcio e o direito à maternidade voluntária, os códigos da conduta sexual eram bastante severos. Isso revela ao mesmo tempo uma grande preocupação com a preservação da moralidade das mulheres do meio operário.

A sociedade modernizava-se em todos os sentidos. No interior das fábricas, os anarquistas e socialistas vociferavam contra os maus-tratos dos patrões e as formas de exploração do trabalho. Os industriais modernos, por sua vez, seguindo o exemplo de Roberto Simonsen, que retornava dos Estados Unidos no começo dos anos 20, alteravam seus discursos. Passavam a aconselhar os seus pares a modernizar as relações de trabalho. Isso significava que deveriam tratar os operários como "cidadãos inteligentes" e não mais como escravos. Adeptos do taylorismo, método "científico" de racionalização do trabalho nascido nos Estados Unidos e difundido pelo mundo, defendiam que as fábricas fossem remodeladas e higienizadas, pintadas, iluminadas, aparelhadas com refeitórios, banheiros e lavabos decentes, de modo a criar no espírito do trabalhador as sensações de conforto, aconchego e paz necessárias para eliminar a "lepra da luta de classes".[18]

Nesse contexto, com a crescente incorporação das mulheres ao mercado de trabalho e à esfera pública em geral, o trabalho feminino fora do lar passou a ser amplamente discutido, ao lado de temas relacionados à sexualidade: adultério, virgindade, casamento e prostituição. Enquanto o mundo do trabalho era representado pela metáfora do cabaré, o lar era valorizado como o ninho sagrado que abrigava a "rainha do lar" e o "reizinho da família". Diante do crescimento urbano vertiginoso de muitas cidades brasileiras, com um grande contingente de trabalhadores concentrados nos bairros operários, o mundo público acabou sendo considerado um espaço ameaçador para a moralidade das mulheres e das crianças. Evidentemente, os problemas decorrentes da urbanização – o aumento das epidemias, da violência, dos roubos, a presença de mendigos, loucos, cáftens, menores abandonados nas ruas da cidade, sem falar das agitações políticas, em grande parte promovidas por anarquistas e socialistas – aumentavam a insegurança. Apreensivos, vários cidadãos reclamavam, por meio de cartas e artigos publicados na grande imprensa, alertando que as transformações urbanas acarretariam uma destruição total da sociedade e instaurariam o caos generalizado.

> São Paulo caminha para uma perdição moral. [...] Outrora, em ruas onde só se encontravam famílias e casas habitadas por quem tem que fazer, se veem hoje caras impossíveis, mostrando, embora cobertas pelo col [*sic*] creme e pelo creme simon, polvilhado pelo pó de arroz, os sulcos que não se extinguem, deixados pelo deboche e pelas noites passadas em claro libando, em desenvolta imoralidade, as taças de champagne falsificado, entre os pechisbeques do falso amor![19]

Para muitos médicos e higienistas, o trabalho feminino fora do lar levaria à desagregação da família. De que modo as mulheres que passavam a trabalhar durante todo o dia, ou mesmo parcialmente, poderiam se preocupar com o marido, cuidar da casa e educar os filhos? O que seria de nossas crianças, futuros cidadãos da pátria, abandonados nos anos mais importantes de formação do seu caráter? Tais observações levavam, portanto, à delimitação de rígidos códigos de moralidade para mulheres de todas as classes sociais. As que pertenciam à elite e às camadas médias estavam certamente no centro dessas preocupações, sobretudo as jovens que iniciavam suas carreiras como médicas, advogadas, biólogas, pintoras, pianistas, mas também as trabalhadoras, mães dos futuros construtores da pátria, eram alvos do moralismo dominante.

As trabalhadoras pobres eram consideradas profundamente ignorantes, irresponsáveis e incapazes, tidas como mais irracionais que as mulheres das camadas médias e altas, as quais, por sua vez, eram consideradas menos racionais que os homens. No imaginário das elites, o trabalho braçal, antes realizado em sua maior parte pelos escravos, era associado à incapacidade pessoal para desenvolver qualquer habilidade intelectual ou artística e à degeneração moral. Desde a famosa "costureirinha", a operária, a lavadeira, a doceira, a empregada doméstica, até a florista e a artista, as várias profissões femininas eram estigmatizadas e associadas a imagens de perdição moral, de degradação e de prostituição.

"Entre as classes desafortunadas é que se deve proporcionar tal educação, pois que é delas que sai o grosso das prostitutas: são as operárias, modistas etc. que contribuem maiormente para a classe das meretrizes." Essa era a declaração do Dr. Potyguar de Medeiros em seu estudo "Sobre a Prophylaxia da Syphilis", de 1921, convencido de que no seio da família operária as jovens não recebiam educação suficiente para se guiarem pela razão, não pelo instinto, e se defenderem das seduções do mundo moderno.

Décadas antes, o médico português Ferraz de Macedo enumerava, em sua pesquisa sobre a prostituição na cidade do Rio de Janeiro, as

A imigração europeia forneceu grande parte da mão de obra feminina para as primeiras fábricas instaladas no país.

profissões que ameaçavam a integridade moral da mulher. As prostitutas estavam relacionadas a várias profissões: floristas, modistas, costureiras, vendedoras de charutos, figurantes de teatro. Eram as viúvas, casadas, divorciadas ou solteiras que, em sua classificação, apresentavam atributos comuns, como o tipo de habitação ou "os costumes, as horas de trânsito, o modo de se renderem, o modo de expressão (voz, estilo, termos, gestos etc.)".

Cautelosas, as feministas, que iniciaram a divulgação de seus ideais na revista *A Mensageira*, publicada em São Paulo entre 1897 e 1900, ou posteriormente, na *Revista Feminina*, entre 1914 e 1936, defendiam um discurso contrário, apontando para os benefícios do trabalho feminino fora do lar: uma mulher profissionalmente ativa e politicamente participante, comprometida com os problemas da pátria, que debatia questões nacionais, certamente teria melhores condições de desenvolver seu lado materno.

> Precisamos compreender antes de tudo e afirmar aos outros [...] que é a bem da própria família, principalmente dela, que necessitamos de desenvolvimento intelectual e de apoio seguro de uma educação bem feita [...] Uma mãe bem instruída, disciplinada [...] funda no espírito de seu filho o sentimento da ordem [...] Uma mulher ignorante, ou fútil, não pode ser uma mãe perfeita.[20]

O discurso liberalizante das feministas considerava, sobretudo, as dificuldades que as mulheres de mais alta condição social enfrentavam para ingressarem no mundo do trabalho, controlado pelos homens. Uma advogada foi rejeitada na Ordem dos Advogados; Júlia Lopes de Almeida foi a primeira escritora brasileira a ser candidata recusada na Academia Brasileira de Letras, em prol de seu desconhecido marido. Tendo vencido o primeiro desafio – de se formarem como médicas, engenheiras, advogadas, entre outras profissões liberais –, as mulheres ainda tinham muitos obstáculos a superar para se firmarem profissionalmente.

Escritoras do início do século como Júlia Lopes de Almeida, Elisa Teixeira de Abreu, Carmen Dolores, Lola de Oliveira, Laura Villares e Ercília Nogueira Cobra até hoje não se encontram nos livros que tratam da literatura brasileira. Não raro, muitas antifeministas consideravam um luxo o estudo e a profissionalização das que pertenciam às camadas socialmente mais favorecidas. Nos anos 30, a personagem de um romance de Lola de Oliveira, *Passadismo e modernismo*, queixava-se no conto *Tem de casar!*:

> Ser mulher superior é quase um tormento! [...] Os meus colegas movem-me uma guerra surda: negam-me o talento e o preparo, levantam dúvidas

sobre os meus estudos durante anos pela Europa; acham que o meu lugar não devia ser na sala de operações, mas, sim, na sala de costuras, remendando fundilhos e fuxicando meias.[21]

Contudo, o discurso das feministas liberais afetava muito pouco o conceito que elas próprias tinham das operárias e demais trabalhadoras pobres. Como afirmam as mulheres ricas do romance de Pagu, referindo-se ao direito de voto para as operárias: "Essas são analfabetas. Excluídas por natureza."[22]

Nos periódicos femininos, as feministas se diziam responsáveis pelo futuro das trabalhadoras pobres, mas pouco falavam a respeito do modo como pretendiam encaminhar, na prática, essa filantropia. As operárias, tão vitimadas pelas péssimas condições de trabalho, pelos baixos salários, pela quantidade de filhos que deveriam criar, tão presas à condição biológica, eram consideradas até mesmo pelas feministas como incapazes de produzir alguma forma de manifestação cultural.

Certamente as feministas ignoravam a imprensa anarquista, os escritos das militantes Isabel Cerruti e Matilde Magrassi, as poesias escritas pelas operárias anarcossindicalistas e socialistas, as traduções da russa Emma Goldman, as atividades dos grupos de estudo, de música ou de teatro operário que se apresentavam no Brás, no Belenzinho ou no Bom Retiro, em São Paulo. Provavelmente nunca souberam das peças que a anarquista Maria Valverde representava nos teatros populares paulistanos, como o Colombo e o Arthur Azevedo; nem imaginavam que o sapateiro espanhol Pedro Catalo, militante anarquista e grande amigo de Maria Valverde, era o autor de muitas dessas peças.

A "MÃE CÍVICA" E O FORTALECIMENTO DA RAÇA

De modo geral, no momento em que a industrialização absorveu várias das atividades outrora exercidas na unidade doméstica – a fabricação de tecidos, pão, manteiga, doces, vela, fósforo – desvalorizou os serviços relacionados ao lar. Ao mesmo tempo, a ideologia da maternidade foi revigorada pelo discurso masculino: ser mãe, mais do que nunca, tornou-se a principal missão da mulher num mundo em que se procurava estabelecer rígidas fronteiras entre a esfera pública, definida como essencialmente masculina, e a privada, vista como lugar natural da esposa-mãe-dona de casa e de seus filhos.

Os positivistas, os liberais, os médicos, a Igreja, os industriais e mesmo muitos operários anarquistas, socialistas e, posteriormente, os comunistas incorporaram o discurso de valorização da maternidade, progressivamente associado ao ideal de formação da identidade nacional. Nos anos 20 e 30, a figura da "mãe cívica" passa a ser exaltada como exemplo daquela que preparava física, intelectual e moralmente o futuro cidadão da pátria, contribuindo de forma decisiva para o engrandecimento da nação. A imagem de Santa Maria foi fortemente valorizada, enquanto nas artes a figura da "mulher fatal", poderosa, ameaçadora e demoníaca, como Salomé, invadia o palco e fazia grande sucesso. Quase todas as atrizes desse período, Theda Bara e Louise Brooks no cinema, interpretaram Cleópatra, Laís, Circe, Eva, Dalila ou Salomé, esta que, com a dança voluptuosa dos sete véus, conseguira a cabeça de João Batista.

Seguindo os ensinamentos de Augusto Comte, os membros do Apostolado Positivista do Brasil entendiam que a mulher não deveria possuir dinheiro – um objeto sujo, degradante e essencialmente masculino, portanto, contrário à sua natureza. A mulher deveria se restringir ao seu "espaço natural", o lar, evitando toda sorte de contato e atividade que pudesse atraí-la para o mundo público. A medicina fundamentava essas concepções em bases científicas, mostrando que o crânio feminino, assim como toda a sua constituição biológica, fixava o destino da mulher: ser mãe e viver no lar, abnegadamente cuidando da família. Muitos repetiam convictos os argumentos do médico italiano Cesare Lombroso: "O amor da mulher pelo homem não é um sentimento de origem sexual, mas uma forma destes devotamentos que se desenvolvem entre um ser inferior e um ser superior."[23]

Como reagiram os positivistas diante do fato de que grande parte do proletariado do começo do século era formada por mulheres? E quanto ao trabalho industrial feminino, tão contrário às suas expectativas e crenças? Como reagiram ante a inexistência de leis trabalhistas que, como denunciavam os operários, pudessem impedir a exploração do trabalho feminino e infantil no período noturno? O jornal *A Plebe* publicou artigos que defendiam a greve realizada contra as condições de trabalho e os baixos salários na fábrica Brasital, localizada em Salto de Itu, no estado de São Paulo. De acordo com o jornal, os industriais jamais se preocupavam com o trabalho noturno das mulheres e das crianças: "Estas entram às 14 horas para o serviço e só saem às 22 horas da noite. E não é honesto obrigar uma mulher a trabalhar de noite só porque ela tem necessidade de ganhar um pedaço de pão para os filhos."[24]

Certamente, os homens da elite desejavam construir um mundo absolutamente dividido entre o público e o privado, mas, acima das discussões morais sobre a exploração do trabalho das mulheres, preocupavam-nos seus rendimentos econômicos. Assim, justificavam a exploração do trabalho feminino e infantil afirmando que muitas mulheres e crianças, especialmente as mais pobres, precisavam trabalhar para sobreviver e para ajudar suas famílias. Acreditavam que as mulheres das camadas mais carentes da população, quer devido à constituição física, quer à falta de formação moral, eram muito inferiores às "mulheres normais" e mais inclinadas aos vícios e às tentações do mundo moderno. Não é à toa que eles não só ignoravam as demandas do movimento operário, considerado uma "questão de polícia", mas também desconheciam a cultura anarquista e socialista produzida por muitas trabalhadoras. Por isso, propunham várias formas de controle sobre seu cotidiano, tendo em vista prevenir acidentes e ajudar as trabalhadoras a se formar moralmente.

Segundo o doutor Potyguar de Medeiros, em seu estudo sobre as formas de "Proteção às mulheres virgens, defloradas e prostituídas",

> ao lado da educação direta, do aviso direto dos perigos, tarefa de que o médico instrutor do dispensário deve incumbir-se, cabe ao governo proteger a mulher solteira virgem, criando escolas profissionais gratuitas e para todos os ofícios [...] Verdadeiras oficinas de trabalho devem ser frequentadas pelas moças, como o são as fábricas: as alunas desta escola devem ser operárias, sem praxes de uniforme e quejandas inutilidades.[25]

Já os industriais, mesmo os mais esclarecidos como Jorge Street, recusavam-se a reduzir a jornada de trabalho, afirmando que seus empregados estavam absolutamente satisfeitos em suas propriedades e que optar pela redução acarretaria uma diminuição dos salários, afetando diretamente a família operária. Ele diz: "Eu tenho em São Paulo, entre os meus quase 3.000 operários, mais de 1.100 moças de 15 a 18 anos de idade, que apresentam robustez física igual à de suas companheiras de maior idade e que produzem o mesmo que elas."[26]

Muitos médicos alinhavam-se com as feministas liberais, com as escritoras e, alguns, com as libertárias. O médico Cláudio de Souza, por exemplo, assinava vários dos artigos publicados na *Revista Feminina*, dirigida por sua irmã Virgilina de Souza Salles, e defendia um feminismo moderado, que incluía o trabalho feminino fora do lar, a educação profissional da mulher, seu acesso a todos os campos da cultura e o direito de voto. Mas, fundamentalmente, todos reafirmavam o valor e a importância da preservação da família. O ideal da "mãe cívica", trabalhadora moderna e competente mãe de família, participante dos debates nacionais, era retomado e difundido para toda a sociedade.

Havia médicos que procuravam modernizar as relações afetivas e sexuais dos casais, divulgando novas concepções sobre a sexualidade feminina em seus manuais de higiene sexual. O Dr. Olavarrieta, por exemplo, afirmava, em 1929, que os homens deveriam aprender a se relacionar sexualmente com as mulheres, desfazendo suas antigas referências sexuais. Insistia no fato de que muitos casamentos acabavam porque os maridos ignoravam as necessidades sexuais das esposas, acreditando que deveriam evitar

> com sua mulher toda classe de refinamentos durante o ato sexual, crendo deste modo cumprir mais fielmente as obrigações de marido, já que a alegria, a satisfação, a recreação ficaram nos braços de suas amigas anteriores. Repeti-las com sua própria mulher, com a que vai ser "mãe de seus filhos", seria insensato, equivaleria a tanto como insultá-la, ofendê-la, quiçá, prostituí-la.[27]

O movimento operário protestou contra as inúmeras formas de exploração do trabalho feminino e infantil. A título de ilustração, lembramos que a primeira grande greve têxtil desencadeada pelos operários da fábrica Aliança e Cruzeiro, na Capital Federal, em 1903, tinha como motivo central a demissão de uma operária que tivera um filho do mestre que a despedira. Isso mostra que, se de um lado os operários utilizavam esses acontecimentos para deflagrar uma luta política, de outro, preocupavam-se em proteger moralmente as mulheres de sua classe e de sua nacionalidade. Preocupações parecidas tinham os anarquistas, que condenavam o fumo, a bebida alcoólica, o comportamento excêntrico, as festas de Carnaval, não só por moralismo, mas porque as mulheres pobres estariam mais expostas a situações que permitiriam reforçar os estereótipos negativos atribuídos a elas. Afinal, os anarquistas também defendiam o divórcio e o amor livre, o que seguramente devia provocar uma reação bastante defensiva por parte dos setores mais conservadores da sociedade.

MULHERES NA LUTA DE CLASSES

> Enquanto as fêmeas da burguesia descem de Higienópolis e dos bairros ricos para a farra das *garçonnières* e dos *clubs*, a criadagem humilhada, de touquinha e avental, conspira nas cozinhas e nos quintais dos palacetes. A massa explorada cansou e quer um mundo melhor![28]

Não era só Pagu que se rebelava contra os valores do mundo burguês. As anarquistas e socialistas procuraram organizar as trabalhadoras, nas primeiras décadas do século, convocando-as para as assembleias sindicais ou para discutir os problemas femininos dentro dos sindicatos e comitês a que pertenciam. Desde o começo da industrialização, elas escreveram inúmeros artigos na imprensa operária, apontando os problemas enfrentados pelas trabalhadoras na produção e na vida social, as péssimas condições de trabalho e de higiene nas fábricas ou nas habitações coletivas e a inexistência de direitos sociais e políticos para as mulheres. Em 27 de junho de 1903, a anarquista Matilde Magrassi afirmava, em *O Amigo do Povo*:

> É já tempo que a mulher operária faça também nesta cidade o que vai fazendo em tantas outras cidades civilizadas [...] Uni-vos, formai sociedades de resistência, procurai conquistar mais bem-estar, despertai do longo letargo no qual tendes estado adormecidas até hoje.

Têm sido bastante citados, nos estudos sobre as mulheres trabalhadoras no Brasil, os manifestos de operárias anarquistas como Teresa Cari, Tecla Fabbri e Maria Lopes. Publicados em 1906, esses manifestos eram

A crescente urbanização e a industrialização abriam novas perspectivas de trabalho e atuação para as mulheres. Na foto: alunas de uma escola de datilografia no início dos anos 20.

tentativas de organizar o sindicato das costureiras das confecções.[29] Criticavam a apatia das trabalhadoras e procuravam argumentar em favor da construção da solidariedade política entre elas:

> Devemos demonstrar, enfim, que somos capazes de exigir o que nos pertence; e se todas forem solidárias, se todas nos acompanharem nessa luta, se nos derem ouvidos, nós começaremos por desmascarar a cupidez dos patrões sanguinolentos.[30]

Um mês depois, afirmavam:

> Não devemos, porém, esperar que nos concedam o que nos pertence quando lhes agrade. Devemos tomá-lo por nossas mãos [...] temos o dever e o direito de o fazer. Não nos deixemos, sobretudo, adular com falsas concessões e promessas por parte de nossos sanguessugas.[31]

A corrente do movimento operário internacional conhecida como anarcossindicalismo pregava a construção de uma sociedade justa e livre. Logo no começo do século, essa corrente teve um grande impacto sobre os trabalhadores urbanos no país, sobretudo, em São Paulo, onde o peso da imigração europeia foi mais forte.[32] Em 1922, foi fundado o Partido Comunista Brasileiro, que arrebanhou muitos dos antigos militantes anarquistas. Nos anos seguintes, os anarquistas viram-se seriamente abalados com o fortalecimento do movimento comunista e com a forte repressão desencadeada contra o movimento operário durante o governo de Washington Luís.

Entretanto, se anarcossindicalistas, socialistas e comunistas estavam próximos quanto à necessidade da revolução social, esses grupos divergiam em relação aos métodos e estratégias de luta. Ao contrário dos socialistas e comunistas, os anarquistas recusavam a teoria do partido revolucionário e a implantação da "ditadura do proletariado", defendida por Marx, Lenin e Trotsky. Seguidores de Proudhon, Bakunin, Kropotkin e Malatesta, eles apostavam na estratégia da "ação direta", na qual todos os trabalhadores deveriam se engajar para derrubar o sistema capitalista.

As anarquistas, por seu turno, procuravam mostrar como a questão da emancipação da mulher poderia ser encaminhada e resolvida por intermédio da "revolução social" mais ampla, que daria origem a um mundo fundado na igualdade, na justiça e na liberdade. A luta pela libertação feminina estava, pois, subordinada à ideia da emancipação de toda a humanidade. Assim como as socialistas e as comunistas, as anarquistas consideravam a questão feminina secundária em relação ao conflito entre as classes sociais, cuja resolução, consequentemente, acabaria com o problema da opressão sexual. No entanto, em sua luta cotidiana, as operárias anarquistas procuravam colocar o debate na ordem do dia, questionando não apenas o patriarcalismo da sociedade brasileira, mas a discriminação sexual no meio operário e no ambiente de militância política. Propunham, pois, um feminismo libertário.

Contrariamente às feministas liberais, as anarquistas não reivindicavam o direito de voto, por considerarem que de nada adiantaria participar de um campo político já profundamente atravessado pelas relações de poder, social e sexualmente hierarquizadas. E, diferentes das socialistas e das comunistas, também se recusavam a criar um partido político, considerado um meio inapropriado para os fins a que pretendiam chegar. De acordo com sua concepção, um partido reproduziria, tanto internamente quanto em relação à sociedade, as mesmas relações hierárquicas e de poder que elas procuravam destruir no mundo burguês, e instauraria as mesmas formas da desigualdade que era criticada.

Ao lado dos companheiros libertários, as anarquistas convocavam a construção de uma sociedade autônoma, ou libertária, fundada na solidariedade entre os indivíduos e não na competição, ou na "desenfreada busca de lucro". Na nova sociedade, sem distinção de raça, idade, sexo ou classe socioeconômica, todos teriam os deveres e os direitos em condições de igualdade. Para isso, deveriam lutar contra todas as formas de manifestação das relações de poder, tanto nas fábricas quanto nas escolas, nos sindicatos, nos grupos sociais e políticos e mesmo no próprio lar. Abraçando essas ideias, a anarquista Isabel Cerruti critica as feministas liberais ligadas à *Revista Feminina* e a Bertha Lutz:

> O programa anarquista é mais vasto neste terreno; é vastíssimo: quer fazer compreender à mulher, na sua inteira concepção, o papel grandioso que ela deve desempenhar, como fatora [*sic*] histórica, para a nossa inteira integralização na vida social.[33]

As relações entre homens e mulheres deveriam ser, portanto, radicalmente transformadas em todos os espaços de sociabilidade. Num mundo em que mulheres e homens desfrutassem de condições de igualdade, as mulheres teriam novas oportunidades não só de trabalho, mas de participação na vida social. A condição feminina, o trabalho da mulher fora do lar, o casamento, a família e a educação seriam pensados e praticados de uma maneira renovada.

Nas formulações libertárias, a mulher emancipada desfrutaria dos mesmos espaços políticos, sociais e culturais que os homens. Aliás, ambos participariam da construção de uma nova esfera pública, libertária e transnacional. As fábricas seriam geridas pelos produtores diretos; a sociedade, organizada em pequenos conselhos e comitês responsáveis pela administração do bairro, das escolas, dos hospitais etc. A população teria, assim, participação direta nas formas de organização da vida política e social.

> É preciso abolir o princípio individual da propriedade das riquezas [...] Todas as grandes e pequenas empresas de produção, que são exploradas por proprietários tendo por fim os próprios interesses devem ser reorganizadas por comissões populares tendo por mira, exclusivamente, as necessidades do povo.[34]

A MULHER: UMA DEGENERADA?

Críticos das relações monogâmicas indissolúveis, que obrigavam os indivíduos a permanecerem presos em cadeias de relações sociais, os anarquistas defendiam o divórcio e as "uniões livres". O primeiro facultaria aos casais a separação definitiva quando fosse desejada, o que portanto deveria redundar em felicidade relativa para ambos. O "amor livre" daria lugar à plena manifestação das emoções entre indivíduos de sexos opostos. Em lugar do contrato de casamento efetuado diante da Igreja e do Estado, a "livre união" significaria a possibilidade de homens e mulheres definirem livremente o tipo de relação amorosa e sexual que pretendiam criar. Sem fazer referência à questão do homossexualismo, os anarquistas afirmavam:

> Amor livre [...] é um todo formado pelo homem e pela mulher que se completam, que buscam a vida em comum, sem dependências de códigos ou leis que determinem as suas funções, juntando-os por simples convenção social. Vivem juntos porque se querem, se estimam no mais puro, belo e desinteressado, sentimento de amor.[35]

Outra questão controversa, a prostituição, era encarada como um fenômeno decorrente da exploração capitalista do trabalho, e certamente seria eliminada num mundo fundado na justiça social. Os anarquistas, portanto, estavam bem afastados das teorias eugenistas defendidas pelas elites, segundo as quais a origem da prostituição estava na constituição biológica deficiente da mulher, que possuiria "taras hereditárias no sistema nervoso".

A mulher deveria ter seus direitos não apenas reconhecidos, mas ampliados: o direito à maternidade consciente, isto é, a possibilidade de optar pela atividade materna ou pelo direito ao prazer sexual, dentre outros. As anarquistas reivindicavam ainda o fim da valorização burguesa da virgindade feminina.

Isso evidentemente não significava, no discurso libertário, o fim da família, mas sua constituição baseada em outros princípios morais – fundamentalmente, uma aposta radical na espontaneidade da atração entre os sexos e uma profunda crença nas potencialidades da natureza humana. Significava, também, a crença profunda no poder transformador da educação, já que através da pedagogia libertária seriam formados o "novo homem" e a "nova mulher", condizentes com a moral anarquista. Era defendida, nesse sentido, uma educação voltada para a realização da capacidade individual, fundamentada no desenvolvimento da criatividade da pessoa e na crítica franca aos métodos autoritários e coercitivos do mundo capitalista, competitivo e hierárquico.

As ideias das mulheres anarquistas ficaram mais conhecidas em décadas recentes, especialmente a partir da atuação e das publicações de Maria Lacerda de Moura, uma anarquista e feminista de classe média, professora e escritora mineira, ativista política radical, redescoberta pela historiografia dos anos 80.[36] Nascida em 1877, Maria Lacerda escreveu livros polêmicos, como *A mulher é uma degenerada?* (1924), *Religião do amor e da beleza* (1926), *Amai e não vos multipliqueis* (1932), *Han Ryner e o amor plural* (1933), entre outros; publicou também a revista *A Renascença*, em 1923, e fez inúmeras palestras nos meios intelectuais e nos círculos operários da época, como a União dos Artífices em Calçados, de São Paulo, ou o Centro Internacional de Santos.

Maria Lacerda foi, em sua época, uma das raras pontes entre o mundo operário e o mundo das elites intelectuais e artísticas do país. Raramente os escritores modernistas se referiam ao universo da fábrica. Mesmo Pagu, que focalizou com maior insistência os grupos de militantes comunistas, parece não ter levado em conta os anarquistas. As distâncias entre anarquistas e modernistas são evidenciadas até geograficamente: o bairro do Brás, em São Paulo, tão conhecido por Pagu, era visto como lugar de miséria e degradação humana, ao contrário dos espaços boêmios da cidade, frequentados por jornalistas, escritores, advogados, prostitutas e policiais.

Divergindo das feministas liberais e especialmente de Bertha Lutz, com quem chegou a militar, Maria Lacerda fundou a Federação Internacional Feminina, em 1921, com grupos de São Paulo e de Santos. Sua meta era "canalizar todas as energias femininas dispersas, no sentido da cultura filosófica, sociológica, psicológica, ética, estética – para o advento da sociedade melhor".

Esclarecida, Maria Lacerda também parece ter sido das poucas mulheres que contestaram publicamente as concepções médicas a respeito da sexualidade e da constituição física feminina. Aliás, as pesquisas realizadas até o final da década de 1990 revelam que poucas escritoras trataram de temas considerados masculinos, como os da sexualidade. É o caso de Laura Villares e Ercília Nogueira Cobra, que abordaram "assuntos malditos" como o prazer sexual, o adultério e a prostituição. Defendendo o amor livre e plural para ambos os sexos, Maria Lacerda escreveu:

> A ciência costuma afirmar que a mulher é uma doente periódica, que a mulher é útero. Afirma que o amor para o homem é apenas um acidente na vida e que o amor, para a mulher, é toda a razão de ser da sua vida, e ela põe nessa dor o melhor de todas as suas energias e esgota o cálice de todas as suas amarguras, pois o amor é a consequência lógica, inevitável, de sua fisiologia uterina. Há engano no exagero de tais afirmações. Ambos nasceram pelo amor e para o amor.[37]

AS INDESEJÁVEIS

A imprensa anarquista é constituída por um número razoável de jornais: *A Terra Livre*, *A Lanterna*, *A Plebe*, *A Voz do Trabalhador*, dentre outros.[38] Nesses periódicos, o pesquisador encontra um bom número de mulheres militantes que redigiam artigos, discutiam a questão da emancipação feminina, liam militantes famosas como a russa Emma Goldman, comentavam os acontecimentos nacionais e internacionais, organizavam grupos de estudo e de teatro, participavam dos comícios e das agitações populares.

Já os documentos policiais e as circulares dos industriais contêm as assustadoras listas dos "indesejáveis" e dos "jovens agitadores" que deveriam ser afastados não apenas da fábrica, mas de todo o ramo industrial em que trabalhavam. Entre esses, estava grande número de moças, responsáveis por atos de "ação direta" – sabotagem, boicote, quebra de equipamentos, roubos e greves, como defendiam os libertários.

> Queiram VV. SS. incluir na sua lista de indesejáveis os seguintes nomes de operários que foram despedidos, como agitadores, pela fábrica Luzitania:
> Benedicta Cerqueira – Maçaroqueira Italgina Cerqueira – Maçaroqueira
> Augusta Maria Conceição – Maçaroqueira
> e pelas Indústrias Reunidas F. Matarazzo – Fábrica Belenzinho:
> America Mazzini Montorso – Urdideira Ersilia Montorso – Tecelã

Anna Vial – Seção Bancos
João Montorso – Seção Estamparia
Maria Montorso – Seção Estamparia
A consulta a este centro sempre que as fábricas tiverem de receber novos operários é sempre recomendável, pois a operária Benedicta Cerqueira tem no nosso arquivo secreto a seguinte indicação: 'Despedida pela fábrica Luzitania por ter, em companhia de outros companheiros, feito paralisar os trabalhos da secção de fiação, em 16.12.1922'.[39]

Nos documentos policiais dos anos de 1910 e 1920, também se encontram anarquistas punidas ou perseguidas, participantes de comí-

Nos anos 20, a figura da mulher moderna e independente conquista admiradores entre homens e mulheres.

cios e agitações populares. É o que aparece na carta enviada pelo inspetor de investigação ao diretor do Gabinete de Investigações e Captura, Dr. Virgílio do Nascimento, por ocasião da greve de 1917, que paralisou pela primeira vez a cidade de São Paulo.[40] Nessa carta, o inspetor procura mostrar que a participação feminina no movimento resultava da manipulação das mulheres pelos companheiros. Sua opinião contrasta fortemente com as notícias que declaram que a greve eclodiu depois de uma movimentação organizada pelas operárias do Cotonifício Crespi. O inspetor afirma que os anarquistas tinham encontrado um novo meio para ganhar a simpatia dos operários:

> [Faziam] operárias subirem à tribuna pública e falar contra os patrões e contra as autoridades constituídas. Ainda ontem e em outros comícios anteriores, não tem faltado a eles com a sua palavra arrogante e atrevida a operária Penélipe [*sic*], residente à rua Cavalheiro Crespi, nº 3.[41]

Algumas anarquistas ficaram mais conhecidas: Matilde Magrassi colaborava nos jornais *A Terra Livre* e *O Amigo do Povo*, de São Paulo; Isabel Cerruti, no *A Plebe*; Josefina Stefani, Maria Antônia Soares, Maria Angelina Soares, Maria de Oliveira, Tibi e Tereza Fabri foram as militantes que assinaram os artigos publicados na imprensa libertária e organizaram grupos de teatro e tertúlias nos centros de cultura social.[42]

Maria Valverde, de Piracicaba, nascida em 1916, contou, numa entrevista realizada em 1994, que passara a integrar o Centro de Cultura Social aos 29 anos de idade, assim que chegara a São Paulo, como o pai, o anarquista espanhol José Valverde Dias.

> Fui a uma conferência dos anarquistas com meu pai, aí anunciaram que iam formar um grupo de teatro [...] A moça que ia tomar parte não foi, e o diretor me convidou. Eu tomei parte só para ajudar e não saí mais. As peças eram apresentadas no Teatro Colombo e no Teatro Arthur Azevedo.

Começando a trabalhar como atriz do teatro libertário, Maria Valverde participou das demais atividades políticas, culturais e sociais do grupo. Costurava em casa, mas também militava, organizando as greves e fazendo propaganda dos ideais anarquistas.

Sônia Oiticica, conhecida atriz do teatro brasileiro, nasceu nos anos 20 e cresceu num ambiente fervorosamente libertário. Filha de um dos líderes do movimento, o escritor e professor José Oiticica, autor do livro *O anarquismo ao alcance de todos*, conviveu com muitos militantes operários e intelectuais do período. A atriz militou nos círculos libertários do Rio de Janeiro e de São Paulo, dirigiu o jornal *Ação Direta* nos anos 50 e sempre se dedicou ao teatro. Atuou junto aos grupos anarquistas de teatro e participou de atividades culturais e políticas dos Centros de Cultura Social do Rio de Janeiro e de São Paulo. Críticas das relações de poder, Sônia Oiticica e Maria Valverde encontraram eco dos ideais libertários entre mulheres de gerações mais jovens.

A CONQUISTA DO ESPAÇO PÚBLICO

Vimos aqui uma parcela das trabalhadoras que ajudaram a construir o país nas primeiras décadas do século XX. Evidentemente, as mulheres pobres não estavam apenas nas indústrias do Sudeste. Muitas estavam no campo, trabalhando nas plantações e colheitas, em fazendas e em outros tipos de propriedade rural. Nas cidades, elas trabalhavam também no interior das casas – como empregadas domésticas, lavadeiras, cozinheiras, governantas –, em escolas, escritórios, lojas, hospitais, asilos ou, ainda, circulavam pelas ruas como doceiras, vendedoras de cigarros e charutos, floristas e prostitutas. Entre as jovens que provinham das camadas médias e altas, muitas se tornavam professoras, engenheiras, médicas, advogadas, pianistas, jornalistas, escritoras e diretoras de instituições culturais, como a famosa feminista Bertha Lutz. Aos poucos, as mulheres iam ocupando todos os espaços de trabalho possíveis.

Falamos sobre a vida das operárias nas fábricas criadas no começo de nossa industrialização, momento particularmente importante para o futuro das mulheres no mundo do trabalho, no Brasil. Nesse contexto, foram definidos códigos sociais e morais, noções de *certo* e de *errado*, assim como a legislação trabalhista que deveria reger por muitas décadas as relações de trabalho com consequências nos lares e na vida social. O espaço público moderno foi definido como esfera essencialmente masculina, do qual as mulheres participavam apenas como coadjuvantes, na condição de auxiliares, assistentes, enfermeiras, secretárias, ou seja, desempenhando as funções consideradas menos importantes nos campos produtivos que lhes eram abertos.

As autoridades e os homens de ciência do período consideravam a participação das mulheres na vida pública incompatível com a sua constituição biológica. Os argumentos criados ou reproduzidos e até as classificações preconceituosas que pregaram converteram-se em códigos que aos poucos passaram a reger as relações entre os sexos, bem como entre as diferentes classes sociais e grupos étnicos. Só muito recentemente a figura da "mulher pública" foi dissociada da imagem da prostituta e pensada sob os mesmos parâmetros pelos quais se pensa o "homem público", isto é, enquanto ser racional dotado de capacidade intelectual e moral para a direção dos negócios da cidade. Pelo menos até a década de sessenta, acreditava-se que a mulher, sendo feita para o casamento e para a maternidade, não deveria fumar em público ou comparecer a bares e boates desacompanhada, e a política ainda era considerada assunto preferencialmente masculino.

As trabalhadoras recusaram, alteraram e recriaram muitos dos significados e das práticas que os dirigentes pretenderam impor ao mundo do trabalho e da vida pública. Fundamentalmente, procuraram construir suas redes de solidariedade e de sociabilidade sobre doutrinas políticas bastante divergentes das que propunham ou repetiam as elites. Não há como negar que os trabalhadores do sistema fabril construíram uma cultura própria, e por isso mesmo foram profundamente perseguidos pelas forças policiais, não só no Brasil, mas em vários países da América Latina. Lembremos que as conhecidas "escolas modernas" criadas pelos libertários, em vários estados e cidades brasileiras, foram totalmente destruídas pela polícia, seus jornais foram queimados e empastelados, suas manifestações políticas reprimidas. É claro que não foi por simpatia que as mesmas autoridades despenderam sua energia enviando militantes para Clevelândia, ao norte do país, onde, aprisionados, muitos morreram por falta de assistência médica, para não dizer em total abandono.

Assustador é o perigo de esquecermos essa tradição de luta dos primórdios da nossa industrialização, como se, para além de terem sido sucessivamente derrotados, os trabalhadores fabris, entre os quais muitos ativistas políticos, ainda tivessem de assistir à contínua renovação dessa derrota. A perda das tradições que nos ameaça, principalmente das experiências libertárias e democráticas, não deixa de ter consequências, sobretudo num país que luta com dificuldades para deixar de ser caracterizado como "casa-grande e senzala", expressão sabiamente definida nos anos 30. Na verdade, sabemos que, apesar da intensa modernização vivida no país, ainda carregamos muito fortemente o peso do clientelismo, da política do favor e de outras formas tradicionais de relacionamento, violentas, perversas e corrosivas.

Muitas mulheres, trabalhadoras e, especialmente, as feministas, têm lutado nas últimas três décadas pela construção de uma esfera pública democrática. Elas querem afirmar a questão feminina e assegurar a conquista dos direitos que se referem à condição da mulher. Por isso mesmo, é importante que possamos estabelecer as pontes que ligam as experiências da história recente com as do passado, acreditando que nos acercamos de um porto seguro e nos fortalecemos para enfrentar os inúmeros problemas do presente.

Personagens do romance *Parque Industrial*, Matilde escrevera a Otávia:

Tenho que te dar uma noticiazinha má. Como você me ensinou, para o materialista tudo está certo. Acabam de me despedir da fábrica, sem uma explicação, sem um motivo. Porque me recusei ir ao quarto do chefe. Como sinto, companheira, mais do que nunca a luta de classes! Como estou revoltada e feliz por ter consciência! Quando o gerente me pôs na rua senti todo o alcance de minha definitiva proletarização, tantas vezes adiada![43]

NOTAS

(1) Patrícia Galvão. *Parque industrial*. São Paulo: Alternativa, 1933. Sobre esse romance, ver a instigante análise de K. David Jackson, Afterword, em Patrícia Galvão, *Industrial park*. Lincoln and London: Nebraska University Press, 1993, p. 115-53. Ver ainda Augusto de Campos, *Pagu*: Patrícia Galvão: vida e obra. São Paulo: Brasiliense, 1982, e Susan K. Besse, *Restructuring patriarchy:* the modernization of gender inequality in Brazil, 1914-1940. Chapel Hill and London: The University of North Carolina Press, 1996, p. 180-183.

(2) Patrícia Galvão. *Op. cit.*, p. 108.

(3) Ver Maria Valéria Junho Pena, *Mulheres trabalhadoras*. Presença feminina na constituição do sistema fabril. Rio de Janeiro: Paz e Terra, 1981. Sobre a imigração italiana no Brasil, ver Lucy Maffei Hutter, *Imigração italiana em São Paulo (1902-1914)*. O processo imigratório. São Paulo: IEB-USP, 1986. Sobre a imigração judaica, ver Jeff H. Lesser, *O Brasil e a questão judaica:* imigração, diplomacia e preconceito. Rio de Janeiro: Imago, 1995.

(4) Sobre a industrialização e a formação da classe operária no país, ver Warren Dean, *A industrialização de São Paulo (1880-1945)*. Rio de Janeiro: Difel, 1971; Boris Fausto, *Trabalho urbano e conflito social*. Rio de Janeiro: Difel, 1977.

(5) *Id. ibid.*, p. 104.

(6) Maria Alice Rosa Ribeiro, *Condições de trabalho na indústria têxtil paulista (1870-1930)*. São Paulo: Hucitec, 1988, p. 148-158; Esmeralda Blanco B. de Moura, *Mulheres e menores no trabalho industrial:* os fatores sexo e idade na dinâmica do capital. Rio de Janeiro: Vozes, 1982.

(7) Maria Valéria Junho Pena. *Op. cit.*, p. 14.

(8) Heleieth Saffioti. *A mulher na sociedade de classes*: mito e realidade. 2.ed. Rio de Janeiro: Vozes, 1979, p. 240.

(9) Ver Maria Odila Leite da Silva Dias, *Cotidiano e poder em São Paulo no século XIX*: Ana Gertrudes de Jesus. 1.ed. São Paulo: Brasiliense, 1984; June Hahner. *Emancipating the female sex*: the struggle for women's rights in Brazil. Durham and London: Duke University Press, 1990, p. 90.

(10) *A Terra Livre*, 17 fev. 1906.

(11) *Id.*, 22 jan. 1907.

(12) Edgar Rodrigues. *Alvorada operária*: os congressos operários no Brasil. Rio de Janeiro: Mundo Livre, 1979.

(13) Margareth Rago. *Do cabaré ao lar*: a utopia da cidade disciplinar (1890-1930). 1.ed. Rio de Janeiro: Paz e Terra, 1985.

(14) Nicolau Sevcenko. *Orfeu extático na metrópole*. São Paulo: Companhia das Letras, 1995; Susan K. Besse. *Op. cit.*

(15) Patrícia Galvão. *Op. cit.*, p. 106.

(16) Margareth Rago. *Os prazeres da noite*: prostituição e códigos da sexualidade feminina em São Paulo. Rio de Janeiro: Paz e Terra, 1991, p. 55.

(17) Jacob Penteado. *Memórias de um postalista*. São Paulo: Livraria Editora Martins, 1963, p. 47.

(18) Ver Luzia Margareth Rago e Eduardo Moreira. *O que é taylorismo?* 9.ed. São Paulo: Brasiliense, 1995.

(19) Margareth Rago. *Op. cit.*, p. 108.

(20) *A Mensageira*, p. 314. v. 1.

(21) Lola de Oliveira. *Passadismo e modernismo*. 2.ed. São Paulo: Estabelecimento Graphico Rossolillo, 1932, p. 117. Sobre a produção literária feminina desse período, ver Norma Telles.

Encantações: escritoras e imaginação literária no Brasil do século XIX. São Paulo, tese de doutoramento, PUC, 1987.

(22) Patrícia Galvão. *Op. cit.*, p. 89.

(23) Cesare Lombroso. *La femme crimminelle et la prostituée*. Paris: Félix Alcan, 1896, p. 115.

(24) *A Plebe*, 31 jan. 1920.

(25) Potyguar Medeiros. *Sobre a prophylaxia da syphilis*. Tese apresentada à Faculdade de Medicina e Cirurgia de São Paulo. São Paulo: Typographia e Papelaria Americana, 1921, p. 65.

(26) Evaristo de Moraes Júnior (org.). *Ideias sociais de Jorge Street*. Rio de Janeiro: Casa de Rui Barbosa, 1980, p. 208.

(27) J. B. Olavarrieta. *Hygiene sexual*. São Paulo: Editora A. C. Martin, 1929, p. 16; Margareth Rago. O Prazer no Casamento, *Ideias – Revista do Instituto de Filosofia e Ciências Humanas*, Unicamp, ano 2, n. 2, jul./dez./1995.

(28) Patrícia Galvão. *Op. cit.*, p. 125.

(29) June Hahner. *Op. cit.*; Joel Wolf. *Working women, working men*. São Paulo and the rise of Brazil's industrial working class, 1900-1955. Durham and London: Duke University Press, 1993; Francisco Corrêa. Mulheres libertárias: um roteiro. *In*: Antônio Arnoni Prado (org.). *Libertários no Brasil*. São Paulo: Brasiliense, 1986; Mônica Leite Barros. *Mulheres trabalhadoras e o anarquismo no Brasil*. Dissertação de mestrado, História, Unicamp, 1978.

(30) *A Terra Livre*, 19 jul. 1906.

(31) *A Terra Livre*, 15 ago. 1906.

(32) Sheldom Maram. *Anarquistas, imigrantes e o movimento operário brasileiro, 1890-1920*. Rio de Janeiro: Paz e Terra, 1979; Francisco Foot Hardman. *Nem pátria nem patrão*. São Paulo: Brasiliense, 1983; Edgar Rodrigues. *Os anarquistas*. Trabalhadores italianos no Brasil. São Paulo: Global, 1984.

(33) *A Plebe*, 20 nov. 1920.

(34) *A Terra Livre*, 6 out. 1910.

(35) *A Voz do Trabalhador*, 1º fev. 1915.

(36) Miriam Moreira Leite. *Outra face do feminismo*: Maria Lacerda de Moura. São Paulo: Ática, 1984.

(37) Prefácio de Maria Lacerda de Moura ao livro do argentino Júlio Barcos. *Liberdade sexual das mulheres*. Trad. e prefácio de Maria Lacerda de Moura, 4.ed., 1929.

(38) Esses jornais se encontram organizados desde 1974 no Arquivo Edgard Leuenroth da Unicamp.

(39) Circular nº 304 do Centro das Indústrias de Fiação e Tecelagem de São Paulo, 19 mar. 1924.

(40) Ver Yara Aun Khoury, *As greves de 1917 em São Paulo*. São Paulo: Cortez, 1981.

(41) Processo criminal de Edgard Leuenroth, arquivo particular do doutor Guido Fonseca.

(42) Até muito recentemente, havia um Centro de Cultura Social na rua Rubino de Oliveira, no Brás, em São Paulo.

(43) Patrícia Galvão. *Op. cit.*, p. 123.

MULHERES DOS ANOS DOURADOS

Carla Bassanezi Pinsky

Teste de Bom-senso

Suponhamos que você venha a saber que seu marido a engana, mas tudo não passa de uma aventura banal, como há tantas na vida dos homens. Que faria você?

1. Uma violenta cena de ciúmes?

2. Fingiria ignorar tudo e esmerar-se-ia no cuidado pessoal para atraí-lo?

3. Deixaria a casa imediatamente?

Resposta

- A primeira resposta revela um temperamento incontrolado e com isso se arrisca a perder o marido, que, após uma dessas pequenas infidelidades, volta mais carinhoso e com um certo remorso.

- A segunda resposta é a mais acertada. Com isso atrairia novamente seu marido e tudo se solucionaria inteligentemente.

- A terceira é a mais insensata. Qual mulher inteligente que deixa o marido só porque sabe de uma infidelidade? O temperamento poligâmico do homem é uma verdade; portanto, é inútil combatê-lo. Trata-se de um fato biológico que para ele não tem importância.[1]

Essas afirmações não surpreenderiam uma esposa comum criada nos moldes das mulheres de classe média dos anos 50 no Brasil. Sendo herdeira de ideias antigas, mas sempre renovadas, de que as mulheres nascem para ser donas de casa, esposas e mães, saberia da importância atribuída ao casamento na vida de qualquer mulher. Teria aprendido que homens e mulheres veem o sexo de maneira diferente e que a felicidade conjugal depende fundamentalmente dos esforços femininos para manter a família unida e o marido satisfeito.

O Teste de Bom-senso apareceu em uma das revistas femininas mais lidas da época, *Jornal das Moças*. Seus pressupostos fazem parte da mentalidade dominante dos chamados Anos Dourados e poderiam estar presentes nos conselhos de uma mãe à sua filha, nos romances para moças, nos sermões de um padre, nas opiniões de um juiz ou de um legislador sintonizados com o seu tempo.

Isso não quer dizer que todas as mulheres pensavam e agiam de acordo com o esperado, e sim que as expectativas sociais faziam parte de sua realidade, influenciando suas atitudes e pesando em suas escolhas.

ANOS 50

O Brasil dos anos 50 viveu um período de ascensão da classe média. Com o fim da Segunda Guerra Mundial, o país assistiu otimista e esperançoso ao crescimento urbano e à industrialização sem precedentes que conduziram ao aumento das possibilidades educacionais e profissionais para homens e mulheres. Democracia e participação eram ideias fortalecidas nos discursos políticos. Em geral, ampliaram-se aos brasileiros as possibilidades de acesso à informação, lazer e consumo. As condições de vida nas cidades diminuíram muitas das distâncias entre homens e mulheres; práticas sociais do namoro à intimidade familiar também sofreram modificações.

As distinções entre os papéis femininos e masculinos, entretanto, continuaram nítidas; a moral sexual diferenciada permanecia forte e o trabalho da mulher, ainda que cada vez mais comum, era cercado de preconceitos e visto como subsidiário ao trabalho do homem, o "chefe da casa". Se o Brasil acompanhou, à sua maneira, as tendências internacionais de modernização e de emancipação feminina – impulsionadas com a participação das mulheres no esforço de guerra e reforçadas pelo desenvolvimento econômico –, também foi influenciado pelas campanhas estrangeiras que, com o fim da guerra, passaram a pregar a volta das mulheres ao lar e aos valores tradicionais da sociedade.

Na família-modelo dessa época, os homens tinham autoridade e poder sobre as mulheres e eram os responsáveis pelo sustento da esposa e dos filhos. A mulher ideal era definida a partir dos papéis femininos tradicionais – ocupações domésticas e o cuidado dos filhos e do marido – e das características próprias da *feminilidade*, como instinto materno, pureza, resignação e doçura. Na prática, a moralidade favorecia as experiências sexuais masculinas enquanto procurava restringir a sexualidade feminina aos parâmetros do casamento convencional.

AS REVISTAS FEMININAS NOS ANOS 50

As páginas das revistas que tratavam de "assuntos femininos" nos levam ao encontro das ideias sobre a diferença sexual predominantes nessa sociedade. *Jornal das Moças*, *Querida*, *Vida Doméstica*, *Você*, as seções *para mulher* de *O Cruzeiro* traziam imagens femininas e masculinas, o modelo de família – branca, de classe média, nuclear, hierárquica, com papéis definidos –, regras de comportamento e opiniões sobre sexualidade, casamento, juventude, trabalho feminino e felicidade conjugal. Essas imagens, mais do que refletir um aparente consenso social sobre a moral e os bons costumes, promoviam os valores de classe, raça e gênero dominantes de sua época. Como conselheiras, fonte importante de informação e companheiras de lazer – a TV ainda era incipiente no país –, as revistas influenciaram a realidade das mulheres de classe média de seu tempo assim como sofreram influências das mudanças sociais vividas – e algumas, também promovidas – por essas mulheres.

SER MULHER

> [...] há brinquedos básicos que falam o idioma da humanidade inteira, e para estes não há possibilidade de passar da moda nem de época [...] uma menina é uma pequena mãe, e uma boneca sempre terá guarida em seus braços [...] um menino estará sempre por aquilo que reclamam sua destreza desportiva [...] Uma pessoa que vai fazer um presente de um brinquedo [para uma criança] deve procurar o simples, o que responda ao natural instinto da criança...
>
> (*Jornal das Moças*, 08 jun.1953)

Ser mãe, esposa e dona de casa era considerado o destino natural das mulheres. Na ideologia dos Anos Dourados, maternidade, casamento e dedicação ao lar faziam parte da essência feminina; sem história, sem possibilidades de contestação.

A vocação prioritária para a maternidade e a vida doméstica seriam marcas de feminilidade, enquanto a iniciativa, a participação no mercado de trabalho, a força e o espírito de aventura definiriam a masculinidade. A mulher que não seguisse *seus* caminhos estaria indo contra a natureza, não poderia ser realmente feliz ou fazer com que outras pessoas fossem felizes. Assim, desde criança, a menina deveria ser educada para ser boa mãe e dona de casa exemplar. As prendas domésticas eram consideradas imprescindíveis no currículo de qualquer moça que desejasse se casar. E o casamento, porta de entrada para a realização feminina, era tido como "o objetivo" de vida de todas as jovens solteiras.

MOÇA DE FAMÍLIA X MOÇA LEVIANA

As revistas da época classificavam as jovens em *moças de família* e *moças levianas*. Às primeiras, a moral dominante garantia o respeito social, a possibilidade de um casamento-modelo e de uma vida de *rainha do lar* – tudo o que seria negado às *levianas*. Estas se permitiam ter intimidades físicas com homens; na classificação da moral social estariam entre as *moças de família*, ou *boas moças*, e as prostitutas.

As *moças de família* eram as que se portavam corretamente, de modo a não ficarem *mal faladas*. Tinham gestos contidos, respeitavam os pais, preparavam-se adequadamente para o casamento, conservavam sua inocência sexual e não se deixavam levar por intimidades físicas com os rapazes. Eram aconselhadas a comportarem-se de acordo com os princípios morais aceitos pela sociedade, mantendo-se virgens até o matrimônio enquanto aos rapazes era permitido ter *experiências sexuais*.

Vistas por vezes como ingênuas ou perigosamente inconsequentes e deslumbradas, era grande o medo de que as mocinhas se desviassem do *bom caminho*, a educação moral e a vigilância sobre elas se faziam necessárias.

Alguns conservadores chegavam a criticar o cinema americano por trazer para o Brasil *más influências*, mostrando como normais hábitos *condenáveis*, tais como mocinhas ousadas e cheias de iniciativa que não respeitam os mais velhos ou que não veem mal algum em passar horas com um rapaz em seu carro ou apartamento! A literatura também estava sob suspeita e os pais e educadores deveriam procurar controlar as leituras das moças recomendando obras edificantes ou, ao menos, inofensivas à moral e aos bons costumes.

É claro que para casar, as jovens teriam de conhecer rapazes – já estava fora de moda casar *sem afeto*, apenas pela vontade dos pais – então, a ênfase na educação para o autocontrole das moças tornou-se ainda mais uma preocupação social. Os pais já não poderiam ser tão rígidos e as jovens deveriam aprender a controlar-se a si mesmas, distinguir *o certo do errado* de forma a conservar suas virtudes e a conter sua sexualidade em limites bem estreitos: *dando-se ao respeito*.

As revistas femininas dos anos 50 divulgaram um modelo que preconizava para as mulheres o casamento, a maternidade e os afazeres domésticos como destino natural e inexorável.

> A experiência aconselha, em benefício da moça que quer conviver com rapazes, que, conquanto tenha confiança em si mesma, nunca tenha confiança em tal grau que a exponha a todas as provas. O amor é uma força às vezes cega – é preciso andar sempre de olhos abertos para não cair. [...] Encontrar-se com um desconhecido e sair com ele é arriscar muito.
> Nem sempre a popularidade é uma boa recomendação para a moça [...] nem sempre o rapaz se diverte com a moça de maneira recomendável para ela.
> Depende muito da moça a maneira como é tratada pelos rapazes. Se dá preferência a modas e modos provocantes, perde o direito de queixar-se se o rapaz quiser avançar o sinal. O estímulo quem deu foi ela. [...] chamar a atenção dos rapazes [com gestos estudados e sensuais] é depreciativo para a moça.
> Os automóveis são um excelente meio de condução. Mas às vezes levam a moça longe demais. É preferível evitá-los pelo menos em passeios fora da cidade ou em lugares desertos.
>
> (*O Cruzeiro*, 24 maio 1958)

Ficava mal à reputação de uma jovem, por exemplo, usar roupas muito ousadas, sensuais, sair com muitos rapazes diferentes ou ser vista em lugares escuros ou em situação que sugerisse intimidades com um homem. Os mais conservadores ainda preferiam que elas só andassem com rapazes na companhia de outras pessoas – amigas, irmãos ou parentes, os chamados *seguradores de vela*. Também seria muito prejudicial a seus planos de casamento ter fama de *leviana*, namoradeira, *vassourinha* ou *maçaneta* (que passa de mão em mão), enfim, de *garota fácil*, que permite beijos ousados, abraços intensos e outras formas de manifestar a sexualidade.

As revistas eram enfáticas em suas mensagens que garantiam a repressão aos comportamentos considerados desviantes ou promíscuos; diziam que as moças que assim se comportassem, não ficariam impunes. Poderiam, por exemplo, ser muito solicitadas pelos rapazes, ter *muitos admiradores*, mas não casariam, "pois o casamento é para a vida toda, e nenhum homem deseja que a mãe de seus filhos seja apontada como uma doidivana".[2]

As *levianas* eram aquelas com quem *os rapazes namoram, mas não casam*. Deveriam, inclusive, ser evitadas pelas *boas moças* para que estas não fossem atingidas por sua má fama e seus maus exemplos. Já as garotas que se comportassem como *moça de família* seriam respeitadas pelos rapazes e teriam muito mais chances de conseguir um bom casamento. Pois, segundo a regra, em última instância, eram os homens quem as escolhiam e, com certeza, procuravam para esposa uma pessoa recatada, dócil, que não lhes trouxesse problemas – especialmente contestando o poder masculino – e que se enquadrasse perfeitamente aos padrões da *boa moral*.

O código da moralidade era de domínio geral e praticamente todos se sentiam aptos a julgar os comportamentos de uma jovem: os pais, os vizinhos, os amigos e amigas, os educadores, os jornalistas... A moralidade defendia a *boa família*, ou melhor, o modelo dominante de família.

A *moça de família* manteve-se como um modelo das garotas dos anos 50 e seus limites fundamentais eram bem conhecidos, ainda que algumas das atitudes *condenáveis* pudessem variar um pouco entre cidades grandes e menores, cariocas e paulistas, diferentes grupos e camadas sociais.[3]

A moral sexual dominante nos anos 50 exigia das mulheres solteiras *a virtude*, muitas vezes confundida com ignorância sexual e, sempre, relacionada à contenção sexual e à virgindade.

Em contrapartida, relações sexuais dos homens com várias mulheres não só eram permitidas, como frequentemente incentivadas. Os rapazes normalmente procuravam em suas aventuras prostitutas ou mulheres com quem não pensavam firmar compromisso, como as chamadas *garotas fáceis*, *galinhas* ou *biscates* que lhes permitiam familiaridades proibidas às *moças para casar*. A virilidade dos homens era medida em grande parte por essas experiências, sendo comum serem estimulados a começar cedo sua vida sexual.

> [...] ir à zona era preservar a menina da sociedade [...] o que o namorado não podia fazer com a namorada fazia lá. Tinha que ser lá, não podia ser com a namorada. E as meninas sabiam disso [...] naquela época a gente não tinha ciúme nem nada [pensávamos]: 'é apenas uma fulana da vida, é menina da zona, mulher da vida!'. A gente separava bem a vida que ele pudesse ter lá e essa com a gente aqui. (depoimento de Lia, maio 1994)

Eram raros os homens que admitiam sem problemas a ideia de se casarem com uma moça *deflorada por outro*. No próprio Código Civil estava prevista a possibilidade de anulação do casamento caso o recém-casado percebesse que a noiva não era virgem e, se tivesse sido enganado, poderia contar com o Código Penal que garantia punições legais para o "induzimento a erro essencial".

Mesmo partindo de namoradas a quem estavam verdadeiramente afeiçoados, muitos rapazes tinham dificuldades em aceitar comportamentos mais liberais, ainda que eles próprios os tivessem estimulado: "Recebemos cartas de rapazes que se dizem receosos de que a namorada ou noiva tenha concedido ao seu antecessor os mesmos carinhos excessivos que agora lhes dispensa...". (*O Cruzeiro*, 30 jul.1960)

As moças não virgens, que pretendiam se casar ou pelo menos conservar o respeito social, procuravam manter sua condição em segredo. A virgindade era vista como um selo de garantia de honra e pureza feminina. O valor atribuído a essas qualidades favorecia o controle social sobre a sexualidade das mulheres privilegiando, assim, uma situação de hegemonia do poder masculino nas relações estabelecidas entre homens e mulheres. E como, geralmente, os rapazes de classe média e alta procuravam obter satisfação sexual com mulheres mais pobres, fora de seu *meio*, o critério de classificação e valorização das mulheres servia também como forma de reforçar as desigualdades sociais existentes.

APROXIMAÇÕES, ENCONTROS E COMPROMISSOS

O *flerte*, ou o namorico – galanteios, olhares e gestos sedutores –, poderia conduzir a um *compromisso mais sério* (o namoro), ou não ter nenhuma consequência. "É aí que reside o perigo! Um flerte inconsequente não prejudica o rapaz, mas encobre uma sensualidade disfarçada e pode manchar a reputação de uma moça",[4] dizia-se às jovens nos Anos Dourados.

Além de supostamente comprometer as chances das candidatas à esposa, a prática do flerte por parte das mulheres revelava uma iniciativa feminina na conquista do homem, o que também era condenável. A iniciativa da conquista e das declarações de amor, conforme o costume, cabia ao homem, pois a mulher deveria "a todo momento saber conservar o seu lugar".[5] Ouvia-se, na época: "Muitas moças precisam compreender que o que se oferece não tem valor." (*O Cruzeiro*, 13 jul.1957)

Entretanto, como "não casar" significava fracassar socialmente, às moças era permitido utilizar artifícios pouco explícitos para atrair um pretendente: estimular sua vaidade, estar sempre de bom humor, vestir-se bem e como "ele" gosta, ser ao mesmo tempo amável e indiferente, interessar-se pelo seu trabalho ou passatempos, elogiar sua inteligência e mil outras maneiras sutis para conquistá-lo. A garota deveria fazer parecer que a iniciativa vinha do rapaz: "Ela pode conquistá-lo dando-lhe a ilusão de que está sendo conquistada."[6] Vemos que, ao menos nas aparências, o poder masculino era mantido.

Mesmo com todos os cuidados e recomendações, muitas mulheres não foram tão passivas em suas conquistas amorosas; sabendo "as regras do jogo", utilizaram-se delas a seu favor. Outras foram além e tomaram iniciativas mais explícitas para conseguir um namorado, ou dispensar um pretendente. Entretanto, segundo a regra, era fundamental que, desde os primeiros encontros, a moça deixasse claro para o rapaz que ela era *moça de família*, que não permitia *intimidades reprováveis*, sinal de que poderia ser uma esposa fiel e sempre afável.

Não perca a oportunidade de conhecer um pouco seu namorado. Trate de não ter que recordar-lhe que você não é desse tipo de moças. Não permita nenhum tipo de familiaridade temendo perdê-lo com uma atitude muito séria. Muito pelo contrário, agindo assim você ganhará a confiança dele. Mesmo que aparentemente ele se mostre aborrecido [...] Deixe passar uma semana, se o rapaz não lhe telefonar outra vez, ele não tinha boas intenções. (*Jornal das Moças*, 26 maio 1955)

Regras mínimas para os encontros eram bem conhecidas: o rapaz deve buscar a moça em casa e depois trazê-la de volta – mas, se ela morar sozinha, ele não poderá entrar –; o homem paga a conta; *moças de família* não abusam de bebidas alcoólicas e de preferência não bebem; conversas ou piadas picantes são impróprias; os avanços masculinos, abraços e beijos devem ser cordial e firmemente evitados; a moça deve *impor respeito*.

Não importavam os desejos femininos ou a vontade de agir espontaneamente, o que contava eram as aparências e as regras, pois – aconselhava-se às moças – "mesmo se ele se divertir, não gostará que você fuja aos padrões, julgará você leviana e fará fofocas a seu respeito na roda de amigos".[7] As garotas que "permitem liberdades que jamais deveriam ser consentidas por alguém que se preze em sua dignidade" acabam sendo dispensadas e esquecidas, pois o "rapaz não se lembrará da moça a não ser pelas liberdades concedidas".[8]

> M. H. sempre foi tímida e como se dedicou muito aos estudos, nunca se ressentiu da ausência de candidatos. Acontece, porém, que ao terminar o curso, e ficando com a vida vazia, começou a sentir necessidade de romance. Afinal se ela não abrisse os olhos acabaria ficando para tia. Todas as ex-colegas tinham namorados, umas estavam noivas e outras até já estavam casadas. Foi então que numa noite [...] foi apresentada a R. [...] o 'bonitão' do bairro [...] Começaram a namorar ali mesmo e antes que se separassem ele já a havia beijado. No primeiro dia! [...] No dia seguinte [...] R. convidou-a a dar um passeio de carro. Foram sós e saltaram numa praia deserta. R. foi muito ousado e M. H. louca de entusiasmo foi pródiga em lhe conceder "certas liberdades" [...] [No dia seguinte, R. lhe telefonou] para dizer-lhe que era melhor não continuarem o namoro, porque ele era contra o casamento e não queria privá-la de encontrar um bom partido. M. H. ficou tão surpreendida e tão chocada que as lágrimas lhe vieram aos olhos. Agora está inconsolável.

> [...] [Na verdade] o que mais a faz sofrer é menos o desespero de tê-lo perdido do que a vergonha de ter se barateado a tal ponto que ao segundo dia o rapaz tenha tido razões para dizer-lhe que era melhor terminarem tudo. (*O Cruzeiro*, 14 mar.1953)

Mesmo não sendo deliberadamente rebeldes, as jovens conviviam também com a realidade e o fantasma assustador do *aproveitador*, o sedutor que abusaria da ingenuidade feminina e partiria sem se importar com os prejuízos causados, o *mulherengo*, o homem já comprometido. Esses, assim que reconhecidos, deveriam ser evitados a todo custo. O ideal para um relacionamento era o rapaz de *bom caráter, correto e respeitador*, que jamais tentaria ultrapassar com carinhos os *limites da decência*, pelo menos com uma *moça de família*. Entretanto, caso se exacerbasse nas carícias ou propusesse intimidades sexuais à sua namorada ou noiva, o rapaz seria absolvido pela crença difundida de que se comportava de acordo com sua *natureza de homem*.

O namoro era considerado uma etapa preparatória para o noivado e o casamento. Sendo assim, as moças não deveriam *perder tempo* ou *arriscar-se* com namoros que não tivessem chance de conduzi-las ao matrimônio: "nenhuma moça deve namorar apenas pela aventura de namorar".[9] Com tal importância social, o namoro adquiria características de uma fase de estudos mútuos daqueles que poderiam ser os futuros cônjuges e suas famílias, servia como um tempo de adaptação do casal. Assim, a namorada procurava mostrar que era prendada, afetuosa e recatada – garantias de uma boa futura esposa. O namorado interessado deveria mostrar-se *sério* – com intenções de casar e não apenas de *aproveitar-se da moça* –, responsável e capaz de sustentar uma família. Os parentes do rapaz procuravam evitar que ele se casasse com *qualquer uma* que pudesse comprometer sua imagem e sua estabilidade doméstica; os familiares da moça deixavam claro que ela estava protegida e que fariam qualquer coisa para defender sua honra. A própria honra do *pai de família* dependia, em parte, da boa reputação de suas filhas: "É evidente que [a moça] não sairá com qualquer rapaz. Dentro do seu círculo de amiguinhos haverá aqueles que lhe inspiram maior confiança e a seus pais." (*O Cruzeiro*, 24 maio 1958)

A escolha matrimonial já não cabia mais aos pais e sim aos enamorados. Entretanto, a influência familiar, ainda que menor que nos tempos do *casamento arranjado*, permanecia forte e reconhecida como um cuidado que os pais deveriam ter com o futuro dos filhos. A aprovação dos pais também era considerada importante para a felicidade conjugal: "dificilmente um casamento realizado contra a família é bem-sucedido".[10]

As moças de família portavam-se corretamente, tinham gestos contidos, respeitavam os pais, preparavam-se para o casamento e conservavam sua inocência sexual.

Nem sempre pais e filhas sonhavam com o mesmo namorado ideal. É provável que, por exemplo, algumas moças gostassem mais de rapazes bonitos, bons dançarinos, carinhosos ou atrevidos, não correspondendo propriamente às expectativas de seus pais. Entretanto, o critério principal de avaliação do *bom partido*, um futuro bom marido, era mais consensual: *ser honesto e trabalhador*, capaz de manter a família com conforto, pois acreditava-se que "só o amor não é tudo, quando a fome bate na porta da rua o amor pula pela janela".[11]

O amor era considerado importante para a união conjugal, mas não o suficiente para garanti-la. Dificuldades financeiras, diferenças de classes, problemas familiares, preconceitos sociais eram algumas das barreiras reconhecidas e reforçadas contra as uniões fora dos padrões.

As mulheres vivem para o amor. Romantismo e sensibilidade eram, nos Anos Dourados, características tidas como especialmente femininas, sendo que toda uma literatura estava disposta a alimentar esta inclinação.

Amor romântico sim, mas domesticado! Nada de paixões, que *violem as leis da moral e da ordem*. O amor só seria aceitável se não rompesse com os moldes convencionais de felicidade ligada ao casamento legal e à prole legítima. A abnegação poderia fazer parte do amor feminino, o deslize passional nunca.

Assim como tornou-se comum se dizer *que o casamento só deve ocorrer quando houver amor*, também era tido como certo que *o amor verdadeiro e digno* é aquele feito de *juízo e razão*. A paixão, por outro lado, é *o amor impossível, loucura passageira ou efervescência do juízo, sentimento insensato que jamais poderá se concretizar numa união legal.* Deste modo, nutrir afeto por *aventureiros* de má reputação, pessoas irresponsáveis, comprometidas ou desquitadas não era nem digno de pena, só despertava censura, especialmente em relação às mulheres, pois os homens tinham mais facilidade de cultivar seus amores clandestinos sem desestabilizar a ordem social. Mil histórias tristes, das revistas, dos filmes, da "vida real", serviam de exemplo aos que pensavam em contrariar estas normas.

O tempo de namoro teria de seguir alguns padrões, não devendo durar muito, levantando suspeitas sobre as verdadeiras intenções do rapaz, nem pouco, precipitando decisões sérias e definitivas. Além disso, um namoro ou um noivado muito longo não era favorável à reputação de uma moça que se tornava alvo de fofocas maldosas. A opinião do grupo social era tida, no mínimo, como tão importante quanto a do namorado. A cobrança da sociedade para que o namoro conduzisse ao casamento tinha um peso relevante nas decisões de cada um.

> O homem que não pensa em casar-se [...] não merece outra coisa a não ser o desprezo e a indiferença das mulheres, principalmente daquela que foi enganada em seus sentimentos mais puros. [...] se ela não o despede [...] não faz mais do que adiar um rompimento inevitável [...] a atitude que toda mulher deve tomar [diante deste tipo de homem] é de repúdio imediato e enérgico. (*Jornal das Moças*, 10 fev.1955)

O noivado já era o compromisso formal com o matrimônio, um período de preparativos mais efetivos para a vida em comum. Era também uma época em que o casal, sentindo-se mais próximo do casamento, poderia tentar avançar nas intimidades. Cabia especialmente à jovem refrear tais avanços e conservar sua virgindade até as núpcias.

> Evite a todo custo ficar com seu noivo [...] a sós [quando] deixam-se levar pela onda dos instintos para lastimarem, mais tarde, pela vida toda [...] vocês cometem o crime de roubar ao casamento sensações que lhe pertencem correndo o risco de frustrar a vida matrimonial. (*O Cruzeiro*, 07 out.1955)

Se, confiando nas boas intenções de seu noivo ou temendo que ele procure *satisfazer-se nos braços de mercenárias*, a garota *proceder mal, ceder, cair* –leia-se: mantiver relações sexuais –, ela poderá perder definitivamente a confiança do noivo ou desinteressá-lo do casamento; e do *romance tão auspiciosamente começado restarão pessoas desiludidas e infelizes*.[12]

O grande medo da maioria das moças era ficar solteira. O problema não era apenas a solidão, às mulheres *de família* não era permitido amenizá-la com aventuras amorosas ocasionais, teriam de se preocupar também com seu sustento já que, sem marido, iriam se tornar um peso à família e sofreriam com o estigma de não terem cumprido com o destino feminino.

Uma mulher com mais de 20 anos de idade sem a perspectiva de um casamento corria o risco de ser vista como *encalhada*, candidata *a ficar pra titia*. Aos 25 anos, considerada uma *solteirona*, já era fonte de constrangimentos. Um homem de 30 anos, solteiro, com estabilidade financeira, ainda era visto como um *bom partido* para mulheres bem mais jovens.

No estado de São Paulo dos anos 50, as mulheres casavam-se, em média, aos 23 anos de idade; os homens, entre 26 e 27 anos aproximadamente, sendo que no interior era costume casar-se mais cedo que na capital.[13]

> Há vantagem em casar-se cedo? Sim [...] A mulher jovem tem mais energia para a criação dos filhos [...] marido e mulher quando são jovens adaptam-se

> melhor [...] Muita gente, entretanto se insurge contra o casamento cedo, tanto para a mulher quanto para o homem, alegando que este precisa 'gozar a vida' e que aquela não deve assumir tão jovem as canseiras de mãe de família e dona de casa. Quem argumenta assim são espíritos fracos que têm medo à responsabilidade, pois nenhuma mulher bem casada e que tenha personalidade lastimará os trabalhos decorrentes do casamento. Ela se sentirá útil e esse simples pensamento a aliviará em seus momentos de canseira [...] Uma moça com 18 anos [...] já está em condições de assumir um casamento. Consideremos, portanto, que, em situação normal, a mulher não deva casar-se antes dos 18 anos. Mas dessa idade em diante e de preferência mesmo não muito além dela a mulher deve casar-se. (*O Cruzeiro*, 11 abr.1953)

SEGREDOS

Em nome da manutenção da *pureza* das garotas, era comum que as informações a respeito da sexualidade humana chegassem a elas marcadas por censuras, reservas, silêncios e preconceitos. Mesmo os rapazes estavam sujeitos à desinformação e à falta de diálogo sobre o assunto.

Na segunda metade dos anos 50, alguns grupos sociais, pais, jornalistas, educadores e religiosos mais esclarecidos passaram a defender publicamente a educação sexual dos jovens com o objetivo explícito de *evitar desastres*, como uma gravidez indesejada fora dos limites do casamento. Os parâmetros morais de manutenção da instituição familiar legítima continuavam prevalecendo sobre qualquer outra forma de relacionamento; a questão não era tanto facilitar a vivência do sexo quanto preparar os jovens para a vida matrimonial e a procriação.

Os manuais instrutivos mais popularizados e os artigos de revistas femininas que tratavam do tema não falavam em prazer, mesmo para as mulheres casadas, e sim em *realidade a ser enfrentada, missão a ser cumprida* – a maternidade, *necessidades* do casamento, *obrigações conjugais*. As palavras "sexo", "relações sexuais", "virgindade" e "educação sexual" praticamente não apareciam nas revistas para mulheres. *Querida*, a revista feminina mais ousada da época, chegou a falar em "relações físicas", enquanto as outras só se exprimiam por subterfúgios, tais como *familiaridades, intimidades, liberdades, aventuras*.

Não que as moças não tivessem meios de obter informações sobre sexo. Podiam sempre colecionar uma informação aqui, outra ali, com as mães, as tias, as colegas, os filmes, o namorado ou alguma leitura permitida ou escondida, somadas à curiosidade e às experiências pessoais ou compartilhadas. No entanto, nesse quadro obscuro de palavras não ditas, subentendidos e repressões, era difícil a iniciação sexual das mulheres de classe média dar-se de modo tranquilo.

A possibilidade de uma gravidez indesejada era outro grande freio às experiências sexuais femininas fora do casamento. As mulheres só puderam contar com os benefícios da pílula anticoncepcional na década de sessenta, quando ela começou a se popularizar no Brasil.

OS ARES DA CIDADE

A urbanização, sem dúvida, modificou alguns padrões culturais. Distâncias maiores entre os locais de moradia, trabalho, estudo e lazer; os trajetos percorridos nos ônibus; a popularização do automóvel; as possibilidades de diversão diurnas e noturnas, como frequentar piscinas ou praias, ir ao cinema, a festas, bailes e brincadeiras dançantes, fazer o *footing* e excursionar proporcionaram a rapazes e moças, a homens e mulheres, uma convivência mais próxima. Nas cidades, várias das atividades juvenis não se confundiam nem se misturavam mais com as dos adultos, e, em geral, os jovens já podiam passar grande parte de seu tempo com outros jovens. Efetivamente havia menos vigilância direta dos adultos sobre os jovens que nas décadas anteriores.

Diferentemente de suas avós, as garotas dos anos 50 viviam num tempo de maior proximidade entre pais e filhos e de crescente atenção aos gostos, opiniões e capacidades de consumo da juventude. As manifestações públicas de carinho de jovens namorados, ainda que discretas, tornaram-se mais comuns no cenário das cidades. Os filmes norte-americanos seduziam os brasileiros e atraíam especialmente os jovens, com o *American way of life* e a crença no futuro e na modernidade. E não poucas garotas aprenderam a beijar, manifestar afeto e comportar-se mais informalmente vendo filmes americanos.

As revistas *para a família* registraram o ponto de vista da moral mais tradicional da época: criticaram as liberalidades do cinema, do *rock'n roll*, dos bailes de carnaval e das *danças que permitem que se abuse das moças inexperientes*. Reservaram elogios aos filmes que ressaltavam os *bons costumes* e seus personagens *bem comportados*, ao carnaval familiar, às praias *bem frequentadas*, às *festas escolares*, nas *casas de família* e nos *clubes seletivos* e, especialmente, à *juventude saudável que sabe se divertir – sem escandalizar – e à brotolândia que dá exemplo de amor aos estudos e à família*. Publicaram matérias sobre moças exemplares que ambicionavam, *acima de tudo*, o casamento e a maternidade.

Porta-vozes do mundo adulto, as revistas também demonstraram preocupação com certas transformações no comportamento juvenil e as manifestações de rebeldia de alguns jovens: "meninos e meninas que bebem cuba-libre, frequentam o Snack Bar em Copacabana, usam blusa vermelha e blue jeans, mentem para os pais, cabulam aula, não pensam no futuro e não têm base moral para construir um lar".[14]

> [...] a irreverência completa [ou quase] dos garotões que perderam completamente a noção daquele respeito que é indispensável se ter por uma moça [...] [nestes] tempos de lambretices e escapadas para a escuridão do aterro. (*Querida*, ago.1961)

Num tempo de mudanças, as próprias jovens poderiam ter certas dúvidas sobre o que, afinal, seria um comportamento adequado diante de um rapaz, *jovem* como elas.

> [...] quando uma mulher sorri [para um homem] é porque é apresentada. Quando o trata com secura é porque é de gelo. Quando consente que a beije, é leviana. Quando não permite carinhos, vai logo procurar outra. Quando lhe fala de amor, pensa que quer 'pegá-lo'. Quando evita o assunto, é 'paraíba'. Quando sai com vários rapazes é porque não se dá valor. Quando fica em casa é porque ninguém a quer. [...] Qual é o modo, pelo amor de Deus, de satisfazê-lo? (carta de uma leitora – *O Cruzeiro*, 08 dez.1951)

OUSADIAS

Tantas preocupações, regras e advertências não impediram que muitas moças, com maior ou menor ousadia, fugissem aos padrões estabelecidos. A vontade e a coragem de transgredir iam de fumar, ler coisas proibidas, explorar a sensualidade das roupas e penteados, investir no futuro profissional, discordar dos pais, a contestar secreta ou abertamente a moral sexual, chegando a abrir mão da virgindade – e, por vezes, do casamento – para viver prazeres eróticos muito além dos limites definidos.

Algumas conseguiram escapar à pecha de *leviana* ou *malfalada*. Mesmo ousando em termos de sexualidade, mantiveram as aparências de *moças respeitáveis*. Algumas dessas "rebeldes" foram felizes em seus amores. Outras, não tiveram tanto sucesso e sofreram – estigmatizadas, discriminadas ou até abandonadas – as consequências de seus comportamentos desviantes, *inconsequentes, indevidos* ou *ilícitos*. De qualquer forma, seus questionamentos e contestações colocaram em perigo as normas de comportamento e contribuíram para a ampliação dos limites estabelecidos para o feminino.

A ideia de ficar para titia apavorava as moças dos Anos Dourados: até as propagandas se utilizavam desse temor para vender seus produtos.

LUGAR DE MULHER

Cresceu na década de cinquenta a participação feminina no mercado de trabalho, especialmente no setor de serviços de consumo coletivo, em escritórios, no comércio ou em serviços públicos. Surgiram então mais oportunidades de emprego em profissões como as de enfermeira, professora, funcionária burocrática, médica, assistente social, vendedora etc. que exigiam das mulheres uma certa qualificação e, em contrapartida, tornavam-nas profissionais remuneradas. Essa tendência demandou uma maior escolaridade feminina e provocou, sem dúvida, mudanças no *status* social das mulheres.

Entretanto, eram nítidos os preconceitos que cercavam o trabalho feminino nessa época. Como as mulheres ainda eram vistas prioritariamente como donas de casa e mães, a ideia da incompatibilidade entre casamento e vida profissional tinha grande força no imaginário social. Um dos principais argumentos dos que viam com ressalvas o trabalho feminino era o de que, trabalhando, a mulher deixaria de lado *seus afazeres domésticos* e suas atenções e cuidados para com o marido: ameaças não só à organização doméstica como também à estabilidade do matrimônio.

> Lugar de mulher é o lar [...] a tentativa da mulher moderna de viver como um homem durante o dia, e como uma mulher durante a noite, é a causa de muitos lares infelizes e destroçados. [...] Felizmente, porém, a ambição da maioria das mulheres ainda continua a ser o casamento e a família. Muitas, no entanto, almejam levar uma vida dupla: no trabalho e em casa, como esposa, a fim de demonstrar aos homens que podem competir com eles no seu terreno, o que frequentemente as leva a um eventual repúdio de seu papel feminino. Procurar ser à noite esposa e mãe perfeitas e funcionária exemplar durante o dia requer um esforço excessivo [...]. O resultado é geralmente a confusão e a tensão reinantes no lar, em prejuízo dos filhos e da família. (*Querida*, nov.1954)

Outro perigo alegado era o da perda da *feminilidade* e dos *privilégios do sexo feminino – respeito, proteção e sustento* garantidos pelos homens –, praticamente fatal a partir do momento em que a mulher entra no mundo competitivo das ocupações antes destinadas aos homens. As revistas femininas da época fizeram eco a essas preocupações, aconselharam e apelaram para que as mulheres que exerciam atividades fora do lar não descuidassem da aparência ou da reputação pessoal e soubessem manter-se femininas.

> Preocupação nenhuma, nem trabalho de qualquer espécie devem obscurecer o que o namorado, o noivo e o marido procuram fundamentalmente na eleita do seu coração [...] a mulher, a companheira amorosa que governe sua casa, a mãe de seus filhos e depois, então podem vir as demais qualidades. (*Jornal das Moças*, 05 ago.1954)

[alguns] homens rejeitam a ideia de casar-se porque acham que as mulheres tornaram-se muito independentes. [...] [pensam eles que] as mulheres hoje são quase agressivas. Disputam conosco a primazia nas repartições, nos escritórios, nos esportes e na vida social. Se em vez de companheiros, seremos competidores, para que casar? (*O Cruzeiro,* 14 fev.1959)

Era prática comum entre as mulheres que trabalhavam interromper suas atividades com o casamento ou a chegada do primeiro filho. Não era muito fácil encontrar esposas de classe média trabalhando fora de casa a não ser por necessidades econômicas – situação que, de certa forma, poderia chegar a envergonhar o marido. Em geral, esperava-se que essas mulheres se dedicassem inteiramente ao lar, fossem sustentadas pelo marido e *preservadas da rua*. Conviviam, então, muitas vezes em conflito, as visões tradicionais sobre os papéis femininos com a nova realidade que atraía as mulheres para o mercado de trabalho, a obtenção de uma maior independência e a possibilidade de satisfazer crescentes necessidades de consumo pessoal e familiar.

O desenvolvimento econômico da década de cinquenta também aumentou os níveis de escolaridade feminina. No ensino elementar e no médio, o número de mulheres já estava próximo ao dos homens. A proporção de homens para mulheres com curso superior, que em 1950 era de 8,6 para 1, baixou, em 1960, para 5,6.

Considerado o mais próximo da função de “mãe”, o magistério era o curso mais procurado pelas moças, o que não significava sequer que todas as estudantes fossem exercer a profissão ao se formarem, pois muitas contentavam-se apenas com o prestígio do diploma e a chamada “cultura geral” adquirida na escola normal.

A educação com vistas a um futuro profissional e, consequentemente, o investimento em uma carreira eram bem menos valorizados para as mulheres que para os homens devido à distinção social feita entre feminino e masculino no que dizia respeito a papéis e capacidades. Ao menos o acesso das mulheres à educação formal e às áreas de conhecimento antes reservadas aos homens diminuiu distâncias entre homens e mulheres. Para manter as hierarquias entre masculino e feminino, as possíveis ameaças da “mulher culta” às relações tradicionais teriam de ser neutralizadas por ideias como: um certo nível cultural é necessário à jovem para que "saiba conversar" e agradar os rapazes assim como é útil para o governo de uma casa e a educação dos filhos, entretanto os rapazes evitam as garotas muito inteligentes e a "mulher culta" tem menos chances de se casar e de ser feliz no casamento. Se *as mulheres de inteligência e cultura superior considerarem o casamento como sua vocação primordial, não perderão a sua batalha na conquista do amor e da felicidade.*[15]

> Estas qualidades [inteligência e cultura] degeneram num perigo quando a força da alma e do coração não segue o mesmo ritmo do desenvolvimento intelectual, ou melhor, quando falta o verdadeiro espírito feminino. (*Jornal das Moças*, 29 out.1959)

LAÇOS DO MATRIMÔNIO

> No que concerne à mulher é certo que [...] nestas últimas décadas seu raio de ação e atividade foi ampliado [...] mas não é menos verdade que o trabalho de dona de casa continua o mesmo [...] como em todos os tempos, nossa regra primordial consiste em nos dedicarmos ao bem-estar da família, enquanto nossos maridos se empenham em mantê-la. (*Jornal das Moças*, 02 abr.1959)
>
> O marido perfeito está ao nosso alcance, se cuidarmos de seu bom humor e não considerarmos nunca como uma obrigação – ou como uma coisa natural – sua eventual colaboração nos trabalhos domésticos. O trabalho caseiro é nosso, o marido tem o seu. (*Jornal das Moças*, 02 abr.1959)

O casamento-modelo definia atribuições e direitos distintos para homens e mulheres. Tarefas domésticas como cozinhar, lavar, passar, cuidar dos filhos e limpar a casa eram consideradas deveres exclusivamente femininos. Dentro de casa, os homens deveriam ser solicitados apenas a fazer pequenos reparos. Para as revistas da época, as mulheres não têm o direito de questionar a divisão tradicional de papéis e exigir a participação do marido nos serviços do lar – comprometeriam, com essa atitude, o *equilíbrio conjugal.*

A sociedade conjugal pressupunha uma hierarquia, respaldada pela legislação, em que *o marido era o chefe*, detentor de poder sobre a esposa e os filhos, *a quem cabiam as decisões supremas, a última palavra. Logo abaixo vinha a autoridade da esposa.* Era considerado importante que o casal conversasse e trocasse ideias, mas pertencia ao homem – *de acordo com a natureza, Deus e o Estado – a direção da família.*[16]

Apesar de recorrente, a ideia de reciprocidade do amor conjugal não esconde o desequilíbrio existente entre o afeto e a dedicação exigidos do homem e da mulher.

> A felicidade conjugal nasce da compreensão e da mútua solicitude entre os esposos. (*O Cruzeiro*, 15 fev.1958)
>
> [Em uma união feliz] os cônjuges se complementam, porque cada um tem o seu papel naturalmente definido no casamento. E de acordo com esse papel natural chegamos a acreditar que caiba à mulher maior parcela na felicidade do casal; porque a natureza dotou especialmente o espírito feminino de certas qualidades sem as quais nenhuma espécie de sociedade matrimonial poderia sobreviver bem. Qualidades como paciência, espírito de sacrifício e capacidade para sobrepor os interesses da família aos seus interesses pessoais. Haverá mulheres de espírito avançado que recusem esta teoria sob a alegação de que o casamento, nesse caso, não é compensador. A estas, [...] responderiam as esposas felizes – [...] [provando quão compensador] é aceitar o casamento como uma sociedade em que a mulher dá um pouquinho mais. (*O Cruzeiro*, 20 abr.1960)

A esposa dos Anos Dourados era valorizada por sua suposta capacidade de indicar *com a luz do seu olhar, o caminho do amor e da felicidade àqueles que a rodeavam*. Considerá-la a *rainha do lar*, a principal responsável pela felicidade doméstica, significava não somente atribuir-lhe um poder intransferível e significativo sobre a família – com toda a carga que essa tarefa, nem sempre viável, pudesse trazer – mas também reforçava o papel central da família na vida da mulher e, parece claro, sua dependência em relação aos laços conjugais.

A mulher casada deveria ter o marido e os filhos como centro de suas preocupações. De maneira não muito explícita, mas contundente, o bem-estar do marido era tomado como ponto de referência para a medida da *felicidade conjugal*, a felicidade da esposa viria como consequência de um *marido satisfeito*. Quais seriam, então, os ingredientes da *felicidade conjugal* nos Anos Dourados?

O primeiro componente da fórmula, ao alcance de todas as mulheres, como diriam as revistas femininas, eram as *prendas domésticas*. O bom desempenho nas tarefas domésticas, especialmente cozinhar bem, era visto como uma garantia de conquista do esposo e manutenção do casamento: *a mulher conquista* o *homem pelo coração, mas poderá conservá-lo pelo estômago*.[17]

Ao lado da habilidade nas tarefas do lar, a *boa reputação* da esposa constituía outro critério fundamental na definição da *mulher ideal* – aquela capaz de fazer a felicidade de um homem. Em função da harmonia conjugal, as esposas deveriam evitar comentários desfavoráveis a seu respeito, especialmente em relação à sua conduta moral. Não ficava bem para uma mulher casada comportar-se como no tempo de solteira: sair com amigos, vestir determinadas roupas ou receber muita atenção de outros homens. Para garantir o respeito social e a confiança do marido, a esposa teria de limitar seus passeios quando ele estivesse ausente. Não deveria ser muito vaidosa ou chamar a atenção, ao contrário, esperava-se que uma mulher casada se vestisse com sobriedade e não provocasse ciúmes no marido.

Observados estes dois preceitos, era importante também que a esposa cuidasse de sua *aparência*. Embelezar-se para o marido era uma obrigação da boa esposa e fazia parte da receita para manter o casamento: *a caça já foi feita, é preciso tê-la presa.*[18] *Um homem que tem uma esposa atraente em casa, esquece a mulher que admirou na rua.*[19]

Ser econômica, administrar bem o orçamento doméstico e não discutir com o marido por questões de dinheiro eram tidas como posturas fundamentais para evitar desentendimentos no lar. Aliás, qualquer tipo de discussão era desaconselhado. A *companheira perfeita* acompanha seu esposo, integra-se em sua existência, dedica-se ao bem-estar do marido e evita discordar de suas opiniões. A boa *companheira*, por definição, é a que procura sempre agradar o marido, ou seja, a mulher que é sempre, do ponto de vista do homem, uma boa companhia:

> Acompanhe-o nas opiniões [...] quanto mais você for gentil na arte de pensar, tanto maior será a importância de seu espírito no conceito dele. Esteja sempre ao seu lado, cuidando dele, animando-o [...] reconhecendo seus gostos e desejos. (*Jornal das Moças*, 27 out.1955)
>
> [a mulher] tem uma missão a cumprir no mundo: a de completar o homem. Ele é o empreendedor, o forte, o imaginoso. Mas precisa de uma fonte de energia [...] A mulher o inspira, o anima, o conforta. [...] [a arte de ser mulher] exige muita perspicácia, muita bondade. Um permanente sentido de prontidão e alerta para satisfazer às necessidades dos entes queridos. (*O Cruzeiro*, 15 mar.1958)

A boa companheira seria capaz de *adivinhar os pensamentos do marido*; amar *sem medir sacrifícios visando única e exclusivamente à felicidade do amado*; receber o marido *com atenção todo o dia quando* ele chegasse em casa; manter o *bom humor e a integridade da família*; interessar-se por vários assuntos para poder conversar com o marido e ser uma boa anfitriã – e não envergonhá-lo na frente dos amigos –, saber falar e calar nas horas certas, quando o marido está cansado ou aborrecido, por exemplo.

Na verdade, essa "esposa companheira" pouco se comunicava com o marido, nem compartilhava experiências ou ideias com ele. Vivendo o dia a dia em mundos relativamente diferentes, o casal não tinha provavelmente muitos interesses comuns fora do âmbito da família. Com distinções nítidas entre feminilidade e masculinidade, a comunicação era provavelmente mais difícil, mesmo porque o diálogo entre iguais não era algo a ser buscado, não fazia parte do modelo de felicidade

No final dos anos 50, beijos hollywoodianos entre jovens namorados já eram cenas mais comuns no cenário das cidades.

conjugal proposto aos casais, e, especialmente, às mulheres da época. A *companheira* era mais um conforto, consolo ou estímulo ao marido e a seus projetos; na verdade, não era uma pessoa com quem o esposo mantivesse uma relação de igual para igual.

> A esposa que realmente deseja o bem do marido deve saber realçar-lhe as qualidades de espírito e coração, o valor pessoal e até incensar sua vaidade [...] Jamais deve imiscuir-se nas atividades profissionais do marido, a não ser para expressar aprovação por suas obras, e, a não ser que o homem seja realmente incapaz, ela evitará opinar sobre suas decisões. (*Jornal das Moças*, 13 nov.1958)

As mulheres inteligentes ou cultas eram incentivadas a ajudar o marido caso fosse preciso, mas deveriam fazê-lo de forma tal que o marido não se sentisse humilhado ou aborrecido por ter seu território invadido por uma mulher.

> [as esposas] satisfeitas com o que têm – sem contar o que lhes falta – [...] têm mais capacidade para ser felizes. A moça que aspira ao casamento, desejando ser para o marido a esposa ideal, está muito mais credenciada a ser feliz do que aquela que pensa no marido como o homem que a fará feliz. Esta não pretende dar, mas receber. E nunca receberá na medida do que espera, porque achará sempre que tem direito a mais. (*O Cruzeiro*, 11 maio 1957)

A *boa esposa* – a principal responsável pela paz doméstica e a harmonia conjugal – além de não discutir, não se queixa, não exige atenção. Não aborrece o marido com manias de limpeza e arrumação, futilidades, caprichos, inseguranças ou necessidades de romantismo fora de hora – *atitudes típicas das mulheres*. As revistas aconselhavam:

> Não telefone para o escritório dele [...] para discutir frivolidades. (*Jornal das Moças*, 03 mar.1955)

> Não se precipite para abraçá-lo no momento em que ele começa a ler o jornal. (*Jornal das Moças*, 16 maio 1957)

> Não lhe peça para levá-la ao cinema quando ele está cansado. (*Jornal das Moças*, 06 maio 1954)

> Não lhe peça para receber pessoas quando não está disposto. (*Jornal das Moças*, 12 jul.1956)

> [não roube] do marido certos prazeres, mesmo que estes a contrariem [como fumar charuto ou deixar a luz do quarto acesa para ler antes de dormir]. (*O Cruzeiro*, 13 set.1952)

As insatisfações femininas eram geralmente desqualificadas. Uma esposa descontente, ao escrever a uma revista reclamando da falta de assistência do marido, corria o risco de receber como resposta o mesmo que "Iolanda, de Santos", obteve em 1959 de *O Cruzeiro*:

> É da natureza do homem, principalmente daquele que é bem-sucedido em seu trabalho, viver mais para a carreira do que para o lar. Procure suprir com seu equilíbrio e seu bom-senso a lacuna deixada pela falta de assistência do marido. Não lhe guarde rancor [...] ele não faz isso para magoá-la [...] e certamente confia muito [em você].

Na maior parte dos casos de brigas conjugais relatados pelas revistas, a razão era dada aos homens e, mesmo nos momentos em que se reconhecia os motivos das queixas femininas, as esposas eram aconselhadas a ceder e a resignar-se em nome da manutenção da felicidade conjugal. Qualquer forma de protesto feminino era desestimulada. A melhor maneira de as esposas fazerem valer sua vontade era usar estratégias sutis e subterfúgios, em outras palavras, aplicar o "jeitinho feminino". O truque, o "jeitinho", faria com que o marido cedesse aos interesses da esposa sem zangar-se com ela e, em certas situações, até mesmo sem o saber. Era tido também como uma receita infalível para manter o marido feliz e fiel; a fórmula do sucesso para tudo, desde comprar um vestido ou realizar uma viagem a reconquistar um marido que mantém um relacionamento extraconjugal. "O homem mal se defende da mulher coquete, porque ela faz tudo para agradá-lo, mas uma espécie de instinto parece protegê-lo contra a mulher autoritária [e queixosa]." (*Jornal das Moças*, 03 mar.1955)

As artimanhas eram preferidas não só em detrimento das discussões (como queriam as revistas), como também da possibilidade de um diálogo entre iguais, inexistente quando a prática privilegia o subterfúgio ao invés da franqueza, da reivindicação ou do enfrentamento.

À mulher exigente e dominadora, o oposto da *boa esposa*, eram atribuídos os maiores obstáculos à felicidade conjugal prometida apenas às mulheres *essencialmente femininas* que soubessem *colocar o marido em primeiro lugar*. Pelo menos nas aparências, o "poder" em um casamento deveria estar em mãos masculinas.

A grande ameaça que pairava sobre as esposas era a separação. Além do aspecto afetivo, as necessidades econômicas – dependência do marido provedor – e de reconhecimento social – mulheres separadas eram malvistas pela sociedade e a realização da mulher passava pelo casamento – também pesavam a favor da manutenção do casamento a qualquer custo.

As regras sociais ainda determinavam: a mulher que não se enquadra no *ideal de boa esposa* corre sérios riscos de perder o marido *obrigando-o a buscar fora de casa a tranquilidade e a harmonia que não sabe lhe proporcionar.*[20] Era frequente a ideia de que a própria mulher, *descuidada, dominadora ou queixosa*, pudesse ser a responsável pelo descaso e até pela infidelidade do marido.

Liberdade para os *homens!* era outra máxima do casamento versão anos 50. Os maridos não deveriam ser incomodados com suspeitas, interrogatórios ou ciúme das esposas. Permitir que eles saiam com os amigos, relevar suas *aventuras e deslizes* – das farras aos relacionamentos com outras mulheres – e procurar atraí-los para a vida conjugal com afeição e agrados eram os procedimentos aconselhados às mulheres casadas para conservarem a estabilidade conjugal.

> Mais do que orgulho, o seu dever é mais forte [...] passe uma esponja sobre um desvio, uma leviandade tão própria dos homens. Caso contrário, quando ele a abandonar, acha que seu ataque de nervos, a sua crise de orgulho secará suas lágrimas? (*Jornal das Moças*, 03 mar.1955)

Esperava-se que o homem casado se tornasse um responsável *pai de família*, provedor da casa. As regras sociais eram menos rígidas com relação às suas aventuras eróticas extraconjugais; com o casamento, o homem não perdia, na prática, o direito a ter as "liberdades" terminantemente negadas às suas esposas. O argumento principal baseava-se na ideia de que os homens tinham necessidades sexuais diferentes e bem maiores se comparadas com as das mulheres – uma *característica natural* masculina.

> No terreno do amor conjugal, a mulher deve sempre suportar com paciência que dá o amor verdadeiro, deixando que ele [o marido] encontre no lar tudo que deseja, dando-lhe, então, motivos para que, sozinho, veja os erros cometidos fora de casa. Cabe à mulher manter no homem a vontade de voltar para junto dos seus, no lugar reservado para ele, onde encontrará a felicidade esperando-o de braços abertos. (*Jornal das Moças*, 16 maio 1957)

A *afinidade sexual* parece ter sido um fator menos importante no ideal de felicidade conjugal. A esposa ideal era antes de tudo o complemento do marido no cotidiano doméstico, o bom desempenho erótico da mulher casada não fazia parte das expectativas sociais. A grande ênfase dada às prendas domésticas, por exemplo, contrasta com a escassez de comentários a respeito do sexo matrimonial nas revistas: *Jornal das Moças* ignorou o assunto, *Querida* apenas sugeriu que a independência financeira das mulheres e o maior acesso a informações favoreceram o interesse feminino pela *satisfação física*.

Nas páginas de *O Cruzeiro*, os leitores podiam encontrar algumas referências breves à necessidade de o casal procurar um *ajustamento sexual* para atingirem uma *união feliz*, já que "o amor sexual entre os esposos é uma maneira de exprimirem a afeição espiritual que sentem um pelo outro".[21] Apesar disso, "é tolice pensar que a satisfação sexual solucionará todos os problemas da vida do casal, pois que, na verdade, a harmonia na vida sexual é que depende de outras condições".[22]

À esposa, "Amargurada, de Belo Horizonte", a conselheira sentimental de *O Cruzeiro* lembrou que "não adianta ser apenas boa dona de casa e mãe devotada" se a mulher "deixa de cumprir com seus deveres conjugais".[23]

O ambiente era de silêncio sobre o interesse e o direito das mulheres ao prazer sexual. Elas teriam de esperar as décadas seguintes para começar a ler sobre o assunto nas revistas femininas.

A hegemonia desse ideal de felicidade, entretanto, não se deu sem contradições ou conflitos. Insatisfações cotidianas, esposas desiludidas, casais infelizes, apesar de não terem lugar no projeto de casamento apresentado aos homens e às mulheres – significativamente sem nenhum espaço nas revistas femininas –, emergem diante de nossos olhos, aqui e ali. Estão nas memórias de pessoas da época, nas cartas de leitores da revista *O Cruzeiro*, nos artigos criticando certas mães por prevenirem suas filhas contra o casamento, nas piadas frequentes, nas separações legalizadas ou não e mesmo nas entrelinhas das preocupações das revistas, e da sociedade, com a preservação do casamento a qualquer custo. E quantas foram as lágrimas contidas, as dúvidas e as frustrações não reveladas para garantir a harmonia conjugal conforme os padrões estabelecidos? E quantos casais não buscaram formas alternativas de felicidade nessa época de modelos e limites tão definidos?

FILHOS

Na década de cinquenta, os casais, especialmente nas classes média e alta, praticavam com frequência o controle da natalidade através do sistema Ogino-Knauss, do uso de preservativos, do coito interrompido ou outros métodos "naturais" conhecidos na época. Nenhuma menção é feita nas revistas femininas sobre esse assunto.

Entretanto, ter filhos fazia parte dos planos dos cônjuges, sem que isso fosse muito questionado. Para a mulher, ser mãe e dedicar-se aos filhos, mais que um direito ou uma alegria, era uma obrigação social, *a sagrada missão feminina*, da qual dependia não só a continuidade da família, mas *o futuro da nação*: "[...] Uma mulher casada, com filhos não tem o 'direito de escolher', pertence aos filhos, sendo suas obrigações intransferíveis [...]." (*Jornal das Moças*, 12 jun.1958)

Ficava claro, contudo, que a maternidade só estaria isenta de reprovações se ocorresse no âmbito de um casamento legítimo, "em condições que permitam à criança o ambiente natural de uma família normalmente constituída". Os filhos ilegítimos e os de pais separados eram estigmatizados. A mãe solteira, mesmo que fosse reconhecida por sua coragem em *arcar sozinha com as responsabilidades de um erro sem ter procurado uma solução mais fácil e imediata* – o aborto –, *ainda que monstruosa do ponto de vista moral, sofria fortes discriminações*.[24] Sua redenção poderia vir se passasse a viver respeitavelmente e em função do filho, tentando, com isso, minimizar seu *grave erro*.

AVENTURAS EXTRACONJUGAIS

Também não deveriam esperar compreensão social as esposas infiéis. Ao contrário dos maridos, as adúlteras eram fortemente criticadas e poderiam ser severamente punidas. Como a honra de um marido dependia em grande parte do comportamento de sua esposa, o castigo violento ou até mesmo o chamado crime passional contra a mulher, real ou supostamente, infiel eram comumente perdoados pelas autoridades da lei. Para os homens, ser chamado de *corno manso* – marido traído que não reage com violência – era considerado uma grande humilhação. A separação, no caso de descoberta a infidelidade da esposa, era praticamente inevitável. Além disso, uma mulher infiel, conforme se acreditava, dificilmente poderia ser uma boa mãe.

> [...] que atitude deve tomar um marido que se sabe enganado? Permanecer ao lado de quem o atraiçoa seria indigno de sua parte [...] Mesmo porque não se pode exigir de um marido que viva com uma mulher que lhe é infiel. Não pode haver harmonia num clima de indignidade. Num caso desses o pai tem que fazer da fraqueza das crianças a sua armadura de coragem para enfrentar sozinho as responsabilidades que deveriam ser desempenhadas a dois. (*O Cruzeiro*, 28 jan.1956)

A infidelidade feminina não era um tema muito comum nas revistas dos anos 50. Como uma possibilidade remota, ela aparecia explicada, nunca justificada, principalmente pela facilidade de muitas mulheres de alimentar fantasias românticas ou deixarem-se seduzir por galãs irresponsáveis. Em segundo lugar, menos mencionado, vinha o motivo da decepção da esposa para com a vida matrimonial, a falta de carinho ou as infidelidades do marido. Em todos os casos, as mulheres eram aconselhadas a controlarem suas frustrações, fugirem das tentações e, dominando seus impulsos, manterem-se fiéis aos maridos, mesmo que eles não agissem do mesmo modo. O remorso, *a vergonha moral* e os riscos de perder o marido, os filhos e o respeito social não compensariam o prazer *enganoso e fortuito* da aventura extraconjugal.

Para os homens, a situação era outra. Se o marido infiel mantivesse minimamente as aparências e continuasse provendo sua família com bens materiais, as esposas não deveriam se queixar. Afinal, a infidelidade masculina justificava-se pelo *temperamento poligâmico* dos homens – um fator *natural* que, mesmo quando considerado uma *fraqueza*, merecia a condescendência social e a compreensão das mulheres. *Paciência e sacrifícios, integridade e determinação* para manter a *integridade da família*.

> [Mantenha-se] no seu lugar de honra, evitando a todo custo cenas desagradáveis que só servirão para exacerbar a paixão de seu marido pela outra [...] [Esforce-se] para não sucumbir moralmente [...] levando tanto quanto possível uma vida normal, sem descuidar do aspecto físico [...]. (*O Cruzeiro*, 04 jun.1960)
>
> [...] sorrir e não fazer cenas para que o marido, a fim de fugir dessas cenas, não caia nos braços de outra e abandone de vez a casa. (*Jornal das Moças*, 08 mar.1956)

Toda a revolta, se houvesse, deveria recair sobre *a outra, a rival*, a amante do marido. A esposa teria de fazer tudo o que estivesse a seu alcance para sobrepujá-la, de preferência sem enfrentamentos diretos e sim mostrando ao marido que ela, como *boa esposa*, poderia ser melhor companheira que *a outra*.

Em casa, a paz conjugal teria de ser mantida. Em geral, as *aventuras masculinas* eram tidas como irrelevantes e passageiras, nada que chegasse a abalar um casamento. O *marido sempre volta* – era o consolo das esposas traídas. Mas mesmo quando o assunto é mais sério e o marido está realmente envolvido com outra mulher, o único remédio da esposa traída diante de tal *marido ingrato* é continuar dedicada a ele: *só o amor poderá permitir o milagre da recuperação. Só o amor dará a paciência de esperar e a capacidade de perdoar depois.*[25]

As explicações reducionistas das revistas para as relações extraconjugais não davam lugar a outras possibilidades, tais como o amor – verdadeiro – fora do casamento ou as complexas interpretações psicológicas que hoje ocupam as páginas das revistas femininas saídas diretamente dos consultórios de analistas e terapeutas familiares. As revistas dos anos

50 também não traziam qualquer sinal de crítica ao que nas décadas seguintes ficou conhecido como dupla moral sexual.

Assim como quase não havia nuanças para se encarar a questão da infidelidade, o mesmo ocorria diante da figura *da outra*: uma *destruidora de lares, aproveitadora sem escrúpulos, leviana ou uma moça ingênua seduzida por um homem mais experiente*.

SEPARAÇÃO E "SEGUNDA CHANCE"

O desquite, a única possibilidade de separação oficial dos casais nos anos 50, não dissolvia os vínculos conjugais e não permitia novos casamentos. As mulheres desquitadas ou as que viviam concubinadas com um homem desquitado sofriam com os preconceitos da sociedade. Frequentemente eram consideradas má influência para as *bem-casadas*, recebiam a pecha de *liberadas* e ficavam mais sujeitas ao assédio desrespeitoso dos homens.[26] A conduta moral da mulher separada estava constantemente sob vigilância, e ela teria de abrir mão de sua vida amorosa sob o risco de perder a guarda dos filhos. Estes já estavam marcados com o estigma de serem frutos de um lar desfeito. Apenas para o homem desquitado o controle social era mais brando, o fato de ter outra mulher não manchava sua reputação.

A sociedade da época debateu a questão do divórcio. Convivendo com casos concretos de casais separados, amores clandestinos, uniões legalmente impossíveis, problemas familiares, exemplos de outros países ou fofocas dos meios artísticos, não era fácil ignorar o assunto. Entretanto, as posições antidivorcistas prevaleceram diante das opiniões a favor do *direito a uma segunda chance*.

> [aqueles que são pela legalização do divórcio] estão esquecidos desse nome quase divino: Mãe. Como pode alguém conceber como remédio o divórcio que separa a mãe do esposo e os filhos dos pais? (*Jornal das Moças*, 16 maio 1957)
>
> Lastimamos que haja tantas vítimas de maus casamentos, que poderiam reconstruir a vida com uma nova escolha, mais acertada. [...] [Porém,] o divórcio traria mais inconvenientes do que benefícios. Fomentaria a desunião entre os casais. Seria uma tentação permanente à separação. Provocaria escolhas precipitadas. Em resumo, quebraria esse princípio de coesão que deve constituir a ideia vital da família. (*O Cruzeiro*, 09 maio 1959)

O divórcio, considerado por muitos um *veneno para a estabilidade social por enfraquecer a instituição familiar* ou servir como *porta de entrada para o amor livre*, só passou a fazer parte das leis brasileiras na década de setenta.

Os argumentos, alardeados pela imprensa feminina, que pareciam sensibilizar mais as mulheres contra a separação conjugal – para além dos apelos religiosos e dos favoráveis à da manutenção da ordem social – eram os que acenavam com a solidão, o *desamparo moral* e o inevitável sofrimento dos filhos. Para as mulheres que se uniam a homens separados, a impossibilidade do respeito social, que também atingiria os filhos desse relacionamento, apresentava-se como o maior obstáculo.

Mesmo assim, a proporção de mulheres que se declararam separadas nos censos demográficos cresceu entre as décadas de quarenta e sessenta. Também tornou-se mais comum a situação de casais de classe média e alta que procuravam levar uma vida normal e legitimar socialmente sua união – algumas vezes até através de contrato formal, casamento no exterior ou *por procuração* – mesmo sem um respaldo legal ou religioso.

PARECE QUE FAZ TANTO TEMPO?

Podemos reconhecer, ainda hoje, traços dos Anos Dourados em certos costumes e valores que definem, unem ou separam, e até estabelecem hierarquias entre homens e mulheres. Muitas das ideias dessa época foram contestadas e superadas, podendo, nos dias atuais, causar reações do estranhamento à repulsa.

Seria fácil atribuir as mudanças percebidas simplesmente ao avanço dos tempos e às novas mentalidades, como costumavam fazer as revistas da época. Seria correto levar em conta fatores sociais, político-econômicos e demográficos – alguns dos quais chegaram a ser apontados aqui – para explicar as transformações ocorridas. Entretanto, não devem ser esquecidas as pessoas concretas que, vivendo os Anos Dourados com ideias diferenciadas, ousadia, coragem e vontade de renovação, fizeram com que estes anos tivessem também outras tonalidades e cores.

NOTAS

(1) *Jornal das Moças*, 17 abr. 1952.
(2) *Jornal das Moças*, 07 jul. 1955.
(3) As grandes cidades eram menos conservadoras que as menores; as famílias cariocas, especialmente as de Copacabana, pareciam ser mais liberais que as paulistas, os meios artísticos eram mais vanguardistas etc.
(4) *Jornal das Moças*, 18 jun. 1953.
(5) *Jornal das Moças*, 05 maio 1955.
(6) *O Cruzeiro*, 12 fev. 1955.
(7) *Jornal das Moças*, 06 out. 1955; *O Cruzeiro*, 08 jan. 1955.
(8) *O Cruzeiro*, 13 nov. 1954.
(9) *O Cruzeiro*, 08 maio 1954.
(10) *O Cruzeiro*, 29 ago. 1953.
(11) *O Cruzeiro*, 10 jan. 1959.
(12) *O Cruzeiro*, 11 dez. 1956; 30 jul. 1960.
(13) SEADE – Informe Demográfico do Estado de São Paulo, nº 5, São Paulo, 1982.
(14) *O Cruzeiro*, 16 ago. 1958.
(15) *Jornal das Moças*, 29 out. 1959/ 05 ago. 1954.
(16) *O Cruzeiro*, 23 abr. 1955.
(17) *Jornal das Moças*, 02 out. 1958.
(18) *Jornal das Moças*, 27 out. 1955.
(19) *Jornal das Moças*, 29 out. 1959.
(20) *Jornal das Moças*, 16 maio 1957.
(21) *O Cruzeiro*, 11 abr. 1953.
(22) *O Cruzeiro*, 13 dez. 1952.
(23) *O Cruzeiro*, 08 ago. 1959 [grifo nosso].
(24) *O Cruzeiro*, 15 mar. 1958.
(25) *O Cruzeiro*, 12 fev. 1955.
(26) Vibonati. Desquite, um problema de nossa época, *Cláudia*, ago. 1962.

BIBLIOGRAFIA

Alcir Lenharo. Fascínio e solidão: as cantoras do rádio nas ondas sonoras de seu tempo. *Anais do Seminário Perspectivas do Ensino de História*. São Paulo: Faculdade de Educação/USP, 1988.

Alice I. de O. Silva. Abelinhas numa diligente colmeia; domesticidade e imaginário feminino na década de 50. *In*: Costa e Bruschini (org.). *Rebeldia e submissão*. São Paulo: Vértice/Fundação Carlos Chagas, 1989.

Alves e Barsted. Permanência ou mudança: a legislação sobre a família no Brasil. *In*: I. Ribeiro (org.). *Família e valores*: sociedade brasileira contemporânea. São Paulo: Loyola, 1987.

Anne-Marie Dardigna. *La presse 'féminine'*: fonction idéologique. Paris: Maspero, 1978.

Antonio Candido. The Brazilian family. *In*: Lynsmith e Machant (org.). *Brazil,* portrait of half a continent. New York: The Dryden Press, 1951.

Beatriz Sarlo. *El Imperio de los sentimientos*; narraciones de circulacion periodica en la Argentina (1917-1927). Buenos Aires: Catálogos, 1985.

Carla Bassanezi. Revistas femininas e o ideal de felicidade conjugal. De trajetórias e sentimentos. *Cadernos Pagu*, nº 1. Campinas, Unicamp, 1993.

______. *Virando as páginas, revendo as mulheres*. Rio de Janeiro: Civilização Brasileira, 1996.

______. *Virando as páginas, revendo as mulheres;* relações homem-mulher e revistas femininas, 1945-1964. Dissertação de Mestrado em História Social. FFLCH/USP, 1992.

Carla Bassanezi, L. Bombonato. *O Cruzeiro* e as garotas. Fazendo história das mulheres. *Cadernos Pagu*, nº 4. Campinas, Unicamp, 1995.

Carmen da Silva. *A arte de ser mulher*. Rio de Janeiro: Civilização Brasileira, 1966.

Emílio Willens. A estrutura da família brasileira. *Sociologia XVI,* São Paulo, Escola de Sociologia e Política de São Paulo, xvi, 4, out. 1954.

Evelyne Sullerot. *La presse féminine*. Paris: Armand Colin, 1963.
F. Madeira, P. Singer. Estrutura do emprego e do trabalho feminino no Brasil: 1920-1970. *Cadernos CEBRAP*, 13, São Paulo, CEBRAP, 1973.
Joan Scott. *Gender and politics of the history*. New York: Columbia University Press, 1988.
José Reginaldo Prandi. Catolicismo e família: transformações de uma ideologia. *Cadernos CEBRAP*, 21, São Paulo, 1975.
Kathryn Weibel. *Mirror, mirror*; images of women reflected in popular culture. New York: Anchor Books/Press/Doubleday, 1977.
L. Tilly, J. Scott. *Women, work and family*. New York: Holt, Rineahart & Winston, 1987.
Letícia B. Costa. *Participação da mulher no mercado de trabalho*. São Paulo: CNPq/IPE-USP, 1984.
Louise Tilly. Genre, histoire des femmes et histoire sociale. *In*: *Génesis*. (2), s.l., 1990.
Maria Ângela D'Incao (org.). *Amor e família no Brasil*. São Paulo: Contexto, 1989.
Mariza Corrêa. *Morte em família*; representações jurídicas de papéis sexuais. Rio de Janeiro: Graal, 1983.
Marjorie Ferguson. *Forever feminine*; women's magazine and the cult of feminity. Vermont: Gower, 1985.
Michèle Mattelart. *La cultura de la opression femenina*. México: Nueva Era, 1977.
Miriam Goldfeder. *Por trás das ondas do Rádio Nacional*. Rio de Janeiro: Paz e Terra, 1980.
Rosane Prado. Um ideal de mulher; estudo dos romances de M. Delly. *In*: *Perspectivas antropológicas da mulher*. Rio de Janeiro: Zahar, 1981.
Thales de Azevedo. *As regras do namoro à antiga*. São Paulo: Ática, 1986.
________. Família, casamento e divórcio no Brasil. *Journal of Inter-American Studies*. School of Inter-American Studies. Gainesville: University of Florida, april 1961.

OS MOVIMENTOS DE TRABALHADORAS E A SOCIEDADE BRASILEIRA

Paola Cappellin Giulani

A modernização da sociedade brasileira tem atingido de maneira diferente os diversos grupos sociais e produzido várias formas e níveis de conflito. Em geral, os segmentos da população que conseguiram se organizar e se mobilizar ganharam projeção política e espaços de interlocução com as instituições do Estado, diretamente ou com a ajuda de mediadores que reconheciam a legitimidade de suas reivindicações.

É importante lembrar que, embora grande parte dos conflitos ainda surjam das relações de trabalho, eles aparecem em outras esferas da vida social.[1] Nessa perspectiva podemos compreender por que as reivindicações e os movimentos das trabalhadoras atingiram áreas não ligadas exclusivamente às atividades produtivas, estendendo-se até à vida familiar.

As negociações muitas vezes conflituosas entre as organizações sindicais, o Estado e os empresários não se limitam às reivindicações trabalhistas dos primeiros; na verdade, acabam atingindo as relações de toda a sociedade. Queremos desanuviar aqui as conjunturas enfrentadas pelas mulheres em seus esforços para atingirem a cidadania, momentos em que se fizeram porta-vozes da exigência de seus direitos.[2]

A FORMAÇÃO DA CIDADANIA

Podemos dizer que o processo de formação da cidadania começa no Brasil com a superação da ideologia do *laissez-faire*, característica da Primeira República. Fundada na divisão do trabalho e na estratificação profissional, a cidadania se estabelece, portanto, de forma restrita.[3]

É possível traçar uma cronologia das ações do Estado destinadas a regular suas relações com a população trabalhadora. No início do século XX, duas décadas após a Abolição da escravidão, alguns segmentos de trabalhadores já reivindicam direitos trabalhistas e proteção previdenciária. Em 1907, quando irrompe na vida política brasileira a liberdade sindical, determinadas categorias profissionais destacam-se, como os burocratas civis e militares, os trabalhadores dos arsenais da Marinha, os ferroviários, os trabalhadores da imprensa nacional. São eles que formulam as primeiras pautas reivindicatórias: fixação da jornada de trabalho, repouso semanal, férias anuais, assistência médica em caso de acidentes de trabalho, condições apropriadas de higiene na empresa.[4] Tais reivindicações acabaram se limitando ao cotidiano do trabalho dos homens e não faziam a menor referência à vida fora das fábricas, muito menos às especificidades do trabalho das mulheres. Essa tendência se mantém nos anos 20, quando se dava grande ênfase ao caráter emancipatório do trabalho.[5]

Devemos ressaltar que, nessa época, a cidadania social restringe-se aos homens, e a emancipação limita-se às paredes das grandes empresas. De qualquer maneira, há ganhos de natureza simbólica que, na visão popular, proporcionam ao trabalho produtivo masculino uma substantiva valoração social – reforçada pelos projetos socialistas, anarquistas e comunistas da época. Uma nova ética passa então a substituir a antiga imagem desprestigiada e desqualificada do trabalho escravo.

A projeção em primeiro plano do *homem trabalhador* acaba deixando na sombra, quase invisíveis, as péssimas condições de trabalho impostas às mulheres. Muitas vezes, as trabalhadoras nem são reconhecidas como parte da população economicamente ativa; sua contribuição social reduz-se ao papel de mantenedoras do equilíbrio doméstico familiar.

Depois de 1930, o Estado passa a definir os direitos e os deveres relativos à organização das práticas produtivas; aceita as associações profissionais como interlocutoras; reconhece como oficiais as organizações dos sindicatos. Com a criação Ministério do Trabalho, a legislação trabalhista é promulgada como corpo jurídico válido nacionalmente. Esses atos inauguram no Brasil a constituição da cidadania social.

Tal modelo se mantém por três décadas. Até o golpe militar de 1964, a noção de cidadania permanece vinculada ao emprego estável, assalariado e urbano, priorizando o espaço fabril de produção e mantendo como interlocutores privilegiados os trabalhadores e os empresários das grandes empresas. Se, por um lado, essas ações representam um avanço nas relações de trabalho, antes despojado de mediações, por outro, acabam excluindo a maioria dos trabalhadores.

Até os anos 60, mais da metade da população brasileira reside no meio rural, inserida em regimes de produção familiar ou de assalariamento informal e instável. Mesmo nos centros urbanos, muitas das oportunidades de trabalho remunerado assumem as formas mais variadas, muito distantes do assalariamento formal.

O enorme contingente de produtores rurais e de trabalhadores não assalariados continua sem reconhecimento social, permanecendo fora da reciprocidade contratual e tendo de aguardar vários anos para atingir os direitos previdenciários. Lembramos que o sistema previdenciário foi criado em 1932; a unificação dos serviços do sistema de previdência social aconteceu só em 1966; e que o acesso à previdência pelos trabalhadores rurais ocorreu em 1971.[6]

Os governos militares que se sucedem a partir do golpe de 1964, enfraquecem os canais de integração social dos trabalhadores e reduzem drasticamente o acesso à cidadania social, impondo o que pode ser chamado de "cidadania em recesso".[7] Repressão aos sindicatos e a seus dirigentes, supressão do salário profissional, esvaziamento da Justiça do Trabalho, exclusão dos representantes dos empregados e dos empregadores do controle público da administração e da gestão do Instituto Nacional da Previdência Social são algumas das medidas desse período.

Buscando legitimidade junto à população, os governos militares ensaiam algumas políticas voltadas às condições de vida das camadas populares: programas de alfabetização, de assistência médico-hospitalar e de habitação. Mais uma vez, porém, tais programas reafirmam a assimetria das relações entre homens e mulheres. Antes de tudo, considera-se como público-alvo dessas políticas a família institucionalmente constituída em torno do *chefe de família* – única autoridade reconhecida e incontestada, único representante das necessidades e das exigências de todos os familiares.

A LUTA POR MELHORES CONDIÇÕES DE VIDA

Na história das demandas formuladas pelo movimento sindical, podemos apontar uma ruptura que destaca o período entre 1979 e 1985.[8]

Nos anos 60, o arrocho salarial é o principal alvo do questionamento das organizações sindicais, inclusive as críticas às condições e aos ritmos exaustivos da jornada de trabalho acabam tendo como parâmetro o salário. Talvez pelo autoritarismo dos governos militares, as organizações sindicais, que em suas lutas dão prioridade às bandeiras econômicas, tentam introduzir propostas políticas voltadas a restabelecer a democracia nas relações de trabalho e sindicais. Porém, as questões relativas às condições de vida e à reprodução social da família permanecem em segundo plano ou mediadas pela discussão salarial. Nessa época, o Estado mantém em seus programas sociais e de assistência a mesma filosofia dos governos anteriores, admitindo como interlocutores algumas categorias profissionais e os chefes das famílias institucionalmente constituídas; nesse contexto a maior parte das mulheres continua sendo contemplada apenas indiretamente como cidadãs.

Entre 1979 e 1985 cresce rapidamente a mobilização de diferentes setores da sociedade exigindo a redemocratização do país, inaugurando novos conflitos e sacudindo o imobilismo das organizações de representação de classe. As práticas sindicais começam a ser renovadas: reivindicam-se negociações coletivas, eleição dos delegados sindicais nos locais de trabalho, novas modalidades que redefinam os vínculos políticos entre os trabalhadores, representados, e seus dirigentes sindicais, representantes. As organizações sindicais passam por um intenso processo de questionamento, interno e externo. Formam-se correntes sindicais inovadoras e críticas, que começam como "oposições sindicais" e acabam sendo identificadas como "sindicalismo autêntico" ou "novo sindicalismo".

O conflito começa a sair das paredes das fábricas e dos limites das relações de trabalho para atingir algumas dimensões relativas às condições de vida, sobretudo nas cidades, onde os níveis de espoliação e pauperização já são evidentes.[9] É a população residente nas periferias que se organiza em associações de bairro e movimentos populares, percebidos pelos governantes como indesejáveis e desestabilizadores da ordem autoritária. Essas organizações e movimentos ganham rapidamente alcance nacional, redimensionando seriamente a representatividade das instâncias sindicais, sua capacidade de mediação com o Estado e a centralidade das lutas econômicas. O frutífero diálogo entre organizações sindicais e movimentos populares, leva a importantes inovações nas formas de mobilização dos trabalhadores: difunde-se o uso de abaixo-assinados, passeatas, manifestações nas comunidades, audiências e diálogos diretos com os poderes públicos, prefeituras, secretarias de administração municipal, estadual e até federal.

Exemplos interessantes da confluência entre as reivindicações salariais, as exigências de mudanças nas relações e práticas de trabalho e as demandas vinculadas às condições de vida são as greves nas usinas de açúcar e os saques urbanos nos armazéns de alimentos, realizados em 1984 pelos trabalhadores e trabalhadoras temporários da cana-de-açúcar no município de Guariba, assim como as greves dos apanhadores de laranjas e os saques no município de Bebedouro. Esses movimentos, iniciados sem a coordenação dos sindicatos rurais, tornam-se destaque no *pacato* cenário rural do estado de São Paulo. Mais de 60 mil boias-frias da cana e 200 mil trabalhadores safristas da laranja mobilizam-se, em meados de 1984, para reivindicar maior remuneração no corte da cana e na coleta da laranja, bem como a assinatura da carteira de trabalho. As lutas se estendem inusitadamente contra os abusos praticados pelas autoridades municipais e estaduais, que aumentam as taxas de água e esgoto, e a favor de transporte gratuito no percurso entre a moradia e a usina, e de assistência médica a todos os trabalhadores e seus familiares. As pautas das reivindicações compõem-se de dezenove itens, e os acordos assinados acabam envolvendo não só os sindicatos e os proprietários rurais, mas também a Secretaria de Obras do Estado de São Paulo, a SABESP e as prefeituras que se comprometem a estudar "tarifas sociais" de água e esgoto.[10]

O que é importante registrar não é tanto o aumento quantitativo das plataformas de luta, mas a inauguração de um novo modelo que articula as condições de produção e as modalidades de vida. É justamente na confluência entre a herança histórica do sindicalismo e as lutas pela melhoria das condições de vida que se começa a perceber que a população trabalhadora engloba ambos os sexos, cada um com responsabilidades diferentes no seio da família.

AS MODIFICAÇÕES DO MODELO DE CIDADANIA

Desde a Colônia temos vozes femininas que preconizam a Abolição dos escravos, a instauração da República, a introdução do sufrágio universal. Unidas por um elo de solidariedade feminina, podemos vincular a inglesa Mary Wollstonecraft à francesa Flora Tristan e à brasileira Nísia Floresta.[11] O direito à cidadania política – o direito ao voto – é alcançado pelas brasileiras em 1932, antes de vários países da Europa, como França e Itália. No entanto, não podemos deixar de reconhecer que as aspirações à cidadania no mundo do trabalho, as que buscam proporcionar iguais oportunidades entre homens e mulheres, passam por um demorado silêncio, interrompido entre 1979 e 1985.

No campo político, na primeira metade dos anos 80, a preocupação em melhorar as condições de vida funciona como uma alavanca que mobiliza diferentes setores sociais em prol da redemocratização da sociedade brasileira. Esse objetivo é capaz de arregimentar e estimular setores que por muito tempo têm agido separadamente. Assim como há uma confluência entre propostas de renovação da cultura sindical e os movimentos populares, também ocorre uma união entre grupos de mulheres trabalhadoras, grupos feministas, algumas organizações sindicais, partidos e alguns setores que atuam nas instituições de administração do Estado. Vários desses grupos chegam, por caminhos diferentes, à necessidade de repensar a divisão sexual do trabalho.

Assim, muitas queixas e relatos sobre a discriminação e a segregação sexual conseguem sair das paredes domésticas em que até então estavam enclausuradas e tornam-se fontes de denúncias e de demandas de novos direitos.[12] Tais atitudes conseguem atingir os alicerces das relações sociais questionando os principais espaços coletivos: o local de trabalho, a prática sindical e a própria família. Grupos de mulheres conseguem criar um novo estilo de reflexão, de mobilização, de debate frente aos tradicionais parâmetros da cultura sindical. Conseguem também, aos poucos, penetrar nos vértices das estruturas de representação tradicionalmente ocupados por homens, nas diretorias das organizações sindicais, partidos políticos, associações, comitês etc.

OS MOVIMENTOS DAS MULHERES RURAIS

As mobilizações das trabalhadoras rurais ilustram muito bem a capacidade das mulheres de vincular as reflexões sobre a vida doméstica às demandas dos movimentos populares. Embora tenham uma consistência interna muitas vezes frágil, as trabalhadoras aprenderam a expressar toda a riqueza e as potencialidades criadoras da crítica à divisão sexual do trabalho, evoluindo, em suas reivindicações, para uma clara confluência com o ideário feminista.

Durante muito tempo se pensou que seria muito difícil mobilizar as mulheres trabalhadoras, porque se considerava irregular e provisória sua inserção no mercado de trabalho. Também prevalecia a convicção de que elas fossem as principais depositárias e reprodutoras dos valores patriarcais dominantes na sociedade rural brasileira. No entanto, vários estudos, de acadêmicos e de militantes, mostram que tais ideias já não correspondem à realidade. Em primeiro lugar, a participação produtiva dessas mulheres é massiva e marcada por uma longa jornada de trabalho malremunerado. Em segundo lugar, suas mobilizações já têm ganhado visibilidade, através de manifestações, protestos e abaixo-assinados que reclamam o respeito à legislação, o acesso à previdência social e também o direito de participar ativamente de seus sindicatos.

As experiências de vida relatadas pelas mulheres rurais mostram que em seu cotidiano não há uma clara distinção entre os limites do lar e do trabalho, entre as atividades domésticas e as tarefas agrícolas, entre as responsabilidades na educação dos filhos e a vida comunitária.

No campo, a autoridade do chefe de família – do pai ou do marido – extrapola o espaço doméstico e muitas vezes impõe-se, negando a participação das mulheres nas decisões nas cooperativas, nos bancos, nas associações de produtores e nos sindicatos.

A mobilização das mulheres rurais não se forma na prática sindical, mas a partir de debates sobre as condições de vida realizados em pequenos grupos, a maioria de matriz religiosa ligados às pastorais, mas também grupos de matriz laica formados a partir das mobilizações de resistência às expulsões dos moradores das fazendas. É importante registrar que, em todos esses casos, são as mulheres que tomam a iniciativa de promover as reuniões, organizá-las e dirigi-las. Cabe, no entanto, observar algumas características específicas dessas organizações.

A participação nos grupos comunitários organizados pela Igreja Católica, nas dioceses ou nas paróquias, resgata as práticas educativas no seio da família e na comunidade, onde a mulher é considerada o mais importante artífice de solidariedade. Os temas de reflexão se apoiam na leitura de textos bíblicos e evangélicos interpretados pela doutrina da Teologia da Libertação na ótica da mulher, uma perspectiva que evidencia a contribuição ativa e positiva das mulheres e encontra no Brasil adeptos tanto entre religiosos como laicos.[13] Nas propostas dessa corrente teológica está em primeiro plano a preocupação com a injustiça social, que se alastra na América Latina, mas também ressalta a atuação da mulher no fortalecimento dos laços afetivos: seu papel de mãe, de esposa, de organizadora do lar. Sua identidade, portanto, é formada no interior do núcleo doméstico e completada na comunidade católica.

Os grupos de mulheres criados no seio da Pastoral da Terra vão além do resgate da identidade feminina ligada ao lar. Não esquecem os laços familiares e os problemas ligados às atividades domésticas, mas os vinculam às condições de vida dos produtores rurais, problematizando sobretudo a fragilidade e a precariedade do vínculo à terra. Esses grupos têm se constituído como suporte importante dos movimentos iniciados nos anos 70 contra a reestruturação das grandes fazendas – que leva à expulsão de muitos moradores e à substituição de suas culturas para o autoconsumo, por culturas comerciais ou pela pecuária bovina extensiva. São os grupos de mulheres trabalhadoras que no fim da década de setenta introduzem em seus temários o apelo para que os sindicatos assumam com maior determinação a defesa e a preservação do vinculo à terra, dando aos produtores maior força para enfrentarem os proprietários rurais. Já na década de oitenta, os debates travados nos períodos das eleições sindicais e o fortalecimento dos grupos de oposição sindical, também no campo, estimulam uma série de ações pontuais em que muitas trabalhadoras tornam-se sindicalistas ativas.

Os Clubes de Mães e os Grupos de Mulheres Trabalhadoras nascem como uma espécie de instrumento de denúncia da ausência ou da precariedade dos serviços coletivos municipais. Das longas e animadas reuniões – ensino e saúde estão no centro dos debates – saem abaixo-assinados, manifestações, organização de encontros municipais, estaduais e nacionais. O apoio de profissionais das principais áreas em que se situam as reivindicações – educadoras, enfermeiras, médicas, assistentes sociais – e os aportes da reflexão feminista contribuem para que o debate temático consiga a articulação de dimensões da vida social e individual antes impensável: mulheres–saúde–cidadania.[14]

Com abaixo-assinados, passeatas e manifestos à comunidade, movimentos populares articulam reivindicações por melhores salários, condições de trabalho e de vida.

A temática da saúde conduz as mulheres a uma vasta discussão sobre os problemas da maternidade – gravidez, parto, amamentação, doenças do pós-parto, mortalidade infantil, mortalidade materna, assistência ao controle de câncer etc. É importante registrar que as mulheres que participam desses grupos não se reúnem enquanto trabalhadoras, mas enquanto cidadãs-excluídas, ou usuárias mal-atendidas dos serviços públicos essenciais. O ritmo e a intensidade de mobilização diferem de região para região, mas permanece claro que em todos os grupos as mulheres reivindicam *direitos* e não *favores*. Vários desses grupos de mulheres, por razões diversas, conseguem manter sua capacidade de mobilização também para questões políticas mais amplas, que saem dos temários que deram origem à sua formação.

No Nordeste, no decorrer das grandes secas de 1978 e de 1982, grupos de mulheres rurais reivindicam sua cidadania. Face aos frequentes retardos na implementação dos programas das frentes de emergência contra a seca e dada a demora, quando não os desvios, na distribuição emergencial de alimentos, as mulheres exigem que os empregos nas frentes de trabalho sejam acessíveis também para elas, que sejam respeitados na contratação os diretos previsto pela lei trabalhista – salário mínimo integral e acesso à previdência social – e reivindicam a abertura de creches nos locais onde se realizam as frentes. Deve-se reconhecer que as mulheres não se mobilizam somente por demandas que lhes dizem respeito diretamente; elas se juntam aos produtores rurais flagelados que reivindicam o acesso, nos períodos da seca, às terras públicas e privadas irrigadas.

As mulheres participam também dos movimentos de ocupação das terras, que eclodem com força crescente a partir de 1980, quando o país se democratiza e, sobretudo, a partir do lançamento do frustrado Plano de Reforma Agrária. Organizados pelo Movimento dos Trabalhadores Sem Terra (MST) e por outras entidades comunitárias, religiosas e laicas, grupos de famílias de agricultores ocupam terras não utilizadas de propriedades públicas e privadas, montando seus acampamentos e começando imediatamente a cultivá-las. Na organização básica desses acampamentos, as mulheres desempenham múltiplos papéis: são produtoras rurais, organizadoras das atividades domésticas e também muito ativas nas mobilizações constituídas para resistir à violência de policiais, proprietários ou especuladores. A precariedade dos acampamentos – onde não há condições mínimas de serviços, como água, energia elétrica, escola, posto médico – tem colocado em primeiro plano as atividades domésticas e finalmente posto em evidência o valor da capacidade organizativa e da disciplina das mulheres, as quais conseguem manter estruturado não só o espaço doméstico de suas famílias, mas até os espaços comunitários do acampamento. Embora nem todas as mulheres necessariamente cheguem a posturas críticas a respeito da divisão sexual do trabalho doméstico, sua atuação nesses movimentos lhes permite tecer fortes laços de solidariedade feminina e reafirmar sua importância no núcleo familiar.

As mulheres têm contribuído para que algumas transformações importantes possam ser postas em prática: a politização do cotidiano doméstico; o fim do isolamento das mulheres no seio da família; a abertura de caminho para que se considere importante a reflexão coletiva; a definitiva integração das mulheres nas lutas sociais e seu papel de destaque na renovação da própria cultura sindical.[15]

A CRISE DA DIVISÃO SEXUAL NO TRABALHO E NA REPRESENTAÇÃO SINDICAL

Para melhor compreender os movimentos de mulheres trabalhadoras em suas lutas para remodelar as relações entre a família e o trabalho, é oportuno salientar que ao longo dos anos 80 ocorre uma revisão da imagem social da feminilidade. Difundem-se novas proposições que reafirmam o princípio de equidade entre os sexos e são debatidas modificações na ordem cultural e jurídica. Nesse percurso, às vezes tortuoso, aparecem com maior clareza os limites daquilo que seria próprio das mulheres, daquilo que lhes seria reconhecido, permitido ou atribuído como característico de sua "natureza social". Por comparação, pode-se também compreender o que seria próprio da "natureza social do homem". Mais ainda! Chega-se à consciência de que qualquer definição dos papéis, da imagem, da identidade e dos códigos de comportamento da mulher, é instável e transitória, já que tais concepções culturais são o resultado do confronto entre os valores dominantes e os anseios de mudança.

As mulheres de segmentos urbanos estão na frente de várias práticas reivindicativas já no fim dos anos 60. Participam, em 1968, do Movimento Nacional contra a Carestia; em 1970, do Movimento de Luta por Creches; em 1974, do Movimento Brasileiro pela Anistia; e, em 1975, criam os Grupos Feministas e os Centros de Mulheres. Nas atividades desses grupos são constantemente avaliados e revisados os papéis sociais das mulheres – mãe, esposa, dona de casa –, mesmo que a reflexão sobre o trabalho e a discriminação no mercado de emprego não esteja sempre presente. Deve ser reconhecida sua importante contribuição no processo de redemocratização, através de suas reivindicações para que sejam mudados os códigos jurídicos já definitivamente superados e sejam promulgadas leis mais coerentes com a efetiva atuação econômica e social da mulher; através da crítica à política salarial promovida pelo Estado; através da demanda de serviços públicos de apoio à mãe trabalhadora. Além disso, provenientes sobretudo de grupos de mulheres de classe média, donas de casa ou profissionalizadas, várias mobilizações aglutinam orientações culturais e ideológicas diversas em torno da luta contra a violência, a opressão e a discriminação da mulher.

Tanto as trabalhadoras urbanas como as rurais introduzem em sua participação política temas de reflexão no qual o cotidiano doméstico e do trabalho são ponto de partida para rever a divisão sexual no trabalho e a relação de poder na representação sindical. Algumas experiências de mobilização culminam em 1986 com a criação da Comissão da Questão da Mulher Trabalhadora no nível nacional da Central Única dos Trabalhadores, enquanto a Força Sindical institui em 1992 a Secretaria Nacional da Mulher, do Adolescente e da Criança.

Nas demandas encaminhadas pelas trabalhadoras à Central Única dos Trabalhadores, divulgadas pela imprensa militante, resulta clara a continuidade entre as reflexões elaboradas pelas feministas e os anseios das trabalhadoras. Na Comissão da Questão da Mulher Trabalhadora chega-se a perceber os elos que no cotidiano articulam as práticas familiares, o trabalho e a militância sindical. A contribuição do feminismo é reconhecida nos discursos das trabalhadoras dirigentes sindicais. A coordenadora da Comissão Nacional da Mulher da CUT se expressa assim, em 1989:

> As relações entre sindicato e as mulheres trabalhadoras não foram das mais fáceis. Embora as mulheres tenham tido presença significativa no mercado de trabalho, desde o início do processo de industrialização, e atuação destacada na luta operária, os sindicatos não as incorporaram à prática política, nem dividiram com elas o poder das entidades representativas dos trabalhadores. A imagem de mãe e esposa se superpõe à de companheira [...] A eclosão do feminismo nos anos 70 iniciou mudanças profundas nas relações de gênero. O feminismo denunciou a desigualdade, revelou-se contra as relações de gênero baseadas na dominação *versus* submissão e mostrou que ela não é natural, mas construída cultural e historicamente, revelou o duro cotidiano vivido por milhares de mulheres e tocou fundo em temas que incomodaram os valores estabelecidos: a violência sexual, a violência doméstica, o direito à opção a ter ou não ter filhos, o direito ao prazer. Mais ágil que o sindicalismo, o feminismo desnudou a realidade das mulheres trabalhadoras. Deu-lhe visibilidade e apontou a aliança entre exploração de classe e opressão de

sexo: salários menores, dupla jornada, falta de profissionalização, falta de creche [...] O sindicalismo tem que caminhar para que se consolide como defensor ardoroso da luta contra a opressão e colocar em prática as importantes resoluções, tem que conferir respeitabilidade política às demandas trazidas pelas mulheres, tem que abandonar de uma vez por todas o fantasma da divisão da classe trabalhadora supostamente promovida pelo feminismo e, assumir, sem reserva, que a luta contra a opressão é parte fundamental da nossa luta.[16]

O fato de muitas das jovens militantes sindicais, urbanas ou rurais, não terem uma vivência própria dos acontecimentos da década de setenta, ou não terem participado diretamente da eclosão do feminismo, não as torna menos capazes de dar continuidade à luta de revisão da feminilidade. Ao contrário, elas conseguem, com rapidez e entusiasmo, incorporar em suas concepções políticas a visão mais ampla de cidadania, discutindo as condições específicas da profissão e do cotidiano doméstico.

A vontade de articular os dois mundos é expressa na escolha do nome de seus grupos: Movimentos de Mulheres Trabalhadoras, expressão que une os dois papéis sociais que até pouco tempo eram considerados opostos quanto ao presumido bem-estar da família. Essa escolha expressa também a vontade de reagir a algumas vertentes políticas do movimento operário: aquelas que consideram fundamental o problema das desigualdades sociais e secundárias as diferenças de gênero. Os Movimentos de Mulheres Trabalhadoras propõem-se a esclarecer e a manter a especificidade feminina no interior da abordagem classista, sem por isso propor, nem presumir, uma aliança solidária com mulheres que pertençam a outras classes.

Para as trabalhadoras é necessário rever a maneira como seus diversos papéis são exercidos: os papéis de esposa, de mãe, de filha, de organizadora do orçamento doméstico, de provedora, de profissional competente. São questionadas as atribuições domésticas e extradomésticas típicas de homens e de mulheres; o papel da mãe e do pai são confrontados; assim como as responsabilidades da esposa, da chefe de família, da dona de casa, da educadora e da militante sindical. Tais questionamentos mostram que, para renovar o conceito de *feminilidade*, é indispensável renovar também outro conceito, o de *masculinidade*. O *machismo* é combatido em seus lares, no trabalho e no próprio sindicato. Os depoimentos nos fóruns de luta sindical rural ilustram claramente a busca para restabelecer a igualdade entre os sexos.[17]

Os companheiros podem fazer muita coisa, mas a principal é se convencer de que nós mulheres também somos iguais e que temos os mesmos desejos e direitos. Os companheiros tiveram uma educação que os leva a ter dificuldades de olhar a coisa pelo lado da igualdade. Eu compreendo isso aí. Isso é político. Agora é preciso ter a capacidade de tentar romper dentro de si com essa educação. Nós mulheres também temos uma coisa dentro de nós. Que coisa é? A submissão. A partir do momento em que adquirimos consciência, nós conseguiremos romper com isso. (*depoimento de pequena proprietária e dirigente sindical*)

Os homens devem se conscientizar para não haver essa diferença entre nós, porque eu acho que os dois são iguais. Deus fez o homem, ele nunca se contentou de viver sozinho, porque ele queria a mulher. Então a igualdade tem que ser para os dois. Do momento em que o homem tem uma mulher junto dele, ele só quer usar ela, fazer filhos. Depois ela tem que cuidar das crianças. Eu acho que não pode ser assim. Os dois têm o mesmo direito de lavar, de cozinhar, de passar, de limpar a casa, e ir ao sindicato. (*depoimento de agricultora e dirigente sindical*)

O machismo é não deixar a mulher participar, tomar a decisão sozinho em casa. É você não dar liberdade para a mulher da mesma forma que você tem. Isso é machismo. (*depoimento de assalariado e dirigente sindical*)

Eu já disse aqui que o trabalhador rural é tremendamente machista, muito machista. A gente tem que admitir. O assalariado rural, ele conserva uma dose muito grande de machismo. Isso internamente na família cria para a mulher muitas dificuldades para sua evolução, para poder intervir no movimento sindical. (*depoimento de pequeno produtor e dirigente sindical*)

Eu acredito que as relações [entre homens e mulheres] têm de fato que ser mudadas. Se não fizer esta mudança a gente está se contradizendo. Uma relação de igualdade é o nascimento de novos valores. O valor do direito igual em todos os sentidos. Se não houver esta mudança nós vamos ter uma sociedade antidemocrática. A democracia vai partir daí: do lar, do trabalho, da vida quotidiana. (*depoimento de pequeno produtor e dirigente sindical*)

A PRÁTICA POLÍTICA DAS TRABALHADORAS

Entendemos as organizações sindicais como estruturas de caráter relativamente estável, produtoras de códigos de conduta, mediadoras entre as relações de trabalho e instituições democráticas. É compreensível, portanto, que as trabalhadoras, na busca de cidadania no mundo do trabalho, avaliem as relações que mantêm com as organizações sindicais. As mulheres sabem que não é fácil fazer parte das diretorias dos sindicatos; entendem que precisam percorrer um demorado caminho de socialização política.[18]

Pesquisas realizadas mostram que para as trabalhadoras rurais os laços familiares são referências importantes na socialização da vida sindical. O pai, associado ou fundador do sindicato, transmite às filhas trabalhadoras o significado da militância como incentivo para que elas frequentem as reuniões ou simplesmente o acompanhem em suas solicitações de assistência médica ou jurídica. Para as sindicalistas urbanas, o ambiente de trabalho e as relações de amizade e camaradagem entre colegas estimulam o primeiro contato com a entidade, muitas vezes facilitado por acontecimentos como uma greve ou uma campanha de sindicalização noticiada pela imprensa.

Para muitas trabalhadoras, urbanas e rurais, a sindicalização não é motivada tanto pelos serviços e benefícios fornecidos pelo sindicato, mas responde ao desejo de fazerem algo em prol da categoria, de ajudarem algum familiar dirigente, ou de conhecerem por dentro a organização.

A maioria das atuais sindicalistas faz parte de uma geração que atuou politicamente no cenário nacional a partir dos meados da década de oitenta. O fato de serem relativamente *jovens* na vida sindical, no entanto, não deve ser interpretado como imaturidade política. Como já dissemos, as mulheres participaram dos movimentos de trabalhadoras, dos grupos de jovens, dos movimentos de bairros, enfim, de movimentos populares que ficavam à margem do sindicato. Nessa militância apreenderam os princípios da lealdade à categoria, o que poderá dar sentido a uma futura carreira na estrutura sindical. Fazendo de certo modo contraponto às práticas da militância de seus pais, dos sindicalistas que nos anos 60 encontravam o campo político *bloqueado*.[19]

RESISTÊNCIAS, DISPUTA E RECONHECIMENTO NAS ELEIÇÕES SINDICAIS

As eleições das diretorias sindicais, realizadas a cada três anos, no decorrer dos anos de 1980 e 1990 são influenciadas pelas diversas conjunturas do período. Na metade dos anos 80, os sindicatos se mobilizam ao lado dos partidos políticos, da Igreja Católica, dos movimentos populares e das organizações não governamentais, buscando contribuir para a elaboração da Carta Constitucional. Por outro lado, ao longo de toda a década de oitenta, o mundo do trabalho sofre profundas crises de reestruturação, e as entidades sindicais mergulham no debate de uma série de novas temáticas: a modernização tecnológica, a reestruturação dos processos produtivos, a política salarial, a revisão da legislação do trabalho, a transformação da agricultura face à expansão do complexo agroindustrial, a reforma agrária.

Uma série de entidades locais participam das eleições das diretorias sindicais, apoiando os candidatos ou opondo-se às suas ideias, desenvolvendo um clima rico de relações com diversos segmentos sociais. A difusão da pluralidade ideológica nas centrais sindicais recentemente formadas contribui para neutralizar a hegemonia da geração de dirigentes formados anteriormente aos anos 80.

Para as trabalhadoras, o engajamento sindical parece se tornar, neste momento, mais importante que sua própria identidade profissional e, às vezes, até mais que as responsabilidades *domésticas*. Elas demonstram-se muito conscientes das responsabilidades que assumem, porque costumam associá-las à militância e à defesa da categoria profissional. Poucas vezes suas motivações limitam-se simplesmente a "ajudar a direção ou o sindicato".[20] Além disso, as mulheres estão conscientes de que deverão vencer dois novos desafios: no nível prático, deverão atuar nos espaços do sindicato, da empresa e da família; no nível político e cultural, deverão defender mudanças no âmbito das relações interpessoais e de gênero que são bastante diferentes nos três espaços.

As candidatas ao cargo de dirigente sindical sabem que nem sempre encontrarão uma clara manifestação de apoio. Dentro da família, o apoio de uns vem junto com expressões de desestímulo de outros, sobretudo das mães e dos maridos. No entanto, é de dentro do próprio sindicato, e menos do ambiente de trabalho, que se manifestam as atitudes mais contraditórias.

A decisão de fazer parte de uma lista de candidatos, geralmente, é tomada após um "convite",[21] sendo raro que essa decisão seja fruto de uma iniciativa pessoal da trabalhadora. O convite costuma ser formulado seja pelo presidente que está concluindo o mandato, seja por um grupo de associados ou até por colegas de trabalho que estão articulando a lista dos candidatos. O convite para compor tal lista é justificado pela experiência política da trabalhadora em movimentos ou grupos de mulheres trabalhadoras, nas greves, na oposição sindical, pela sua competência mobilizadora, pela dedicação à instituição. Cabe observar que no meio rural, além dessas experiências, há outras que as tornam interessantes para ocupar algum cargo de diretoria: ter sido professora primária de grupos escolares em sítios e fazendas, ou ter uma experiência como funcionária administrativa da entidade sindical.

Em muitos casos, mesmo quando é reconhecida a importância da mulher, mesmo quando é reconhecida como militante ativa, sua candidatura nas diretorias do sindicato é discutida como um acontecimento impróprio que extrapola as atribuições naturais das mulheres. É como se sua inclusão na representação política fosse um passo além dos limites de suas responsabilidades doméstico-familiares e invadisse um território considerado ainda dos homens. A seguir transcrevemos alguns depoimentos de trabalhadoras que evidenciam essas atitudes:[22]

> Quando se reúne o conjunto para fazer discussão, por mais que o seu posicionamento [da trabalhadora] esteja correto, tem uma torcidinha de nariz porque foi ela quem falou. A gente tenta puxar essa discussão com os companheiros porque eu sei que no fundo há alguma dificuldade deles por terem uma mulher na presidência do sindicato e ter que conviver com ela. Na cabeça deles o que se passa é que ela vai mandar, presidente é quem manda, mesmo a gente estando discutindo o rompimento dessa

Quando muitas queixas sobre discriminação sexual e racial transformam-se em denúncias e reivindicações, o movimento das mulheres trabalhadoras passa a lutar por mudanças mais amplas nas relações de trabalho, familiares e sindicais.

> estrutura hierárquica... Eles não dizem mais porque sentem alguma intimidação, mas insinuam. Continua a visão que a mulher é objeto de cama e mesa, ainda que não esteja explicitado. (*trabalhadora na indústria e dirigente sindical*)

> Nós tivemos eleição esse ano e a gente teve problemas muitos sérios na disputa. Eu acho que as disputas são sadias, são normais, mas entre os homens elas se dão de forma diferente. Eles disputam de uma forma que consideram política, e quando é mulher, quando discutimos, o que [nos] falamos é entendido como fofoca, como quem fala demais, reclama demais. A gente não deixa de reconhecer que recebemos uma educação em que a mulher é submissa, o mundo dela é limpar a casa, lavar, passar, cozinhar. Foi esse mundo que foi guardado para nós, enquanto o mundo público, de fazer política, ir para a rua, bater bola, é o mundo dos homens. (*operária e dirigente sindical*)

> Para nós mulheres é muito duro o cotidiano. Para os homens, estes têm uma infraestrutura que favorece a militância e têm o refúgio afetivo, quando a barra pesa, pois a família é o refúgio afetivo, concreto. As mulheres têm todas as dificuldades objetivas de estar no movimento. Para elas é novo. É tão novo que espanta e provoca o afloramento de muitas contradições. Para os homens, é mais fácil, porque eles foram educados para fazer a divisão entre o pessoal e o público e a vida prática, favorece isso. E nós não. Quando a gente entra para o político quer levar o pessoal junto e quer que o político não seja dissociado. (*operária e dirigente sindical*)

As mulheres sindicalistas parecem ter uma consciência bastante clara dos sutis fios de discriminação que fazem parte dos códigos sociais. Por isso, buscam reagir aos hábitos tradicionais promovendo renovações da cultura sindical e novas posturas na maneira de fazer política.[23]

> Acredito que a mulher vai na garra porque ela acredita no movimento, não é nenhuma questão de cargo. Quando colocamos que não buscamos cargo é uma realidade porque a gente acaba priorizando o trabalho e acaba deixando de lado os cargos. Os homens não. Eles priorizam o cargo. Enquanto a gente não briga para isso nada adianta. Nós analisamos nossa competência através dos olhos dos outros, daquilo que os homens pensam. A gente acaba deixando que eles tomam conta. E eles têm medo de perder espaço. (*dirigente sindical*)

> Eu acho que nós não brigamos pelo cargo porque fomos educadas para não brigar pelo poder. A gente apreende que este não é o nosso lugar. E hoje eu tenho essa consciência, nós temos que brigar pelo poder, não para exercê-lo da forma como a gente critica, mas até para estar nos cargos da

direção para reverter a maneira como esse poder é exercido. Só que fazer isso é tão custoso, degradante, para o nosso jeito de ser, que a gente se cansa e acaba sentindo que está se violentando demais para entrar na disputa como esta se dá. (*dirigente sindical*)

A gente vive uma contradição muito interessante. Foi educada para ser sensível, afetuosa, maternal, isso tudo significa ser servil, aceitar a dominação e achar ótimo. Agora quebramos isso, não querendo mais ser esposas, mães, donas de casa, entrando para a vida pública. Hoje, estamos vivendo um momento que é uma passagem de uma afetividade e sensibilidade que sempre significou dominação para uma afetividade que significa relações igualitárias e uma participação igualitária no mundo público. (*operária e dirigente sindical*)

Mas dialeticamente, o que deveríamos que ter é a participação da mulher em todos os organismos dirigentes da maquina sindical [...] Precisa de um trabalho das mulheres para vencer determinados preconceitos que se colocam de forma difusa no inconsciente coletivo. Evidentemente que há conflitos que devem ser trabalhados, a fim de não exacerbar o preconceito enquanto principal agente do problema. Às vezes, por exemplo, há um companheiro que pela sua formação tem maiores dificuldades com a questão na sua prática de convívio social. (*dirigente sindical*)[24]

Temos um machismo ainda [...] uma visão meio forte. É preciso quebrar com concepções que o marido tem, que a família tem. A mulher enfrenta muitos problemas, a gente observa. Às vezes, nós do movimento sindical, inclusive da direção do movimento, não sabemos ainda valorizar, prestigiar, respeitar a participação da mulher. Mesmo os dirigentes, é bom ter isso claro. Na teoria se aceita; mas é difícil a gente ver a mulher do dirigente participando das direções. (*trabalhador rural e dirigente sindical*)

O machismo se apresenta muitas vezes nas questões econômicas, mas também nas questões políticas, se apresenta no poder, no poder de decisão. Este machismo tem que ser pensado pelo movimento sindical, por quê? Porque mais da metade das pessoas sindicalizadas são mulheres, e elas são vítimas disso [...] Eu acredito que também os homens devem ter uma compreensão. E uma compreensão, digamos, não apenas emocional, uma compreensão de compaixão. Deve ser uma compreensão política. Sem esta compreensão política nós temos um atraso, um atraso político. (*trabalhador rural e dirigente sindical*)[25]

DA VERIFICAÇÃO DAS ASSIMETRIAS ÀS REIVINDICAÇÕES DE IGUALDADE DE GÊNERO

Muitas mulheres de diferentes segmentos sociais e com críticas diversas à desigualdade sexual no mundo do trabalho e nas relações familiares participaram do processo de elaboração da Constituição de 1988. A nova Carta deveria contribuir para ampliar a cidadania social também das mulheres, mas ao final continuou existindo uma enorme distância entre as demandas de cidadania e a redação conclusiva do documento.

É oportuno lembrar que a nova Constituição define vários direitos relativos às condições de trabalho; por exemplo, fixa em 44 horas a semana de trabalho, proíbe o trabalho; para menores de 14 anos. Também introduz novos direitos: o 13º salário para os aposentados; a isonomia salarial entre os estados da federação; remunerações não inferiores ao salário mínimo nacional, a inclusão dos itens educação, tempo livre e vestuário no cálculo do salário legal; a validade de todos os direitos trabalhistas também para os empregos na agricultura; a proibição de demissões arbitrárias; a definição de "penosidade" nas condições insalubres de trabalho; a proteção dos trabalhadores nos processos de automação dos estabelecimentos; a criação de incentivos específicos para a proteção do mercado de trabalho da mulher. Novos direitos também são contemplados em áreas em que o mundo do trabalho e as condições de vida estão diretamente ligados: é ampliado o tempo de licença maternidade; é introduzida a licença paternidade; são fixados limites diferentes de idade para a aposentadoria dos homens e mulheres; é reconhecido o direito de chefe de família também à mulher; é instituída a reciprocidade no casamento e a igualdade entre mulher e homem; é dado às mulheres do campo o direito de registrar no seu nome os títulos de propriedade da terra.[26]

Nesse intenso debate, dois processos importantes fortalecem as consciências e os argumentos das mulheres. Por um lado, a necessidade de legitimar normas universais de igualdade leva as mulheres a quantificarem as situações de discriminação através de estudos e dados estatísticos. Por outro lado, as mulheres passam a investir na elaboração de regras, medidas e princípios capazes de garantir o equilíbrio da participação de homens e mulheres nas diferentes esferas da vida social; reivindicam que sejam formalizados juridicamente em nível nacional, regional e local.

As pesquisas de análise quantitativa e a preocupação de encontrar novos indicadores acabam mostrando que os efeitos e as consequências da discriminação sexual devem ser considerados dimensões socialmente preocupantes por alcançarem níveis expressivos. Participam dessas

1º ENCONTRO ESTADUAL DE MULHERES ASSALARIADAS DA CANA E DO ABACAXI

CENTRO COMUNITÁRIO DE SAPÉ-PB
18 DE OUTUBRO 87
Org. Mov. de Mulheres Trabalhadoras do Brejo MMT
CUT-PB Sec. da Mulher

Ao se reunirem em encontros específicos, as trabalhadoras rurais ganham visibilidade, reclamam o direito de atuar nos sindicatos, exigem o respeito à legislação trabalhista e o acesso à previdência social.

pesquisas os estudos acadêmicos e as análises, os meios de comunicação de massa, alguns aparelhos da administração pública – ministérios, prefeituras –, organizações profissionais, centros de pesquisas sindicais e também as próprias entidades sindicais.

O primeiro resultado desse esforço de atualização é a superação de velhas teses e a formulação de novas. Deixa-se de considerar que as mulheres fazem parte, no mercado de trabalho, do exército industrial de reserva, entrando e saindo do mercado ao sabor das conjunturas e dos ciclos econômicos. Mostra-se que a segregação ocupacional das mulheres é reforçada pela discriminação racial. Prova-se que as dificuldades de acesso das mulheres às diversas carreiras profissionais não se devem somente aos índices de escolarização ou de especialização inferiores aos dos homens, já que sérias dificuldades persistem nos casos em que tais índices são iguais. Mostra-se a persistência de disparidades salariais marcantes entre elas e os trabalhadores. Registra-se a alta frequência de núcleos familiares chefiados por mulheres. Denuncia-se a crescente taxa de esterilização definitiva de mulheres, incentivadas pelos empregadores e, muitas vezes, executada à revelia das pacientes. Divulgam-se as primeiras denúncias e os primeiros levantamentos sobre o assédio sexual nos locais de trabalho. É registrada a menor participação de mulheres em atos públicos, seminários e debates promovidos pelas associações de categorias profissionais, assim como nos congressos e manifestações sindicais.

Nesse sentido lembramos que as trabalhadoras rurais, no país inteiro, por ocasião do Censo Demográfico de 1991, promovem a campanha: Trabalhadora Rural Declare Sua Profissão. O *slogan* incentiva as mulheres de produtores rurais familiares a não se declararem aos entrevistadores do IBGE como *dona de casa*, mas como *trabalhadora rural*. A mobilização é resultado da compreensão de que as estatísticas nacionais sempre têm subestimado a participação ativa das mulheres, produzindo uma visão simplificada, quando não errônea, de todas as atividades por elas desempenhadas no lar e fora dele. Seu objetivo explícito é corrigir os critérios da contabilidade nacional no sentido de adequá-los à identidade emergente das mulheres trabalhadoras rurais. De fato, elas não se reconhecem mais no estatuto de dona de casa que ajuda temporariamente os homens na agricultura; elas se consideram agricultoras, profissionalmente ativas, corresponsáveis nas decisões e na gestão das atividades produtivas.

As trabalhadoras rurais e urbanas reclamam às organizações quotas proporcionais de homens e mulheres para todas as atividades de atualização profissional que promovem o intercâmbio e contribuem para uma melhor preparação dos trabalhadores e dos sindicalistas em lidar com os novos desafios do mundo do trabalho.

Essas preocupações ampliam a longa lista das reivindicações para consolidar a posição das trabalhadoras nos sindicatos. Seu entusiasmo nas campanhas de sindicalização durante a década de oitenta é fruto da percepção de que existe censura no meio rural, negligência e desvalorização no meio urbano para com o potencial mobilizador das trabalhadoras.

Nos anos 90, as trabalhadoras querem sanar um outro desequilíbrio: a assimetria entre o número dos trabalhadores delegados sindicais e das trabalhadoras que delegam sua representação. Após documentar com estatísticas a disparidade entre o substantivo aumento de mulheres associadas e sua reduzida participação nas instâncias de direção, elas reivindicam uma maior participação de mulheres na formação sindical.[27] Os estudos que apontam para esse mecanismo como sendo capaz de reverter a desigualdade são elaborados pelas próprias trabalhadoras em suas categorias profissionais – bancárias, metalúrgicas, telefônicas, etc. –, apoiadas também em trabalhos de diferentes centros de pesquisa. Tais estudos não só caracterizam a composição por sexo das diretorias dos diversos sindicatos, mas conseguem identificar e tornar público o que já poderia ser considerado "especializações" dentro da carreira sindical, assim como os bloqueios postos às mulheres.[28]

A grande maioria das trabalhadoras que chegam a ser eleitas nas diretorias desempenham as tarefas cotidianas de manter o contato com os associados, receber as anuidades, predispor o atendimento jurídico, manter o fichário atualizado e, somente em alguns casos, dirigir algum novo departamento criado após 1988, quando ocorre a reformulação dos estatutos. Poucas sindicalistas participam das negociações e só excepcionalmente representam a categoria fora da entidade, mesmo que tenham um alto nível de escolaridade, muitas vezes superior ao dos dirigentes.[29]

Apesar de estarem relegadas a tarefas auxiliares e submetidas a uma estratificação hierarquizada, as sindicalistas sabem crescer politicamente nas entidades. Realizando as tarefas burocráticas, elas estabelecem um permanente contato com os trabalhadores, fato que as torna pessoas conhecidas e apreciadas por sua competência no convívio com os associados e associadas e que, consequentemente, acaba fortalecendo sua posição junto às bases. Assim, as trabalhadoras-dirigentes desenvolvem uma capacidade própria para transmitir orientações à sua categoria. Divulgar e comunicar eventos e novas diretrizes torna-se quase uma especialização de seu trabalho político. Em várias entidades, o trabalho de articulação com a Central Sindical, com a Federação, com a Intersindical Municipal, é atribuído pela diretoria a mulheres. O cotidiano delas passa a ser um contínuo "entra e sai" de reuniões impostas pelo denso calendário sindical da categoria. Sua agenda recheia-se de atividades que exigem eficiência na coordenação e no planejamento e na mediação.

Essas atividades proporcionam um capital político que as mulheres vêm acumulando lentamente, mas que acaba se fortalecendo só no interior do sindicato. As únicas que têm oportunidade de representar a categoria em âmbitos externos, negociando com outros atores políticos, são as que ocupam na diretoria o cargo de presidente. Nesses casos devem estar preparadas para elaborar discursos e para saber lidar com diferentes esferas públicas. Mesmo assim, há estudos que mostram que a capacidade, ou a competência, para levar as mensagens reivindicatórias para fora de seu sindicato somente lhes é legitimamente reconhecida quando elas falam em nome das próprias trabalhadoras.

Nas diretorias, as mulheres desenvolvem um estilo próprio de trabalho sindical, incentivadas pela percepção de que seu sucesso é um contínuo desafio pessoal, um esforço muito solitário, sustentado sobretudo pelo interesse em não decepcionar os que as elegeram e pela persistente preocupação de ter de demonstrar a seus concorrentes, os homens, que são competentes e, portanto, legítimas em seus cargos. A estrutura sindical investe bem pouco nelas, e os relatos das sindicalistas mostram que as responsabilidades se distribuem a partir de um preconceito sexual. Aparece logo evidente que elas podem aceder com relativa facilidade só a certas responsabilidades de direção, que imediatamente assumem a marca da feminilidade e, consequentemente, da desvalorização política. Deve-se reconhecer, no entanto, que em várias entidades as tradicionais barreiras da exclusão estão sendo substituídas.

Em 1993, a Central Única dos Trabalhadores – CUT, após dois anos de debates promovidos pelas trabalhadoras, busca reduzir as disparidades sexuais, abrindo para elas um maior espaço nas diretorias e fixando quotas mínimas de mulheres na disputa de cargos diretivos.[30]

O mecanismo das quotas não garante o equilíbrio numérico, mas se apoia no princípio da igualdade entre homens e mulheres. É verdade que esta medida estratégica não consegue, sozinha, resolver a segregação dos espaços ocupados pelas mulheres na estrutura sindical. Mas tem o primeiro efeito de interferir diretamente no processo de formação das listas dos candidatos e no processo de eleição, desmascarando os preconceitos e as desconfianças de que são objeto as trabalhadoras. Também age como elemento que legitima a escolha das dirigentes, já que responde à objetiva presença das mulheres no mercado de trabalho – 40% da população ativa –, à sua efetiva adesão ao sindicato – 25% de sindicalização feminina – e à sua participação nas ações reivindicativas e nas mobilizações. O mecanismo das quotas reconhece às trabalhadoras competência política, outorgando-lhe tal direito como um princípio geral.

As trabalhadoras também passam a valorizar as normas e as leis como meios capazes de reequilibrar a participação de homens e mulheres nas diferentes esferas da vida social. Por isso preocupam-se com o processo de elaboração da nova Carta Constitucional e vigiam de perto o processo de regulamentação das leis ordinárias.

Quem acompanha e divulga sistematicamente as atividades do Congresso Nacional são, desde 1985, o Departamento Intersindical de Assessoria Parlamentar e, desde 1992, o Centro Feminista de Estudos e Assessoria –CFEMEA. Essas entidades, sediadas em Brasília, divulgam em seus boletins mensais sínteses e rápidas notícias das reuniões preparatórias com os parlamentares; relatam as atividades de articulação entre partidos e Congresso e as audiências que grupos e entidades femininas e feministas realizam junto às bancadas de senadores e deputados; divulgam os projetos de lei em fase de estudo e os resultados atingidos pelas comissões; informam sobre a tramitação dos projetos no plenário do Congresso.

O CFEMEA, formado para promover a igualdade de gênero, inicia suas atividades em 1992, acompanhando o percurso de 160 projetos. Em seu boletim de janeiro de 1996, o Centro Feminista fez um balanço ilustrativo das proposições legislativas tramitadas em 1995 sobre os direitos da mulher. É interessante observar que esperavam tramitar no Congresso, durante o ano de 1996, mais de 200 proposições, das quais 59 dizem respeito à área do trabalho. Essas últimas tratam da igualdade de oportunidades entre homens e mulheres, da licença maternidade, paternidade e adoção, da estabilidade no emprego para a gestante, da proteção ao trabalho da mulher, do emprego doméstico, das creches no lugar de trabalho, do trabalho escravo, do direito ao FGTS, seguro-desemprego e vale-transporte para as trabalhadoras domésticas.

Os trabalhos parlamentares de elaboração, avaliação e votação das leis são demorados, passam por muitas negociações, reformulações, emendas substitutivas e podem se estender por anos, antes de serem apreciados pela Câmara e o Senado. Temos um exemplo deste demorado e tortuoso caminho na instituição da isonomia de direitos entre os trabalhadores urbanos e rurais, pela qual se assegura o salário maternidade às asseguradas especiais –produtoras rurais, parceiras, meeiras e arrendatárias, assim como para as garimpeiras e as pescadoras artesanais – isto é, para as trabalhadoras que exercem suas atividades produtivas individualmente ou em regime de economia familiar. O difícil itinerário inicia com a primeira aprovação como lei ordinária pelo Congresso Nacional em 1989; em julho de 1991, uma resolução do presidente Collor retira este direito, que é restabelecido em dezembro de 1993 por uma medida provisória do presidente Itamar Franco.

A REPERCUSSÃO DOS MOVIMENTOS DE TRABALHADORAS

Nessa parte final, propomos alguns elementos de interpretação com o intuito de finalizar as reflexões sobre os percursos de mobilização, os conteúdos das reivindicações no mundo do trabalho e os meios para que sejam consideradas como demandas relativas à cidadania.

Em primeiro lugar, a construção da *feminilidade* e da *masculinidade* emerge como tema rico no interior das relações de trabalho. A mulher trabalhadora recusa o papel social de dona de casa como sendo o único e o prioritário, não reconhece no trabalho extradoméstico nenhuma "força emancipadora", não aceita mais a subordinação a uma autoridade patriarcal.

As propostas de reflexão dos movimentos analisados, no campo como na cidade, parecem nos alertar para o extremo simplismo da separação do trabalho produtivo e do trabalho doméstico. Parecem indicar como mais frutíferas as análises que partem do cotidiano, pois assim é possível ver como se articulam as diferentes esferas – a produtiva, a reprodutiva, a das decisões e a da representação político-sindical – sem dar a nenhuma delas uma posição hierárquica predominante.[31] O cotidiano, como novo cenário de conflito, parece mais apropriado para a compreensão dos processos encaminhados pelos movimentos de trabalhadoras, na medida em que suas lutas contra as assimetrias de gênero rompem também com a primazia das relações de trabalho sobre as doméstico-familiares.

Em segundo lugar, pelo que se refere à cidadania, sabemos que ainda hoje continua sendo difícil falar de mulheres em um sentido geral no Brasil. De fato, são muito fortes as diferenças e as disparidades entre as mulheres quanto à disponibilidade de recursos econômicos e culturais e, portanto, são díspares as oportunidades e diferentes as trajetórias. Por isso optamos pela análise das mulheres trabalhadoras, concentrando-nos na cidadania social – aquela que se refere aos direitos no mundo do trabalho –, diferente da cidadania política – aquela que radica na autodeterminação, na participação e na livre escolha dos representantes políticos –, já que as mulheres têm conquistado esta última desde 1932.

Interessa-nos enfatizar a definição de cidadania decorrente da participação das mulheres no mundo do trabalho, na medida em que este envolve os direitos sociais no emprego, enquanto esfera pública, e nas relações familiares, enquanto esfera privada. A demanda de cidadania social, nesse contexto, refere-se às mudanças que promovem a igualdade entre as trabalhadoras e os trabalhadores, quanto ao acesso ao mercado de trabalho, às carreiras, ao sistema de previdência social e aos serviços de assistência.[32] Também se refere à introdução de modelos capazes de valorizar a "igualdade entre homem e mu lher", através da partilha das responsabilidades, dos processos de decisões na convivência familiar e também na execução de diferentes atividades.

Para alcançar os direitos sociais, as trabalhadoras impulsionam modificações complexas que atingem arraigadas dimensões culturais na divisão sexual do trabalho. Elas questionam sua marginalização na definição dos direitos, tentam abolir a discriminação de gênero nas relações econômicas, culturais e sociais, exigindo também a igualdade com os maridos no exercício das responsabilidades familiares. Essas iniciativas buscam superar as ambiguidades e as tensões no interior dos estatutos sociais: o de trabalhadora e de trabalhador, o de esposa e de marido, o de mãe e de pai.[33] Também permitem que as trabalhadoras se aglutinem e se mobilizem envolvendo vários atores coletivos com poder de medição e de arbitragem social – os sindicatos, as centrais sindicais, ONGs (Organizações não governamentais) e o próprio Estado –, ganhando

Diversas categorias profissionais que contavam com número significativo de mulheres, como o caso dos professores, desempenharam importante papel na reformulação do sindicalismo nos anos 80.

o apoio de interlocutores influentes sobre a opinião pública, através dos meios de comunicação, centros de pesquisa, universidades, grupos feministas, representantes parlamentares, agências internacionais, entidades associativas e confessionais etc. Graças à ampliação desse fluxo de informações, às reivindicações específicas de homens e mulheres, e graças à construção de formas de representação inovadoras, as trabalhadoras conseguem formular princípios sociais e jurídicos sobre a igualdade de gênero.

Nesse sentido, podemos dizer que já desde o fim dos anos 70, os movimentos das trabalhadoras estão interpelando a sociedade. Sem dúvida, sua capacidade de produzir argumentações, de instaurar o diálogo, de alcançar o consenso para elaborar novas normas e atualizar valores e mecanismos de socialização, representam uma contribuição muito importante para o processo de amadurecimento da sociedade e para o aprofundamento das relações democráticas.[34]

NOTAS

(1) C. Offe. O *capitalismo desorganizado*. São Paulo: Brasiliense, 1989.

(2) N. Bobbio. *A era dos direitos*. Rio de Janeiro: Campus, 1992. p. 79.

(3) W. dos Santos. *Cidadania e justiça*. Rio de Janeiro: Campus, 1979, p. 104. Neste texto, nós entendemos o conteúdo da cidadania em seu significado mais geral, isto é, como consciência de pertencer à sociedade, como capacidade do indivíduo de se sentir responsável pelo bom funcionamento das instituições e como obrigação das instituições de respeitar os direitos de homens e mulheres. Alain Touraine. *Critique de la modernité*. Paris: Fayard, 1992. p. 381.

(4) W. dos Santos. *Op. cit.*, p. 21.

(5) A. Castro Gomes. *A República, trabalho e cidadania*. *In*: *Corporativismo e desigualdade*. Rio de Janeiro: Fundo Editora/IUPERJ, 1991.

(6) As empregadas domésticas tiveram acesso à Previdência Social em 1972; os trabalhadores autônomos, em 1973.

(7) W. dos Santos. *Op. cit.*, p. 123.

(8) O período entre 1979 e 1985 marca o processo de renovação sindical e a transição para uma nova forma de sistema político; as greves do ABC e a vitória de Tancredo Neves no Colégio Eleitoral, a redemocratização da sociedade brasileira. Para a realidade urbana, ver: J. A. Moisés. O Estado. As contradições urbanas e os movimentos sociais. *In*: *Cidade, povo e poder*. Petrópolis: Vozes, 1982; J. Humphrey. *Controle capitalista e luta operária na indústria automobilística*. Petrópolis: Vozes, 1982; E. Souza Lobo. Uma nova identidade. *In*: *Mulheres, tempo e presença*. Rio de Janeiro: CEDI, 1989 [nº 248]; E. Sader, *Quando novos personagens entram em cena*. São Paulo: Brasiliense, 1991. Para a realidade rural, ver: J. Souza Martins. Os camponeses e a política no Brasil. Petrópolis: Vozes, 1981; R. Novais. A questão agrária e o papel da Igreja Católica na Paraíba. *In*: *Igreja e a questão agrária*. São Paulo: Loyola, 1985; M. Palmeira. A diversidade da luta no campo: luta camponesa e diferenciação do campesinato. *In*: *Igreja e a questão agrária*. *Op. cit.*; P. Cappellin. Silenciosas e combativas. As contribuições das mulheres na estrutura sindical do Nordeste. *In*: *Rebeldia e submissão*. São Paulo: Vértice, 1989.

(9) Consideramos importante registrar as pesquisas realizadas sobre essas temáticas no início dos anos 80: L. Kovarick (org.). As lutas sociais e a cidade. São Paulo: Paz e Terra/CEDEC/UNRISD, 1988.

(10) Ver o dossiê elaborado pela FASE: *Boias-frias, sangue quente*. Rio de Janeiro, 1987.

(11) Lembramos as reedições promovidas no fim dos anos 80 de dois ensaios de Nísia Floresta, datados de 1832 e 1853: *Direitos das mulheres e injustiça dos homens*. São Paulo: Cortez, 1989 e *Opúsculo humanitário*. São Paulo: Cortez, 1989.

(12) Recuperamos aqui a preocupação de Norberto Bobbio em incluir no campo dos direitos dos homens (eu diria das mulheres, também), além das normas que declaram, reconhecem, definem e atribuem direitos ao homem (e a mulher), também as exigências de direitos futuros. Bobbio, *Op. cit.*, p. 77-78.

(13) I. Vasco Ferreira. *Por uma imagem da mulher. A campanha da fraternidade de 1990 e as relações de gênero no movimento de mulheres no oeste do Paraná*. Tese de mestrado UFRJ, 1991 [mimeo].

(14) Lembramos um fórum desse frutífero debate: o Congresso Nacional "Mulher e Saúde", realizado em Itapecirica; e a I Conferência Nacional Saúde e Direitos da Mulher, realizada em 1986, em Brasília.

(15) N. Miele. *A mulher na palha da cana*. Tese de mestrado UFPB, 1985 [mimeo]; Brito, N. Miele, J. Reis Prá. Movimentos de mulheres no Sul. *In*: *Mulheres, da domesticidade à cidadania*. São Paulo: ANPOCS, 1987; E. Lobo e Souza. *A classe operária tem dois sexos*. Trabalho, dominação e resistência. São Paulo: Brasiliense/SMC, 1991; P. Cappellin, L. Lavinas. Gênero e classe: mulheres trabalhadoras rurais. *In*: *Mulheres trabalhadoras rurais:* participação e luta sindical. Rio de Janeiro: CEDI/CUT, 1990; V. Mendonça. *Movimentos de mulheres ou mulheres em movimentos. Percursos das militantes do Brejo paraibano*. Tese de mestrado UFPB, 1994 [mimeo].

(16) M. B. Delgado. Relações difíceis, mas promissoras. Mulheres. *Revista Tempo e Presença*, nº248, Rio de Janeiro: CEDI, p. 14.

(17) Esses depoimentos foram reunidos por P. Cappellin e L. Lavinas no I Congresso do Departamento dos Trabalhadores Rurais da CUT, São Paulo, 1990 e publicados em Sindicalistas: olhares sobre a relação homem-mulher. *In*: *Mulheres trabalhadoras rurais. Op. cit.*, p. 42-56.

(18) Por socialização política entendemos aqueles processos que possibilitam que um indivíduo se torne um sujeito político, as influências e os fatores que suportam sua adesão a um sistema de regras político-sociais. Assim, é importante identificar na trajetória de um indivíduo: o lento aprendizado, as formas pelas quais ele chega a aceitar a instituição, as modalidades de percebê-la e as maneiras de relacionar-se a ela. Ver A. Oppo (org.). *La socializzazione politica*. Bologna: Il Mulino, 1980; I. Regalia. Partecipazione al sindacato. Forme, modelli ipotesi, *Rivista Quaderni di Sociologia*, nº 9, Milano, 1987; F. Battaglia. I dirigenti sindacali italiani: alcuni dati. *Rivista Rassegna Italiana di sociologia*, Milano, nº 2, 1971.

(19) P. Cappellin. *Atrás das práticas*: *o perfil das sindicalistas*. GT: Trabalhadores, Sindicalismo e Política, XVIII Encontro Nacional ANPOCS, Caxambu, 1994 [mimeo].

(20) P. Cappellin. *Op. cit.*

(21) P. Cappellin. *Op. cit.*

(22) Depoimentos reunidos pela publicação *Camuflagem e transparência:* as mulheres no sindicalismo. São Paulo: CUT/CEDI, 1990; e o artigo Sindicalistas: vontade e decisão de estar na lista política. Debate Sindical, DESEP e CUT, nº 10, maio 1989, p. 40.

(23) *Op. cit.*

(24) J. O. Miranda de Oliveira. O desafio de superar a exclusão. *In*: *Camuflagem e transparência*. *Op. cit.*, p. 41.

(25) Sindicalistas: olhares sobre a relação homem-mulher. *In*: *Mulheres trabalhadoras rurais*. *Op. cit.*, p. 42-56.

(26) Lembramos que no decorrer das atividades de elaboração da Carta Constitucional o Conselho Nacional dos Direitos da Mulher sintetizou as propostas das mulheres num documento: "A carta dos direitos das Mulheres", que foi entregue aos parlamentares. Isso possibilitou a articulação nacional e estadual de muitos grupos de mulheres trabalhadoras.

(27) Em 1989, a população afiliada a sindicatos ou associações atinge 17,6%, dos quais 13,8% são filiados ao sindicato. Entre os afiliados a sindicatos, 74,4% são homens e 25,6%, mulheres. *Camuflagem e transparência*. *Op. cit.*, p. 8.

(28) N. Balcão recupera os dados da PNAD, IBGE-1989: em 60% dos sindicatos dos trabalhadores rurais, em 54% dos trabalhadores autônomos, em 43% dos sindicatos dos empregados urbanos e em 23% dos profissionais liberais, as diretorias são compostas apenas de homens. Ver "Discriminação de gênero e omissão sindical". *In*: *CUT espaço de mulheres e de homens*. São Paulo: CUT, 1993. p. 16.

(29) Dos estudos por nós realizados em três estados RJ, PE e PB, resulta que mais da metade das sindicalistas urbanas têm diploma universitário. Nos levantamentos realizados junto ao fórum sindical da III COCUT, 1988, as sindicalistas-delegadas têm nível de instrução superior aos dirigentes homens: 43% e 28%. Ver P. Cappellin. *Atrás das práticas*. *Op. cit.*

(30) V. Soares. As trabalhadoras, os sindicatos e a CUT: incluir as mulheres nas diretorias. *In*: *CUT espaço de mulheres e homens*. *Op. cit.*, p. 17-22.

(31) A. Heller. *O cotidiano e a história*. São Paulo: Paz e Terra, 1972.

(32) C. Saraceno. A dependência construída e a interdependência negada. Estruturas de gênero da cidadania. *In*: *Dilemas da cidadania*. São Paulo: Unesp, 1994, p. 221.

(33) C. Saraceno. *Op. cit.*, p. 209.

(34) Alain Touraine. *Critique de la modernité*. Paris: Fayard, 1992. p. 390.

MULHER, MULHERES

Lygia Fagundes Telles

A revolução da mulher foi a mais importante revolução do século XX, disse Norberto Bobbio, um dos maiores pensadores do nosso tempo. Quero lembrar que não se trata aqui da chamada revolução feminista, com tantas polêmicas e conotações ideológicas, com tantos acertos e desacertos, agressões e egressões demagógicas, o fervor de congressos e comícios beirando a histeria na emocionada busca da liberdade. Houve, sem dúvida, uma explosão de narcisismo tumultuando as ideias no natural ressentimento das mulheres se confundindo nos exageros, toda revolução é mesmo exagerada. Mas a verdadeira revolução à qual se refere o filósofo italiano teria a cabeça mais fria, digamos. No seu planejamento e estrutura seria uma revolução mais prudente e mais paciente, obscura, talvez. Contudo, ambiciosa na sua natureza mais profunda e que teria seu nascedouro visível no fim do século passado para vir a desenvolver-se plenamente durante a Segunda Grande Guerra: os homens válidos partiram para as trincheiras. Ficaram as mulheres na retaguarda e dispostas a exercerem o ofício desses homens nas fábricas. Nos escritórios. Nas universidades. Enfim, as mulheres foram à luta, para lembrar a expressão que começava a ficar na moda. A pátria em perigo abrindo os seus espaços e as mulheres ocupando com desenvoltura esses espaços, inclusive em atividades paralelas à guerra, desafios arriscados que enfrentaram com a coragem de assumir responsabilidades até então só exigidas ao Primeiro Sexo.

Oportuno lembrar que em muitos casos essas mulheres demonstraram maior habilidade do que os homens no trato com certas máquinas, uma prova evidente de que as mãos femininas, afeitas aos trabalhos caseiros (as tais prendas domésticas), podiam lidar com uma prensa rotativa com a mesma facilidade com que bordavam uma almofada.

Rápidas no aprendizado e estimuladas pela competição, assumiram os mais sofisticados ofícios. Apesar da desconfiança, apesar do preconceito, o indisfarçável preconceito mais visível nos países do Terceiro Mundo, embora também no mundo rico continuasse ecoando – e com que ênfase! – a famosa pergunta de Freud com aquela irônica perplexidade, "Mas afinal o que querem as mulheres?!"

Da minha parte eu quero apenas entrar para a Faculdade de Direito do largo do São Francisco, respondi ao meu pai. Lembrei ainda que poderia trabalhar para pagar esses estudos. Quanto aos tais contos que já começava a esboçar, desses me ocuparia nas horas vagas. Mas essa sua reivindicação aconteceu na Idade da Pedra Lascada? alguém pode perguntar. Não, até que não foi tão longe assim, vamos lá: começava a década de 40 quando a mocinha de boina e peixeira a tiracolo (não a faca, mas a rústica bolsa de couro cru dos feirantes) anunciou sua vontade de fazer isto e não outra coisa. A vocação. Hoje parece estranho me deter na circunstância e no sonho da menina classe média ousando um programa diferente, mas o fato é que não se desencadeara a avalanche das mudanças dos usos e costumes da nossa sociedade. A rapidez das transformações que vieram com a decadência dos valores tradicionais em nome do progresso técnico e econômico – essas transformações ainda não tinham alcançado o âmago da nossa família empobrecida mas resistia na sua soberba.

Atenção agora, um foco de luz para minha mãe, mulher muito inteligente e muito prática e que me inspirou a expressão que costumo usar, *mulher-goiabada*: ela fazia a melhor goiabada do mundo naquele antigo tacho de cobre. Falei-lhe sobre os meus planos. Ela ouviu mas logo ficou apreensiva, Faculdade de Direito, filha? Entrar numa escola de homens, verdadeira temeridade que iria afastar os pretendentes, quem quer mulher que sabe latim? Todo homem tem medo de mulher inteligente, filha, ela advertiu. Sem saber que, ao seu modo, repetia o que já dissera o poeta Baudelaire, *Aimer des femmes intelligentes est un plaisir de pédéraste*... (Amar mulheres inteligentes é um prazer de pederasta...). Mas quando a noite se fez, ela abriu o seu piano e ficou de novo animada, ora, se meu primo que era um burraldo perfeito estava nas vésperas de receber o seu diploma de doutor, por que não eu? E fez a confidência, duas vezes a sua vocação fora contrariada, quis tanto ser cantora lírica, tinha uma bela voz de soprano. Quis depois continuar seus estudos de piano, o professor Chiafarelli (seria esse o seu nome?) previa para a jovem aluna um futuro tão brilhante. Suspirou melancólica. E de repente ficou animada. Você pode se casar mais tarde, filha, ou não se casa nunca, e daí? Faça o que o seu coração está pedindo, acrescentou e voltou-se enérgica para o piano, era a hora de Chopin.

E me lembro neste instante do naturalista francês Saint-Hilaire que numa das suas famosas viagens esteve por estes trópicos (tristes?) por volta de 1819. Após a estada numa daquelas antigas fazendas, ouviu o anfitrião, homem muito cordial e educado, pedir desculpas na despedida: se o ilustre visitante não chegou a ver nem sua esposa e filhas era simplesmente por ser esse um costume da terra e que ele precisava obedecer, não, as mulheres da família não podiam ser vistas. Tinha três filhas moças. O casamento delas poderia ser prejudicado se por acaso se mostrassem, mesmo por alguns momentos, ainda que fosse na sala de visitas.

A mulher escondida. Guardada. Principalmente invisível, a se esgueirar na sombra. Reprimida e ainda assim sob suspeita. Penso hoje que foi devido a esse clima de reclusão que a mulher foi desenvolvendo e de forma extraordinária esse seu sentido da percepção, da intuição, a mulher é mais perceptiva do que o homem. Mais fantasiosa? Sim, embora mais secreta. Mais perigosa! repetiam os tradicionais inimigos da mulher perseguida através dos séculos até o apogeu das torturas, das fogueiras, pois não era a Ânfora do Mal, Porta do Diabo?... Curiosamente foi esse preconceito que acabou por desenvolver nela o sentido perceptivo, uma quase vidência: na defesa pessoal, a sabedoria da malícia. Da dissimulação. E recorro agora ao meu livro *A disciplina do amor* (mas o amor é disciplinado?) que registra o espanto de um crítico literário do século XIX diante de uma poetisa que ousou falar em anseios políticos, mas não era mesmo uma audácia? "É bastante desconsolador, ouvir a voz delicada de uma senhora aconselhando a revolução. Por mim, desejaria que a poetisa estivesse sempre em colóquios com as flores, com a primavera, com Deus."

Século XIX, é bom repetir. E neste nosso século não foi um escândalo quando Gilka Machado ousou escrever sobre o amor sexual naqueles seus flamejantes poemas? Antes, a mulher era explicada pelo homem, disse a jovem personagem do meu romance *As meninas*. Agora é a própria mulher que se desembrulha, se explica. Não esquecer que as nossas primeiras poetisas encontraram naqueles diários e álbuns de capa acetinada o recurso ideal para assim registrarem suas inspirações, era naquelas páginas secretas que iam se desembrulhando em prosa e verso. Vejo assim nessas tímidas arremetidas o nascedouro da literatura feminina, na maioria, assustados testemunhos de estados d'alma, confissões e descobertas de moças num estilo intimista – o chamado estilo subjetivo com suas dúvidas e esperanças espartilhadas como elas mesmas, tentando assumir seus devaneios. Mas quando se casavam, trancavam a sete chaves esses diários porque está visto que segredo saindo da pena de mulher casada só podia ser bandalheira...

Caraminholas, declarou o meu avô apontando o caderno de capa preta onde minha tia-avó, já velhota e ainda virgem, escrevia seus pensamentos de mistura com as anotações dos gastos da casa, nos espaços entre o preço da cebola e o caixote de sabão. Confissões sonhadoras feitas com a fina pena de ganso (ou pato) e com tinta roxa, a cor da paixão.

A difícil Revolução da Mulher sem agressividade, ela que foi tão agredida. Uma revolução sem imitar a linha machista na ansiosa vontade de afirmação e de poder mas uma luta com maior generosidade, digamos. Respeitando a si mesma e nesse respeito o respeito pelo próximo, o que quer dizer amor. Está claro que uma revolução assim recente não tem uma base mais profunda nas massas mas não é o que ocorre em todas as partes do mundo? A mulher-bobina fazendo suas reivindicações com a plena consciência dos seus deveres: a liberdade na escolha do ofício e sem ressentimento, sem rancor como pedia Che Guevara, *Endurecer mas sem perder a doçura* – é possível isso? É possível que uma vítima do preconceito escolha e aceite o trabalho que lhe cabe sem preconceito? Afinal, se a vocação é cuidar dos filhos, da casa, se ela é feliz como *mulher-goiabada*, fazer bem a própria me parece uma tarefa tão importante como pintar (bem) um quadro. E agora estou aqui rindo por dentro porque me lembrei do poeta Carlos Drummond de Andrade que desejou fundar o Instituto Nacional da Goiaba e que teria como função principal pesquisar por que a goiaba não aparece mais nesse doce.

Lá naquele início eu falei em paciência. Sim, é preciso paciência. E vontade fortalecida para melhorar a si mesma, o único caminho para melhorar a sociedade. Melhorar o país. Os que vão na frente são os primeiros a levar no peito as rajadas, não foi o que disse Trotsky? Foram tantas as que caíram sem socorro e agora lembro (sem rancor!) que também a Igreja não foi solidária com a mulher: algumas como a norte-americana Frances Kissling, que se diz católica, mas partidária do aborto, fez há pouco uma declaração bem-humorada, *Minha missão no mundo é atormentar a vida do papa.*

Não perder a doçura nem o humor e se falei na Igreja devo falar em Jesus que em toda a sua vida e mesmo depois dessa vida terrestre foi quem defendeu a mulher. A começar por aquela pecadora que lhe lavou os pés e os enxugou com os longos cabelos. E a quem esse Jesus apareceu pela primeira vez depois da Ressurreição? Segundo o Evangelho de São Matheus, foi para duas mulheres que Ele se mostrou na madrugada gloriosa, Maria Magdalena e a outra Maria, mãe de Tiago, foi para ambas que Ele abriu os braços, Salve!

OS AUTORES

RONALD RAMINELLI
Professor Adjunto do Departamento de História da Universidade Federal do Paraná.

EMANUEL ARAÚJO
Professor do Departamento de História da Universidade de Brasília.

MARY DEL PRIORE
Professora do Departamento de História da USP.

RONALDO VAINFAS
Professor Titular do Departamento de História da Universidade Federal Fluminense.

LUCIANO FIGUEIREDO
Professor Assistente do Departamento de História da Universidade Federal Fluminense.

RENATO PINTO VENÂNCIO
Professor do Departamento de História da Universidade Federal de Ouro Preto.

MARIA ÂNGELA D'INCAO
Professora do Departamento de Sociologia da Unesp - Campus de Araraquara.

MIRIDAN KNOX FALCI
Professora do Departamento de História da Universidade Federal do Rio de Janeiro.

JOANA MARIA PEDRO
Professora Titular do Departamento de História da Universidade Federal de Santa Catarina.

MAGALI ENGEL
Professora do Departamento de História da Universidade Federal Fluminense.

RACHEL SOIHET
Professora Titular do Departamento de História da Universidade Federal Fluminense.

NORMA TELLES
Professora do Programa de Estudos Pós-graduados em Ciências Sociais da PUC-SP.

GUACIRA LOPES LOURO
Professora Titular do Departamento de Educação da Universidade Federal do Rio Grande do Sul.

MARIA JOSÉ ROSADO NUNES
Professora de Sociologia da Religião da PUC-SP e do Instituto Metodista de Ensino Superior de São Bernardo do Campo.

CLÁUDIA FONSECA
Professora do Departamento de História da Universidade Federal do Rio Grande do Sul.

MARIA APARECIDA MORAES SILVA
Professora Livre Docente do Departamento de Sociologia da Unesp–Campus de Araraquara.

MARGARETH RAGO
Professora do Departamento de História da Unicamp.

CARLA BASSANEZI PINSKY
Historiadora. Doutora pela Unicamp, mestre pela USP.

PAOLA CAPPELLIN GIULANI
Professora do Departamento de Sociologia da Universidade Federal do Rio de Janeiro.

LYGIA FAGUNDES TELLES
Escritora.

REFERÊNCIA BIBLIOGRÁFICA DAS IMAGENS

Eva Tupinambá, *Ronald Raminelli*

p. 15 *Mulher tupi*, Albert Eckhout. *In: Arte no Brasil*. São Paulo: Abril Cultural, 1980. p. 60.

p. 31 *Le théâtre du nouveau monde:* les grands voyages de Théodore de Bry. Presenté par Marc Bouyer et Jean-Paul Duviols. Paris: Gallimard, 1992. p. 121.

p. 32 *Id. ibid.*, p. 123.

p. 33 *Id. ibid.*, p. 122.

p. 35 *Id. ibid.*, p. 124.

p. 37 *Id. ibid.*, p. 125.

A arte da sedução: sexualidade feminina na Colônia, *Emanuel Araújo*

p. 47 *Vênus*. Azulejos. Palácio Fronteira, Portugal.

p. 55 *Cena galante*. Azulejos. Palácio Nacional de Queluz, Canal, Portugal.

p. 63 *Camponesa*. Azulejos. Palácio Nacional de Queluz, Canal, Portugal.

p. 71 *Freiras dançando o lundu*. La Barbinais. *Nouveau voyage autour du monde*. 2.ed. Paris: Briasson, 1728.

Magia e medicina na Colônia: o corpo feminino, *Mary Del Priore*

p. 85, 93, 101, 111. Acervo particular da autora.

Homoerotismo feminino e o Santo Ofício, *Ronaldo Vainfas*

p. 121 *Amoureux*, Jean-François Millet [1852]. *In:* Gilles Néret. *L'Érotisme en peinture*. Paris: Éditions Nathan, 1990. p. 93.

p. 129 *Gabrielle d'Estrées et une de ses soeurs (la duchesse de Villars)*, pintor anônimo da École de Fontainebleau [1595]. *In:* Gilles Néret. *Op. cit.*, p. 60.

p. 137 *Paresse et luxure* ou *Le Sommeil*, Gustave Coubert [1866]. *In:* Gilles Néret. *Op. cit.*, p. 94, 95.

Mulheres nas Minas Gerais, *Luciano Figueiredo*

p. 145 *Lavagem do ouro*, Johann Moritz Rugendas. *In:* Boris Kossoy, Maria Luiz T. Carneiro. *O olhar europeu:* o negro na iconografia brasileira do século XIX. São Paulo: Edusp, 1994. [estampa 29].

p. 153 Johann Moritz Rugendas. *Viagem pitoresca através do Brasil.* 5.ed. São Paulo: Martins, 1954. p. 191.
p. 161 Carlos Julião. *Riscos iluminados de figurinhos de brancos e negros dos usos do Rio de Janeiro e Serro Frio.* Rio de Janeiro: BNC, MEC, 1960. [prancha 32].
p. 169 Carlos Julião. *Op. cit.* [prancha 23].
p. 179 *O batuque em São Paulo,* Johann Baptist Spix e Karl Friedrich P. von Martius, c. 1817. *In:* Boris Kossoy, Maria Luiz T. Carneiro. *O olhar europeu...* [estampa 54].

Maternidade negada, *Renato Pinto Venâncio*
p. 195 Thomas Ewbank. *Vida no Brasil* (1855). Belo Horizonte: Itatiaia/Edusp, 1976. p. 288.
p. 203 *Moisés resgatado das águas.* Azulejo de Delft. Holanda, séc. XVII.
p. 211 Ludwig e Briggs. *Lembranças do Brasil* (1849). Rio de Janeiro: s.Ed. s/d.
p. 219 *Fac-símile* da capa de uma *Compilação de Providências* de legislação pátria referente à *criação e educação de expostos ou enjeitados.* Lisboa: Impressão Regia, 1820.

Mulher e família burguesa, *Maria Ângela D'Incao*
p. 225 *Cena de família de Adolfo Augusto Pinto,* 1891, José Ferraz de Almeida Júnior. *In: A Pinacoteca do Estado.* São Paulo: Banco Safra, 1984. p. 33.
p. 227 *Arrufos,* Belmiro de Almeida. *In: Arte no Brasil.* São Paulo: Abril Cultural, 1980. p. 222.
p. 231 *Hora de música,* 1901, Oscar Pereira da Silva. *In: A Pinacoteca do Estado. Op. cit.,* p. 117.
p. 235 *Leitura,* 1892, José Ferraz de Almeida Júnior. *In: A Pinacoteca do Estado. Op. cit.,* p. 31.
p. 239 *Maternidade,* 1906, Eliseu Visconti. *In: A Pinacoteca do Estado. Op. cit.,* p. 117.

Mulheres do sertão nordestino, *Miridan Knox Falci*
p. 247 Daguerreótipo de D. Maria Joaquina da Conceição Souza Britto (1815-1878), conservado por familiares.
p. 257 *Retrato de menina,* 1841, François René Moreaux. *In:* O *Museu Nacional de Belas-Artes.* São Paulo: Banco Safra, 1985. p. 259.
p. 265 *Desenho,* Johann Moritz Rugendas. Coleção de Newton Carneiro.
p. 273 *Inspeção de negras recentemente chegadas da África,* 1840, Paul Harro-Harring. *In:* Boris Kossoy, Maria Luiz T. Carneiro. *O olhar europeu:* o negro na iconografia brasileira do século XIX. São Paulo: Edusp, 1994. [estampa 16].

Mulheres do Sul, *Joana Maria Pedro*
p. 287 *Porto de Desterro,* Florianópolis em fins do século XIX. Acervo particular da autora.
p. 297 *Família Vahl,* Blumenau no início do século XX. Acervo particular da autora.
p. 307 *Mãe e filha de origem alemã,* junho de 1900. Acervo particular da autora.
p. 317 *Mulheres de elite,* Florianópolis no início do século XX. Acervo particular da autora.

Psiquiatria e feminilidade, *Magali Engel*

p. 329 *Minha mãe morrendo*, 1947, Flávio de Carvalho. *In: MAC-USP.* São Paulo: Banco Safra, 1990. p. 155.

p. 337 *Ciociara*, Henrique Bernardelli. *In: A Pinacoteca do Estado*. São Paulo: Banco Safra, 1984. p. 80.

p. 345 *Estudo para modelos*, 1959, José Luis Cuevas. *In: MAC-USP. Op. cit.*, p. 157.

p. 353 *A Boba*, 1915/1916, Anita Malfatti. *In: MAC-USP. Op. cit.*, p. 189.

Mulheres pobres e violência no Brasil urbano, *Rachel Soihet*

p. 371 *Rua de erradias*, Lasar Segall. *In: Arte no Brasil*. São Paulo: Abril Cultural, 1980. p. 241.

p. 385 Fotografia de Ella Levy.

p. 397 *Namoro do guarda*, 1904, Belmiro Barbosa de Almeida. *In: Os museus Castro Maia*. São Paulo: Banco Safra, 1996.

Escritoras, escritas, escrituras, *Norma Telles*

p. 411 Narcisa Amália de Campos. *In:* Narcisa Amália. *Nebulosas*. Rio de Janeiro: Garnier, 1872.

p. 421 Délia/Maria Benedicta Bormann. *In:* Ignêz Sabino. *Mulheres ilustres do Brasil*. Rio de Janeiro: Garnier, 1899. [2.ed. Florianópolis. Editora das mulheres, 1996].

p. 433 Capa do livro *Celeste* de Maria Benedita Bormann. Presença, Pró-Memória, Instituto Nacional do Livro. [Coleção Resgate. v. 11].

p. 439 Capa do livro *Cruel amor*, de Júlia Lopes de Almeida, publicado em 1911. [Coleção Saraiva].

Mulheres na sala de aula, *Guacira Lopes Louro*

p. 451 *Alunas da Escola Rivadavia Correia*, 1749. Autor: Malta. Arquivo Geral da Cidade do Rio de Janeiro.

p. 459 *Aula de ginástica das alunas da Escola Rivadavia Correia*. Autor: Malta. Arquivo Geral da Cidade do Rio de Janeiro.

p. 467 *Professoras da Escola Rivadavia Correia*. Autor: Malta. Arquivo Geral da Cidade do Rio de Janeiro.

p. 475 *Normalistas de São Paulo*, 1956. Acervo particular de Doracy Geniolli.

Freiras no Brasil, *Maria José Rosado Nunes*

p. 487 *Santa Clara*, final do século XV, sem assinatura. *In: O Museu Nacional de Belas-Artes*. São Paulo: Banco Safra, 1985. p. 223.

p. 493 *Cristo e a mulher adúltera*, 1884, Rodolfo Bernardelli. *In: O Museu Nacional de Belas-Artes. Op. cit.*, p. 151.

p. 499 *As religiosas*, 1969, Vicente do Rego Monteiro. *In: O Museu Nacional de Belas-Artes. Op. cit.*, p. 109.

p. 505 *Missão em Mato Grosso*, 1908. *In: Museu Histórico Nacional*. São Paulo: Banco Safra, 1989. p. 139.

Ser mulher, mãe e pobre, *Cláudia Fonseca*

p. 519 *Mulher sentada com a mão no queixo*, s.d., Di Cavalcanti. *In:* Marta Rossetti Batista, Yone Soares de Lima (org.). *Coleção Mário de Andrade:* artes plásticas. São Paulo: IEB/USP, 1984. p. 76.

p. 527 *2ª Classe*, Tarsila do Amaral. *In: Arte no Brasil*. São Paulo: Abril Cultural, 1980. p. 267.

p. 535 *Detalhe do mural do museu do trem em Recife*, Lula Cardoso Ayres. *In: Artistas do muralismo brasileiro*. São Paulo: Volkswagen do Brasil, 1988. p. 188, 189.
p. 543 *Na praia*, Fúlvio Pennacchi. *In: Arte no Brasil. Op. cit.*, p. 293.

De colona a boia-fria, *Maria Aparecida Moraes Silva*
p. 559 *A Colona*, 1935, Cândido Portinari. *In:* Marta Rossetti Batista, Yone Soares de Lima (org.). *Coleção Mário de Andrade:* artes plásticas. São Paulo: IEB/USP, 1984. p. 179.
p. 565 *Mulher e filha 'apanhando' café*, fotografia de Luís Faggiolo. Pesquisa de Maria Aparecida Moraes Silva. 1988/1989.
p. 571 *Mulher no canavial na 'hora da merenda'*, fotografia de Fábio Paccano. Pesquisa de Maria Aparecida Moraes Silva. 1988/1989.
p. 575 *Mulher no corte de cana. O jogo do corpo*, fotografia de Alain Brougier. Pesquisa de Maria Aparecida Moraes Silva. 1988/1989.

Trabalho feminino e sexualidade, *Margareth Rago*
p. 583 *Operários da fábrica de papel da Companhia Melhoramentos*, 1900. *In:* Hernâni Donato. *100 anos da Melhoramentos*, 1890-1990. São Paulo: Melhoramentos, 1990.
p. 589 *Operárias da Companhia Melhoramentos trabalhando na 'sala de escolha de papel'*, 1919. *In:* Hernâni Donato. *Op. cit.*
p. 595 *Aspecto do salão da Escola de Dactylographia* – Casa Odeon. Revista *A Cigarra*, nº 178, ano 9, 1922. [Banco de Imagem AEL/UNICAMP].
p. 601 *Aviadora paulista Anésia Pinheiro Machado e seu instrutor na Escola de Aviação Curtiss* – Aeródromo de Indianópolis. Revista *A Cigarra*. *Op. cit.*

Mulheres dos Anos Dourados, *Carla Bassanezi Pinsky*
p. 611 Capa da revista *Jornal das Moças*. Rio de Janeiro: Ed. Jornal das Moças. 08 out.1959.
p. 617 *Audição de piano*, 1957. Acervo da família Coraza Geniolli.
p. 623 Propaganda do creme dental Colgate. *Querida*. Rio de Janeiro: Rio Gráfica, 1958. ano V, n. 06, p. 73.
p. 629 Propaganda de brilhantina Gessy. *Querida*. Rio de Janeiro: Rio Gráfica, 1958. ano V, n. 103, p. 25.

Os movimentos de trabalhadoras e a sociedade brasileira, *Paola Cappellin Giulani*
p. 647 *Passeata de mulheres*, 1989. Célio Júnior. Arquivo da Agência Estado.
p. 655 *Manifestação de mulheres*, 1988. Samir Ismail. Arquivo da Agência Estado.
p. 659 Cartaz do 1º Encontro Estadual de Mulheres Assalariadas da Cana e do Abacaxi. Paraíba, out.1987.
p. 665 *Greve de professores* [Quércia, inaugurações], 1988. Reginaldo Marente. Arquivo da Agência Estado.

GRÁFICA PAYM
Tel. (011) 4392-3344
paym@terra.com.br